Québec, 1   32

L'évolution d'une ville coloniale

par David-Thiery Ruddel

Musée canadien des civilisations
Hull, 1991

© Musée canadien des civilisations 1991

DONNÉES DE CATALOGUE AVANT PUBLICA-
TION (CANADA)

Ruddel, David Thiery, 1943-
Québec, 1765-1832

(Collection Mercure, ISSN 0316-1854) (Dossier/Division
d'histoire : n° 41) Traduction de : *Quebec City 1765-
1832*.
Comprend un résumé en anglais
Comprend des références bibliogr. ISBN 0-660-90283-4

1. Québec (Québec)–Histoire 2. Canada–Histoire–1791-
1841. 1. Musée canadien des civilisations. Division
d'histoire. II. Titre. III. Titre : Québec, l'évolution d'une
ville coloniale. IV. Coll. V. Coll., Dossier (Musée canadien des civilisations. Division d'histoire) : n° 41.

PC2946.4H8214   1990   971.4'47102   C90-098693-X
F1054.5.Q3R8214 1990

Imprimé et relié au Canada

Publié par le
Musée canadien des civilisations
Hull (Québec)
J8X 4H2

Mise en page et éditique :
Prosario Inc. (Les Illustrateurs de l'Outaouais Inc .)

Canada

BUT DE LA COLLECTION MERCURE

La collection Mercure vise à diffuser le résultat de travaux dans les disciplines qui relèvent des sphères
d'activités du Musée canadien des civilisations. Considérée comme un apport important dans la communauté scientifique, la collection Mercure présente plus de
trois cents publications hautement spécialisées portant
sur l'héritage canadien préhistorique et historique.

Outre quelques ouvrages traduits et disponibles en
français et en anglais, la collection Mercure est constituée essentiellement de monographies de recherche
publiées dans la langue des auteurs.

Vous pouvez vous procurer la liste des titres parus
dans la collections Mercure en écrivant au :
   Service des commandes postables
   Division de l'édition
   Musée canadien des civilisations
   Hull (Québec)
   J8X 4H2

OBJECT OF THE MERCURY SERIES

The Mercury Series is designed to permit the dissemi-
nation of information pertaining to the disciplines in
which the Canadian Museum of Civilization is active.
Considered an important reference by the scientific
community, the Mercury Series comprises over three
hundred highly specialized publications on Canada's
history and pre-history.

Aside from a few works available in both English and
French, the series consists largely of monographs
published in the language of the author.

Titles in the Mercury Series can be obtained by wri-
ting to the :
   Mail Order Service
   Publishing Division
   Canadian Museum of Civilization
   Hull, Quebec
   J8X 4H2

À JANE
Accompagnant les voyageurs dans leurs périples,
elle fait bon usage de ses talents de navigatrice
et n'hésite jamais à retrousser les manches.

Table des matières

ABSTRACT
1

UN SITE MAJESTUEUX
5

LE CONTEXTE
11

I. POPULATION ET SOCIÉTÉ
17

II. L'ÉCONOMIE DE QUÉBEC : CONTEXTE INTERNATIONAL ET RURAL
69

III . L'ÉCONOMIE URBAINE
101

IV. L'ADMINISTRATION LOCALE : LES FONDEMENTS ET LES AVANTAGES DE L'EXERCICE DU POUVOIR
161

V. LE MILIEU URBAIN
201

CONCLUSION
249

ANNEXE
255

TABLEAUX
261

BIBLIOGRAPHIE
273

REMERCIEMENTS
287

ABRÉVIATIONS
289

INDEX
291

TABLE DES MATIÈRES DÉTAILLÉE
301

Abstract

FRENCH COAT OF ARMS, surrounded by the collars of St. Michel and St. Esprit, and adorned by a crown, early eighteeenth century.

Quebec, the "Cradle of New France" and centre of French civilization in colonial American, fell to the British in 1759. By the beginning of the nineteenth century, British traditions, institutions and customs were evident throughout the city. The former French town had changed so much under British imperialism that the inhabitants had to deal with different administrative, economic and social structures. The new regime, made official by the treaty of Paris in 1763, brought many English-speaking people to Québec. If we include the number of transient sailors and soldiers, the percentage of anglophones in the total population rose from 33 per cent in 1795 to 55 per cent in 1831. These figures, moreover, do not show how influential the British were, because the proportion of men, administrators, soldiers and merchants was higher than in the French-speaking population. Québec first became British as a result of the military and political takeover, and then through the British influence on her society and her economy. Although Canadiens found British domination hard to accept, they were impressed by Great Britan's achievements, particularly her military victories, her advances in technology, and her parliamentary traditions. Cut off from French resources, inundated with ideas and manufactured goods from Britain, and defenceless against the wave of new arrivals, the citizens of Québec developed an admiration for English culture. In 1820, a columnist wrote in the Québec Gazette that everything in the city was from England, a somewhat exaggerated statement, but one that reflects the far-reaching influence of the British on the urban population. The new masters of the colony were able to rapidly take control of the town of Québec, given its small population and underdeveloped economy. At the end of the French regime, New France had only one-sixth the population of the Thirteen Colonies. The combined population of Québec and Montréal was less than that of any of the largest American cities. However, this small urban population represented about 16 per cent of Canada's total. In contrast, only 4.5 per cent of the total population of the American colony lived in urban centres. Thus New France's urban and agricultural infrastructures were not as developed as those of its neighbour to the south. Birth rates for Canadiens and Americans were roughly similar, but a high rate of infant mortality, especially among urban residents, slowed the growth of Québec's population. The reasons for this were complex, but it appears that the harsh climate, as well as the proximity of a navigable river that could bring ships carrying enemy forces or disease, were two negative influence on the health and life expectancy of Québec's citizens. All levels of society were affected by British imperialism. It altered the direction in which the town developed and the way its citizens lived. Francophones reacted in various ways in their desire to profit from the changes and at the same time to preserve their traditions. After 1760, members of the French and Canadian elite began to lose their key positions in the colony and in the town to the British whereas some francophones returned to France, a privileged few gained entry to the British community, either through marriage or by taking up positions in the colonial government. French-speaking members of legal and medical professions began to do business with the British, especially with English-speaking merchants who controlled the colonial economy.

Great Britain's imperial policies also affected the lives of workers living in or near Québec. In the early nineteenth century the significant number of British artisans brought to the colony by English-speaking merchants and master artisans threatened the jobs of Canadian workers. New arrivals included immigrants from the United States and Great Britain who were already familiar with technological innovations such as the installation of steam engines. The importation

BRITISH SOLDIER on A...*map of America*, 1738

resources for goods manufactured by the Mother country. Although both countries benefitted, such a system favoured merchants in the pother country, because it enabled them to establish business ties with manufactures and investors. In addition, mercantilism promoted diversification in the imperial economy, at the expense of the colonial one. Regardless of which nation was in power, imperial authorities usually discouraged the growth of manufacturing in Canada.

Mercantilism functioned relatively well in the Québec region, where there was an excellent port for ships arriving laden with goods but no diversified economy that might offer competition for British products. All the same, British merchants were not happy with the system for several reasons, particulary the shortage of local natural resources to ship overseas. Until the end of the eighteenth century, many western furs were exported from the port of Québec, but the middlemen who benefitted most from the fur trade lived in Montréal.

To offset of the deficit in their trade with Great Britain, English-speaking merchants wanted to export grain, but maintained that there was not enough surplus grain to support an export business. The merchants claimed Canadien habitants were responsible for this situation, blaming outdated practices for yields lower than those of English or American farmers. This explanation was based on a comparison between the poorest farms in the colony, in which subsistence agriculture was practised, and the best farms in Great Britain and the United States. It was repeated in one travel account after another by English-speaking observers. These critics did not take into account the commercially profitable farms in the colony, nor the fact that a subsistence economy also existed in Great Britain and the United States. Furthermore, those who critized Canadien agriculture did not give sufficient weight to the short growing season in Canada.

Indeed, agricultural practices here were very similar to those followed by most farmers in Europe and the United States. Agriculture influenced urban

of skilled British workers also reduced employment opportunities for young francophones.

For example, many Canadiens in shipyards, but only a very few learned the art of shipbuilding as practised by their Scottish and English foremen.

After 1760, the British made it difficult for Canadiens to gain a foothold in the wholesale export and import trading businesses, which were dominated by anglophones. British merchants conducted their affairs within a transatlantic network that was not easily accessible to Canadiens, because the former relied heavily on family and personal connections in their business dealings. Excluding French-speaking citizens from the world of international commercial affairs can be attributed, in part, to mercantilism, which may be defined as trading a colony's natural

COAT OF ARMS OF THE PRINCE OF WALES, early nineteenth century.

2

development of cities and towns, but on the whole, the rural economy of the Québec region had only a limited effect on the prosperity of the city dwellers. The area near Québec backed a diversified infrastructure. Rural grist and sawmills, distilleries, tanneries, fishing companies and a domestic textile industry were not sufficient to stimulate sustained growth. At a time when the rural economy was getting back on its feet after a long period of war and uncertainty, imperial officials were encouraging the exploitation of colonial forests and developing the transatlantic transportation infrastructure, Whereas facilities were improved, country roads were neglected, and the activities related to the timber trade often drew workers away from the countryside to the city.

By the early nineteenth century wood had become the most important product shipped from the port of Québec, surpassing exports of fur and grain. In the first half of the century, the timber trade brought prosperity to the city along with rapid expansion of its territory and a sharp increase in population. The timber trade in turn stimulated the growth of sawmills, shipbuilding and other industries. However, the profits from all these activities were rarely used to set up new enterprises based on the local or domestic market, such as furniture factories or manufacturing establishments for other sections of the economy. In fact, timber merchants required so much capital that they competed for funds with the colonial government on the financial markets of England and the United states. Moreover, the forest industry's need for capital was the main reason for the creation of banks between 1818 and 1824. It was largely because they were so dependent on a single industry that the residents of Québec experienced many hardships during periods of recession and had difficulty getting out of the economic slump that occurred at the end of the 1860's following a drop in the British demand for Canadian timber and ships.

Like their counterparts in the United Kingdom, British merchants, employers and master artisans in Québec used the most modern techniques of business management. They organized their affairs in such a way as to reduce costs and increase profits: employers set up a division of labour in their enterprises controlled the means of production, and not only reduced their traditional obligations towards employees but made use of the new justice system to discipline them.

The political and economic power of the city's British merchants grew steadily, reaching a new high around 1825 with the expansion of the timber trade. By this time merchants had created a network of associations and institutions which dominated most areas of urban life, including the Commission of the Peace, the body responsible for local services until 1832. The justices of the peace dealt to some degree with local and regional interests, but because most of them were involved in the colonial economy, which served the imperial system, they were more concerned with commerce than with the needs of the population.

The English-speaking merchant-justices who administered the affairs of Quebec City were more interested in improving their own neighbourhoods than in resolving local problems and improving living conditions. Indeed, the system of administration by justices of the peace was outdated in England, and ill-equipped to deal in French-speaking lower Canada; with rapid urbanization, it was all the more inefficient because the mainly anglophone magistrates were closely involved with leading businessmen. This situation contributed to the unequal development of public services and urban conditions.

The arrival of great numbers of English-speaking soldiers, sailors and immigrants, along with the migration of rural people to the town, increased the floating population and added to the ranks of unskilled labourers. Whereas sailors from the merchant-marine numbered 456 in 1765 and 12,100 in 1830, soldiers, officers and their families averaged about 1,300 during the first half of the nineteenth century.

Added to these migrants were raftsmen, sailors from warships, prostitutes and immigrants; their presence increased the size of the floating population and greatly affected the social environment. The soldiers made the Upper Town look like a garrison, and the other groups turned the Lower Town into a cosmopolitan working-class district.

The importance of the timber to England, the threat of an American invasion, and the military's distrust of the French-speaking population all led the authorities to increase Québec's military component and to build fortifications. Between 1819 and 1847, colonial officials followed a policy of appropriating property within the city for defence purposes. In 1831, when military organization was at its peak, the Ordnance Department owned more than one quarter of the land inside Quebec's boundaries. The presence of the military was especially noticeable in the Upper Town and in the suburb of Saint-Jean, where it controlled 42 per cent and 35.5 percent, respectively, of the total land area. Thanks to military expenditures of all kinds, the town benefitted from the presence of the British army. In the final analysis, however, British officials saw Québec primarily as a fortress, and the civilian population had no choice but to adapt to the military presence. Expansion of the most important activities of the town swelled the ranks of leading citizens of the merchant, military and professional groups. This widened the gap between various levels of society as well as between the living conditions existing in different parts of the city. Areas composed entirely of *labouring families appeared for the first time, and the Upper Town became more and more of a military reserve and an exclusive area for the elite. At the end of the eighteenth century, the older parts of the town were inhabited by a mixture of social and ethnic groups, but towards 1820 they became more homogeneous. Saint-Roch, which quickly became a French-speaking, working-class suburb, was the poorest district. The waters from the upper plain constantly flowed into the area, making the land damp and swampy in many places. In addition, the poor condition of the run-offs canals led to enormous damage in the district: the streets, veritable quagmires, became impassable whenever it rained; rotting refuse was everywhere and houses were often flooded. Widespread poverty and overcrowded housing made life in the suburb almost unbearable. Furthermore, it was the labourers and their families who suffered the most from misfortune and the economic slumps caused by fluctuations in the timber market. Living as they did in small shacks with a few simple pieces of furniture, the labouring masses had little shelter from the storms that buffeted them throughput the colonial period. Even after the rule of the justices of the peace ended in 1832, and Québec was incorporated as a city, living conditions in Saint-Roch did not improve significantly. The members of the first city council (1833-1835) tried to eliminate some of the inequalities, but their efforts were short-lived and did not change the general living condition of the residents. All in all, as the mid-century mark drew nearer, Québec increasingly became a city where wealth and luxury existed side by side with poverty and destitution.*

Un site majestueux

Des siècles avant l'arrivée des Européens, les Amérindiens utilisent déjà le site majestueux de Québec pour y faire du commerce entre eux et avec les habitants du village voisin, Stadacona. De leur côté, les explorateurs et aventuriers français considèrent que ce site, en amont du fleuve par rapport à Tadoussac, est un emplacement avantageux pour leurs activités commerciales. Samuel de Champlain fonde alors Québec dans le but d'y installer un comptoir pour les fourrures de l'Ouest.

Au pied de l'escarpement de Québec, une longue berge facilite le lancement des bateaux; quelques colons s'établissent sur le terrain adjacent. La proximité de terres fertiles et d'eau potable, puisée dans la rivière Saint-Charles, rend l'emplacement encore plus

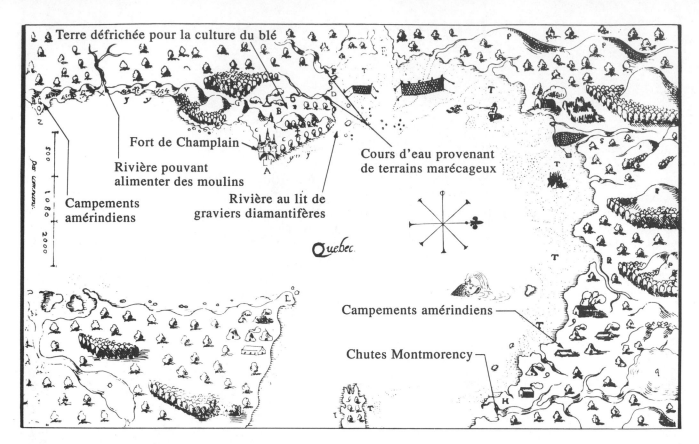

Terre défrichée pour la culture du blé

Fort de Champlain

Rivière pouvant alimenter des moulins

Campements amérindiens

Rivière au lit de graviers diamantifères

Cours d'eau provenant de terrains marécageux

Québec

Campements amérindiens

Chutes Montmorency

QUÉBEC ET SES ENVIRONS La carte, dresssée par Champlain en 1613, montre comment les premiers colons ont utilisé le site. Ils y établissent un fort, y aménagent des jardins et y cultivent le blé. Le cartographe donne aussi quelques informations importantes. Des cours d'eau ont pour source des terrains marécageux qui deviendront plus tard le faubourg Saint-Roch, une rivière, probablement celle de la Chaudière, se prête à l'exploitation de moulins, une autre possède un lit de graviers qui abondent en ce qui semble être des diamants et des campements amérindiens sont installés aux alentours. Bien que les villages iroquois disparaissent après la visite de Jacques Cartier dans les années 1540, les Amérindiens utiliseront encore ce site au cours de leurs déplacements dans la vallée du Saint-Laurent. (Les indications originales ont été remplacées.) (BNC, Ottawa)

attirant. L'illustration en page précédente, qu'a réalisée Jean-Baptiste Franquelin en 1699, montre que Québec est déjà divisée en haute et basse-villes et que des Autochtones vivent dans son voisinage.

Pour son expansion future, la ville peut compter sur deux ressources abondantes et accessibles : l'eau et le sol arabe. La pointe de terre qui entoure le cap Diamant, où la ville a été fondée, se situe à l'extrémité d'un bras de mer large et profond qui se rétrécit progressivement en amont tout en devenant moins profond. Situé à l'extrémité de l'estuaire inférieur du Saint-Laurent, Québec est la porte qui donnera accès au centre du Canada.

La nouvelle ville tire aussi avantage des baies protégées toutes proches et de la vaste cuvette située au confluent du fleuve Saint-Laurent et de la rivière

ASTROLABE DE MER permettant de déterminer la hauteur des astres en mer. Réplique réalisée d'après un original trouvé près de Cobden, en Ontario, en 1867, qui aurait appartenu à un explorateur français du XVIIe siècle. (MCC 77-401)

Saint-Charles. Bref, toutes ces caractéristiques font de Québec l'endroit idéal pour l'établissement d'anses à bois, de moulins, de chantiers navals et de grands quais pour l'exportation et l'importation de matières premières et de produits manufacturés.

L'escarpement qui entoure la haute plaine est propre à décourager une attaque ennemie, tout en permettant une surveillance stratégique des activités fluviales. Sur l'étroite bande de terre, au pied de la falaise s'est installé un groupe de commerçants très actifs. Et c'est sur les terres situées entre la Saint-Charles et la partie nord du promontoire, faites d'alluvions charriées par la rivière, qu'est établi le faubourg Saint-Roch. Mais la nature boueuse du sol occasionne d'inévitables problèmes de logement et de transport.

Le promontoire de Québec est surmonté d'un long plateau, large d'environ 1,5 km. Il part de la pointe sud-est de la ville et remonte loin en amont du fleuve. Cette plaine élevée, sèche et relativement plate, est un emplacement naturel pour l'expansion urbaine future. Elle convient tout à fait à la construction d'habitations,

de fortifications et de routes pour relier Québec à l'arrière-pays et à des villes comme Trois-Rivières et Montréal[1].

Image et réalité

QUÉBEC

Reine de l'Occident! – sur un trône de roc,
Durement figée dans ta solitaire grandeur,
Dans ta redoutable majesté tu demeures seule,
Toi que la Nature, d'une main de maître, a ornée.
Le monde n'a pas autant reçu — tout un héritage que
le tien!
Beauté éternelle, force, puissance sans pareil.

Susanna Moodie, 1832[2]

Que le site de Québec soit vraiment magnifique, le poème de Moodie le dit éloquemment. Les visiteurs, en particulier les immigrants, sont impressionnés par la splendeur dc cette ville qui représente pour eux l'espoir d'une vie meilleure dans un nouveau pays. Mais l'idéalisation, en pareil cas, est bien compréhensible si l'on tient compte des espérances que les voyageurs entretiennent après une longue et difficile traversée. Ils ignorent presque tout de l'ancienne

VUE DE QUÉBEC en 1781 montrant quelques-unes des baies protégées près de la ville. (Aquarelle de J. Peachey.) (ANC)

L'HIVER, toujours long à Québec, a été exceptionnellement rude en 1816, année où le *Lady Hamilton* est surpris par les glaces à l'embouchure de la rivière Saint-Charles. En cette « année sans été », l'Est de l'Amérique du Nord connaît une période de froid sans précédent. Un ministre presbytérien, M. Sparks, note dans son journal, à la date du 8 juin, qu'il fait singulièrement froid et que le sol est couvert de neige. Voir la préface de C.R. Harington dans Carol Thiessen, *Journal de météorologie*, Musée national des sciences naturelles, Ottawa, 1987. (ROM)

---

capitale française, mais nombre d'entre eux ont déjà entendu parler de la fameuse bataille des plaines d'Abraham et connaissent un peu le rôle que joue la ville dans les affaires internationales. Bref, pour les voyageurs épuisés, Québec est une forteresse puissante, dominant un fleuve majestueux. Elle est un symbole de beauté et de civilisation.

Splendeur qui perd vite de son éclat quand les visiteurs parcourent les rues de la ville. Les commentaires recueillis par Moodie montrent que leurs premières impressions ont changé au moment de leur retour à bord du bateau. La ville «était un trou sale qui paraissait bien mieux du bateau que de la grève[3]», remarque-t-on. D'autres voyageurs, comme les employés du négociant en bois Philemon Wright, disent combien ils préfèrent vivre à Hull, dans la vallée de l'Outaouais. Même réaction chez Peter Miner, le secrétaire de Wright, pour qui Québec est «un trou puant[4]». Les journaux d'autres voya-

geurs[5] reprennent les mêmes plaintes au sujet de l'état lamentable des rues et de l'aspect peu séduisant des bâtiments. Les gens sont donc souvent déçus après leur passage à Québec : ils n'ont pas trouvé la ville attrayante dont ils rêvaient, la cité qu'ils savent bâtie sur un site stratégique, tant du point de vue militaire que commercial.

En réalité, Québec ne possède ni la splendeur architecturale des villes européennes ni la grandeur de certaines métropoles américaines. À la fin du XVIIIe, elle est encore une agglomération relativement petite. Malgré un emplacement impressionnant et une histoire riche en légendes, Québec ne connaîtra pas de changement important avant le début du XIXe siècle. La vieille cité ne sera reconnue comme une véritable ville que lors de son accession, en 1832, au statut de municipalité. Cette reconnaissance coïncide d'ailleurs avec une augmentation de sa population.

1. Les renseignements topographiques proviennent des sources suivantes : Raoul Blanchard, *L'Est du Canada français*, «Province de Québec», Institut scientifique franco-canadien, Montréal, Beauchemin, 1935, II, 5e partie : 157, 160; Jean-Marie Roy, «Québec, esquisse de géographie urbaine», *Le géographe canadien*, Association canadienne des géographes, n°2, 1952 : 83-86; Clément Brown, *Québec, croissance d'une ville,* Québec, Les Presses de l'Université Laval, s.d. : 9-12; Allana Gertrude Reid, *The development and importance of the Town of Quebec*, thèse de doctorat, Université McGill, 1950 : 9-12.

2. *Roughing it in the bush (fac-similé),* Toronto, Coles Co., 1974 : 39. (Traduction)

3. *Ibid.* : 42.

4. P. Miner à P. Wright, 27.7.1813, ANC, MG24-D8, II : 269. Thomas Bingham, autre employé de Wright, parle de Québec à P. Wright (22/11/1813, ANC, MG24-D8, II : 325) comme d'un « endroit déplaisant ». Laurie Peel a étudié la correspondance de Philémon Wright dans le cadre d'un projet commun du Musée canadien des civilisations et du Musée des Grandes rivières.

5. Selon un auteur anonyme décrivant Québec en 1840, les bâtiments publics sont «excessivement laids» (*Hochelaga or England in the New World,* Eliot Warburton, dir., Londres, H. Colburn, 1846, I : 81).

Le contexte

Flâner le long des rues étroites et tortueuses de Québec, c'est comme remonter dans le temps. Maisons de pierre aux magnifiques portes peintes, églises au style recherché et aux flèches majestueuses, petites places et statues érigées en l'honneur d'ancêtres illustres, restaurants qui sont un plaisir tant pour l'oeil que pour le palais, ce ne sont là que quelques-unes des attractions qui ajoutent au charme de cet endroit unique. Les visiteurs de la placc Royale, dans la basse-ville, se rappelleront que Québec était autrefois le coeur de la Nouvelle-France, le bastion de la civilisation française dans le Nouveau Monde.

La plupart des Canadiens ont entendu parler de la bataille des plaines d'Abraham de 1759, à l'issue de laquelle les Britanniques revendiquèrent la victoire sur l'armée française. Or, la ville de Québec est aujourd'hui si bien identifiée à la culture «française» que bien peu d'entre nous se rendent compte de l'influence extraordinaire que les Britanniques ont exercée, à divers niveaux, sur son développement. Quand l'armée britannique rentre en Angleterre en 1871, la population de Québec est toute imprégnée de la présence anglo-saxonne. Une présence qui a non seulement transformé les rues, les maisons et le paysage urbain,

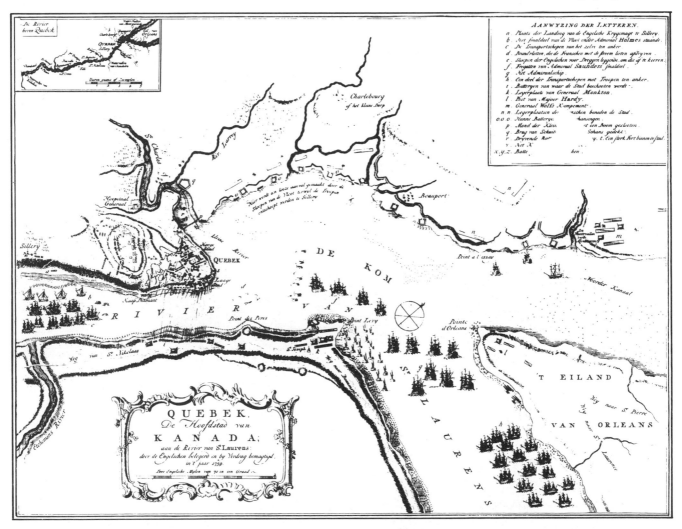

PLAN DU SIÈGE DE QUÉBEC datant de 1759, publié dans quelques capitales européennes. Cette version d'origine hollandaise est une copie d'un plan dessiné en 1760 par T. Jeffery et publiée en 1769 par I. Tirion. Elle indique, entre autres faits saillants, le bombardement de Québec depuis Lévis, où l'armée britannique, commandée par le général Wolfe, a installé des mortiers d'une longueur d'environ 80 cm et d'une portée d'environ 5 km. On y aperçoit aussi la puissante force navale britannique placée sous les ordres du vice-amiral Saunders : 11 bâtiments de ligne, 6 frégates et sloops, 2 navires chargés d'explosifs, 1 brûlot ainsi que de nombreux transporteurs de troupes. Tous ces bateaux ont franchi les dangereux passages du fleuve avec l'aide de pilotes faits prisonniers ou au moyen de bateaux-sondes que dirige James Cook. (Collection privée.)

mais qui a aussi profondément influencé les activités journalières et les usages quotidiens des habitants.

Sous le régime britannique, la petite ville, que l'on définit comme une communauté de moins de 8 000 habitants, devient un centre urbain important. Elle affronte du même coup les problèmes associées aux grandes villes. Entre 1765 et 1832, alors qu'elle est administrée par une institution d'origine britannique, la «Commission de la paix», Québec se transforme et acquiert son nouveau statut. Durant cette période, l'augmentation de la population amène les autorités à créer de nouvelles zones d'habitation qui se distinguent de la vieille ville, plus particulièrement de la haute ville où règnent de bonnes conditions de vie. Le début du XIXᵉ siècle voit naître deux mouvements qui caractériseront plus tard les centres industriels. Tout d'abord, ouvriers et marins britanniques se retrouvent plus nombreux dans la basse-ville et dans les nouveaux quartiers Saint-Jean et Saint-Roch. Par la suite, la présence de plus en plus importante dans la basse-ville de ces deux mêmes groupes, auxquels s'ajoutent les immigrants irlandais, provoque une migration progressive des commerçants vers le plateau. Ces mouvements ont pour effet de créer une démarcation socio-économique et ethnique qui divise la ville. En 1820, Saint-Roch devient le premier quartier urbain au Canada dont la majorité de la population

Viens, chien qui sait tuer et risquer ta vie,
Viens, suis le héros qui s'en va à Québec;
Monte à bord des bateaux, toutes voiles dehors,
Paie tes dettes au tavernier en prenant tes jambes à ton cou
Et celui qui aime se bagarrer sera bientôt combler;
Wolfe est à notre tête, les gars; nous leur en ferons voir de toutes les couleurs.

Nos troupes doivent remonter le fleuve Saint-Laurent.
Au son de la marche des Grenadiers, nous les ferons danser.
Nous nous sommes emparés de Cap-Breton, nous nous rendons maintenant
Jusqu'à la capitale pour leur donner un autre oeil au beurre noir.
Vaudreuil, en vain tu te donnes un air bourru —
Ils arrivent ceux qui savent t'en faire voir de toutes les couleurs.

LE PATRIOTISME inspire souvent les hommes de troupe britanniques. Le texte ci-dessus (en traduction) a été composé par le sergent Edward Botwood du 47ᵉ régiment d'infanterie. (W.T. Waugh, *James Wolfe man and soldier*, Montréal, Louis Carrier & Co., 1928 : 210-211.)

appartient à un même groupe social et ethnique : des familles ouvrières de langue française.

L'impérialisme britannique exerce une influence considérable sur l'économie de la ville ainsi que sur

NAVIRE DE GUERRE BRITANNIQUE DEVANT QUÉBEC, vers 1765. (RMO)

son développement social[1]. Facteur déterminant dans les relations entre groupes sociaux et ethniques, cet impérialisme favorise la carrière des entrepreneurs de langue anglaise et empêche la formation d'une administration municipale. Pendant plus de soixante ans, un groupe restreint de commerçants influents et d'administrateurs impériaux dirige la Commission de la paix. En confiant les rênes du gouvernement local aux négociants britanniques, ces administrateurs privilégient les stratégies commerciales pour développer la ville. Pareilles décisions engendrent des effets négatifs sur le bien-être de la population locale. C'est ainsi que le mercantilisme des autorités fait que les habitants de Québec dépendent, d'une unique ressource, le bois, et que la vie économique se trouve exposée aux fluctuations des prix sur les marchés étrangers. Qui plus est, le prix élevé des produits fabriqués en Angleterre transforme ceux-ci en articles de prestige que convoitent les citadins. Ces articles ne représentent-ils pas un niveau de vie supérieur? Résultat : la population urbaine fait face à des conditions d'emploi irrégulières et devient tributaire des biens importés pour satisfaire à ses besoins quotidiens.

Pour connaître le développement de Québec et la réaction de ses habitants face à l'impérialisme britannique, l'historien doit examiner les structures de l'ancienne ville et ses pratiques, tant politiques, sociales, qu'économiques. Il éclairera ainsi d'un jour nouveau les thèmes familiers de l'historiographie canadienne. En établissant, par exemple, que les activités commerciales de la ville obéissaient à des principes capitalistes, l'historien alimente le débat sur l'existence, ou non, d'une société féodale au Bas-Canada. Or, ce type de société ayant laissé peu de traces à Québec même, les chercheurs peuvent vérifier l'à-propos de cette question dans le milieu rural[2]. Les réalisations des entrepreneurs de Québec, tant vantées, notamment, par l'historien Donald Creighton, perdent beaucoup de leur éclat quand on examine leurs effets à long terme sur le développement de la ville[3]. Ainsi, les commerçants anglophones de l'époque s'opposent aux efforts entrepris pour assurer la planification urbaine; ils utilisent la Commission de la paix pour satisfaire leurs ambitions personnelles et encouragent peu les manufactures locales. Ils forment une force traditionnelle, quelquefois réactionnaire, qui cherche surtout à faire des profits rapidement. Un autre problème reçoit aussi un nouvel éclairage, celui de la lutte menée par les commerçants anglophones pour obtenir la mainmise politique sur la colonie : ne se rend-on pas compte que ces derniers dominent les affaires locales, et souvent de manière autocratique?De même, la question du gouvernement colonial est resituée dans une juste perspective quand on prend en considération le niveau de pénétration des produits et coutumes venus d'Angleterre dans la population de Québec; écrasés par l'arrogance du pouvoir britannique et de sa domination économique, les dirigeants «canadiens[4]» cherchent alors non seulement à assurer le gagne-pain de leurs compatriotes, mais aussi leur dignité et leur culture.

Pour qu'elle retrouve sa réelle valeur, du moins en partie, l'histoire de la ville de Québec doit être envisagée globalement. Les références aux années qui précèdent et suivent la période 1765-1832 permettent de replacer cette histoire dans son contexte. C'est pourquoi les différentes étapes du développement de Québec sont ici analysées à la lumière de l'histoire d'autres villes. Bien que cette approche permette d'obtenir une vue critique sur l'évolution de Québec, le manque de données sur les autres villes ne permet pas de faire des comparaisons poussées ni, par conséquent, d'établir des critères d'analyse. Ce problème, bien que sérieux, n'empêche nullement l'historien de rechercher une base de comparaison qui puisse servir de mesure à ses travaux.

L'abondance de la documentation publiée par nombre de spécialistes des sciences humaines permet d'analyser l'histoire de Québec et de ses relations avec Montréal et le Bas-Canada. Depuis un siècle, en effet, historiens, géographes et économistes se penchent sur l'histoire des villes de Québec et de Montréal. Quant au Bas-Canada, il est le sujet préféré de nombreux historiens canadiens des plus éminents. Conscient de l'énorme dette contractée envers ces auteurs, nous nous proposons, dans le présent ouvrage, d'identifier les forces spécifiques qui ont exercé une influence sur Québec au cours d'une période critique de son histoire.

Notes

1. Dans le présent ouvrage, on ne parle d'impérialisme que dans son sens le plus large, soit celui du contrôle d'un pays par une puissance étrangère, ce contrôle reposant sur des motifs économiques, religieux et politiques. La colonisation de la Nouvelle-France et du Bas-Canada résulte de toutes ces causes, certaines parmi celles-ci prenant parfois le pas sur d'autres. C'est ainsi que, sous le régime britannique, la politique et l'économie prévalent sur la religion quand il s'agit d'assurer le contrôle de la ville de Québec. Car le Canada est jugé important du fait de sa situation stratégique, de ses ressources et de ses marchés. Québec, quant à elle, est considérée comme un poste militaire important ainsi qu'un port où, d'une part, arrivent les produits fabriqués en Angleterre et d'où, d'autre part, partent les matières premières de la colonie. À cette époque, Québec fait partie du système dit «mercantile», que l'on peut définir comme une structure économique d'encouragement à la production de matières premières par la colonie, d'une part, et à la consommation de produits manufacturés dans la mère patrie, d'autre part. En d'autres mots, il devient plus pratique et plus profitable pour les colons d'acheter des produits britanniques plutôt que d'implanter leurs propres manufactures. Pour une définition de l'impérialisme, consulter Robin W. Winks, *British imperialism*, New York, Holt, Rinehart & Winston, 1963 : 7, ainsi que l'introduction et la conclusion de D.K. Fieldhouse, dir., *The theory of capitalist imperialism*, Londres, Longman, 1967.

2. Les traits capitalistes de l'organisation du travail (dont certains sont présentés brièvement dans l'étude de Jean-Pierre Hardy et David-Thierry Ruddel, *Les apprentis artisans à Québec, 1660-1875*, Montréal, Presses de l'Université du Québec, 1977 : 87-91) seront analysés dans une monographie que prépare D.-T. Ruddel et qui porte précisément sur le capital et la main-d'oeuvre dans le Bas-Canada.

3. Le texte qui suit donne une bonne idée des éloges qu'adresse Creighton aux négociants britanniques et de son dénigrement à l'endroit des francophones : «L'instinct anglais du XIXe siècle, animé par le désir d'expansion, le besoin de prospérité et l'habitude d'entreprendre de grands projets commerciaux et financiers, se heurta violemment au conservatisme économique propre aux Français, à leur prudence mesquine et à leur économie peu audacieuse» («The struggle for financial control in Lower Canada, 1818-1831 », *CHR*, juin 1931 : 121; traduction.) Voir aussi «The commercial class in Canadian politics, 1792-1840», *Papers and proceedings of the Canadian Political Science Association*, V, 1933 : 49 et suiv. Pour une bibliographie des écrits économiques de Creighton, consulter J.S. Moir, dir., *Character and circumstances. Essays in honour of Donald Grant Creighton*, Toronto, Macmillan of Canada, 1970 : 235-239. Jean-Pierre Wallot a fourni un résumé critique des points de vue des historiens sur le rôle qu'ont joué les commerçants britanniques et les dirigeants canadiens dans son livre *Un Québec qui bougeait*, Montréal, Boréal Express, 1973 : 143-148.

4. Tout au long de l'ouvrage, le terme «Canadien» désigne les membres de la majorité francophone du Québec. Seul un petit nombre d'anglophones s'identifiait comme "Canadian", la plupart préférant être reconnus comme citoyens britanniques.

Chapitre premier

Population et société

Introduction

C'est par son milieu géographique et sa population qu'une ville se distingue d'une autre. Étant donné l'importance du transport par voie d'eau, on comprend que l'établissement de Québec au bord de l'un des plus grands fleuves navigables de l'Amérique du Nord ait marqué la croissance de cette ville et le peuplement de la région. À la présence du fleuve s'ajoutent encore d'autres caractéristiques physiques qui ont influé sur le développement de la ville, comme les conditions climatiques et les richesses naturelles.

Tant de facteurs ont des effets importants sur la population qui croît petit à petit sur les rives du Saint-Laurent. Le fleuve, par exemple, bien qu'il soit une voie d'accès vers l'Europe, symbolise aussi la dureté des éléments naturels que les habitants de cette ville du Nord doivent subir six mois par année. Le climat de Québec et son isolement de l'Europe en font une ville inhospitalière pour les colons européens, habitués à un climat plus doux et à des relations quotidiennes diversifiées. La circulation fluviale marque profondément la colonisation. En effet, aucune zone tampon ne protège la population des maladies et des armées étrangères. Maladies et conflits ont un effet dévastateur sur la ville et ses habitants. Ce fleuve où ils puisent une partie de leur alimentation et qu'ils utilisent pour le transport et le commerce, ce fleuve est également pour eux source de danger.

Les structures socio-culturelles dont se dotent les habitants de Québec sont déterminées par la petite taille de la population ainsi que par le climat et l'étendue du territoire dont elle tente de tirer parti, par les diverses méthodes qu'elle emploie pour exploiter les richesses naturelles voisines et par la nature du pouvoir impérial en place. Certes, les périodes de piètre développement économique, les épidémies et les guerres expliquent en partie la croissance démographique relativement lente de Québec par rapport aux villes américaines. Mais les principales raisons à l'origine de cet état de choses demeurent le taux brut de mortalité très élevé et l'absence d'un arrière-pays bien développé.

Les structures sociales de Québec résultent de l'interaction entre le pouvoir impérial, le milieu géographique et les colons de la Nouvelle-France et du Bas-Canada. Le désir des Européens de décourager l'industrie locale mais d'exploiter plutôt les richesses naturelles du continent nord-américain provoque le dispersement de la petite population blanche sur un vaste territoire, empêchant ainsi la création d'une économie urbaine diversifiée. On assiste donc à l'apparition d'une société organisée selon des critères d'ordre administratif et économique qui obéissent aux préceptes impériaux. Les couches sociales et l'inégalité économique reflètent étroitement l'attitude que les habitants entretiennent à l'égard des stratégies impériales arrêtées par les élites française autant que britannique.

L'appartenance ethnique compte pour beaucoup puisqu'elle indique la relation de l'individu à sa mère patrie. À mesure que la présence britannique s'intensifie à Québec, la langue contribue de plus en plus à déterminer la place des individus au sein des structures coloniales. Les affinités naturelles existant entre les deux élites et la nécessité dans laquelle se trouvent anglophones et francophones d'échanger des services permettent de vaincre les obstacles d'ordre linguistique. Mais deux sociétés finissent par s'organiser de façon quasi parallèle, selon le statut social et l'affiliation linguistique de leurs membres.

1. Considérations sur la population

Il vaut mieux laisser aux spécialistes le soin d'étudier la démographie historique. Toutefois, puisque cela recouvre des questions d'une grande importance pour notre compréhension du développement de Québec, il faut procéder à une recherche préliminaire sur la population coloniale ainsi qu'à un examen rapide du contexte global. Comme il existe peu d'études démographiques relatives à la ville de Québec à la fin du XVIIIe siècle et au début du siècle suivant et que les analyses comparatives de populations coloniales sont rares, l'examen qui suit risque de demeurer théorique et peu concluant.

Une des raisons principales qui empêchent les chercheurs de tirer des conclusions définitives en ce domaine tient à la nature incomplète et peu sûre des sources. Les historiens qui étudient l'évolution démographique déplorent le manque de données sur chaque pays en particulier, données qui permettraient de jeter les bases d'études comparatives. Heureusement pour les historiens du Québec, les registres paroissiaux fournissent matière à établir des calculs approximatifs en ce qui concerne divers aspects de la population[1]. Il n'existe pratiquement pas de données démographiques sur Québec pour la période allant de la fin du XVIIIe siècle à 1831. Si les dénombrements effectués par les curés représentent un apport certain, on ne peut vraiment s'y fier car le nombre de protestants et de militaires y est grandement sous-estimé. Il existe des références générales portant sur l'histoire médicale de la province de Québec mais elles n'établissent pas de corrélation entre les épidémies et le taux de mortalité. Signalons, toutefois, que même si les sources premières étaient complètes et précises, la collecte et l'analyse des données exigeraient un travail immense.

Nous avons basé l'examen de notre sujet sur des sources secondaires, n'utilisant les sources premières que pour la ville de Québec. Comme les données démographiques et la situation générale des pays cités à des fins comparatives diffèrent souvent de celles de Québec, cette partie de notre analyse est plutôt conjecturale. Cependant, malgré leur caractère incomplet, les conclusions que nous en tirons constituent un point de départ utile pour envisager l'histoire de cette ville.

Croissance de la population : contextes européen et américain

Certains pays européens, en particulier l'Angleterre, subissent d'importantes transformations industrielles et urbaines à la fin du XVIIIe siècle et au début du siècle suivant. C'est probablement en Angleterre que l'évolution urbaine est la plus rapide. Au début du XIXe siècle, un cinquième de sa population habite dans des villes de 10 000 habitants et plus[2]. S'il est vrai que la concentration de la population en Grande-Bretagne mène à une croissance industrielle plus étalée que dans les autres pays, des villes comme Paris et Amsterdam connaissent aussi ce genre d'expansion, quoiqu'à une échelle moindre.

Au Canada et aux États-Unis, l'urbanisation se réalise sur une grande échelle au cours de la période comprise entre 1870 et 1920[3]. Avant 1870, on ne trouve de grandes villes que dans l'est de l'Amérique du Nord, surtout aux États-Unis. Dans les deux pays, l'expansion urbaine est donc modeste jusqu'à ce qu'on atteigne les dernières années du XIXe siècle. Les centres urbains grandissent plus rapidement dans les treize colonies américaines qu'en Nouvelle-France, bien qu'aucune ville, à l'exception de Philadelphie, ne

puisse rivaliser avec Londres. En 1776, Philadelphie devient, avec ses 40 000 habitants, la deuxième ville de l'empire britannique[4].

De 1743 à 1775, la population globale des cinq premières villes américaines (Philadelphie, New York, Boston, Charles Town et Newport) double presque, passant de 53 382 à 104 000 habitants[5]. De 1700 à 1775, la population des treize colonies grimpe de 144 000 à 1 260 000 habitants; une telle croissance réduit la proportion établie en 1700 (20 Britanniques pour 1 Américain) à 3 pour 1[6]. Cette situation a pour effet d'accroître la confiance des colons en leur avenir. Plus encore, la croissance démographique, surtout urbaine, fournit les bases de l'expansion industrielle et permet la production d'articles pour le marché national et international. Les fabricants américains peuvent dès lors concurrencer les marchands qui importent des produits britanniques. Les villes fournissent les services nécessaires au traitement des produits, à leur entreposage et à leur transport, depuis la production jusqu'à la consommation[7].

L'attrait de la vie citadine est telle que, à la fin du XIXe siècle, seule la population de Londres dépasse celle des plus grandes villes américaines[8]. L'accroissement de la population contribue à la création de l'un des pays les plus urbanisés et industrialisés du monde. Comme les villes européennes toutefois, les villes américaines éprouvent des problèmes de logement, de surpopulation et de mortalité infantile élevée.

Comparé à celui des États-Unis, le taux d'urbanisation au Canada paraît modeste[9]. En effet, l'impossibilité pour les colons canadiens de s'émanciper économiquement de la France d'abord, de la Grande-Bretagne et des États-Unis ensuite, s'explique en partie par la taille relativement petite de leurs centres urbains et par les grandes distances qui séparent ces derniers. Les villes importantes n'ayant pas de grands marchés et l'arrière-pays n'étant pas peuplé, on importe des produits de la mère patrie; de son côté, celle-ci limite le nombre d'industries susceptibles de concurrencer les rivaux d'outre-mer et des États-Unis.

Québec et Montréal dans un contexte plus global

Même si Montréal et Québec sont les villes les plus grandes de la Nouvelle-France, leur population ne dépasse pas celle des villes de deuxième importance dans les treize colonies. Dans les années 1740, le total approximatif des populations combinées des deux villes, qui s'établit entre 9 000 et 10 000 habitants, est inférieur à la population d'un des trois grands centres urbains américains[10]. La population de la Nouvelle-France, qui est d'environ 55 000 habitants, ne représente qu'un sixième de la population des treize colonies américaines et égale presque le total de la population des cinq plus grandes villes américaines. En

1744, 16 p. 100 des colons de la Nouvelle-France habitent à Québec et à Montréal, alors que 4,5 p. 100 des colons américains vivent, en 1730, dans des villes de 8 000 habitants et plus. Mais, malgré son pourcentage élevé de citadins, on ne peut dire que la Nouvelle-France soit vraiment urbanisée. Au début du XVIIIe siècle, Montréal et Québec servent encore de ports pour la pelleterie et de centres administratifs pour la colonie. Il manque à la Nouvelle-France la diversification urbaine et la base industrielle que possèdent les treize colonies.

La Nouvelle-France prenant de l'expansion, l'excédent des produits de la pêche, des forêts et de l'agriculture est exporté vers la mère patrie par le port de Québec : bois, goudron, viande de porc, farine et fourrures sont échangés contre des produits français[11]. Ces importations sont rendus nécessaires, le nombre restreint d'artisans de la Nouvelle-France suffisant à peine à répondre aux besoins élémentaires de la colonie[12]. On ne peut guère considérer le Québec du XVIIIe siècle comme autosuffisant; sa production agricole, par exemple, ne répond pas aux besoins alimentaires de la région. Des articles importés de France auraient pu être fabriqués dans la colonie, mais les coûts de production, dans la plupart des cas, auraient dépassé le prix de l'article importé. Il manque à la colonie les ressources, l'équipement et le savoir-faire nécessaires à l'implantation de certaines industries. Les centres urbains et les industries, limités dans leur croissance, restent tributaires d'une seule entreprise d'importance qui, à son tour, freine la croissance. Une telle situation a un effet considérable à la fois sur la composition de la colonie et de ses villes et sur la capacité de ces dernières de concurrencer les villes américaines.

Avant le début du XIXe siècle, la démographie et l'industrie de Québec et de Montréal diffèrent assez peu, les deux villes et leurs environs connaissant une croissance lente. La population de Québec, par exemple, augmente d'environ 2 à 3 p. 100 au cours de la première partie du XVIIIe siècle[13]. Celle de Montréal croît aussi lentement pour atteindre environ 3 600 habitants en 1741[14], soit moins que les 5 047 habitants de Québec dénombrés en 1744. À la fin du XVIIIe siècle, la population catholique de Québec s'arrête de croître, probablement à cause de la guerre, de la stagnation économique et du taux brut de mortalité qui s'élève entre 1751 et 1784. Au début du XIXe siècle, la stagnation fait place à une croissance lente, puis à une expansion rapide entre 1805 et 1831. De la fin du XVIIIe siècle jusqu'à 1831, Québec et Montréal grandissent au même rythme; les deux villes croissent même plus rapidement que les zones rurales de la province[15]. La lente croissance de la population de Québec dans les années 1830 marque le début de l'ascendant exercé par Montréal sur la capitale; pendant la seconde moitié du XIXe siècle, la population montréalaise surpassera en nombre celle de Québec.

Au XVIIIe siècle, la croissance démographique de Québec et de Montréal vient loin derrière celle des centres urbains américains. Cependant, au cours du premier tiers du XIXe siècle, la population des principales villes du Bas-Canada se compare favorablement à celle des villes britanniques, où le taux de croissance passe de 2,3 à 5,6 p. 100, et à celle des villes portuaires de la côte est des États-Unis, où le taux passe de 6,2 à 8,5 p. 100[16]. L'accroissement total des populations de Montréal et de Québec, entre le début du XIXe siècle et l'année 1831, est inférieur à la croissance des villes américaines. Les populations de Québec et Montréal grimpent, dans chacune des deux villes, d'environ 9 000 à 27 000 habitants, tandis que celle de Boston et Baltimore, les deux plus petits centres portuaires parmi les villes importantes de la côte est américaine, passe respectivement de 24 937 et 26 514, en 1800, à 61 392 et 80 620[17]. Ces comparaisons permettent de mieux cerner les formes d'urbanisation du Bas-Canada et des États-Unis : la croissance de la population américaine au XIXe siècle, par rapport à celle des autres pays du monde, est substantielle, alors que l'augmentation totale en volume de la population des villes canadiennes reste inférieure à celle des centres urbains américains. C'est pourquoi, en 1830, la population totale de Québec et de Montréal dépasse à peine celle d'une seule métropole américaine en 1780, et ce, même après l'une des périodes de croissance les plus rapides de l'histoire des deux villes canadiennes.

Facteurs de croissance des populations

Des variations au niveau local et régional de même que des difficultés d'ordre chronologique rendent l'analyse des taux de natalité et de mortalité très

UN MARIAGE CANADIEN. Aquarelle de James Duncan, vers 1805. Certains facteurs contribuent au taux de natalité relativement élevé chez les Canadiennes, comme le fait, par exemple, qu'elles se marient assez tôt, soit vers l'âge de 20 ans. De plus, les intervalles entre les grossesses sont courts. (ROM 951 158 14)

UN ENTERREMENT est chose courante à Québec à certaines époques. Le taux brut de mortalité y est supérieur à celui de bien des villes de l'est de l'Amérique du Nord. (Aquarelle de J.P. Cockburn, années 1830.) (ROM)

difficile. Bien que l'examen qui suit repose sur des renseignements souvent disparates, il constitue néanmoins un essai d'explication de la lente croissance de la population de Québec.

Parmi les facteurs importants qui distinguent les situations américaine et canadienne, il faut mentionner un taux brut de mortalité relativement peu élevé dans les treize colonies américaines, ainsi que l'arrivée d'immigrants dans certaines régions comme New York. Le taux de natalité en Nouvelle-France et dans les treize colonies est à peu près le même[18]. De plus, bien qu'il soit difficile de déterminer avec certitude l'âge moyen des femmes à leur mariage, les chiffres laissent croire que les différences entre les deux colonies sont insignifiantes à cet égard[19]. Si le taux de mortalité au Canada français, estimé à 30-35 p. 1 000 au début du XVIIe siècle, à 27,2 p. 1 000 entre 1761 et 1800 et à 25 p. 1 000 entre 1831 et 1840[20], se compare favorablement à celui de la France[21], il est toutefois supérieur à celui des colonies américaines (estimé à 20-25 p. 1 000)[22]. Dans certaines régions des treize colonies, ce taux est considérablement plus bas qu'au Canada. Au Massachusetts, par exemple, il varie de 24 p. 1 000 dans une ville du XVIIe siècle à 15 p. 1 000 dans les communautés rurales des années 1826-1835[23].

Le taux de mortalité tant chez les enfants que chez les autres citadins apparaît lui aussi plus élevé au Canada. Au début du XVIIIe siècle, le taux de mortalité infantile est de 211 p. 1 000 pour la Nouvelle-France (de 225 p. 1 000 pour la campagne[24]). Bien que similaire à celui de la France (estimé à 230 pour 1 000)[25], le taux canadien est supérieur à celui des campagnes de la Nouvelle-Angleterre[26]. Le taux brut

de mortalité de la population canadienne de Québec dépasse légèrement celui des villes portuaires de New York et Philadelphie, mais il est largement supérieur à celui de Boston. Dans cette dernière ville, le taux brut de mortalité passe de 37 p. 1 000 au XVIIIe siècle à 21,3 p. 1 000 pour la période de 1826 à 1835[27]. Le taux pour la population catholique de Québec à la fin de XVIIIe siècle et au début du siècle suivant passe de 42,5 p. 1 000 entre 1791 et 1800 à 42 p. 1 000 au cours de la décennie suivante, puis à 39,5 p. 1 000 entre 1811 et 1818. De 1830 à 1832, le taux grimpe à 86 p. 1 000 en raison des ravages causés par les épidémies de variole de 1830 et de choléra de 1832[28]. Les habitants de Québec semblent être plus touchés par la maladie et la mort que la population totale de la colonie, dont le taux de mortalité pendant cette même période est estimé à 25 ou 26 p. 1 000. La croissance lente de la population peut donc s'expliquer par ces deux facteurs importants : un taux relativement élevé de mortalité infantile en Nouvelle-France et à Québec (estimé à environ 300 p. 1 000 au début du XIXe siècle)[29]

LES ENFANTS représentent un bien précieux pour la colonie canadienne où, pourtant, leur survie est loin d'être assurée. Cet enfant est habillé selon la mode en vigueur à Louisbourg au XVIIIe siècle. (Pour plus d'informations sur la reproduction de costumes du Parc historique national de Louisbourg : E.M. Razzolini, "Costume research and reproduction at Louisbourg", *BHCM*, printemps 1982 : 59-65.) (Parcs Canada)

UNE CANADIENNE ET SON MARI VOYAGEUR au XVIIIe siècle, selon une interprétation du Musée canadien de la guerre, Ottawa. Avoir des enfants et prendre soin d'une famille nombreuse sont des tâches auxquelles les pionnières consacrent leurs énergies. Les difficultés que beaucoup d'entre elles endurent au cours des travaux, ménagers et autres, témoignent de leur force et de leur courage. (MCC)

et un taux brut de mortalité généralement élevé pour la ville.

Avant l'immigration massive des Irlandais en 1832, le taux de mortalité chez les Canadiens est supérieur à celui des citadins d'origine britannique. En effet, les protestants qui habitent à Québec et dans le Bas-Canada sont peu nombreux et vivent en général dans des zones urbaines ou rurales plus salubres. En outre, ces familles, qui viennent de régions fortement urbanisées et industrialisées, ont moins d'enfants que les familles canadiennes. Il est difficile d'évaluer le taux brut de mortalité de la communauté anglo-protestante québécoise en raison du manque de données précises sur les anglophones, qu'ils soient résidants permanents ou immigrants. Ce qui complique le calcul du taux brut de mortalité dans ce cas-ci, c'est la pratique du début du XIXe siècle qui consiste à enterrer marins, soldats et autres visiteurs étrangers dans les cimetières protestants, sans tenir compte de leur religion. Ajouter ces morts inscrits dans les registres paroissiaux des églises anglicanes et presbytériennes fausserait le calcul du taux brut de mortalité de la communauté anglophone permanente. Il est possible cependant de calculer ce taux chez les protestants avant 1807, date de l'expansion économique déclenchée par le commerce du bois. Avant cette date, en effet, la population citadine anglophone, de classe généralement inférieure et très mobile, reste peu nombreuse. Selon une analyse des registres des églises protestantes entre 1791 et 1800, le taux brut de mortalité s'élève à environ 33,5 p. 1 000, ce qui est inférieur au taux de la communauté francophone catholique[30].

Malgré le taux de fécondité relativement élevé des Canadiennes, la famille moyenne n'est pas exceptionnellement grande. C'est probablement à la fin du XVIIe siècle que l'on trouve les grandes familles avec en moyenne 6,7 enfants, soit avant les épidémies et le taux élevé de mortalité infantile du début du XVIIIe siècle[31]. À cette même époque, les familles montréalaises se comparent, avec 5 enfants en moyenne, à celles de la campagne française[32] au milieu du XVIIIe siècle, mais elles sont plus petites que les familles américaines qui passent de 7,5 ou 8 enfants à la fin du XVIIIe siècle à 5 vers 1830[33].

Des calculs approximatifs sur la taille des familles vivant dans la région de Québec entre 1760 et 1840 montrent que le nombre d'enfants par famille à la fin du XVIIIe siècle est de 5,2 et que celui des familles de la ville et des paroisses voisines dans le premier quart du XIXe siècle s'élève à 4,4 (tableau 5). Tandis que le nombre d'enfants en milieu rural reste en moyenne de 5 au cours des vingt premières années du XIXe siècle, celui des familles citadines catholiques augmente de 4 à 6 de 1790 à 1818, pour ensuite diminuer légèrement[34].

Selon le nombre de baptêmes et de mariages (tableau 5), les protestants, surtout ceux qui viennent d'Écosse, ont de plus petites familles que les Canadiens. Les chiffres accordent en effet entre 2 et 4,6 enfants aux couples protestants. Parmi les facteurs qui expliquent une telle situation, mentionnons l'immigration, à Québec, de citoyens britanniques baptisés ailleurs mais mariés dans une église protestante de la ville. Les chiffres provenant de l'église St. Andrew sont particulièrement bas (2 baptêmes pour 1 mariage) et peu sûrs, étant donné les nombreux vides laissés dans les registres presbytériens. En dépit du fait que certains négociants écossais de Québec aient pu souhaiter une petite famille, on peut douter que le nombre d'enfants se soit élevé à deux seulement en moyenne. Qui plus est, ce nombre est très inférieur à la moyenne de six enfants que comptent, dit-on, les familles vivant en Écosse au début du XIXe siècle[35]. Il est évident que les protestants ont moins d'enfants que les catholiques, mais la différence est probablement de 1,5 enfant par famille[36]. Toutefois, il est possible que le nombre d'enfants ait diminué plus rapidement chez les premiers. En effet, la situation financière stable de la plupart des familles protestantes vivant à Québec et leur tendance à imiter les us et coutumes des citadins britanniques (comme la limitation des naissances) contribuent vraisemblablement à la création de familles plus petites que d'ordinaire. Les anglophones qui débarquent à Québec avant l'arrivée massive des Irlandais dans les années 1830 sont généralement des gens instruits[37]. Beaucoup d'entre eux ont probablement opté pour une famille de taille réduite afin de pouvoir jouir de tous les avantages de la vie citadine.

Faible production agricole et maladies

Les crises que traverse l'agriculture, comme la perte des récoltes, affectent la santé et la longévité des habitants. Les périodes de faible production agricole ont souvent une incidence sur le taux de mortalité des habitants des villes et des campagnes. Pendant les années de vaches maigres, notamment 1769 et 1770, puis de 1779 à 1786 et de 1827 à 1829, la vie est précaire et la mort rôde[38]. Les épidémies de 1769, 1783-1784 et 1830 frappent peut-être plus fort parce que la production agricole est insuffisante ces années-là. Le déclin de la production observé entre 1779 et 1786 contribue probablement à l'épidémie dévastatrice de 1783-1784, qui est à l'origine du taux de mortalité le plus élevé de la fin du XVIIIe siècle[39]. Une crise agricole accompagnée d'une guerre et de l'arrivée massive de soldats, comme c'est le cas entre 1812 et 1814, entraîne une hausse légère du taux de mortalité.

Québec, en tant que port d'arrivée de marchandises et d'immigrants du monde entier, souffre énormément des maladies introduites de l'étranger. Dans la basse-ville, en particulier, où la population est dense, marins, soldats, prostituées et immigrants transmettent rapidement les microbes aux citadins. La ville n'est pas l'endroit idéal pour accueillir des soldats ou des marins malades, ou encore des immigrants pauvres, sous-alimentés et à peine vêtus, qui arrivent souvent au port dans un état lamentable. Les conditions d'hygiène, dont traite plus longuement le chapitre V, ne facilitent aucunement l'enraiement des épidémies : eaux polluées, ruelles débordant de détritus, corps morts flottant sur le fleuve, animaux morts ou vivants souillant les rues, fossés emplis d'urine, odeurs nauséabondes et maisons surpeuplées rendent le séjour d'un étranger malade plutôt difficile.

L'arrivée de milliers d'immigrants, en particulier après 1820, exacerbe à un tel point les conditions de vie que des mesures de prévention ne peuvent pas grand-chose pour endiguer les maladies. Jean-Baptiste Larue, inspecteur des routes, rapporte en 1832 au Conseil de la santé que des personnes «étranges, pauvres et inconnues» déposent constamment «toutes les saletés qu'elles peuvent dans les rues, en dépit des ordres [...] leur enjoignant d'arrêter[40]». Un jour, un des passages publics est tellement rempli de détritus que les employés de la voirie refusent de le nettoyer : l'inspecteur des routes le fait fermer jusqu'à ce que l'odeur disparaisse et M. Pinguet, contremaître des gardiens de l'ordre, se voit prescrire « de signaler particulièrement toute personne qui jette des saletés dans la rue[41]».

Bien que les gens de la campagne soient plus à l'abri des maladies que les citadins, les habitants des villages riverains du Saint-Laurent connaissent aussi souvent la maladie. Du XVIIe au XXe siècle, les habitants de Québec souffrent de nombreuses maladies : choléra, typhus, variole, scarlatine, fièvre jaune, rougeole, etc. Entre 1635 et 1775, des épidémies de variole se déclarent à Québec : au moins onze fois au XVIIe siècle et vingt fois au XVIII[e][42]. Une religieuse, Françoise Juchereau, décrit les effets de la variole sur les habitants de Québec au début du XVIIIe siècle :

> [...] Il n'y eut point de maison épargnée dans la ville, ceux qui conservaient leur santé ne suffisaient pas pour soulager les malades; les familles entières se trouvaient frappées [...]. La mortalité fut si grande que les Prêtres ne pouvaient suffire à enterrer les morts, et assister les mourans. On portait chaque jour les corps dans l'Église de la basse ville, ou dans la Cathédrale sans aucune cérémonie, et le soir on les inhumait ensemble quelquefois jusqu'à 15, 16, et 18[43].

On retrouve cette même description dans des lettres du XVIIIe siècle. L'épidémie est si grave en 1755 que, bien plus tard, on s'en souviendra comme de l'année de la variole. Cette maladie, introduite par des soldats arrivés par bateau à Québec, se propage jusqu'à Montréal, puis à l'ouest jusqu'au Niagara et au sud vers la Nouvelle-Angleterre, touchant autant les villes que les campagnes et même les comptoirs de traite éloignés. Cette épidémie sévit au moins jusqu'en 1757, alors qu'environ 2 500 personnes doivent être hospitalisées à Québec[44].

Les médecins de l'armée britannique en poste à Québec tentent d'enrayer la maladie dans les années 1760 en inoculant aux gens un peu de substance infectée préparée à partir d'un cas bénin de variole. Cette méthode est utilisée jusqu'au début du XIXe siècle lorsqu'un officier britannique introduit le vaccin anti-

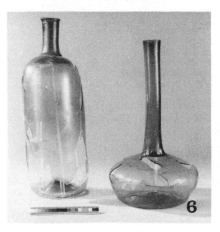

L'EAU TIRÉE DE LA SAINT-CHARLES ET DU SAINT-LAURENT, deux cours d'eau pollués, est transportée dans de grands tonneaux ou en traîneau sous forme de blocs de glace. Les citadins l'utilisent pour se laver, cuisiner et se désaltérer. L'eau est pourtant l'une des principales sources de maladie à Québec, transmettant dysenterie, diarrhée, gastrite, typhoïde et choléra.

1. Chaise percée, région de Québec. Les matières fécales sont abandonnées dans les cours et les latrines et contaminent souvent l'eau potable. Les vidanges des bateaux et les détritus des abattoirs sont jetés directement dans l'eau. (MCC)

2. Transport de l'eau en hiver vers 1840. (Aquarelle de M.M. Chaplin.) (ANC 804)

3. Baquet et bâton à linge pour la lessive, provenant de la région de Québec. (MCC 78-390)

4. Pompe à eau fabriquée par un ferblantier de la campagne, région de Québec. (MCC 77-5106)

5. Colporteur vendant de l'eau potable aux citadins de Québec, 1829. (Détail, aquarelle de Cockburn.) (ROM 942 48 85)

6. Récipients pour le transport des liquides, utilisés dans la basse-ville à la fin du XVIIIe siècle et au début du XIXe. (MAC)

7. Coupe en argent fabriquée par P.S. Lefebvre, à Québec, vers 1765. (IODA)

DES IMMIGRANTS ATTEINTS DU CHOLÉRA font la traversée jusqu'en Amérique du Nord britannique dans la cale des bateaux. Les maigres provisions de nourriture et d'eau potable, l'insalubrité et le roulis sont synonymes de souffrances et même de mort pour nombre de passagers. Choléra et typhus font des milliers de victimes. (Modèle de cale assemblé pour une exposition au Musée canadien des civilisations.) (MCC K-77-494)

variolique mis au point par Jenner en 1798. Bien que le clergé se montre favorable, dit-on, à ces deux méthodes de prévention, la population locale n'est pas convaincue. On se méfie surtout de l'inoculation par peur de voir la maladie se propager[45]. Le Parlement, pour sa part, essaie d'encourager ces mesures préventives; en 1815, une loi permet de défrayer les dépenses des médecins qui sont disposés à vacciner les gens partout dans la province. Des brochures vantant les avantages de l'inoculation sont imprimées et distribuées à la population[46].

Tant et aussi longtemps que la population ne peut se protéger convenablement, ces maladies continuent à faire de nombreuses victimes. En 1783, 1 100 habitants de Québec meurent de la petite vérole. La maladie touche aussi les villages avoisinants. En 1799, 1812, 1824, 1830 et 1832, la petite vérole sévit encore à Québec. Dans chaque cas, on croit que les soldats et les immigrants ont introduit la maladie. Les premières difficultés soulevées par l'inoculation de la petite vérole semblent toucher la population locale bien des années après; elle s'obstine toujours à refuser le vaccin[47]. Le caractère endémique de la petite vérole à Québec explique sans doute le très haut taux de mortalité que connaissent la province et la ville au milieu du XIXe siècle[48].

Même s'il ne représente pas une aussi grande menace, le typhus, qu'on appelle aussi la fièvre jaune ou fièvre des navires, est tout aussi généralisé que la petite vérole. Également arrivée avec les «vaisseaux du Roi», cette maladie frappe surtout au milieu du XVIIIe siècle. En 1740, puis de 1743 à 1746, de nouveau en 1750, 1756, 1757 et 1759, les bateaux jetant l'ancre à Québec sont le foyer d'épidémies de fièvre. En 1746, un chroniqueur local décrit la fièvre comme une maladie pestilentielle qui décime la population de Québec. Les salles de l'Hôtel-Dieu, raconte-t-il, ne suffisent pas à accueillir tous les malades et l'Hôpital Général doit ouvrir ses portes à 50 marins souffrant de ce terrible mal[49]. Cet état de choses persiste jusqu'au début du XIXe siècle puisqu'on signale un certain nombre de cas de fièvre contagieuse à Québec et à Montréal[50]. Comme par le passé, ces maladies sont transmises par les marins et les immigrants.

Bien que l'histoire du choléra soit trop complexe pour qu'on l'aborde en détail, les effets de cette maladie sur les habitants et les immigrants sont tels qu'il faut s'y arrêter[51]. Le choléra est l'une des maladies les plus terrifiantes que les immigrants aient apportées à Québec. Les années 1832 et 1834 sont marquées par des épidémies de choléra qui se propagent de l'Asie jusqu'en Allemagne, en France, aux Pays-Bas et en Grande-Bretagne avant d'atteindre Québec, apportées surtout par les immigrants irlandais. Véhiculée principalement par l'eau, cette maladie se propage dans toute la ville, entraînant la mort de plus de 3 000 personnes en 1832[52]. De peur de contracter la maladie, fermiers et paysans évitent alors Québec, faisant augmenter le prix des denrées alimentaires.

Tandis que certains membres de l'élite quittent Québec pour éviter les pires effets de la maladie, ce sont les ouvriers et artisans[53] de langue française qui en souffrent le plus, en particulier ceux des quartiers insalubres et fortement peuplés de la basse-ville et de Saint-Roch. «Certaines parties de la Cité sont constamment encombrées de gens réduits à une extrême pauvreté», rapporte un fonctionnaire au Comité de santé en 1832[54]. Il n'est pas surprenant de constater que des tavernes et des maisons de pension de la rue Champlain, «dans un état renversant de saleté et de crasse», voient mourir de nombreuses victimes du choléra : «Dans une maison de pension, 33 cas se sont déclarés; dans une autre, 14, dans une autre encore, 11, et ainsi de suite[56]». On ne sera pas surpris non plus d'apprendre que nombre d'habitants établis en permanence à Québec meurent aussi du choléra. Sont particulièrement susceptibles d'attraper la terrible maladie les charretiers qui transportent les malades et les morts, les charpentiers qui fabriquent des logis et des cercueils[57] pour les immigrants, de même que les familles d'ouvriers vivant près de l'Hôpital des Émigrés dans le faubourg Saint-Jean ou près des refuges pour immigrants dans la basse-ville, sans oublier les habitants de cette basse-ville ou de Saint-Roch dont l'eau était infectée par le vibrion cholérique.

ARMOIRE À PHARMACIE en acajou apportée d'Écosse en 1838 par George Malloch, avocat puis juge des cours des comtés de Leeds et de Grenville, renfermant bouteilles de médicaments, pots d'onguent, lancettes et instrument de mesure en verre. Les membres des professions commerçantes et libérales qui immigrent au Canada sont mieux préparés à faire face au manque de soins médicaux dans la colonie que les ouvriers irlandais débarquant, nombreux, avec «un simple petit paquet mal noué pour toute fortune». (Voir E.C. Guillet, *The great migration*, Toronto, University of Toronto Press, 1963 : 155.) (Museum of the History of Medecine, Academy of Medecine, Toronto)

La cause du choléra n'ayant pas été découverte avant la fin du XIXe siècle, la société est alors incapable de se prémunir contre la maladie. Un micro-organisme, le *vibrio cholerae,* est ingurgité soit directement avec la nourriture ou l'eau déjà infectée, soit indirectement lorsque la victime, avant de toucher aux aliments[58], entre en contact avec des vêtements, des couvertures ou des mouches contaminés. Il est évident que les mesures préventives proposées par le Comité de santé de Québec limitent le nombre de victimes du choléra[59]; citons la mise en quarantaine, l'incinération des vêtements et des couvertures des victimes et l'invitation lancée aux citoyens pour qu'ils aident les plus démunis à améliorer leurs conditions hygiéniques. En revanche, certaines pratiques courantes favorisent sans contredit la propagation de la maladie, que ce soit le transport et le traitement des personnes contaminées dans les mêmes véhicules et les mêmes lits que les blessés[60], l'utilisation d'égouts et de rigoles à ciel ouvert pour évacuer les eaux usées du haut plateau vers Saint-Roch et la basse-ville (voir le chapitre V), et le fait de jeter dans le Saint-Laurent les excréments humains provenant de l'Hôpital des Émigrés[61] ainsi que les corps des victimes du choléra [62].

Si l'épidémie de choléra de 1832 ne provoque pas de crise démographique, elle est néanmoins à l'origine du taux brut de mortalité fort élevé au début des années 1830[63]. Elle crée en outre une situation de panique qui provoque une certaine tension dans les relations socio-culturelles[64]. Les ouvriers québécois, ainsi que les immigrants, sont souvent les victimes de

circonstances contre lesquelles ils ne peuvent grand chose. Même si l'on déplore officiellement les conditions de vie lamentables de la basse-ville et de Saint-Roch et qu'on avance des propositions pour aider les ouvriers à combattre la maladie, peu de mesures sont prises pour améliorer la situation. Il est dès lors facile d'imaginer la réaction des artisans et des immigrants devant l'inefficacité des politiques, règlements et dispositions arrêtés par le Comité de santé à ce sujet. Les habitants du faubourg Saint-Jean, par exemple, s'inquiètent à juste titre de la proximité d'un hôpital rempli de malades contagieux. En dépit des assurances fournies par les médecins et les membres du Comité qui affirment que les malades traités à l'Hôpital des Émigrés ne peuvent contaminer la population du quartier[65], les habitants demeurent sceptiques.

Les réactions d'autres groupes ou institutions devant la crise sont connues. L'évêque de Québec, par exemple, proclame une journée de repentir afin que les fidèles échappent au châtiment que méritent leurs péchés[66], ce qui, en d'autres termes, signifie que les victimes du choléra sont punies du fait de leurs fautes. Pour les responsables du Comité de santé, les malades ne sont qu'ivrognes, dépravés, désoeuvrés et pouilleux[68]. Quant aux médecins, ils s'élèvent contre la décision des employés du gouvernement de ne pas confier l'administration de l'Hôpital des Émigrés au corps médical[68]. D'autres encore se demandent si l'arrivée, en 1831 et 1832, d'au moins 100 000 immi-

LE CHOLÉRA, VILLE DE QUÉBEC, 1832. Peinture de Joseph Légaré montrant des immigrants fraîchement débarqués avec leurs bagages, des malades, des corps qu'on emmène à la fosse ou à une cérémonie funèbre. Suivant les ordres du Comité de santé, que les médecins les plus avertis qualifient de ridicules, on fait brûler du goudron et certaines autres matières dites anticontagieuses dans des tonneaux, de 6h à 22h tous les jours. Impuissants devant la maladie, les médecins se prétendent tout de même assez compétents pour la traiter. Des épidémies d'une rare virulence frappent Québec et Montréal en 1832. Bien que les statistiques à ce sujet soient réputées incomplètes, on estime qu'entre 3 000 et 4 000 personnes sont victimes du choléra dans chacune des deux villes. Voir Geoffrey Bilson, *A darkened house. Cholera in nineteenth century Canada*, 5-51. (MBAC)

grants, bien souvent porteurs de maladies, n'entre pas dans le dessein de la Grande-Bretagne de soumettre le peuple canadien.

Dans une lettre à son cousin en Angleterre, l'évêque Jean-Jacques Lartigue de Montréal écrit que l'invasion du pays par des émigrants britanniques ne menace pas seulement d'en chasser les Canadiens, mais aussi d'entraîner tous les ans une diminution périodique de leur nombre à cause de la maladie[69]. Dans l'esprit de quelques dirigeants canadiens, le choléra a des implications politiques. Que les dirigeants britanniques utilisent l'émigration irlandaise à de telles fins est difficile à établir. Il semble évident, toutefois, que certains Canadiens considèrent l'arrivée de nombreux immigrants malades comme une tactique mise en oeuvre par les Britanniques dans le but de dominer les francophones. Mais quels sont les effets à long terme de l'épidémie de choléra sur la vie des habitants de la ville? Il faudrait analyser la question plus avant. Nous savons[70] que les marchands commencent à quitter la basse-ville dès qu'ils voient qu'autant de gens malades se pressent à leur porte et que l'hygiène publique aux

environs du port et à Saint-Roch laisse toujours à désirer. Certains faits donnent à penser que les artisans de langue française abandonnent de plus en plus la basse-ville au profit de Saint-Roch. Même si cela reste à prouver, il est possible que, d'une part, les résidants permanents ne désirent plus habiter dans les environs du port et que, d'autre part, étant donné l'insalubrité et le taux élevé de mortalité de Québec, les paysans soient dissuadés de s'y établir.

Parmi les maladies les plus courantes dont sont victimes les habitants de Québec, on trouve la grippe et les maladies vénériennes. Bien que diverses variétés de grippe touchent souvent Québec, on ne rapporte qu'une épidémie d'importance, celle de 1826, provenant peut-être de l'État de New York. Selon *la Gazette de Québec*, la moitié de la population souffre de la grippe cette année-là[71].

Les maladies vénériennes sont chose courante dans les ports comme celui de Québec où marins, soldats, prostituées et immigrants fréquentent les mêmes cabarets et débits d'alcool. Ces maladies constituent un

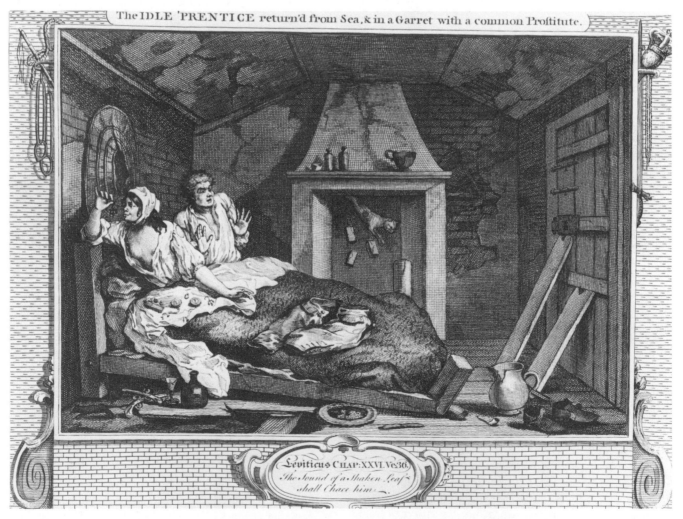

LES MARINS BRITANNIQUES ET LES PROSTITUÉES contribuent à la persistance de la syphilis et multiplient les enfants illégitimes à Québec.
(Caricature de William Hogarth, 1747.) (British Museum)

problème sérieux parmi les soldats français comme en fait foi un rapport de 1734 sur Louisbourg. Elles sont également répandues parmi les Autochtones dans les années 1740[72]. La pratique qui consiste à emmener des prostituées dans les postes de traite[73] favorise probablement la propagation des maladies vénériennes dans les rangs des voyageurs, chez les femmes autochtones et, ultérieurement, dans l'ensemble des populations blanche et amérindienne.

Une forme particulièrement grave d'une maladie qui s'apparente à la syphilis fait son apparition à Baie-Saint-Paul, un village situé à environ 100 km au nord-est de Québec, pour se propager ensuite, entre le début des années 1770 et 1786, jusqu'à Michilimacinac[74]. Les fonctionnaires et les médecins venant de l'extérieur de la région touchée parlent d'une forme de syphilis[75]; la population parle de la «maladie de Baie-Saint-Paul» ou du «mal de la Malbaie». On la désigne aussi sous d'autres noms : mal écossais, mal anglais ou maladie allemande. Tous ces noms reflètent la perception qu'ont les habitants de la possible provenance de cette maladie, ainsi que la tendance bien humaine à attribuer la cause des maux locaux à d'autres groupes ethniques.

Le «mal du pays», qui défigure sérieusement ses victimes, impressionne quiconque en entend parler. C'est ainsi qu'un jeune marchand britannique de passage dans la région en 1785-1786 fait état de son expérience :

> À la pointe du lac, nous avons repris des calèches. Tandis qu'on s'affairait à les préparer, j'ai bavardé avec Mme Parry qui, entre autres choses, m'a dit un mot du mal du pays, trouble grave dont souffrent les Canadiens. Ils l'appellent le mal anglais, bien que ce soient les Français qui l'aient apporté. Il s'agit d'un mal contagieux, à tel point en fait que si vous marchez sur de la salive infectée en allant au lit nupieds ou si vous buvez au même verre qu'eux et ainsi de suite, vous êtes certain de l'attraper et, si les traitements appropriés ne sont pas dispensés dès le début, il peut entraîner les pires conséquences. Nombre d'entre eux perdent leur nez, et où qu'il frappe le mal laisse de grandes marques une fois guéri. J'avais grand faim et je me réjouissais à la pensée de prendre un bon petit déjeuner avant d'entendre cette histoire. Mais cela m'a tellement dégoûté que je n'ai plus l'intention de manger quoi que ce soit en cours de route[76].

Le docteur Badelard, l'un des premiers médecins dépêchés dans la région de Baie-Saint-Paul en 1776 pour traiter la maladie, affirme que celle-ci s'est développée à partir d'un seul couple et qu'elle se propage dans la population depuis longtemps. Selon certaines

traditions populaires, ce sont les Amérindiens ou les troupes écossaises qui l'ont introduite[77]. Comme elle ne se transmet pas seulement par les contacts génitaux, les enfants aussi bien que les adultes en sont atteints. Pensant avoir affaire à une forme de syphilis et dégoûtés par l'aspect repoussant de la maladie, nombreuses sont les personnes atteintes qui cherchent à dissimuler leur état le plus longtemps possible. D'autres, assimilant le mal à une sorte de vérole, ont recours aux remèdes habituels[78]. En raison de sa nature hautement contagieuse, la maladie se répand dans tout le pays.

C'est en des termes qui semblent exagérés que le docteur Charles Blake décrit son mode de propagation :

> Les habitudes des Canadiens en facilitent de diverses manières la propagation; ils utilisent la même tasse, boivent au même seau, empruntent souvent la pipe des uns et des autres, mastiquent la nourriture de leur bébé avant de la recracher dans sa bouche; ils crachent constamment sur le plancher qu'ils ne nettoient jamais et, en règle générale, la classe laborieuse n'a que faire de la propreté : toutes ces façons d'agir favorisent la propagation et la constance de la maladie, laquelle peut apparaître partout où la peau présente des fissures[79].

Pour le docteur James Bowen, chirurgien chargé d'enrayer l'infection, l'habitude qu'ont les hommes de fumer la même pipe, la pratique des familles paysannes qui consiste à manger, boire et dormir ensemble, ainsi que le manque de propreté compromettent en grande partie les efforts qu'il déploie pour guérir les malades[80]. Bien que les paysans canadiens sont reconnus pour leur propreté, il est évident que certaines pratiques domestiques du XVIIIe siècle encouragent la propagation de divers types de maladies, dont celle de Baie-Saint-Paul.

L'État et les médecins militaires comptent sur les curés de la région pour convaincre les paysans de se faire traiter. On raconte que ces prêtres rendent de grands services lorsqu'il s'agit d'amener les familles de cultivateurs à accepter l'aide des médecins. Certains prêtres demandent même de plus amples informations pour leur bénéfice personnel et celui de la population[81]. Fortement impressionné par l'aide et les connaissances médicales des curés, le docteur Bowman écrit : «Peu de régions de cette province peuvent s'enorgueillir de la présence de personnes pratiquant la médecine ou la chirurgie qui soient plus instruites que les prêtres, et lorsque la situation contraire se présente, ces derniers pourraient fort bien devenir plus érudits que leurs médecins[82]».

Suivant les rapports des prêtres en 1785-1786, le docteur Bowman administre des médicaments à plus

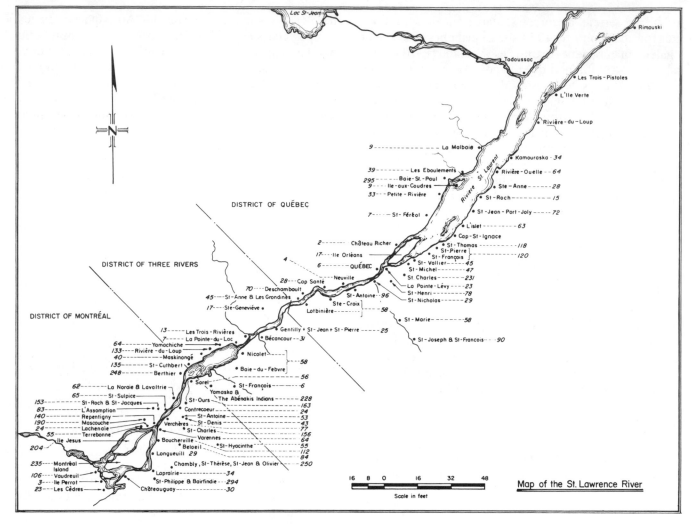

Map of the St. Lawrence River

LA MALADIE DE BAIE-SAINT-PAUL fait, en 1785, 5 801 victimes, selon la liste établie par le médecin du gouvernement, le docteur Bowman. La maladie se manifeste surtout en milieu rural; seulement 6 cas sont signalés à Québec, 13 à Trois-Rivières et 24 à Montréal. Selon le médecin, «aucune progression» de la maladie n'est à signaler parmi les Nipissings et les Algonquins, bien qu'elle touche les Abénaquis. Aujourd'hui encore, nous ignorons s'il s'agissait d'une maladie vénérienne ou autre, ou d'une combinaison des deux. La fréquence plus grande de la maladie dans certaines régions reste également à étudier. Frances Saunders, des MNC, a dressé la carte ci-dessus à partir d'une carte du Bas-Canada dessinée par S. Holland en 1802 et d'une autre situant les paroisses à la fin du régime français. Cette dernière carte se trouve dans l'ouvrage de Marcel Trudel, *Atlas de la Nouvelle France*, Québec, Presses de l'Université Laval, 1968 : 182.

de 6 000 personnes de part et d'autre du Saint-Laurent[83]. Comme la maladie sévit alors depuis au moins dix ans, le nombre de malades est considérable. Bien que l'on ignore presque tout des conséquences à long terme de la maladie sur la population, et plus particulièrement sur la natalité, on sait que tout en affaiblissant la santé d'une grande partie de la population, elle n'entraîne pas une hausse notable de la mortalité[84].

Jusqu'à quel point les maladies vénériennes sont-elles répandues au Québec à la fin du XVIIIe siècle et au début du siècle suivant? Les statistiques relatives à cette période ne sont pas fiables, mais nous savons que ces maladies touchent tous les groupes sociaux, des immigrants jusqu'au lieutenant-gouverneur. Voici comment un marchand décrit, en 1789, les effets de la «vérole française» – nom donné par les anglophones à la syphilis – sur un chef militaire en vue de Québec :

> Le général Hope, lieutenant-gouverneur de la province, est mort ce matin à trois heures. [...] Tous ceux qui l'ont connu reconnaissent en lui le plus bel homme de son temps, un bon soldat et un bon sujet, et plus particulièrement un favori des Canadiens et des Indiens. Mais il est également un exemple terrible des conséquences d'une vie de débauche. Il avait une femme en Angleterre, mais avant son dernier voyage là-bas, il vivait ouvertement dans l'adultère avec la femme d'un dénommé Frémont, un marchand français. [...] On a rapporté qu'il était victime de la goutte, mais il est maintenant bien connu qu'il souffrait de ce

28

trouble immonde appelé vérole française, si bien que [...] tout son corps se putréfiait et son visage, dont tous avaient admiré la beauté, était tellement défiguré qu'on le reconnaissait à peine; ses joues étaient ravagées par la pourriture, la chose lui coulait du nez, il puait tellement que presque personne n'osait l'approcher. Il garda tous ses sens au cours de la maladie, et on raconte qu'il ne pensa jamais en mourir avant de finalement rendre l'âme[85].

Évidemment, le général Hope n'est pas le seul militaire à être ainsi affligé. Au début du XIXe siècle, la syphilis est la maladie la plus répandue parmi les membres de l'armée britannique stationnés dans les Canadas. Trente-trois pour cent des soldats décédés entre 1820 et 1831 sont probablement victimes d'une forme de syphilis[86]. Comme Québec possède alors le plus fort contingent de soldats, il est permis d'avancer que cet état de fait explique en partie la présence de maladies vénériennes au sein de la population. Au cours des années 1820 et 1830, on soigne la syphilis dans les hôpitaux réservés aux personnes atteintes de choléra et aux immigrants. En 1834, par exemple, 43 victimes de la syphilis sont admises à l'Hôpital des Émigrés[87]. Si, en raison de leur caractère endémique, il est difficile de mesurer l'effet qu'ont les maladies vénériennes sur le taux brut de mortalité de Québec, il paraît improbable cependant qu'elles fassent varier ce taux de manière substantielle.

La population de la colonie : un calcul difficile

Comme on l'a dit précédemment, certains facteurs compliquent l'évaluation des tendances démographiques de la colonie. Les cas d'enfants illégitimes et l'importance de la population flottante à Québec sont deux de ces facteurs. Ils sont clairement reliés puisque les rapports sexuels entre des membres des populations migrante et locale conduisent souvent à la naissance d'enfants illégitimes.

Les enfants illégitimes

Les historiens qui étudient l'illégitimité affirment que le XVIIIe siècle voit une augmentation de la fréquence des rapports sexuels prénuptiaux ou adultères. En Europe, les cas d'enfants illégitimes doublent de 1730 à 1790 et continuent d'augmenter jusqu'à 1850 environ[88]. Bien qu'on manque d'informations sûres à ce sujet, il semble qu'une situation comparable existe en Nouvelle-France et au Bas-Canada. À ce sujet, les travaux de Tanguay révèlent que les naissances illégitimes en Nouvelle-France non seulement doublent de 1710 à 1730 mais doublent presque de nouveau de 1731 à 1760 (tableau 6). Après avoir atteint un sommet d'environ 12 p. 1 000 de 1741 à 1760, le taux de naissances illégitimes chute à 5,6 de 1761 à 1770 pour remonter ensuite à 7,2 de 1821 à 1830[89].

Il existe peu de renseignements concernant les enfants qui naissent avant le mariage à Québec entre 1760 et 1840. On sait pourtant que, de 1771 à 1780, la ville de Québec compte de six à dix fois plus de cas du genre que le reste du pays[90]. À Québec, les cas d'enfants illégitimes passent de 45 p. 1 000 dans la décennie 1771-1780 à 58 p. 1 000 dans la décennie 1801-1810. Puis le taux descend ensuite à 24,8 p. 1 000 dans la décennie 1841-1850 (tableau 6).

Malgré leur caractère incomplet, ces données laissent supposer que le contraste entre la ville et la campagne, déploré par nombre de moralistes, est bien réel. Dès les premières années de la Nouvelle-France, certains auteurs comme Lahontan affirment que l'immoralité des soldats, marins et voyageurs de passage à Québec est à l'origine des naissances illégitimes[91].

Si l'absence de criminalité sérieuse à Québec (voir le chapitre IV) réjouit les moralistes de la fin du XVIIIe siècle, ceux-ci, en revanche, n'ont de cesse de condamner l'immoralité. Voici ce que les Grands Jurés de la ville déclarent à ce sujet en 1790 : «Le bonheur et la prospérité de la société passent dans une grande mesure par une chasteté intègre, et c'est pourquoi nous nous élevons fortement contre les nombreuses maisons de mauvaise réputation [...] qui sont en train de corrompre la jeunesse des deux sexes, qui est sans méfiance[92].» On trouve même des maisons closes dans les paroisses voisines. C'est ainsi qu'on remarque, en 1792 et de nouveau en 1810, la présence de prostituées dans les environs de Québec :

> Les environs de Québec sont infestés de prostituées de la pire espèce, qui sollicitent l'attention des voyageurs à l'heure du midi. Vous serez persuadés que le vice a fait des progrès considérables chez les plus petites gens de cet endroit si je vous assure que [...] ces sollicitations se font dans les maisons et avec l'approbation des parents de ces pauvres femmes. Est-il possible à la nature humaine de s'abaisser encore plus[93]?

Au début du XIXe siècle, les Grands Jurés se plaignent de la dépravation sexuelle des apprentis et des compagnons[94]. De 400 à 600 prostituées, estime-t-on[95], séduisent la jeunesse, ce qui favorise la propagation des maladies vénériennes. Un observateur canadien commente ainsi la situation :

> Tous les jours des servantes qui étaient entrées innocentes dans des maisons où elles croyaient leurs vertus en sûreté, n'y sont pas trois mois sans venir joindre la troupe infectée, qui a perdu tout sentiment de pudeur et d'honnêteté. Des jeunes gens jusques là sages et vertueux, n'ont pas été plutôt entraînés une fois dans ces lieux horribles où l'impureté réside, qu'ils volent leurs pères, leurs maîtres et tout ce qui tombe pour le porter à l'infâme objet de leur amour

effréné. Le mariage est devenu un joug insuportable; le père, le fils n'ont pas horreur de se rencontrer dans le même lieu et être souvent rivaux pour un objet digne du mépris du dernier des êtres[96].

De plus, selon un voyageur britannique, l'infidélité se rencontre plus souvent au Bas-Canada qu'en Grande-Bretagne[97]. Tous ces propos, pour exagérés qu'ils soient, renferment une part de vérité : la liberté sexuelle et les naissances illégitimes sont monnaie courante chez de nombreux habitants de Québec.

«Le grand nombre d'étrangers est la cause de la perte de nos moeurs, nous dit-on», poursuit le commentateur canadien cité plus haut. «Plut-à-Dieu [...] que ce fut vrai», conclut-il. Mais c'est dans toutes les classes de la population locale, de l'apprenti et du compagnon jusqu'au «Monsieur» distingué, on se livre à la «débauche»[98].

Les années au cours desquelles les cas de naissances illégitimes furent nombreux coïncident avec un certain nombre d'événements qui sont souvent extérieurs à la vie de la colonie et à celle de la ville elle-même. De la colonie d'abord, où le taux de 12 enfants illégitimes p. 1 000 naissances, établi pour la décennie 1751-1760, correspond à une période de guerre, donc à une époque où la présence de marins et de soldats, et la mobilité d'une certaine population masculine favorisent les naissances hors des liens du mariage. On retrouve une situation semblable, sur une plus petite échelle, durant la guerre de l'Indépendance américaine. Durant la décennie 1771-1780, on compte cinq naissances illégitimes p. 1 000 de moins qu'au cours de la guerre de Sept Ans, ce qui s'explique, en partie, par le fait que les soldats américains et britanniques ont moins d'affinités que les militaires français avec la population canadienne. Ce n'est pas avant la décennie 1821-1830 que les cas établis d'illégitimité atteignent le sommet de 7,2 p. 1 000 enregistré à la fin du XVIIIe siècle. L'augmentation générale des cas de naissances illégitimes vers le milieu du XIXe siècle correspond à une période de migration accrue.

On peut également invoquer la guerre de l'Indépendance américaine pour expliquer le sommet de 53,4 naissances illégitimes p. 1 000 enregistrées à Québec de 1781 à 1790 (tableau 6). Leur ville servant de point de départ pour les troupes britanniques et de port d'entrée pour certains loyalistes, les habitants de Québec ont sans doute avec les étrangers des rapports sexuels plus fréquents qu'en temps normal. De même, signalons que le taux record d'enfants nés hors du mariage au cours de la première moitié du XIXe siècle (58 p. 1 000) correspond à l'une des plus importantes périodes d'essor économique de Québec. Entre 1801 et 1810, la ville devient en effet le principal port d'Amérique du Nord britannique pour la construction navale et le commerce du bois de charpente (voir le chapitre III). Du jour au lendemain, la petite ville coloniale est envahie par des milliers de marins, de travailleurs du bois et d'artisans arrivant de Grande-Bretagne et de la campagne. Non seulement leur arrivée à Québec fait augmenter le nombre des naissances illégitimes mais entraîne aussi toute une série d'actes considérés comme antisociaux ou illégaux au regard de l'ordre établi (voir le chapitre IV).

Le fléchissement très rapide des cas de naissances illégitimes noté de 1810 à 1860 mérite qu'on s'interroge sur la validité des statistiques. Les taux d'illégitimité chutent de manière appréciable de 1820 à 1850, soit durant une période d'immigration très intense à Québec. Pour expliquer cet état de choses, il faut se pencher sur les aspects de la santé et de la mobilité de la population immigrante. Comme on l'a noté plus haut, la petite vérole et le typhus emportent un nombre élevé de citadins au cours des années 1820, tandis que le choléra fait de nombreuses victimes de 1832 à 1850. Après Grosse-Île, Québec est la deuxième halte en importance pour les immigrants malades en route vers l'Ouest. Parmi les immigrants, la mort prenait le pas sur les naissances. Et nombreux sont les résidants permanents qui fuient la ville pendant les épidémies; ceux qui restent conservent leurs distances avec les immigrants malades. Ainsi, les contacts entre les immigrants et la population, pour tout dire entre les gens en général, se font plus rares donc, entraînant ainsi une baisse des cas de naissances illégitimes. Qui plus est, on constate qu'à l'époque où les naissances illégitimes atteignent leur niveau le plus bas (24,8 p. 1 000), soit au cours de la décennie 1841-1850, deux incendies dévastent la ville, en 1845 et 1846 précisément.

Outre la maladie et le feu, le fait que les immigrants ont tendance à repartir de Québec le plus vite possible contribue à diminuer les cas de naissances illégitimes. Il arrive souvent que les immigrants poursuivent leur route jusqu'à Montréal où, d'ailleurs, on observe un nombre plus élevé d'enfants nés hors des liens du mariage. Tandis que les cas d'illégitimité chutent à Québec, ils atteignent, en effet, le taux inattendu de 60 p. 1 000 à Montréal[99]. Le recours plus fréquent à l'avortement et l'apparition d'un nombre croissant d'hospices pour les enfants abandonnés constituent deux autres raisons pouvant expliquer la diminution du nombre d'enfants illégitimes à Québec de 1810 à 1860. Hypothétiques, ces raisons ne feront pas l'objet d'un commentaire détaillé. Bien qu'un survol rapide des archives judiciaires permette de croire à une hausse du nombre de viols et d'avortements, une recherche plus fouillée s'avère nécessaire pour tirer des conclusions à ce chapitre. La création d'hospices à Québec dans les années 1820 peut représenter une solution de rechange pour les mères qui préfèrent confier leurs enfants à ces établissements plutôt que de les abandonner à la rue[100].

Dans la ville coloniale qu'est Québec, les attitudes face aux enfants illégitimes semblent ambiguës et dépendent jusqu'à un certain point du rang social occupé par le couple en charge des nourrissons. Certains parents confient leurs filles célibataires et leurs enfants à des officiers britanniques pour qu'elles leur servent de compagnes[101]. Quant au duc de Kent et à sa maîtresse, Julie de Saint-Laurent, une catholique romaine française, ils peuvent donner leurs deux enfants illégitimes en adoption à des amis et à des parents pendant leur séjour à Québec[102]. Si l'élite de la ville discute beaucoup de ces arrangements, elle intervient fort peu. Certains dirigeants, toutefois, s'opposent à la prise en charge des enfants illégitimes d'immigrants et d'ouvriers. Ainsi, lors de l'examen des demandes de subventions déposées par l'Hôtel-Dieu et l'Hôpital Général, quelques membres d'un comité du Conseil législatif proposent de couper les vivres aux hospices d'enfants abandonnés parce qu'ils encouragent la débauche, l'abandon des enfants et le meurtre[103]. En dépit de cette forte opposition, l'aide financière destinée au soin de ces enfants dans les hôpitaux de Québec continue de croître au moins jusqu'à la fin des années 1820[104].

Si on ajoute le nombre d'enfants illégitimes à celui des enfants nés d'une union légitime, la moyenne de 4 à 6 enfants par mariage, mentionnée précédemment, augmente légèrement. Même en réexaminant la question de la taille des familles à la lumière des naissances illégitimes, on risque à nouveau d'en arriver à des résultats peu concluants. L'évaluation précise de la taille des familles se heurte à un autre problème de poids, soit le rôle joué par la population flottante. Non seulement celle-ci est-elle impliquée dans les cas d'enfants illégitimes, mais elle influe aussi sur le nombre de couples qui, après s'être mariés à l'extérieur de Québec, fait baptiser ses enfants dans cette ville.

Les immigrants et la population flottante

Cette partie de la population marque profondément le tissu démographique, socio-culturel et économique de la ville. On peut le diviser en deux groupes, le premier se composant des membres de la population locale qui migrent et le second, d'immigrants britanniques qui arrivent au port de Québec. Ces deux groupes faisant varier les taux de natalité, de nuptialité et de mortalité, une évaluation de l'influence de la population flottante sur la population locale permettrait sans doute de dégager plus précisément les traits caractéristiques de cette dernière. Bien que pareille tâche dépasse les limites du présent ouvrage, l'analyse qui suit posera quelques jalons préliminaires susceptibles de faciliter l'étude de cette question.

Les mouvements de population transforment constamment la ville de Québec. À la fin du XVIIIe siècle et au début du siècle suivant, les habitants de Québec passent d'une rue à l'autre et d'un quartier à l'autre. Dans les deux premières décennies du XIXe siècle, ceux et celles qui arrivent des régions rurales constituent une grande partie de la population de la ville. Mais de 1828 à 1832, après une période de forte immigration, Québec ne connaît qu'une faible croissance, la plupart des immigrants poursuivant leur route vers l'ouest. Les résidants permanents représentent alors 42,3 p. 100 de la population totale de la ville, chiffre comparable à celui d'autres villes, Boston par exemple[105]. Le taux élevé de migration intérieure est donc caractéristique de la vie urbaine du début du XIXe siècle.

De 1800 à 1818, et probablement jusqu'en 1830, Québec attire des habitants qui décident de s'établir dans sa banlieue; cette situation contraste avec la faible migration des ruraux vers la ville à la fin du siècle précédent. De 1795 à 1818, l'augmentation naturelle de la population catholique représente 78 p. 100 de sa croissance globale. Le reste provient surtout de la région environnante. Au cours des treize années qui suivent, l'accroissement naturel de la population catholique correspond à 69 p. 100 de sa croissance globale[106].

Bien qu'il n'existe aucun chiffre concernant la population irlandaise catholique avant 1842, on estime que la population catholique de langue anglaise est de un millier de personnes vers 1820. Si tel est le cas, le nombre de Canadiens quittant les environs pour s'établir à Québec va en diminuant. De 1819 à 1831, ce nombre ne représente donc que de 10 à 15 p. 100 de l'augmentation totale de la population catholique. Le fléchissement observé dans le mouvement des catholiques d'origine canadienne vers Québec coïncide avec l'importance grandissante du nombre des anglophones protestants.

En 1842, les anglophones forment près de 40 p. 100 de la population de Québec. S'il est presque impossible d'établir leur pourcentage avant cette date, on peut néanmoins avancer des données approximatives pour le début du XIXe siècle. On ignore presque tout de l'histoire de l'immigration anglophone vers Québec à la fin du XVIIIe siècle. En 1764, une «liste des maîtres de maisons protestantes de Québec» comporte 126 noms. En outre, plus de 100 marchands se livrent à une activité commerciale à partir de Québec dans les années 1760 (voir le chapitre III). On peut évaluer le nombre d'anglophones à Québec au cours de cette décennie entre 400 et 500. On ne sait que très peu de choses sur la croissance de cette communauté de 1760 à 1795[107]. Les dénombrements effectués par les curés en 1795 situent le nombre total des protestants à 1 300.

Comme on est peu intéressé, en 1795, à recenser les catholiques anglophones et que les statistiques des

LE HMS VICTORY en cale sèche à Portsmouth. (Auteur) Lancé en 1765, le Victory est l'un des navires de guerre qui emmènent des milliers de soldats et de marins britanniques dans l'ancienne ville française de Québec. Les autorités impériales décident, en 1763, de conserver une importante force militaire au Canada «afin de s'assurer de l'obéissance et de la fidélité des anciens habitants français, de protéger les nouveaux colons britanniques et de leur accorder la tranquillité». (Les lords du commerce à Egremont, 8/07/1763, Doc. const., I : 115.)

curés omettent certains marchands et artisans de langue anglaise, la population anglophone est en conséquence sous-estimée. Il en est de même dans les dénombrements de 1805 et 1818 et dans le recensement de 1831. Si l'on tient pour justes une première évaluation établissant à 500 le nombre d'anglophones à Québec en 1765, puis une autre évaluation, en 1817, qui situe à 1 000 le nombre de catholiques irlandais et enfin l'estimation de *La Gazette de Québec* selon laquelle la ville compte environ 5 000 habitants irlandais en 1831[108], il est permis d'avancer les pourcentages suivants concernant la population anglophone permanente : 10 p. 100 en 1765, 21 p. 100 en 1795, 28 p. 100 en 1818, 31 p. 100 en 1831 et enfin 39 p. 100 en 1842[109]. Les anglophones constituent donc une proportion appréciable de la population en

1760. Il est intéressant de noter qu'en dépit de la croissance soutenue de la population anglophone après 1760, les protestants eux-mêmes n'enregistrent qu'une légère hausse après 1795. De la fin du XVIIIe siècle jusqu'en 1842, les protestants résidant à Québec en permanence représentent entre 20 et 25 p. 100 de la population globale (tableau 7).

Les pourcentages mentionnés ci-dessus varieraient sensiblement si on pouvait évaluer le rôle des milliers d'individus qui s'installent à Québec temporairement. Certes, les immigrants qui font escale dans la ville n'y restent pas assez longtemps pour modifier les habitudes bien ancrées de la population stable. S'ils y apportent la maladie et la mort, ils n'influent probablement que très peu sur les taux de natalité et de nuptialité. L'immigration au Canada prend son essor en 1816 lorsque 1 250 immigrants descendent au port de Québec. Par la suite, leur nombre monte jusqu'à 6 800 en 1817, 8 400 en 1818 et environ 12 000 annuellement dans les années 1820, avant d'atteindre 16 000 en 1829, 50 000 en 1831 et 60 000 en 1832[110].

Une partie plus importante encore de la population provisoire est composée de soldats, de marins et de bûcherons. Dès 1683, par exemple, des troupes sont stationnées dans les limites mêmes de Québec et de Montréal[111]. Au temps de la Nouvelle-France, c'est à l'occasion de la guerre de Sept Ans que l'on compte le plus grand nombre de soldats. De 800 à 2 700 hommes environ résident à Québec entre 1748 et 1759. À la même époque, des bataillons français font escale dans la capitale avant de se rendre affronter les forces britanniques. En 1757, les 6 700 militaires qui se trouvent dans la colonie ont tous débarqué à Québec[112]. Même si la guerre force les troupes à se déplacer sans

LES SOLDATS BRITANNIQUES constituent une partie importante de la population de Québec. De 1814 à 1840, soldats, officiers et membres de leurs familles forment, en moyenne, un groupe de 1 900 personnes. L'aquarelle de J.P. Cockburn montre des soldats s'entraînant à tirer du canon sur les terrains de la redoute Dauphine, dans la haute-ville, au début des années 1830. (ANC, 15277)

LA CASERNE DES JÉSUITES. L'ancien Collège jésuite, où les pères de la Société assurent l'enseignement supérieur sous le régime français, est occupée par les troupes britanniques dans les années 1760 et devient l'une des principales demeures de l'armée durant plus d'un siècle. (Gravure de J. Grant, 1825, ANQ.)

cesse dans diverses régions de la colonie, la plupart des soldats hivernent à Québec, Montréal et Trois-Rivières. Aux premiers logements militaires construits à Québec en 1717 viennent s'ajouter de nouvelles casernes entre 1749 et 1753. En 1760, l'armée britannique, nouvellement débarquée, s'installe dans des casernes ainsi que dans le Collège des Jésuites.

Avec l'occupation de ce Collège, rebaptisé «Caserne des Jésuites», les religieux cèdent la place aux soldats. Fait marquant de l'histoire de Québec, on voit alors les habitants côtoyer quotidiennement, au coeur de la ville, les militaires britanniques. Ceux-ci influenceront donc la vie socio-culturelle de Québec pendant plus d'un siècle. De 1814 à 1840, la garnison compte une moyenne annuelle de 1 900 personnes, ce qui comprend les soldats, les officiers et leurs familles[113].

Durant la guerre de 1812-1814 et dans les années qui suivent, le nombre de soldats attachés à la garnison de Québec et de ceux qui débarquent dans le port augmente considérablement. Du 25 mai au 24 août 1814, 16 500 soldats débarquent à Québec; l'été suivant, 20 043 soldats s'embarquent dans 96 bateaux mouillant dans le port. En 1816, la garnison atteint le nombre record de 3 000 hommes[114]. Bien qu'il soit difficile d'apprécier les effets sur la ville, du passage ou du casernement de nombreux militaires, ils sont considérables.

C'est ainsi que, par exemple, de nombreuses prostituées accompagnent les régiments britanniques jusque dans la ville[115]. De plus, la présence de nombreux soldats accroît le nombre des mariages et des naissances, en particulier des naissances illégitimes. Cette aug-

mentation substantielle de la nuptialité et de la natalité se produit surtout, bien sûr, à l'époque où la garnison compte son plus grand nombre de soldats. Certes, les civils qui se marient et les soldats qui reviennent des champs de bataille expliquent aussi cet état de fait. Le nombre particulièrement élevé d'enfants nés hors du mariage en 1818 est toutefois lié à la présence, en 1816 et en 1817, d'un contingent de soldats plus nombreux que d'ordinaire au sein de la garnison[116]. L'étude des relations entre les communautés civile et militaire n'est pas complète; néanmoins, il est évident que les soldats stationnés à Québec modifient la composition de la population existante. Ainsi, les soldats font augmenter la population de 25 p. 100 environ dans les années 1750 et d'environ 20 p. 100 en 1816.

Marins et flotteurs de bois viennent derrière les militaires par leur importance. On sait peu de chose sur ces derniers, mais il existe quelques chiffres concernant les marins. Ceux-ci jouent un rôle important dans la ville, en particulier pendant les mois d'été, alors qu'ils transforment la basse ville en une sorte de centre maritime. L'intensification de l'activité maritime fait passer le nombre de marins d'environ 1 350 à la fin du XVIIIe siècle à plus de 15 000 dans les années 1830 (chapitre III et tableau 8).

Au cours des trois premières décennies du XIXe siècle, militaires, marins et flotteurs de bois donnent à Québec une population temporaire dont l'importance surpasse celle de la plupart des centres de même taille. Dans les années 1830, on estime le nombre de marins et de militaires à 1 500[117] à Montréal, ce qui est bien en-dessous des 12 000 environ dont il est question pour Québec. Laissons un observateur de l'époque décrire cette différence :

> Montréal ne peut absolument pas être comparé à Québec du point de vue de l'animation, des affaires ou de n'importe quoi d'autre. Imaginez l'effet produit par le chargement et le déchargement de deux cents bateaux à voiles! [...] Les quais et les rues avoisinantes sont complètement couverts et encombrés de marchandises et d'hommes[118].

Si le séjour d'un soldat dure, en général, entre deux ou trois ans, celui d'un marin, tout à l'opposé, s'étend sur 10 à 14 jours. Mais comme le tiers de tous les marins débarquant à Québec pendant l'été s'y retrouve en même temps, c'est comme si la ville accueillait la moitié environ des militaires qui y résident.

Si l'on combine les statistiques sur les marins et les militaires, d'une part, et celles touchant les anglophones, d'autre part, on peut obtenir une certaine idée du pourcentage de ces derniers dans la ville à un moment donné. Comme certains renseignements sur de nombreux aspects essentiels de notre étude

DES MARINS, tels le jeune homme à droite et le membre de la Sailors Co. à gauche, viennent souvent à Québec où ils grossissent considérablement le nombre des anglophones dans la ville. (Gauche : Collection initiale, ANQ; droite : MCC 75-2269)

n'apparaissent pas dans les recensements, on devra reprendre cette analyse lorsque nous disposerons de plus de données. Suivant les calculs préliminaires, cependant, le nombre d'anglophones à Québec durant les mois d'été correspond à 33 p. 100 de la population en 1795, à 40 p. 100 en 1818, et à 54 p. 100 en 1831 (tableau 8). En d'autres termes, la population flottante fait augmenter le pourcentage d'anglophones de 12 à 13 points. Si ces données se révèlent exactes, les implications sont nombreuses. Par exemple, la présence d'un groupe important d'anglophones permettrait d'expliquer la diminution du nombre de paysans canadiens qui viennent à Québec. De même, la domination économique exercée par les anglophones, dont il est question au chapitre III, sera d'autant plus plausible. Pareille présence donne en effet plus d'autorité aux réclamations des marchands qui veulent adopter les pratiques commerciales britanniques et dominer la ville et la colonie tant du point de vue économique que politique.

Quoique les commerçants britanniques ne soient pas nombreux, ils exercent sur l'administration urbaine une mainmise presque incontestable. De plus, les compatriotes anglophones qu'ils embauchent en grand nombre et dans les domaines les plus divers renforcent leur position. Enfin, l'existence d'un nombre considérable de marchands et de marins anglophones dans la basse ville influe sur la composition ethnique de la population habitant la zone portuaire, ainsi que sur le développement du front de mer (chapitre V). Les pourcentages mentionnés plus haut ne devraient être acceptés qu'après une étude plus poussée, mais il est évident que la présence d'un nombre important d'anglophones modifie les structures économiques et socio-culturelles de la ville.

2. La société coloniale

La reconstitution d'une société coloniale est probablement l'une des tâches les plus ardues de l'historien. Les données sont certes abondantes mais mal organisées et, le plus souvent, elles sont de nature qualitative plutôt que quantitative. Ainsi, les informations recueillies lors des recensements sont pratiquement inutilisables. De plus, la plupart des historiens abordent l'étude des groupes sociaux uniquement sous l'angle du statut social que possèdent leurs membres, qu'il s'agisse du clergé, de la noblesse ou des habitants. Les spécialistes ne portent aucune attention aux classes sociales ou en nient l'existence[119]. Pour aller au-delà d'une analyse du statut social et des distinctions économiques et socio-culturelles qu'il comporte, il faudrait recréer un microcosme combinant les conceptions et idéologies de chaque groupe, le rôle de la famille et de l'État et le jeu des relations sociales, enfin les manifestations concrètes qu'engendrent ces réalités dans la vie quotidienne[120]. La tâche est gigantesque!

L'objectif poursuivi ici est plus modeste. Il consiste à donner un aperçu du rôle joué par les administrations impériales, française d'abord, britannique ensuite, dans la formation des groupes sociaux à Québec, puis à examiner l'influence de l'origine ethnique et du rang social dans le développement de diverses professions et, enfin, à analyser brièvement les liens de parenté qui se sont créés entre des personnes appartenant à des groupes sociaux et ethniques différents.

Le contexte impérial

Fondées sur des valeurs et des structures impériales, les sociétés coloniales s'adaptent toutefois au milieu local, ce milieu permettant à chacune d'entre elles d'acquérir une identité propre. L'évolution de ces sociétés dépend, bien sûr, de plusieurs facteurs, notamment des traditions démographiques, économiques et culturelles de la population et du rôle de celles-ci dans le système impérial. Nous nous pencherons ici sur quelques variables qui ont influencé certains groupes coloniaux. Quelle influence peut avoir le gouvernement impérial sur les expériences coloniales qui ont cours en Australie, aux États-Unis et au Canada? Ce gouvernement, on le sait, a imposé son système politique et économique aux populations indigènes des colonies, entraînant ainsi le développement de nouvelles structures sociales.

Dans les treize colonies américaines, un puissant groupe d'Anglo-Saxons exerce une influence considérable sur le développement des institutions économiques et socio-culturelles de cette société[121]. Tout en respectant le statu quo et les structures sociales en place, des individus ont la chance d'améliorer leur condition sociale. L'abondance de terres fertiles et de ressources naturelles, par exemple, permet aux domestiques et aux artisans en apprentissage d'avoir une source de revenu qui leur assure une certaine indépendance économique et sociale. La disponibilité de l'emploi, l'éducation et la représentation politique permettent l'ascension sociale des Anglo-Saxons protestants. Amérindiens, Noirs et immigrants, qui constituent l'essentiel de la main-d'oeuvre, ont moins de possibilité d'améliorer leur sort. Cette situation se traduit par un clivage entre une classe privilégiée de protestants et le reste de la population.

En Australie – qui est au départ une colonie de détenus – des distinctions claires existent entre l'élite administrative et le reste de la société. À mesure que la colonie se développe, l'autocratie au pouvoir, principalement composée de marchands et d'administrateurs, continue de garder une place dominante[122]. Les premiers sont venus en Australie pour se mettre au service du commerce impérial, et les derniers y recherchent une carrière où les postes sont plus nombreux qu'en Grande-Bretagne.

Sous certains aspects, la situation du Canada ressemble à celle de l'Australie, mais elle en diffère sensiblement à cause de l'existence d'un nombre important de francophones. Lorsque l'armée britannique prend possesion du Canada, en 1760, environ 65 000 Canadiens habitent le pays.

La population francophone est moins nombreuse que celle des treize colonies américaines et la société de la Nouvelle-France est moins diversifiée. En outre, plusieurs éléments de la société française sont moins bien représentés de ce côté-ci de l'Atlantique, notamment les intellectuels, les aristocrates, les marchands et les riches cultivateurs[123]. Même si les couches sociales sont bien définies, les Canadiens jouissent d'une certaine indépendance par rapport aux contraintes impériales, telle celle qui concerne les contrats d'apprentissage.

Bien qu'elles soient adaptées à la vie coloniale, les institutions françaises jouent un rôle prédominant dans la nouvelle colonie. Québec est devenu le centre administratif, judiciaire et militaire de la Nouvelle-France; c'est là que vit un noyau important de dirigeants. Pourtant, malgré l'isolement de la colonie et l'indépendance relative dont elle jouit, les administrateurs doivent rechercher les bonnes grâces de leurs supérieurs pour assurer leurs postes. Les lois et les ordres émanent directement des représentants du Roi au sein du ministère de la Marine, et la justice est administrée selon les traditions françaises[124]. Puisque Québec est le siège administratif de la colonie, y compris celle du district et de la ville de Québec, on y retrouve les plus hautes instances de la colonie, qu'il s'agisse du Gouverneur, de l'Intendant ou des membres du Conseil supérieur et de l'Amirauté. Et quoique ces personnes ne soient pas chargées d'administrer les affaires municipales de Québec, ils n'en exercent pas moins une influence considérable sur le développement de la ville.

Au XVIIIe siècle, Québec, qui est aussi le centre culturel de la Nouvelle-France, est le siège des principaux établissements religieux et d'enseignement. Ces derniers sont organisés selon les mêmes principes que les établissements français. L'Église coloniale est ainsi une extension de l'Église de France[125]. Si la principale mission des ordres religieux est de convertir les Amérindiens, les difficultés qu'ils rencontrent dans l'accomplissement de cette tâche les amènent à se mettre en partie au service de la population coloniale[126]. Ils construisent des églises et des écoles et fournissent d'autres services aux habitants de Québec. À la fin du régime français, avec huit édifices en pierre et de vastes terres en leur possession, leur présence est fortement établie[127].

L'ÉGLISE DES RÉCOLLETS d'après une aquarelle de Shortt datée de 1760.

Puisqu'il est sous la responsabilité de l'Église, l'enseignement est calqué sur celui qu'on donne en France. Les professeurs, les manuels, les programmes, les frais de scolarité et, dans une moindre mesure, les élèves, suivent des modèles français. Au Collège des Jésuites, seul établissement d'enseignement supérieur dans la colonie, on enseigne des matières considérées comme importantes dans la France du XVIIe siècle : latin, grec, mathématiques, géographie, histoire, grammaire, philosophie et théologie[128]. Un prêtre, qui écrit dans les *Relations des jésuites*, rapporte que le Collège est une reproduction, petite mais complète, des collèges français[129]. Au cours du XVIIe siècle, les jésuites dirigent aussi la seule école primaire pour garçons. En 1700, les prêtres du Séminaire de Québec ouvrent une deuxième école primaire pour garçons. De leur côté, les écoles de filles sont dirigées par les Ursulines et par les Soeurs de la Congrégation de Notre-Dame, de l'Hôtel-Dieu et de l'Hôpital Général[130]. Bien qu'elles admettent gratuitement un petit nombre d'Amérindiens et de pauvres, ces écoles sont réservées à l'élite de la colonie .

Pour financer leurs activités dans le Nouveau-Monde, les ordres religieux, à l'exception des franciscains (récollets), reçoivent de grandes parcelles de terrain dans la ville de Québec et les districts environnants. Toutefois, les revenus générés par ces propriétés ne suffisant pas à couvrir les dépenses, les ordres religieux obtiennent du gouvernement le paiement d'environ 40 p. 100 de leurs dépenses annuelles[131].

Par leur éducation, leurs origines sociales, leurs attitudes et leurs valeurs[132], les chefs religieux ressemblent beaucoup à l'élite dirigeante. S'il est plus facile de monter dans l'échelle sociale de la colonie que dans celle de la métropole – des femmes de la classe moyenne et des fourreurs se font une place parmi l'élite – les possibilités de gravir les échelons restent cependant limitées[133]. La rigidité des couches sociales, qui se maintient durant le XVIIe siècle, commence à s'estomper au XVIIIe alors que de plus en plus de marchands récemment débarqués accèdent à un rang plus élevé en épousant des filles de familles seigneuriales[134].

Les coutumes françaises, où la hiérarchie sociale se fonde sur une structure familiale paternaliste, exercent une grande influence dans la constitution du tissu social de Québec. D'autre part, l'organisation spatiale de la ville ressemble à celle des petites villes françaises dont le dessin respecte les fonctions politiques, culturelles et économiques de ses habitants[135]. Or, ce sont ces mêmes traditions qui continuent d'influencer la population de Québec lorsque la capitale de la Nouvelle-France devient le centre administratif britannique du Bas-Canada.

Appartenance ethnique et rang social

Les historiens ont étudié attentivement l'état de profonde insécurité que partagent les Canadiens après l'arrivée des nouveaux dirigeants qui voient à remplacer peu à peu les lois françaises qui régissent les relations entre personnes et les questions familiales en général. Même si plusieurs lois sont modifiées[136] – par exemple, la loi abolissant le Code Napoléon et celle qui exige des Canadiens qu'ils renoncent à des aspects importants de leurs croyances religieuses (serment du Test) avant de pouvoir occuper des postes dans l'administration – il n'empêche que l'existence d'une telle législation signifie le début d'une lutte entre les francophones et leurs nouveaux dirigeants britanniques.

À la fin du XIXe siècle, les gouverneurs Murray, Carleton et Haldimand doivent faire face à une situation difficile : tout en tentant de modifier les directives impériales pour les adapter à la situation vécue par les Canadiens, ils font face à l'opposition des marchands anglophones qui demandent l'application d'une législation britannique plus étendue. Deux des demandes les plus importantes de ces marchands, soit celles de la création d'un parlement et de l'usage du droit commercial britannique se fondent sur leur désir de contrô-

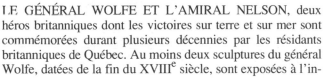

LE GÉNÉRAL WOLFE ET L'AMIRAL NELSON, deux héros britanniques dont les victoires sur terre et sur mer sont commémorées durant plusieurs décennies par les résidants britanniques de Québec. Au moins deux sculptures du général Wolfe, datées de la fin du XVIIIe siècle, sont exposées à l'in-térieur ou au-dessus d'édifices pendant plus de deux siècles. De plus, les portraits de Wolfe et de Nelson, reproduits un peu partout depuis des plaques murales jusqu'à des pots à tabac, ornent les demeures des résidants britanniques. (statue : MQ; portrait : C. Pearson)

ler davantage l'économie[137]. Une fois le parlement constitué en 1791, le désir des marchands de dominer complètement l'économie de la colonie se heurte à l'opposition des parlementaires canadiens qui s'effor-cent de préserver les droits de leurs compatriotes. Au début du XIXe siècle, les attaques lancées par les mar-chands à l'encontre des opinions politiques des Cana-diens prennent de plus en plus une tournure ethnique. Les questions nationales et religieuses font partie, pour la première fois, de la plate-forme revendicative des marchands qui abordent la plupart des problèmes en termes d'«Anglais» contre «Canadiens». D'après les marchands, la province doit être anglicisée et «l'administration des affaires publiques conduite seu-lement en anglais, par des Anglais, ou des hommes en principe Anglais»[138]. Ce type de conflit, qui a ten-dance à fractionner la société en fonction des origines ethniques, est une caractéristique dominante de la vie urbaine à Québec sous le régime britannique[139].

«On devrait se montrer très prévenant à l'égard des Français; les Anglais ont trop tendance à les traiter comme des Noirs[140].» C'est ainsi que réagit l'Écossais Charles Wood, le constructeur de grands navires desti-nés au transport du bois qui sont lancés à partir de l'île d'Orléans entre 1823 et 1825. Il soutient que le problème est dû aux préjugés des Britanniques. C'est après 1760 que l'origine ethnique devient, à Québec, un critère pour le choix des employés et des relations sociales[141]. Les nouveaux maîtres de Québec dépen-dent des anglophones pour le fonctionnement du gou-vernement, de l'armée et, dans une moindre mesure, de l'économie, ce qui a évidemment des répercussions sur le rôle des francophones dans la société urbaine. À l'exception d'une minorité francophone composée de seigneurs, de marchands et de membres des profes-sions libérales qui se sont intégrés dans le groupe des dirigeants britanniques, la plupart des Canadiens ont peu de contacts avec les anglophones et n'ont qu'un accès limité aux échelons supérieurs de la société coloniale.

Si le caractère ethnique de Québec est modifié avec l'arrivée des Britanniques, il semble par contre que la

LES RUINES DU PALAIS DE L'INTENDANT (1799). Ces ruines témoignent du rôle joué par la ville de Québec lors des batailles de 1759 et de 1775-1776. Après la conquête britan- nique, cette ancienne demeure française reste pendant un siè- cle dans la «cour à bois» ou chantier royal. (Aquarelle de George Heriot, ROM 953.132.27.)

hiérarchie sociale n'ait pas changé de façon sensible avec le passage du régime français au régime anglais : le respect pour l'autorité hiérarchique demeure fort parmi les familles de seigneurs canadiens, comme il l'est parmi les élites britanniques nouvellement arri- vées. Certes, les diverses professions sont dorénavant marquées par la puralité ethnique, mais la nature hiérarchique de la société coloniale française du XVIIIᵉ siècle suit le modèle britannique. Depuis 1700, et ce jusqu'en 1950 environ, les citadins distinguent couramment trois niveaux dans la société coloniale. En 1830, par exemple, un comité de médecins décide de classer les patients en trois classes de gens : «Bien qu'elle soit difficile à définir, une telle classification est facile à comprendre tout le monde la connaît et l'admet et, de mémoire d'homme, elle a toujours exis- té[142].» Cette classification n'explique ni la mobilité so- ciale ni les divers niveaux qui existent à l'intérieur de ces grandes catégories, mais elle indique que la classe sociale est une notion populaire et persistante.

À cause de la population peu nombreuse de Qué- bec et de son économie plutôt sous-développée, l'inte-

raction entre les différentes professions est plus fré- quente qu'en Europe. Le choix des relations étant li- mité, les gens ne peuvent se montrer trop sélectifs. Des gouverneurs se lient, par exemple, à des per- sonnes appartenant à des couches sociales inférieures à la leur, tels des officiers de l'armée et de la ma- rine[143]. Ceci ne signifie pas qu'il est facile d'accéder à un plus haut rang. Car si la communication entre per- sonnes appartenant à diverses couches sociales est re- lativement facile, la ligne de démarcation entre les divers groupes professionnels reste clairement établie. à la fin du XVIIIᵉ siècle, les fonctionnaires au pouvoir, tels le gouverneur et ses administrateurs, les officiers militaires, les riches marchands et les chefs religieux, occupent le sommet de l'échelle sociale; ils sont pres- que tous Britanniques. Puis viennent les seigneurs ca- nadiens et leurs parents dans les professions libérales. À l'échelon inférieur se trouvent les détail- lants, les entrepreneurs, les maîtres artisans et les nouveaux membres des professions libérales. Compa- gnons, ouvriers, soldats et marins sont au bas de l'échelle sociale; ils ont peu de chances d'accéder à un rang supérieur.

Les gens qui semblent les plus aptes à monter dans l'échelle sociale sont les marchands prospères et, dans une moindre mesure, les membres des professions libérales et les maîtres artisans. Si les hommes riches qui s'occupent d'importation et d'exportation font partie depuis toujours de l'élite dirigeante de la ville, les détaillants et les entrepreneurs ne sont pas facilement acceptés dans les cercles fermés de la société coloniale. À la fin du XVIIIe siècle, les efforts déployés par les marchands en vue de renforcer leur position sociale se heurtent à l'opposition des gouverneurs de la colonie et de l'administration militaire. Toutefois, entre 1820 et 1840, leur rôle est fermement établi et les dirigeants les nomment de plus en plus à des postes influents au sein d'organismes administratifs locaux comme la Commission de la Paix (chapitre IV).

Lorsque le nouveau gouvernement impérial élimine des postes ou nomme des anglophones à des postes antérieurement occupés par des francophones, qu'ils soient militaires, seigneurs ou membres des professions libérales, il menace le statut socio-économique de ces divers groupes. C'est le cas pour les membres des professions libérales de Québec, dont beaucoup faisaient partie du gouvernement colonial précédent et formaient un groupe important dans les dernières années du régime français[144]. Bien que l'on ne puisse évaluer combien de postes sont enlevés aux francophones sous le nouveau régime, il est certain cependant que le rôle des francophones de Québec qui appartiennent aux professions libérales diminue après l'occupation britannique de la ville en 1759. En outre, ceux-ci ne transfèrent pas automatiquement leur allégeance aux nouveaux maîtres anglophones : nombre d'entre eux acceptent des compromis difficiles pour pouvoir servir dans l'administration britannique.

Si les emplois accessibles aux artisans et ouvriers francophones sont réduits par l'arrivée des anglophones à la fin du XVIIIe siècle, ce n'est que vers 1830 que la main-d'oeuvre britannique est en mesure de dominer d'importants secteurs de l'économie.

Comment s'adapte l'élite canadienne-française?

«Nos coeurs sont à la France, mais nos bras à l'Angleterre.» (Mlle de Lanaudière s'adressant au capitaine de la frégate française «La Capricieuse», Québec, 1855[145])

Pour tirer profit du système colonial français, les administrateurs britanniques utilisent les seigneurs, les anciens chefs militaires, les membres des professions libérales et les chefs du clergé comme intermédiaires entre eux et les populations blanche et amérindienne[146]. Pour employer des dirigeants canadiens, le nouveau régime fait preuve d'une réserve et d'un discernement typiquement britanniques. Les candidatures sont soigneusement examinées du point de vue de la compétence et de la loyauté. Le processus de sélection

MEMBRES DE L'ÉLITE CANADIENNE
1. Portrait de Gaspard-Roch-Georges Chaussegros de Léry à 15 ans. Petit-fils d'un ingénieur réputé, fils de Grand Voyer, Gaspard quitte Québec et devient précepteur de la famille du tsar en Russie. (Tableau de François Baillairgé, 1787, MQ)
2. Le capitaine François Mailhot, «esquire», juge de paix et député, a commencé sa carrière comme marchand. Ce tableau, peint par L.C. De Heer à la fin du XVIIIe siècle, montre le capitaine en uniforme de milicien, montrant ainsi que le service militaire rehausse la position sociale d'une personne. D'après l'annonce de sa mort dans la Gazette de Québec du 17 mai 1799, il «se montra toujours digne tant de la confiance du gouvernement que de celle

de ses compatriotes.» Voir sa biographie, DBC, V : 572. (MQ)
3. Portrait de Marguerite Mailhot, femme d'Eustache-Ignace Trottier dit Desrivières, portant ici d'élégantes dentelles. Elle est assise près d'un luxueux service à thé et tient une petite boîte en or, peut-être un coffret à bijoux. Ce sont là quelques uns des ornements dont les gens s'entourent pour imiter le train de vie de l'élite. Le tableau est de François Beaucourt, 1792-1793, Montréal. (MQ)
4. Ce portrait d'un membre de la profession juridique, daté de 1794, est aussi l'oeuvre de F. Beaucourt. Bien que les postes disponibles soient rares, de nombreux avocats et notaires appartenant à des familles bien établies trouvent un emploi dans l'administration britannique. (MQ)

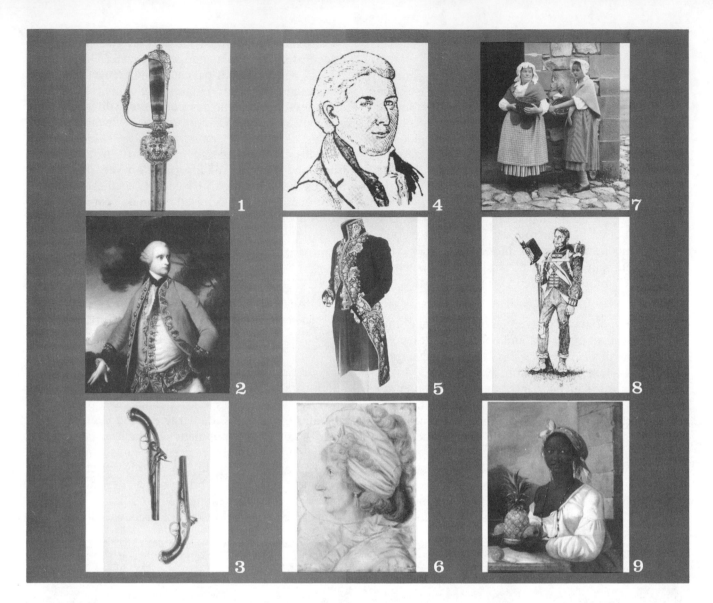

DIVERS GROUPES SOCIAUX DE L'ÉPOQUE sont représentés dans les illustrations ci-dessus :

1. & 3. Symboles militaires et aristocratiques du XVIIIe siècle : pistolets (Musée McCord) pour les combats en duel et épée de Montgomery (ROM 962.185.1)
2. James Murray, premier gouverneur britannique de la colonie, en uniforme de major-général (nommé en 1767). (ANC 2834)
3. William Grant, un marchand ambitieux qui épouse en 1770 la baronne de Longueuil, Marie Fleury d'Eschambault, veuve du baron Charles Jacques Le Moyne, ancien gouverneur de Montréal.
4. Manteau et veste d'un marchand. Le manteau, richement orné de motifs floraux, date de la fin du XVIIIe siècle. (C. Pearson; manteau : Musée McCord)

6. Lady Johnson, vers 1796, arbore un collier et des boucles d'oreille de diamant assortis et porte une robe de soie et un turban. La mode du turban a été lancée dans les années 1790 en Grande-Bretagne par des aristocrates comme la duchesse d'York. Le portrait est probablement l'oeuvre de T.B. de Valdenuit. (Musée McCord)
7. Ouvrières, d'après une reconstitution, à Louisbourg, de l'habillement du XVIIIe siècle. (Parcs Canada)
8. Un soldat britannique au Canada à la fin du XVIIIe siècle (Conception d'artiste; photo : C. Pearson; dessin : MCG)
9. Portrait d'une Noire, peut-être une domestique ou une esclave (1786). Pour une étude de ce tableau, voir Madeleine Major-Frégeau, *La vie et l'oeuvre de François Malepart de Beaucourt (1740-1794)*, Québec, MAC, 1979 : 60-62. (Musée McCord)

UN COUPLE se repose un moment après avoir dansé le «menuet canadien». Le feutre à plume et la ceinture fléchée portés par le danseur caractérisent davantage les Canadiens que les Britanniques. Détail d'une aquarelle de G. Heriot de 1801. (ANC, C252)

est si rigoureux que seuls les Canadiens considérés comme indispensables pour que la transition puisse se faire sans difficulté obtiennent des postes dans le gouvernement. De plus, ces derniers doivent souvent s'abaisser à demander à des parents ou à des amis francophones d'intervenir en leur faveur auprès des membres de l'establishment anglophone au pouvoir[147].

Dans la région de Québec, seule une élite restreinte de seigneurs et de membres des professions libérales réussit à occuper des postes dans la hiérarchie britannique. C'est ainsi que certains notaires et avocats, de même que leurs descendants, réussissent à conserver un statut professionnel pendant quelques générations[148]. Des Canadiens deviennent des porte-parole politiques, tandis que d'autres font carrière auprès du milieu des affaires britannique. Ces orientations professionnelles les conduisent à faire divers choix sociaux et politiques qui unissent certains d'entre eux à la communauté britannique de Québec.

Les seigneurs éprouvent de la difficulté à maintenir le train de vie auquel ils sont habitués, mais un certain nombre de leurs enfants trouvent des postes honora-

bles dans le gouvernement et les professions libérales[149]. Même si les seigneurs canadiens ont fait partie de l'élite militaire française, quelques-uns parmi eux réussissent à se faire accepter des premiers gouverneurs britanniques. Le raffinement social des seigneurs, leurs antécédents militaires et leur éducation en font des alliés intéressants pour les autorités coloniales britanniques. À la fin du XVIIIe siècle, quelques seigneurs canadiens font partie de l'élite au pouvoir. Leur aptitude à influencer les décisions gouvernementales reste faible, toutefois, à cause de leur manque de moyens financiers et de la distance qu'ils maintiennent vis-à-vis des gens du peuple[150]. Néanmoins, nombreux sont leurs descendants qui font carrière dans les professions libérales.

Comme les membres de ces professions, un certain nombre de seigneurs et leurs descendants obtiennent des postes subalternes au sein du gouvernement : traducteurs, commis, agents des questions indiennes, Grands-Voyers et inspecteurs de police. Même s'ils entretiennent des relations sociales avec l'élite de Québec, peu de seigneurs et d'anciens officiers français participent à l'administration de la ville.

Au cours du XIXe siècle, à mesure que Québec grandit et que de nouvelles professions sont créées, qu'il s'agisse des coroners, des arpenteurs ou des commissaires du gouvernement, des membres des professions libérales et des familles seigneuriales décrochent rapidement le plus de postes possible[151]. Ainsi, durant le régime britannique et malgré les limites sévères imposées à l'accès des Canadiens aux postes gouvernementaux[152], les noms de nombreuses familles seigneuriales établies se retrouvent pendant tout le XIXe siècle.

Depuis longtemps, les anciennes familles seigneuriales et professionnelles sont liées entre elles par le mariage et les affaires (durant le régime français, les seigneurs participent à la nomination des notaires[153]). Elles partagent tellement d'attitudes et de coutumes sociales qu'il est devenu difficile de les distinguer l'une de l'autre. À la fin du XVIIIe siècle et au début du siècle suivant, les membres des professions libérales contestent pourtant les prétentions politiques des seigneurs, tout en maintenant cependant une conception élitiste de la vie en société. Ainsi, de tous les groupes sociaux, les familles seigneuriales et professionnelles sont donc les plus sélectives dans le choix des conjoints. Malgré l'absence d'information sur la fréquence des mariages entre des membres de ces deux groupes[154], il est certain qu'il y en eut beaucoup au cours du XIXe siècle.

Chez les membres des professions libérales, on se marie habituellement avec quelqu'un du même groupe ou, à la rigueur, avec des membres de familles de marchands (tableau 10). Certains de ces mariages

«LA TUNIQUE ROUGE EST POPULAIRE AUPRES DE LA GENT FÉMININE À QUÉBEC», écrit Isabelle Bird dans son livre *The Englishwomen in Canada* publié en 1856 et réédité à Toronto, University of Toronto Press, 1966 : 264. Les Canadiennes ont «un faible marqué pour les officiers anglais», observe un personnage dans le premier roman dont l'intrigue se déroule à Québec, *The history of Emily Montague*, écrit en 1769 par Frances Brooke (Ottawa, Carleton University Press, 1985 : 20). Le portrait à gauche, de format réduit, représente un officier britannique. On remarque que les militaires s'habillent avec élégance, très conscients qu'ils sont de l'attrait qu'exerce leur uniforme sur les admiratrices. On attribue à Malcolm Fraser la tunique rouge à droite; il l'aurait portée à l'époque où il était officier des Frasers Highlanders à Québec, à la fin du XVIIIe siècle. (Photo : C. Pearson; artefacts : Musée McCord)

étendent les liens de parenté à travers l'élite de Québec. Le mariage de la soeur de Jacques Voyer avec William Vondenvelden, ancien officier, imprimeur et arpenteur d'origine allemande[155], réunit des représentants de presque toutes les professions exercées par l'élite tant canadienne que britannique : marchands, avocats, notaires, médecins, administrateurs et officiers[156].

Les membres des professions libérales, ceux-ci se montrent particulièrement sélectifs avant d'envoyer leurs fils en apprentissage chez des gens n'appartenant pas à la profession juridique : entre 1790 et 1815, plus de 70 p. 100 des pères des apprentis notaires sont des marchands ou des membres de professions libérales et 13 p. 100 sont des maîtres artisans. En outre, plus de 80 p. 100 des notaires qui dirigent leurs fils vers la profession juridique gardent ces derniers dans leur pratique[157].

Des observateurs notent que, depuis l'arrivée de l'armée britannique à Québec, les Canadiennes ont un faible pour les officiers anglophones[158]. Ceci peut s'expliquer par le fait que, durant le régime français, les officiers de l'armée appartiennent souvent à l'aris-tocratie : le mariage avec ces derniers s'inscrit donc dans une tradition honorable. Quelques Canadiennes d'origine seigneuriale hésitent peut-être à épouser des officiers anglais, mais les deux groupes ayant les mêmes valeurs sociales, les différences ethniques ne semblent pas les embarrasser outre mesure. L'écrivain et seigneur Philippe Aubert de Gaspé raconte dans ses oeuvres la réticence exprimée par une Canadienne d'origine seigneuriale que demande en mariage un officier anglais. Il nous livre ainsi un aperçu des premières réactions de l'aristocratie canadienne après la conquête de la Nouvelle-France. Sous la plume d'Aubert de Gaspé, la fille d'un certain seigneur répond en ces termes à une proposition de mariage :

> Vous m'offensez, capitaine Archibald Cameron de Locheill! [...] Est-ce lorsque la torche incendiaire que vous et les vôtres avez promenée sur ma malheureuse patrie, est à peine éteinte, que vous me faites une telle proposition? [...] Ce serait une ironie bien cruelle que d'allumer le flambeau de l'hyménée aux cendres fumantes de ma malheureuse patrie! On dirait, capitaine de Locheill, que, maintenant riche, vous avez acheté avec votre or la main de la pauvre fille canadienne; et

UNE BRITANNIQUE ET UN FRANÇAIS. Ces deux mannequins, qui représentent une femme portant une robe de style anglais et un homme revêtu d'un complet de coupe française, symbolisent fort probablement le mariage d'une Anglaise à un membre de l'élite canadienne. De telles unions sont rares cependant et s'expliquent en partie par le nombre peu élevé de femmes britanniques. Selon des notes fournies par le Musée McCord, le complet appartenait à un élégant médecin de Québec, Philippe-Louis-François Badelard. (Photo : C. Pearson; vêtements : Musée McCord)

---

jamais une d'Haberville ne consentira à une telle humiliation.

Les écrits et le comportement même de Philippe Aubert de Gaspé tentent de justifier, au nom de l'aristocratie canadienne, les relations qui s'établissent avec les anciens ennemis. D'une part, l'écrivain propose le principe suivant : «Il est naturel, il est même à souhaiter que les races française et anglo-saxonne, ayant maintenant une même patrie, vivant sous les mêmes lois, après des haines, après des luttes séculaires, se rapprochent par des alliances intimes[160]» D'autre part, son propre mariage avec Suzanne Allison, fille d'un officier britannique, montre que les mariages mixtes sont acceptables en autant qu'ils ont lieu entre membres des couches supérieures de la société. Sa nouvelle belle-mère, Thérèse Baby, a déjà donné l'exemple en épousant Thomas Allison.

Les mariages mixtes au sein de l'élite deviennent presque un système de parenté étendu. La famille Baby mentionnée plus haut est déjà liée par mariage à celle de Philippe Aubert de Gaspé et à celle d'autres officiers de l'armée britannique, puisqu' Archange Baby a épousé le major Ralph Rosselywn[161].

Si le mariage à des officiers britanniques devient acceptable pour les seigneurs canadiens, qu'en est-il de leurs relations avec les gens d'affaires britanniques? Des mariages ont lieu entre ces deux groupes, mais l'élite canadienne semble réticente à approuver de telles unions à moins que le commerçant concerné ne soit d'un rang social acceptable[162]. Ainsi, en 1770, le mariage de William Grant, marchand dynamique et bien en vue, avec Marie-Anne Catherine Fleury Deschambault, veuve du seigneur Charles-Jacques Le Moyne de Longueuil, est vite accepté par la famille de celle-ci, qui loue d'abord, puis vend les pêcheries de Mingan et de l'île d'Anticosti au nouveau mari et à son associé Thomas Dunn[163].

Mariés à des francophones et possédant des titres seigneuriaux[164], Grant et Dunn ont intégré l'oligarchie britannique au pouvoir et adopté le train de vie somptueux des couches supérieures de la société. Ils donnent certaines des réceptions les plus mondaines de Québec, tout comme quelques seigneurs canadiens des environs de la ville, tels que Louis de Salaberry, des officiers britanniques et des membres du Conseil législatif comme les honorables François Baby et Paul Roch de St-Ours, le colonel Henry Caldwell et le juge en chef William Smith[165].

En 1791, Grant donne une réception[166] en l'honneur du duc de Kent et de la comtesse, sa belle maîtresse mieux connue sous le nom de Julie Saint-Laurent. Après la fanfare qui accompagne l'arrivée des invités de marque, les musiciens entament un menuet. Plus tard, on sert aux invités des mets délicats, habituellement du mufle d'orignal, du steak d'ours, des tourtes garnies de crêtes de coq, des fruits, etc.

Des célébrations pompeuses permettent parfois de résorber de vieux antagonismes et de nouer de nouvelles relations, comme celles qui lient le duc de Kent et sa comtesse aux de Salaberry. Les opinions politiques de l'élite de Québec divergent souvent mais ses membres n'en fréquentent pas moins les mêmes cercles mondains, montrant par là qu'ils partagent un même mode de vie et les mêmes attitudes. Notons, parmi ces valeurs communes, la propriété de terrains et d'immeubles, l'attachement aux titres, aux postes administratifs et aux associations civiles, ainsi que des habitudes de consommation qui dénotent une grande aisance matérielle, qu'il s'agisse par exemple de l'alimentation, du vêtement, du mobilier, des voitures à chevaux.

L'Église canadienne, soutien du peuple et défenseur de l'ordre établi

La loyauté reconnue de ce corps [le clergé] a toujours été un des meilleurs soutiens du gouvernement britannique au Canada. (Toussaint Pothier, 1829[167])

La hiérarchie catholique s'efforce de répondre aux besoins spirituels de la population et de maintenir son rang social tout en résistant aux efforts déployés par les maîtres protestants en vue de soumettre l'Église[168]. La décision du gouvernement britannique d'interdire aux ordres religieux masculins de recruter de nouveaux membres réduit grandement le nombre de postes dans l'Église[169]. Néanmoins, l'existence de paroisses fournit de l'emploi à quelques hommes appartenant à l'élite locale[170]. Le maintien des communautés religieuses féminines permet aux femmes des familles seigneuriales ou professionnelles de continuer à assumer leurs fonctions traditionnelles d'enseignantes et d'infirmières dans certains des établissements principaux de Québec, le couvent des Ursulines, l'Hôtel-Dieu et l'Hôpital Général[171]. Les communautés de religieuses ne se bornent pas à des normes morales rigoureuses, elles suivent aussi l'exemple des autorités religieuses en encourageant le respect des nouveaux dirigeants britanniques.

Les bonnes relations des communautés religieuses féminines avec le gouvernement et l'élite de Québec s'expriment par des réceptions qu'elles donnent en l'honneur des dignitaires de passage et dans leurs transactions commerciales avec les marchands britanniques. Alors que les visiteurs ordinaires ne peuvent franchir le cloître des Ursulines, ces dernières font volontiers exception pour les administrateurs de la colonie. Tout au long du régime britannique, les communautés religieuses reçoivent souvent des gouverneurs et des invités de marque[172]. D'après les chroniques des Ursulines, la réception de visiteurs distingués est un aspect important de l'éducation des jeunes filles car, d'une part, elle contribue à «la formation des manières chez les élèves en leur faisant appliquer les règles de l'étiquette et les usages de la société» et, d'autre part, elle aide dans «la tâche difficile de former leur caractère[173]». L'éducation étant fortement influencée par les couches supérieures de la société, le programme d'enseignement est donc conservateur et diffuse une idéologie élitiste. En donnant leur enseignement tant aux jeunes filles pauvres qu'aux riches, les communautés religieuses préparent les premières aux besognes ménagères et forme les secondes à l'enseignement en leur inculquant les bonnes manières de vivre au sein de l'élite de Québec[174].

Les relations d'affaires des communautés religieuses avec les marchands britanniques sont un aspect également important du rôle que jouent celles-

CROIX PROCESSIONNELLE, symbole de l'autorité religieuse à Québec, attribuée à François Ranvoyze, 1774. (Pierre Soulard; croix : Musée du Séminaire de Québec)

ci dans la société de Québec. En tant que grands propriétaires, les communautés religieuses louent, afferment et vendent des terrains à d'importants marchands anglophones[175] et soutiennent ces derniers dans leur opposition à un plan global pour le développement ordonné de la ville (chapitre IV).

Même si les rapports entre l'Église catholique et l'establishment anglophone sont nettement marqués par les tentatives de ce dernier d'angliciser les Canadiens et de les convertir au protestantisme, les chefs religieux soutiennent les autorités civiles dans leur effort en vue de faire respecter l'ordre public. En fait, la hiérarchie religieuse encourage la soumission au gouvernement britannique dans tous les domaines, sauf la religion. La correspondance et les sermons des évêques catholiques exhortent le clergé et la population à faire preuve de loyauté et d'obéissance envers leurs nouveaux dirigeants[176]. «D'après saint Paul», prêche en 1794 le Père Plessis dans son oraison funèbre pour Monseigneur Briand, «chaque âme doit se soumettre à l'autorité établie, et quiconque résiste à ce

L'HOPITAL GÉNÉRAL au XIXe siècle. Des religieuses se promènent dans le jardin en compagnie de jeunes filles. Durant le régime français, environ 60 p. 100 des religieuses de cet hôpital sont recrutées dans les plus hautes couches sociales (définies comme les «groupes dominants»). Voir Micheline D'Allaire, «Origine sociale des religieuses de l'Hôpital Général de Québec (1692-1794)», *RHAF*, mars 1970 : 572 et 580.

pouvoir résiste à Dieu[177].» Plusieurs années plus tard, en 1810, l'évêque Plessis réaffirme qu'il est nécessaire d'obéir au gouvernement. Il reprend ses propos de 1794 et en ajoute aussi qu'il faut craindre Dieu et honorer le Roi[178]. Même si l'objectif premier de son discours est d'apaiser les critiques du gouverneur Craig, qui estime que le clergé n'encourage pas à la loyauté et que certains prêtres soutiennent le journal antigouvernemental *Le Canadien*, il y énonce aussi le point de vue officiel de l'Église sur les journaux subversifs. En 1809, dans une lettre adressée au Vicaire général de Montréal, Plessis décrit le journal patriotique *Le Canadien* en termes méprisants : «Vous ne pouvez imaginer les ravages causés par ce détestable journal parmi le clergé et la population. Il vise à détruire tous les principes de subordination et excite les esprits dans toute la province[179].» Dans bien des cas, les autorités religieuses appuient les décisions du gouvernement ou renforcent sa propagande. Là où le gouvernement suggère que «ce n'est qu'après avoir obéi à la loi et au gouvernement qu'une personne est libre de faire ce qui lui plaît», ou que la véritable liberté existe «seulement lorsque règnent l'ordre et l'obéissance aux lois»[180], l'Église, de son côté, dit que «la liberté n'existe qu'une fois que l'on a obéi aux lois de Dieu et du Roi». Il semble que la conception qu'a l'Église est aussi conservatrice que celle du gouvernement.

Les évêques font rarement part au gouvernement des griefs de la population. Les prêtres locaux appuient les demandes de certains de leurs paroissiens désireux d'obtenir un poste, mais la hiérarchie observe une politique officielle de prudence lorsqu'il s'agit d'intervenir en faveur des membres des professions libérales[181]. L'une des raisons de son attitude est qu'elle désapprouve l'intérêt de ces derniers pour les nouvelles idées philosophiques.

Les prêtres canadiens, qui lisent, horrifiés, les rapports sur la Révolution française et la persécution de leurs homologues français, font tout pour que les idées libérales ne se répandent pas au Canada. De plus, le désir constant, presque obsessionnel, de l'autorité épiscopale de prouver la loyauté de l'Église envers le gouvernement et de maintenir l'obéissance civile et religieuse creuse un fossé entre l'Église et une importante partie des fidèles qui partagent certaines aspirations politiques et économiques[182]. Ainsi, les autorités ecclésiastiques se montrent plus intéressées à expliquer aux fidèles la position du gouvernement qu'à transmettre aux autorités les griefs de la population.

Certaines activités de l'Église catholique, comme l'éducation chrétienne, sont appelées à jouer un rôle important dans le maintien d'une culture canadienne. Mais le soutien que cette Église apporte au gouvernement dans les affaires militaires et politiques mine sa capacité de promouvoir les aspirations sociales et économiques de la population. Si les prêtres restent plus près du peuple, les membres de la hiérarchie, de leur côté, mettent généralement l'accent sur l'ordre public et l'obéissance, associant ainsi l'Église à l'élite de Québec. Tout comme l'armée britannique, l'Église canadienne défend le statu quo. Qui plus est, elle se sert de la chaire pour transmettre son message. Si l'armée et la marine impériales sont les bras droits du gouvernement, les autorités catholiques, elles, lui servent de rempart moral.

En réalité, le soutien que la hiérarchie religieuse accorde au gouvernement dans les affaires civiles fait presque de l'Église un allié discret des marchands britanniques. Ces derniers, en effet, tirent avantage d'un climat social paisible et d'une institution locale puissante qui sait contenir le discours passionné des politiciens canadiens.

À la fin du XVIIIe siècle, les membres canadiens des professions libérales entrent en lice pour diriger les destinées de leurs compatriotes. Mais ils doivent faire face aux autorités de l'Église, à quelques seigneurs et, bien sûr, aux marchands et aux administrateurs britanniques. Ils n'ont qu'un but : renforcer leur position et, par conséquent, remettre en cause le rôle prépondérant joué par les marchands dans la vie économique, administrative et judiciaire de la colonie. Comme certains seigneurs et de nombreux habitants, ils s'opposent à l'impôt et à l'usage du droit commercial britannique, de tels changements, croient-ils, ne pouvant profiter surtout qu'à un petit groupe de marchands anglophones.

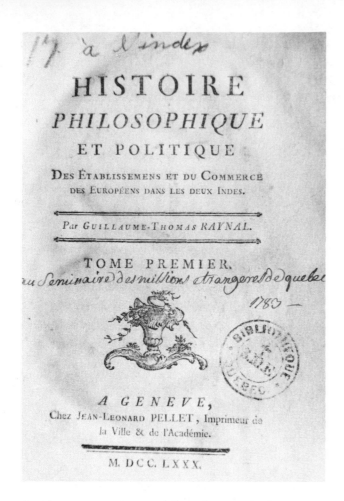

LES JOURNAUX SUBVERSIFS et les essais libéraux sont critiqués par les autorités de l'Église à cause de l'irréligion et de la sédition qu'ils propagent. Le Séminaire de Québec achète l'ouvrage de Raynal pour le retirer des mains de personnes qui pourraient en abuser. Voir Claude Galarneau, «La vie culturelle au Québec, 1760-1790», dans *L'art du Québec au lendemain de la Conquête*, Québec, 1977 : 95-98. (MQ)

Le milieu des affaires

> Une cabale de gens venus tant à la suite de l'armée que comme commis et chargés d'affaires de Londres ne méritent aucune préférence, tant par leur conduite que par leur défaut d'éducation et méprisables par eux-mêmes.
>
> (Des seigneurs canadiens, 1766[183])

Quoique les seigneurs laissent croire que les marchands anglophones sont minoritaires, il y a pourtant, dans les années qui suivent la conquête, un nombre étonnant de marchands britanniques qui, tant à Québec qu'à Montréal, veulent profiter des occasions qui s'offrent dans le territoire nouvellement acquis. Les premiers marchands anglophones sont «établis dans le pays depuis la reddition qui a été faite de la colonie aux mains de Votre Majesté[184]». D'autres viennent probablement pour répondre à l'invitation que lance le monarque à ses sujets, en 1763, à se rendre dans la province de Québec pour profiter au plus vite des conditions très avantageuses que leur commerce, leur

industrie et leur navigation ne manqueront pas d'y trouver[185] À la fin des années 1760, environ 110 marchands anglophones, dont une bonne partie sont des importateurs, exercent leur métier à Québec[186]. S'il est difficile de déterminer combien d'entre eux y habitent en permanence[187] et quelle est la nature exacte de leur activité, il est évident que leur présence transforme les structures sociales et commerciales de la ville.

Combien compte-t-on de marchands canadiens à Québec à la fin des années 1760? On estime qu'il sont environ 85[188]. Au début du régime britannique, le nombre de commerçants anglophones dépasse ou, à tout le moins, équivaut à celui des francophones. Les statistiques de la fin du XVIIIe siècle sont incomplètes et une vérification supplémentaire s'impose. À ce stade de la recherche, il semble néanmoins évident que la conquête militaire britannique de 1759-1760 amène dans son sillage un groupe relativement important de commerçants. En outre, il semble improbable que le nombre de marchands anglophones et francophones au cours des années 1760 fluctue de façon notable avant le début du XIXe siècle, alors que la domination britannique sur l'économie s'affirme davantage. Selon le recensement de 1831 – notre source la plus exacte pour cette période – on compte 520 marchands britanniques (55 p. cent) contre 441 marchands canadiens (45 p. 100)[189].

La domination qu'exercent les marchands britanniques sur l'économie de Québec et le commerce international est une conséquence directe du rôle qu'ils jouent dans le système impérial de la Grande-Bretagne[190]. Les autorités britanniques considèrent en effet que les marchands exploitent les colonies au profit de la Grande-Bretagne. L'Angleterre du XVIIIe siècle estime que le commerce est «la principale source de prospérité nationale». Selon Addison, les marchands sont «la source vive et le moteur du monde commercial»[191]. Dans l'Angleterre du XVIIIe siècle, les marchands sont l'un des éléments les plus dynamiques de la société et jouent un rôle plus important qu'à toute autre époque[192]. Des philosophes éminents et célèbres louent leurs entreprises. Dans un ouvrage qui a une grande portée, *The wealth of nations,* publié en 1776, Adam Smith soutient, par exemple, que c'est aux marchands soucieux de profit que la société doit d'avoir un niveau élevé de bien-être matériel jusque-là impossible à atteindre[193].

S'appuyant sur la bonne réputation du marchand en Grande-Bretagne même, les commerçants anglophones de Québec exigent donc des avantages similaires qui leur permettent, croient-ils, de s'enrichir tout en améliorant la situation générale des autres. Examinons de plus près quelques biographies de marchands britanniques arrivés à Québec à la fin du XVIIIe siècle et publiées dans le *Dictionnaire biographi-*

que du Canada. On y découvre comment le contexte impérial favorise les commerçants anglophones.

Si certains, tels Thomas Dunn, John Lees et John Purss, mènent des carrières exemplaires, d'autres, tels William Grant, George Allsopp et Henry Caldwell, profitent de toutes les occasions disponibles dans la colonie déchue pour construire leur fortune : certains tentent de spéculer sur le papier-monnaie français au début des années 1760, d'autres passent des biens en contrebande dans la province[194], d'autres encore achètent à bas prix les maisons des commerçants francophones qu'on a obligé à vendre leur propriété dans les dix-huit mois qui suivent la signature du Traité de Paris. Des marchands, tels Grant et Caldwell, expulsent des débiteurs de leurs terres et utilisent à leurs propres fins des fonds publics. Comme la plupart de leurs collègues, ils achètent des propriétés seigneuriales et acquièrent même les titres de l'aristocratie terrienne. Une bonne partie des marchands importants de la ville usent de leur influence à Londres pour décrocher des postes administratifs lucratifs; certains, tels que Hugh Finley, y trouvent leur profit dans des périodes économiques difficiles[195]. Les marchands, qui exercent aussi leur influence jusqu'en Grande-Bretagne, y font rappeler des fonctionnaires qui ne se montrent pas coopératifs, par exemple le gouverneur James Murray. Enfin, la plupart d'entre eux demandent et obtiennent des baux et des concessions de terrains[196].

Murray et Carleton, deux gouverneurs d'origine aristocratique, ainsi que les seigneurs, marchands et membres canadiens de professions libérales ne cessent de critiquer les marchands anglophones. Les propos du général Murray sur les marchands britanniques de la colonie ressemblent à celle des seigneurs :

> [Des] suiveurs de l'armée, médiocrement éduqués, ou soldats licenciés au moment de la réduction de celle-ci. Ils veulent tous faire fortune et j'en connais peu qui se soucient des moyens d'arriver à leurs fins; en général, le groupe d'hommes le plus immoral que j'aie rencontré et, bien sûr, le moins apte à rendre les nouveaux sujets amoureux de nos lois, de notre religion et de nos coutumes, et encore moins à faire appliquer ces lois et à gouverner[197].

Au moins un marchand anglophone commente en termes similaires l'éthique commerciale de ses collègues. En 1767, un associé de William Grant se plaint en effet que les débiteurs de Québec, et «William en particulier», accordent «moins d'attention à leurs paroles, à leur réputation et à leur crédit que le pire voleur que vous ayez connu dans les Highlands d'Écosse»[198]. De leur côté, les Canadiens critiquent surtout la cupidité et la soif insatiable de pouvoir des marchands[199]. C'est ainsi qu'en 1792 la femme d'un marchand canadien est poursuivie en justice pour avoir accroché à sa porte la caricature d'un commerçant britannique ayant la corde au cou, avec l'inscription suivante : «Tous les tricheurs devraient être pendus»[200].

Tous les marchands britanniques ne sont pas aussi dénués de scrupules ni aussi riches que Grant et Caldwell. Mais la plupart d'entre eux bénéficient largement de leur appartenance au système impérial britannique : le soutien de firmes de Londres ou de Glasgow, l'assurance, dans certains cas, d'avoir des emplois qui les attendent à Québec, le favoritisme, les postes administratifs lucratifs et influents, les terrains gratuits et un réseau étendu de relations familiales et d'affaires, souvent puissantes, tout cela leur donne un avantage certain par rapport à leurs collègues francophones. Plus encore, des marchands et des hauts fonctionnaires de Grande-Bretagne considèrent la présence de leurs collègues dans la colonie comme un facteur esentiel de l'expansion du commerce impérial[201]. La conscience de leur rôle dans le système impérial donne donc aux marchands britanniques à Québec la motivation nécessaire pour convoiter un prestige et un pouvoir politique accrus.

À la fin du XVIIIe siècle, les marchands britanniques appuient leurs réclamations en faveur d'un plus

COLPORTEUR, QUÉBEC, 1830

LA ROBE DE MARIÉE ci-dessus aurait été portée par Anne Hanna (probablement la fille de J. Hanna, maître horloger) lors de son mariage à un militaire, George Read, à la cathédrale anglicane de Québec, le 3 mars 1819. La robe de style Empire et les riches soies et mousselines dont elle est faite donnent un aperçu des efforts déployés par les anglophones des classes moyennes pour montrer leur adhésion aux valeurs britanniques en adoptant les modes vestimentaires rendues populaires par l'élite de Grande-Bretagne. (Photo : C. Pearson; robe : Musée McCord)

marchands anglophones obtiennent graduellement le soutien dont ils ont besoin pour contrôler l'économie locale. D'après le *Glasgow Journal*, beaucoup de marchands veulent même que «les Français [...] soient tous renvoyés du Canada» pour que les Britanniques puissent exploiter les pêcheries et le commerce des fourrures et vendre leurs biens manufacturés aux «innombrables tribus de sauvages»[204]. Même s'il ne s'exprime pas en termes aussi colorés, le rapport des Lords of Trade de 1763, qui porte sur les avantages qu'il y a à garder le Canada, avance les mêmes arguments que le *Glasgow Journal*. Il est bon, selon le rapport, que ce soit des commerçants britanniques qui exploitent les ressources du Canada et que celles-ci soient échangées contre des produits manufacturés en Grande-Bretagne[205].

Il n'est pas étonnant alors de retrouver des anglophones à la tête du commerce maritime ou comme propriétaires de la plupart des quais. Graduellement, ils étendent leur influence à tous les secteurs de l'économie. Les Écossais, par exemple, dominent le commerce maritime. Entre 1765 et 1800, environ 45 p. 100 des importateurs et des détaillants viennent d'Écosse, 34 p. 100 sont des Anglais et 21 p. 100 des Canadiens[206]. Dans ce dernier groupe, quelques-uns, dont Joseph Drapeau, Louis Dunière et Martin Chinic, importent des biens directement de Grande-Bretagne. Mais la plupart des marchands canadiens achètent leurs marchandises chez les commerçants britanniques.

À la fin du XVIIIe siècle, les marchands anglophones dominent d'importants secteurs autrefois contrôlés par des francophones : le commerce des fourrures, la pêche, la construction navale et les contrats militaires. De plus, les anglophones sont plus nombreux à exercer le métier de marchands itinérants. En 1802, neuf francophones et treize anglophones (dont sept femmes) sont inscrits comme colporteurs. (Les 22 autres colporteurs qui travaillent dans la campagne des environs de Québec sont des Canadiens[207].) En 1807, l'expansion du commerce britannique du bois améliore grandement la position des marchands anglophones, la colonie accueillant alors une autre vague d'agents et de constructeurs de navires d'origine anglophone. Désormais, même la propriété terrienne et la spéculation immobilière, deux domaines traditionnels pour l'investissement canadien, se trouvent menacés (Chapitre III).

Concluons. Si les Canadiens ne peuvent plus jouer leur rôle dans l'économie de la colonie, c'est qu'ils ne profitent pas des mêmes avantages que leurs collègues anglophones. Ils ne peuvent compter sur des contacts familiaux, gouvernementaux ou commerciaux en Grande-Bretagne et ne peuvent donc concurrencer les marchands anglophones. Rares sont les Canadiens qui, comme François Baby, établissent des liens avec des

grand rôle dans la société sur le fait qu'ils ont augmenté les exportations de la Grande-Bretagne vers Québec, tout en contribuant à la croissance économique de la colonie[202]. Néanmoins, ils réalisent que, pour atteindre leurs buts, il faut d'abord qu'ils réussissent à changer les institutions et à adapter les systèmes judiciaire et politique aux besoins du commerce. John Richardson résume bien le point de vue des marchands : «Le gouvernement [...] doit reconnaître que son pouvoir est fondé sur le commerce et que le soutien des marchands est un des meilleurs moyens de promouvoir la prospérité nationale»[203].

Certains gouverneurs, tel Murray, s'opposent à cette opinion qui n'est d'ailleurs pas entièrement acceptée dans les milieux gouvernementaux de Grande-Bretagne. Mais l'opinion a tant de partisans que les gens d'affaires londoniens[208]. La majorité des compagnies écossaises et anglaises ont des liens privilégiés avec leurs agents et ont des relations d'affaires à Québec. Ajoutons que, pour tirer avantage du système de crédit qui est basé, dans les villes, sur la lettre de change[209], il faut bénéficier de bonnes relations avec des créanciers en vue, par exemple des compagnies britanniques ou leurs agents à Québec, ou même avec l'administrateur de la garnison[210]. De toute évidence, les Britanniques sont mieux placés pour établir ces relations d'affaires que les Canadiens.

Un réseau commercial fondé sur des associations personnelles et commerciales permet donc au groupe de marchands britanniques de dominer l'économie de la colonie. Peu de Canadiens sont admis dans ce puissant groupe de partenaires commerciaux. En conséquence, les Canadiens ne peuvent profiter complètement des nouvelles activités commerciales et des nouveaux débouchés qui accompagnent le développement du pays. En outre, comme les anglophones recrutent leur personnel principalement dans la communauté anglophone, les jeunes Canadiens doivent choisir des carrières dans les domaines associés à la profession paternelle[211]. Il s'agit, en général, du commerce de détail, alors jugé moins prestigieux que les autres activités.

D'origine sociale modeste dans leur pays[212], les marchands anglophones jouissent à Québec d'une position sociale légèrement supérieure. C'est en particulier le cas des grossistes influents qui se spécialisent, à la fin du XVIIIᵉ siècle, dans l'importation et l'exportation des fourrures, des céréales et des biens manufacturés; ils y ajoutent le bois au début du XIXᵉ siècle. On sait déjà que certains d'entre eux appartiennent aux couches supérieures de la société coloniale. C'est à eux que administrateurs, officiers et seigneurs demandent d'accepter leurs fils comme apprentis et comme époux de leurs filles. Or s'ils sont d'accord pour embaucher des fils d'artisans, les membres de ces familles de commerçants encouragent rarement leurs propres fils à devenir eux-mêmes artisans. Les jeunes gens issus du milieu marchand, bien coté, embrassent le plus souvent des carrières rattachées au commerce et aux professions libérales.

Après les importants marchands de Québec viennent les détaillants, les marchands artisans et les fabricants, comme les tanneurs et les constructeurs de navires. Certains marchands-tailleurs, tel Ralph Gray, qui débarque en 1759 comme tailleur dans un régiment, suit la même voie que d'autres marchands qui se lancent dans diverses activités commerciales et politiques, devenant seigneurs et parvenant souvent à la sécurité financière[213]. S'il arrive que des constructeurs de navires soient nommés juges de paix, ils sont rarement admis dans les couches sociales supérieures[214]. Les employés de banque, les agents de change et les commissaires-priseurs, tels John Jones, Burns & Woolsey, François Bélanger et Martin Chinic, sont très liés aux marchands; certains d'entre eux accèdent, par le mariage, jusqu'aux échelons supérieurs de la société.

Un troisième groupe, surtout composé de Canadiens[215], comprend les boutiquiers, épiciers et cabaretiers. Ils ont plus de choses en commun avec les maîtres artisans, les capitaines de navires et les ouvriers du transport qu'avec ces hommes imbus d'eux-mêmes et souvent prétentieux qui, aux yeux de la plupart des gens, représentent le milieu des affaires.

À la fin du XVIIIᵉ siècle et au début du XIXᵉ, les marchands anglophones de Québec sélectionnent minutieusement les personnes qu'ils fréquentent. Samuel Jacob, John Neilson et James Dunlop, par exemple, passent au crible les réalisations sociales et financières de leurs enfants et de leurs parents. Dans une lettre sur l'éducation de son neveu, envoyée à un partenaire commercial, Dunlop écrit ce qui suit :

> C'est une ineptie que d'introduire Alexander dans un milieu qu'on dit distingué. Je ne lui souhaiterais jamais de fréquenter des personnes d'un rang plus élevé que celui de respectables marchands [...]; j'ai la vanité de me croire digne de la compagnie ou de l'amitié de quiconque, à commencer par les membres de la famille royale [...]. C'est le nom de Dunlop que je respecte plus que les noms de baptême; c'est pourquoi mes trois navires portent le nom de Dunlop : cette idée m'est venue parce je sais que c'est un des plus grands noms de Grande-Bretagne[216].

La correspondance de Dunlop au sujet de ses neveux et nièces nous révèle la façon dont beaucoup de marchands envisagent l'éducation de leur famille. Tout en se montrant enchanté des progrès réalisés par ses nièces dans le chant et la danse, il suggère que son neveu s'écarte de telles distractions et s'attache plutôt à devenir «un homme cultivé, ayant une belle plume et de solides notions de comptabilité»[217]. Quelle déception pour Dunlop que d'apprendre que son neveu a choisi la «médiocre carrière d'avocat»[218] plutôt que la respectable profession de marchand.

À la fin du XVIIIᵉ siècle, parmi les membres de l'élite, notamment chez les marchands, un conflit oppose aux relations amoureuses spontanées la tendance à arranger les mariages conformément aux coutumes sociales[219]. Les marchands craignent que leurs fils ne fréquentent la mauvaise catégorie de personnes, particulièrement «les femmes qui font profession de mener à la ruine les hommes irréfléchis»[220]. S'ils n'arrivent pas toujours à influencer leurs enfants sur le choix d'un conjoint, les parents réussissent tout de même à limiter l'accès, par le mariage, à la communauté des marchands. C'est surtout le cas des marchands britanniques les plus en vue. À la fin du XVIIIe siècle, la plupart des marchands influents du secteur de l'importation et de l'exportation qui s'établissent à Québec arrivent avec leur épouse[221], ou épousent les veuves, les soeurs ou les filles[222] de commerçants anglophones, ou restent tout simplement célibataires[223]. Rares sont les membres de ce groupe qui se marient en dehors de leur milieu social immédiat. Lorsque c'est le cas, ils épousent des Canadiennes d'un rang similaire, issues des familles de seigneurs ou de commerçants, ou de celles des membres de professions libérales[224].

Si l'on en juge d'après les mariages entre membres de l'élite dirigeante de la ville de 1800 à 1830, il y a une légère augmentation du nombre d'alliances entre les familles de marchands et celles des professions libérales, ainsi qu'entre anglophones et francophones[225]. En 1815, le marchand John J. Clapham épouse Helena Black, fille de James Black, un marchand prospère; en 1816, le commissaire-priseur Martin Chinic, fils d'un importateur canadien entreprenant, épouse Julie Measan, fille de William Measan, un marchand[226]. Des membres des professions libérales, eux-mêmes fils de marchands, épousent les filles des collègues de leur père, venant ainsi grossir le nombre de mariages entre membres des familles de commerçants et de professions libérales. L'héritage qui échoit à ces fils leur permet d'asseoir leur carrière sur des bases solides.

Citons, à titre d'exemple, la biographie du fils de John Young, marchand bien connu à Québec. Après avoir terminé son éducation en Angleterre (1814-1817), Thomas Ainslie Young, qui épouse Ursule Baby, fille de l'honorable François Baby, occupe plusieurs postes lucratifs dans l'administration. En 1834, au cours d'une campagne électorale, Young déclare qu'il compte se faire élire grâce à «la solide réputation de son père [227]». Ainsi, les descendants des marchands britanniques continuent à jouir, au début du XIXe siècle, de nombreux avantages économiques, sociaux et politiques obtenus par leur père à la fin du XVIIIe siècle.

La situation privilégiée de l'élite dirigeante de la ville n'est pas partagée par toutes les familles de marchands. En outre, celles de ces familles qui sont d'un rang social moindre enlèvent au groupe de commerçants le caractère d'exclusivité qui le caractérise, puisqu'elles acceptent chez elles des apprentis issus des groupes d'artisans et qu'elles permettent aussi à leurs fils de devenir artisans et à leur filles d'épouser des ouvriers qualifiés[228]. Ajoutons que les préjugés ethniques ne semblent pas avoir empêché des membres de ces familles d'épouser des personnes appartenant à d'autres groupes linguistiques (listes 1 et 2, p. 269 et 270).

Artisans et ouvriers[229]

Formant 75 à 80 p. 100 de la population (Tableau 9), les familles ouvrières de Québec ne forment pas un groupe homogène. Tout comme les marchands, les ouvriers se distinguent des autres groupes par des caractéristiques ethniques et sociales uniques. Les métiers spécialisés sont très hiérarchisés. Au sommet se trouvent les marchands-artisans, proches des détaillants sinon leurs égaux par certains aspects. Ce petit groupe de «maîtres» est suivi (par ordre décroissant) d'un grand nombre d'artisans, la plupart des Canadiens travaillant à leur propre compte, puis des compagnons et des apprentis. Ensuite, il existe des différences entre les divers métiers. Par exemple, la condition des marchands-artisans (des marchands-tailleurs, par exemple), des fabricants (tanneurs et constructeurs de navires) et des ouvriers très qualifiés[230] est légèrement meilleure que celle des nombreux ouvriers du bâtiment (charpentiers, forgerons, maçons et menuisiers). Comme les compagnons, qu'ils soient tailleurs, cordonniers, chapeliers ou boulangers, sont de plus en plus employés pour diverses tâches non spécialisées, leurs conditions de travail sont plus mauvaises que celles des autres artisans. Ils occupent donc l'échelon le plus bas dans la hiérarchie des métiers.

Les employés des transports, qui constituent un autre groupe important, appartiennent à la même couche sociale que les artisans. En font partie pilotes, navigateurs, charretiers, débardeurs, flotteurs de bois et marins. Ces trois derniers métiers, ainsi que ceux de soldat, de domestique et d'ouvrier, sont considérés à l'époque comme les moins prestigieux.

Comme ils occupent le bas de l'échelle sociale, les jeunes ouvriers ont rarement l'occasion de devenir apprentis dans les familles de marchands, d'artisans ou de membres des professions libérales, ni d'y trouver une épouse. Quelques artisans militaires, qui bénéficient d'une meilleure formation que les soldats ordinaires, réussissent à placer leurs fils chez des artisans civils, en particulier chez des maîtres tailleurs et des cordonniers. En général, les fils de soldat sont mis en apprentissage dans un métier correspondant à celui du père.

La construction navale offre de meilleures possibilités d'avancement que la plupart des autres métiers car elle exige une main-d'oeuvre nombreuse et variée. Les contremaîtres de chantiers navals embauchent des ouvriers semi-spécialisés ou non qualifiés, et parfois les fils de ces derniers. Ils forment ces hommes comme débiteurs ou charpentiers de bois. Bon nombre de ces ouvriers non qualifiés sont originaires de villages des environs de Québec et épousent des filles de cultivateurs, de petits artisans et d'employés des transports.

ARTISAN BRITANNIQUE, maître menuisier, «constructeur de maisons» et architecte, James Hunt (vers 1770-1837) est issu d'une famille bien établie de marchands du Devonshire. Frère d'un négociant en vins de Québec qui sert aussi comme agent pour une firme britannique, James épouse en 1820 Elizabeth Chillas, fille d'un autre négociant en vins et maître tonnelier, James Chillas. La façade de la solide maison en pierre de Hunt, dans la basse ville (vers 1830) paraît à droite. Ces renseignements proviennent de *Quebec City : architects, artisans and builders*, par A.J.H. Richardson et al. : 316-317 et 322-323. (Hunt, avec la permission de Mme Donald O'Donnell; maison : ANC, Division des archives cartographiques et architurales).

Les artisans savent, eux aussi, se montrer sélectifs quand il s'agit d'embauche ou de mariage. Entre 1790 et 1815[231], ils embauchent des apprentis provenant de divers groupes de familles dans les pourcentages suivants : ouvriers qualifiés (26 p. 100), cultivateurs (23 p. 100), journaliers et soldats (13 p. 100), marchands et membres de professions libérales (3 p. 100). Bien qu'un petit groupe d'artisans ait la chance d'accéder à un échelon supérieur, la plupart des enfants d'artisans choisissent leur partenaire dans le groupe auquel appartient leur père (Tableau 10).

En plus de se marier entre eux, les membres des familles d'artisans habitent dans les mêmes quartiers (Chapitre V). L'élite des artisans (ouvriers métallurgistes, carrossiers et maçons) crée des enclaves réservées aux membres de certains métiers dans la basse et la haute ville et dans le faubourg Saint-Jean, alors que le principal groupe d'artisans, les travailleurs du bois, habitent dans Saint-Roch[232]. Si environ 10 p. 100 des artisans épousent des filles d'employés des transports, un certain nombre d'artisans choisissent leur conjoint dans les familles ouvrières. Quant aux marins, flotteurs de bois et soldats célibataires de passage à Québec, ils mènent une vie sociale marginale et ne peuvent espérer, sauf exception, avoir des rapports avec d'autres femmes que les prostituées.

Les circonstances qu'engendre le système impérial et qui permettent aux marchands britanniques de dominer l'économie de la ville, vont aussi aider les artisans et ouvriers anglophones. À la fin du XVIIIe siècle, les tailleurs et cordonniers tirent avantage de leurs bonnes relations avec les marchands anglophones qui contrôlent l'important commerce en gros des textiles et des chaussures. De même, au début du XIXe siècle, les constructeurs et charpentiers de navires réussissent très tôt à s'établir dans les faubourgs de Québec, en partie grâce à d'étroites relations avec les marchands de bois anglophones. On fait venir de Grande-Bretagne des équipes de charpentiers de navires et de forgerons pour travailler dans les chantiers navals locaux[233]. Ces hommes s'intègrent immédiatement à la main-d'oeuvre qualifiée et sont en mesure de profiter des possibilités d'emploi au sein de la communauté anglophone.

L'armée britannique est également une importante source d'emploi et un excellent réseau de contacts pour les artisans et ouvriers qui arrivent de Grande-Bretagne et des colonies[234]. Les contrats militaires

L'ATTACHEMENT DES ARTISANS BRITANNIQUES ENVERS LES POLITIQUES IMPÉRIALES s'exprime bien dans ce détail d'une aquarelle de Cockburn où l'enseigne d'un artisan anglophone (Thomas Hobbs, ébéniste, sculpteur et entrepreneur de pompes funèbres) est posée au-dessus d'une statue de Wolfe. On voit juste en-dessous l'enseigne d'un tavernier canadien. Une ménagère et un ouvrier figurent au premier plan (ANC, 39273)

---

lucratifs pour la fourniture de biens de toutes sortes – farine, bois, pelles et chaussures – profitent particulièrement aux marchands et aux artisans d'origine britannique. La garnison a aussi besoin de provisions générales (paille, farine, pain et pois), de matériaux (bois de chauffage, madriers, pierres et briques), de produits finis (chaussures et vêtements) ainsi que de main-d'oeuvre et de services de transport[235]. Les intermédiaires sont d'ordinaire britanniques, mais ce sont les cultivateurs canadiens des environs immédiats de Québec qui approvisionnent la garnison en céréales, en saindoux et en grandes quantités de bois de chauffage. Si les Canadiens fournissent la maind'oeuvre et les charrettes pour les militaires, leur participation n'est requise que si les autorités militaires ne peuvent faire effectuer le travail par des soldats ou des civils anglophones.

Le service de l'Artillerie et du Génie fournit aussi aux Anglo-Saxons un nombre considérable d'emplois temporaires. Des centaines d'hommes habitués aux besognes manuelles ardues sont ainsi réquisitionnés par l'armée pour creuser des fossés et transporter des madriers. Dans les travaux de construction militaire,

les soldats d'origine allemande prédominent, suivis par ordre d'importance des civils anglophones et canadiens[236].

Les militaires utilisent les soldats pour la plupart des travaux d'importance, mais ils emploient aussi un nombre considérable d'artisans civils. Les officiers britanniques demandent toujours plus d'artificiers, mais n'en obtiennent jamais assez pour pouvoir se passer des civils. D'après ces officiers, il y a plus d'artisans disponibles à Québec que partout ailleurs dans les Canadas, mais leurs salaires élevés augmentent trop les coûts[237]. Ainsi, lorsque le capitaine Bruyeres demande qu'on lui envoie maçons, charpentiers, forgerons, charrons, scieurs et mineurs, les autorités britanniques acceptent seulement d'envoyer d'autres mineurs[238].

Selon les estimations que fait, en 1805, le lieutenant-colonel Nichols pour la construction du bastion de la Glacière, les artisans deviennent irremplaçables. D'après cet officier, «l'exécution des travaux a été estimée en supposant que les deux tiers en seront assumés par des artificiers civils et le tiers par des militaires; les trois quarts des ouvriers seront des militaires»[239]. Lorsque le travail sur la Citadelle bat son plein, 150 civils y sont employés[240]. En plus de fournir des emplois, les travaux militaires permettent de pallier à la pénurie de main-d'oeuvre qualifiée[241].

La préférence accordée aux artisans anglophones est évidente dans les contrats octroyés aux ouvriers qualifiés. Si nombre d'entre eux connaissent le succès, c'est en partie à cause de leur expérience antérieure avec l'Artillerie et le Génie. À la fin du XVIIIe siècle, l'armée embauche un grand nombre de civils britanniques pour la réparation des armes, des véhicules et des bâtiments. Des 70 hommes embauchés en 1775-1776 pour construire des fortifications à Québec et arrêter l'envahisseur américain, plus de la moitié sont britanniques[242]. Or, le pourcentage d'ouvriers anglophones ainsi embauchés est disproportionné compte tenu de leur petit nombre à Québec à cette époque.

Les travaux effectués pour l'Artillerie et le Génie permettent à de nombreux artisans anglophones de se tailler une carrière. Pour certains, c'est l'occasion de commencer dans un métier, pour d'autres, d'obtenir des contrats. De toute manière, cela contribue à l'établissement d'une communauté d'artisans britanniques. Un certain nombre d'artisans arrivés avec l'armée dans les années 1760, comme le soldat-tailleur Ralph Gray, ou travaillant pour les militaires en 1775-1776, comme le charpentier et ébéniste Robert Hadden et les chaudronniers George McClure et William Perry, réussissent à fonder d'importantes entreprises. En outre, les travaux militaires qui exigent une main-d'oeuvre qualifiée semblent principalement réservés aux anglophones : tonneliers, forgerons britanni-

LA «CATHÉDRALE ANGLAISE», inaugurée en 1804, exerce sur la ville une influence des plus importantes aux plans social et religieux. Elle est construite aux frais du gouvernement sur l'ancien emplacement de l'église des récollets dans la haute ville. Grâce surtout aux contributions des marchands et fonctionnaires, le temple possède l'un des premiers grands orgues de l'époque; on y trouve aussi des vases communautaires offerts par le Roi. Les administrateurs, militaires, marchands et membres de professions libérales qui fréquentent cette église appartiennent à l'élite de Québec. L'aquarelle, qui est de M.M. Chaplin, a été exécutée en 1841. (ANC)

ques[243], constructeurs de navires, bourreliers, cordonniers, maçons et entrepreneurs. De nombreux artisans qui prospèrent à Québec ont travaillé quelque temps pour l'Artillerie et le Génie. C'est le cas de John Goudie, un des plus importants constructeurs de navires de la ville, de même que Samuel Jeffery et John Shea, cordonniers, figures dominantes de leur métier à la fin du XVIIIᵉ siècle et au début du XIXᵉ siècle, sans oublier Edward et John Cannon, d'importants maçons et entrepreneurs[244].

Les ouvrages militaires contribuent aussi à l'établissement de relations durables. Des artisans britanniques qui ont travaillé en 1775 pour l'Artillerie et le Génie font encore des affaires ensemble au XIXᵉ siècle. Les boulangers, cordonniers et tailleurs militaires renforcent encore plus la communauté des artisans anglophones, lui permettant d'établir d'autres relations et lui fournissant des ressources supplémentaires. Les artisans militaires envoient leurs fils en apprentissage chez des maîtres civils, initient régulièrement certaines personnes à leurs métiers et entretiennent des rapports quotidiens avec les marchands britanniques[245]. La présence militaire entraîne le développement, dans la haute ville, de boutiques spécialisées dans l'approvisionnement de l'armée[246]. En outre, beaucoup d'artisans, des anglophones en particulier, mentionnent la garnison dans leurs annonces publicitaires et énumèrent ses besoins. Dès qu'ils figurent sur la liste des artisans compétents recommandés aux militaires[247], les ouvriers qualifiés sont presque assurés de trouver du travail supplémentaire.

L'histoire d'une des familles de constructeurs, celle d'Edward Cannon et de ses fils, montre à quel point il est important d'être en relation avec les militaires pour obtenir du travail dans l'Empire britannique. Avant d'immigrer à Québec en 1795, Cannon construit des fortifications et des bâtiments administratifs à St. John's, sur l'île de Terre-Neuve[248]. Peu après leur arrivée à Québec, lui et ses fils obtiennent plusieurs contrats importants, notamment pour la construction de l'église anglicane (1799-1804), d'un phare sur l'Ile Verte (1806) et de la nouvelle prison (1808-1814)[249]. Comme le font beaucoup de marchands, les frères Cannon demandent et obtiennent qu'on leur concède des terrains[250]. En outre, des enfants Cannon épousent des membres de familles marchandes et d'autres embrassent des professions libérales, affermissant ainsi leur position parmi les familles respectables de la ville[251].

Pour savoir plus précisément dans quelle mesure les artisans anglophones ont pu faire fortune en travaillant pour le gouvernement, il nous faudrait étudier d'autres contrats. À ce stade de notre recherche, il semble probable que la participation aux diverses branches de l'activité gouvernementale dans l'Empire britannique soit un tremplin efficace pour la mobilité sociale et géographique des artisans anglophones. Il est certain que les artisans anglophones sont des ouvriers qualifiés qui ont une bonne connaissance des derniers développements dans leurs domaines respectifs. Toutefois, pour produire de grandes quantités de biens, il leur faut des marchés. Fournir à l'armée de 1 500 à 3 000 paires de chaussures ou approvisionner des équipes d'ouvriers en pelles et en pioches constituent des contrats lucratifs. Ces contrats obligent certains entrepreneurs britanniques à faire venir des artisans de l'étranger. Et comme leurs entreprises sont stables autant que rentables, les artisans payent des salaires élevés aux ouvriers qualifiés. Disposant de contrats et de grands ateliers, ils sont très bien placés pour faire concurrence à leurs homologues canadiens, et souvent même pour les surpasser. Au début du XIXᵉ siècle, le réseau anglophone permet à des artisans britanniques de contrôler plusieurs secteurs du marché urbain.

Les membres de la petite communauté anglophone de Québec ne sont pas uniquement liés par le mariage et les affaires, mais aussi par un vaste éventail d'institutions sociales et publiques. Avant l'immigration massive d'Irlandais durant les années 1820, peu d'anglophones sont issus des couches inférieures de la population active. De plus, la communauté anglophone étant plus homogène que le groupe francophone, ses membres sont en mesure de communiquer plus facilement avec les Britanniques qui dirigent les destinées commerciales et politiques de la colonie. De plus, qu'ils soient artisans, marchands, membres des professions libérales ou fonctionnaires coloniaux, ces anglophones appartiennent aux mêmes églises[252] et

ORGUE DE LA CATHÉDRALE ANGLICANE. (MAC)

associations. Ils ont donc des rapports fréquents les uns avec les autres et peuvent compter sur leurs relations mutuelles lorsqu'il s'agit de créer de nouvelles associations.

Des représentants de cette communauté britannique déjà bien intégrée vont donc créer et diriger bon nombre d'associations dans la ville. En 1832, les anglophones dominent dans les établissements financiers, les associations d'immigrants, la Société littéraire et historique de Québec[253] et la Société d'agriculture (Tableau 19). Les associations francophones, telles la Société bienveillante de Québec, la Société du feu de Québec, la Société pour l'encouragement des sciences et des arts au Canada et la Société d'éducation de Québec[254], sont souvent créées pour faire pendant aux organismes où prédominent les anglophones. Au cours des années 1820, le nombre de Canadiens augmente dans les organismes contrôlés par des francophones ainsi que dans certaines banques; il diminue dans d'autres établissements financiers tels que le Québec Exchange, et reste à un niveau symbolique dans les associations telles que la Québec Emigrant Society

(Tableau 19). La croissance des institutions où prédomine un groupe ethnique particulier et la fluctuation des effectifs des associations donnent une indication des difficultés qu'éprouvent tant les anglophones que les francophones à s'adapter à la langue et aux usages de l'autre groupe.

Une étude des mariages sur une longue période contribuerait à clarifier les relations entre les groupes ethniques. Nous savons déjà, d'après une analyse des contrats de mariage conclus entre 1790 et 1812, que seulement 16 p. 100 d'entre eux concernent des couples dont l'un des conjoints est Canadien et l'autre Britannique. Si l'on tient compte des soldats, environ 30 p. 100 de la population de Québec est anglophone au début du XIXe siècle (Tableau 8). Si ces pourcentages donnent à penser que les mariages entre anglophones et francophones ne sont pas très courants, il faut, avant de tirer des conclusions, étudier plus soigneusement la question, en particulier les mariages qui ont lieu chez les Canadiens du milieu rural et les membres de la population anglophone flottante.

Conclusion

Nous manquons de renseignements sur la population urbaine de Québec. Il est donc difficile d'identifier exactement les facteurs qui ont influencé l'évolution de sa population. Des situations hypothétiques et des statistiques incomplètes ne mènent pas à des conclusions satisfaisantes. Il est à espérer que les spécialistes de la démographie historique résoudront bientôt certaines des difficultés auxquelles nous nous heurtons. En attendant, les historiens ne peuvent que tenter de compléter un casse-tête dont plusieurs pièces sont manquantes.

En comparant brièvement plus haut la croissance des deux populations américaine et canadienne, nous avions conclu que la croissance plus rapide de la première est attribuable à l'immigration, à un taux de fécondité assez élevé et à un faible taux de mortalité, en particulier parmi les enfants. Bref, une population rurale excédentaire et l'afflux d'immigrants contribuent à élever le taux de croissance américaine, phénomènes auxquels s'ajoutent la concentration de la population, la croissance industrielle et une agriculture très productive.

Jusqu'au début du XIXe siècle, la Nouvelle-France et le Bas-Canada sont des pays non agricoles et leur population rurale ne croît pas comme celle des États américains[255]. Le climat rude du Canada français, l'absence, sur son territoire, de ressources facilement disponibles à grande échelle et l'échec de sa politique d'immigration expliquent également sa lente croissance démographique. N'ayant aucun centre urbain à forte concentration de population, le pays ne dispose pas des compétences ni du marché nécessaires pour le

CAFÉS ET HÔTELS (à droite, 2e et 3e édifices) servent de lieux de rencontres, informelles ou officielles, pour les marchands. Des membres de la communauté commerciale britannique fondent certaines des associations comme la Québec Fire Society, la Québec Benevolent Society, l'Agricultural Society, la Québec Library, le Constitutional Club, etc. Ci-dessus, détail de l'aquarelle de Cockburn "Palace Street, Québec, 1830". (ANC)

dense et ses habitants sont encore plus vulnérables à des menaces extérieures que ne l'est la population rurale avoisinante. Marins, soldats, prostituées et immigrants débarquant dans le port communiquent rapidement aux citadins les maladies dont ils sont porteurs. Très vite, une bonne partie de la population urbaine et des paroisses des alentours est affectée. Qui plus est, les épidémies et la guerre rendent précaire la situation des habitants, qu'ils soient de la ville ou de la campagne. Ainsi, malgré la fécondité des Canadiennes, un ensemble de facteurs – en particulier les taux élevés de mortalité – sont à l'origine d'une croissance lente et intermittente.

Si nous voulons identifier les structures sociales, il nous faut d'abord reconstituer les groupes concernés en fonction de nombreuses variables, que ce soit celles de l'autorité et du statut social, de la profession, du revenu ou des valeurs. C'est une tâche qui déborde le cadre de la présente étude. Pourtant, sans examiner en détail les hypothèses complexes concernant les rapports entre ces variables, il est possible de proposer un cadre de recherche. D'abord, distinguons au moins quatre niveaux à l'intérieur de la société urbaine[256]. (1) L'élite de Québec, le groupe le plus exclusif et le plus difficile à pénétrer, où se retrouvent administrateurs coloniaux, officiers supérieurs, évêques anglican et catholique et leur entourage, membres des professions libérales et leurs familles, marchands britanniques influents et seigneurs canadiens habitant près de Québec. (2) Nouveaux membres des professions libérales, clergé et membres des ordres religieux, officiers subalternes de l'armée et de la marine, marchands en général et quelques marchands-artisans composent la classe moyenne. Ce groupe social est le plus mobile et le plus ouvert, puisque certains de ses membres se hissent parfois à l'échelon supérieur et qu'il accepte en son sein quelques maîtres artisans. (3) et (4) Alors que certains artisans et employés des transports font partie de la couche moyenne inférieure, d'autres occupent le bas de l'échelle sociale le quatrième niveau, avec les ouvriers, les domestiques, les soldats, les marins et les personnes sans travail.

Il est difficile d'accéder aux échelons supérieurs de la société car l'élite ne désire en aucun cas partager ses privilèges. S'il est plus facile d'améliorer son statut social par un mariage avec une personne issue d'une couche sociale supérieure que par le niveau professionnel où on se situe soi-même, ni l'une ni l'autre de ces options ne modifie de façon sensible la position sociale. La mobilité de l'individu se trouve encore plus restreinte par les préjugés ethniques qui réduisent les possibilités d'interaction entre francophones et anglophones. À mesure que les immigrants de langue anglaise se font de plus en plus nombreux, les différences linguistiques prennent de l'ampleur. Nombre de ces immigrants appartiennent à la population flottante de la ville. S'il est difficile de

développement d'industries dans le secteur secondaire. Montréal et Québec ne sont pas vraiment des centres urbains comme le sont les villes américaines; on y trouve que très peu des nombreuses industries établies dans les villes américaines. Par conséquent, jusqu'à 1830, Québec et Montréal n'ont pas les infrastructures nécessaires à une croissance démographique parallèle à celle des États américains. Les centres canadiens jouent le rôle de comptoirs pour la métropole en quête de matières premières. Comme le chapitre suivant le montrera, la Nouvelle-France et le Bas-Canada ne possèdent pas d'infrastructure agricole, à l'encontre des Treize Colonies et des États-Unis.

La Nouvelle-France et le Bas-Canada n'ayant pas des structures urbaines ou rurales aussi développées que celles des États-Unis, leurs populations – en particulier les enfants – y mènent une vie plus instable. Comparativement aux États-Unis, l'arrière-pays canadien – en particulier la région de Québec – est sous-développé. Les Canadiens habitent des villages près du Saint-Laurent, où la maladie et la mort sont souvent présents. Québec est une ville aussi petite que

mesurer l'influence qu'ils exercent sur les structures urbaines, il est néanmoins certain que leur présence transforme les rapports entre anglophones et francophones.

Le Québec urbain ne connaît pas de distinctions sociales aussi marquées qu'en Grande-Bretagne. Comme on l'a dit précédemment, le milieu colonial atténue de telles distinctions, tout comme le climat social et politique. Ne voit-on pas des aristocrates et des marchands britanniques, de même que des membres canadiens des professions libérales, remplacer l'élite francophone traditionnelle? L'appartenance ethnique tend à séparer deux groupes qui poursuivent pourtant les mêmes buts. Si les autorités coloniales et militaires britanniques jugent souvent les seigneurs canadiens plus acceptables, sur les plans social et politique, que les marchands de langue anglaise[257], elles n'en préfèrent pas moins ces derniers, bien que, aux yeux des dirigeants britanniques, les seigneurs viennent de meilleures familles et occupent un rang social plus élevé[258]. Le favoritisme que pratique le gouvernement à l'égard d'individus qui ne font pas partie de l'élite canadienne traditionnelle est l'un des principaux facteurs de l'ascension rapide de certains marchands britanniques. Ces marchands doivent d'avoir trouver une respectabilité non pas à leur éducation ou à leurs qualités supérieures[259], mais à l'importance du rôle que leur confèrent les autorités.

Si les historiens ont bien étudié la course au pouvoir à laquelle se livrent les membres canadiens des professions libérales et les marchands britanniques, on connaît moins les attitudes que partagent ces deux groupes. Sans entrer dans les détails, l'examen qui suit propose quelques axes de recherche. Même si l'appartenance ethnique et les différences qu'elle engendre divisent la population, des intérêts socio-économiques tendent à les rapprocher[260]. Les deux peuples ne se composent-ils pas de de gens ambitieux «qui cherchent à acquérir la prépondérance et le pouvoir en dépit des limitations imposées par l'ordre établi[261]». Dans la lutte qui se livre pour le pouvoir colonial, une certaine collaboration est de mise. Ainsi, tandis que certains notaires continuent à faire fonction d'intermédiaires entre les employeurs britanniques et la population canadienne, quelques avocats livrent les batailles juridiques de la classe commerçante. D'autres, notamment les religieuses catholiques, enseignent aux enfants de l'élite anglophone et soignent ses malades. Enfin, quelques membres canadiens des professions libérales échangent des apprentis avec des marchands britanniques ou épousent les enfants de ces derniers. Une étude reste à faire dont on ne peut augurer des résultats, car la preuve ne sera pas aisée à faire. Il se peut qu'une étude plus approfondie des attitudes sociales des deux groupes nous apprenne que leurs membres désirent augmenter leur revenu et leur influence pour la simple raison que l'acquisition de richesses personnelles est jugée comme un moyen de servir la communauté tout entière[262].

Même si quelques aristocrates sont d'avis que les Canadiens qui appartiennent aux professions libérales proviennent des «couches les plus basses de la société[263]», une analyse préliminaire révèle que ce n'est pas le cas pour la plupart des membres de ces professions qui résident à Québec. Qui plus est, ceux dont la famille appartient à cette catégorie sociale partagent les mêmes valeurs que leurs homologues mieux établis et aspirent à faire partie du nombre des privilégiés. Selon un observateur de l'époque, l'ambition que ceux-ci entretiennent de s'élever au-dessus des gens ordinaires est fondée sur leur désir «d'obtenir des charges lucratives et honorables»[264].

Si les membres canadiens des professions libérales et les marchands britanniques vivent tous dans les plus beaux quartiers de Québec et ne font que très peu pour améliorer les autres parties de la ville où habitent les indigents, c'est qu'ils poursuivent, les uns et les autres, leurs intérêts personnels (Chapitre V). En outre, l'élite anglophone et francophone de Québec adhérant fermement au principe de la propriété, elle s'oppose à toute initiative de planification qui empiète sur les biens qu'elle a investis (Chapitre IV).

En résumé, bien que l'appartenance ethnique représente un facteur important de la vie urbaine puisqu'il tend à fractionner la population en deux communautés linguistiques, les membres privilégiés de la société font abstraction de leurs différences lorsqu'il s'agit de défendre leurs intérêts communs.

1. Ces registres paroissiaux n'ont pas fait l'objet d'une étude systématique jusqu'à présent. Jusqu'à maintenant, d'ailleurs, peu de documents de la fin du XVIIIe siècle et du début du XIXe ont été étudiés. Pour les problèmes concernant l'exploitation de ce genre de documentation, voir Pierre Goubert, "Recent theories and research in French population between 1550 and 1700", dans D.V. Glass et D.E.C. Eversley, *Population in history*, Londres, Edward Arnold Publishers Ltd., 1965 : 457-474. Pour des renseignements sur les études relatives à la démographie historique de Québec, voir Jacques Légaré, André La Rose et Raymond Roy, «Reconstitution de la population canadienne au XVIIe siècle : méthode et bilan d'une recherche» dans *Recherches sociographiques*, XIV, 1973 : 383-400, et Gérard Bouchard, «Introduction à l'étude de la société saguenayenne aux XIXe et XXe siècles», *RHAF*, XXXIII, juin 1977 : 3-27.

2. E. Lampard, *op. cit.* : 4.

3. Leo F. Schnore et Gene B. Petersen, "Urban and metropolitan development in the United States and Canada", *The Annals of the American Academy of Political and Social Science*, vol. 316, mars 1958 : 60.

4. James A. Henretta, *The evolution of American Society, 1700-1815*, Lexington, Mass., D.C. Heath & Co., 1973 : 9. Voir aussi J. Potter, "The growth of population in America, 1700-1860", dans D.V. Glass et D.E.C. Eversley, *Population in history*, Londres, Edward Arnold Publishers Ltd., 1965 : 635.

5. Carl Bridenbaugh, *Cities in revolt*, New York, A.A. Kropf, 1953 : 5 et 216.

6. James A. Henretta, *loc. cit.*

7. Oscar Handlin, «The modern city as a field of historical study», dans Alexander B. Callow, *American urban history*, New York, Oxford University Press, 1969 : 9.

8. Une «métropole» est définie comme une grande ville à forte concentration de population et à croissance périphérique rapide. L.F. Schnore et Gene B. Petersen, *op. cit.* : 63-64.

9. L.F. Schnore et Gene B. Petersen, *op. cit.* : 65.

10. Les données démographiques pour Québec et Montréal, respectivement avant 1831 et 1825, sont difficiles à évaluer. Voici les chiffres démographiques que nous possédons pour les villes américaines en 1743 : New York, 11 000, Philadelphie, 13 000, et Boston, 16 000. Carl Bridenbaugh , *loc. cit.*

11. Allana Reid, *The development and importance of the Town of Quebec, 1608-1760* : 232.

12. Pour évaluer l'importance et l'évolution de ces divers métiers, voir Claude Poulin, *Les métiers à Québec d'après le recensement de 1744*, Université Laval, thèse de licence, 1965 : 73, et Jean-Pierre Hardy et David-Thiery Ruddel, *op. cit.* : 24-29; Allana Reid, *op. cit.* : 159.

13. Louise Dechêne a calculé le taux de croissance annuelle à 2,8 p. 100 pour la période allant de 1716 à 1744. Voir son article «Quelques aspects de la ville de Québec au XVIIIe siècle d'après les dénombrements paroissiaux», *Cahiers de géographie du Québec*, décembre 1984 : 496. Ce chiffre est identique à celui de notre thèse (2,8 p. 100, p. 65); voir également celui donné dans l'ouvrage de John Hare, Marc Lafrance et D.-T. Ruddel, *Histoire de la ville de Québec, 1608-1871*, Montréal, MCC et Boréal Express, 1987 : 37.

14. Allana Reid, *op. cit.* : 37-47. L'auteur estime à 8 000 le nombre d'habitants de Québec en 1754. Comme cela indique une augmentation considérable par rapport au recensement de 1744, lequel donne 5 047 habitants, il faut pousser les études plus avant avant d'accepter ce chiffre de 8 000. Il est possible, d'une part, qu'une partie de cette augmentation soit due à un personnel militaire plus nombreux, absent du recensement de 1744 et, d'autre part, qu'on ait tenu compte en 1754 de la population avoisinante. Voir à ce sujet le commentaire de Claude Poulin, *op. cit.* : ix.

15. Pour un examen de la croissance de Montréal entre les années 1784 et 1871, voir Jean-Claude Robert, *op. cit.* : 169-172.

16. D'après G.R. Taylor, "Comment", dans D.T. Gilchrist, dir., *The growth of seaport cities, 1790-1825*, Charlottesville, University Press of Virginia, 1967 : 44.

17. Boston et Baltimore sont alors les deux plus petites des quatre plus grandes villes portuaires. Les données proviennent de Everett S. Lee et Michael Lalli, "Population", dans D.T. Gilchrist, dir., *op. cit.* : 34-36.

18. Le taux de natalité chez les Canadiens passe de 57 p. 1 000 au début du XVIIIe siècle à environ 51 p. 1 000 à la fin du siècle et ne bouge pas jusqu'en 1850. Voir Jacques Henripin et Yves Peron, «La transition démographique de la province de Québec», dans Hubert Charbonneau, *La population du Québec : études rétrospectives*, Montréal, Boréal Express, 1973 : 30. Le taux de natalité américain est estimé à environ 50 ou 52 p. 1 000 au début du XIXe siècle. J. Potter, *op. cit.* : 672, et R.W. Wells, "Demographic change and the life cycle of American families", dans M.A. Vinovskis, dir., *Studies in American historical demography*, New York, Academic Press, 1979 : 521.

19. Les Canadiennes se marient alors au même âge environ (19 ans) que les Américaines (20 ans) dans certaines parties de la Nouvelle-Angleterre. Lorraine Gadoury, Yves Landry et Hubert Charbonneau, «Démographie différentielle en Nouvelle France : villes et campagnes», *RHAF*, XXXVIII, 1985 : 367. Voir aussi Louise Dechêne, *Habitants et marchands de Montréal au XVIIe siècle*, Paris, Plon, 1974 : 104; J.A Henretta, *op. cit.* : 12; Daniel Scott, "Parental power and marriage patterns : An analysis of historical trends in Hingham, Mass.", *Journal of marriage and the family*, 1973 : 426; Edward Byers, "Fertility transition in New England commercial centre : Nantucket, Mass., 1680-1840", *Journal of Interdisciplinary History*, XIII, 1982 : 23. Byers estime l'âge moyen à 19,3 ans pour la période allant de 1680 à 1709 et à

25,3 ans pour les années 1800-1809. Des chiffres similaires pour des périodes légèrement différentes sont donnés par Nancy Osterud et John Fulton, "Family limitation and age at marriage : Fertility decline in Sturbridge, Mass., 1730-1850", dans A. Vinovskis, *op. cit.* : 403. On a peu de renseignements sur le sujet pour le Bas-Canada au XIXe siècle. Dans une étude portant sur 283 contrats de mariage, l'âge (19,5 ans en moyenne) n'est mentionné que dans 11 p. 100 des cas au premier mariage. Voir Hélène Dionne, *Les contrats de mariage à Québec, 1790-1810*, Ottawa, Musée canadien des civilisations, 1979 : 18. Il est évident que ce sujet doit être approfondi.

20.   J. Henripin et Y. Peron, *op. cit.* : 30-34.

21.   Estimé à 34,4 p. 1 000 entre 1771 et 1775 et à 23,6 p. 1 000 entre 1836 et 1840. J. Bourgeois-Pichat, "The general development of the population of France since the eighteenth century", dans D.V. Glass et D.E.C. Eversley, dir., *Population in history* : 484.

22.   J.A. Henretta, *op. cit.* : 11-27, et J. Potter, *op. cit.* : 639-654.

23.   Maris A. Vinovskis, "Mortality rates and trends in Massachusetts before 1860", dans M.A. Vinovskis, *op.cit.* : 236.

24.   Hubert Charbonneau, *Vie et mort de nos ancêtres*, Montréal Presses de l'Université de Montréal, 1975 : 124-129. Le taux plus élevé du début du XVIIIe siècle est imputé aux maladies.

25.   Louis Henry, "The population of France in the eighteenth century", dans D.V. Glass et D.E.C. Eversley, *op. cit.* : 447.

26.   Les taux de mortalité infantile s'élevant à 115, 152 et 156 p. 1 000 ont été calculés pour les périodes respectives de 1670 à 1699, de 1700 à 1729 et de 1730 à 1759 à Ipswich; le taux de 112 p. 1 000 pour les enfants nés avant 1750 s'applique à Andover. Ces renseignements sont puisés dans M.A. Vinovskis, *op. cit.* : 239-241.

27.   *Ibid.* : 245. Le taux pour New York et Philadelphie entre 1826 et 1835 est estimé à 32,7 et 43,3 p. 1 000 respectivement.

28.   Ces statistiques proviennent des registres paroissiaux de Notre-Dame de Québec tels que colligés par Jean-Pierre Charland, des dénombrements des curés pour 1795, 1805 et 1818 ainsi que du recensement de 1831. Comme aucune étude n'a été faite sur les documents paroissiaux, il est difficile d'évaluer leur degré de précision. Toutefois, il est possible que ces registres n'aient pas été tenus rigoureusement; les décès d'une année ont dû être rétablis. Comme les dénombrements et les recensements pour cette période sont considérés comme incomplets, les chiffres ci-dessus sont à considérer comme des estimations approximatives. Selon une analyse portant sur les données démographiques (baptêmes, mariages et enterrements compris) pour les années 1791-1822 et 1825-1830 publiés dans le *JALBC* entre 1824 et 1830, le taux brut de mortalité pour la population totale de la ville s'établit comme suit : 1796-1800, 40 p. 1 000; 1806-1810, 37,5; 1816-1820, 44,8 et 1826-1830, 46,3. Un résumé de ces données est fourni par William Kelly, "On the medical statistics of Lower Canada", dans *Transactions of the Literary and Historical Society*, III, 1837 : 206. Ces chiffres se rapprochent de ceux mentionnés ci-dessus et correspondent à ceux qu'a trouvés André Lespérance, *La mortalité à Québec de 1771 à 1870*, thèse de maîtrise, Université de Montréal, 1970 : 46-47 et 139, tels que cités par Hubert Charbonneau, «À propos de démographie urbaine en Nouvelle-France – Réflexions en marge d'*Habitants et marchands au XVIIe siècle* de Louise Dechêne», dans *RHAF*, XXX, septembre 1976 : 266. Voir aussi H. Charbonneau, *op. cit.* : 267.

29.   A. Lespérance, *loc. cit.*

30.   Cette estimation est basée sur une analyse des registres paroissiaux de la cathédrale anglicane et de l'église St. Andrew's. Comme les documents de cette dernière église sont incomplets et que les décès pour certaines années ont été rétablis, les chiffres ci-dessus sont une estimation approximative.

31.   H. Charbonneau, *Vie et mort de nos ancêtres* : 195.

32.   Louise Dechêne, *op.cit.* : 111 et 112; Pierre Goubert, *op.cit.* : 60 et 61 et Louis Henry, *op.cit.* : 441.

33.   R.V. Wells, "Family size and fertility control in eighteenth-century America : A study of Quaker families", dans M.A. Vinovskis, *op. cit.* : 173. Voir aussi Michael Zucherman, *Peaceable kingdoms New England towns in the eighteenth century*, New York, A.A. Knopf, 1970 : 203.

34.   Voir le tableau 5. Le quotient d'environ six enfants par famille québécoise a aussi été trouvé par William Kelly qui, en fondant ses calculs sur les naissances et les mariages publiés dans *JCABC*, obtient 6,2 enfants. Il retranche la décimale en guise de compensation pour les enfants illégitimes. Voir *op. cit.* : 203.

35.   Richard Osborne, "Scottish migration statistics : a note", *Scottish Geographical Magazine*, n^o72, 1956 : 153.

36.   Cette estimation est basée sur les chiffres donnés pour la paroisse de Notre-Dame de Québec et pour la cathédrale anglicane au début du XIXe siècle, période pendant laquelle les registres pour les deux églises sont des plus complets.

37.   Pour des renseignements sur l'instruction des artisans et leur capacité de signer des documents, voir J.-P. Hardy et D.-T. Ruddel, *Les apprentis artisans à Québec, 1660-1815* : 161-166, et Michel Verrette, «L'alphabétisation de la population de la ville de Québec de 1750 à 1849», *RHAF*, XXXIX, été 1985 : 64.

38.   Les chiffres sur la production agricole sont tirés de Fernand Ouellet, *Histoire économique et sociale du Québec 1760-1850*, Paris, Fides, 1966 : 609.

39.   *Ibid.* : 600.

40.   Rapport de la santé à Québec, 12.6.1832, AVQ. Ce document contient de nombreux rapports sur les conditions hygiéniques ainsi que sur les tentatives d'amélioration de ces conditions.

41.   *Ibid.* : 30/5/1832 et 15/06/1832, AVQ.

42.   Édouard Desjardins, «La grande épidémie de 'picote noire'», *L'Union médicale du Canada*, vol. 99, août 1970 : 1470-1477.

43.   Françoise Juchereau (Mère Saint-Ignace), *Histoire de l'Hôtel Dieu*, Montauban, Chez J. Légier [1751] : 403-404.

44.   Ibid. : 75. Voir aussi Pierre-Georges Roy, «Les 'fièvres' à Québec en 1756, 1757 et 1758», dans *La ville de Québec sous le régime français*, Québec, R. Paradis, 1930, II : 297-298.

45.   M.E. Abbott, *History of medicine in the province of Quebec*, Toronto, Macmillan Co., 1931 : 41.

46. «Acte pour encourager et répandre l'usage de l'inoculation de la vaccine», *Les statuts provinciaux du Bas-Canada*, 31e année, George III, vol. III, chap. VI.

47. Alors que la petite vérole a pour ainsi dire disparu en Europe au début du XIXe siècle, elle continue à sévir à l'état endémique dans la province du Québec jusqu'en 1885. Bien que l'inoculation de la variole de la vache ait fait l'objet d'une violente opposition dans certaines régions d'Europe, on lui réserve tout de même un meilleur accueil sur le vieux continent qu'à Québec. Au Canada, il semble que les anglophones acceptent plus facilement le vaccin que les francophones. La vaccination a pour effet immédiat de diminuer le taux de mortalité dans l'ensemble de la population et plus particulièrement chez les enfants de 1 à 4 ans. Voir J.J. Heagerty, *op. cit.* : 92 et 93.

48. J.J. Heagerty, *op. cit.* : 90-94, et J. Bourgeois-Pichat, *op. cit.* : 485-488.

49. *Ibid.* : 113.

50. Ces exemples sont mentionnés dans les documents gouvernementaux du Bas-Canada, 14/8/1800, *RCA* (1892) : 155. Voir aussi la remarque concernant le passage à Québec de 12 000 immigrants par année, un grand nombre d'entre eux introduisant des maladies dans le pays, 15/6/1824, *RCA* (1898) : 401.

51. Réjean Lemoine, étudiant à l'Université Laval, prépare une thèse de doctorat sur l'épidémie de choléra de 1832 à Québec. L'histoire du choléra en milieu urbain est abordée dans la thèse de Jean-Claude Robert sur Montréal, *op. cit.* : 214-224. La présence de cette maladie à Québec, à Montréal et ailleurs au Canada est étudiée dans Geoffrey Bilson, *A darkened house. Cholera in nineteenth-century Canada*, Toronto, University of Toronto Press, 1980.

52. "Report of the Permanent Committy of the Faculty of Medecine of the city of Quebec", *JCABC*, XXXXII, 1833, Appendix, 1. Voir aussi Sylvio Leblond, "James Douglas, M.D. (1800-1896)", *The Canadian Medical Association Journal*, mars 1952 : 285.

53. Louise Dechêne et Jean-Claude Robert, «Le choléra de 1832 dans le Bas Canada : mesure des inégalités devant la mort», Université de Montréal, Mimeo 1977, 11. Je suis reconnaissant au professeur Robert de m'avoir fourni un exemplaire de ce document.

54. *JCABC*, 1832-1833, vol. 42 : 1.

55. Rapports du Comité de santé, 27/10/1832, AVQ.

56. "Report of the Permanent Committy of the Faculty of Medecine of the city of Quebec", *loc. cit.* Les membres du comité, les docteurs Painchaud, Lyons, Blanchet, Von Iffland, Douglas, Caldwell et Andrews, affirment que leurs commentaires concordent en tous points avec les vues et les intentions des membres de la profession qui a constitué ledit comité.

57. Selon Louise Dechêne et Jean-Claude Robert, *op. cit.* : 11-12, les artisans (charretiers, charpentiers et maçons) et les ouvriers de langue française sont plus touchés par le choléra que les pauvres de Québec et Montréal.

58. Voir les explications détaillées dans R.J. Morris, *Cholera, 1832*, Londres, Crown Helm, 1976 : 14-16. Voir aussi C.M. Godfrey, *The cholera epidemics in Upper Canada, 1832-1866*, Toronto, Seacombe House, 1968 : 5-8.

59. "Facts and observations upon spasmodic cholera", Rapport du Comité de santé, 17/4/1832, AVQ.

60. "Report of the Permanent Committee", *op. cit.* : 5. Au cours du mois de mai et au début de juin 1832, des charrettes de bouchers servent au transport des malades. Rapport du Comité de santé, 11/6/1832, AVQ.

61. «Pétition demandant le déplacement de l'Hôpital des Emigrés du faubourg Saint-Jean», 28/11/1831, *JCABC* vol. 41 (1831-32).

62. Rapport du Comité de santé, 11/6/1832, AVQ. Les capitaines de bateaux à vapeur reçoivent l'ordre de jeter dans le fleuve les corps enveloppés dans une bâche et alourdis par des lingots de fonte, à une distance d'environ 30 km de Québec, Trois-Rivières, William Henry, Berthier ou Montréal.

63. Louise Dechêne et Jean-Claude Robert, *op. cit.* : 5-7.

64. G. Bilson, *op. cit.* : 24.

65. Compte rendu des audiences, *loc. cit.*

66. Cité dans G. Bilson, *op. cit.* : 19.

67. "Facts and observations", *loc. cit.* Si l'on s'en tient à ce raisonnement, les Canadiens, et en particulier les gens de la campagne, ne seraient pas trop frappés par le choléra, puisqu'ils «sont reconnus pour leur sobriété, leur ardeur au travail et leur propreté [...] et [...] sont exempts des malheurs de l'extrême indigence». (Traduction)

68. "Report of the Permanent Committee", *loc. cit.*

69. Mgr Lartigue à D.-B. Viger, Montréal, 22/10/1832, *RAPQ* (1942-1943) : 165, cité dans Louise Dechêne et Jean-Claude Robert, *op. cit.* : 17.

70. D'après les renseignements fournis au chapitre V.

71. Cité dans J.J. Heagerty, *op. cit.* : 213.

72. Les références sont, dans l'ordre : S.D. Clark, *The social development of Canada*, Toronto, University of Toronto Press, 1942 : 121 et Peter Kalm, *op. cit.* : 375 et 471.

73. Voir les documents cités dans S.D. Clark, *op. cit.* : 52 et suiv.

74. J.J. Heagerty, *op. cit.* : 213. Les Grands Jurés signalent sa présence à Montréal dans un rapport : 2/9/1782, QBC, ANQ. Répandue dans toute les paroisses de la région de Montréal, la maladie menace, dit-on, de ruiner et de détruire toute la jeunesse de la communauté.

75. Renald Lessard, *Le mal de la baie Saint-Paul, la société et les autorités coloniales, 1775-1791*, thèse de maîtrise, Université Laval, 1983 : 8.

76. Robert Hunter, *Quebec to Carolina in 1785-1786. Being the travel diary and observations of Robert Hunter, Jr., a young Merchant of London*, par Louis B. Wright et Marion Tinling, San Marino, Ca., The Huntington Library, 1943 : 27; cité dans Renald Lessard, *op. cit.* : 6. (Traduction)

77. Maude E. Abbott, *op. cit.* : 33, et A.W. Cochran, "Notes on the measures adopted by Government, between 1775 and 1786 to check the St. Paul's disease", *Literary and Historical Society Transactions*, IV, 1855 : 139.

78. *Ibid.*

79. Extrait d'une lettre adressée en 1786 ou 1787 par Charles Blake, Esq. M.D., autrefois médecin auprès du 34ᵉ régiment de Sa majesté, au Comité du Conseil législatif sur la police et la population au sujet de la maladie dite de Saint-Paul. (Traduction) Publiée intégralement *ibid.* : 150-152. Cette description doit être lue en même temps que d'autres qui louent la propreté de la maison canadienne. Mais bien que les demeures campagnardes soient relativement propres, les habitudes domestiques facilitent la propagation des maladies. D'après un rapport du Bureau de la Santé, Québec (17/4/1832, AVQ), «les Canadiens dans les districts ruraux [...] se caractérisent par leur sobriété, leur zèle et propreté». (Traduction)

80. Voir la lettre de Bowman au lieutenant-gouverneur Dougles Hope (20/4/1785) et ses observations générales concernant la maladie (8/8/1786, RG7 G18, vol. 71, ANC). En raison des similitudes existant entre cette maladie et celles qui touchent alors l'Écosse, le *sibbens* en particulier, il est possible qu'une étude comparative puisse identifier les causes de l'épidémie de Baie-Saint-Paul. Voir Thomas Ferguson, *The dawn of the Scottish social welfare*, Édimbourg, Thomas Nelson & Sons Ltd., 1948 : 108-111.

81. Voir les rapports de Bowman, 7/6/1785 et 9/9/1785, dans RG4 B43, vol. 1, ANC.

82. Cité dans M.E. Abbott, *op. cit.* : 28. (Traduction)

83. Les chiffres sont tirés d'A.W. Cochran, *op. cit.* : 143-144. Bien que certains fonctionnaires de l'époque les trouvent exagérés, ils correspondent à ceux que fournit Bowman. Voir R. Lessard, *op. cit.* : 18.

84. R. Lessard, *op. cit.* : 26.

85. Journal inédit de Henry Jencken, 260 et 261, ANQ. Il est intéressant de noter que le général Hope est l'un des fonctionnaires qui participent aux délibérations concernant la maladie de Baie-Saint-Paul. Voir RG4 B43, 1, 20/4/1785. (Traduction)

86. W. Kelly, *op. cit.* : 215, 218-219.

87. «Retour des personnes admises et déchargées de l'Hôpital des Émigrés de Québec [...] 1 janvier jusqu'au 31 décembre, 1833», *JALBC*, XXXXIII, Appendice «R», 1834.

88. Voir Peter Laslet, *op. cit.* : 134; Edward Shorter, *op. cit.* : 80-83, et J.D. Chambers, *Population, economy and society in pre-industrial England*, Londres, Oxford University Press, 1972 : 44, 58, 73-75.

89. H. Charbonneau, *Vie et mort de nos ancêtres*, 214, établit la fréquence de la conception prénuptiale en Nouvelle-France à 4,5 p. 100.

90. Ces données demeureront approximatives jusqu'à ce qu'une étude plus complète de l'illégitimité soit réalisée. Le manque de renseignements concernant les naissances illégitimes dans les postes de traite et dans les villages amérindiens, dont celui de l'Ancienne-Lorette près de Québec, fait que les chiffres avancés pour la campagne sont incomplets.

91. Voir la brève analyse de l'illégitimité dans Pierre-Georges Roy, *La ville de Québec sous le régime français*, Québec, R. Paradis, 1930, I : 224.

92. *Herald, Miscellany and Advertiser*, 29/6/1790. Pour un examen général des coutumes canadiennes, voir Jean-Pierre Wallot, *Un Québec qui bougeait,* Montréal, Boréal Express, 1973 : 203-210.

93. Anonyme, "Description of a tour thro' the provinces of Lower and Upper Canada, in the course of the years 1792 and '93", *Canadian Letters*, 15. Voir aussi *Le Vrai Canadien*, 19/8/1810.

94. J.-P. Hardy et D.-T. Ruddel, *Les apprentis artisans à Québec* : 171.

95. Jean-Pierre Wallot, *op. cit.* : 208.

96. *Le Vrai Canadien*, 29/8/1810.

97. John Lambert, *Travels through Lower Canada and the United States, 1806, 1807 and 1808,* Londres, 1810, I : 294 et 296.

98. *Le Vrai Canadien*, 29/8/1810.

99. Jean-Claude Robert, *Montréal, 1821-1871* : 199 et 200. Toutefois, le fait qu'un grand nombre d'enfants abandonnés soient envoyés de Québec à Montréal dans les années suivantes laisse croire qu'il y a corrélation des cas d'illégitimité dans les deux villes.

100. Outre l'Hôpital Général et l'Hôtel-Dieu qui secourent les enfants abandonnés, la *Female Compassionate Society* est créée en 1820 à l'intention des «femmes en couches». Le *Québec Asylum for orphans* ouvre ses portes en 1821; à la fin des années 1820, la *Female Orphan Asylum* poursuit les mêmes objectifs. La *Québec Male Orphan Society* est créée en 1832. Sources : Thomas Henri Gleason, *The Quebec Directory for 1822*, Québec, Neilson and Cowan, 1822 : 23 et 24, et A.G. Doughty, *The cradle of New France*, Londres, Longmans, Green & Co., 1909 : 262-265.

101. Voir le journal inédit de Henry Jencken : 160, ANQ.

102. McKenzie Porter, *Julie : The royal mistress*, Toronto, Gage, 1961 : 92.

103. «Rapport du Comité Spécial, nommé pour s'enquérir et faire rapport sur les établissements dans cette province, pour la réception et la guérison des personnes dérangées [...], pour la réception et le soutien des enfants trouvés [...]», dans *Journaux du conseil législatif de la province du Bas-Canada*, 10/2/1824, Appendice I.

104. Voir le rapport sur les établissements de charité *ibid.*, 24/2/1829.

105. John Hare, «La population de la ville de Québec, 1795-1805», *Histoire sociale*, mai 1974, VII : 29 et 30.

106. Ces pourcentages sont fondés sur l'excédent des naissances que donne le *Recensement du Canada* de 1870-1871, V, ainsi que sur les données démographiques fournies par les dénombrements et les recensements. Voir le tableau 6.

107. Sur les 520 Écossais des Highlands qui débarquent à Québec en 1786, seuls quelques-uns s'y installent. Voir Lynda Price, *An introduction to a social history of Scots in Quebec, 1780-1850*, Ottawa, Musées nationaux, 1981 : 1. Voir aussi Helen I. Cowan, *British emigration to British North America*, Toronto, University of Toronto Press, 1967 : 19. Cowan mentionne aussi (p. 25) l'arrivée d'un autre groupe d'Écossais à Québec en 1804.

108. Voir à ce sujet Mariana O'Gallagher, *Saint Patrick's Church, Quebec. The building of a church and a parish, 1827-1833,* thèse de maîtrise, Université d'Ottawa, 1976 : 23-26, et Raoul Blanchard, *L'est du Canada français,* II : 208 et 209. Selon Cowan (*op. cit.* : 39), plus de 5 000 immigrants irlandais arrivent à Québec en 1818.

109. Ces estimations se fondent sur des sources mentionnées ci-dessus et sur des données démographiques provenant des dénombrements de 1795 et 1818, des recensements de 1831 et 1842 et de *La Gazette de Québec,* 11/2/1819 et 1/2/1830. Voir les données démographiques du tableau 7.

110. Données extraites de A.R.M. Lower, "Immigration and settlement, 1812-1820", *CHR,* mars 1922 : 44-47; documents gouvernementaux du Bas-Canada, 15/6/1824, *RAC* (1898) : 401; Appendices du *JALBC,* 1829-1833, et H.I. Cowan, *op. cit.* : 289.

111. Gilles Proulx, *Soldats à Québec, 1748-1759,* travail inédit n° 242, Québec, Parcs Canada, 1977 : 1.

112. *Ibid.* : 9.

113. Claudette Lacelle, *La garnison britannique dans la ville de Québec d'après les journaux de 1764 à 1840,* travail inédit n° 183, Ottawa, Parcs Canada, 1976 : 41.

114. Public Record Office, WD 17, vol. 1515-1519, 25/1/1810 au 30/6/1816. En 1814, environ 2 000 prisonniers de guerre sont en détention dans la ville. La plupart sont libérés après 2 ou 6 mois de captivité. PRO, ADM 103/382, mai 1813-décembre 1814.

115. Voir une lettre au sujet des ports et des prostituées dans le *Quebec Mercury,* 9/1/1809, et J.-P. Wallot, *Un Québec qui bougeait* : 208.

116. Les mariages et les naissances (données extraites des *Recensements du Canada* de 1870-1871) s'établissent comme suit pour les années mentionnées ci-dessous :

	1812	1813	1814	1815	1816	1817	1818	1819
mariages	120	112	62	87	130	124	124	101
naissances	686	678	668	68	762	745	833	834
naissances illég.	33	31	40	34	38	35	56	35

117. W. Kelly, "On the medical statistics of Lower Canada", cité dans Jean-Claude Robert, *op. cit.* : 188. Selon le professeur Robert, le nombre de marins augmente jusqu'à 2 272 et celui des soldats jusqu'à 1 600 dans les années 1840. Ce dernier chiffre, presque identique au nombre de 1 671 soldats en stationnement à Québec, s'explique sans doute par le désir des autorités britanniques de décourager certaines activités sociopolitiques à Montréal. Les renseignements au sujet de la garnison de Québec proviennent de Claudette Lacelle, *La garnison britannique* : 7.

118. Voir la lettre de Thomas G. Ridout à son frère à York, Québec, 5/7/1811, citée dans Matilda Edgar, *Ten years of Upper Canada in peace and war, 1805-1815,* Toronto, W. Briggs, 1890 : 38.

119. Marc Bloch, *French rural history,* Berkeley, University of California Press, 1966 : 190.

120. Robert Mandrou, *La France aux XVIIe et XVIIIe siècles,* Paris, Presses universitaires de France, 1970 : 144.

121. J.A. Henretta, *The evolution of American society, 1700-1815,* 83-95. D'après l'auteur, l'existence de tels groupes et la menace qu'ils représentent les uns pour les autres provoque «une tendance au rapprochement».

122. R.S. Neale, *Class and ideology in the nineteenth century,* Londres, Routledge and Kegan Paul, 1972 : 98-101 et 118.

123. R. Cole Harris et John Warketin, *Canada before Confederation,* New York, Oxford University Press, 1974 : 61.

124. Guy Frégault, *Le XVIIIe siècle canadien,* 165 et 166. Pour un examen de certaines similitudes et différences entre les institutions de la France et celles de la Nouvelle France, voir Jacques Mathieu, «La vie à Québec au milieu du XVIIe siècle. Étude des sources», *RHAF,* XXIII, décembre 1969 : 404-424.

125. Cornelius J. Jaenen, *The role of the Church in New-France,* Toronto, McGraw-Hill Ryerson Ltd., 1976 : 39 et Jean Blain, «Les structures de l'Église et la conjoncture coloniale en Nouvelle-France, 1632-1674», RHAF, XXI, mars 1968 : 754-756.

126. W.J. Eccles, *France in America,* Toronto, Fitzhenry & Whiteside Ltd., 1972 : 41 et Jean Blain, op. cit. : 751.

127. Allana Reid, *op. cit.* : 304.

128. Louis-Philippe Audet, «Programmes et professeurs au Collège de Québec», *Les Cahiers des Dix,* 1969 : 16-22, et Lionel Groulx, *L'enseignement français au Canada* (1939), Montréal, Éd. Leméac, 1979 : 23.

129. Cité dans L.-P. Audet, *ibid.*

130. Louis-Philippe Audet, *Histoire de l'éducation au Québec,* Montréal, Centre de psychologie et de pédagogie, 1966 : 10-261.

131. Guy Frégault, *op. cit.* : 106.

132. *Ibid.* : 87.

133. Voir Louise Dechêne, *Habitants et marchands de Montréal* : 409; Marcel Trudel, «Les débuts d'une société : Montréal, 1642-1663. Étude de certains comportements sociaux», *RHAF,* XXIII, septembre 1969 : 185-206; José Igartua, "The merchants of Montreal at the Conquest : socio-economic profile", *Social History,* VIII, novembre 1975 : 291.

134. J. Hare, M. Lafrance, et D.-T. Ruddel, *Histoire de la ville de Québec, 1608-1871,* Montréal, Boréal et Musée canadien des civilisations, 1987 : 39-48.

135. Voir Pierre Goubert, *L'ancien régime, I : La société,* Collection U, Paris, Armand Colin, 1969 : 165-179, et *Histoire de la ville de Québec* : 39.

136. En fait, certaines lois ne sont pas strictement appliquées de telle sorte, par exemple, que les notaires francophones peuvent exercer leurs fonctions sans se soumettre au Serment du Test. Voir J.-E. Roy, *Histoire du notariat au Canada,* Lévis, 1899-1902, 1 : 32, et André Vachon, *Histoire du notariat canadien, 1621-1960,* Québec, Les Presses de l'Université Laval, 1962 : 56-61. Les renseignements concernant le «serment anti-papal» peuvent être trouvés dans la «Commission nommant James Murray capitaine général et gouverneur en chef de la province de Québec, le 21 novembre 1763» et le

«Rapport du Procureur et du Solliciteur général sur le statut des sujets catholiques romains, le 10 juin 1765», publiés intégralement dans les *Doc. const*, 1 : 174-176 et 236 respectivement.

137. Le point de vue britannique est décrit par Pierre Tousignant, *La genèse et l'avènement de la Constitution de 1791*, thèse de doctorat, Université de Montréal, 1971 : 50 et suiv.; «Problématique pour une nouvelle approche de la constitution de 1791», *RHAF*, septembre 1973 : 181-234; «L'incorporation de la province de Québec dans l'Empire britannique, 1763-1791», *DBC*, IV : xxxiv-liii.

138. *Mercury*, 19/11/1806. Voir aussi A.A. Faucher, "Le Canadien upon the defensive", *CHR* (1974) : 253.

139. Pour un examen détaillé de l'évolution de la structure sociale au niveau colonial, voir Jean-Pierre Wallot, *Un Québec qui bougeait* : 197.

140. C. Wood à Lord Glenelg, 1836, cité par Pierre-Georges Roy dans *L'île d'Orléans*, Québec, L.-A. Proulx, 1928 : 412.

141. Pour une étude fouillée sur le favoritisme qui a cours au sein des groupes anglophones et francophones du Bas-Canada, voir Gilles Paquet et Jean-Pierre Wallot, *Patronage et pouvoir dans le Bas Canada*, Montréal, Presses de l'Université du Québec, 1973 : 138.

142. *The Vindicator*, 12/2/1830.

143. Par exemple, voir les descriptions de réceptions mondaines dans le Québec de la fin du XVIIIe siècle dans Mary Quayle Innis, dir., *Mrs Simcoe's diary*, Toronto, MacMillan of Canada, 1965 : 39-57; Mollie Gillen, *The prince and his lady : The love story of the Duke of Kent and Madame St.Laurent*, London, Griffin House, 1970 : 41-57; M. Porter, Julie : *The royal mistress* : 51 et, à la fin des années 1830, dans "Lady Durham's journal", *Literary and Historical Society*, Québec, The Telegraph Printing Co., 1915 : 39 et 40. Décrivant une soirée en compagnie d'officiers de la marine et de l'armée ainsi que de leurs épouses, Lady Durham ajoute que «celles-ci étaient les seules dames anglaises qui [...] vivaient à Québec et nous les avions rencontrées quelquefois [...]». (Traduction)

144. L'inclusion des membres du clergé et des religieuses dans le groupe des professions libérales peut se discuter. Sans entrer dans les détails, les fonctions d'enseignement et de soins hospitaliers assumées par le clergé et les ordres religieux fournissent la base d'une telle identification. Pour une description des fonctions du clergé et des ordres religieux, voir *Le Séminaire de Québec sous l'Episcopat de Mgr de Laval*, de Noël Baillargeon, Québec, Presses de l'Université Laval, 1972 : 17 et suiv.; *Évolution des communautés religieuses de femmes au Canada de 1639 à nos jours*, de Marguerite Jean, Montréal, Fides, 1977 : 9-44.

145. Cité par P.-G. Roy dans *La famille Tarieu de Lanaudière*, Lévis, L.-A. Proulx, 1922 : 230.

146. Gilles Paquet et Jean-Pierre Wallot, *op. cit.* : 127.

147. Ainsi, J.-F. Perrault demande à son oncle, François Baby, d'essayer d'obtenir l'appui de William Grant, marchand influent et membre du Conseil législatif, pour qu'il soit nommé greffier de la nouvelle assemblée (lettre de Perrault à Baby, Montréal, 23/8/1792, ANC MG 24 L3, vol. 11 : 6411 et 6412). Voir aussi la description de situations embarrassantes similaires dans *Le Bas Canada sous l'administration de Craig (1807-1811)*, thèse de doctorat de Jean-Pierre Wallot, Université de Montréal, 1965 : 144.

148. Par exemple, Jean-Claude Panet, son frère de Montréal, Pierre Méru et François Cugnet, notaires et/ou avocats, sont nommés juristes par le gouvernement britannique et conservent leurs fonctions longtemps après la fin du régime provisoire. Non seulement ces hommes sont issus de familles qui, en France, exercent des professions libérales, mais leurs propres fils continuent dans la même voie. Deux des fils de Jean-Claude Panet sont ordonnés prêtres (l'un d'eux, Bernard-Claude, est nommé évêque de Québec), un troisième devient notaire et Jean-Antoine est nommé président de l'Assemblée; deux filles entrent chez les Ursulines. Le fils de François-Joseph Cugnet, Jacques-François, appartient à la quatrième génération d'experts en droit. Après avoir enseigné le droit à son fils, François-Joseph lui obtient une charge – son fils est alors âgé de 20 ans – et, plus tard, lui cède son propre emploi comme cosecrétaire et traducteur auprès du Gouverneur et du Conseil. Les Bertholet, Pinguet et Voyer connaissent autant de succès que les Panet dans la profession juridique. Voir, notamment, la biographie de Panet écrite par André Frenière et celle de Cugnet par Pierre et Madeleine Dionne Tousignant, *DBC*, IV : 601-603 et 182-186 respectivement; J.-E. Roy, *loc. cit.*; P.-G. Roy, *À travers l'histoire des Ursulines de Québec*, Lévis, L.-A. Proulx, 1939 : 185.

149. Pour plus de renseignements sur les seigneurs, voir Fernand Ouellet, «Propriété seigneuriale et groupes sociaux dans la vallée du Saint-Laurent (1663-1840)», *Mélanges d'histoire du Canada français offerts au professeur Marcel Trudel*, Ottawa, Éditions de l'Université d'Otawa, 1978 : 195-203. Pour connaître les membres de la noblesse canadienne et ses seigneurs dans la région de Québec, la liste que dresse le gouverneur Carleton en 1767 est fort utile. D'abord publiée dans le *Report on Canadian Archives* (1888), puis reproduite dans *La colonisation de la Province de Québec*, d'Ivanhoë Caron, L'Action sociale, 1923 : 251-262, et plus récemment par Fernand Ouellet dans «La 'noblesse canadienne' en 1767 : un inventaire», *Histoire sociale*, 131-137.

150. Fernand Ouellet, *op. cit.* : 184 et 201; Pierre Tousignant, *La genèse* : 50 et suiv., et Jean-Pierre Wallot, *Un Québec qui bougeait* : 233. Voir aussi W.B. Munro, *Documents relating to seigniorial tenure in Canada, 1598-1854*, Toronto, The Champlain Society, 1908 : 241-246.

151. La profession d'arpenteur, par exemple, est aussi exercée par des membres de familles bien établies, telles les La Chevrotière, Després, d'Estimauville, Legendre, Perrault, Roy et Turgeon. Parmi les personnes qui travaillent au service du gouvernement à la fin du XVIIIe siècle, il y a notamment des membres de familles bien en vue dont les Duchesnay, Panet et Taschereau. Voir la liste des «Arpenteurs du Bas et Haut Canada», *BRH*, 1933, XXXIX : 723-738.

152. D'après Gilles Paquet et Jean-Pierre Wallot, *loc. cit.*, les Canadiens n'occupent que 40 p. 100 des postes administratifs.

153. Pierre-Edmond Roy, *Histoire du notariat au Canada* : 136.

154. On n'a trouvé qu'un petit nombre de contrats pour les seigneurs mais, des cinq mariages de membres de familles seigneuriales, quatre concernent des personnes appartenant aux groupes professionnels et commerciaux, le partenaire du cinquième mariage étant inconnu. Des renseignements sur les contrats sont donnés dans la note du tableau 10 en annexe.

155. Des listes de mariages mixtes figurant en annexe montrent qu'il y en a un certain nombre entre Allemands et Canadiens. Pour avoir un exemple de mariage entre ces groupes habitant les campagnes ainsi que pour un aperçu des relations entre les notaires ruraux et les familles de membres de professions libérales, voir «Un seigneur entrepreneur, Barthélémy

Joliette», de Jean-Claude Robert, *RHAF*, XXVI, décembre 1972 : 377 et 378.

156. Parmi les parents et connaissances qui assistent à la signature du contrat de mariage, il y a notamment, selon l'ordre d'inscription dans le contrat : i) témoins du marié : Henry Cull et John Lynd [importateurs]; ii) témoins de la mariée : Charles Voyer et Charlotte Perrault [père et mère]; Jacques Voyer et Luce Pinguet; Charles Frémont et Charlotte Voyer; Pierre-Édouard Desbarets et Josette Voyer; Reine Voyer; Henry et Thomas Voyer; Jacques Perrault; Louis et Olivier Perrault; Joseph-François Perrault; James Fisher [médecin militaire]; William Bonburg [marchand] et Louis Frémont. Le contrat se trouve dans les dossiers de A. Dumas, 24/10/1801.

157. Pour des tableaux donnant des détails sur les professions des pères, voir la thèse de maîtrise que nous avons soutenue à l'Université Laval en 1969, *Apprenticeship in early nineteenth century Quebec, 1793- 1815* : 127-137. On sait que 13,5 p. 100 des apprentis notaires sont identifiés comme étant des garçons majeurs. On n'a trouvé qu'un petit nombre de contrats pour les médecins et les avocats, mais ils indiquent des similitudes entre ces professions et celle de notaire. Un sommaire des tableaux mentionnés ci-dessus figure dans J.-P.Hardy et D.-T. Ruddel, op. cit. : 150.

158. Frances Brooke, *The History of Emily Montague*, Londres, 1769, I : 38.

159. Philippe Aubert de Gaspé, *Les Anciens Canadiens*, Montréal, Librairie Beauchemin, 1931 : 209.

160. *Ibid.* : 231.

161. Voir aussi le mariage d'un fils de famille noble, Joseph Larivière, avec Thérèse Écuyer, fille de Siméon Écuyer, major au sein du 60e régiment. Dossier de A. Dumas, 3/12/1790.

162. Ainsi, Jacques Baby écrit à son oncle bien connu, François Baby, pour l'avertir de la relation qui se développe entre A. Lanaudière et le jeune marchand Gray. Sachant jusqu'à quel point cette union déplairait à la famille, il estime que sa tante doit être prévenue de cette éventualité. Documents personnels de Baby, ANC, MG24 L3, vol. 11 : 6395.

163. Biographie de Thomas Dunn par Pierre Tousignant et Jean-Pierre Wallot, *DBC*, IV : 288 et 289. Les circonstances qui entourent ce mariage ne donnent probablement pas aux membres de la famille l'occasion de s'y opposer. Se déclarant catholique (en 1764, il se dit protestant pour ne pas être exclu de fonctions politiques), Grant est d'abord marié en secret à Montréal par un prêtre jésuite avec l'autorisation spéciale du gouverneur Carleton, puis publiquement quelques jours plus tard par un prêtre anglican. Voir la biographie de Grant écrite par David Roberts, *DBC*, IV : 369.

164. Ces renseignements proviennent des biographies de ces deux hommes mentionnées dans la note précédente.

165. Ces hommes et leurs épouses sont mentionnés par Mme Simcoe dans sa description de réceptions mondaines à Québec (1791). Elle mentionne qu'elle dîne chez plusieurs hommes d'affaires, notamment Thomas Ainslie, John Craigie et John Coffin, des relations et/ou des associés de Dunn et de Grant.

166. *DBC*, IV : 372.

167. "Memorandum of the Honorable Toussaint Pothier", reproduit dans *RAC*, 1912 : 97 et 98.

168. Pour un examen plus récent de la question bien connue des rapports entre l'Église et l'État, voir la sixième partie et la conclusion de la thèse de doctorat de James H. Lambert : *Monseigneur, the Catholic Bishop. Joseph-Octave Plessis, church, state and society in Lower Canada : Historiography and Analysis*, Université Laval, 1981.

169. La situation de l'Église catholique à la fin du XVIIIe siècle et au début du XIXe est expliquée dans Marcel Trudel, «La servitude de l'Église catholique du Canada sous le régime anglais», *CHAR* (1963) : 42-64, et Jean-Pierre Wallot, *Un Québec qui bougeait* : 184-210.

170. Parmi les noms familiers de curés desservant les paroisses des alentours de Québec à la fin du XVIIIe siècle, on trouve notamment : Panet (2 fois), Perrault (2 fois), Hamel, Noël, Bédard, Roy et Deschenaux. Voir la liste dans I. Caron, *op. cit.* : 275-280. L'article de Serge Gagnon et Louise Lebel-Gagnon met en évidence l'importance du monde artisanal comme source de recrutement pour le clergé du Bas-Canada : «Le milieu d'origine du clergé québécois, 1775-1840 : mythes et réalités», *RHAF*, décembre 1983 : 387 et 396.

171. Bien qu'il soit difficile d'en déterminer le nombre exact, les filles de seigneurs et de membres des professions libérales sont assez nombreuses chez les religieuses. D'après la liste figurant dans le dénombrement de Signay effectué en 1818, 21 soeurs sur environ 130 (à peu près 16 p. 100) sont identifiées comme des filles de seigneurs ou de membres des professions libérales . Parmi les femmes appartenant à des familles nobles ou militaires, on trouve certaines de celles qui sont mentionnées plus haut, ainsi que Marie-Anne-L. Taschereau, Marie-Joseph-A. Chassegros de Léry et Louise Geneviève de Salaberry. Parmi celles qui sont issues de membres des professions libérales, on trouve notamment le nom de Berthelot (2 fois), Bédard (2 fois) et Planté. Les données sur les religieuses du monastère des Ursulines avant et après 1818 montre des caractéristiques similaires. Voir l'appendice de Glimpses of the Monastery : *A brief sketch of the history of the Ursulines from 1672 to 1839*, de Mère Adèle Cimon, Québec, C. Darveau, 1875, 2 vol. Voir aussi les appendices (qui contiennent des listes de religieuses) dans *Histoire de l'Hôtel-Dieu de Québec*, de H.R. Casgrain, Montréal, C.O. Beauchemin et fils, 1896 : 583 et 584, et Monseigneur de Saint-Vallier et l'Hôpital Général de Québec, Québec, C. Darveau, 1882 : 721-725. Pour une étude détaillée de cette question, voir Micheline D'Allaire, *L'Hôpital Général de Québec, 1692-1764*, Montréal, Fides, 1971, 251 p.

172. Quelques-uns des visiteurs des Ursulines et de l'Hôtel-Dieu : Frances Brooke (fin des années 1760), Lady Johnstone (vers 1785), Lady Anne Carleton et Lord et Lady Dorchester (fin du XVIIIe siècle), le prince William Henry (1787), le duc de Kent (1791), le général Prescott (1796), le Lieutenant-gouverneur et Lady Miles (1805), le Gouverneur et Lady Prevost (1811), le général Wilson (Pâques 1816), Lady Aylmer (1830-1834), Lord et Lady Durham et leur famille (1838). Sources : archives de l'Hôtel-Dieu, 1780-1820, et Mère Josephine Holmes, *Glimpses of the Monastery. Scenes from the history of the Ursulines of Quebec, 1639-1839*, Québec, L.J. Demers, 1897 : 94, 95 et 375. Pour une description de la «réception théâtrale», des cérémonies et du discours orné qu'utilisent les Ursulines pour accueillir Lord Durham et sa suite en 1838, voir "Lady Durham's Journal", *Literary and Historical Society Documents*, Québec, Telegraph Printing Co., 1915 : 18 et 50.

173. Mère J. Holmes, *op. cit.* : 129.

174. Cornelius J. Jaenen exprime une idée similaire dans *The role of the Church in New France* : 104.

175. Voir par exemple les accords, mentionnés dans les archives de l'Hôtel-Dieu en 1780 et en 1810, avec les marchands suivants : John Anderson, John Campbell, John Craigie, David Lynd, John MacNider et John Young.

176. On trouve des exemples de manifestations de loyauté de la part des évêques Briand et Hubert avant et après la conquête dans dans *Mandements des Évêques de Québec*, par Mgr H. Têtu et C.O. Gagnon, II : 22 (1742); 169 et 170 (1763); 476 (1794). D'ailleurs, d'après Fernand Ouellet, «Le clergé catholique bas-canadien est attaché à l'absolutisme monarchique [...] et perçoit la société comme une hiérarchie qui part du roi, passe par les élites. [...] Les rapports sociaux sont déterminés par les principes d'autorité et d'obéissance». *Le Bas-Canada, 1791-1840*, Ottawa, Éditions de l'Université d'Ottawa, 1976 : 67.

177. Cité par R. Christie dans *A history of the late Province of Lower Canada*, Québec, 1848, I : 356-359. On trouve des références à d'autres sermons de Plessis dans Fernand Ouellet, «Mgr Plessis et la naissance d'une bourgeoisie canadienne (1797-1810)», *BRH* (1956) : 86-90.

178. Le sermon de 1810 est cité intégralement et la lettre de 1809 en partie dans *Confrontations/Ideas in conflict* de John Hare et Jean-Pierre Wallot, Trois-Rivières, Boréal Express, 1970 : 167-171. Pour une référence antérieure à des journaux libéraux et à des conversations, voir le commentaire de l'évêque Hubert dans les *Mandements* : 430. La question est examinée par Jean-Pierre Wallot dans "Religion and French-Canadian mores in the early nineteenth century", CHR, mars 1971 : 63 et 64; repris en français dans son livre *Un Québec qui bougeait* : 184-210.

179. J. Hare et J.-P. Wallot, *op. cit.*

180. Citations de John Hare, *La pensée socio-politique à Québec,1742-1812*, Ottawa, Éditions de l'Université d'Ottawa, 1977 : 66. [dernière note de la p. 56, version ang.]

181. Ainsi, Hubert ne se plaint de l'absence de postes administratifs accessibles aux Canadiens que pour s'excuser de mentionner quelque chose qui sort du sujet; *ibid.* : 392.

182. Ce type d'activité discréditait les autorités religieuses aux yeux de la population. Voir «Religion...» de Jean-Pierre Wallot, *CHR* (mars 1971) : 70.

183. Extrait du *RAC*, 1888 : 18-22, cité par Pierre Tousignant dans *La genèse... de la Constitution de 1791*.

184. "Petition of Québec traders to the King", 1764, *Con. Docs.*, 1 : 232.

185. Voir la Proclamation du Roi, 7/9/1763, reproduite intégralement dans les *Doc. Const.*, 1 : 163.

186. À cause de la nature incomplète des sources dont ce chiffre est tiré, il ne peut être considéré que comme une estimation grossière. Quelques références: *La Gazette de Québec* (1765-1770), des dossiers notariaux, cartes et plans, ainsi que les biographies (en particulier celles qui ont été publiées dans les volumes IV et V) et les notices du *Dictionary of Canadian Biography*. Nous sommes reconnaissant envers les employés du bureau de Québec, qui nous ont aidé dans la consultation de leurs dossiers. D'autres chiffres, sousestimant le nombre de marchands britanniques dans la colonie, ont été avancés par A.L. Burt, qui donne à entendre que les marchands et leurs employés sont au nombre de 100. Voir *The old province of Québec*, Toronto, 1933 : 103, cité par Michel Brunet dans *Les Canadiens après la conquête, 1759-1775*, Montréal,

Fides, 1969 : 103. D'après E. McInnis, «si l'on exclut les petits boutiquiers, les marchands importants étaient probablement moins de 100 pendant la décennie qui suivit la conquête»; tiré de *Canada, a political and social history*, New York, 1961 : 131, cité dans la thèse de doctorat de Jean-Pierre Wallot, Le Bas-Canada... Pour une étude de la rapidité avec laquelle marchands écossais établirent des entreprises à Québec au cours des années 1760, voir "The 'New Men' in action : Scottish mercantile and shipping operations in the North American colonies, 1760-1825", par David S. Macmillan, dans *Canadian business history*, D.S. Macmillan, Toronto, McClelland and Stewart Ltd., 1972 : 54-58.

187. Même s'il est évident qu'un nombre important de marchands britanniques arrivés durant les années 1760 s'installent définitivement dans la ville, seule une analyse détaillée des sources existantes permettrait d'évaluer l'importance de la présence des marchands britanniques à Québec à la fin du XVIIIe siècle. Quelques références : une «liste de [144] ménages protestants dans le district de Québec (26 octobre 1764)», dans une lettre de James Murray aux Lords of Trade, ANC, vol. Q2 : 233, ainsi que dans les archives de l'Église anglicane de Québec; le nombre de familles protestantes de Québec évalué à 250 en 1783, archives diocésaines de l'Église anglicane de Québec; et un recensement de la population britannique de Québec, effectué en 1773, dans Honorious Provost, *Les premiers Anglo-Canadiens à Québec. Essai de recensement 1759-1775*, Québec, IQRC, 1983, 67 p.

188. Chiffre calculé à partir du nombre de signatures figurant dans *la Quebec Gazette* au milieu des années 1760, et d'autres sources, mentionnées dans la note 186.

189. F. Ouellet, *Éléments d'histoire sociale du Bas Canada*, Montréal, Hurtubise HMH, Ltée, 1972 : 187.

190. Nous partageons donc les points de vues exprimés par des auteurs tels Brunet, Séguin et Wallot en ce qui concerne l'importance des effets de la conquête sur les marchands canadiens. Pour une brève analyse historiographique de cette question, voir la thèse de doctorat de Jean-Pierre Wallot, *op. cit.* : 16 et suiv. Voir aussi Michel Brunet, *La présence anglaise et les Canadiens*, Montréal, Beauchemin, 1964 : 64-81 et 221-232, et *Les Canadiens après la conquête, 1759-1775* : 102-109.

191. W.E. Minchinton, "The merchants in England in the eighteenth century", *Explorations in entrepreneurial history*, 1957 : 62.

192. *Ibid.*

193. Harmondsworth, Penguin Books, 1973 : 507, 508 et 11 et 12 de l'introduction signée par A. Skinner.

194. Voir la lettre de Murray aux Lords of Trade (1764) où il qualifie William Mackenzie de «contrebandier notoire». *Doc. Const.*, 1 : 232.

195. Voir la biographie de Hugh Finlay écrite par I.K. Steele et parue dans le *DCB*, V : 318. John Young semble lui aussi accorder de la valeur aux nominations gouvernementales. Au début du XIXe siècle, alors qu'il s'efforce de repousser ses créanciers, Young demande au moins trois fois au Bureau colonial de le nommer à d'autres postes. Biographie écrite par Peter Moogk, *DCB*, V : 882.

196. Information basée sur les biographies de marchands résidant ou faisant du commerce à Québec à la fin du XVIIIe siècle, la plupart d'entre eux étant arrivés au début des années 1760 : T. Ainslie, G. Allsopp, T. Aylwin, H. Caldwell, G. Davison,

T. Dunn, H. Finlay, E. Harrison, S. Jacobs, J. Johnstone, J. Lees, J. Painter, B. Price, J. Purss et J. Young. Voir les volumes III, IV et V du *DCB*.

197. Lettre de James Murray à Lord Shelburne, examinée longuement par A.G. Bradley dans *Lord Dorchester*, Toronto, Morang & Co. Ltd., 1910 : 24, et dans la biographie de Murray écrite par G.P. Browne, *op. cit.*, IV : 623.

198. Cité dans la biographie de William Grant, écrite par David Robert, *DCB*, V : 369.

199. Les seigneurs F.J. Cugnet, juriste érudit, et Pierre De Bonne, avocat ambitieux, critiquent le désir des marchands de contrôler, de dominer et d'acquérir du pouvoir. Voir Pierre Tousignant, *La genèse...* : 225 et 319.

200. Dossiers du procès, septembre 1792, APJQ.

201. D.A. Macmillan, *op. cit.* : 55.

202. Voir, par exemple, la "Petition of Québec traders...", *loc. cit.*

203. Cité par Donald Creighton dans *The empire of the St. Lawrence*, Toronto, Macmillan of Canada, 1970 : 113.

204. Janvier 1760, cité par D.S. Macmillan, *op. cit.* : 55.

205. "Lords of Trade to Egremont, with report", 8/6/1763, *Doc. Const.*, I : 131-147.

206. Le chiffre total est de 181 personnes et entreprises. La source principale pour cette analyse est *la Gazette de Québec*, 1765-1800. En 1770, au moins 11 firmes réputées des régions de Glasgow et de Greenock font du commerce à Québec. Voir D.S. Macmillan, *op. cit.* : 57.

207. Voir la liste des «Colporteurs ou petits marchands qualifiés à Québec en 1802», 14/12/1802, QBC, ANQ.

208. Voir la biographie de Baby écrite par John Clark, *DCB*, V : 42.

209. La lettre de change concerne d'ordinaire trois parties. Quelqu'un dans les colonies «qui devait payer une dette en livres sterling et avait droit à une somme d'argent agissait en souscripteur. Il prépare ou rédige la lettre de change et l'envoit à son bailleur de fonds en Grande-Bretagne – le payeur –, lui ordonnant de remettre une certaine somme d'argent à une troisième personne – le bénéficiaire –, après un laps de temps déterminé. Ainsi, à l'époque coloniale, la lettre de change sert à effectuer des paiements outre-atlantique de la même façon que le chèque bancaire moderne sert à faire des paiements à l'intérieur d'un pays». J. Ernst, *Money and politics in America, 1755-1775*, Chapel Hill, The University of North Carolina Press, 1973 : xv.

210. Plusieurs commerçants moins importants, dont quelques Canadiens, dépendent de riches marchands, tels Dunlop, pour leurs opérations de change. Voir la correspondance de Dunlop, 14/5/1799 (bénéficiaires : J. Brooke, Gabriel Franchin, A. Grant et Laframboise), SRO. Les marchands britanniques à Québec obtiennent souvent des lettres de change par l'entremise du trésorier de la l'entremise du trésorier de la garnison. Voir le journal inédit de Henry Jenckens (1788), ANQ.

211. Voir *Apprenticeship in early nineteenth century Québec* : 136 et 137. Cette situation persiste au moins jusqu'en 1830. Par exemple, des 17 contrats d'apprentissage passés par des mar-

chands entre 1820 et 1830, un seul concerne un Canadien, les 16 autres étant passés entre des marchands britanniques et de jeunes anglophones de Québec, de la région avoisinante et de Montréal. Information recueillie dans un répertoire inédit de contrats notariaux préparé par Christian Pelletier et Huguette Savard pour le projet du MCC sur la vie culturelle et sociale de Québec. L'instauration d'un nouvel ordre économique qui exclue en grande partie les marchands canadiens a fait l'objet d'études bien documentées. Voir Michel Brunet, «La Conquête anglaise et la déchéance canadienne (1760-1793)», *La présence anglaise et les Canadiens*, Montréal, Beauchemin, 1964 : 49-112, et *Les Canadiens après la Conquête, 1759-1775*, Montréal, Fides, 1969 : 172 et 190.

212. W.E. Minchinton, "The merchants in England in the eighteenth century", *Explorations in entrepreneurial history*, 1957 : 64.

213. Voir la biographie de Gray écrite par David Robert, *DCB*, V : 384-386.

214. Parmi les constructeurs de navires, il y a Louis Dunière, Patrick Beatson, Alexander Munn, John Goudie et Jean-Olivier Brunet. Voir la biographie de Beatson écrite par Eileen Marcil, *DCB*, IV : 52-53, ainsi que celle de Munn dans le *DCB*, V : 616-618.

215. Une liste de 66 boutiquiers francophones et de 19 boutiquiers anglophones figure dans le *Québec Directory* de 1822; 16 sont des femmes – 10 francophones et 6 anglophones.

216. Montréal, 23/5/1811. Lettre trouvée dans les archives personnelles de William H. Dunlop, Esq., de Doonside by Ayr, Écosse. Pour d'autres exemples d'opinions de Dunlop sur l'éducation, les coutumes sociales et les pratiques commerciales, voir ses lettres du 27/5/1797 et du 12/5/1800 dans W.H. Dunlop, *Reminiscences of Alexander Dunlop of Clober, 1792-1880*, Ayr, publiées par W.H. Dunlop, 1967 : 21-24, 30 et 45; voir également la biographie de Dunlop écrite par D.S. Macmillan et A.J.H. Richardson, *DCB*, V : 284-287. Des sentiments similaires sont exprimés par d'autres marchands britanniques de Québec et de Montréal. Voir la biographie de James Johnstone écrite par André Bérubé, *DCB*, IV : 432, ainsi que "A change in climate : The conquest and the *marchands* of Montréal", documents de la *CHA*, 1974 : 121 et 122.

217. Montréal, 15/11/1802, SRO. Extrait d'un rapport inédit sur la correspondance de Dunlop préparé par Nicole Casteran dans le cadre du projet du MCC sur la vie culturelle et sociale de Québec.

218. *Ibid.*, Montréal, 24/3/1812, SRO. Il n'est pas non plus impressionné par les professions d'«ecclésiastique» ou de «maître d'école paresseux» (Montréal, 22/10/1813).

219. Le sujet du mariage selon le choix personnel ou selon la coutume est un des thèmes d'un des premiers romans du pays, publié par Frances Brooke, écrivain et femme d'un pasteur anglican de Québec. Voir *The history of Emily Montague* (1769), par Mary Jane Edwards, Ottawa, Carleton University Press, 1985 : 40 et suiv.

220. Lettre de John Neilson à son fils Samuel en Écosse, 19/11/1816. MG 24 B1, vol. 42 : 1770, ANC. Voir aussi la biographie du marchand Samuel Jacobs écrite par Denis Vaugeois; ce marchand se plaint que les filles et la femme de E. Salomon ont gâté son fils, *DCB*, IV : 416.

221. Tel est le cas de T. Ainslie, T. Aylwin, J. Caldwell et R. Gray, *DCB*, IV et V.

222. Ceci concerne G. Allsopp, J. Blackwood, J. Cuthbert (second mariage), J. Johnstone, J. Jones et probablement H. Finlay et J. Painter. *Ibid.*

223. Trois des célibataires les plus en vue sont J. Lees, R. Lester et J. Purss. *DCB*, V.

224. Les exceptions les plus évidentes sont W. Grant et Thomas Dunn. Ce dernier épouse la veuve d'un marchand francophone. *Ibid.* : 287. Ainsi, le mythe des nombreux mariages mixtes, propagé par des historiens tels Donald Creighton, est sans fondement. Voir *Towards the discovery of Canada*, Toronto, Macmillan, 1972 : 87.

225. Entre 1800 et 1833, sur les 31 contrats de mariage établis par des juges de paix, 18 (58 p. 100) concernent des personnes appartenant respectivement à des familles de marchands et de membres des professions libérales, 7 (23 p. 100) sont des mariages mixtes et 24 (77 pour 100) concernent des membres de l'élite de la ville. Un des mariages est celui de la fille d'un navigateur francophone avec un membre canadien des professions libérales; nous n'avons pas pu identifier les professions des pères de 6 des épouses. La légère augmentation du nombre de mariages mixtes ne modifie pas la tendance des marchands britanniques influents à épouser des femmes appartenant à leur groupe linguistique. Voir George Bervin, «Espace physique et culture matérielle du marchand-négociant à Québec au début du XIXe siècle (1820-1830)», *BHCM* (printemps 1982) : 3.

226. Actes notariaux de J. Bélanger, 23/8/1815, et de Thomas Lee, 7/1/1816. ANQ.

227. Marcel Plouffe, biographie de Thomas Ainslie Young, *DCB*, VIII : 1071.

228. Les «marchands d'un rang social moindre» sont les détaillants, les manufacturiers (dont les constructeurs de navires), les marchands-artisans, les épiciers et les cabaretiers. Entre 1791 et 1811, des mariages de marchands canadiens et de certains autres individus, 54 p. 100 sont entre ces derniers et des membres de familles d'artisans. Ce chiffre se rapporte aux mariages de personnes dont les professions sont connues. Pour une description des contrats de mariage consultés, voir le tableau 10 de l'appendice.

229. L'histoire de la main-d'oeuvre coloniale à Québec étant le sujet d'une monographie qui doit être publiée par l'Institut québécois de recherche sur la culture (Québec), elle ne sera pas examinée longuement ici.

230. Orfèvres, armuriers, serruriers, ferronniers, charrons, constructeurs de navires et brasseurs.

231. Hardy et Ruddel, *Les apprentis artisans* : 150 et 151.

232. L'existence de rues habitées par des membres de métiers bien précis est étudiée dans *Quebec City: Architects, artisans and builders*, de A.J.H. Richardson, Geneviève Bastien, Doris Dubé et Marthe Lacombe, Ottawa, Parcs Canada et MCC, 1984 : 41 et suiv. La plupart des artisans de Saint-Roch travaillent dans le bâtiment. Voir le tableau 3 et «Niveaux de richesse et intérieurs domestiques dans le quartier Saint-Roch à Québec, 1820-1850», de Jean-Pierre Hardy, *BHCM* (printemps 1983) : 67.

233. Voir la biographie de James Campbell écrite par Jean-Pierre Wallot, *DCB*, V : 138, et celle de Patrick Beatson, constructeur de navires, écrite par Eileen Marcil, *DBC*, IV : 52. De 1793 à 1798, Beatson fait venir d'Écosse 10 à 12 charpentiers et forgerons expérimentés. Voir la pétition qu'il adresse au gouverneur Prescott, ANC, RG1 L3L, XXIX : 19505-8. Pour plus de renseignements à ce sujet, voir le chapitre III.

234. Les «contrats militaires étant un des sources principales de prospérité pour les entreprises commerciales du Bas-Canada», les personnes qui connaissent des officiers sont avantagées. Voir *Patronage et pouvoir*, de Gilles Paquet et Jean-Pierre Wallot : 129.

235. La plupart des vêtements sont importés de Grande-Bretagne. Pour plus de renseignements sur ces contrats, voir *La garnison britannique dans la ville de Québec*, de Claudette Lacelle : 46-53.

236. Expliqué dans *Québec ville fortifiée*, d'Yvon Desloges et al. Environ 10 Canadiens travaillent sur des chantiers de construction en 1780.

237. Information basée sur une analyse de la correspondance militaire dans WO 55/857-862 (1795-1825), PRO. D'après H.R. Bruyeres, capitaine des Royal Engineers, «c'est seulement dans la garnison de Québec que nous employons occasionnellement des civils». Voir la lettre de Bruyeres à Rowley, 28/10/1805, WO 55/857. Le capitaine semble avoir sous-estimé l'utilisation de civils. Au début du XIXe siècle, Bruyeres passe souvent des annonces demandant des charpentiers et des maçons. On en trouve un exemple dans la *Gazette de Québec* du 21/8/1808.

238. Lettre de R.H. Bruyeres au lieutenant-général Morse, 11/9/1805, WO 55/857. Bruyeres eut beau réitérer sa demande d'une compagnie royale de sapeurs et de mineurs, il ne l'obtint pas avant 1813. En avril de cette année, un corps de militaires du génie, dont 3 officiers et leurs domestiques, 82 sous-officiers et simples soldats et 2 tambours, ainsi que 23 femmes et 16 enfants, partent pour Québec. Voir WO 55/860, 13/4/1813.

239. Lettre de Nichols à Gother Mann, 1/2/1816, WO 55/857. Le transport et les matériaux sont mentionnés, mais sans aucun chiffre.

240. Yvon Desloges, *loc. cit.* D'après l'auteur, le nombre total d'hommes travaillant à la construction de la Citadelle est de 900.

241. D'après un article du *Vindicator* du 2/9/1831, cela entraîne une hausse des salaires.

242. Parmi ceux-ci, il y a 27 artisans et 10 ouvriers. Information tirée de l'Ordnance Account Book, 1775-1776, et des listes de paye du Service du matériel (1775 et 1778) se trouvant au PRO. A' quelques exceptions près, les listes contiennent les noms figurant dans l'Account Book.

243. Par exemple, en 1797, le maître tonnelier John Chillas obtient un contrat du Service du matériel, contrat selon lequel il doit fournir à l'armée britannique 500 barils de poudre en chêne. Dossiers notariaux de Charles Stewart, 13/3/1797. On trouve au chapitre III des références aux contrats passés avec des forgerons britanniques.

244. John Goudie joue un rôle important dans la construction de navires et d'édifices pour le gouvernement. Les exemples de contrats sont trop nombreux pour qu'on en donne ici la liste. On en trouve beaucoup dans les dossiers de Jean Bélanger datant de 1813 et de 1814 et dans ceux de Wiliam Fisher-Scott datant de 1814 et de 1815. Il est évident que les contrats militaires qu'ils obtiennent sont un facteur important de la production de chaussures «prêtes à porter», en 1797, par Samuel Jeffery, et de la capacité de John Shea d'embaucher

plus de compagnons que la plupart des maîtres. Voir Jean Bélanger, 21/12/1813.

245. Voir Claudette Lacelle, *op. cit.* : 12 et 13, et J.-P. Hardy et D.T. Ruddel, *op. cit.* : 153. En outre, les contremaîtres des charpentiers, forgerons, maçons et ouvriers qui travaillent pour le service d'ingénierie de Québec sont anglophones. Voir le document «Annual return of persons belonging to the Ordnance in the Engineers Department of Upper and Lower Canada under the direction of Captain Ralph H. Bruyeres», 25/10/1806, WO 55/858, et 24/9/1823, WO 55/862.

246. *Ibid.* : 45.

247. Voir, par exemple, les commentaires du capitaine William Robe sur les artisans qui travaillent à la construction de la cathédrale anglicane au début du XIXe siècle, reproduits dans *The Cathedral of the Holy Trinity, Québec*, de Fred C. Wûrtele, extrait des *Transactions of the Literary and Historical Society* (n^o20, nouvelle série), Québec, Le Soleil Ltd., 1927 : 17-19.

248. Information basée sur la biographie d'Edward Cannon écrite par Raymonde Gauthier, *DCB*, V : 139 et 140, ainsi que sur la biographie de John Cannon que doit publier Christina Cameron.

249. *Ibid.*

250. R. Gauthier, *op. cit.* : 139.

251. Par exemple, Eleanor Cannon, fille de E. Cannon, maître maçon, épouse Gordon Horan, marchand. Dossiers notariaux de M. Berthelot, 26/1/1811. ANQ. Pour des références aux enfants de Cannon qui embrassent des professions libérales (ministre du culte, avocat, notaire et juge), voir Fred C. Wûrtele, *op. cit.* : 17.

252. Une analyse des effectifs de l'élite des deux principales églises anglaises de la ville révèle une concentration de marchands et d'artisans à l'église presbytérienne St. Andrews et de membres des professions libérales et de fonctionnaires coloniaux (procureur général, juge en chef, receveur général) à la cathédrale anglicane. Information tirée d'une étude sur les abonnés à des bancs d'église, à partir des archives de ces deux établissements. Comme le suggèrent Gilles Paquet et Jean-Pierre Wallot dans *Patronage et pouvoir* : 133, ce réseau d'information anglophone favorise certainement les habitants anglophones.

253. Cette association est fondée en 1824; en 1831, 23 p. 100 de ses membres sont francophones. Voir Ginette Bernatchez, «La Société littéraire et historique de Québec... 1824-1890», *RHAF* (septembre 1981) : 1831.

254. Fondée en 1827, cette association est surtout composée de francophones. *Ibid.* : 181.

255. Guy Frégault, *op. cit.* : 51 et 55. L'auteur indique d'autres facteurs de la faible croissance de la population, notamment la distance entre la colonie et la métropole et le manque de cohérence des politiques concernant le mariage et l'établissement des soldats.

256. Ces quatre couches correspondent à peu près aux six niveaux identifiés dans une étude de l'Australie du début du XIXe siècle, sauf que l'auteur, dont l'analyse porte aussi sur le contexte rural, divise en deux nos premier et troisième groupes. Voir *Class and ideology in the nineteenth century*, de R.S. Neale : 120.

257. Cette situation historique bien connue est résumée dans la correspondance de 1799 du juge Osgoode, dans laquelle il s'oppose à la nomination de marchands au Conseil législatif, tout en approuvant celle de M. De Lotbinière, «un homme de bonne naissance et de bonne éducation», au poste de président du Parlement. Son opposition à la nomination de «gens aussi incultes» que James McGill et Adam Lymburner a pour cause la profession de marchands de ces derniers, ainsi que le principe selon lequel une aristocratie respectable et stable est plus capable que les marchands de faire face aux «Tribunes du peuple». W. Colgate, "Letters from the Honourable Chief Justice William Osgoode", *Ontario History*, XLVI : 149-156.

258. Écrivant en 1829, Toussaint Pothier, un marchand et seigneur-canadien français qui s'identifie à l'aristocratie, soutient que les nobles canadiens ont perdu leur pouvoir parce qu'ils ont été exclus des postes administratifs lucratifs, qui sont donnés à des arrivistes (marchands) anglophones. "Memorandum by the Honourable Toussaint Pothier", 1829, *RAC*, 1912 : 88 et 89. Pour une étude bien documentée des opinions de Pothier, voir Fernand Ouellet, «Toussaint Pothier et le problème des classes sociales», *BRH* (décembre 1955) : 154-157.

259. Fernand Ouellet, *Éléments d'histoire sociale du Bas-Canada* : 173 et 202. Cet argument néglige l'importance des facteurs impériaux, qui, tout en favorisant les marchands et artisans britanniques, portent souvent préjudice à leurs homologues canadiens. Notre analyse de la situation urbaine montre que le contexte impérial est un facteur déterminant qui favorise les carrières de nombreux commerçants et ouvriers qualifiés de langue anglaise. Sur cette question, nous souscrivons à l'argument avancé par Gilles Paquet et Jean-Pierre Wallot dans *Patronage et pouvoir*, en ce qui concerne l'importance des facteurs externes et de la discrimination ethnique dans la colonie. L'insistance du professeur Ouellet sur les facteurs ethniques (niveau d'éducation inférieur et peut-être attitude et «mentalité» régressives des Canadiens) en tant que cause de la position de supériorité des habitants britanniques de Québec et de Montréal est plus une description des résultats d'une situation qu'une explication de la cause. Par exemple, l'existence d'un plus grand nombre d'écoles du soir ou de commerce pour les apprentis anglophones que pour les francophones (mentionnée par le professeur Ouellet à la page 179) n'est pas due à l'absence d'intérêt des Canadiens pour un enseignement plus développé dans le domaine commercial. Une explication plus plausible est que les marchands et artisans anglophones sont mieux placés que les francophones pour embaucher des apprentis à cause des relations commerciales qu'ils entretiennent au sein de l'Empire britannique. Les anglophones contrôlent le gouvernement, l'armée et l'économie et jouissent donc des meilleures occasions de créer de telles institutions et de bénéficier de leur existence. Les cours du soir sont presque toujours donnés en anglais, ce qui les rend inaccessibles à la plupart des francophones. En outre, le fait que les apprentis anglophones sont plus souvent scolarisés (mentionné aussi à la page 179) indique qu'ils sont presque exclusivement embauchés dans des centres urbains, où l'accès à l'éducation est plus facile que dans les régions rurales – d'où viennent beaucoup de Canadiens. La comparaison du degré de scolarisation des apprentis anglophones urbains et des francophones tend donc à fausser la question des attitudes et des capacités en matière d'éducation. Finalement, le déclin du pourcentage des apprentis canadiens scolarisés, à la fin du XVIIIe siècle, indique que le régime britannique a un effet négatif sur l'éducation des artisans francophones. Voir notre examen de cette question dans Hardy et Ruddel, *op. cit.* : 163.

260. Le rôle de l'appartenance ethnique et de la classe sociale été étudié par bon nombre d'auteurs. Les textes de certains

d'entre eux se trouvent dans la collection d'articles de Dale Miquelon, *The debate on the bourgeoisie and social change in French Canada, 1700-1850*, Toronto, Copp Clark Publishing, 1977, 219 p. On doit l'une des déclarations classiques à ce sujet à Alfred Dubuc, qui affirme que «sauf dans les cas de crise politique majeure, les gens attachent plus d'importance à leur statut social qu'à leur appartenance à un groupe ethnique», dans "Problems in the study of the stratification of the Canadian society from 1760 to 1840", *CHAR*, 1965-1966 : 13. Dans le même esprit, Stanley Bréhaut Ryerson écrit que, même si les structures socio-économiques changent peu après la conquête, l'effet traumatisant de la mainmise britannique sur les fonctions administratives et l'économie eut des implications à long terme pour les deux groupes nationaux et sociaux. Voir le chapitre 1 de *Unequal union: Confederation and the roots of conflict in the Canadas, 1815- 1873*, Toronto, Progress Books, 1968, et son texte traduit et révisé *Capitalisme et confédération*, Montréal, Parti Pris, 1978 : 11-17. Ryerson réfute les approches réductionnistes selon lesquelles la classe est le principal facteur d'un conflit social. Voir son article "Québec: concepts of class and nation", dans *Capitalism and the national question*, G. Teepel, Toronto, University of Toronto Press, 1972. Le débat portant sur l'importance relative du facteur national et du facteur social est approfondi dans certaines études sociologiques, telles que celles de Philippe Garigue, *L'option politique du Canada français : une interprétation de la survivance nationale*, Montréal, Éditions du Lévrier, 1963 : 7, 9-10 et suiv.; et celle de Gilles Bourque, *Classes sociales et question nationale au Québec : 1760-1840*, Montréal, Parti Pris, 1970. Bourque tente de démontrer que les changements économiques et politiques provoquent la subdivision des groupes sociaux en deux groupes de classes caractérisés par la loyauté ethnique (p. 33). Cette hypothèse a mené à de nouvelles études portant sur le rôle de la conquête. Par exemple, alors que Gilles Bourque et Nicole Frenette insistent sur le fait que la conquête modifie les caractéristiques nationales plus que la structure des classes («La structure nationale québécoise», *Socialisme québécois* (avril 1971) : 126-127), Gérald Bernier maintient que le régime britannique provoque des changements structuraux fondamentaux par lesquels un société féodale se transforme en société capitaliste («Sur quelques effets de la rupture structurelle engendrée par la Conquête au Québec : 1760-1854», *RHAF* (juin 1981) : 69-95). L'argument de Bernier met trop l'accent sur la nature féodale de l'économie coloniale sous le régime français et néglige la prudence et les attitudes mercantiles des marchands britanniques envers le développement local. Sa position s'apparente, à certains égards, à celle de Clare Pentland (*Labour and capital in Canada, 1650-1860*, Toronto, J. Lorimer & Co., 1981 : xlvi) concernant la question de l'existence d'une organisation sociale de type féodal dans le Canada de l'époque coloniale. Étant donné qu'il ne reste que peu de manifestations de structures sociales de type féodal à Québec, les hypothèses de Bernier et Pentland ne doivent être retenues que comme explications partielles. Quoi qu'il en soit, notre étude de la société urbaine tend à confirmer l'importance des distinctions tant sociales qu'ethniques. Elle laisse supposer que la politique impériale britannique constitue véritablement un facteur clé du conditionnement des relations entre les groupes sociaux et ethniques, et que les attitudes communes aux marchands britanniques et aux Canadiens membres de professions libérales régissent tout autant le comportement des citadins que la loyauté ethnique. Des reconstitutions généalogiques et de nouvelles recherches portant sur les relations sociales et commerciales qu'entretiennent les anglophones et les francophones, ainsi que sur leurs attitudes communes, contribueront à établir l'importance relative des facteurs socio-culturels sous le régime britannique. Enfin, il est certain qu'il nous faut plus de monographies portant sur la classe ouvrière, les relations sociales de la production et l'importance de la technologie de la vapeur, etc. Les études théoriques abordant la question de la classe sociale sont plus courantes que les analyses réalisées à partir de l'examen d'archives. Quelques-unes des lacunes dans ce domaine ont été relevées par H. Espesset, J.-P. Hardy et D.-T. Ruddel, dans «Le monde du travail au Québec au XVIIIᵉ et au XIXᵉ siècles : Historiographie de la question», *RHAF* (mars 1971) : 529-539; voir aussi Gilles Paquet et Jean-Pierre Wallot, «Groupes sociaux et pouvoir : le cas canadien au tournant du XIXᵉ siècle», *RHAF* (mars 1974) : 544-546; et Fernand Ouellet, «Les classes dominantes au Québec, 1760-1840. Bilan historiographique», *RHAF* (automne 1984) : 242 et 243. Jean-Paul Bernard (*Les rébellions de 1837 et 1838*, Montréal, Boréal Express, 1983 : 56-61) présente un résumé des arguments portant sur l'importance des facteurs ethniques, politiques, économiques et sociaux, dont il offre une perspective intéressante.

261. Toussaint Pothier, *op. cit.* : 89. Bien que Pothier fasse référence au clergé et aux membres des professions libérales, son commentaire s'applique aussi aux marchands britanniques. L'argument de Pothier concernant les membres des professions libérales vaut la peine d'être noté. Selon lui, «des Canadiens français de rang inférieur [...] appartenant aux professions juridique et médicale» remplacent les familles seigneuriales, jadis puissantes, en tant que chefs du peuple. L'attitude de la population à l'égard des seigneurs a été analysée par de nombreux auteurs, dont Michel Brunet, qui a fait un résumé de cette question dans *French Canada and the early decades of British rule (1760-1791)*, plaquette de la CHA (1963) : 6 et 10.

262. Principe réitéré par Adam Smith, *The wealth of nations* : 11, 12, 429 et suiv.

263. C'est ce qu'affirment, entre autres, Toussaint Pothier et le gouverneur Craig. Voir «Memorandum...» : 80-82. Le propos de Craig est cité par Jean-Pierre Wallot dans "Religion and French-Canadian mores in the early nineteenth century", *CHR* (mars 1971) : 74. Selon Wallot, Craig désigne par «les classes les plus basses» les membres des professions libérales, les marchands et les fermiers, que nous classifierions, pour la plupart, dans la deuxième classe sociale dont il a été fait mention précédemment.

264. «Memorandum...» : 90.

Chapitre II

L'économie de Québec
Contexte international et rural

Introduction

Plusieurs facteurs de l'industrialisation de la vallée du Saint-Laurent influent sur le développement économique de la ville de Québec. Pour bien comprendre ce développement, il faut se poser plusieurs questions. Quel est le rôle des industries des secteurs primaire et secondaire dans le développement économique? Quelles sont les caractéristiques de l'industrie coloniale installée à Québec avant 1830? Comment ces caractéristiques influencent-elles la croissance économique? Des historiens se sont penchés sur ces questions et quiconque s'intéresse au développement urbain dispose d'une information considérable sur le sujet. Ce chapitre se propose plutôt de montrer comment l'absence d'une infrastructure rurale bien développée avant 1830 gêne le développement du commerce, de l'industrie et de la main-d'oeuvre dans la ville de Québec. Cette analyse devrait nous permettre de faire une évaluation, toute provisoire soit-elle, de l'expansion urbaine.

La croissance urbaine et industrielle que connaît le monde occidental a un impact considérable sur Québec. L'histoire de l'industrialisation des États-Unis et de la Grande-Bretagne en particulier, comme de l'Europe en général, fournit des indices permettant d'expliquer la croissance économique de Québec. À première vue, il est évident que cette ville se développe moins rapidement que les centres urbains des régions très industrialisées d'Angleterre et des États-Unis, mais au moins aussi rapidement que les villes de certaines régions de France et d'Italie. Il demeure pourtant difficile de cerner les raisons qui gênent ou favorisent cette croissance.

1. L'industrialisation

Parmi les nombreux facteurs qui expliquent les changements industriels et urbains, nous en retenons trois : l'augmentation de la taille des populations, la croissance des industries rurales et l'expansion des marchés. Seuls les deux derniers aspects seront examinés dans ce chapitre, le premier ayant déjà fait l'objet du chapitre I. Quant à l'urbanisation, nous nous y arrêtons au chapitre IV.

La commercialisation de l'agriculture, la croissance des industries rurales, l'apparition de marchés extérieurs – où les produits de la ferme sont échangés contre des produits manufacturés – et la volonté de l'État de promouvoir l'expansion économique constituent d'importantes caractéristiques des régions en voie d'industrialisation[1].

La vie économique rurale

L'agriculture constitue la principale industrie de l'Europe traditionnelle; elle fournit les ressources, la main-d'oeuvre et, jusqu'à un certain point, le capital nécessaire pour le développement des ateliers d'artisans, la croissance des villages et l'échange des produits. Si nombre de cultivateurs se livrent exclusivement à l'agriculture, beaucoup tirent des revenus supplémentaires d'activités non agricoles : tavernes, salines, tonnelleries, mines, moulins et carrières. Ce sont les industries du charbon, du fer et du vêtement qui offrent aux cultivateurs les meilleurs débouchés. Les fabriques de vêtements sont particulièrement répandues, puisque tous les groupes ruraux peuvent avoir leur atelier sans risquer de s'endetter. De plus, la production de textiles familiaux permet d'engager, l'hiver, des paysans qui ont besoin d'un moyen de subsistance complémentaire; d'autres y trouvent l'occasion d'amasser du capital[2]. L'accroissement continu de la production dans ce secteur de l'économie jette les bases, entre autres, de la fabrique du coton. On sait le rôle important que jouera le coton dans le développement des marchés extérieurs et la croissance industrielle.

L'expansion agricole

La population des régions rurales augmente tout comme celle des villages et des petites villes, fournissant ainsi de l'emploi à la population campagnarde excédentaire, des marchés pour les produits agricoles et des usines qui destinent leurs produits aux paysans. La population rurale sans emploi ou excédentaire a donc la possibilité de travailler presque à l'année longue dans les domaines de l'agriculture et de l'artisanat rural. L'accroissement de la population et, par le fait même, le nombre plus grand de bouches à nourrir, provoque une hausse des prix et permet aux cultivateurs de vendre leurs surplus à profit. Pour bénéficier de la nouvelle situation, le cultivateur tente d'améliorer le rendement de sa terre en variant ses cultures, en agrandissant son exploitation et en adoptant des procédés agricoles plus avancés. Ainsi, dans l'Angleterre des XVIe et XVIIe siècles, les cultivateurs se montrent âpres au gain et veulent plus de terres : ils essayent constamment d'étendre leurs possessions en empiétant sur les propriétés communales (pâturages et routes) et en achetant à la Couronne ou à des voisins des parcelles de propriété. Ces cultivateurs sont «des gens ambitieux et entreprenants, de petits capitalistes qui n'ont pas les surplus nécessaires pour prendre de grands risques et qui savent que le gain réside souvent autant dans l'épargne que dans la dépense; mais qui sont déterminés à tirer profit de toutes les occasions qui passent, quelle qu'en soit l'origine, pour augmenter leurs bénéfices[3]».

L'accroissement de la production agricole que connaît les XVIIIe et XIXe siècles est attribuable à l'enclosure et aux nouvelles techniques. Des fermes plus grandes permettent de réduire les coûts en augmentant les profits. Si les propriétaires terriens les plus importants bénéficient de ces changements, quelques membres de la petite noblesse et de nombreux habitants en souffrent. Grâce à leurs profits, toutefois, les cultivateurs qui obtiennent de bons résultats achètent plus de produits finis, ce qui, avec le nombre accru de consommateurs, stimule la croissance de centres manufacturiers et l'apparition d'un système d'échanges de plus en plus complexe. Dans les pays qui ont commercialisé l'agriculture et créé des fabriques rurales, la production et l'exportation des produits artisanaux et agricoles excédentaires contribuent à soutenir et à encourager les économies locales. Avant 1830, cependant, seuls quelques pays remplissent les conditions d'un tel développement. Hormis l'Angleterre et la Hollande, la plupart des autres pays européens appliquent encore des procédés culturaux traditionnels[4].

Les transports

Les systèmes de transport aussi complexes qu'étendus, que des générations ont édifié au fil des ans, et les réseaux de distribution hérités du moyen âge sont des composantes essentielles de la structure économique. L'amélioration des moyens de communication intérieurs et extérieurs donne un essor à des centaines de villes commerçantes, créant un vaste réseau d'échanges et un éventail d'entreprises industrielles, en plus d'accroître le commerce interrégional[5]. On utilise les routes pour transporter des volumes considérables de bétail, de volaille et même de poisson vers de grandes villes telles que Lisbonne, Paris et Londres. Au début du XVIIIe siècle, quelque 80 000 têtes de bétail, 610 000 moutons et des centaines de milliers de

dindes et d'oies sont ainsi transportés annuellement jusqu'à Londres pour y servir de nourriture au demi-million d'habitants que compte alors la ville[6]. La volaille est souvent transportée dans des voitures spéciales à quatre niveaux, que tire un attelage de douze chevaux. Des réseaux entrecroisés de voies commerciales, avec des jonctions maritimes, fluviales et routières, relient entre eux les centres de production et de consommation. Jusque là centres de distribution locaux, les ports et les villes deviennent alors des marchés régionaux, nationaux et internationaux. Ces carrefours facilitent l'échange de multiples produits provenant d'un peu partout dans la région et le pays. On construit des entrepôts pour les produits agricoles et manufacturés, on agrandit les quais pour faire face au volume croissant des échanges commerciaux et accueillir des bateaux au tonnage toujours plus imposant[7]. Les entreprises commerciales deviennent plus spécialisées : elles engagent des vendeurs pour s'occuper des produits importés et des commerçants pour traiter avec d'autres pays, sans oublier les intermédiaires et les entrepreneurs qui achètent des marchandises à bon marché ici pour les revendre plus cher là-bas[8].

L'accumulation du capital

À partir du moment où les activités commerciales se diversifient, en milieu urbain comme en milieu rural, et que les hommes d'affaires accumulent des capitaux, les entrepreneurs se mettent à exploiter sur une plus grande échelle des ressources telles que la laine, le minerai de fer et la main-d'oeuvre. Les fabriques textiles en milieu rural sont réorganisées et les procédés de l'industrie du fer, améliorés. On utilise du coke dans la fonte, par exemple[9]. Alors que la mise sur pied d'ateliers d'artisans ne nécessite pas de capital fixe, celle d'une fonderie exige une mise de fonds considérable. Cependant, la capacité des fonderies de réduire leurs coûts de combustible et de transport et de produire une gamme variée de matériel permet à leurs propriétaires de vendre, sur un territoire plus grand, des produits à meilleur marché. Dans les deux cas, les investissements de l'entrepreneur augmentent ses chances d'accumuler du capital et d'étendre ses activités[10]. Certains pays européens réussissent à augmenter leur capacité industrielle en réinvestissant l'épargne, qu'ils tirent de l'agriculture commerciale, du commerce extérieur, des textiles et de l'industrie lourde, dans de nouveaux secteurs comme les transports ainsi que dans des moyens de production plus importants et plus efficaces.

L'urbanisation

Le transfert graduel des regroupements industriels des campagnes vers les villes constitue une étape essentielle du mouvement d'urbanisation. Certains facteurs stimulent la croissance industrielle en milieu urbain. Les manufactures textiles en milieu rural, par exemple, éprouvent de la difficulté à assurer l'approvisionnement en matières premières et en produits finis, à maintenir un taux de main-d'oeuvre stable toute l'année durant et à réduire les coûts du transport entre les différentes phases d'exploitation. Les entrepreneurs cherchent donc des façons de comprimer les dépenses. On investit dans des instruments susceptibles de réduire le besoin de main-d'oeuvre – la roue hydraulique est un exemple – et on s'efforce de centraliser l'exploitation. Finalement, à la fin du XVIIIe siècle, l'introduction de la vapeur dans les filatures de coton permet aux propriétaires d'implanter des usines dans les centres où les communications sont plus faciles et moins coûteuses et les transactions commerciales plus intenses. Ainsi, les toutes premières fabriques domestiques des campagnes fournissent aux nouveaux ensembles industriels des villes les bases dont elles ont besoin : une organisation et un bassin démographique[11].

La formation de la main-d'oeuvre

Les usines, et plus particulièrement les nouvelles filatures de coton, recrutent leur main-d'oeuvre dans les environs des villes. Les pionniers de l'industrie trouvent une main-d'oeuvre semi-spécialisée parmi ceux et celles qui travaillent dans les fabriques rurales de textiles. Grâce à une formation supplémentaire, ces ouvriers sont initiés à de nouvelles méthodes de production. L'industrie domestique est donc, d'une certaine manière, un lieu d'apprentissage aux techniques non agricoles, un lieu où les habitants découvrent des méthodes nouvelles. À mi-chemin entre les activités agricoles et le travail en manufacture, les fabriques préparent les travailleurs à la discipline qu'imposent les longues heures d'un travail à l'intérieur. Mais qui sont ces travailleurs ruraux? Des femmes et des filles de petits cultivateurs, des ouvriers et des apprentis pauvres des paroisses. Encadrés d'artisans de métier, ils forment la main-d'oeuvre des nouvelles usines[12]. Les travailleuses et travailleurs ruraux sont donc une composante essentielle de la première industrialisation.

Si certains des premiers constructeurs de machines reçoivent leur formation auprès des artisans traditionnels, d'autres découvrent les nouvelles théories industrielles et scientifiques. Certains profitent d'une collaboration directe avec la communauté scientifique et la plupart connaissent les rudiments de la science et de l'industrie[13]. Une connaissance étendue des techniques traditionnelles alliée à un réel intérêt pour les plus récentes découvertes scientifiques les préparent à relever les défis de l'âge de la machine. Ces individus qualifiés ouvrent la voie à l'innovation technique en Grande-Bretagne. Des entrepreneurs et des gouvernements requièrent leurs services pour construire des industries modernes en Belgique, en France, en Prusse et en Amérique du Nord au début du XIXe siècle[14].

La résistance au changement

Les travailleurs ruraux ne s'enthousiasment pas toujours pour les professions non agricoles. De fait, nombreux sont ceux qui restent attachés à la terre et tentent de préserver un mode de vie traditionnel. Souvent, on se rebute contre les nouvelles techniques et on rejette le nouvel ordre social qu'elles mettent en place[15]. Le mouvement des enclosures, la réorganisation générale des techniques culturales et la pression démographique sur le milieu rural incitent beaucoup d'individus à opter pour la vie urbaine et le travail en usine. Ils sont néanmoins nombreux à rejeter les nouvelles méthodes de production. C'est ainsi que les autorités et les employeurs disent de la main-d'oeuvre qu'elle manque d'ambition, qu'elle est apathique, indifférente et paresseuse, encline à pratiquer l'absentéisme, la fraude et le vol. Les employés pauvres, dit-on, sont si corrompus qu'ils ne travaillent que pour manger, ou plutôt pour boire[16]. Ce ne sont que des «serviteurs insolents et insouciants» qui exigent des salaires plus élevés et moins de travail[17]. La faible productivité de la main-d'oeuvre est considérée comme une cause majeure de la faillite d'entreprises commerciales au pays comme à l'étranger.

Dans tout l'Occident, estime-t-on, la paresse est profonde et généralisée, de même que la répugnance pour les longues heures de dur labeur. Marchands et administrateurs coloniaux responsables des activités économiques dans les colonies espagnoles, portugaises, anglaises et françaises se plaignent du médiocre rendement de la main-d'oeuvre. On rapporte que même les Hollandais, pourtant réputés pour leur ardeur au travail, et les puritains de la Nouvelle-Angleterre, censément vigoureux, manquent d'énergie et d'allant[18]. Bien que certaines de ces plaintes constituent probablement une excuse derrière laquelle les marchands dissimulent leur propre propension à la paresse, elles reflètent le désir de l'ouvrier de profiter de la vie et sa réponse aux changements qui interviennent dans le système de production de biens et dans l'organisation de la société. Il semble que les réactions les plus marquées s'accompagnent de liaisons avec les prostituées, d'imprévoyance, d'un manque de respect de soi et d'indolence.

Les employeurs doivent sans cesse convaincre les ouvriers de la nécessité de travailler fort et de s'impliquer à part entière dans les nouvelles usines. Certains ouvriers acceptent la nouvelle organisation du travail, attirés par des mesures incitatives, comme des prix et des excursions, auxquelles ont recours les propriétaires. Mais rien de mieux, pour assurer l'intégration des nouveaux ouvriers, que leur désir croissant de biens de consommation, d'une part, et l'apparition d'un nombre grandissant d'établissements dont le rôle est d'expliquer au public les avantages du travail et du commerce, tout en défendant les valeurs commerciales, d'autre part. Pour consommer, donc, il faut travailler : les dettes, l'absentéisme et la désertion constituent des délits punissables. Ce n'est qu'au fil d'un long processus que la main-d'oeuvre finit par accepter ce nouveau type de travail et, en particulier, les nouvelles formes de production. Des générations de travailleurs doivent s'accoutumer à des activités socio-économiques aussi nouvelles que diverses.

Les ouvriers ne sont pas les seuls à résister au changement : l'aristocratie terrienne et les membres des professions libérales hésitent également à accepter les principes de l'utilitarisme. Les aristocrates n'abandonnent que progressivement des traditions fondées sur la loyauté, l'héritage du passé et les droits politiques et militaires, cependant que les membres des professions libérales voient d'un mauvais oeil l'importance grandissante donnée aux responsables des nouveaux moyens de production[19]. Pourtant, si de nombreux groupes résistent à l'industrialisation en s'accrochant à leurs privilèges et aux traditions, il se trouve des individus, même parmi le groupe des propriétaires terriens conservateurs, pour acheter et vendre des terres à la façon des capitalistes modernes, pour prendre une part de plus en plus active au commerce et pour envisager, en général, leur propre intérêt et la liberté économique comme des éléments essentiels de la société[20].

L'ascension graduelle du marchand

Si le nouvel esprit d'entreprise ne manque ni de témérité ni de risque, ses adeptes cherchent néanmoins à utiliser de manière rationnelle les forces en présence, celles par exemple de la science et de la religion. Cet esprit rationnel, qui pense à initier les groupes sociaux traditionnels au processus de l'industrialisation, convient bien aux responsables du secteur économique qui ont pour tâche principale la rapide transformation des ressources et l'enrichissement des individus. Outre le rationalisme, l'hédonisme, l'utilitarisme et l'individualisme commencent à pénétrer les mentalités[21]. L'essor de nouvelles industries rurales ou l'adaptation de plus vieilles traduisent le rôle que jouent les entrepreneurs dans des régions dominées par les activités traditionnelles. La concentration des entrepreneurs dans les centres où la propriété foncière est limitée et les valeurs commerciales promues, aide les marchands urbains à atteindre leurs objectifs. L'expansion commerciale et coloniale outre-mer favorise l'éclatement de révolutions bourgeoises dans des pays tels que la Hollande, l'Angleterre, l'Espagne et le Portugal, permettant ainsi aux marchands d'augmenter leur prestige, leur pouvoir et leur influence auprès des autorités.

Comme le démontre le chapitre sur l'administration municipale, les entreprises commerciales et industrielles acquièrent une grande influence, en particulier en Grande-Bretagne où des marchands ambitieux tentent de régir le prix des marchandises ainsi que la marche des affaires des divers corps de métiers[22]. Même si les membres de l'aristocratie terrienne ne partagent pas toujours les vues des marchands, ils accordent à ces derniers plus de latitude pour l'adaptation des structures corporatives aux nouvelles visées économiques. Dans les grandes villes en particulier, les organisations de marchands monopolisent peu à peu les fonctions administratives[23]. Marchands et fonctionnaires de l'État sont de plus en plus attirés par le mercantilisme et, plus tard, le «laissez-faire», deux approches économiques qu'ils jugent profitables à l'économie et au gouvernement.

En Occident, les conditions nécessaires à l'industrialisation se manifestent à des moments différents et dépendent de variables régionales. Évidemment, la brève description faite ci-dessus constitue une simplification par trop sommaire de l'histoire de l'industrialisation. En mettant l'accent sur l'expérience anglaise, par exemple, on néglige celle d'autres pays. Cependant, notre survol fonde l'analyse des facteurs importants de la croissance industrielle et permet de mieux percevoir certains des moyens, d'inspiration britannique, qui façonnent l'industrialisation et l'urbanisation de Québec.

Il est évident qu'une comparaison des taux de croissance européens et américains avec ceux du Bas-Canada révèleraient quelques-unes des forces et des faiblesses de l'économie de celui-ci. Pareille tâche dépassant les limites du présent ouvrage, nous nous contenterons d'établir des parallèles entre la situation du Bas-Canada et celle qui existe ailleurs. En outre, il est possible, en extrapolant à partir d'une étude de la croissance économique de la région de Québec, d'expliquer les voies du développement du Canada. En raison du rôle important de l'agriculture dans la croissance économique nationale, une brève analyse du secteur agricole nous fournira une toile de fond à l'étude plus globale de l'industrialisation et de l'urbanisation de Québec.

2. L'agriculture au Bas-Canada dans une perspective internationale

Il existe diverses interprétations du développement agricole au Québec, mais la plupart semblent suggérer que l'habitant, comme nombre de ses ancêtres français, pratique une culture de subsistance[24]. Connue dans les alentours de Québec et de Montréal au XVIIIe siècle, l'agriculture commerciale n'existe cependant pas sur une grande échelle avant 1830. L'habitant produit assez de blé et de légumes pour nourrir sa famille et s'il a des surplus et un accès aux marchés, il fait parfois un profit en écoulant les excédents. L'un des principaux points de controverse porte sur la capacité d'adaptation de l'habitant. Refuse-t-il de tirer profit des nouveaux marchés? Ces marchés sont-ils si limités et instables qu'ils n'en valent pas le risque? Pareilles questions dépassent les limites de cet ouvrage. Nous nous contenterons de présenter quelques aspects de l'agriculture au Bas-Canada, ne serait-ce que pour évaluer la capacité du pays à s'industrialiser.

Un marché limité

Avant le XIXᵉ siècle, la plupart des régions du Bas-Canada sont faiblement peuplées. En conséquence, il est difficile de produire sur une grande échelle et il n'existe que très peu de grands marchés locaux ou régionaux[25]. Québec et Montréal sont des centres urbains relativement petits et sont considérés comme des marchés limités que les régions voisines peuvent facilement approvisionner en produits agricoles. Les grandes distances séparant les régions agricoles des grands marchés européens ainsi que les moyens de transport souvent inadéquats font grimper les coûts. Dans ces conditions, les habitants ne peuvent avoir de surplus ni améliorer leurs techniques. Au milieu du XVIIIᵉ siècle, certains parviennent néanmoins à augmenter l'étendue de leurs terres et à adapter leurs cultures aux besoins du marché. Seuls quelques cultivateurs, cependant, accumulent du capital, le plus souvent grâce à d'autres entreprises commerciales[26]. La plupart des premiers cultivateurs appliquent des pratiques agricoles fort simples qui, si elles ne permettent pas d'obtenir de surplus, fournissent aux familles rurales les denrées de base. Possédant une abondance de terres, les cultivateurs peuvent se permettre de déplacer leurs cultures d'un endroit à l'autre sans pour autant pratiquer un assolement systématique. Ainsi, après avoir cultivé une parcelle de terre durant plusieurs années, on y pratique une nouvelle culture ou on l'abandonne[27].

Une agriculture de subsistance

Une analyse de l'agriculture dans la région de Montréal révèle que la taille moyenne d'une ferme change à peine entre le début du XVIIIᵉ siècle et 1851[28]. Sur cette ferme moyenne, qui s'étend sur 80 acres, le blé est la première culture, les pois la seconde. Une petite portion est réservée au potager où poussent des légumes, des fines herbes, des pommiers et parfois un peu de tabac. Même si quelques cultivateurs pratiquent l'assolement, la plupart ne cultivent qu'une por-

CES USTENSILES DE CUISINE, dont la plupart sont fabriqués localement, se retrouvent dans les maisons de ferme prospères du Bas-Canada. (MCC, 77-6272)

CULTIVATEUR CANADIEN vers 1830. (ANC, 866)

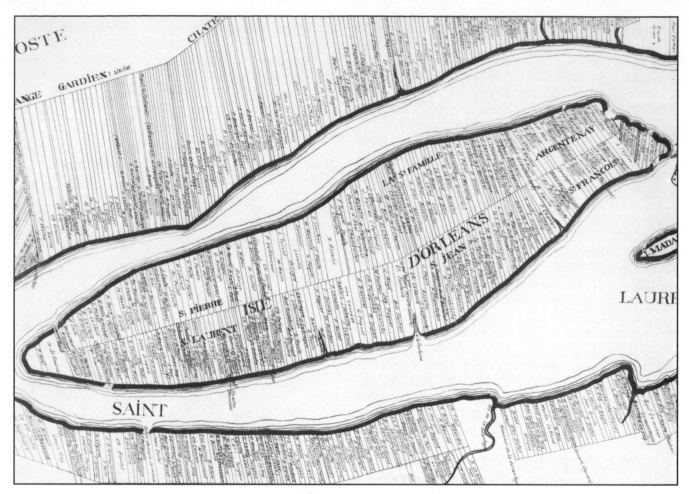

LA CARTE DE 1709 de Gédéon de Catalogne indique la division des terres dans l'île d'Orléans et sur les deux rives du Saint-Laurent; longues et étroites, les fermes donnent sur le fleuve. (ANQ)

tion de leurs terres, laissant le reste en jachère ou l'utilisant comme pâturage. Seuls quelques cultivateurs, les seigneurs entre autres, emploient de l'engrais. Les jardins et les prés sont toutefois bien fertilisés. Certes, l'échec de certaines cultures, la courte saison et les pratiques culturales traditionnelles rendent souvent l'agriculture difficile, mais la plupart des habitants et leur famille vivent aussi bien sinon mieux que leurs

MOULIN À BLÉ du village de Jeune-Lorette, près de Québec, première moitié du XIXe siècle. Aquarelle et gouache de James P. Cockburn. (ROM, 953.131.5)

CETTE VUE DE 1787 de Château-Richer, près de Québec, montre des lots et des fermes bien entretenus et révèle les liens étroits qui unissent l'agriculture et la pêche chez les familles vivant le long du Saint-Laurent. Les clôtures installées dans le fleuve, et qui sont faites de poteaux de bois, servent à capturer les anguilles. Les porcs, les vaches et les moutons fournissent aux familles rurales de la viande, du lait et de la laine pour les vêtements. (MBAC, 6275)

parents de France. Si les coutumes liées à l'héritage ne mènent pas nécessairement au morcellement des fermes, elles tendent à imposer une dette aux fils qui héritent de la terre. Dans la région de Montréal, au XVIIᵉ siècle, la plupart des héritiers doivent mettre de 10 à 15 ans pour payer aux autres membres de leur famille leur part de l'héritage familial.

Au début du XIXᵉ siècle, il existe toujours de bonnes terres mais, dans les environs de Québec et de Montréal, la plupart d'entre elles sont cultivées. Suivant un rapport de l'arpenteur général, le tiers du district de Québec et la moitié de celui de Montréal sont constitués de terres cultivées[29]. Dans ces régions, la productivité ne peut augmenter que si le cultivateur adopte de meilleures méthodes agricoles : agrandissement de la ferme, assolement, engrais plus abondant et meilleure qualité du bétail. En dépit de problèmes agricoles évidents, la plupart des habitants vivent pourtant confortablement, certains arrivant même à réaliser des profits.

Des critiques à l'endroit des habitants

D'après les Britanniques nouvellement arrivés, les habitants doivent améliorer leurs techniques culturales s'ils veulent sauvegarder la culture du blé, en régression, et cultiver plus de produits vendables. Des marchands anglophones et quelques Canadiens en vue créent une société d'agriculture pour le district de Québec en 1789; celle-ci offre des prix pour les récoltes jugées les meilleures et les plus importantes. Mais des Canadiens semblent lents à répondre à l'invitation qui leur est lancée pour qu'ils améliorent leurs techniques. Un grand nombre de marchands, de fonctionnaires et de voyageurs britanniques émettent donc des critiques à leur endroit. La plupart des visiteurs et des fonctionnaires, l'arpenteur général Joseph Bouchette entre autres, expriment les mêmes vues : les Canadiens pratiquent une agriculture de qualité inférieure et ne sont pas innovateurs[30]. Dans le *Québec Directory for 1822*, Thomas Henri Gleason reprend un stéréotype que les Britanniques entretiennent à l'égard des habitants canadiens en les décrivant comme «un peuple heureux et loyal, fortement attaché à sa religion (le catholicisme), ses lois, ses coutumes et ses moeurs, et tout à fait rebelle à l'innovation». Bien que ces propos constituent des généralisations qui masquent la diversité des expériences canadiennes, ils renferment une part de vérité. Cependant, on doit les situer dans le contexte plus large du développement agricole.

À l'instar d'autres cultivateurs, les habitants canadiens sont lents à changer leurs habitudes. Les voyageurs britanniques se considèrent comme des critiques experts dans les méthodes culturales utilisées hors de Grande-Bretagne. Mais ils semblent oublier que l'agriculture traditionnelle se pratique en Irlande, dans le nord de l'Écosse ainsi que dans certaines régions d'Angleterre et des États-Unis et comparent les méthodes employées à l'étranger avec celles qui ont cours dans les régions les plus développées de leur propre pays. Dans la description suivante que fait un visiteur britannique de l'agriculture italienne en 1830, on trouve des propos comparables à ceux tenus par d'autres Britanniques en voyage à l'étranger. Pour sir John Bowring, les paysans italiens sont analphabètes, ignorants, superstitieux et hostiles à toute innovation. «Dans d'innombrables cas, les familles occupent la même ferme depuis des centaines d'années sans avoir accru d'aucune façon leurs richesses ni acquis quelque connaissance que ce soit[31].»

Tout comme la description faite plus tôt des habitants canadiens, ce portrait révèle donc la persistance des techniques culturales traditionnelles dans la première moitié du XIXᵉ siècle.

L'agriculture commerciale à Québec

En dépit des critiques britanniques et de quelques années de récoltes médiocres, nombre de cultivateurs continuent à bien se tirer d'affaire. Même si les fermes canadiennes ne sont pas aussi productives que celles des quelques cultivateurs britanniques établis au Bas-Canada, certains habitants se livrent à l'agriculture commerciale bien avant 1830. La croissance démographique et économique au cours du premier quart du XIXᵉ siècle exerce une pression accrue sur les campagnes, ce qui provoque une plus grande commercialisation des produits agricoles et une subdivision plus marquées des fermes[32]. Nombre de cultivateurs des zones de peuplement augmentent leur production afin de satisfaire à la demande grandissante du marché. Quelques-uns accroissent leur rendement en agrandissant leurs terres et en adoptant des techniques commerciales. Les riches terres agricoles de la région de Montréal, touchées par un peuplement croissant depuis la fin du XVIIIᵉ siècle, sont subdivisées. Les fermes de 50 à 100 acres environ y deviennent plus nombreuses.

Dans le district de Québec, en particulier dans les environs immédiats de la ville, l'agriculture commerciale existe depuis le milieu du XVIIIᵉ siècle. Au début du XIXᵉ siècle, les terres fertiles et bien cultivées des alentours de Québec fournissent aux marchés urbains une grande variété de légumes, de céréales et de bestiaux. Si certaines fermes sont subdivisées, de nombreuses autres résistent au mouvement, quelques-unes voyant même leur taille augmenter[33]. La présence d'une agriculture commerciale aux abords de Québec et de Montréal ne peut guère être mise en doute, mais la production agricole ne répond pas aux besoins de la colonie.

La naissance d'un prolétariat rural

L'accroissement de la population ainsi que la subdivision et la multiplication des fermes contribuent à la formation d'un groupe de travailleurs dépossédés. La taille des fermes ne peut souffrir qu'un certain nombre de réductions avant que la terre n'arrive plus à assurer la subsistance d'une famille. La limite est probablement de 50 acres si l'on en juge d'après l'étendue de la plupart des petites terres. L'expansion des fermes les plus grandes, réalisée jusqu'à un certain point aux dépens des plus petites, mène également à la dépossession de certains habitants, du fait qu'elle tend à réduire le nombre de propriétaires. Dans les deux cas, les jeunes habitants doivent chercher à gagner leur vie ailleurs. Si les plus grandes propriétés offrent quelques emplois aux jeunes, les places, comme les terres, sont limitées. Les enfants de cultivateurs empruntent divers chemins pour se faire une place au soleil. Nombreux sont ceux qui vont apprendre à Québec un métier qu'ils viennent ensuite pratiquer dans un village voisin de leur lieu de naissance. Quelques-uns se trouvent du travail saisonnier ou permanent en ville, d'autres se lancent dans le commerce de la fourrure et du bois ou s'engagent dans le secteur maritime, les autres enfin trouvent une nouvelle terre ailleurs. Le nombre de ces jeunes varie suivant la paroisse d'origine. Tandis que 43 p. 100 des chefs de famille de la région de Saint-Ambroise sont des ouvriers, 21 p. 100, dans la région de Beaupré, sont des travailleurs dépossédés[34]. Il est évident que le nombre d'ouvriers vivant à la campagne près de Québec est considérable. Divers facteurs expliquent ce surplus de population vers 1830. Une grande partie de cet excédent tire son gagne-pain d'un travail saisonnier à la ville.

Comme on le constatera dans l'étude des industries rurales, l'agriculture canadienne ne pratique pas d'activités secondaires susceptibles de fournir du travail ou une formation à un prolétariat grandissant.

Certes, quelques cultivateurs exploitent des tanneries et des scieries, mais peu d'entre eux s'intéressent aux usines de charbon, de fer ou de textiles – qui jouent toutes un rôle de premier plan dans l'essor industriel des économies rurales les plus développées. Ces industries manquant, l'activité des cultivateurs canadiens se limite principalement à l'agriculture. Si nombre de leurs compatriotes se livrent au commerce des fourrures et du bois, seuls les habitants investissent à long terme dans l'économie locale. La faiblesse de cette dernière entrave aussi le développement de moyens de communication et d'échanges perfectionnés. Négligeant les routes rurales, les fonctionnaires et la plupart des marchands travaillent surtout au développement des routes militaires et des installations portuaires. Au dire des marchands de céréales et des cultivateurs, la médiocrité des routes dans la région de Québec empêche la vente des céréales sur les marchés urbains[35]. En l'absence d'une infrastructure agraire bien développée, le mouvement des biens et des marchandises se limite surtout aux régions peuplées bordant le Saint-Laurent.

Un certain nombre de facteurs expliquent le développement restreint de l'agriculture au Bas-Canada. Les plus importants sont l'absence d'initiatives gouvernementales, le manque de ressources et de capital, les conditions climatiques difficiles, un régime de propriété terrienne limitatif ainsi que des marchés instables et inaccessibles. Non seulement le Bas-Canada manque de grandes quantités de ressources importantes, telles que le coton et le charbon, mais sa population rurale n'est pas aussi grande et diversifiée que celle des régions agricoles prospères. Le gouvernement colonial néglige les transports ruraux et n'encouragent pas les seigneurs à mettre leurs terres en valeur[36]. Un petit marché local, ainsi que des marchés éloignés et fluctuants, contribuent au développement d'une agriculture de subsistance[37].

L'AGRICULTURE COMMERCIALE est particulièrement visible dans les fermes situées à proximité des centres urbains, comme celle qui apparaît ci-dessus. Aquarelle peinte à Lévis, en face de Québec, par James Peachey, à la fin du XVIIIe siècle. (ANQ 2029)

«HABITANTS se rendant au marché de Noël», Québec, 1842. En raison de la difficulté que représentent les routes enneigées pour le voyage, les cultivateurs utilisent le Saint-Laurent, les années où il gèle, pour transporter leurs produits au marché. Selon Joseph Bouchette, (*The British Dominions in North America*, 1832 : 275, trad.), «lorsque le fleuve prend, c'est-à-dire lorsqu'il gèle de Québec à Pointe Levi [...] , il n'est pas seulement une grande source d'amusement mais offre aussi de grands avantages à la ville ainsi qu'aux habitants de la rive sud, qui peuvent alors apporter leurs produits au marché en grande quantité et sans inconvénient». (ANC, 828)

Les habitants développent ce type d'agriculture parce qu'il garantit leur survie dans les temps difficiles. Changer de culture ou produire des surplus présuppose un accès au marché[38]. Or, les structures impériales ne facilitent aucunement pareil accès.

L'agriculture de subsistance est, pour l'habitant du Bas-Canada, une façon de s'adapter au milieu environnant. Que les cultivateurs britanniques du Bas-Canada aient recours à des méthodes plus avancées, cela s'explique en grande partie par leur situation privilégiée. Il n'est pas surprenant que les cultivateurs canadiens soient moins prompts que leurs homologues britanniques à s'adapter aux nouvelles conditions du marché. Ces derniers non seulement ont une bonne connaissance des marchés britanniques, mais ils possèdent un capital de risque. C'est là l'une des raisons

«LA PÊCHE À L'ALOSE, Sault-au-Cochon, fleuve Saint-Laurent, 1840», par P.J. Bainbrigge. La pêche fournit du travail saisonnier à certains ruraux. Très appréciée des habitants de Québec à l'époque, l'alose est une sorte de hareng qui fraie en eau douce. (ANC, 2029)

pour lesquelles les marchands et grands propriétaires britanniques obtiennent tant de succès. Des observateurs britanniques à Québec estiment que les innovations agricoles sont d'abord adoptées par de riches nobliaux et des marchands-entrepreneurs qui peuvent se permettre de prendre des risques[39]. Il faut chercher les raisons expliquant la persistance des pratiques culturales traditionnelles chez les habitants canadiens dans les contraintes économiques et sociales de l'agriculture et de la mise en marché. Les explications fondées sur l'ignorance et l'entêtement des cultivateurs moins productifs sont inadéquates[40].

La lenteur des habitants à adopter de nouvelles méthodes s'explique aussi par le fait qu'ils se trouvent alors coupés des transformations qui ont cours en France. Une population rurale dont la fragile existence se trouve menacée par des idées venant de l'étranger a naturellement tendance à réagir avec prudence. Les Canadiens ne connaissent pas la nature des transformations en cours ni les possibilités d'amélioration qu'elles offrent. En Grande-Bretagne et aux États-Unis, les pratiques culturales traditionnelles côtoient les modernes. C'est de la coexistence et du choc de ces différentes pratiques économiques que naît souvent de nouvelles possibilités de changement[41]. Certes, les quelques cultivateurs de langue anglaise installés au Bas-Canada ont apporté avec eux de nouvelles techniques, mais l'interaction entre les communautés anglophone et francophone est limitée et ne favorise pas de changements importants malgré l'existence d'associations agricoles qui proposent d'améliorer les méthodes traditionnelles.

L'une des conséquences de cet isolement, c'est la persistance des pratiques culturales traditionnelles qui ne font qu'empirer la situation. Alors que les cultivateurs britanniques et américains augmentent leurs terres et leur production, certaines fermes canadiennes rapetissent et la production locale répond de moins en moins aux besoins d'une population qui s'accroît. Même si le mouvement des enclosures, en créant de grandes fermes, déposside de nombreux travailleurs, surtout après 1760, les nouvelles pratiques accélèrent le mouvement d'abandon de l'agriculture de subsistance et font augmenter la production[42]. La situation que vivent les Canadiens évolue dans une direction quelque peu différente. Au fur et à mesure que la population s'accroît, des terres fertiles et productives, telles qu'on en trouve dans la région de Montréal, s'épuisent ou rapetissent jusqu'à devenir inutilisables[43]. Ces facteurs influent sur la production qui semble diminuer graduellement[44].

3. Les industries en milieu rural

Le Bas-Canada souffre beaucoup de l'absence d'une infrastructure industrielle en milieu rural. À la campagne, les métiers artisanaux constituent, à quelques exceptions près, une activité familiale visant à répondre aux besoins du ménage et, par conséquent, ne fournissent pas de travail saisonnier rémunéré aux ouvriers ruraux. Les tanneries, qui sont organisées comme de petites entreprises manufacturières, fournissent, il est vrai, du travail et un revenu aux travailleurs agricoles, mais leur effet sur le développement d'une infrastructure industrielle rurale est limité du fait qu'elles produisent principalement pour les marchés locaux et qu'elles sont souvent établies dans les régions urbaines. En outre – c'est le cas de la plupart des industries avant 1830 – les tanneries sont peu nombreuses.

Les textiles

La production textile est un commerce artisanal qui, tout en ayant un effet bénéfique sur les ménages paysans, doit faire face à la forte concurrence des importations britanniques. En outre, la production ne parvient pas à satisfaire les besoins en textiles de la communauté rurale avant le début du XIXe siècle.

Des instruments tels les fuseaux, les rouets et les peignes à carder n'apparaissent pas dans les inventaires après décès avant le début du XVIIIe siècle, tandis que les métiers à tisser ne se répandent pas avant la fin de ce même siècle[45]. Quand les habitants commencent à sentir le besoin d'épargner leur argent durement gagné, la fabrication de textiles à domicile prend de l'ampleur. La crise que connaît la pelleterie à la fin du XVIIe siècle et au début du siècle suivant fait chuter les revenus, d'où l'incapacité pour les Canadiens de s'offrir des produits importés. De nombreux habitants décident donc d'accroître leur autonomie en cultivant du lin et en élevant des moutons, ce qui leur permet de fabriquer des vêtements[46].

LES CHAPEAUX DE PAILLE sont faits d'herbes séchées (comme les deux chapeaux posés sur le sol dans cette aquarelle de Krieghoff datant de 1852) et confectionnés par les habitantes. Cette illustration montre d'autres articles faits à la maison : les chaises, l'épais tapis de laine et la plupart des vêtements portés par la famille. D'après une annonce parue dans *L'artisan*, 19/5/1842, les chapeaux de paille peuvent être aussi importés. (ANC, 11224)

La production de laine enregistre sa croissance la plus marquée au début des XVIIIe et XIXe siècles[47], ce qui accrédite l'hypothèse selon laquelle les habitants s'adaptent aux périodes de difficultés économiques en augmentant leur autonomie en matière de vêtements. Le lin et, à un degré moindre, le chanvre sont égale-

PRESSE À PAILLE que les femmes utilisent pour faire des chapeaux et des paniers de paille. (Musée d'art de Saint-Laurent)

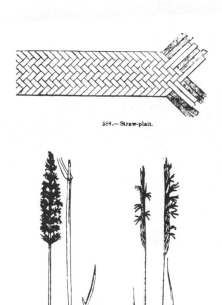

584.—Straw-plait.

582.—Crested Dog's-tail Grass: used for Straw-plait. 583.—Common Mat-Grass; used for Straw-plait.

DES HERBES SÉCHÉES, telles que la crételle des prés et telle ou telle variété d'herbe commune , sont utilisées pour fabriquer des tresses de paille (voir ci-dessus). Ces tresses entrent dans la confection de chapeaux. Dessins tirés de la *Pictorial Gallery of Arts* (vers 1830). (MCC, AC, 27-74-3)

ment cultivés en vue de la production de textiles[48]. Si le lin, plus facile à faire pousser que le chanvre, devient une culture de base, le chanvre est subventionné par le gouvernement.

Au début du XIXe siècle, le gouvernement britannique tente de pallier la rareté du chanvre qu'entraîne le blocus des ports européens par Napoléon en encou-

rageant les habitants canadiens à en faire la culture. En 1801, Québec et Montréal créent des comités chargés de promouvoir cette culture; une loi visant à en faciliter la production est promulguée l'année suivante et des semences sont distribuées gratuitement. En 1806, Londres envoie au Bas-Canada six machines servant à la préparation du chanvre[49]. Les sociétés agricoles offrent des primes et des prix et on fait paraître dans *la Gazette de Québec* des directives en français et en anglais «sur la manière de cultiver et de préparer le chanvre». Dès le début, on travaille à faire pousser du chanvre tant dans le Bas que le Haut-Canada, mais les coûts de production et le manque de connaissances concernant la culture de cette plante empêchent les cultivateurs des colonies de vraiment rivaliser avec les paysans de la Baltique[50].

D'après Newton Bosworth, un ministre baptiste qui habite Montréal dans les années 1820, les cultivateurs n'ont pas reçu suffisamment d'information au sujet de la préparation du chanvre. Aussi, tant par sa qualité que par sa quantité, le chanvre qu'ils apportent au marché est-il à ce point varié que les cordiers n'arrivent pas à combiner les différents matériaux[51]. Des observateurs de l'époque affirment qu'on aurait dû montrer aux habitants comment préparer le chanvre, à défaut de quoi il aurait fallu l'obtenir d'eux à l'état naturel. Dans ce dernier cas, on aurait pu construire des bâtiments en des points centraux pour y entreposer, nettoyer et lisser le chanvre de manière uniforme. Au lieu de donner à l'habitant la formation nécessaire et de construire l'infrastructure rurale servant au transport et à l'entreposage du chanvre, le gouvernement impérial révoque la loi par laquelle le chanvre est admis en franchise en Grande-Bretagne[52]. Dès que les autorités impériales se rendent compte qu'elles n'ont plus besoin du chanvre canadien, elles décident d'encourager les cordiers ainsi que les importateurs et

LES PEIGNES À LAINE, qui servent à préparer les fibres de laine au filage, et les cardes à laine, se retrouvent en grand nombre dans les ménages québécois. De 1807 à 1812, 51 p. 100 des fermes de la région de Québec possèdent des cardes. Ce pourcentage chute jusqu'à 26 p. 100 de 1830 à 1835, probablement en raison du fait que plus de gens apportent leur laine aux filatures pour la faire carder. (MCC)

LE PEIGNE À LIN, avec ses dents de fer, sert à démêler les fibres de lin. (MCC, 79-7425)

exportateurs britanniques de chanvre russe, tout en décourageant la production coloniale. Pareil changement dans les conditions du marché a un effet évident : la production canadienne stoppe, forçant les manufacturiers et les consommateurs de Québec et de Montréal à importer du chanvre russe via Londres ou à acquérir leurs cordes de Grande-Bretagne.

La production de vêtements à domicile

On pourrait supposer, en constatant la hausse de la production de toiles de lin et de laine au XVIIIe siècle, que les familles canadiennes jouissent d'une plus grande autonomie en matière de vêtements que leurs ancêtres. Pareille supposition est difficile à évaluer si l'on ne détermine pas le degré d'indépendance des Canadiens vis-à-vis les textiles et vêtements importés. Or nos informations à ce sujet proviennent d'impressions et de généralisations vagues émises par des voyageurs et des fonctionnaires, d'images idylliques de ménages autonomes[53] et de quelques tentatives sérieuses, mais non systématiques, pour évaluer la question[54].

On a examiné plus de 400 inventaires après décès qui remontent à la période allant de 1792 à 1835. Ces listes répertorient les équipements utilisés pour la fabrication du textile ainsi que les étoffes du pays et les vêtements importés ayant appartenu à des habitants de la région de Québec. L'examen de ces inventaires, de même que l'étude de contrats de travail (engage-

LES PAUVRES DES CAMPAGNES, qu'ils soient cultivateurs, ouvriers ou vagabonds, apparaissent rarement dans l'iconographie historique du Bas-Canada. Ce détail d'une aquarelle peinte par J. Peachey en 1781 montre un individu qui semble porter un pantalon et un manteau de grosse laine. Les vêtements des campagnards pauvres sont souvent plus remarquables par leur commodité que par leur style. (ANC 2030)

ments), de correspondances commerciales, de recensements et de journaux révèlent que, même si de 42 à 47 p. 100 des ruraux environ possèdent assez d'équipement pour confectionner des vêtements, plus de 50 p. 100 des éléments importants de leur garde-robe sont importés[55] : pantalons, gilets, manteaux et robes d'été et d'hiver, etc.

Tissus importés et étoffes du pays

En raison de leur connaissance du marché local, les marchands jouent un rôle important dans le commerce du textile. Ils tendent à réagir rapidement face aux besoins de la population locale, aux modifications de prix et à la disponibilité de différents types d'articles importés. Une comparaison des stocks des marchands et des objets domestiques donnera une idée générale des types et des quantités de textiles importés qu'achète la population locale. Sans doute, doit-on s'attendre à ce qu'un commerçant fasse un inventaire assez fidèle de ses marchandises.

Si on fait exception des tissus mixtes tel le camelot, les stocks des marchands de Québec se composent principalement de coton (42 p. 100), de laine

LES MÉTIERS À TISSER se retrouvent dans 40 à 50 p. 100 des foyers ruraux environ, mais ils sont inexistants à Québec. Bien que cette peinture de William Brymner remonte à une époque plus récente, le métier qu'on y voit s'apparente à des modèles plus anciens. À la campagne, le tissage et le filage incombent aux femmes. (Musée du Québec)

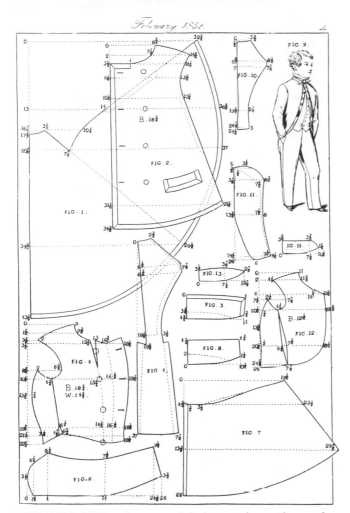

DES PATRONS, tels que celui-ci, sont importés par les marchands-tailleurs qui s'en servent dans leur boutique ou qui les vendent aux couturières et aux chapeliers. Voir, par exemple, *La Gazette de Québec*, 30/3/1797 et le *Quebec Mercury*, 13/5/1834. Le patron reproduit ci dessus est tiré du *Gentleman's Magazine*, février 1852. (MCC, 83-1464)

---

dans le domaine des cotons imprimés, l'avance technique de ces derniers leur permet de produire des cotonnades à meilleur prix. Les Français, cependant, sont concurrentiels pour ce qui est de la soie et du lin. Étant donné la supériorité des Britanniques au chapitre de la production de tissus de laine et de coton, il n'est pas surprenant d'en trouver de grandes quantités chez les marchands d'étoffes du Bas-Canada. En 1830, la valeur relative des tissus exportés de Grande-Bretagne en Amérique du Nord britannique correspond bien à la quantité d'étoffes trouvée dans les stocks des marchands de Québec : coton : 349 256 £ (soit 45 p. 100 de la valeur totale des tissus); laine : 281 895 £ (36 p. 100); lin : 81 960 £ (10 p. 100); soie : 71 613 £ (9 p. 100)[57].

De toutes les étoffes qu'on importe, la laine et, à un degré moindre, le coton se trouvent plus fréquemment dans les inventaires des ménages ruraux que le lin. Ce dernier étant une culture canadienne traditionnelle, les cultivateurs sont capables d'en faire de la toile. Au XIXe siècle, celle-ci est très utilisée pour le linge de maison. Un examen d'inventaires ruraux révèle que plus de 80 p. 100 des chemises et du linge de maison (draps, taies d'oreillers, poches, sacs et couvre-lits) sont produits à la ferme[58]. Si l'on ne tient compte que des vêtements dits importés, les résultats sont convaincants : plus de 50 p. 100 des articles – habits de cérémonie et mantelets, robes, pantalons, gilets, habits et manteaux d'hiver – ne sont pas faits à la maison. Si nombre de ces articles font probablement des «habits du dimanche» et sont donc moins nombreux que les vêtements de travail, la présence de vêtements importés plus communs, tels jupes et manteaux à capuchon, laisse croire qu'une partie importante de la garde-robe de la famille rurale se compose de tissus britanniques importés sous la forme d'étoffes ou de vêtements.

(30 p. 100), de lin (11 p. 100) et de soie (5 p. 100). Selon un examen des recensements effectués entre 1827 et 1852, le Bas-Canada produit plus de lin et de laine que tout autre tissu. Même si les familles paysannes du Bas-Canada filent plus de lin par habitant que celles du Haut-Canada, et que certains marchands en vendent une petite partie, tant les Canadiens que les Britanniques importent de plus grandes quantités de coton et de laine que de lin. La préférence du marchand d'étoffes pour le coton et la laine va de pair avec la place qu'occupe la Grande-Bretagne sur le marché européen et avec sa politique de soutien aux usines textiles, traditionnellement fortes. À la fin du XVIIIe siècle, un administrateur français affirme que son pays bénéficie de certains avantages au chapitre de la production de lainages fins, mais qu'il «ne peut concurrencer les lainages communs faits de laine d'Angleterre et d'Irlande à bon marché, dont la fibre et le lustre sont insurpassés en Europe[56]». De même, si les Français peuvent rivaliser avec les Britanniques

Des PRODUITS ÉCOSSAIS (nourriture, chandelles et tissus) sont énumérés dans cette annonce de *La Gazette de Québec* du 27/11/1764.

SOUS-VETEMENT DE LIN filé à domicile, vers 1800. Musée du Nouveau-Brunswick)

COUVRE-LIT, tissé sur un métier à quatre lisses, vers 1810. (MCC)

COUPLE CAMPAGNARD en habit printanier ou automnal. Datant de 1806, ce dessin à la plume de Sempronius Stretton montre un homme revêtu d'un costume typique fait d'étoffe du pays : pantalon et capot de laine grise et bonnet rouge. Une ceinture fléchée, des mocassins, une pipe en argile, une cravache et ce qui semble être une écharpe ou un mouchoir complètent son habillement. Noter la longue tresse que portent les deux personnages. L'habillement de la femme semble convenir à une journée fraîche et ensoleillée : chapeau de paille, veste courte et jupe de laine. (ANC 14835)

LES HABITS DE SOIRÉE à la fin du XVIIIᵉ siècle sont souvent confectionnés dans de la toile importée. Lors d'occasions spéciales, les hommes, comme celui ci-haut, revêtent un élégant costume : manteau chic, gilet de soie, haut-de-chausses en satin et chapeau à plumet. Les femmes portent des vêtements importés, tels châles de soirée, robes de soie et jupons. La femme ci-dessus porte probablement un corset ainsi que des paniers sous sa jupe, ce qui contribue à son élégance. (Ville de Montréal)

LES CHALES de style paisley, comme celui ci-haut, sont importés à Québec de Grande-Bretagne en grande quantité. (MCC, 77-2208)

CALANDRE À DENTELLE. Bien que le ruban soit importé, une grande quantité de dentelle est produite localement. (MCC)

«HABITANTS DANS LEURS HABITS D'ÉTÉ». Cette illustration bien connue tirée du livre de John Lambert *Travels through Canada and the United States*...1806, 1807, and 1808 (Londres, 1814) montre des paysans vêtus de ce qui semble être des habits de soirée. Si certains de leurs vêtements sont probablement confectionnés à domicile (chaussures et couvre-chefs, pantalons et robes), les plus beaux sont sans doute importés, plus particulièrement l'élégante veste que porte la femme. Appelée mantelet dans les inventaires après décès, cette veste était faite de toile importée. (ANC)

LES CHALES sont l'un des articles les plus populaires importés par les marchands britanniques de 1765 à 1840. Bien que les Canadiennes imitent probablement les motifs écossais, comme celui qui orne la pièce ci-haut, le fait que des châles de bonne qualité et relativement bon marché soient importés en grande quantité par des marchands de Québec laisse supposer que ce châle ne fut pas filé au Canada. (ROM, 961 112 1)

Les retouches faites aux vêtements reflètent l'importance qu'accordent les ruraux à la mode étrangère. Au début des années 1800, G.L. Robin écrit que seul le long manteau à capuchon de l'habitant (capot) a survécu à l'évolution de la mode[59]. Pourtant, même ce manteau est souvent retouché : couleurs, franges et épaulettes comptent parmi les nombreux éléments qu'on ajoute ou modifie. Les familles paysannes savent s'adapter à leur situation. En effet, lorsqu'elles peuvent se le permettre, elles se procurent des tissus importés. Dans le cas contraire, elles filent leurs propres étoffes qu'elles ornent de motifs et qu'elles retouchent pour les rendre conformes au goût du jour. L'évolution des habitudes des consommateurs n'est pas facile à suivre, mais il est évident que si la quantité d'étoffes importées faisant partie de la garde-robe des paysans fluctue, elle n'en demeure pas moins importante au cours de la première partie du XIXe siècle.

L'équipement textile assure l'indépendance

S'il fluctue de 1792 à 1835, le nombre de moutons, de rouets, de métiers à tisser et de réserves de textiles que possèdent les familles rurales se caractérise néanmoins par une légère tendance à la hausse au cours de cette période de 43 ans. Le nombre de moutons par habitant connaît une augmentation constante depuis la fin du XVIIe siècle, mais la plupart des troupeaux demeurent petits[60]. D'après les recensements, le nombre de moutons par ferme passe de 2,4 en 1765 à 4,4 en 1784 et à 7,5 en 1831[61]. Ces chiffres soutiennent bien la comparaison avec le nombre de moutons par famille dont font état les inventaires étudiés, mais, au lieu de révéler une progression continue, ces derniers montrent plutôt une situation changeante. Dans ces inventaires, qui font état de 6 à 9 moutons par ferme en moyenne, on note la présence de quelques grands troupeaux, dont un de plus de 100 moutons, au cours de la période s'étendant de 1830 à 1835. Comme ces grands troupeaux font gonfler les moyennes, le nombre de moutons par ferme est probablement moindre que celui que laissent supposer ces chiffres. Les éleveurs canadiens de grands troupeaux éprouvent des difficultés depuis les débuts de la colonie. Les rigueurs du climat, la maladie et les prédateurs réduisent constamment la taille de leur cheptel.

L'augmentation considérable du pourcentage de rouets (17 p. 100) et de métiers à tisser (11 p. 100) dans les inventaires ruraux indique clairement que les habitants sont de plus en plus en mesure de fabriquer leurs propres étoffes. Après avoir enregistré une hausse considérable de 1792 à 1812, le nombre de machines textiles ne s'accroît que légèrement au début des années 1830. De tout l'équipement textile, le rouet est la machine la plus utilisée au foyer : de la fin du XVIIIe siècle jusqu'à 1830, la plupart des fermières possèdent leur rouet. En 1835, on trouve le rouet dans plus de 80 p. 100 des fermes de la région de Québec.

Bon nombre de familles possèdent de trois à cinq rouets, quelques autres jusqu'à cinq ou six, mais la plupart en ont un ou deux. Certaines informations concernant d'autres instruments laissent supposer que l'on achète autant de dévidoirs que de rouets.

Indispensable à la fabrication de la toile, le métier à tisser est l'instrument le plus important. Les familles qui possèdent un métier à tisser ont, en général, un équipement textile beaucoup plus complet que les autres. En dépit de la hausse importante du nombre de métiers au début du XIXe siècle, le pourcentage de familles ayant un métier chute, pour passer de 47 p. 100 entre 1807 à 1812 à 42 p. 100 dans les années 1830. Selon ces chiffres, environ 45 p. 100 des familles canadiennes sont en mesure de produire tous leurs vêtements et tout leur linge de maison. Si l'on en juge par le nombre de métiers se trouvant dans les demeures campagnardes, les Canadiens augmentent à peine leur production d'étoffes du pays durant les premières années du XIXe siècle. De 1800 à 1830, la production à domicile n'enregistre, en effet, que de modestes progrès.

Est-il possible que cette portion de 42 à 47 p. 100 des habitants de la campagne possédant des métiers puissent fournir au reste de leur communauté des étoffes de fabrication domestique en quantité suffisante? La présence dans les foyers ruraux d'un nombre important de vêtements faits en Grande-Bretagne révèle que les familles paysannes sont tributaires des tissus importés pour certains de leurs besoins. Cependant, l'achat de textiles britanniques n'empêche pas l'utilisation du rouet et du métier à tisser en vue du remplacement, sur le marché local, d'étoffes importées. La hausse du nombre de rouets et de métiers à tisser ainsi que l'accroissement des réserves de lainages dans les campagnes au début du XIXe siècle laissent supposer que l'on y confectionne une grande quantité de laineries. Il est aussi évident que certaines familles vendent leurs réserves de laine et de lin à d'autres habitants[62]. Il est improbable, toutefois, que cet échange d'étoffes entre voisins soit assez important pour permettre l'établissement d'un marché local ou national dynamique.

Les étoffes de fabrication domestique sont rarement mentionnées dans les inventaires des marchands et dans les annonces des journaux de Québec avant 1840[63]. Il semble donc qu'on ne tente guère d'en élargir le marché. En fait, certains commentaires de *La Gazette de Québec*, en 1819 et 1821, exhortent les cultivateurs à produire plus de lainerie pour éviter de payer le prix croissant des tissus importés. Ils laissent donc entendre que la production de laine dans la région de Québec n'est pas assez importante pour répondre aux besoins de la famille rurale, sans parler de ceux d'un plus vaste marché[64]. Nombre de citadins ne trouvent pas attirant «l'espèce de grosse étoffe de

HABITANT revêtu d'un capot ou manteau traditionnel, 1778. L'aquarelle de Frederick von Germann montre le manteau typique que portent les Canadiens au cours des XVIIIᵉ et XIXᵉ siècles. Il s'agit d'un long vêtement de laine à grand col, dont les manches et le bas sont garnis d'une bande; il est fermé devant par des «bûchettes» et orné d'une ceinture fléchée à la taille. Bien que ce modèle de base existe tout au long du XIXᵉ siècle, il subit de fréquentes modifications. L'influence européenne, militaire entre autre (épaulettes décoratives, boutons et bandes en bordure des manteaux et des couvertures), se retrouve jusque sur les manteaux portés dans les campagnes. Sauf pour un observateur attentif, le genre de manteaux que portent les habitants, contrairement à ce qui se passe chez les citadins, ne permet pas de savoir à quel groupe social ces cultivateurs appartiennent. Les capots des maîtres, par exemple, auraient été plus amples et faits d'une étoffe plus délicate que ceux des domestiques et des cultivateurs. (New York Public Library, Astor, Lennox and Tilden Foundations)

CEINTURE FLÉCHÉE. (MCC, 77-364)

HABITANT DES ANNÉES 1840. Cette aquarelle de M. Chaplin, représentant un cultivateur du milieu du XIXᵉ siècle, ressemble au portrait ci-contre peint en 1778 par von Germann. Les retouches faites à ce manteau comprennent les épaulettes et une large bande aux manches. Bien qu'on ne puisse les voir ici, des boutons remplacent probablement les «bûchettes» du manteau de 1778. (ANC, C922)

HABIT D'HOMME EN LAINE. Ce costume est un habit en laine (*étoffe du pays*) confectionné à la fin du XIXe siècle. Le veston et le pantalon ressemblent à ceux que portent les habitants et les marins. Bien qu'apparus plus tard, l'étoffe de laine et le modèle ressemblent à ceux qu'on trouve au début du siècle. La coupe du gilet, le veston à double boutonnage, ainsi que le pantalon légèrement évasé dont les ouvertures avant sont fermées par un pont, laissent supposer que cet habit a été conçu de manière à être chaud et élégant tout à la fois. Similaire à certains costumes de marins (représentés dans des scènes de Québec), cet habit est peut-être d'origine britannique. (MCC, 76-3496)

LES BROIES À LIN, que manoeuvrent parfois les hommes, servent à broyer de la tige de la plante pour en détacher les meilleures fibres. Si l'on retrouve peu de ces instruments dans les inventaires après décès de l'époque, c'est sans doute que les familles rurales utilisent plutôt le racloir à lin. Cette photographie d'un tableau peint par Suzor-Côté en 1913 représente une activité traditionnelle de l'industrie artisanale. Pour de plus amples renseignements sur les procédés et les outils liés à la production de la toile de ménage, voir *La fabrication artisanale des tissus : appareils et techniques*, Québec, Ministère des Affaires culturelles, 1974, 103 p., et D.K. Burnham, *Warp and weft. A textile terminology*, Toronto, ROM, 1980, 216 p. (Musée du Québec, 3439D)

LES BOBINES servant au mesurage du fil fabriqué au rouet se trouvent en grand nombre chez les cultivateurs. (MCC, 77 2924)

DES ROUETS semblables à celui-ci se trouvent dans plus de 80 p. 100 des maisons rurales en 1835. Le rouet ci-haut est doté d'une corde motrice simple et d'un dispositif de freinage, deux caractéristiques du rouet québécois de la fin du XVIIIe et du début du XIXe siècle. Le godet, sorte de bol à eau fait de bois que les fileuses utilisent pour s'humecter les doigts, a probablement été ajouté tardivement car il semble trop grand pour ce rouet à selle. Pour plus d'information sur ce rouet et les rouets en général, voir, respectivement, H. et D. Burnham, *"Keep me warm one night". Early handweaving in Eastern Canada,* Toronto, University of Toronto Press, 1927 : 34, et Judy Buxton Keenlyside, *Selected Canadian spinning wheels in perspective : An analytical approach*, Ottawa, Musées nationaux du Canada, 336 p. (ROM 970 258 1)

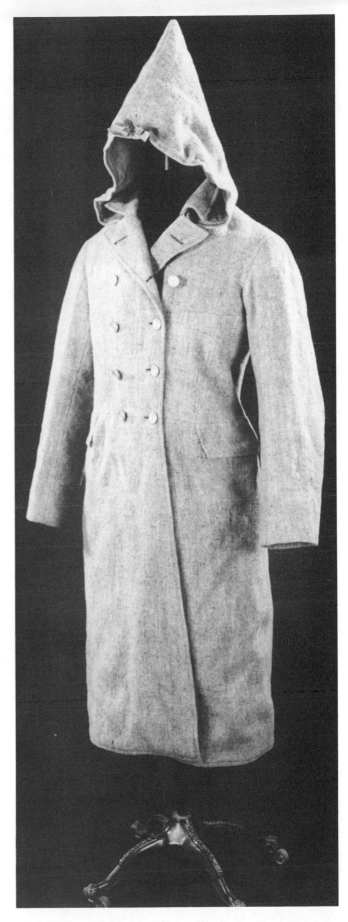

CAPOT. Lourd manteau d'hiver que portent les cultivateurs et les ouvriers des villes aux XVIIIe et XIXe siècles. (MCC, 76-3495)

MÉTIER À TISSER de style Louis XIII, venant de Kamouraska et datant du XVIIIe siècle. Les métiers à quatre lisses comme celui-ci indiquent que les tisseurs utilisent du matériel plus perfectionné qu'on ne le pense généralement : un tel métier peut servir à fabriquer toute une gamme de serges simples, quelques types d'armures unies ainsi que des étoffes à motifs superposés (D.K. Burnham, *The comfortable arts* : 64 et 122). (Musée d'art de Saint-Laurent)

laine» que fabriquent les habitantes[65]. Joseph Bouchette affirme même, en 1830, que les moutons élevés par les Canadiens donnent une laine si rugueuse qu'ils n'ont que peu de valeur commerciale[66]. Selon un autre observateur, William Evans, l'ignorance des techniques d'élevage gêne la production lainière domestique. Evans déclare qu'en dépit des affirmations voulant que la laine importée se détériore plus rapidement que celle du Canada, cette dernière est de qualité bien inférieure à «la laine longue et fine des moutons de race Leicester[67]». Semblables opinions ne favorisent évidemment pas la création d'un marché pour la laine produite au pays. Enfin, la présence de la laine brute britannique, de quantités importantes de fil de laine[68] et d'un assortiment complet «de lainages faits pour la campagne[69]» dans les annonces des journaux et dans les boutiques des marchands, ainsi que la présence d'étoffes de laine importées dans les campagnes, témoignent de l'omniprésence de la lainerie importée et de l'absence de débouchés pour les étoffes de fabrication domestique.

Une production insuffisante

Bien qu'il soit difficile de suivre les tendances changeantes de la production domestique de textiles, les comptes rendus des journaux et les recensements confirment l'hypothèse qu'une plus grande quantité d'étoffes est filée à la maison pendant les périodes de difficultés économiques[70]. Les faits donnent à penser que la production à domicile augmente durant les an-

nées 1810 et 1820. En dépit de cette croissance, toutefois, un correspondant de la *Gazette de Québec* rapporte, en 1819, que la production, bien qu'importante, ne parvient pas à satisfaire aux besoins des familles rurales, ajoutant que les habitants doivent produire plus de lin et élever plus de moutons s'ils veulent se vêtir au cours de «cette période où le prix des grains baisse sur le marché britannique[71]».

Selon des observateurs de la scène locale, la diminution des revenus et l'augmentation du prix des produits importés sont deux des raisons qui obligent les Canadiens à augmenter la production domestique de textiles. Après avoir atteint la moyenne impressionnante de 8,3 verges par habitant en 1827, la production diminue, chutant à 3,2 verges en 1842 et à 2,7 en 1851[72]. Dans les années 1830 et 1840, les journaux font état de nouvelles déclarations sur la nécessité d'une production accrue de textiles domestiques[73].

En l'absence de données comparatives complètes sur la production à domicile dans d'autres pays, il est difficile d'évaluer l'importance de cette activité au Bas-Canada. D'après une étude portant sur la production textile aux États-Unis, les familles rurales fabriquent, en 1810, une moyenne de 10 verges de tissu par habitant, l'industrie cotonnière produisant une quantité indéterminée d'étoffes[74]. Si ce dernier chiffre et les recensements canadiens sont exacts, la production du Bas-Canada ne s'approche de celle des États-Unis en

LE TISSU DE FABRICATION DOMESTIQUE est vendu sur les marchés urbains du Bas-Canada, mais les femmes de la campagne ne peuvent satisfaire à tous les besoins de la population locale. Les familles d'artisans et d'ouvriers achètent la plupart des tissus de fabrication domestique apportés à Québec, particulièrement le tissu de lin. Du début du XIXe siècle à 1825, ce tissu prend une place toujours plus grande dans le linge de maison des ouvriers des villes, passant de 25 à 42 p. 100. La proportion de linge de maison fait avec des tissus de la campagne est de seulement 10 p. 100 chez les marchands et de 20 p. 100 chez les membres des professions libérales. *Selling Canadian homespun cloth*, Montreal, aquarelle de James Duncan, 1859. (ROM, 951.158.11)

LES INDUSTRIES RURALES, telle cette filature à coton de la Nouvelle-Angleterre (1820), jouent un rôle important dans le développement de l'arrière-pays en Europe et aux États-Unis. Les filatures de ce type ne font leur apparition dans la région de Québec qu'à la fin du XIXᵉ siècle. (Merrimack Valley Textile Museum)

1810 qu'une seule fois, soit en 1827. Il est évident que la production de tissu connaît des fluctuations suivant la longueur des périodes de culture, le succès de l'élevage et le prix des produits importés. Comme on retrouve une quantité importante de tissu importé dans les inventaires des habitants avant comme après la production record de 1827, il est certain que les familles rurales ne parviennent pas à se passer des étoffes importées, et ce même pendant les périodes marquées par une intense production à domicile. En outre, le fait qu'une quantité vraiment importante d'étoffes du pays n'est enregistrée qu'une fois dans la première moitié du XIXᵉ siècle laisse supposer que les familles canadiennes ne considèrent pas cette option comme une solution à leur besoin en tissus. Enfin, quand on constate que les Américains, malgré leur industrie cotonnière et une production à domicile supérieure à celle du Bas-Canada, dépendent toujours des textiles britanniques, il semble évident que les Canadiens sont encore plus tributaires de l'Angleterre.

La supériorité de la production américaine de textiles s'explique par la culture du coton, une infrastructure rurale plus développée et le nationalisme économique. Non seulement le coton est-il utilisé dans les États du Sud mais aussi par ceux du Nord. De nombreuses années avant l'établissement des grandes filatures, les femmes de la Nouvelle-Angleterre achètent du coton pour en fabriquer du tissu domestique. La facilité avec laquelle le coton est acheminé vers le Nord révèle l'existence d'un système de communications bien structuré. Les foires textiles, les marchés locaux, les entrepôts, les ports et les routes sont d'autres éléments essentiels de ce système.

L'accès à des ressources abondantes encourage la population et le gouvernement colonial à créer des

manufactures sur leur territoire en dépit d'efforts constants de la part des Britanniques pour les éliminer. En promulguant des lois restrictives, ceux-ci tentent de limiter la production textile des colonies et d'augmenter les importations de biens provenant de la mère patrie[75]. Au même moment, les dirigeants coloniaux s'affairent à adopter des lois qui les affranchissent des contraintes impériales. La plupart des colonies encouragent de cette façon la manufacture d'étoffes de lin, de laine et de coton. Leurs fonctionnaires inventorient les semences, les moutons et la main-d'oeuvre qualifiée, font la promotion de l'apprentissage dans les domaines du tissage et du filage, fournissent des outils et offrent des primes à d'éventuels producteurs[76].

Les membres des parlements coloniaux font fi des règlements impériaux et aident même les gens à les déjouer. Lorsque les Britanniques essayent de faire respecter leurs politiques restrictives, les colons réagissent en s'efforçant de stimuler encore plus la production coloniale. Dans les années 1760, les lois impériales soulèvent l'ire des marchands et des cultivateurs locaux à un point tel que ceux-ci décident de boycotter les produits importés et de réclamer une accélération du développement de la production textile. Voici ce qu'écrit un rimailleur à ce propos (traduction) :

> Rejette d'abord ta fierté mal placée
> Ne porte que les vêtements de ton pays
> Et stimule l'économie. Ta fierté,
> C'est d'exhiber les vêtements que tu fais et
> files toi-même[77].

De tels sentiments, alliés à l'accessibilité des ressources, à des transports bien organisés et au soutien du gouvernement local, conduisent nécessairement à une production accrue. Voilà quelques-unes des raisons expliquant le rôle de premier plan que jouent les foyers américains pour accroître leur indépendance dans la production domestique de textiles.

La contrainte impériale au Bas-Canada

La politique mercantiliste mise de l'avant par le gouvernement britannique dans les treize colonies américaines est appliquée, dans ses grandes lignes, au Bas-Canada. Ce système complexe vise en somme à encourager tant la production coloniale de matières premières que la consommation de produits de fabrication britannique. En somme, il est plus commode et profitable pour les colons d'accepter ces produits que de se préoccuper de les fabriquer dans la colonie.

La production domestique au Bas-Canada ne reçoit donc pas l'appui du gouvernement colonial ni celui du gouvernement impérial. Les deux gouvernements n'ont qu'un seul but, empêcher toute activité manufacturière locale de concurrencer l'industrie britannique. Au début du régime britannique à Québec, le gouver-

LES TEXTILES vendus par les marchands dans tout l'empire britannique jouent un rôle clé dans le développement industriel de la Grande-Bretagne. La manufacture de textiles, encouragée dans la mère patrie, est découragée dans les colonies. L'importance des produits importés, notamment couvertures, fusils et couteaux, n'est pas seulement manifeste dans le commerce des fourrures mais dans le commerce canadien en général. L'illustration de Coke Smyth représente une scène de troc au début du XIXe siècle. (ANC, 1026)

LES VOYAGEURS CANADIENS portent souvent un mélange de vêtements filés à domicile et importés. Les chapeaux représentés ci-dessus sont probablement des importations, et peut-être aussi le manteau de la personne à droite. Les pantalons et les mocassins sont sans doute de confection locale. (MCC, M57-8)

LES ACTIVITÉS RURALES représentées dans cette aquarelle de 1835, attribuée à sir George Gipps, illustrent des facettes importantes de l'économie du Bas-Canada : pelleterie (objets de commerce et animaux à fourrure), industries à domicile (vêtements masculins et chapeaux de paille que tient l'une des femmes) et le commerce transatlantique (rubans, bonnet, robe et jupon portés par les femmes du centre). (ANC, 116)

COLPORTEUR partant à la campagne pour y vendre les produits de la ville. Cette peinture, bien inspirée, est l'oeuvre de Cornelius Krieghoff. (ANC)

nement impérial fait clairement savoir au gouverneur Murray qu'il ne doit pas donner son assentiment à la mise sur pied d'une industrie, quelle qu'elle soit, qui porterait préjudice au commerce britannique[78]. Cinq ans plus tard, Lord Hillsborough charge Carleton de décourager la production de toile de lin en favorisant d'autres industries susceptibles de moins nuire aux activités manufacturières britanniques. Carleton lui fait valoir que la culture du lin et du chanvre donnerait aux habitants l'argent nécessaire à l'achat de vêtements britanniques[79]. Si les autorités locales n'empêchent pas les Canadiens de confectionner leurs propres vêtements, elles font donc tout leur possible pour promouvoir l'acquisition de textiles britanniques.

L'importation d'une grande quantité de tissus britanniques au Bas-Canada y rend difficile l'établissement d'industries textiles. Qui plus est, les économies réalisées par les femmes qui fabriquent des articles ménagers ne suffisent pas à acheter les tissus nécessaires ou l'article de luxe occasionnel. Enfin, toute une série de circonstances, surtout d'ordre pécuniaire, amènent le cultivateur à dépendre de cultures traditionnelles de base comme le blé. Dès lors, il devient évident que la production à domicile de vêtements n'est pas assez importante pour conduire à la création d'une industrie domestique spécialisée. Celle-ci aurait constitué un lieu de formation pour les ouvriers susceptibles de travailler plus tard à l'usine, ou encore aurait permis l'accumulation de capitaux pouvant servir à la diversification et à l'élargissement de l'économie rurale.

Les usines textiles

Un jour viendra peut-être où la colonie produira ses lainages, mais ce temps n'est pas encore en vue.

(Catharine Parr Traill, 1855[80])

Les usines textiles tardent à s'implanter en Amérique du Nord britannique. Quelques tentatives sont faites au début de la colonie, mais ce n'est que dans les années 1840 que s'ouvrent les premières manufactures. Aucune d'entre elles ne se trouve cependant dans la région de Québec. Les efforts effectués en vue d'implanter une activité permanente de tissage au début du XIXe siècle révèlent les lacunes économiques du Bas-Canada. Ces déficiences s'expliquent par un manque de main-d'oeuvre et de débouchés d'une part, et par des politiques mercantilistes d'autre part[81].

D'après les recensements, si un certain nombre de moulins à carder et à fouler sont en exploitation au Bas-Canada en 1831, il n'y a, toutefois, aucune manufacture de textiles. La province peut s'enorgueillir de 97 moulins à fouler, de 90 moulins à carder et de 14 huileries. S'ils produisent beaucoup moins de lin qu'au Bas-Canada, les habitants du Haut-Canada tirent un meilleur parti de la graine de lin. En 1842, le Haut-Canada compte 48 huileries tandis que la province voisine n'en a toujours que 14. En outre, il possède plus de machines à fouler et à carder que le Bas-Canada. De plus, on y trouve un moulin par 1 476 habitants contre 1 par 2 165 habitants au Bas-Canada (Tableau 14). Des manufactures de textiles sont construites dans les années 1840 et 1850, mais elles ne prospéreront qu'après l'expansion du marché canadien dans les années 1860 et 1870 et l'établissement d'un gouvernement national décidé à protéger l'économie du pays contre une concurrence excessive[82].

Aucune main-d'oeuvre qualifiée

On ne connaît que très peu de tisserands ayant travaillé au Bas-Canada avant le début du XIXe siècle. En 1820, certains d'entre eux se retrouvent dans des villages des environs de Montréal, notamment Boucherville, Varennes, Saint-Denis, Verchères et Berthier. Ces artisans fabriquent un certain nombre d'articles, dont de la toile de matelas, des étoffes de laine servant à la confection de vêtements, de la toile de coton côtelé et du linge de toutes sortes[83]. Ces tisserands reçoivent-ils des commandes de familles de la région, comme c'est le cas pendant le régime français, ou sont-ils des sous-traitants? Compte tenu de la sorte d'étoffes qu'ils fabriquent et du fait qu'ils vivent rapprochés, on peut croire à des modes de production traditionnels; mais seules des informations supplémentaires pourront nous permettre de tirer des conclusions.

Peu importe ce que produisent ces tisserands, leur nombre limité révèle que leur activité est fort restreinte. Un certain nombre de ces artisans, venus de Grande-Bretagne et démunis, traversent le Bas-Canada. Bien peu, s'il y en a, pratiquent leur métier dans la province. La pénurie de main-d'oeuvre qualifiée est également évidente à Québec où les seuls individus à travailler dans la fabrication des vêtements utilisent des étoffes importées. Au début du XIXe siècle, des huit jeunes filles en apprentissage dans ce secteur, deux sont couturières, cinq chapelières et l'une confectionneuse de manteaux[84]. Les tailleurs, qu'ils soient apprentis ou artisans expérimentés, ne travaillent qu'avec du tissu importé. Leurs ateliers font probablement plus leurs frais en vendant au détail des vêtements importés qu'en confectionnant des articles sur commande.

Les fabriques de textiles, telles qu'on en trouve alors en Europe à l'époque, sont manifestement absentes au Bas-Canada, tant dans les campagnes que dans les villes. C'est pourquoi les habitants, notamment bon nombre de familles rurales, échangent leurs biens et leurs services contre des produits importés durant plus de 200 ans. Au lieu de fournir un supplément de revenu à l'économie rurale et d'accumuler du capital, la production domestique n'a qu'un but, aider de nombreuses familles à subvenir à leurs besoins élémentaires. La petite taille de la population et son éparpillement, sans compter sa dépendance à l'égard des initiatives économiques, d'abord françaises, ensuite britanniques, empêchent la création de manufactures de textiles ou de vêtements autochtones. Le mercantilisme européen, avantageux pour les négociants qui exportent des surplus bon marché dans les colonies que possède leur pays en Amérique du Nord, ne contribue en rien au développement d'une production locale. Il faut attendre les débuts de l'immigration et de l'urbanisation pour que les fabriques se mettent à produire des étoffes et des vêtements pour les marchés locaux. Les manufactures de la province n'en éprouvent pas moins des difficultés à concurrencer les produits britanniques et américains. Ces entreprises sont nées le plus souvent de l'initiative d'Américains ou d'hommes d'affaires qui ont accumulé suffisamment de capital fixe dans d'autres industries comme l'imprimerie ou l'exportation de richesses naturelles pour financer les équipements nécessaires. À certains égards, la situation coloniale du Bas-Canada explique l'absence de production domestique et l'existence d'un système de sous-traitance étendu.

Les tanneries

Si les autorités françaises découragent la production textile dans leurs colonies, elles encouragent en revanche les tanneries. D'autres facteurs expliquent aussi la croissance des industries du cuir : la disponibilité des matières premières et la présence de tanneurs ou de marchands disposés à investir dans ce secteur. Les tisserands émigrant au Canada sont probablement plus pauvres[85] que les tanneurs et les marchands qui, habituellement, possèdent du capital et peuvent combiner l'agriculture et la tannerie, ce qui leur permet d'assurer la stabilité de leur entreprise.

C'est à Lévis, village situé en face de Québec, sur la rive sud du Saint-Laurent, qu'est établie, en 1668, la première tannerie grâce à une subvention de 3 000 £[86]. De la fin du XVIIe siècle au début du siècle suivant, cinq autres tanneries s'installent près de Québec, en particulier en bordure de la rivière Saint-Charles où s'implantera plus tard le quartier Saint-Roch. Les premières tanneries sont de petites entreprises établies dans des fermes et administrées par des fermiers-tanneurs. Elles emploient des travailleurs agricoles qui partagent leur temps entre la tannerie et l'agriculture. Peu à peu, de plus grandes entreprises font leur apparition, gérées par des associations de tanneurs et de marchands. Ceux-ci, sans participer directement à la marche de l'entreprise, embauchent les artisans et les ouvriers qui vont travailler et vivre à la tannerie. Les propriétaires des grandes tanneries diversifient leurs intérêts. Ils ajoutent souvent une cordonnerie au bâtiment, investissant même dans toute une gamme d'activités dont la pêche, la pelleterie, les meuneries et le commerce[87]. Les grandes tanneries possèdent un montant important de capital fixe, car l'achat d'outils et de peaux et la construction des bâtiments nécessaires peuvent en effet coûter jusqu'à 40 000 livres[88].

Les entreprises de cette importance se comparent à de nombreuses tanneries européennes, à celles de France, par exemple, où toute tannerie qui traite 200 peaux ou plus en même temps est considérée comme une manufacture. Près de Québec, certains établissements traitent de 200 à 500 peaux simultanément[89].

Les marchés et les matériaux

Les plus grandes tanneries de la région de Québec sont équipées pour répondre aux besoins de la population locale. Certes, quelques établissements exportent une petite partie de leurs peaux, mais les plus grands clients sont les cordonniers et les citadins. La finition de la plupart des peaux, y compris celles qui sont exportées, est incomplète. L'acheteur doit assurer lui-même la finition ou, sinon, se contenter d'un cuir brut. S'il est vrai qu'on utilise le cuir pour fabriquer divers objets, on importe toujours les produits vraiment raffinés. Les peaux provenant du bétail et du gibier servent à fabriquer des gants et des couvre-chefs, des couvre-lits et des housses de malles, de même que des harnais et certaines pièces de gréement. Les chaussures d'usage courant, qu'on se procurait jusqu'à présent auprès des Amérindiens, font place à des souliers et à des bottes imitant les modèles autochtones. Ce sont des cordonniers et des artisans itinérants, au service de grandes tanneries, qui les fabriquent.

«BOTTES SAUVAGES». (MCC)

CHAUSSURES de tous les jours que les soeurs de l'Hôtel-Dieu de Québec ont peut-être fabriquées au XVIIIe siècle. Contrairement aux laïques, les religieuses doivent obéir aux normes sévères qui règlent la forme de leurs chaussures. Voir M.-A. Bluteau et al., *Les cordonniers, artisans du cuir*, Montréal, Boréal/MNH, 1980 : 37. (MCC)

Au fur et à mesure que la région de Québec se développe, un nombre croissant de cordonniers se mettent à travailler le cuir qu'ils obtiennent des tanneries. L'utilisation des cuirs bruts, notamment ceux qui proviennent de la pelleterie, se poursuit pendant une bonne partie du XIXe siècle. Ainsi, dans les premières années du siècle, les «voyageurs» se voient encore remettre, pour une partie de leur salaire, deux paires de mocassins ou de souliers en peau de caribou, deux peaux de phoque et un bonnet de caribou[90]. Les agents des compagnies de traite font probablement préparer les peaux, venues de l'arrière-pays, par les tanneurs de Québec avant de les donner à leurs employés. Cette activité profite grandement à l'industrie du tannage et, jusqu'à un certain point, aux économies urbaine et rurale. L'économie rurale tire des revenus de la vente de peaux et d'écorce aux tanneries. Un petit nombre d'ouvriers agricoles gagnent un supplément de revenu en travaillant à temps partiel dans les tanneries, et quelques cultivateurs, qui ont établi des commerces sur de petites propriétés, réussissent à accumuler du capital. Cette industrie du tannage, avec ses méthodes traditionnelles et sa production limitée, contribue tout

SABOTS portés par les habitants du Bas-Canada. (MCC)

de même à jeter les assises d'une économie rurale puisqu'elle encourage les éleveurs à augmenter leur cheptel, donne de l'emploi aux habitants et permet aux tanneurs prospères d'investir dans d'autres secteurs.

Les répercussions sur Québec

Québec profite de l'établissement de tanneries à ses portes. Bien qu'une partie des ouvriers des tanneries se recrute souvent au sein de la famille des propriétaires, les plus grandes entreprises embauchent un certain nombre de citadins. Au cours des cent années du régime français, 284 tanneurs, cordonniers et selliers, sans oublier leurs apprentis, travaillent dans l'industrie du cuir. En vingt-cinq ans, soit de 1790 à 1815, le nombre d'artisans dans ce secteur grimpe pour atteindre 308. En 1831, l'industrie regroupe au moins 273 artisans; vingt ans plus tard, ce nombre s'élève à 1 300[91]. En 1840, Québec compte 32 tanneries, la plupart à Saint-Roch[92].

L'importance de cette industrie sur l'économie générale et la croissance de Québec est assujettie au mode de traitement des peaux et aux coutumes des citadins, canadiens autant que britanniques. Comme les tanneries des environs immédiats de Québec produisent surtout du cuir semi-apprêté, elles abandonnent la production de cuir fin aux tanneurs européens qui vendent leurs peaux et produits finis aux importateurs de la ville. Pour répondre à la demande de nombreuses femmes de Québec qui recherchent l'élégance dans leur vêtement, les importateurs s'emparent d'une grande partie du marché des produits de grand luxe. Si les Canadiennes ont un penchant pour les chaussures étroites et à talon haut, c'est que, traditionnellement, ce genre de chaussures vient de France[93]. Au début du régime anglais, les marchands britanniques poursuivent donc cette tradition en important des chaussures de style français[94].

Les apprentis et les campagnards désirent eux aussi avoir au moins une paire de souliers chic pour compléter leur «habit du dimanche». D'ailleurs, une fois leur stage terminé, certains apprentis se voient offrir un habit et une paire de souliers pour le dimanche. Alors qu'au XIXe siècle les apprentis de Québec demandent de moins en moins de «souliers sauvages» traditionnels, la demande de chaussures françaises demeure forte. Au fil des années, cependant, on ne parle plus de chaussures françaises mais de «souliers du dimanche» ou, tout simplement, d'«une paire de souliers». La plupart des chaussures offertes aux apprentis sont fabriquées en atelier, mais quelques-unes sont importées. Ainsi, même dans l'atelier du cordonnier, l'artisan préfère souvent les modèles et les souliers importés à ceux que l'on produit sur place[95]. Enfin, devant le grand assortiment de chaussures chic et à bon marché qui viennent de l'étranger, les Canadiens ne peuvent résister à l'envie d'en posséder une paire.

À l'instar des vêtements mentionnés précédemment, toute une gamme de chaussures sont importées depuis le début de la colonie, qu'il s'agisse par exemple de pantoufles en toile, en soie et en cuir fin ou de souliers et de bottes pour hommes, femmes et enfants. Les importateurs britanniques remplacent leurs collègues français à Québec et continuent d'importer des produits finis, dont certains de France Parmi les articles importés de France via l'Angleterre, mentionnons les peaux de première qualité (maroquins rouges, verts, noirs et jaunes) et des produits finis (chaussures de maroquin fin, portefeuilles et bottes de cuir rouge et bourses ornées d'argent)[96].

Les chaussures anglaises sont bientôt adoptées par une grande partie de la population urbaine et se vendent probablement aussi dans les campagnes. Cela permet d'expliquer le nombre élevé d'annonces, en français, publiées par les marchands britanniques. Cette publicité fait constamment appel au désir qu'ont les Canadiens de suivre la mode, leur faisant valoir, par exemple, que les «souliers et bottes à la Wellington ou à la Brunswick», importés récemment de Londres, sont le tout dernier cri[97]. Les francophones ne cessent pas pour autant de fabriquer ou de se procurer des chaussures traditionnelles. Si les apprentis et les citadins achètent plus de chaussures importées (ou des imitations locales de chaussures étrangères) que de mocassins, on fabrique toujours ceux-ci à Québec, pour le marché rural en particulier[98].

On importe des produits de luxe, de modèle récent, tels que des exclusivités en cuir, des selles, des brides, des cravaches et du cuir de veau et de chevreau fin. Dans les années 1830, une quantité considérable de fourrures finies provenant d'animaux de Terre-Neuve, d'Amérique du Sud, d'Orient et de Bohême, parvient à Québec via l'Angleterre. Quelques-unes de ces variétés de fourrures existent dans les Canadas, mais on en fait la finition ailleurs et, plus particulièrement, à Londres. Mentionnons entre autres : bonnets, gants, cols de fourrure, manchons et bottes faits de fourrure et de peau de phoque, de lynx, de lapin, de martes d'Orient et de chinchilla d'Amérique du Sud[99].

Outre les fourrures et les cuirs fins et exotiques, on importe d'Angleterre, des États-Unis et de Russie de grandes quantités de peaux ordinaires, voire rugueuses, entrant dans la fabrication de couvre-lits et de housses de malles, ainsi que d'empeignes et de semelles de souliers. C'est également le cas de produits courants tels que cuirs à rasoir, colliers de chien et pantalons de cuir. Les importations de peaux et de produits finis se poursuivent avec la même constance jusqu'au milieu du XIXe siècle au moins. C'est à partir de cette époque que la mécanisation du travail permet aux manufacturiers canadiens de concurrencer les produits étrangers.

Si la quantité de matériaux et de biens importés est difficile à déterminer, il est évident qu'elle est énorme et qu'elle occasionne la perte de marchés lucratifs aux mains d'importateurs et de producteurs étrangers. Voici un exemple, extrait d'une annonce qui paraît dans la *Gazette de Québec* en 1808, des quantités d'articles en cuir importés à Québec, : 4 237 paires de chaussures pour hommes, 617 paires de chaussures pour dames, 48 paires de bottes, 10 paires de jambières, 477 selles, 384 peaux de veau et 80 428 livres de cuir à semelles[100]. En 1832, 8 000 paires de «chaussures et bottes pour dames et messieurs» sont vendues à rabais[101]. Les tanneurs et cordonniers locaux perdent une part considérable de leurs affaires aux mains des marchands et artisans étrangers. Même si les tanneurs de Québec ont des matériaux bon marché à leur disposition, ils éprouvent beaucoup de difficultés à concurrencer le cuir importé. Dans les années 1830, par exemple, la présence de grandes quantités de cuir américain dans les marchés locaux oblige les tanneurs de Québec à réduire leurs prix afin d'être concurrentiels[102]. La capacité des importateurs d'acheter à l'étranger les produits du cuir en grande quantité et de les vendre à bas prix à Québec mine le commerce des tanneurs et cordonniers locaux. L'industrie du tannage contribue toutefois à stimuler l'agriculture, à créer des emplois et à diriger des capitaux vers d'autres secteurs de l'économie, mais elle ne produit pas à plein régime. Néanmoins, si la concurrence étrangère demeure vive dans l'industrie du cuir, le groupe de tanneurs de la région de Québec se révèle être un de ses piliers. La vigueur du commerce du cuir ne peut cependant compenser le sous-développement général de l'économie rurale.

Conclusion

Comme une conclusion plus détaillée sur l'économie se trouve à la fin du prochain chapitre, nous nous limitons ici à la situation en milieu rural. Certes, l'agriculture dans la région de Québec n'est pas aussi productive que dans certaines régions agricoles très développées, mais elle se révèle tout aussi performante que peuvent l'être de nombreuses fermes en Europe et aux États-Unis. Bien qu'il existe quelques fermes à vocation commerciale près de Québec, celles-ci ne favorisent pas l'accumulation du capital, le développement d'une main-d'oeuvre compétente et diversifiée ni la croissance de l'activité manufacturière. Pratiquant une agriculture de subsistance typique, les familles canadiennes tentent de satisfaire à leurs besoins immédiats par la production à domicile et l'achat de biens importés. Lorsque l'on compare les données relatives à la production de textiles à domicile au Bas-Canada et dans l'est des États-Unis, on découvre que la production américaine n'est pas seulement plus grande mais aussi qu'elle est destinée au marché de consommation. Divers facteurs expliquent cette supériorité, l'encouragement que les fermiers reçoivent du gouvernement demeurant le principal. Or, pareil soutien n'existe pas dans la région de Québec. En effet, on est loin de trouver, au Bas-Canada, le même souci de développer les entreprises locales et régionales dont font preuve, aux États-Unis, le gouvernement fédéral et ceux des États.

Il n'y a pas, près de Québec, d'industries rurales susceptibles de stimuler les échanges entre la ville et son arrière-pays. La campagne des environs de Québec contribue bien modestement au commerce. Elle fournit du bois pour la construction navale et domiciliaire, une quantité limitée de potasse, du poisson et des fourrures (Chapitre III), du cuir aux tanneries, de même que quelques produits finis tels qu'amidon, poudre de riz et papier[103]. Toutefois, aucune de ces activités n'est assez importante pour permettre l'établissement, en milieu rural, d'une solide base économique qui soutienne la croissance de l'économie urbaine.

1. Pour une étude de la question, voir T.S. Ashton, *The industrial revolution, 1760-1830*, Londres, Oxford University Press, 1948, 119 p.; R.M. Hartwell, "Economic change in England and Europe, 1780-1830", *The New Cambridge Modern History*, Cambridge, University Printer, 1965, IX : 31-59; W.W. Rostow, *The stages of economic growth*, Cambridge, University Press, 1966 : 7 et suiv; David S. Landes, *The unbound prometheus*, Cambridge, University Press, 1969 : 12-123; B.H. Slicker Van Bath, *The agrarian revolution of western Europe*, Londres, Edward Arnold Ltd., 1963 : 77-132 et 195-243; et Franklin F. Mendels, "Proto-industrialization: The first phase of the industrialization process", *The Journal of Economic History*, XXVII (mars 1972) : 241-261.

2. Mildred Campbell, *The English yeoman*, New York, A.M. Kelley, 1968 : 156-166.

3. M. Campbell, *op. cit.* : 104.

4. R.M. Hartwell, *op. cit.* : 47-59; B.H. Slicker Van Bath, *op. cit.* : 299-301; et M.M. Postam, "Agricultural problems of under-developed countries in the light of European agrarian history", *Second International Conference of Economic History*, 1962, Paris, Mouton & Co., 1965 : 13.

5. H.J. Dyos et D.H. Aldcroft, *Bristish transport*, Harmondsworth, Penguin Books, 1974 : 17-22, et Peter G. Goheen, "Industrialization and the growth of cities in nineteenth century America", *American Studies*, XIV : 15.

6. *Ibid.* : 23 et 24.

7. Francis E. Hyde, *Liverpool and the Mersey. The development of a port, 1700-1970*, Newton Abbot, David & Charles, 1971 : 10-15.

8. George Unwin, *Industrial organization in the sixteenth and seventeenth centuries*, Londres, Frank Cass, 1904 : 73.

9. T.S. Ashton, *op. cit.* : 47.

10. *Ibid.* : 66.

11. P.G. Goheen, *op. cit.*, F.F. Mendels, *op. cit.* : 243; J.D. Chambers, "The rural domestic industries during the period of transition to the factory system...", *Second International Conference of Economic History*, 1962 : 431-438; Arnest Klina, "The domestic industry and the putting out system in the period of transition from feudalism to capitalism", *ibid.* : 400; Pierre Léon, «L'élan industriel et commercial», Fernand Braudel et Ernest Larousse, *Histoire économique et sociale de la France*, Paris, Presses Universitaires de France, 1970 : 519-528.

12. J.D. Chambers, *op. cit.* : 445, en particulier la note n 1.

13. T.S. Ashton, *op. cit.* : 15 et 16, et A.E. Musson et Eric Robinson, *Science and technology in the industrial revolution*, Toronto, University of Toronto Press, 1968 : 87-96.

14. F.F. Mendels, *op. cit.* : 244 et 245; David Landers, *op. cit.* : 138-151, et Brooke Hindle, *Technology in early America*, Chapel Hill, University of North Carolina Press, 1966 : 88 et 89.

15. Voir W.E. Moore et A.S. Feldman, *Labor commitment and social change in developing areas*, New York, Social Science Research Council, 1960 : 47-49.

16. J.D. Chambers, op. cit. : 438 et 442, et L.A. Clarkson, *The pre-industrial economy in England, 1500-1700*, Londres, B.T. Batsford Ltd., 1974 : 43.

17. John Thirsk et J.P. Cooper, *Seventeenth century economic documents*, Oxford University Press, 1972 : 182 et 209.

18. Theodore K. Rabb, "The expansion of Europe and the spirit of capitalism", *The Historical Journal*, XVII, 4(1974) : 683 et 684. Pareille plainte s'entendit également à propos d'habitants de la Nouvelle-Angleterre qui vont s'établir en Nouvelle-Écosse à la fin du XVIIIe siècle. Voir la lettre de Legge au Secrétaire d'État citée dans S.D. Clark, *The social development of Canada* : 124.

19. J.W. Osborne, *The silent revolution: The industrial revolution as a source of cultural change*, New York, Charles Scribner's Sons, 1970 : 45-65; et Perry Anderson, *Lineages of the absolutist state*, Londres, N.L.B., 1974 : 48.

20. Barrington Moore, *Social origins of dictatorship*, Boston, Beacon Press, 1967 : 8. Selon l'auteur, ce mouvement apparait longtemps avant l'époque d'Adam Smith.

21. T.K. Rabb, *op. cit.* : 679; R.H. Nowen, "The Encyclopédie as a business venture", C.K. Warner, *From the Ancien Régime to the popular front*, New York, Columbia University Press, 1969 : 1; et David Landes, *op. cit,* : 20-23.

22. Frederick Pollock et F.W. Maitland, *The history of English law*, Cambridge, University Press, 1968, I : 661.

23. George Unwin, *op. cit.* : 73 et 74.

24. T.J.A. LeGoff, "The agricultural crisis in Lower Canada, 1802-1812: A review of a controversy", *CHR*, LV, 1 (mars 1974) : 1-32. Voir aussi les importantes monographies de Fernand Ouellet, *Histoire économique et sociale du Québec, 1760-1850* et *Le Bas-Canada*, 1791-1840, Éditions de l'Université d'Ottawa, 1976, 541 p.; Maurice Séguin, *La nation «canadienne» et l'agriculture* (1760-1850), TroisRivières, Boréal Express, 1970, 281 p.; G. Paquet et J.-P. Wallot, «Crise agricole et tensions socio-ethniques dans le Bas-Canada, 1802-1812 : éléments pour une réinterprétation», *RHAF*, XXVI, 1972 : 185-237; Louise Dechêne, *Habitants et marchands de Montréal au XVIIe siècle*, 588 p.; Jacques Mathieu, «Un pays à statut colonial», Jean Hamelin, *Histoire du Québec*, Saint-Hyacinthe, Edisem, 1977 : 197.

25. Louise Dechêne, *op. cit.* : 338-346.

26. Louis Michel, «Un marchand rural en Nouvelle-France – François-Augustin Bailly de Messein, 1709-1771», *RHAF*, XXXIII, 2 (septembre 1979) : 215-263. Selon Maurice Séguin, le fermier canadien moyen est, au début du XIXe siècle, incapable d'amasser une quantité importante de capital. Voir *La Nation* : 246.

27. R. Cole Harris et John Warketin, *Canada before Confederation*, New York, Oxford University Press, 1974 : 49-54. Le paragraphe suivant est tiré de cette monographie.

28. Louise Dechêne, *op. cit.* : 295. Ce paragraphe est basé sur les p. 298-305 de l'ouvrage de Louise Dechêne.

29. Joseph Bouchette, *A topographical description of the Province of Lower Canada* : 88 et 375.

30. Joseph Bouchette, op. cit. : 64-70; John Lambert, *Travels through Lower Canada and the United States in the years 1806, 1807 and 1808*, Londres, 1810, I : 234; et John Duncan, *Travels through part of the United States and Canada 1818 and 1819*, New York, 1823, II : 159. Pour des références supplémentaires faisant état de critiques similaires de la part de voyageurs britanniques, voir Robert Leslie Jones, "French-Canadian agriculture in the Saint Lawrence valley, 1815-1850", *Agricultural History*, 1942, XVI : 137-141. Les spécialistes de ce domaine s'entendent pour dire que les fermiers canadiens emploient des méthodes traditionnelles, méthodes qu'observent, toutefois, des fermiers d'autres régions du monde. Voir Fernand Ouellet, *Histoire économique et sociale du Québec* : 155 et 185-187; Gilles Paquet et Jean-Pierre Wallot, *op, cit.* : 201-204 et 221 et suiv; Louise Dechêne, *op. cit.* : 300, 323 et 344-346; et Maurice Séguin, *op.cit.* : 127.

31. Cité dans R.M. Hartwell, *op. cit.* : 48. Pour un commentaire du même ordre, voir Louise Dechêne, *loc. cit.*

33. Dans la région de Beaupré, par exemple, 33 p. 100 des fermes s'étendent sur plus de 200 acres, 60 dépassant même 300 acres. Dans l'île d'Orléans, l'une des plus vieilles régions agricoles, 40 p. 100 des fermes comptent plus de 100 acres. Ces statistiques sont tirées de F. Ouellet, *op. cit.* : 321-325. L'auteur utilise une vieille mesure française, l'arpent, qui équivaut à environ un acre. Au sujet de la subdivision des terres au cours du XIXe siècle, voir aussi Maurice Séguin, *op. cit.* : 219.

34. *Ibid.* Voir aussi Maurice Séguin, *op. cit.* : 220 et 221.

35. Pour un exemple de plainte formulée par un marchand, voir McKnight à John McIlwraith, 20/4/1801, Scottish Record Office (SRO). Les plaintes des habitants concernant les routes sont nombreuses. Des pétitions de la fin du XVIIIe siècle et du début du siècle suivant au sujet des routes rurales figurent dans les «Procès-verbaux de la voirie de Québec, 1763-1826». Pour des exemples de plaintes concernant les routes dans la région de Charlesbourg, voir 22/8/1798. Voir aussi RG11, Série 1, vol. 18. Pour des exemples, voir 25/4 et 1/7/1790 et 2/11/1799. D'utiles renseignements portant sur les routes de la région de Québec dans le deuxième quart du XIXe siècle ont été publiés dans les annexes des *Journaux de l'Assemblée législative du Bas-Canada* de 1820 à 1832. *La Gazette de Québec*, 7/3/1832, fait état d'un débat portant sur l'utilisation des fonds consacrés aux routes. Des renseignements supplémentaires figurent dans I. Caron, *La colonisation de la province de Québec* : 147-150, et dans le chapitre V.

36. I. Caron, *loc. cit.*

37. Louise Dechêne, *op, cit.* : 344-347; et Maurice Séguin, *La nation «canadienne» et l'agriculture (1760-1850)* : 79-84. Pour un point de vue intéressant sur la question de l'importance des marchés, voir Jane Jacobs, *Canadian cities and sovereignty association in Canada and Europe in the nineteenth century*, Toronto, CBC, 1979 : 20 et suiv.

38. Les habitants changent de culture lorsqu'ils se rendent compte que cela est devenu une nécessité, mais les récoltes déficitaires réduisent considérablement leurs bénéfices. Des pertes causées par le moucheron du blé de 1828 à 1839 et par la rouille du blé par la suite les amenent à adopter la culture de la pomme de terre. Le «mildiou» s'attaque à la pomme de terre dans toute l'Amérique du Nord dans les années 1840, ce qui force nombre de Canadiens à abandonner cette culture. Après les échecs de la culture du blé, de nombreux fermiers nord-américains, dont des Canadiens intensifient leur élevage de bestiaux. Pareils changements montrent que les habitants réagissent aux nécessités agricoles. Ils se montrent probablement plus attentifs aux conditions culturales qu'aux fluctuations du marché, les premières étant plus stables que les secondes. Voir R.L. Jones, *op. cit.* : 141-143.

39. Voir les commentaires cités dans John Hare et Jean-Pierre Wallot, *op. cit.* : 184; et la thèse de Wallot, *op. cit.* : 143 et 144. Un spécialiste de ce domaine affirme qu'une situation similaire existe en Angleterre. Voir Joan Thirsk, «New crops and their diffusion: Tobacco-growing in seventeenth-century England», C.W. Chalklin et M.A. Havinder, *Rural change and urban growth 1500- 1800*, Londres, Longman, 1974 : 97. Selon l'auteur, «si la nouvelle culture parvient à s'implanter parmi les paysans, on pourra qualifier ce fait de petit miracle tellement ils sont connus pour leur lenteur à adopter les nouveautés» (p. 77).

40. *Ibid.*

41. Alan Everett, "The grass-roots of history", *Times Literary Supplement*, 28/7/1972.

42. T.S. Ashton, *The industrial revolution* : 19.

43. Fernand Ouellet, «La sauvegarde des patrimoines...», *loc. cit.*

44. Alors que la production de blé demeure constante de 1830 à 1850, la population augmente d'environ 300 000 individus. Voir Maurice Séguin, *op. cit.* : 81.

45. Robert-Lionel Séguin, *La civilisation traditionnelle de l'habitant aux XVIIe et XVIIIe siècles*, Montréal, Fides, 1973 : 619-624; et Louise Dechêne, *op. cit.* : 302.

46. Émile Salone, *La colonisation de la Nouvelle-France*, Trois-Rivières, Réédition Boréal Express, 1970 : 329; et E.Z. Massicotte, «Toile importée et toile du pays sous le régime français», *BRH*, XV, 2 (février 1934) : 104.

47. De 1706 à 1734, le nombre de moutons par habitant augmente de 0,08 à 0,5 et, en 1784, ce nombre atteint 0,7. Voir Jacques Mathieu, *op. cit.* : 196 et 197; *Statistical Year Book of the Province of Québec*, 1914 : 55 et 200.

48. Alors que la quantité de lin récoltée passe de 45 970 livres en 1719 à 92 946 livres en 1734, la quantité de chanvre cultivée au cours de cette période chute de 5 080 à 2 221 livres en 1734. *Statistical Year Book* : 200.

49. Jean-Pierre Wallot, *Le Bas-Canada sous l'administration de Craig (1807-1811)*, thèse de doctorat, Université de Montréal, 1965 : 115.

50. *RAC*, 1891 : x/ii et x/iii, et *RAC*, 1892 : xxii et xxiii. Une brochure publiée en français et en anglais (Charles Taylor, *Remarques sur la culture et la préparation du chanvre au Canada*, Québec, Neilson, 1806, 19 p.) est également diffusée. Pour des renseignements supplémentaires à ce sujet, voir John Hare et Jean-Pierre Wallot, *Les imprimés dans le Bas-Canada, 1801-1810*, Montréal, Les Presses de l'Université de Montréal, 1967 : 38, 39, 111, 112 et 121; et Maurice Séguin, *La Nation...* : 122-125.

51. *Hochelaga depicta or the early history of Montréal*, Montréal, William Creig, 1839 : 179 et 180.

52. *Ibid.* Bouchette en arriva à une conclusion similaire. Voir son ouvrage *Hemp in Canada*, janvier 1830 : 208-220, cité dans M. Séguin, *op. cit.* : 126.

53. Certaines de ces descriptions se trouvent dans les ouvrages suivants et semblent évoquer, pour la plupart, une période plus récente : E.H. Loosley, "Early Canadian costume", *CHR*, XXXIII (décembre 1942) : 356-359; soeur Marie-Ursule, «Civilisation traditionnelle des Lavalois», *Les archives de folklore*, V et VI (1952) : 136 et 137; Germain Lesage, «Notre économie familiale avant 1840», *Revue de l'Université d'Ottawa*; Pierre-Georges Roy, *L'île d'Orléans*, Québec, L.A. Proulx, 1928 : 465 et 466; et G.M. Wrong, *A Canadian manor and its seigneurs*, Toronto, 1908 : 180 et 181.

54. L'ouvrage de Robert-Lionel Séguin constitue l'une des seules tentatives sérieuses en vue de fonder une analyse de cette question sur une grande variété de sources, dont les inventaires de successions. Pour un exemple, voir *Le costume civil en Nouvelle-France*, Ottawa, Musées nationaux du Canada, 1968, 330 p. Des renseignements tirés de cette étude ont été résumés pour le livre de l'auteur intitulé *La civilisation traditionnelle de l'«habitant» aux XVIIe et XVIIIe siècles* : 619-629. Des monographies plus récentes portant sur ce sujet se sont inspirées de l'ouvrage de Séguin. Voir H.B. et D.K. Burnham, *"Keep me warm one night": Early handweaving in eastern Canada*, Toronto, University of Toronto Press, 1972 : 6-9; et Judith Buxton-Keenlyside, *Selected Canadian spinning wheels in perspective: An analytical approach*, Ottawa, Musées nationaux du Canada, 1980 : 263-265.

55. Pour plus d'information à ce sujet, voir D.T. Ruddel, "The domestic textile industry in the region and city of Québec, 1792-1835", *Bulletin d'histoire de la culture matérielle*, 17 (printemps 1983). Ce qui suit est un résumé de cet article.

56. Marie Donaghay, "Textiles and the Anglo-French Commercial Treaty of 1786", *Textile History*, vol. 13 (1982) : 209.

57. Henry Bliss, *The colonial system : Statistics of the trade, industry and resources of Canada*, 1833 : 85.

58. Il s'agit ici d'une estimation prudente, parce que les informations que nous avons trouvées au sujet du linge de maison, plus précises que celles portant sur les vêtements, montrent que le linge importé est rare dans les demeures rurales.

59. *Voyages dans l'intérieur de la Louisiane...pendant les années 1802, 1803, 1804, 1805 et 1806*, Paris, 1807, vol. 2 : 105. Nous sommes reconnaissant envers René Chartrand d'avoir porté cette référence à notre attention.

60. Voir Jacques Mathieu, *op. cit.* : 196, 197; et le *Statistical Yearbook of the Province of Quebec* (1914) : 55 et 200.

61. Fernand Ouellet, *Histoire économique et sociale du Québec* : 86 et 342.

62. Quelques familles possédant 3 ou 4 rouets et 2 ou 3 métiers produisent des surplus de linge, en particulier nappes, serviettes et draps.

63. Certains marchands canadiens, comme Augustin Amiot et Charles Deblois, gardent des draps et des rouleaux de linge de maison dans leur magasin. L'étoffe du pays n'est mentionnée qu'une seule fois dans l'inventaire d'un marchand.

64. Le 2 août 1819 et le 18 octobre 1821. La référence de l'année 1821 est tirée de Ouellet, *Histoire* : 258.

65. P. Finan, *Journal of a voyage in Québec in the year 1825 with recollections of Canada...in the years 1812-1813*, Newry, 1808 : 70.

66. Cité dans Robert Leslie Jones, "French-Canadian agriculture in the St. Lawrence Valley, 1815-1850", *Agricultural History*, vol. 16 (1942) : 143.

67. W. Evans, *A treatise on the theory and practice of agriculture in Canada* (1835) : 115-116.

68. On importe du fil de laine de Grande-Bretagne dès 1765. Voir la *Gazette de Québec*, 16/5/1765.

69. *Ibid.*, 9/9/1797.

70. Fernand Ouellet avance également cette hypothèse dans *Histoire* : 86 et suiv.

71. Le 2 août 1819.

72. Voir le tableau n 2 de notre ouvrage "The domestic textile industry", *op. cit.* : 101.

73. Voir, par exemple, *La Minerve*, 27/7/1837.

74. R.M. Tryon, *Household manufacturers in the United States, 1640-1860*, Chicago, 1917 : 166. Bien que ce chiffre reste à vérifier, il est probable qu'il demeure plus élevé que celui qui a été avancé pour le Bas-Canada.

75. Pour une étude plus détaillée de la question, voir R.M. Tryon, *op. cit.* : 15-28.

76. *Ibid.*, : 28-35. Pour plus d'information au sujet des primes offertes par le gouvernement colonial aux manufactures à domicile, voir : 35-61.

77. «First then throw aside your high top knots of pride / Wear none but your own country linen / Of economy boost. Let your pride be the most / To show cloaths of your own make and spinning.» Texte anglais original cité dans Martha Coons et al., *op. cit.* : 21 et tiré du *Boston Post-Boy and Advertizer*.

78. Directives adressées à James Murray, le 7/12/1763, citées dans Sheila Lambert, *House of Commons Sessional papers*, LXXXIII : 12. Des directives similaires sont adressées à Carleton en 1775. Voir page 50. Voir aussi *Doc. const* : 200 et 609.

79. I. Caron, *op. cit.* : 159.

80. «Probably the time will come when woolen goods will be manufactured in the colony, but the time for that is not yet at hand.» Texte anglais original dans *The Canadian settler's guide (1855)*, Toronto, McClelland and Stewart, 1969 : 8.

81. Cette question fait l'objet d'une étude plus détaillée dans ma thèse de doctorat. Pour des références supplémentaires sur le tissage pendant le régime français, voir P.E. Renaud, *op. cit.* : 385; E.Z. Massicotte, *op. cit.* : 105; Emile Salone, *loc. cit.*; H.B. et D.K. Burnham, *op. cit.* : 7 et 8.

82. On trouve, dans les ouvrages suivants, un bref examen de quelques-unes des premières usines : Jacques Rouillard, *Les travailleurs du coton au Québec, 1900-1915*, Montréal, Les presses de l'Université du Québec, 1974 : 9-15; et Stanley Bréhaut Ryerson, *Le capitalisme et la confédération*, Montréal, Parti Pris, 1972 : 240 et 241. Voir aussi Le Canadien, 3/4/1844 et 25/1/1845; et L'Ami de la religion et de la patrie, 27/12/1848.

83. Michel Bibaud, *La Bibliothèque Canadienne*, I (octobre 1825) : 94 et 95.

84. Ces renseignements sont tirés de contrats d'apprentissage passés dans la ville de Québec et sa région.

85. Cette supposition est fondée sur une évaluation des tisserands européens. Selon des spécialistes de ce domaine, les tisserands appartiennent à la classe sociale la plus pauvre. Voir F.F. Mendels, *op. cit.* : 242.

86. Cette analyse des tanneries est, en grande partie, fondée sur une monographie de Marise Thivierge, *Les artisans du cuir à Québec (1660-1760)*, thèse de maîtrise, Université Laval, 1979 : 8-29.

87. *Ibid.* : 14.

88. Il s'agit là du coût d'une tannerie au XVIIIe siècle, chiffre donné par Marise Thivierge, *op. cit.* : 22.

89. *Ibid.* : 20-26.

90. L'examen de 85 contrats de voyageurs, de chasseurs et de pêcheurs embauchés par des agents de la Compagnie du Nord-Ouest à Québec de 1805 à 1812, révèle que 84 hommes se voient offrir des chaussures et des peaux. Cinquante quatre de ces hommes se voient remettre des chapeaux de caribou tandis que seulement huit recoivent des couvertures, outre les autres articles. Ces renseignements sont tirés d'archives notariales, ANQ. La coutume de fabriquer des vêtements pour la traite des fourrures est également mentionnée dans R.-L. Séguin, *op. cit.* : 253-257.

91. Ces statistiques révèlent, tout au plus, certaines tendances. Pour plus d'information sur les métiers visés, voir l'appendice, tableau 9. Le chiffre pour l'année 1831 est tiré de Fernand Ouellet, *Éléments d'histoire sociale du Bas-Canada*, Montréal, Hurtubise HMH Ltée, 1972 : 196. Étant donné l'absence manifeste des apprentis tanneurs sous le Régime français (1660- 1760) et leur exclusion de cette donnée de 1831, ces statistiques sous-estiment le nombre total d'artisans pratiquant ce métier.

92. Jean Hamelin et Yves Roby, *Histoire économique du Québec, 1851-1896*, Montréal, Fides, 1971 : 269.

93. Voir Kalm, *op. cit.* : 386.

94. Une publicité parue dans *La Gazette de Québec* du 26 juin 1777 annonce l'arrivée d'une commande de chaussures Roussell à talons français.

95. Cette information provient de contrats notariés, 1765-1829. Au cours de la période allant de 1820 à 1829, on cesse de faire mention des chaussures françaises. Dans 146 contrats pour apprentis et compagnons cordonniers, il y a 16 mentions concernant les chaussures, mais aucune allusion aux modèles français.

96. Parmi les articles importés de France via l'Angleterre, mentionnons des peaux de première qualité (maroquins rouges, verts, noirs et jaunes) et des produits finis (chaussures de maroquin fin, portefeuilles et bottes de cuir rouge et bourses ornées d'argent). Voir *La Gazette de Québec*, 28/2/1765; 11/5/1767; 14/8/1796; 12/6/1817 et *Le Canadien*, 22/7/1839.

97. Voir *La Gazette de Québec*, 15/10/1815; et *Le Canadien*, 3/7/1832.

98. En 1835, la tannerie Canada met en vente 1 400 paires de mocassins, de bottes et de souliers de même que 200 bandes de cuir à harnais. *La Gazette de Québec*, 13/7/1835.

99. *Le Canadien*, 13 et 18/9/1835.

100. *Ibid.*, 12/5/1804.

101. Le *Vindicator*, 24/4/1832. Des centaines d'annonces publicitaires de produits importés se trouvent dans les journaux, mais peu fournissent de statistiques. Il y a quelques autres exemples : une publicité pour 3 000 paires de bottes et de souliers; une autre pour 600 paires de souliers; une troisième pour 100 douzaines de chaussures Prunelle pour dames et 40 douzaines de peaux; enfin, une quatrième pour 1 500 paires de caoutchoucs américains. Les références sont respectivement *ibid.*, 6/4/1830; 15/5/1832; *La Gazette de Québec*, 20/5/1840; *Le Canadien*, 14/5/1833 et 8/11/1839.

102. Voir le *Vindicator*, 21/6/1831. En 1839, un importateur de Québec, Charles F. Pratt, annonce la vente de 4 000 livres de fil et de 2 000 semelles en cuir anglais, français et marocain de qualité supérieure. Données tirées du *Canadien*, 22/7/1839.

103. D'après une analyse des annonces parues dans *la Gazette de Québec* de 1765 à 1830, les producteurs ruraux de fécule et de poudre à cheveux, ainsi que les fabricants de papier, ont une carrière plutôt courte et influent donc très peu sur l'économie régionale. C'est ainsi que les propriétaires de trois papeteries en exploitation dans la région de Québec au début du XIXe siècle semblent avoir cessé leurs activités vers 1827; en 1833, il n'y a plus que trois papeteries au Bas-Canada. On trouve des références du début du XIXe siècle dans *La Gazette de Québec*, 22/1/1807; 9/1/1812; et 6/10/1814. La donnée pour 1827 est tirée de Bouchette, *British Dominions* : 350; et la donnée pour 1833, de «Returns of the manufacturers», ANC, RG 1, E 13, XIX : 290.

Chapitre III

L'économie urbaine

Aucune manufacture n'est établie au Canada, car les Français ne veulent pas perdre la colonie. (Peter Kalm, *Travels into North America*, 1749 : 505.)

Il n'y aura de développement économique que si la mère patrie permet aux colons de profiter de leurs ressources par tous les moyens imaginables. (Lettre d'un Canadien français, *la Gazette de Québec*, 11/8/1766.[1])

Et c'est notre plus grand déplaisir que vous ne donniez votre sanction à quelque loi que ce soit à l'effet de permettre d'établir des manufactures [...] et que vous fassiez tout ce qui dépend de vous pour empêcher, faire cesser et déjouer toutes tentatives dans le but d'établir telles manufactures ou de faire tels commerces. (Instruction au gouverneur Carleton, 1775, *Documents constitutionnels*, 11 : 609)

Il n'existe aucune manufacture d'importance au Bas-Canada [en] 1829. (Return of the manufacturers, "Blue books", ANC, RG 1 E13, VII.)

Introduction

Petit centre urbain, Québec fait partie intégrante d'un système impérial. Il sert de port d'entrée aux produits manufacturés en provenance de la mère patrie et des États-Unis, ainsi que de point de départ pour l'exportation, par voie maritime, de la fourrure, des céréales et du bois de la colonie.

Les administrateurs impériaux utilisent les ressources naturelles et humaines de la ville, tout comme son emplacement, pour stimuler l'expansion coloniale et accumuler les gains financiers. Si Québec, en tant que plaque tournante des importations et des exportations, permet aux marchands d'enregistrer des bénéfices et aux ouvriers de gagner leur vie, le pouvoir impérial laisse les habitants particulièrement à la merci de forces qui leur échappent. Comme le révèlent les citations placées en exergue, la politique visant à décourager l'activité manufacturière coloniale explique en partie le déséquilibre de l'économie de Québec et de la colonie. Et quand les prix des matières premières chuteront sur les marchés internationaux, la colonie n'aura pas de secteur manufacturier pour amortir la récession économique résultant de cette situation.

Les marchands britanniques arrivés après la conquête se spécialisent dans l'exportation de matières premières (comme la potasse) destinées aux manufactures britanniques et dans la vente aux colons de produits finis provenant de ces entreprises. Le système mercantile leur étant assez avantageux, les marchands anglophones de Québec remettent rarement en question l'intention du gouvernement de décourager toute activité manufacturière dans la région. Cela explique sans doute en partie pourquoi ils ne partagent pas le nationalisme économique qui assure la croissance manufacturière dans les treize colonies américaines.

Les Canadiens, pour leur part, remettent en question le rôle joué par la politique impériale, mais ne possèdent pas d'assises suffisamment solides leur permettant d'arrêter des stratégies économiques de rechange. Le chapitre précédent nous a appris que le faible rendement de l'agriculture ne laisse aux cultivateurs aucun revenu additionnel qu'ils pourraient investir dans de nouvelles entreprises. Les Canadiens se voient d'autant plus gênés dans leurs initiatives qu'ils sont exclus de la plupart des postes influents de la colonie. Comment pourraient-ils alors envisager de façon positive une participation quelconque aux activités impériales britanniques? Leur critique de la politique économique impériale s'intensifie au début du XIXᵉ. Résultat : les Patriotes organisent, quelque temps avant les insurrections de 1837 et 1838, le boycott de certains produits manufacturés par les Britanniques.

En dépit du manque de diversité économique de la ville de Québec, on a recours à des méthodes de gestion et de travail modernes dans l'exploitation de certaines richesses naturelles telles que le poisson, la fourrure et le bois, ainsi que dans certaines activités apparentées comme la chapellerie et la construction navale. Gérées par les agents des compagnies britanniques, les entreprises coloniales calquent leurs structures sur celles en vigueur dans la mère patrie.

Avant d'étudier certains aspects de l'intégration de Québec au système impérial britannique, penchons-nous d'abord sur les traits saillants de l'économie de cette ville. Il faut immédiatement noter que, tout comme notre analyse de la population au chapitre I,

L'IMMEUBLE DU QUEBEC EXCHANGE, 1829

l'étude qui suit souffre aussi d'un manque de données précises. La période coloniale se caractérise, en effet, par la rareté des recensements. Les seuls qui existent sont reconnus pour leur imprécision. Souvent utilisées par les historiens, les données sur la production dans les domaines du bois, de la construction navale et du commerce maritime servent de toile de fond à notre étude, mais ne permettent pas d'évaluer les aspects les plus fondamentaux de l'économie que sont, par exemple, le rôle relatif de différentes composantes de la main-d'oeuvre, la contribution de diverses entreprises au produit régional brut ou les avantages tirés des dépenses en biens d'équipement. Notre analyse, qui sera nécessairement descriptive, vise à déterminer les caractéristiques spécifiques des entreprises urbaines de même que les rapports entre les industries coloniales et la ville.

LES TROIS-MATS BARQUES britanniques, comme celui-ci, servent au transport des marchandises de base jusqu'à Québec. (The British Library)

À l'origine, Québec est un poste de traite. Puis sa vocation se diversifie graduellement et touche aussi aux domaines administratif, judiciaire, religieux et culturel. Au cours du XVIIIe siècle, les fourrures et les surplus des pêcheries, des forêts et des fermes de la Nouvelle-France sont exportés à partir du port, qui sert aussi d'important point d'arrivée et de distribution pour les produits importés de France et des Antilles. Les industries locales n'ont d'autre fonction que de répondre aux besoins essentiels de la population : logement, fortifications, routes et denrées de base. Les artisans fabriquent et réparent certains biens de luxe tels que la coutellerie, les vêtements, l'argenterie et l'orfèvrerie, et la colonie reste tributaire de la France pour la plupart de ses produits de base. En 1757, la Nouvelle-France importe toujours des produits de consommation courante : boissons alcoolisées, vinaigre, huiles de cuisson, lard et jambon, bougies, savon, ficelle, toile, bas, cartes à jouer, papier, ustensiles de cuisine, quincaillerie, armes à feu, outils et tout une gamme d'autres objets[2]. La construction navale constitue la seule activité manufacturière d'importance mais, malgré cela, elle ne suffit pas à favoriser une croissance économique soutenue. En fait, le cadre mercantile dans lequel se trouve la colonie est une entrave constante à son développement[3].

De 1765 à 1790, l'économie urbaine se développe avec lenteur. L'incertitude politique, la guerre et la maladie n'engendrent qu'une croissance minime. Plusieurs petites entreprises comme les usines de potasse, quelques tanneries, des distilleries et des brasseries, ne font appel qu'à une main-d'oeuvre réduite. Certes, des artisans des métiers de la construction travaillent à la reconstruction de bâtiments détruits par le feu et les mortiers, mais ce type d'emploi n'est pas stable. En fait, c'est l'armée, affairée à modifier les fortifications de la ville, qui fournit les emplois durables dans les métiers de la construction. Après 1790, d'autres secteurs de l'économie commencent à prendre de l'essor, ce qui permet aux marchands de diversifier leurs intérêts. À la fin du XVIIIe siècle et au début du siècle suivant, l'argent se fait plutôt rare, mais la concentration du commerce de gros à Québec, ainsi que les services gouvernementaux et la présence de l'armée, apportent des ressources considérables à cette ville[4], qui devient par le fait même le centre financier de la colonie. Les exportateurs deviennent les créanciers d'une foule de consommateurs, de détaillants et d'autres entrepreneurs[5]. Il arrive que les fonds disponibles fassent l'objet d'une demande telle que les marchands doivent rivaliser avec le gouvernement pour les obtenir, «car lorsque le commerce de l'exportation du pays a besoin d'espèces sonnantes, aucune diminution modérée des échanges n'empêche les intérêts commerciaux de livrer concurrence avec succès aux exigences du gouvernement[6]».

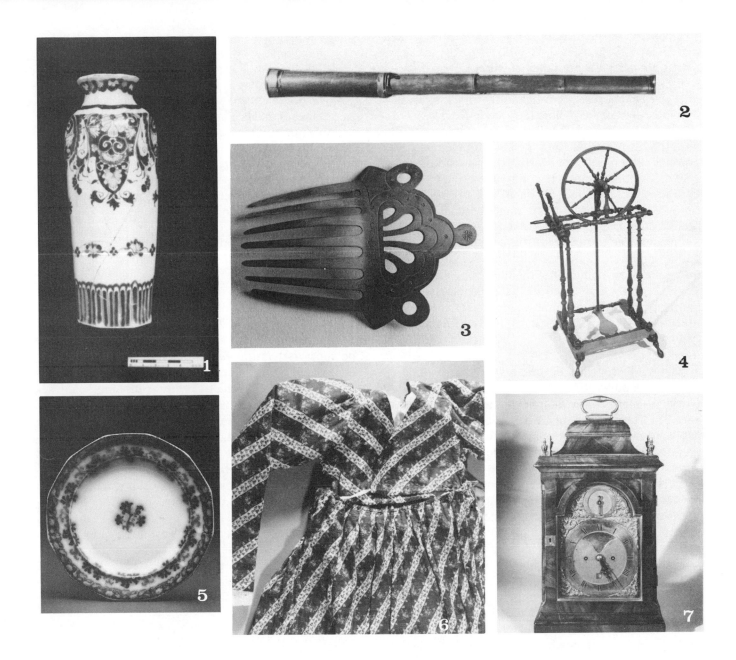

LES BIENS IMPORTÉS et vendus à Québec évoquent le mode de vie des habitants de la ville.

1. Vase, fin du XVIIIe ou début XIXe siècle (Place Royale, Québec)
2. Télescope, fin du XVIIIe siècle (Musée canadien de la guerre)
3. Peigne, milieu du XVIIIe siècle (MCC)
4. Rouet similaire à ceux qui sont importés, à la fin du XVIIIe siècle, par des femmes d'un rang social élevé, telle Mme Simcoe. (MCC, 77-881)

5. Plat avec motif floral bleu inporté par Glennon & Bramley, de Montréal, durant les années 1840. Ce type de vaisselle est très prisé dans la plupart des colonies, dont Québec. Voir Elizabeth Collard, "Nineteenth century Canadian importers' marks", *BHCM* (hiver 1982) : 21 - 29. (MCC 83-1108)
6. Robe élégante, vers 1840 (MCC)
7. Horloge murale, fin du XVIIIe siècle. (ROM 950.23)

Durant la première moitié du XIXᵉ siècle, le commerce du bois fournit à la ville une base pour son développement économique et stimule, en outre, la croissance de la population et l'expansion géographique. De même, ce commerce favorise la création d'établissements financiers tels que le *Board of Trade* en 1809, le *Quebec Exchange* quelques années plus tard, trois banques de 1818 à 1824 et quelques compagnies d'assurances[7]. La plupart de ces établissements sont créés pour appuyer le commerce britannique dans la colonie. C'est ainsi que le *Board of Trade* représente les intérêts de la communauté commerçante du Saint-Laurent, que le *Quebec Exchange* sert de quartier général aux entreprises de transport maritime et que les premières banques sont considérées comme un instrument permettant de faciliter le commerce de l'exportation[8]. La création de ces établissements confirme le rôle considérable que jouent les importations et les exportations dans la vie financière de Québec.

Malgré l'existence de ces ressources, la ville est toujours dépourvue d'une économie équilibrée qui puisse résister aux fluctuations des marchés internationaux. Si l'on fait exception des scieries, des chantiers navals et des tanneries, la transformation des matières premières est une activité marginale. Ainsi, malgré les quantités considérables de bois de sciage et de bois équarri et de bois scié qui sont exportées à partir du port de Québec, les fabriques de meubles ne font leur apparition qu'en 1831 et ne commencent à utiliser la vapeur que vingt ans plus tard. On importe, comme sous le régime français, des biens manufacturés. Médicaments, produits de luxe, épicerie fine, sel, perruques, textiles, vêtements, armes à feu, papier, faïence, verrerie, matériaux de construction, quincaillerie, meubles, accessoires, cuivre, étain, lingots de fer et machinerie sont importés de Grande-Bretagne et des États-Unis; le rhum, le sucre et le café, des Antilles. Les manufactures de tabac, les boulangeries, les faïenceries, les briqueteries et les imprimeries restent relativement petites jusqu'au milieu du siècle. Beaucoup d'artisans partagent leur temps entre la fabrication d'un nombre limité de produits destinés à la consommation locale et la réparation de nombreux objets importés. Finalement, les fabriques de textiles, les industries lourdes, les fonderies et les ateliers d'usinage sont presque inexistantes dans les campagnes et la ville de Québec. Dans son livre intitulé *The colonial system, statistics of the trade industry and resources of Canada* (Londres, 1833 : 33), Henry Bliss fait le bilan suivant de l'activité manufacturière à la fin de la période que nous étudions :

> Des manufactures, les colonies britanniques du Nord n'en comptent guère, à l'exception de celles, sans grande envergure, qui produisent des biens de première nécessité et de celles, fort modestes, qui appartiennent en général à la catégorie des commerçants et des artisans plutôt qu'à celle des manufacturiers : fonderies, distilleries, brasseries; il y a des tanneurs et un ou deux raffineurs de sucre; et il y a, bien sûr, les productions domestiques, communes dans les familles, bougies, savon et vêtements d'étoffe grossière; et il y a quelques moulins pour le cardage de la laine. [...] De toutes, les fonderies sont les seules vraiment importantes. [...] Ici, toutefois, nous pouvons mentionner le seul autre article manufacturé [qui soit] exporté, c'est-à-dire le savon et les chandelles.

Dépendante des produits importés, la population locale ne participe donc pas à l'activité manufacturière. Par conséquent, sa formation technique se limite au seul apprentissage de métiers traditionnels. On fait venir des spécialistes de Grande-Bretagne et des États-Unis que l'on charge de construire des moulins à vent, d'installer des machines à vapeur dans les scieries et de superviser le travail des Canadiens semi-qualifiés, empêchant ces derniers d'accéder aux métiers techniques et divisant la main-d'oeuvre urbaine selon ses origines ethniques. Il se trouve évidemment quelques métiers, ceux de l'orfèvrerie, de l'imprimerie et de la construction, où, étant donné des circonstances favorables, les francophones excellent. La demande de biens importés, un marché limité, une population peu nombreuse, des ressources brutes peu abondantes et les politiques restrictives du gouvernement impérial limitent le rôle de Québec dans le commerce international. En outre, le développement économique de la ville est gêné par la médiocrité de son réseau de communications internes. Bref, la faiblesse de l'infrastructure industrielle rend fragile l'économie locale, constamment affectée par des forces extérieures.

1. La pêche et les pelleteries locales

Le commerce du poisson et des pelleteries fournit un certain nombre d'emplois à la population locale. Le Saint-Laurent n'est-il pas source de nourriture et de revenu pour de nombreux villageois qui habitent ses rives? Anguille, marsouin, saumon et morue sont les espèces principales pour la consommation locale et le commerce. Selon une analyse des contrats de travail signés entre 1760 et 1815 dans la partie rurale du district de Québec, 44 p. 100 d'entre eux portent sur la pêche; dans des régions comme Kamouraska, plus de 54 p. 100 des contrats sont passés avec des pêcheurs. Les habitants de Québec bénéficient aussi de cette industrie. Par exemple, certains capitaines de navires obtiennent un revenu supplémentaire en vendant leurs prises dans les marchés locaux, tandis que d'autres exportent des produits de la pêche et des fourrures en Europe.

VILLAGE DE PÊCHEURS dans le golfe du Saint-Laurent, détruit en 1758-1759, par le brigadier Murray, dépêché à cet effet par le général Wolfe. (ROM, 949.128.7)

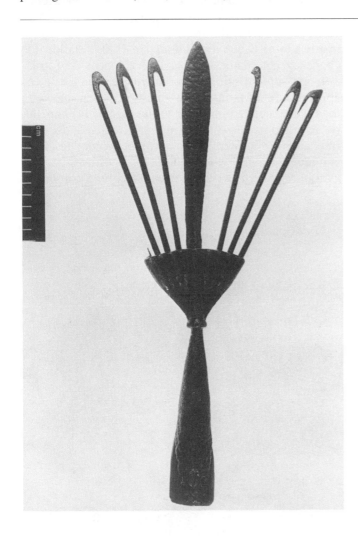

HARPON utilisé pour chasser les grands mammifères marins du Saint-Laurent. (Musée du Québec)

Le commerce des fourrures procure aussi des emplois à un certain nombre d'habitants de Québec. Entre 1800 et 1817, des marchands, en particulier ceux de la Compagnie du Nord-Ouest, signent environ 300 contrats avec des hommes de la région de Québec dans les secteurs de la chasse, de la pêche et du transport, jusqu'à Québec, de biens en provenance des comptoirs du Nord : Tadoussac, Sept-Îles, Mingan, Labrador et Anticosti. Cinquante-six pour cent de ces hommes désignent Québec comme leur lieu de résidence et 15 p. 100 indiquent qu'ils habitent dans les environs immédiats de la ville[9].

Bien que la région entre Québec et les terres de la Compagnie de la Baie d'Hudson soit déclarée ouverte à tous les commerçants après 1764, le gouverneur loue le territoire de chasse et de pêche connu sous le nom de «domaine du Roi», dans la région de Tadoussac et de Chicoutimi, à Thomas Dunn et à John Gray, deux marchands de Québec récemment arrivés d'Angleterre[10]. Ce monopole du domaine de la Couronne s'achève en 1786. Mais à cette date, Dunn et ses associés, William Grant et Peter Stuart, ont réussi à acheter, grâce surtout à la famille de la femme de Grant, d'origine canadienne, presque toutes les seigneuries de Mingan et de l'île d'Anticosti[11], ce qui leur permet de contrôler toute la pêche et tout le commerce des fourrures de la région. Il est certain que les monopoles de ce genre aident les entrepreneurs britanniques à exercer une mainmise sur des domaines traditionnellement exploités par des marchands canadiens.

Les employeurs les plus importants dans les industries de la pêche et des pelleteries sont d'origine bri-

PÊCHEURS au lac Saint-Charles, près de Québec, vers 1830. (ANC, 12521)

tannique. Nous sommes bien renseignés sur le commerce des fourrures, beaucoup moins sur la pêche commerciale dans la région de Québec. La plupart des pêcheurs commerciaux sont anglophones, mais un certain nombre de marchands ruraux canadiens engagent des hommes pour pêcher la morue dans la région de Gaspé. Une étude plus poussée est cependant nécessaire pour déterminer dans quelle mesure ces employeurs sont des agents de firmes britanniques. Les Canadiens qui embauchent le plus de pêcheurs le font au nom des marchands britanniques de Québec et de la région de Gaspé. Bien que d'autres travaux sur ce sujet soient nécessaires, il est certain que la pêche est un stimulant, limité certes mais constant, pour l'économie locale.

2. La chapellerie

Étant donné la demande dont les chapeaux de feutre et de fourrure font l'objet en Europe, la création de manufactures coloniales aurait pu fournir à l'économie locale un grand marché d'outre-mer, des activités de plus en plus diversifiées et, par conséquent, une économie plus concurrentielle. Cela aurait créé des emplois et des capitaux, tout en encourageant la croissance urbaine. Toutefois, une telle évolution ne cadrait pas avec le mercantilisme français.

La croissance de l'industrie du chapeau en Nouvelle-France est plutôt gênée par les politiques restrictives des autorités impériales. Au XVIIIe siècle, les artisans produisent des chapeaux de feutre et de fourrure à Québec et à Montréal, mais les autorités

françaises voient la chose d'un mauvais oeil. Au début du XVIIIe siècle, elles prétendent que les entreprises coloniales sapent le monopole des Antilles et menacent la production des manufactures françaises. Ainsi, les chapeliers français qui demandent à s'établir en Nouvelle-France se heurtent à un refus, l'exportation des chapeaux coloniaux est bientôt interdite et, en 1735-1736, les chapeliers coloniaux reçoivent l'ordre de fermer leurs ateliers. Ils signent une pétition demandant l'autorisation de continuer à fabriquer des chapeaux, mais en vain. La production coloniale, qui est relativement faible (1 200 à 1 500 chapeaux de feutre ou de fourrure par an) fait place aux produits français[12].

Cette approche mercantiliste de la chapellerie est aussi celle des autorités britanniques dans les treize colonies américaines. Si l'on tient compte du fait que les mesures britanniques contre les artisans coloniaux datent de 1732, on est porté à penser que la décision des Français est liée à celle de leurs rivaux. Toutefois, la position britannique n'est pas aussi sévère. Pour répondre aux plaintes concernant la concurrence déloyale des artisans coloniaux, déposées par les chapeliers londoniens devant le *Board of Trade*, le Parlement adopte une loi interdisant l'exportation de chapeaux coloniaux, imposant sept années de formation aux apprentis et limitant à deux le nombre de ces apprentis qu'un maître peut engager[13]. Bien que cette loi a pour effet de retarder la croissance de la chapellerie américaine, elle est bien moins dure que la décision française d'éliminer la concurrence coloniale. Pour expliquer la différence entre les mesures, il faut surtout rappeler l'existence d'un plus grand nombre de

CHAPELIER BRITANNIQUE

CHAPEAU DE FEUTRE fabriqué d'après un modèle de chapeau français du XVIIIe siècle. (MCC 82-8143)

fabricants et de marchés plus vastes dans la colonie britannique. Bref, il était trop tard pour que les chapeliers londoniens suppriment la concurrence américaine.

Les chapeliers britanniques et leurs employés

Les fabriques de chapeaux sont pratiquement inexistantes à Québec avant la fin du XVIIIe siècle. À cette époque, William Hall embauche deux apprentis pour travailler avec lui dans son atelier situé en face du marché de la haute ville. Au début du XIXe siècle, cinq autres entrepreneurs, dont un Canadien, trouvent la situation économique suffisamment favorable pour s'engager dans la fabrication. Il ne semble pas que les autorités coloniales ou impériales tentent alors de décourager cette production. Les deux plus grands ateliers sont dirigés par William Hall et ses associés, et

Isaac et James Bernard et leurs associés. Ces entrepreneurs poursuivent de nombreuses activités sociales et économiques. Outre la vente d'un stock varié de produits importés, tels que des chapeaux de luxe pour les citadins et le personnel militaire et les chapeaux ordinaires pour les campagnards, ils achètent et vendent des fourrures, du bois et de la farine, possèdent des ponts à péage et des pensions et spéculent sur des terrains à Saint-Roch et dans l'Estrie. Ils occupent des postes importants dans des associations locales comme la *Quebec Book Society* et la Société du feu et publient des lettres dans les journaux locaux[14]. Ils sont des membres actifs et bien informés de la bourgeoisie anglophone de Québec.

Les chapeliers construisent de grandes installations, dont des ateliers et des entrepôts, et embauchent de nombreux apprentis et compagnons. William Hall, par exemple, met sur pied un système de distribution permettant de vendre des chapeaux par l'entremise de boutiques de tailleurs et de cordonniers (comme John Shea) à Québec et dans d'autres endroits de la province. Les chapeliers Bernard passent des accords avec des maîtres dans des métiers connexes, leur permettant d'utiliser les employés de ces derniers. Ainsi, en 1807, James Bernard signe un accord avec George Stanley, propriétaire de l'une des plus grandes cordonneries de la ville, en vertu duquel il couvre les risques du cordonnier et obtient en contrepartie le droit d'utiliser les apprentis de celui-ci[15].

Le premier quart du XIXe siècle voit l'expansion rapide des affaires de ces marchands. Pour financer ce développement, les chapeliers, comme les brasseurs et distillateurs mentionnés plus loin, forment des sociétés avec les autres marchands et empruntent des sommes d'argent considérables tant localement qu'en Grande-

WILLIAM HALL, CHAPELIER,

demeurant dans la Maison N° 1 faisant le coin des Rues St. Jean et du Palais, à la Haut ville,

INFORME le public en général, et ſes amis en particulier, qu'il a un aſſortiment de Chapaux de ſa propre manufacture, et qu'il peut auſſi accommoder les Dames et Meſſieurs à leurs gouts particuliers au plus court avis dans tout ce qui concerne ſon métier. Il répond que ſes chapaux ſont de qualité égale, ſinon ſupérieure à aucuns importés en cette province. Il fera tous ſes efforts pour donner ſatisfaction, et il ſe flatte que par un eſprit de patriotiſme, et par le principe louable de promouvoir l'induſtrie et les manufactures de cette colonie preſque naiſſante, il recevra tout l'encouragement poſſible de la généroſité du public.

Il repaſſe les chapaux avec expédition et diligence.

On a beſoin pour le métier de chapelier d'un apprentif qui ſoit d'une honnête famille, et qui faſſe un apprentiſſage de ſept ans, ſuivant l'acte du Parlement.

CHAPELIER À QUÉBEC, William Hall exerce un métier très rare à la fin du XVIIIe siècle. Dans cette annonce publiée dans *La Gazette de Québec*, Hall rappelle les exigences de la loi du Parlement britannique concernant les apprentis.

UNE BOUTIQUE DE CHAPELIER, probablement celle de Hall, qui se trouve au coin des rues Saint-Jean et de la Fabrique. Détail d'une aquarelle de Cockburn, vers 1830. (ROM 950.205.4)

Bretagne. Hall se sert de sa maison et de ses édifices pour garantir ses emprunts de 200 £ à un médecin de Québec, William Holmes, et de 2 028 livres à un marchand londonien, Peter Woodward[16]. Ces sommes lui servent à agrandir son atelier et à construire un entrepôt. À mesure que ses affaires prospèrent, Hall loge ses employés dans des édifices séparés. Durant les années 1790, neuf personnes – dont la plupart sont des artisans – habitent dans sa maison. En 1803, il sont vingt. Après avoir agrandi son atelier et son entrepôt, Hall réduit à trois le nombre d'hommes résidant chez lui : un commis et deux apprentis[17].

Comme d'autres entrepreneurs, Hall et Bernard recourent aux lois existantes pour s'imposer à leurs employés. C'est ainsi que, en 1806, Hall fait emprisonner une apprentie pour désobéissance. Dans la pétition qu'elle rédige pour demander à être libérée, nous apprenons qu'Isabel Webster est entrée au service de Hall à 18 ans, et ce pour 10 ans.

Terminé 9 ans, incarcérée par le maître, tombée enceinte 5 mois plus tôt par inadvertance – deux mois après l'emprisonnement avait accouché dans la prison; était dénuée de tout et dans la nécessité, ne recevait qu'une livre de pain par jour pour sa subsistance[18].

La décision de Hall de faire emprisonner une femme enceinte de sept mois (dont le crime avait peut-être été la fornication) relève d'une certaine sévérité. Ce type de relations entre employeur et employés entraîne d'autres procès, dont celui qui résulte d'une querelle entre un ouvrier, Malcolm Callagher, et le chapelier. Callagher avait brandi un pistolet chargé contre Hall en menaçant de «lui faire sauter la cervelle[19]».

Les chapeliers n'hésitent pas à recourir aux lois britanniques pour tenter de punir les employés qui interrompent leur travail pour protester contre la spécialisation accrue des ateliers. L'utilisation d'ouvriers spécialisés, appelés finisseurs, entraîne à un certain moment un arrêt de travail chez les employés de William Hall et des frères Bernard[20]. Les employeurs accusent alors ces hommes d'avoir conspiré contre eux, acte considéré comme criminel par plusieurs lois britanniques dont la *Loi 22 George II[2]Cap. 27*, qui règlemente «Les conflits entres les maîtres et leurs employés dans la chapellerie», et les *Combination Acts* de 1799 et 1800[21]. S'opposant à la division croissante du travail dans les ateliers, les compagnons chapeliers de Québec agissent comme leurs homologues de Grande-Bretagne et des États-Unis, qui luttent pour préserver leur statut de travailleurs qualifiés.

LORS D'UN ARRÊT DE TRAVAIL des chapeliers anglophones en 1815, une note de ces derniers dit ceci : «Monsieur Hall, nous sommes déterminés à ne pas travailler dans votre atelier tant que vous ne licencierez pas ces ouvriers finisseurs que vous avez embauchés, car nous, compagnons chapeliers, ne travaillerons pas à leurs côtés.» (APJQ; MCC 76-5028)

LES CHAPELIERS SONT RARES dans la ville de Québec.
Lors du recensement de 1827, il y en a huit à Montréal et un
seul à Québec, probablement la chapellerie mentionnée dans
l'annonce ci-haut.

Nos informations concernant la main-d'oeuvre
restent incomplètes, mais nous savons que plus de
80 p. 100 des chapeliers mentionnés dans les archives
sont des anglophones, dont un certain nombre
d'Américains et de «Canadians» d'origine britannique. Aucun compagnon francophone n'y est mentionné, ce qui indique que les Canadiens spécialisés dans
ce métier sont rares. Le petit nombre d'apprentis francophones embauchés donne à penser que ces chapeliers préfèrent engager des jeunes gens d'origine
britannique. Comme les marchands, ces chapeliers utilisent leurs relations en Angleterre et aux États-Unis
pour trouver des travailleurs qualifiés pour leurs ateliers de Québec.

Les chapeliers locaux ne connaissent qu'un succès
limité. Incapables de soutenir la concurrence britannique, ni de substituer leurs propres chapeaux de paille à
ceux qui sont produits localement, et donc de contrôler
les marchés locaux, les manufacturiers coloniaux ne
peuvent se développer comme leurs homologues impériaux. En outre, les chapeliers coloniaux, comme
leurs confrères des métiers du cuir, éprouvent des difficultés à s'adapter rapidement aux changements de
style et de matériaux. Commencent-ils à produire des
chapeaux élégants, un importateur britannique annonce l'arrivée de centaines de coiffures dernier cri

provenant des meilleures chapelleries anglaises. Par
conséquent, la plupart des chapeliers importent des
produits faits en Grande-Bretagne[22]. Cela leur garantit
une plus grande stabilité financière mais accentue aussi la dépendance à l'égard des biens britanniques.
Étant donné la facilité avec laquelle les importateurs
inondent le marché de marchandises britanniques,
seuls les manufacturiers les plus ambitieux et qui ont
les reins assez solides peuvent investir dans la
main-d'oeuvre et les machines nécessaires pour
concurrencer les industries britanniques. Ce type d'entrepreneurs est toutefois plutôt rare à Québec durant la
période coloniale.

3. Le commerce du bois

Le commerce du bois, la plus importante activité
dans la colonie, a été étudié par de nombreux historiens. Des analyses remarquées, portant sur les chiffres relatifs à l'exportation de bois équarri, de bois de
charpente et de douves montrent l'expansion rapide de
ce commerce au début du XIXe siècle, ainsi que les
fluctuations qui le caractérisent. Les biographies de
marchands de bois qui ont été écrites sont bien documentées et donnent un aperçu du rôle que ces hommes
ont joué dans le développement de l'économie de la
région[23]. Finalement, de nombreuses possibilités de
recherches ont été suggérées, notamment pour connaître les répercussions de l'industrie forestière sur l'économie locale, sur la croissance des industries de
fabrication et sur les innovations techniques.

Dans les pages qui suivent, cette information servi-
ra à cerner les rapports entre certains aspects du commerce du bois et l'économie de la ville. Il sera tenu
compte du rôle que les réseaux de relations impériales
jouent dans les entreprises coloniales, en particulier
dans les scieries.

Quoiqu'il résulte directement d'une initiative impériale, le commerce canadien du bois ne cadre pas avec

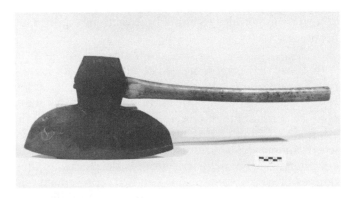

HACHE D'ÉQUARRISSAGE

LES TRAINS DE BOIS comme ceux-ci ne sont pas rares sur le Saint-Laurent au début du XIXe siècle. (W.H. Bartlett, vers 1840; Toronto Public Library)

le mercantilisme traditionnel, surtout parce que son existence dépend des barrières tarifaires britanniques, qui favorisent le bois colonial. Néanmoins, d'après les marchands de Québec, ce commerce est un élément essentiel du mercantilisme puisqu'il permet aux colons de financer l'importation de produits britanniques[24]. Comme il fournit un marché pour les biens manufacturés, ainsi que l'assurance d'un approvisionnement en bois pour la construction navale et urbaine en Grande-Bretagne, le commerce du bois est considéré par les autorités impériales comme une activité qu'il faut protéger.

À cause de l'importance de ce matériau pour la marine britannique, les hommes choisis pour exploiter les réserves coloniales de bois sont en général des marchands britanniques bien connus et dignes de confiance. Comme leurs homologues dans la pêche et le commerce des fourrures, les marchands qui font le commerce du bois équarri, du bois de charpente, des douves et de la potasse sont soit des représentants de sociétés britanniques, soit des membres du milieu des affaires de Québec qui ont des relations avec des firmes plus importantes en Grande-Bretagne[25]. Ils

signent des accords avec des Canadiens, des Américains et quelques immigrants pour la préparation de bois ou de cendres qui doivent être transportés à Québec assez tôt pour être envoyés en Grande-Bretagne avant la fin de la saison. Le bois équarri et les douves proviennent des États septentrionaux, du Haut-Canada et de quelques localités du Bas-Canada.

Le bois de charpente et le bois équarri utilisés dans la construction de logements et de fortifications, surtout à la fin du XVIIIe siècle, sont souvent disponibles à proximité de la ville[26]. Dès les années 1820, cependant, il faut se procurer des matériaux provenant du Haut-Canada et du Vermont pour la construction de grandes fortifications[27]. Les grandes pièces de bois équarri et la majeure partie du chêne exporté proviennent de l'extérieur de la région de Québec, même au XVIIIe siècle[28]. La petite partie qui n'est pas exportée est utilisée par les menuisiers locaux. Puisque qu'il faut attendre 1830 pour voir surgir des fabriques de meubles, le bois qui passe par le port est donc le plus souvent non fini. Cette situation change au début du XIXe siècle, lorsque la demande de bois scié entraîne la construction d'un grand nombre de scieries.

L'ANSE À BOIS sert à l'entreposage du bois et au chargement des navires à destination de ports britanniques. Gravure de W.H. Bartlett, vers 1840. (ANC)

Si le commerce du bois existe à Québec à la fin du XVIIIe siècle[29], son ampleur n'est pas comparable à celle qui résulte du blocus des ports de la Baltique par Napoléon au début du XIXe siècle. Privés de leurs sources traditionnelles de bois, les Britanniques envoient leurs agents en Amérique du Nord à la recherche de nouveaux approvisionnements pour la marine britannique. Québec devient rapidement un des centres d'un vaste réseau de relations commerciales allant de la Grande-Bretagne aux limites supérieures de la vallée de l'Outaouais. Après 1807, les trains de bois remplissent toutes les baies disponibles dans les environs immédiats de Québec. Dès les années 1830, une double rive de bois est créée sur une trentaine de kilomètres, des deux côtés du Saint-Laurent, avec des millions de mètres cubes de bois. La ville est transformée en un vaste dépôt de bois équarri; son port accueille un nombre grandissant de navires qui transportent non seulement le bois mais aussi marchands, marins et bûcherons. Dès 1810, le commerce du bois dépasse celui des fourrures, avec 75 p. 100 des exportations et 500 des 661 navires qui partent de Québec[30]. Durant le premier quart du XIXe siècle, la valeur marchande du bois est supérieure à celle des autres produits exportés en Grande-Bretagne. En 1831, celle du bois expédié au Royaume-Uni est évaluée à 465 074 £ comparativement à 786 114 livres pour tous les autres produits.

Une augmentation spectaculaire des exportations de bois a lieu au début du XIXe siècle. Les 10 000 cargaisons de bois qui, en 1803, proviennent de l'Amérique du Nord britannique grimpent à 175 000 en 1811. Les marchands et les habitants de Québec bénéficient de cette augmentation d'activité. Les détenteurs de contrats de l'Amirauté britannique, telle la firme Scott, Idle & Co., embauchent des agents à Québec. John Mure & Joliffe, Henry Osborne et Robert Ritchie sont du nombre; ils accordent des contrats de sous-traitance à des entrepreneurs de l'intérieur du pays pour la coupe du bois et sa livraison à Québec[32]. Les deux premiers types d'entrepreneurs mentionnés ci-dessus se livrent au commerce du bois au début du XIXe siècle; ils sont donc bien placés pour profiter du boom qui résulte du blocus napoléonien. Très vite, d'autres se joignent à eux pour profiter de l'essor de ce commerce, notamment Anthony Atkinson, Angus Shaw, James Wilson, Lester and Morrogh & Co., Patterson, Dyke & Co, George et William Hamilton et William Price. La concurrence et la jalousie entre les marchands sont si grandes que Scot, Idle & Co. demande a l'Amirauté de ne pas mentionner la teneur des contrats dans les permis[33].

Durant la première expansion du commerce du bois, on exporte surtout du pin et du chêne, des douves et du bois scié. Entre 1807 et 1810, le tonnage de chêne exporté du port augmente de 67 p. 100, mais il décline ensuite et ne retrouve qu'en 1825 son niveau de 1810. Le tonnage de pin exporté grimpe de 95 p. 100 entre 1807 et 1810. Si les exportations ne se développent que très peu entre 1810 et 1819, elles augmentent par contre de 41 p. 100 entre 1819 et 1825. L'exportation de planches et de madriers croît de manière plus constante et augmente de 66 p. 100 entre 1807 et 1810, de 75 p. 100 durant les neuf années suivantes et de 26 p. 100 entre 1819 et 1825.

Après un bond inattendu de 95 p. 100 entre 1807 et 1810, l'exportation de douves diminue, n'augmentant que de 1,6 p. 100 entre 1810 et 1825. Entre 1825 et 1832, les exportations de pin blanc, le commerce de gros et celui d'autres formes de bois scié s'améliorent de façon constante[34]. L'exportation de potasse suit la même tendance générale que celle du bois : très grande expansion entre 1808 et 1812, baisse soudaine après la guerre et reprise progressive en 1825. Entre 1825 et 1851, les exportations de potasse déclinent lentement[35].

UNE IMAGE DEFORMÉE de l'activité portuaire, mais qui donne une indication de la circulation intense sur le Saint-Laurent à certaines périodes. (ANC)

VUE DU PORT montrant le grand nombre de quais et de cales de lancement qui sont construits au bord de l'eau, vers 1830. (ROM)

La croissance des exportations de bois entraîne l'arrivée de centaines de navires et de milliers de marins. Les arrivées et les départs de Québec suivent la tendance générale des exportations de bois mentionnées plus haut. Le nombre de navires quittant le port passe d'une moyenne annuelle de 64 à la fin des années 1760[36] à 100 durant les années 1790, à 239 en 1807, à 661 en 1810, à 883 en 1825, à plus de 1 200 par saison durant les années 1850[37]. La circulation dans le port est impressionnante pendant les périodes de pointe. À la fin de mai 1826, 211 vaisseaux arrivent en même temps dans le port et, le 14 septembre 1840, 116 navires tentent d'y entrer[38].

Le nombre de marins dans le port grossit proportionnellement, passant de 515 en moyenne à la fin des années 1760 à 767 durant les années 1790, à plus de 3 000 en 1807, à plus de 7 000 en 1810, à 9 500 en 1825 et finalement à 20 932 en 1845[39]. Durant l'été, des centaines de bûcherons arrivent aussi de l'intérieur du pays à bord de grands radeaux. Les flotteurs de bois se mettent alors à l'oeuvre dans les anses à bois qui entourent Québec. Les grumes sont mesurées et triées par des sélectionneurs, confiées à des surveillants, puis chargées dans les cales par des arrimeurs. La navigation elle-même contribue fortement à la prospérité de la ville, en augmentant le nombre des transactions de la plupart des hommes d'affaires, en particulier dans le commerce général. Durant les 10 à 14 jours qu'ils mouillent dans le port, les capitaines de navires achètent de grandes quantités de biens dans les marchés de la basse ville et dépensent de l'argent pour la réparation de leurs navires. En 1826, le capitaine d'un bateau en provenance de Glasgow débourse 123 115 £ (en monnaie d'Halifax) pour des provisions et des réparations. Il achète les aliments suivants : 2 tonneaux de farine, 56 livres de petits pois et de riz, 98 livres de sucre, 10 livres de thé, 6 livres de café, de la viande pour la somme de 21 £ et une quantité indéterminée de pain, d'oeufs, de lait et de légumes. Il achète aussi 5 gallons de vin, 5 gallons de brandy et un gallon de gin. Pour l'entretien et la réparation du vaisseau, il achète un tonneau de vernis, 4 gallons d'huile, des feuilles de bord, 6 balais et des brosses, 2 éparts, des madriers de chêne et des produits de calfeutrage. Il recourt aussi aux services d'un charpentier et d'un forgeron. Il achète une tonne et demie de charbon pour les chaudières du navire. Parmi ses autres dépenses, mentionnons : les frais de douane, de pilotage et de tribunal, la commission d'un marchand et la rémunération des arrimeurs qui chargent le bois sur les navires[40].

Si chaque navire arrivant à Québec dépense un montant semblable, on calcule que la navigation injecte alors plus de 100 000 £g dans l'économie locale. Cette somme n'inclut pas l'argent dépensé par les divers groupes de travailleurs engagés dans l'industrie du bois : marins et flotteurs de bois ne laissent-ils pas une bonne partie de leur salaire dans le port? Avides des «fruits de la civilisation», ces hommes n'hésitent pas à dépenser un salaire durement gagné pour assouvir leur soif d'alcool et de sexe. Tavernes et maisons closes se multiplient d'ailleurs rapidement, comme les autres installations portuaires : quais, maisons, églises, hôtels et établissements commerciaux.

Fabriques de potasse et tonnelleries

Seule une quantité restreinte de produits de tonnellerie, de potasse et de carbonate de potassium brut est préparée localement. Cela est particulièrement vrai des usines qui fabriquent une substance de potassium dont la plus grande partie est expédiée en Grande-Bretagne où elle est utilisée dans la production de bougies, de savon, de verre, de coton et de poudre à canon. Comme il n'existe qu'une seule fabrique de potassium à Québec durant le régime français, la production est alors modeste. L'exportation de la potasse en Grande-Bretagne commence en 1764, mais ce n'est qu'en 1767 que les entrepreneurs britanniques sont en mesure d'exploiter efficacement les ressources locales[41]. La quantité de potasse exportée du port de Québec augmente alors considérablement au début du XIXe siècle, mais elle provient surtout de l'extérieur de la ville. Le recensement de 1831 ne mentionne que cinq fabriques de potasse et de carbonate de potassium brut. Or, de telles fabriques abondent ailleurs. Cette même année 1831, les alentours de Trois-Rivières, qui sont à peu près inhabités, comptent 22 fabriques; il y en a pas moins de 462 dans le district de Montréal qui sert de centre pour l'est et le nord des États-Unis. Mais les fabriques de potasse, comme toutes les entreprises qui fournissent des matériaux bruts aux industries britanniques, contribuent peu au développement d'un secteur manufacturier viable dans la ville et la région de Québec.

DES RÉCIPIENTS EN CÈDRE destinés à contenir de l'eau ou d'autres liquides sont fabriqués par des tonneliers de la région de Québec. (MCC 78-388 & 389)

La tonnellerie est une autre activité mineure, étroitement liée à l'industrie du bois. Les tonneliers de Québec utilisent les douves provenant du Haut-Canada pour fabriquer des tonneaux servant au transport et à l'entreposage de produits et de marchandises diverses : poisson, fourrures, céréales, sirop d'érable, mélasse, et la plupart des liquides[42]. Une certaine quantité de douves est préparée dans la région de Québec, mais la plus grande partie provient des forêts du Haut-Canada et du Vermont et est préparée à partir des restes de l'équarrissage des billes de chêne[43].

Le nombre de tonneliers passe de 27 en 1744 à 54 en 1805 et à 69 en 1818[44]. De nombreux apprentis et tonneliers travaillent aussi dans les postes de pelleterie et de pêche à l'extérieur de la ville. Sous le régime français, les tonnelleries forment 126 garçons, le plus grand nombre d'apprentis dans un même métier à Québec. Au début du XIXe siècle, une cinquantaine de ceux-ci travaillent pour différents tonnelliers. Si certains de ces derniers sont des anglophones, comme Charles Hunter et John Saxton Campbell qui dirigent des entreprises de taille considérable, il reste que la plupart des ateliers appartiennent à des francophones.

Vu la demande, les tonneliers trouvent facilement des emplois; ceux-ci sont souvent bien rémunérés,

d'ailleurs. Les plus qualifiés d'entre eux sont tellement recherchés que Charles Hunter offre au compagnon tonnelier Jean Frederick – dont les services sont aussi sollicités par un autre maître de Montréal, Pierre Moreau – «le salaire le plus élevé de tous les ateliers de la ville»[45]. Beaucoup de tonneliers de Québec sont aussi employés dans des régions

LA GRANDE SCIERIE de Peter Patterson aux chutes Montmorency. (ANC)

rurales. Au début du XIXe siècle, Thomas Dunn et John Gray, James McKenzie, Charles et Phillip Robin et Pierre Brehaut, des marchands, embauchent plus de 50 tonneliers pour travailler dans les comptoirs de traite et les pêcheries, particulièrement dans la région connue sous le nom des «postes du Roi». D'autres marchands, comme William Price, embauchent des tonneliers pour travailler dans la région de Québec à la préparation de douves qui servent à compléter des cargaisons de bois équarri et de bois de charpente[46].

Néanmoins, la plupart des douves apportées dans la région de Québec sont expédiées à l'étranger. Dès 1810, leur exportation atteint un sommet de 3 884 306. Les «Canada Butts» et les douves de tuyaux de Québec sont réputés à travers l'Europe occidentale, où elles servent à la fabrication de futailles de vin françaises et espagnoles et de contenants pour le whisky britannique. Mais la diminution de la demande en Grande-Bretagne entraînera le déclin de l'exportation des douves entre 1810 et 1825.

Les scieries

Au début du XIXe siècle, l'industrie et le commerce du bois sont au nombre des entreprises exceptionnelles qui assurent des salaires et des bénéfices à beaucoup de gens, tout en procurant à la région des activités plus diversifiées que la plupart des autres secteurs de l'économie. Pourtant, malgré l'importance de leur rôle dans la création d'emplois et le développement régional, les scieries ne contribuent pas de façon marquée à la croissance économique à long terme ni à l'innovation technique : à Québec, la plupart des techniciens et des machines proviennent de Grande-Bretagne et des États-Unis. Les scieries, qui appartiennent à des anglophones influents, fournissent du bois d'oeuvre pour la construction résidentielle et navale, tant localement qu'à l'étranger. Ces entreprises, qui utilisent des machines et des procédés de production britanniques, recherchent la rentabilité. Construites d'après des modèles anglais et américains récents, certaines scieries des environs de Québec sont considérées comme parmi les meilleures du monde. En 1819,

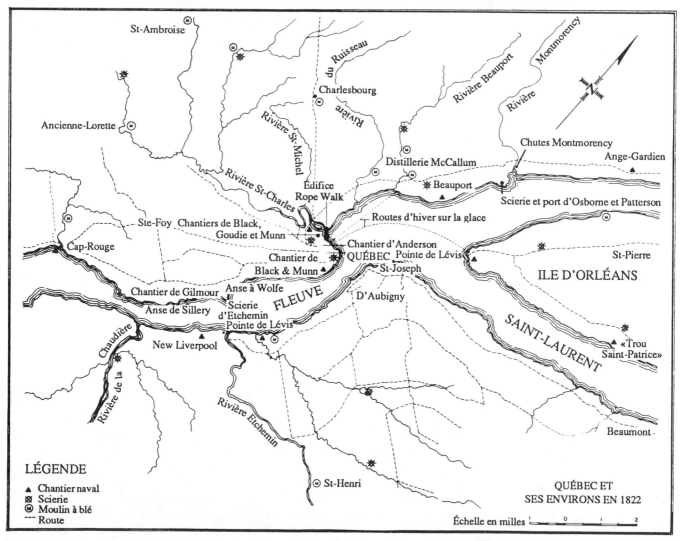

LES SCIERIES sont nombreuses dans la région de Québec. Cette carte, dressée par Adam, indique l'emplacement de quelques scieries et chantiers navals dans la ville et ses environs. Redessinée par Frances Saunders, MNC. (Photo de l'original : ANC)

le professeur Sillman de l'Université Yale, spécialiste américain en technologie du bois, estime que la scierie de Peter Patterson à Montmorency est «probablement une des plus grandes du monde[47]».

Les scieries jouent depuis longtemps un rôle important dans l'économie locale puisque, déjà sous le régime français, employés du gouvernement, marchands, constructeurs de navires, seigneurs et ordres religieux se livrent à cette activité. En 1688, la scierie de Baie-Saint-Paul produit plus de 25 000 madriers et emploie une quinzaine d'hommes[48]. On tente même d'y produire des mâts pour la marine française. Soixante-quinze mâts sont ainsi expédiés en France en 1693, mais la petite taille des navires de transport limite la quantité que chacun d'eux peut transporter. Des problèmes similaires font obstacle aux efforts déployés par les Français pour importer des produits forestiers canadiens. Mais si la production demeure limitée durant le régime français, un réseau de scieries est toutefois mis en place dans la région de Québec, préparant ainsi le terrain à une expansion de la production lorsque, plus tard, la demande de bois scié augmente.

C'est au début du XIXe siècle que la demande de bois en Grande-Bretagne, le développement de la construction navale à Québec et l'expansion de la ville font croître la production des scieries. Par conséquent, alors que la production plafonne dans d'autres secteurs de l'industrie du bois, les propriétaires de scieries continuent à augmenter le nombre de madriers exportés. La demande est telle qu'on ouvre de nouvelles scieries et agrandit celles qui existent. De 1800 à 1830, on en construit le long de la plupart des principales rivières des environs de Québec : Saint-Charles, Montmorency, Beauport, Saint-Michel, Chaudière, Etchemin et Jacques-Cartier. Dès 1826, les machines à

LA SCIERIE DE GOUDIE comprend quatre scies verticales et huit scies circulaires actionnées par une machine à vapeur. (Détail d'une aquarelle de Cockburn; ANC 40342)

FOR SALE, at the Subscriber's Steam SAW MILL, St. Roch :

PINE SCANTLING,	Ist	IId	IIId *Quality*,
6 by 6 a	3d	2¼d	1¾d per Rung. foot,
5 by 5 a	2½d	1¾d	1½d do. do.
4 by 4 a	2d	1⅓d	1d do. do.
3 by 4 a	1d	¾d	½d do. do.
3 by 3 a	¾d	⅝d	½d do. do.
3 by 2 a	½d	¼d	⅙d do. do.
2 by 2 a	⅓d	¼d	⅙d do. do.
3 by 1 a	¼d	⅙d	⅛d do. do.
1½ by 1½ a	¼d	⅙d	⅛d do. do.

PINE PLANK,	Ist	IId	IIId *Quality*.
3 Inch a	3d	2d	1½d per suprl. foot,
2 — a	2½d	1½d	1d do. do.
1½ — a	1½d	1¼d	¾d do. do.
1 — a	1¼d	½d	½d do. do.

PINE BOARDS,	Ist	IId	IIId *Quality*.
Per Hundred,	£5	£4	£3

OAK PLANK,			
6 Inch	1s 3d per suprl. foot,		
5 —	1s 1d	do.	do.
4 —	10d	do.	do.
3 —	8d	do.	do.
2½ —	7d	do.	do.
2 —	5½d	do.	do.
1½ —	4½d	do.	do.
1 —	3½d	do.	do.
¾ —	3d	do.	do.
½ —	3d	do.	do.

PINE FLOORING, 7 by 1½
1st £4 10s. 2d Quality, £3 per M. feet.
Laths, 3s. do. do.
Window Stiles, 40s. do. do
Cross Bars for Windows, 15s. do. do.
Slips for Venetian Blinds, 15s. do. do.
Wedges, 3s. per. doz.
Shingles, mill sawn, Packing Boxes, all lengths and sizes.

The above Scantling and Plank, cut to any lengths.
A general assortment of cut Nails, manufactured and for e at same place.
JOHN GOUDIE.

BOIS À VENDRE à la scierie de Goudie, à Saint-Roch. (Quebec Mercury, 17.4.1821, Bibliothèque nationale)

vapeur commencent à se répandre davantage et les entrepreneurs sont en mesure de faire fonctionner leurs scieries à la vapeur plutôt qu'avec l'eau. Dans la région de Québec, les scieries sont construites près des anses à bois, ce qui réduit le coût du transport. Enfin, le port naturel de Québec et les rivières environnantes sont des emplacements idéaux pour les scieries.

Si beaucoup de scieries appartiennent à des Canadiens, la plupart des grandes installations sont construites pour des marchands britanniques par des constructeurs de moulins qui, tout comme la machinerie, viennent de Grande-Bretagne ou des États-Unis. Parmi les scieries les plus importantes qui existent en 1835 dans les environs de Québec, deux seulement appartiennent à des Canadiens : celle de Duchesnay, à Cap-Rouge, et celle, assez importante, des Ursulines; toutes deux sont gérées par des anglophones. Huit de ces scieries se trouvent à proximité de cales de lancement; en moyenne, leur valeur est de 4 000 £ et elles emploient 48 hommes[49]. La plus grande appartient à A. Gilmour & Co. et est évaluée à 20 000 £ ; elle emploie 150 hommes à l'anse à Wolfe.

Jetons un coup d'oeil sur les affaires des Caldwell et nous découvrirons du même coup quelques-uns des facteurs les plus importants de l'industrie des scieries : quels sont les intérêts en cause et quel est le poids, dans ce secteur, des relations et du capital britanniques.

Henry Caldwell, qui est au service de Wolfe en 1759, quitte l'armée en 1774 et prend un bail de 99 ans sur une propriété qui appartient à l'ancien gouverneur Murray. Nommé au Conseil législatif en 1777, puis sous-receveur général intérimaire en 1784 et receveur général du Bas-Canada en 1794, il occupera ce poste jusqu'en 1808, année où son fils John lui succède[50]. Les activités financières et commerciales d'Henry Caldwell sont nombreuses : construction de moulins à blé, exportation de céréales, approvisionnnment en blé des troupes qui tiennent garnison en Amérique du Nord britannique, spéculation immobilière, sans compter le détournement de fonds gouvernementaux pour aider à l'expansion de ses entreprises.

Au début du XIXe siècle, Henry Caldwell dresse un plan d'exploitation des réserves de bois. Dès 1804, il persuade Henry Dundas, premier lord de l'Amirauté, d'exploiter les ressources forestières canadiennes pour la Marine royale[51]. En 1808, Caldwell se rend à Londres pour y étudier divers aspects du commerce de gros. Convaincu que l'expansion va se poursuivre, le fils de Caldwell, John, embauche Isaac Collins, un constructeur de moulins, pour améliorer et agrandir la scierie de la rivière Etchemin[52]. Le bois équarri de Caldwell provient soit du Haut-Canada, soit de la seigneurie de Lauzon; on compte, parmi les essences, le hêtre, l'érable, le bouleau et quelquefois le chêne, le pin et l'épinette pour faire des madriers[53]. Après 1806, on renouvelle les titres fonciers des Caldwell comme censitaires, à la condition que le chêne soit réservé aux seigneurs qui ont l'intention de l'exporter pour qu'il serve dans les chantiers navals britanniques[54].

Dans les scieries des Caldwell, la main-d'oeuvre est notamment composée d'artisans qualifiés tels que les constructeurs de moulins et les forgerons, venus de Grande-Bretagne ou des États-Unis, qui s'occupent des machines, et des ouvriers de Saint-Henri ou de la Pointe de Lévy, qui sont embauchés pour la période estivale où les hommes font des heures supplémentaires pour répondre aux commandes de bois de charpente britanniques[55]. Les billes d'épinette sont coupées et livrées à la scierie par des fermiers embauchés par John Caldwell et son commis, John Davidson. Au début du XIXe siècle, une vingtaine d'hommes travaillent dans la scierie; en 1835, ce nombre a plus que doublé. Pour maintenir la discipline et réduire les coûts dus à l'absentéisme, Caldwell exige des ouvriers un forfait d'une journée de salaire plus 5 shillings pour le temps perdu pour cause d'ivresse et 2 shillings et 4 pence pour toute autre raison[56].

Une manufacture des plus modernes, qui combine le sciage à la machine à vapeur et la construction navale est celle de Goudie. En 1835, l'usine appartient encore à Henry John, neveu d'Henry Caldwell. Après avoir repris l'entreprise de Saint-Roch de feu William Grant au début du XIXe siècle, John Goudie installe une machine à vapeur pour actionner des scies circulaires et des machines à clouer. Dès 1819, il utilise aussi la vapeur pour actionner un moulin à blé[57]. En 1819, l'ancien établissement de Grant et Goudie vaut environ 4 000 £ et emploie plus de 100 hommes. Des postes gouvernementaux, du crédit et des relations britanniques donnent à des hommes comme Grant, Goudie et les Caldwell un accès relativement facile au capital et à l'expertise, deux atouts essentiels pour la réussite économique.

La vente des madriers dépend du marché britannique presque autant que celle du bois équarri, mais celui-ci est moins maniable que les planches. Lorsque diminue la demande de bois équarri utilisé dans la construction navale, le volume des ventes de bois de charpente reste, à certains moments, assez élevé. Cela est dû en partie au nombre de plus en plus grand de résidences qui sont construites en Grande-Bretagne et dans la région de Québec. Or, les périodes de construction résidentielle – et donc de production de bois de charpente – sont parfois un peu plus longues que celles du commerce du bois équarri[58]. Entre 1817 et 1820, par exemple, plusieurs des ruraux qui travaillent en ville, influencés par la récente prospérité des citadins, décident de s'installer en banlieue, d'où une nouvelle série de logements en construction.

D'après les recensements, le sciage connaît aussi une expansion rapide dans le Haut-Canada. Alors que 60 nouvelles scieries sont construites dans la région de Québec entre 1829 et 1831, 124 le sont dans le Haut-Canada. En 1831, les 595 scieries du Haut-Canada soutiennent bien la comparaison avec les 727 autres qui sont installées dans la partie plus développée du pays. Dans le Bas-Canada, ces scieries se répartissent comme suit : le district de Québec en compte le plus grand nombre (348), suivi de Montréal (241), puis de Trois-Rivières (60) et de la région de Gaspé (6). Point de départ du commerce du bois, Québec bénéficie bien sûr de son emplacement privilégié; les propriétaires de scieries de la ville profitent aussi de la construction de logements en banlieue.

La ville et la province voient cependant les avantages de leur emplacement géographique diminuer à mesure qu'augmente la concurrence de Montréal et de l'Ontario. En 1842, cette province compte autant de scieries que celle de Québec, et Montréal va bientôt rivaliser avec Québec pour la première place dans l'exportation du bois de charpente. Montréal subit aussi les effets de la concurrence des centres ontariens qui deviennent les principaux points d'expédition du bois vers le Midwest américain. Les ressources et l'emplacement géographique jouent finalement en faveur des villes ontariennes. À Québec, le sciage décline progressivement, comme plus tôt le commerce du bois équarri.

4. La construction navale

Plus encore que le commerce du bois, la construction navale dépend des marchés impériaux, car peu de navires sont commandés dans la région de Québec. En plus d'être soumis à des tendances très cycliques, les chantiers maritimes de l'époque présentent plusieurs similitudes avec une manufacture, notamment l'organisation du travail, la spécialisation des outils selon la fonction et la détermination des niveaux de production et d'emploi[59]. Il manque toutefois aux chantiers plusieurs facteurs de succès, puisqu'on n'y produit pas de toile pour les voiles, de tôle, de cuivre, de poulies ni d'ancres, comme en Grande-Bretagne. Certes, une certaine quantité de cordages, de voiles, de goudron et de poulies est fabriquée à Québec, mais les producteurs de ces articles doivent faire face à la concurrence des importations britanniques que préfèrent les constructeurs de navires de Québec. En outre, les fondeurs et cordiers de Montréal, qui vendent leurs produits aux constructeurs de navires de Québec, concurrencent avec plus de succès, semble-t-il, les fabricants britanniques que leurs homologues de Québec.

Il ne semble pas que la construction navale génère des profits considérables pour les entreprises locales qui produisent des accessoires, ni pour les fournisseurs de bois équarri. En outre, ce secteur compte très peu de propriétaires d'origine canadienne, et très peu d'ouvriers de la région ont vraiment l'occasion de se spécialiser. Néanmoins, la construction navale est une des plus grandes sources d'emploi dans la ville et, en tant que telle, contribue de façon significative à la croissance urbaine, en particulier dans le faubourg ouvrier de Saint-Roch où se trouvent d'importants chantiers navals.

Durant le régime français, seule une décision des autorités de mettre en chantier un plus grand nombre de navires parvient à donner un essor à la construction navale. Le cas échéant, le capital et la main-d'oeuvre spécialisée sont envoyés dans la colonie. Sous le régime français, la construction navale reste donc une entreprise plutôt fragile[60]. À la fin du XVIIe siècle et au début du XVIIIe, un certain nombre de petits bateaux sont construits pour le commerce maritime local, principalement par le gouvernement français. Le soutien gouvernemental et l'initiative privée permettent de construire plus de 100 modestes navires entre 1730 et 1740[61]. Quant aux grands navires, il faut

attendre, en 1739, l'établissement de chantiers royaux à Québec. Durant cette brève période, des charpentiers français, sous la direction d'un entrepreneur compétent, René-Nicolas Levasseur, construisent une douzaine de navires de guerre, dont certains jaugent plus de 500 tonneaux et peuvent porter entre 22 et 72 canons[62]. Les coûts élevés et les hostilités empêchent cette industrie de construire plus de deux ou trois navires de guerre durant les années 1750.

La construction de petits vaisseaux destinés à la navigation fluviale continue jusqu'à la fin du XVIIIe siècle, mais peu de grands navires sont construits avant le début du XIXe siècle. Bien que la Grande-Bretagne perde plusieurs navires pendant la guerre avec les États-Unis, il ne semble pas qu'elle tente de rééquiper sa flotte avec des bateaux construits dans les deux Canadas. Les employés de l'Amirauté sont toujours soupçonneux à l'égard des navires construits dans les colonies, estimant que la qualité du bois nord-américain est inférieure à celle du bois de Grande-Bretagne ou des Balkans.

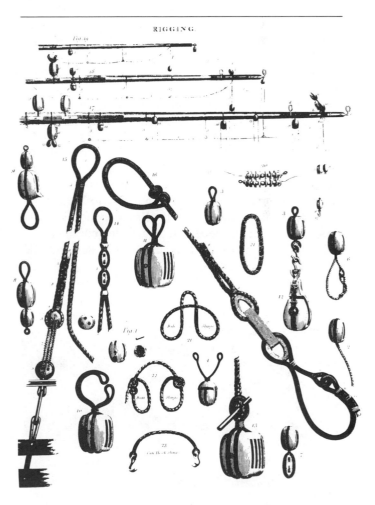

CES ACCESSOIRES DE CONSTRUCTION NAVALE, comme bien d'autres, sont importés de Grande-Bretagne. Dessin datant d'environ 1800 (collection privée).

L'opinion que de nombreux constructeurs de navires et de fonctionnaires britanniques se font sur l'état de l'industrie en Nouvelle-Angleterre finit par englober la construction navale en Amérique du Nord britannique. Dans son ouvrage de 1717, *Britain's glory : or ship-building unvail'd*, William Sutherland convient qu'il est moins cher de construire des navires à proximité des sources d'approvisionnement en bois que d'envoyer les matériaux en Grande-Bretagne. Mais il estime que la qualité inférieure du bois et de l'exécution rend inacceptables les navires construits en Nouvelle-Angleterre. Il reconnaît à contrecœur que certains vaisseaux assemblés dans les colonies sont «de bons navires»[63]. À la fin du XVIIIe siècle et au début du XIXe, des comités parlementaires et des chambres de commerce britanniques se penchent sur la valeur du bois canadien; leurs évaluations négatives trouvent un écho au Bas-Canada. En 1803, les commissaires de la marine refusent d'accepter d'autres approvisionnements en chêne canadien, prétendant qu'il est d'une qualité trop inférieure pour être utilisé dans la construction ou la réparation de navires de la *Royal Navy*[64]. Cette opinion a cours des années durant, malgré l'usage répandu du bois canadien dans la construction de navires britanniques. Ainsi, en 1817, l'auteur d'un traité sur «l'extraordinaire dégradation des vaisseaux de guerre» écrit que cette détérioration a pour cause le bois canadien[65].

On invoque ce même argument durant toute la première moitié du XIXe siècle et jusque dans les années 1860 pour prouver la nécessité de remplacer les coques en bois par des coques en fer. Les Britanniques continuent à utiliser le bois canadien, mais avec réticence. Leur attitude a évidemment un effet négatif sur la construction navale à Québec à la fin du XVIIIe siècle. L'opinion britannique et le climat économique instable de Québec amènent une activité commerciale restreinte et, par conséquent, une faible demande de navires.

ON CONSTRUIT DE GRANDS NAVIRES comme celui-ci entre 1808 et 1812. Le détail ci-haut d'une vue de Québec (G. Cooke, 1812) montre l'important chantier de Diamond Harbour. (ROM, 948.120.10)

Un des premiers contrats de construction navale sous le régime anglais est accordé par Henry Lechelk, marchand de Québec, à un artisan francophone. Lechelk embauche le sieur Créné, constructeur de navires, pour superviser un certain nombre de charpentiers, dont Pierre Philippon et Pierre Choles[67]. Comme on ne sait rien de cette entreprise après 1763, il est possible qu'il s'agisse là d'un des derniers vestiges de la construction navale française. Ces artisans retournent-ils en Europe une fois que les Français acceptent d'abandonner la Nouvelle-France? Quoi qu'il en soit, peu de constructeurs de navires francophones figurent dans les contrats signés à la fin du XVIIIe siècle. Les Canadiens continuent à construire des navires, mais d'un tonnage modeste. Beaucoup de senaux, de brigantins et de navires construits entre 1765 et 1790 dépassent les 100 tonneaux[68] et sont donc légèrement plus grands que le vaisseau moyen construit sous le régime français. Toutefois, peu de bateaux atteignent les dimensions des navires de guerre français construits à Québec au cours des années 1740.

À la fin du XVIIIe siècle, en tout cas, la production n'est pas suffisante pour fournir le plein emploi aux artisans, et certains constructeurs de navires doivent chercher du travail ailleurs. En 1787, John Black et William King, maîtres constructeurs de navires, cherchent du travail dans la baie des Chaleurs[69] et, en 1790, un autre maître, Silas Pearson, décide de quitter la province. Ce dernier raconte à son notaire que «n'ayant pas trouvé d'encouragement dans son métier à Québec, il s'est engagé au service de Sa Majesté à St. John's[70]». En 1793, l'activité a augmenté au point que, durant les six années qui suivent, on construit environ 14 navires par an, dont un certain nombre de vaisseaux, plus grands, jaugeant de 300 à 520 tonneaux[71].

L'intégration progressive de Québec dans le système impérial britannique entraîne une demande de bateaux pour le transport des ressources et des marchandises entre les ports locaux et le Canada, les Antilles et le Royaume-Uni. Profitant de l'existence d'approvisionnements en chêne blanc canadien, longtemps considéré comme la seule essence coloniale propre à la construction navale, les marchands commencent à construire à Québec des navires destinés au transport du bois. Lorsque le blocus français des ports européens force l'Amirauté britannique à utiliser le bois canadien sur une grande échelle, le commerce du bois et la construction navale connaissent une croissance considérable à Québec. La production passe d'une moyenne annuelle de 24 navires de 174 tonneaux chacun, entre 1799 et 1805, à 41 navires par an, d'un tonnage moyen de 212 chacun, entre 1810 et 1812[72]. Entre 1808 et 1812, le tonnage des navires assemblés connaît une augmentation spectaculaire de 167 p. 100 par rapport aux cinq années précédentes. La guerre de 1812-1814 avec les États-Unis précipite un déclin soudain des chantiers navals, déclin qui continue jusqu'en 1823. Entre 1818 et 1822, le tonnage des navires construits est de 22 p. 100 moindre que celui de 1813-1817 et de 57 p. 100 moindre que celui des années fastes de 1808 à 1812[73]. La brève période d'expansion, entre 1823 et 1826, durant laquelle le tonnage augmente de 373 p. 100 par rapport aux cinq années précédentes, est suivie d'un autre déclin, qui dure jusqu'en 1830. L'industrie connaît alors une reprise lente mais soutenue jusqu'en 1837, puis est à nouveau perturbée par la rébellion de 1837-1838 et une dépression économique internationale.

L'ultime déclin des chantiers navals a des causes multiples et complexes. Outre celles mentionnées plus haut – marchés fluctuants, techniques nouvelles, rareté des capitaux et manque de main-d'oeuvre – il faut tenir compte de l'importance grandissante de Montréal comme port principal du Québec, de l'utilisation de bateaux à vapeur dans la navigation fluviale et des politiques traditionnelles d'investissement qui ne favorisent pas le développement local[74].

Armateurs et chantiers

Les fluctuations constantes de la construction navale n'empêchent pas l'industrie de contribuer substantiellement à l'économie de Québec et du Bas-Canada. Au début du XIXe siècle, Québec devient l'un des plus importants centres de construction navale de l'Amérique du Nord britannique. Alors que la ville ne tarde pas à jouir d'une excellente réputation pour ses grands navires destinés au commerce du bois, des localités plus petites à travers la province, particulièrement au nord-est de Québec, construisent une grande variété de navires plus modestes[75]. Les constructeurs de Montréal, aucunement intimidés par le manque de profondeur des eaux, construisent quelques voiliers et commencent à se spécialiser dans les bateaux à vapeur.

Comme les dispositifs de flottage et les scieries, les chantiers navals s'implantent d'abord le long de la rivière Saint-Charles et dans la basse ville pour englober ensuite un grand nombre de chantiers de la rivière Chaudière à l'île d'Orléans. Durant les années fastes de 1809-1811, il y a au moins neuf chantiers navals dans la ville et ses environs : trois sur la rivière Saint-Charles, deux sur le Saint-Laurent et quatre autres dans les environs immédiats de Québec. Deux des plus grands établissements sont celui de John Goudie sur la rivière Saint-Charles et celui d'Alexander Munn à Diamond Harbour ou Anse-des-Mères[76]. Le chantier de Goudie comprend une scierie et un dock flottant pour garder le bois en flottage, tandis que les installations du Cap Diamant comportent des écuries, des quais, des ateliers, un bassin de radoub et un grand chantier de construction. De 1810 à 1820, plusieurs constructeurs de navires, dont Goudie et John Bell (à la Canoterie), commencent à utiliser des machines à vapeur dans leurs chantiers. Alors que ces derniers destinent leurs navires au commerce du bois, d'autres construisent des vaisseaux pour le commerce fluvial.

De petits chantiers sont établis à proximité de presque toutes les localités ayant une baie bien protégée sur le fleuve, notamment les villages de l'île Verte et de l'île d'Anticosti, Matane, Kamouraska, Rivière-du-Loup, Baie-Saint-Paul, Saint-Thomas, Trois-Pistoles, Deschambault, William Henry (Sorel), Montréal et Terrebonne. À l'intérieur des terres, on trouve des chantiers à Île-aux-Noix (lac Champlain), à Kingston et à Grand Portage (lac Supérieur). En 1827, le district de Québec compte 30 chantiers navals, comparativement à 4 dans le district de Trois-Rivières et à 10 dans la région de Montréal. La plupart des bateaux à vapeur construits dans le pays proviennent des chantiers de Montréal; en 1829, 20 de ces bateaux circulent sur l'Outaouais et le Saint-Laurent[77].

LE CHANTIER NAVAL DE MUNN, au pied du cap Diamant. On aperçoit la longue et basse maison de Patrick Beatson derrière celle à deux étages construite par Alexander Munn en 1811. (Aquarelle de Cockburn, 1830, ANC 40011)

ANCIEN BATEAU À VAPEUR DE MOLSON, probablement le *Malsham*. L'existence de tels vaisseaux est un facteur important de la croissance de Montréal et de sa capacité de faire concurrence à Québec au début du XIXe siècle. (MCC)

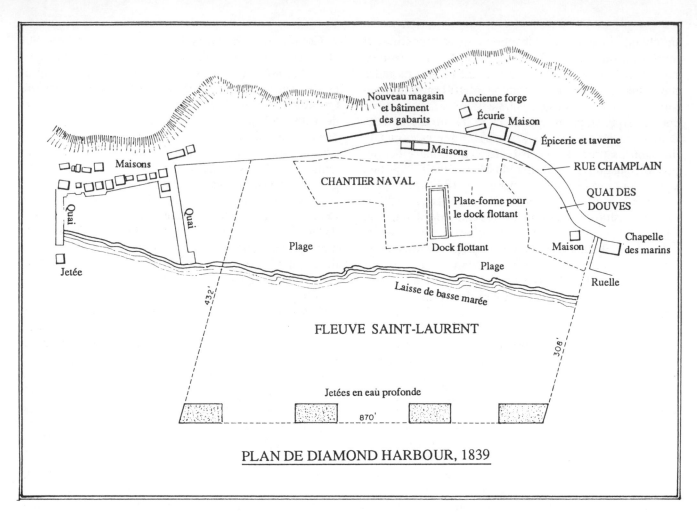

Nouveau magasin et bâtiment des gabarits
Ancienne forge
Écurie
Maison
Épicerie et taverne
Maisons
CHANTIER NAVAL
RUE CHAMPLAIN
QUAI DES DOUVES
Plate-forme pour le dock flottant
Maisons
Maisons
Quai
Quai
Plage
Dock flottant
Plage
Maison
Chapelle des marins
Jetée
Laisse de basse marée
Ruelle
432'
308'
FLEUVE SAINT-LAURENT
Jetées en eau profonde
870'

PLAN DE DIAMOND HARBOUR, 1839

DIAMOND HARBOUR, vers 1830. Ce grand chantier appartient à Louis Dunière (fin du XVIIIᵉ siècle) et à Patrick Beatson (vers 1793-1805), avant son acquisition et son agrandissement par Alexander Munn. Durant les années 1830, la maison de Beatson est tranformée en taverne et une chapelle des marins est construite près des quais (à l'extrême droite du plan). (Dessin de Frances Saunders à partir d'une carte de 1839, MCC)

C'est aux marchands, particulièrement à ceux qui se livrent au commerce du bois, que l'on doit la construction, à Québec, d'un grand nombre de navires. Certains marchands sont des agents de sociétés britanniques qui veulent avoir des navires de construction canadienne, d'autres financent la construction de vaisseaux locaux destinés à la vente en Grande-Bretagne. Ainsi, durant les premières années du XIXᵉ siècle, des marchands de bois – tels John Mure et John Hare Joliffe, Henry Usborne et Robert Ritchie, James Irvine, George et William Hamilton, Patterson, Dyke & Co., William Oviatt et Whitfield & Coates – construisent les plus grands navires à Québec; ceux-ci servent au transport du bois ou sont vendus en Grande-Bretagne. Au cours des années 1820 et 1830, d'autres marchands, dont William Budden, Peter Patterson, William Sheppard, John Saxton Campbell et William Price, font construire des navires pour des compagnies britanniques, particulièrement des compagnies londoniennes[78].

Les agents de compagnies britanniques, ou les marchands de Québec détenteurs de contrats de l'Amirauté garantissant la vente de navires, jouissent d'avantages considérables vis-à-vis de leurs rivaux. Ainsi, Mure et Joliffe et Henry Usborne sont en mesure de construire de grands navires pour le transport du bois, dont un certain nombre avant même les années de grande expansion. Mure et Joliffe font construire 17 navires entre 1800 et 1811 : 3 goélettes de plus de 100 tonnes, 6 navires d'environ 300 tonnes, 6 de plus de 400, 1 de 550 et 1 de 680 tonnes. Entre 1804 et 1810, Usborne fait construire un navire de 350 tonnes et 4 de plus de 400 tonnes, tous destinés au transport du bois. D'autres marchands de bois construisent des vaisseaux plus petits, certains d'entre eux réussissant à en produire un grand nombre dans un court laps de temps. De 1809 à 1814, les frères Hamilton font construire 10 vaisseaux, dont 5 de plus de 300 tonnes et un de 540 tonnes. Patterson, Dyke & Co., qui se lancent plus tard dans cette activité, réussissent à faire construire 7 navires de 1812 à 1815, dont 5 dans la seule année 1812[79].

La plupart de ces hommes se livrent aussi à d'autres activités financières. Par exemple, James Dunlop, marchand écossais qui importe des nouveautés et exporte des céréales et du bois, vit à Montréal mais fait construire ses quatre navires à Québec[80]. Quelques marchands de Grande-Bretagne chargent des capitaines de navires de faire construire des navires à Québec en passant des contrats avec des constructeurs locaux[81]. Plusieurs marchands, navigateurs et seigneurs canadiens, tels Joseph Drapeau, Louis et Georges Chaperon, Louis Dunière, Martin Chinic, Claude Denechaud et Anselme Mouton, font construire des vaisseaux de modeste tonnage destinés au commerce maritime local. Drapeau et les Chaperon font construire des navires à Baie-Saint-Paul et évitent ainsi les coûts élevés de la main-d'oeuvre et du transport à Québec.

La construction navale à Québec : contrats et financement

Les marchands signent des contrats avec des constructeurs de navires qui s'engagent à terminer le travail dans un délai précis. Un exemple typique de contrat est celui que signent en 1810 le marchand William Oviatt et le constructeur de navires George Charles. Ce dernier accepte de construire un navire d'environ 400 tonnes en chêne blanc, d'après un plan ou un modèle qu'il fournira au marchand dans les dix jours. Il doit commencer la construction dans la baie de flottage d'Oviatt à Pointe de Lévy, dès que le marchand approuvera le plan et lui fournira 10 000 pieds de pin et 5 000 pieds de chêne. Oviatt s'engage à payer Charles 12 £ par tonne et à lui verser divers acomptes durant la construction, cependant que le constructeur assume la responsabilité de tous les aspects de la construction, y compris la ferronnerie. Les différends entre le constructeur et le marchand sont tranchés par deux experts choisis par ces derniers[82]. Si les marchands acceptent occasionnellement de fournir des biens qu'ils importent de Grande-Bretagne (peinture, verre, cuivre, poulies, lanternes,

voiles, clous, boulons, ancres, etc.), l'achat de ces articles incombe de plus en plus aux constructeurs.

Ces derniers continuent à importer certains de ces articles et commencent à en faire fabriquer d'autres localement, notamment des poulies, des voiles et des ferrures[83]. La construction de grands navires est une entreprise coûteuse. Durant les années fastes de 1809-1812, il faut payer entre 12 et 15 £ la tonne pour la construction d'un navire destiné au transport du bois. Le navire d'Oviatt lui coûte 5 000 £ et le *Sir George Prevost*, un navire de 580 tonnes construit en 1811 par Robert Ritchie, coûte plus de 8 000 £[84]. Comme la plupart des constructeurs de navires ne possèdent pas de telles sommes, ils construisent rarement sans avoir signé de contrats avec des marchands.

Seuls quelques constructeurs de navires, généralement ceux qui possèdent leurs propres chantiers, financent la construction de navires destinés au transport du bois avec l'intention de les vendre[85]. La construction de goélettes et de bateaux de pêche de faible tonnage est en général financée par des navigateurs ou des marchands locaux, et les grands navires et bateaux à vapeur sont commandés par des marchands ou des associations de marchands. Les premiers bateaux à vapeur construits à Montréal sont commandés par les Molson et les Terrance. À Québec, la construction du premier bateau à vapeur est entreprise par John Caldwell, riche propriétaire de moulins à blé et de scieries. Les fonds pour la construction du premier bateau à vapeur hauturier, le *Royal William*, sont fournis par les mandataires de la Quebec & Halifax Steam Navigation Company. Quant aux caboteurs géants affectés au transport du bois et construits en 1824 et en 1825, ils sont financés par des groupes de marchands. Si la plupart des constructeurs de navires ont des accointances en Grande-Bretagne, ils n'ont pas, en général, autant de relations commerciales que les marchands. Ces derniers, et particulièrement les

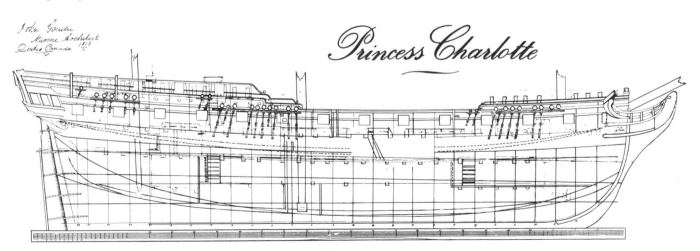

LE PRINCESS CHARLOTTE. Transcription d'un dessin de John Goudie, architecte naval, Québec, 1813. (ANC)

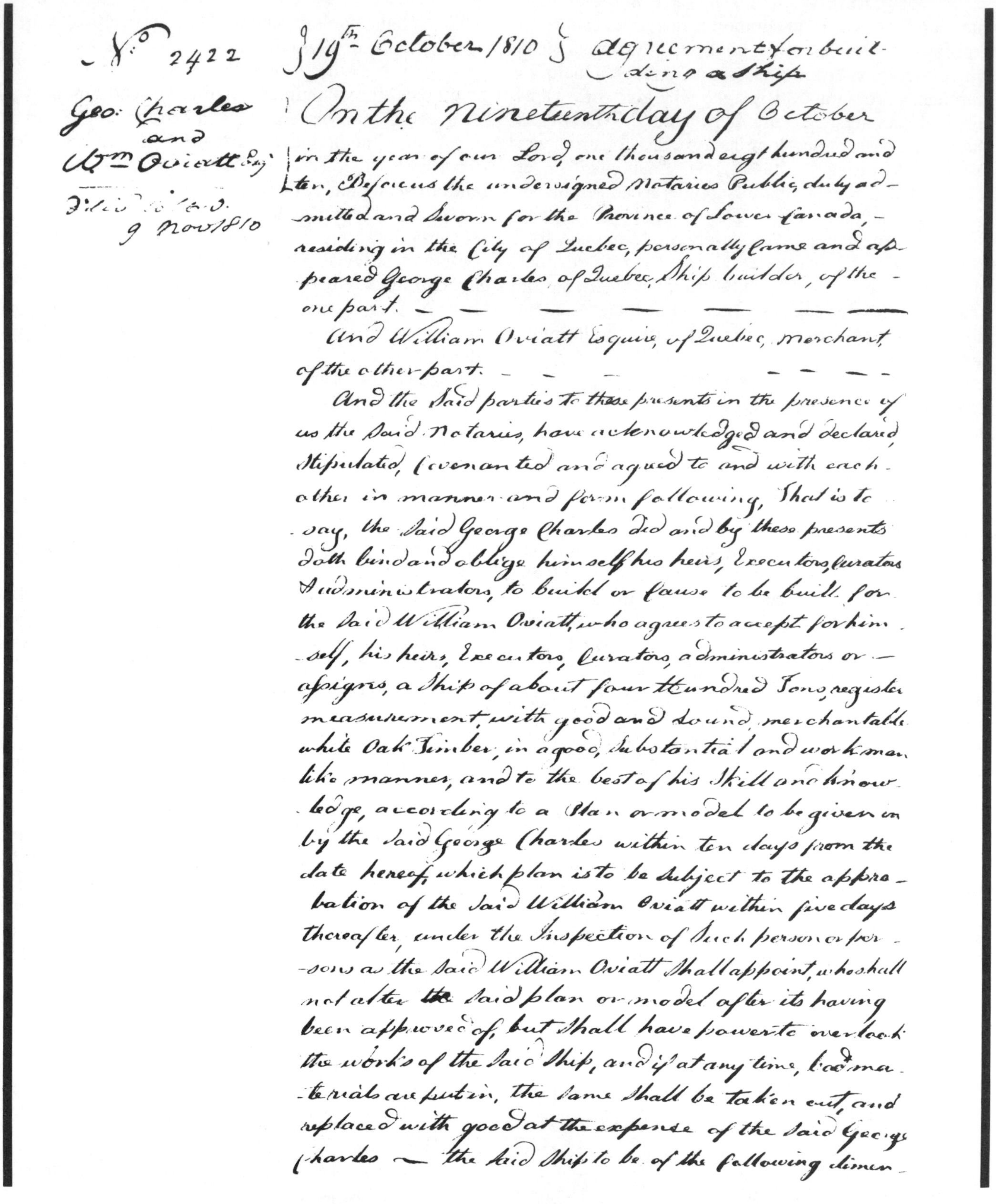

No. 2422

Geo: Charles
and
Wm Oviatt Esq

Fait à 9 h A.M.
9 Nov 1810

§ 19th October 1810 § Agreement for building a Ship

On the Nineteenth day of October in the year of our Lord, one thousand eight hundred and ten, Before us the undersigned Notaries Public, duly admitted and Sworn for the Province of Lower Canada, residing in the City of Quebec, personally Came and appeared George Charles, of Quebec, Ship builder, of the one part. ———— ———— ————

And William Oviatt Esquire, of Quebec, merchant, of the other part. —— ———— ——

And the Said parties to these presents in the presence of us the Said Notaries, have acknowledged and declared, Stipulated, Covenanted and agreed to and with each other in manner and form following, That is to say, the Said George Charles did and by these presents doth bind and oblige himself his heirs, Executors, Curators & administrators, to build or cause to be built for the Said William Oviatt, who agrees to accept for himself, his heirs, Executors, Curators, administrators or assigns, a Ship of about four Hundred Tons, register measurement, with good and sound merchantable white Oak Timber, in a good, substantial and workman like manner, and to the best of his Skill and knowledge, according to a Plan or model to be given in by the Said George Charles within ten days from the date hereof, which plan is to be Subject to the approbation of the Said William Oviatt within five days thereafter, under the Inspection of Such person or persons as the Said William Oviatt Shall appoint, who shall not alter the Said plan or model after its having been approved of, but Shall have power to overlook the works of the Said Ship, and if at any time, bad materials are put in, the Same Shall be taken out, and replaced with good at the expense of the Said George Charles — the Said Ship to be of the following dimen-

«CONTRAT POUR LA CONSTRUCTION D'UN NAVIRE», entre George Charles, constructeur de navires, et William Oviatt, marchand, 1810. Greffe de Jean Belanger, 6/10/1810, ANQ. (MCC 76-4985)

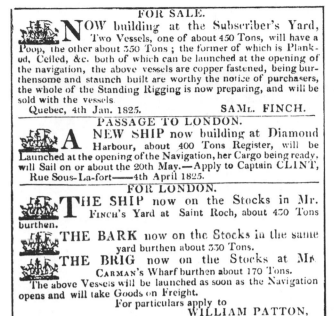

NAVIRES À VENDRE, *La Gazette de Québec*, 1825. Samuel Finch, constructeur de navires, met des navires en vente tandis que William Patton, marchand, offre de l'espace de chargement dans ces mêmes navires. Une étude plus approfondie est nécessaire pour démêler la complexité des relations entre ces deux activités. (MCC)

---

marchands de bois, utilisent les structures commerciales existantes pour écouler les navires construits à Québec.

Les firmes britanniques traitent la vente de navires canadiens de la même façon que les contrats relatifs au bois. Les associés des marchands de Québec font la publicité des navires construits à Québec, entrent en contact avec les parties intéressées et retiennent une commission sur la vente. Le système fonctionne bien tant que la demande de bois canadien reste forte, mais dès qu'elle baisse, les navires construits à Québec et destinés au transport du bois deviennent difficiles à vendre. Si ces navires servent aussi au transport des immigrants britanniques jusqu'en Amérique du Nord, leur utilisation dans d'autres activités commerciales est restreinte. En outre, la médiocre réputation du bois canadien empire lorsqu'un grand nombre de navires peu résistants sont construits à la hâte, en bois tendre, et mis en vente en Grande-Bretagne. Les marins, capitaines de navires, marchands et assureurs britanniques deviennent tellement méfiants à l'égard des navires canadiens que ces derniers sont souvent vendus à perte, et leur valeur à la revente est souvent faible.

Les constructeurs de navires

Souhaite-lui de faire un navire
Grand et aux planches solides
Même s'il n'est pas artisan[86].

À Québec, les constructeurs de navires sont principalement d'origine écossaise, anglaise ou canadienne. À la fin du XVIIIᵉ siècle, des constructeurs tels James Duncanson, William King et John Black arrivent d'Écosse à peu près en même temps que le premier groupe d'immigrants de même origine qui, selon les archives, débarque à Québec en 1786. Deux importants constructeurs de navires de Québec, Patrick Beatson et John Goudie, également originaires d'Écosse, sont d'abord employés comme capitaines de navires ayant quelque expérienc dans la construction de navires, alors que d'autres, tels Alexander Munn et Charles Wood, sont issus de familles écossaises où l'on est constructeurs de navires de père en fils. De nombreux autres viennent d'Angleterre. Certains sont d'anciens charpentiers de marine, et quelques constructeurs canadiens sont issus de familles de menuisiers de Québec.

Au début du XIXᵉ siècle, la ville compte un grand nombre de constructeurs de navires, en majorité d'origine britannique. La participation des constructeurs britanniques et canadiens dans cette industrie est semblable à celle des marchands, dont il est question plus haut.

Ceux qui produisent le plus grand nombre de navires sont les constructeurs britanniques qui possèdent ou louent des chantiers navals. Quelques-uns travaillent dans des chantiers appartenant à des marchands, mais la plupart construisent des vaisseaux là où la mise à l'eau est possible. Les exemples de leur travail étant trop nombreux pour être cités en détail, nous nous limiterons ici à une brève description des carrières de quelques constructeurs.

Des constructeurs écossais, arrivés avec des compatriotes marchands, se lancent dans de vastes opérations. Patrick Beatson, par exemple, est issu d'une famille de navigateurs qui a des relations à Québec. Avant de s'installer dans cette ville en 1793, Patrick et ses deux frères y ont débarqué chaque année entre 1781 et 1793[87]. Les trois frères Beatson deviennent capitaines de navires; ils acquièrent une bonne connaissance des installations maritimes et nouent des liens avec des marchands et des intermédiaires en Grande-Bretagne. Durant les années 1780, les frères Beatson signent des contrats avec des agents commerciaux de Québec, tel Thomas Aylwin, pour le transport de marchandises (brandy, mercerie, etc.) de Londres à Québec[88].

Au début des années 1790, Patrick décide d'utiliser les connaissances qu'il a acquises en tant que capitaine de navire et par ses études personnelles, pour devenir constructeur de navires à Québec, alors que William et John, qui se sont établis comme marchands à Londres, acceptent de représenter les intérêts de la famille en Grande-Bretagne. Ainsi, en 1793, Patrick

LES PROSPÈRES hommes d'affaires britanniques de Québec, tels que le constructeur de navires Patrick Beatson, recréent une ambiance britannique dans leur maison. Les articles suivants sont représentatifs des types d'objets que l'on peut trouver dans les demeures de riches anglophones habitant le Bas-Canada.

1. Théière en argent, semblable à celles qu'utilise l'élite de la ville. (Musée du Québec)

2. Boîte à thé. (ROM)
3. Cafetière, école écossaise. (Musée du Québec)
4. Sucrier en argent, signe d'aisance financière. Objet attribué à la famille Baby. (ROM 980.103.13)
5. Table de jeu élégante, apportée au Bas-Canada au début du XIXe siècle. (Musée McCord)
6. Chaise britannique utilisée au Bas-Canada au début du XIXe siècle (photo : C. Pearson; chaise, Musée McCord).

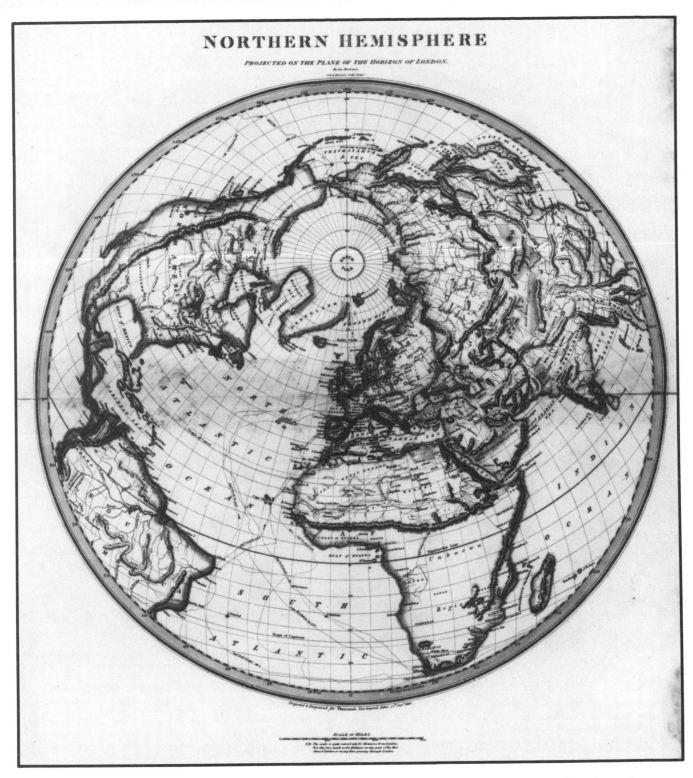

CARTE DE L'HÉMISPHÈRE NORD, 1816, montrant les itinéraires suivis par l'explorateur britannique, le capitaine Cook. C'est le type de cartes que des capitaines de navires tels que Patrick Beatson exposent dans leurs demeures. (ANC 8618)

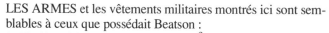

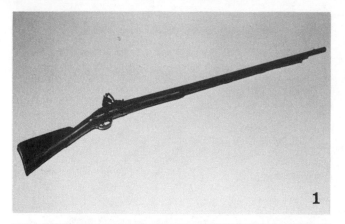

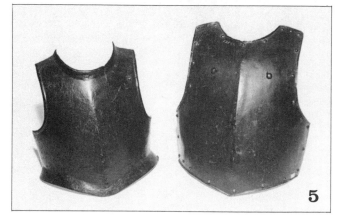

LES ARMES et les vêtements militaires montrés ici sont semblables à ceux que possédait Beatson :
1. Fusil Flinklock, début du XIXe siècle. Musée de la Citadelle, Québec.
2. Pistolet, 1800-1840. Musée de la Citadelle.

3. Épée, début du XIXe siècle. Musée de la Citadelle.
4. Uniforme militaire, vers 1800. Musée canadien de la guerre, Ottawa.
5. Plastrons. Musée canadien de la guerre.
   Photographies de Cedric Pearson.

loue un des meilleurs chantiers de construction, Diamond Harbour, qui appartient à Louis Dunière. Ce chantier ayant déjà servi à la construction de plusieurs grands vaisseaux, il est bien équipé. Beatson se lance aussitôt dans un ambitieux programme de construction, mettant à l'eau 15 vaisseaux entre 1794 et 1800. *Le Monarch*, un navire de 645 tonnes construit en 1800, est presque deux fois plus grand que la plupart des navires construits à Québec; un tel tonnage n'est à nouveau atteint qu'en 1811[89].

Beatson est avide d'accroître ses possessions et, s'il ne parvint pas à acheter la propriété de Dunière et à acquérir un terrain riverain du gouvernement, il réussit tout de même à acheter, en 1794, un petit terrain riverain, à l'est de son chantier, provenant de l'actif du constructeur de navires failli William King. Deux ans plus tard, il achète Powell Place, un terrain de 124 acres, avec 2 000 pieds de rivage, une grande maison de deux étages et un second bâtiment comportant des écuries, une remise et les chambres des palefreniers. Son désir d'acquérir plus de terrains riverains l'amène à tenter de s'approprier une partie du terrain de son voisin[90]. Ce type d'action n'est pas rare, car beaucoup de marchands essaient d'agrandir leurs possessions aux dépens d'autrui (chapitre V).

Une analyse de l'inventaire de Beatson donne à penser que ce constructeur écossais avait un train de vie comparable à celui du prospère marchand britannique. Si un cure-oreille en argent, une montre en or, une boîte à crayons en argent, une règle et une balance en ivoire et des agrafes à chaussures en argent sont des symboles de richesse, d'autres objets révèlent un mode de vie raffiné – des boîtes à thé, des services à thé en porcelaine et de la vaisselle en porcelaine des Indes portant l'inscription «P.B.»; des carafes et des verres à eau et à vin en cristal taillé, des ustensiles plaqués portant une devise écossaise; une grande variété de meubles en chêne, en bouleau, en acajou et en érable, souvent ornés de couvertures de calicot assorties; le tout disposé dans de spacieuses salles à manger et salles de réception et de séjour, embellies de tapis peints, de rideaux de calicot blanc ornés de crépines et de soixante gravures et tableaux protégés par du verre et munis de cadres dorés, dont beaucoup représentent des navires de guerre britanniques, des scènes de docks et bon nombre de commandants tel Nelson. Plusieurs appareils de chauffage apportent chaleur et confort à la maison de Beatson : une grande cuisinière avec un four, des poêles «Trois-Rivières» dans la chambre à coucher et la salle à manger, ainsi que, dans cette dernière, un poêle à bouche de chaleur et, au sous-sol, un poêle à moulin. Il avait aussi un poêle dans son bureau de comptabilité.

Son cabinet de travail nous montre que ce constructeur de navires a les goûts d'un marin et entrepreneur compétent et aussi qu'il est un homme de lettres et un citoyen honorable. Sa bibliothèque nous donne un aperçu de ses champs d'intérêt : l'historien grec Polybe, le philosophe français Montaigne et John Dod, le prédicateur anglais non conformiste du XVIIᵉ siècle. Il a une bonne culture littéraire : il possède le *Don Quichotte* de Cervantès, ainsi que des ouvrages de Shakespeare et du poète et philosophe Alexander Pope; il laisse son imagination s'enflammer à la lecture d'auteurs tels le poète populaire écossais Robert Burns, le «marin poète» William Falconer et des romanciers de l'époque : le caricaturiste Smollett, le satiriste Peter Pindar et l'humoriste Laurence Sterne.

Dans la bibliothèque de Patrick, il y a aussi, en plus grand nombre que les ouvrages littéraires, des monographies traitant de questions juridiques et politiques, et particulièrement de l'histoire de l'Écosse, dont les travaux de Robertson, un érudit de l'époque, et du célèbre historien du XVIᵉ siècle, Buchanan. Outre les livres et périodiques traitant de questions morales ou à la mode dans les milieux littéraires, la bibliothèque de

Beatson contient des livres et des cartes nautiques, des traités et des plans de construction navale, de nombreuses relations de voyage, ainsi que des cartes et des télescopes pour l'observation de l'univers. Si sa collection de 100 volumes n'est pas particulièrement impressionnante, elle se compare, par l'importance donnée aux arts, aux lettres et aux sciences, aux bibliothèques des marchands francophones et anglophones[91]. L'intérêt que Beatson porte aux relations de voyage, aux livres sur le nautisme et à l'astrologie est typique des marins du Québec colonial[92].

Il a d'autres loisirs : il fait du jardinage dans sa serre, joue aux cartes et au jacquet, s'amuse et amuse ses invités avec des microscopes, une lanterne magique qui sert à projeter des images sur un mur et une chambre noire – le précurseur de notre appareil moderne –. Sa cave contient de grandes quantités de madère et de rhum, ainsi qu'un alambic, et, comme il est bien équipé en verres et en carafes à vin, il est en mesure d'offrir d'élégantes réceptions.

Toute personne qui rend visite à Beatson est immédiatement frappée par la quantité d'armes dont il s'entoure – 18 canons sont incorporés dans sa clôture grillagée et installés sur la véranda de sa maison. Six sont montés sur des affûts et 6 sur des pivots. Dans l'entrée de sa demeure, il garde 2 pistolets d'arçon, 12 mousquets, 11 bayonnettes et 29 sabres d'abordage, et, près de son lit, il a 3 épées d'estoc et de taille, un stylet et un tromblon de cuivre. Cent cinquante livres de balles et de boulets complètent cet impressionnant arsenal. Sa penderie témoigne de ses antécédents militaires, car il s'y trouve un uniforme d'artilleur et 3 plastrons. Comme il appartient à la petite communauté anglophone de Québec, Beatson craint probablement que son emplacement isolé ne soit vulnérable advenant une invasion américaine ou française. Au cours des années 1790, des rumeurs et des procès concernant des agents français pourraient avoir contribué à son sentiment d'insécurité et à sa décision de faire de sa résidence une petite forteresse[93]. En fait, la taille de son arsenal laisse supposer que le constructeur de navires est en mesure d'armer la douzaine de travailleurs écossais qu'il a fait venir à Québec, ainsi que les commis et les domestiques à son service.

Les effets de Beatson reflètent le mode de vie raffiné d'un entrepreneur britannique prospère travaillant dans un milieu menaçant ou tout au moins étranger. Beatson semble s'être peu intégré à la collectivité locale, témoin la présence dans sa maison de souvenirs que beaucoup de touristes britanniques achètent à Québec : un hibou empaillé, un castor en bois et des figures animales faites de peau de porc-épic et montées sur des morceaux d'écorce.

Attaché à ses origines britanniques et conscient de son rang social, Beatson se montre très apte à tirer profit de ses relations impériales. Le constructeur de navires embauche des maîtres charpentiers anglophones, utilise les services d'avocats coloniaux bien connus tels Perrault, Pyke et Sewell, passe des contrats avec des marchands de Québec et reçoit des approvisionnements de ses frères marchands installés à Londres. Son succès est dû à son talent considérable et à son travail acharné, ainsi qu'au soutien de ses frères.

Cette union d'un constructeur de navires de Québec avec des marchands de Londres aurait pu être encore plus profitable si ce constructeur entreprenant avait vécu assez longtemps pour bénéficier de la grande expansion du commerce du bois, mais il meurt en 1800, peu après avoir mis à l'eau le *Monarch*. Cinq ans plus tard, le chantier Dunière change encore une fois de propriétaire : les frères de Patrick, qui l'ont entre-temps acheté, le vendent à un autre Écossais, Alexander Munn[94].

Pendant qu'Alexander Munn réorganise l'entreprise de Beatson sur le Saint-Laurent, deux autres compatriotes, John Munn et John Goudie, s'établissent sur la rivière Saint-Charles. John Goudie transforme le terrain de l'important marchand écossais William Grant, et John Munn construit des navires sur la propriété de John Mure. Le fils de John Goudie, James, apprend son métier de constructeur de navires et d'architecte naval sur le Clyde, en Écosse, et retourne à Québec pour appliquer ses connaissances. En 1817, pour John Caldwell, il conçoit et construit le *Lauzon*, premier bateau à vapeur de Québec, et, en 1831, il met à l'eau le *Royal William*, premier vapeur à traverser l'Atlantique propulsé exclusivement par son moteur à vapeur. Des constructeurs et ingénieurs de Québec, de Montréal et d'Écosse participent à la construction de ce vaisseau. Black et Campbell en achèvent la construction dans leur chantier de l'anse au Foulon, près du chantier d'Alexander Munn. Les machines à vapeur sont construites par Bennett et Anderson dans la fonderie Molson de Montréal, et leurs vilebrequins sont forgés par Robert Napier à Calmachie, en Écosse[95]. Ainsi, plusieurs caractéristiques importantes de la construction navale à Québec sont mises en évidence : traditions familiales dans les métiers maritimes, relations entre constructeurs et marchands britanniques des deux côtés de l'Atlantique et entre les divers métiers dans ce secteur.

Les liens étroits entre la construction navale britannique et le commerce du bois sont illustrés par la construction à Québec de deux des plus grands caboteurs affectés au transport du bois, le Colombus (3 690 tonnes) et le Baron of Renfrew (5 294 tonnes). Ces deux géants sont aussi conçus par un autre Écossais, Charles Wood. On a fait venir Wood de Glasgow, où il pratique l'architecture et la construction navales avec son frère. Le plan des marchands est de construire un navire entièrement fait de bois équarri,

qui serait envoyé en Écosse pour y être démonté à l'arrivée. Un tel procédé permetait de contourner la taxe sur le chêne et le pin équarri provenant du Canada. Charles Wood supervise la construction du Colombus dans un chantier naval de l'île d'Orléans, d'où il fait mettre à l'eau avec succès – et tambour battant – le 24 juillet 1824.

Étant donné l'importance des caractéristiques nationales et des relations commerciales entre les Britanniques de Grande-Bretagne et ceux de Québec, il n'est pas étonnant que peu de Canadiens construisent des navires pour des clients britanniques. Ne pouvant compter sur des relations et des bailleurs de fonds britanniques, les francophones ne sont pas en mesure de financer ou de construire de grands navires.

Entre la fin du XVIIIᵉ siècle et 1818, peu de vaisseaux construits par des Canadiens dépassent les 200 tonnes, et, de 1818 à 1830, seulement 3 ou 4 autres navires de plus de 300 tonnes sont construits par des Canadiens. Durant les années de grande expansion de l'industrie de la construction navale, les nom des constructeurs francophones figurent rarement sur la liste des marchands et des constructeurs de navires. Durant ces années, le capital et la main-d'oeuvre sont absorbés par la construction de navires pour le marché britannique, ce qui ne laisse que peu d'éléments pour la construction de navires par des Canadiens.

La main-d'oeuvre : composition ethnique et équipes de construction

Ayant peu de membres dans les échelons supérieurs de l'industrie, les francophones sont sur-représentés dans les couches inférieures. Avant l'arrivée d'un grand nombre d'ouvriers irlandais dans les années 1830, la main-d'oeuvre occupée dans la construction navale se compose en grande partie de Canadiens. Peu compétents dans la conception de caboteurs de bois ou de bateaux à vapeur de grande taille, les francophones sont d'excellents travailleurs du bois, capables d'exécuter une grande variété de travaux de menuiserie et d'exercer divers métiers reliés à la construction navale[96]. Toutefois, les Britanniques ne confient la conception de leurs navires et la supervision de leur construction qu'à des compatriotes. Dès qu'ils entreprennent de construire des bateaux à Québec, les marchands et constructeurs de navires britanniques font venir des charpentiers de marine de la mère patrie. Cette main-d'oeuvre hautement qualifiée travaille surtout aux tâches spécialisées. En 1787, James Fairie, capitaine d'origine écossaise, embauche James Duncanson pour qu'il construise un bateau. Ce dernier accepte d'employer des Écossais seulement avec la permission de Fairie[97]. Chaque année, Patrick Beatson, le constructeur de navires écossais dont il a été fait mention précédemment, envoie à Québec de 10 à 12 artisans et charpentiers de marine, et un ou deux

LANCEMENT DU *Columbus* d'un chantier de l'île d'Orléans en 1824. Pendant que l'énorme navire glisse dans l'eau, les fanfares des Scottish Highlanders et du 68e Régiment jouent le pilbroch écossais et le *God save the King*. En dépit des sérieuses difficultés auxquelles le *Colombus* et son navire jumeau, le *Baron of Renfrew*, doivent faire face pendant leur traversée de l'Atlantique, leurs propriétaires décident de continuer à les utiliser malgré les conseils de l'architecte. Pendant leur voyage de retour, le *Columbus* vogue à la dérive au moment où il est en route vers le Nouveau-Brunswick et le *Baron of Renfrew* va se briser sur le littoral français. Leur brève carrière résulte d'un mélange d'habileté, d'imagination, de cupidité et d'ambition, mélange qui caractérise alors l'industrie du bois. Ces renseignements sont tirés de F.W. Wallace, *Wooden ships and iron men* : 16, 324-327, et de James McPherson Lemoine, *The port of Quebec*, 1535-1900, Québec, Chronicle Printing Co., 1900 : 52. (Ville de Montréal)

forgerons, tous écossais[98]. Dix ans plus tard, un autre constructeur de navires écossais, James Munn, de Greenock, poursuit la tradition, envoyant des charpentiers de marine à l'établissement dont son frère est propriétaire à Diamond Harbour[99]. Quelques Canadiens sont également embauchés, particulièrement des ouvriers chargés de diriger les attelages et de surveiller le bois.

De la fin du XVIIIe au début du XIXe siècle, des équipes de six charpentiers de marine peuvent bâtir l'armature de navires de 150 à 350 tonnes et la revêtir de planches. Lorsque cela s'avère nécessaire, ces hommes peuvent aussi effectuer le calfatage du bateau mais, normalement, deux calfats sont engagés pour effectuer ce travail. Dans le quartier des officiers, la finition des boiseries revient souvent à des menuisiers, tels Jacques Laurencelle, Charles Renaud et Jean-Baptiste Chamberlain, lesquels reçoivent l'aide d'environ quatre ou cinq ouvriers.

La construction d'un bateau nécessite le travail d'une équipe composée de 10 à 14 hommes. Dans les grands chantiers, tels ceux de Beatson, de Goudie et des Munn, de 20 à 30 hommes peuvent travailler simultanément, tandis qu'on emploie de 60 à 100 hommes pour la construction d'un grand bateau. Dans les chantiers plus petits, on embauche des artisans pour des tâches bien précises à divers stades des travaux. Dès qu'ils ont rempli leur contrat, les hommes vont chercher du travail ailleurs, ne laissant derrière eux que quelques employés, tels un contremaître, un surveillant, des apprentis et des artisans qui fabriquent des matériaux standardisés comme la ferronnerie et la corde.

Au fur et à mesure que le tonnage des bateaux construits à Québec augmente, le nombre d'employés travaillant dans les divers chantiers s'accroît. Vers le milieu du siècle, certains chantiers emploient de 200 à 300 hommes. En 1842, lors d'un ralentissement de la production qui entraîne la fermeture de 2 des 13 chantiers de la ville, le nombre moyen d'employés au service des chantiers toujours en activité s'élève à 144. Le nombre d'hommes varie de 60 dans l'établissement de Thomas C. Lee sur la rivière Saint-Charles à 200 dans les chantiers de Nesbitt et Gilmour[100]. La taille d'une équipe de travail dépend évidemment du gabarit et du nombre des bateaux en construction. Dans l'exemple cité ci-dessus, les hommes du chantier de

COUTUMES DES TRAVAILLEURS

On ignore presque tout des habitudes des charpentiers en bois pour la marine. Certes, il existe des renseignements sur les facettes plus fantaisistes de la construction navale, mais une étude plus poussée est nécessaire si l'on veut faire la distinction entre les éléments romantiques et les réalités quotidiennes. Jusqu'à quel point, par exemple, la pratique consistant à chanter tout en travaillant, que l'on dit avoir été courante pendant les années 1830, était-elle vraiment répandue? (Narcisse Rosa, *La construction des navires à Québec et ses environs* : 8-19).

CHARPENTIER DE MARINE BRITANNIQUE, vers 1820, Angleterre

Apparemment, les ouvriers des chantiers navals agrémentent les travaux difficiles de quelques couplets de chansons bien connues. Lorsque plusieurs hommes doivent faire équipe pour soulever de lourds morceaux de bois, une quille par exemple, ils chantent pour se donner du rythme. On peut donc entendre dans les chantiers navals de Québec des chansons comme «Rams», «Charley Man», «Chantons le vin, l'amour, mesdames!». L'un des hommes du groupe entonne le couplet d'une chanson, «Chantons le vin», par exemple :

> Derrière chez nous yat un berger
> Yat un berger qu'est bien malade

et le reste des hommes, tout en commençant à soulever le lourd objet, réponde :

> J'aime le vin
> J'aime l'amour
> Mesdames!

La chanson se poursuit jusqu'à ce que le travail soit terminé :

> Soliste : N'y a personne pour le guérir
> Y'a qu'une jeune et belle fillette.
> Refrain : J'aime le vin...
>
> Qui dans sa main, soutient un merle,
> Et dedans l'autre un rossignol.
>
> J'aime le vin...
>
> Le rossignol a turlutté :
> «Il faut aller en Angleterre.»
>
> J'aime le vin...
>
> Pour y trouver un' chopinette
> Une chopinette et du spérette (eau-de-vie)[1].

Une autre chanson de marin populaire s'intitule "Blow the man down" :

> Blow the man down, blow the man down,
> Way-ho! Blow the man down.
> Blow the man down from Liverpool town,
> Give us some wind to blow the man down[2]!

Le lancement d'un bateau donne, paraît-il, lieu à des scènes de réjouissances, les travailleurs se voyant alors offrir trois verres d'eau-de-vie : un lorsqu'ils arrivent au travail, un autre à midi et un troisième au moment où le bateau quitte la cale. Pour célébrer l'événement, l'employeur sert aux travailleurs une boisson alcoolique et de quoi à manger[3]. Il est possible que pareilles réjouissances contribuaient à alléger la tâche de ces hommes au cours des périodes de prospérité de la construction navale, mais ces occasions sont probablement rares durant les nombreuses récessions que dut traverser cette industrie.

1. Chanson extraite de Marius Barbeau, «Constructeurs de navire», *Le Canada français*, XXVIII (avril 1941) : 808 et 809. Voir aussi Rosa, *loc. cit.* D'après les commentateurs de la fin du XVIIIe siècle, les Canadiens ont l'habitude de chanter pendant leur travail et loisirs. Voir les références dans Mollie Gillen, *The Prince and his lady* : 37 et 54.
2. Chanson citée dans William Wood, "Business Québec: the ship and timber age", *The storied Province of Québec*, I : 179.
3. Narcisse Rosa, *op. cit.* : 9.

Lee travaillent à la construction d'un navire de 660 tonnes, et les employés de Gilmour, à celle de trois bateaux, deux jaugeant plus de 1 000 tonnes et un autre de 525 tonnes.

On trouve un bon exemple de la façon dont fonctionnent les chantiers navals dans les archives concernant l'établissement de John Goudie sur la rivière Saint-Charles. Au cours de l'hiver 1810 et au début de l'été 1811, plus de 20 charpentiers de marine, 1 cordier, 1 forgeron, 4 ouvriers et 19 apprentis travaillent au chantier de Goudie. La plupart de ces hommes travaillent à la construction du *Sir George Prevost*, un navire de 574 tonnes destiné au transport du bois. Se servant du chantier de Goudie pour faire construire le bateau de Robert Ritchie, Phillip Hooker, un constructeur de navires de Québec, signe pas moins de 12 contrats de sous-traitance avec différents charpentiers de marine pour des périodes allant de 3 à 6 semaines. Après avoir embauché deux contremaîtres, John Ray et Henry Baldwin (ce dernier ayant été contremaître pour le chantier de Patrick Beatson), pour superviser les travaux, Hooker conclut des ententes avec quatre équipes de charpentiers de marine, ententes qu'il renouvelle périodiquement. Deux de ces équipes sont constituées de 5 charpentiers de marine britanniques et les deux autres de Canadiens (à raison de 3 et 4 hommes par équipe). Les hommes sont engagés sur les recommandations des contremaîtres, dont le contrat fait état d'une amende de 2 000 £ dans le cas où les travaux ne sont pas terminés avant la fin de juillet.

Au cours des mois d'hiver et au début du printemps, seulement 10 charpentiers de marine anglophones travaillent au chantier, mais, en mai, comme il reste encore beaucoup de travail, les contremaîtres demandent du renfort. Ainsi, sept Canadiens français sont engagés pour les derniers travaux. Voyant le retard qu'accusent les travaux devant être achevés le 1er

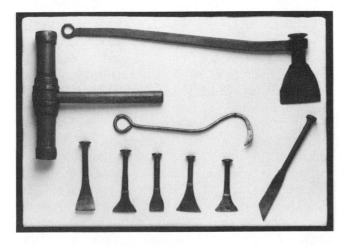

OUTILS DE CALFAT, utilisés dans les chantiers navals de Québec. (MCC 82-7218)

juin, les contremaîtres se voient forcés de réembaucher les hommes à des salaires plus élevés. Devant l'urgence des travaux, les charpentiers de marine, qui ont été jusque-là payés à la pièce, exigent et obtiennent une augmentation de salaire[101].

Comme les scieries, les chantiers navals se caractérisent par des relations de travail fondées sur l'efficacité des méthodes de production. Dans le but d'éviter des frais généraux, les contremaîtes embauchent des hommes pour de courtes périodes et en vue de tâches hautement spécialisées. Les constructeurs ne sont donc pas contraints de payer ces travailleurs durant les périodes de difficultés économiques, comme celle qui suit la guerre de 1812-1814. En 1817, le marchand Peter Brehaut décrit la misère des travailleurs en ces termes : «Je n'ai jamais vu une telle pauvreté à Québec depuis vingt ans; il n'y a aucun bateau dans les cales, aucun emploi pour les travailleurs[102].» En règle générale, les ouvriers et les apprentis doivent pourvoir à leurs propres besoins en nourriture, en logement et en vêtements, si bien que seuls les techniciens et les artisans qualifiés que l'on a fait venir de Grande-Bretagne sont logés et nourris.

Les obligations traditionnelles du maître - celles qui sont stipulées dans les contrats d'apprentissage des professions manuelles – ont été remplacées par le salariat ou tout simplement abandonnées aux autorités laïques et religieuses. Ainsi l'embauche d'apprentis en tant que main-d'oeuvre à bon marché devient pratique courante dans les métiers reliés à la construction navale[103]. Les commis et les contremaîtres organisent le programme de la journée et s'occupent des problèmes des travailleurs, ce qui explique la rareté des rapports personnels entre employeurs et employés. Dans les faits, il y a une division hiérarchique de la main-d'oeuvre suivant laquelle les commis, contremaîtres, artisans qualifiés, apprentis, débiteurs de bois, scieurs et ouvriers remplissent tous des fonctions bien précises.

Outre le fait qu'ils possèdent de l'équipement lourd tel que des crics, des moufles, des treuils, des grappins et des traîneaux à chevaux, ainsi que des bâtiments spécialisés tels que des salles de gabarits et des abris de machines à vapeur, quelques propriétaires de grands chantiers navals fournissent des outils aux forgerons, charpentiers, scieurs et débiteurs, constructeurs de voiliers de moulins.[104] En fait, les constructeurs de navires prennent toutes les mesures possibles pour réduire les coûts en contrôlant tous les aspects de la production.

Les désaccords et les conflits entre employeurs et employés aboutissent souvent devant le tribunal, à l'initiative, la plupart du temps, des constructeurs. Alors que ceux-ci se plaignent d'être abandonnés par leurs employés, ces derniers affirment que déserter constitue, pour eux, l'une des seules façons d'échapper à des conditions intolérables. Les travailleurs des chantiers navals se plaignent, par exemple, que les employeurs menacent de les battre, font travailler certains ouvriers la nuit, les jours de congé et le dimanche, et manquent à leurs obligations contractuelles concernant la remise de primes, tel le vin[105].

Le nombre d'ouvriers des chantiers navals étant difficile à évaluer, les chiffres suivants ne donnent qu'une indication générale du nombre d'hommes qui prennent directement part à cette activité. Selon un journaliste de *La Gazette de Québec*, 27 anglophones et 150 francophones travaillent dans les chantiers navals de Québec à l'hiver de 1811[106]. Si l'on inclut les hommes travaillant dans les grands chantiers situés près de Québec tels que ceux de Lévis, de New Liverpool et de l'île d'Orléans, et dans les nombreux chantiers à l'est de Québec, comme ceux de Baie-Saint-Paul et de Matane, ce nombre atteint presque 400. Cette évaluation reste partielle parce qu'elle ne tient pas compte des artisans qui pratiquent des métiers connexes tels que la fabrication de cordes, de voiles et de moufles, ni de ceux qui travaillent occasionnellement pour les constructeurs, notamment les menuisiers et les forgerons. On a rapporté que de 1823 à 1825, années de grande prospérité, 3 355 hommes travaillent dans la construction navale à Québec et qu'en 1831, après six années difficiles, ce nombre chute à 1 155[107]. L'année 1825 se caractérise par un taux d'emploi record qui ne sera pas égalé au cours des 15 années suivantes. En 1841, 2 860 hommes travaillent dans les chantiers navals de Québec et des environs; un an plus tard, ce nombre chute à 1 640[108]. Ces données sont également incomplètes parce qu'aucune d'elles ne tient compte des hommes travaillant ailleurs dans la province. En 1841, par exemple, de 400 à 500 hommes travaillent dans les chantiers navals de Pointe-aux-Trembles, Batiscan, Sorel et Montréal, et de 200 à 300 autres travaillent probablement dans divers chantiers situés à l'est de Québec[109]. Des changements subits dans l'industrie et son éparpillement aux quatre coins de la province rendent toute évaluation de sa main-d'oeuvre difficile.

L'impact de l'industrie sur la ville

La construction navale est, au cours de la première moitié du XIXe siècle, l'une des plus importantes industries du Bas-Canada. Elle fournit une source de revenus supplémentaires aux cultivateurs et à leurs fils qui transportent le bois jusqu'à Québec ou qui emmènent leurs chevaux de labour travailler dans les chantiers. Elle procure aussi du travail à un grand nombre d'artisans et à quelques marins locaux engagés comme hommes d'équipage sur les bâtiments construits à Québec. Même pendant les années difficiles, la construction navale est le gagne-pain de milliers d'individus. On rapporte qu'en 1841, par exemple, les hommes travaillant dans les chantiers navals de Québec font vivre de 4 000 à 5 000 personnes[110]. Cette activité touche toutes les classes de la société, du riche marchand de bois au plus humble des ouvriers, en passant par le constructeur de navires britannique et le charpentier en bois canadien ou irlandais. En fait, l'économie urbaine en son entier est touchée : les merceries, les entrepreneurs et les ouvriers du bâtiment, les tavernes, les maisons closes, les organisations municipales et religieuses, etc. Selon un adage de l'époque, «ainsi allait la construction navale, ainsi allait la ville».

Étant donné l'importance que représente la construction navale pour l'économie, sa dépendance du marché britannique signifie qu'une grande partie de la population de Québec doit constamment tenter de s'adapter à des situations indépendantes de sa volonté. Bien que de nombreux marchands ont été ruinés, la plupart d'entre eux sont mieux en mesure que les ouvriers de s'adapter aux situations nouvelles. Menant normalement plusieurs activités de front, les marchands sont plus en mesure de résister au choc d'une récession et, le cas échéant, peuvent liquider une partie de leurs biens. Faute de ressources, la plupart des travailleurs n'ont cependant pas la même chance, de sorte que leur infortune est beaucoup plus grande que celle des élites commerciales. Voici comment la presse locale décrit, en 1842, la misère régnant parmi les familles des travailleurs des chantiers navals en chômage : « La plupart des chantiers sont fermés, la construction des navires se réduit à quelques vaisseaux; les menuisiers et les maçons n'ont rien à faire; le commerce est en banqueroute. On calcule qu'il n'y a pas moins de 2 500 ouvriers, ordinairement employés dans ces chantiers, qui sont maintenant sans ouvrage peu de familles ont des biens essentiels tels le pain et le bois.»[111]

Les conséquences de ces récessions sont particulièrement manifestes parmi les habitants de Saint-Roch, où la construction navale avait déclenché une explosion dans le domaine de la construction domiciliaire. Les travailleurs ont édifié à la hâte des bicoques qu'ils espèrent améliorer plus tard. Comme l'avenir se révèle, pour nombre d'entre eux, incertain et parfois désastreux, la plupart de ces baraques ne subissent aucune modification. Cette situation, comme nous le verrons plus loin, contribue à l'apparition d'une banlieue ouvrière dont les conditions de vie vont être parmi les plus mauvaises de la ville. Il est évident que les fluctuations du marché britannique prennent marchands et travailleurs au dépourvu. De spectaculaires augmentations mènent à des attentes irréalistes et des chutes brusques provoquent la faillite de quelques-uns et la pauvreté de nombreux autres.

Les causes du déclin

En Nouvelle-France, la construction navale s'est développée par suite des circonstances coloniales, lesquelles favorisent aussi l'expansion de cette activité au XIXᵉ siècle. Le capital, la technologie et la main-d'oeuvre qualifiée sont étrangers et doivent tous être importés au Canada. Cette dépendance est l'une des raisons du déclin de cette industrie. Lorsque à la fin du XIXᵉ siècle la Grande-Bretagne trouve de nouveaux marchés, l'Orient par exemple, et commence à construire des bateaux composites, faits de fer et de bois et utilisant l'énergie de la vapeur et du vent, les constructeurs au Canada sont incapables de relever le défi parce qu'ils n'ont pas le capital, la technologie ou les compétences nécessaires. Les atouts naturels du pays, le bois et la main-d'oeuvre bon marché, ne suffisent pas à combler le fossé qui apparait dans le marché local lorsqu'on retire les ressources britanniques pour les employer ailleurs. Le changement de priorités que connaît le marché impérial a donc un impact direct sur le commerce du bois équarri ainsi que sur la construction navale.

Les causes de la faillite de cette importante industrie sont nombreuses. Une controverse entre hommes politiques et hommes d'affaires à la fin du XIXᵉ siècle

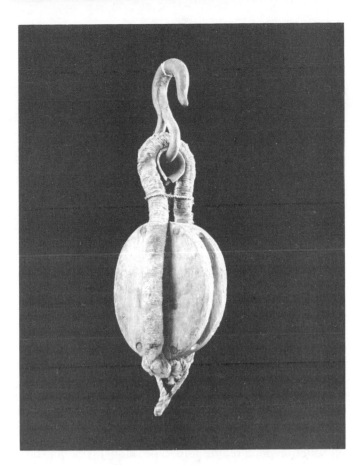

MOUFLE, vers 1880, Québec. (MCC)

LES MAISONS DE FAMILLES D'OUVRIERS à Saint-Roch sont construites sans grand soin et n'offrent qu'un confort rudimentaire. Bing Wong, des MNC a réalisé ce dessin à partir d'illustrations historiques, d'objets d'époque et d'inventaires de successsions. (MCC)

jette un jour nouveau sur les raisons que nous venons d'exposer. D'après les seconds, le gouvernement n'a pas accordé tous les crédits nécessaires à la modernisation des chantiers navals. Pour eux, le gouvernement doit offrir du crédit et payer aux constructeurs de navires un montant fixe pour chaque bateau de fer ou composite qu'ils construisent, ce qui donne aux constructeurs locaux la motivation et les moyens nécessaires pour rattraper l'avance des Britanniques. Répliquant à cette prise de position, le politicien George-Étienne Cartier déclare que la possibilité de faire facilement des profits dans l'industrie du bois a gâté les marchands de Québec. Québec a vu naître plus de grands négociants que Montréal et compte plus d'hommes d'affaires capables de prendre une retraite anticipée et de retourner en Grande-Bretagne. Au lieu de rester et de réinvestir dans l'avenir, les plus riches ont quitté Québec. Cartier affirme que le nombre réduit d'industries au Bas-Canada et particulièrement à Québec s'explique par l'irresponsabilité des capitalistes. Par conséquent, ce sont eux que l'on doit blâmer et non les politiques fiscales du gouvernement[112].

Chacune de ces deux positions comporte évidemment des éléments de vérité. Il semble que les marchands de la colonie ont besoin de l'appui du gouvernement pour assurer la rentabilité des industries à Québec. Lorsqu'il n'y a pas possibilité d'encaisser des bénéfices importants, les marchands s'en vont. C'est ce qui arrive, en partie, quand les entrepreneurs quittent Québec pour investir dans la construction navale britannique et sur de nouveaux marchés. Il est douteux, cependant, que l'aide du gouvernement suffise à soutenir l'intérêt des marchands pour Québec. Le capital, la main-d'oeuvre spécialisée et la technologie étant essentiellement britanniques, il est naturel que la diminution des profits susceptibles d'être réalisés dans la colonie a incité les marchands à rentrer dans leur pays.

Si Cartier a raison de se plaindre des marchands de bois qui ne réinvestissent pas leurs bénéfices à Québec, les autorités et les hommes d'affaires locaux n'y peuvent pas grand-chose, puisque le capital britannique leur échappe complètement. Dans nombre de cas, la situation est inévitable tant et aussi longtemps que l'industrie canadienne demeure à la remorque d'un seul acheteur et d'un seul marché étrangers. Même à l'époque du débat dont il a été question précédemment (1870), le Canada se trouve toujours dans un état de servitude face à la Grande-Bretagne, état dont seul un effort concerté de la part des marchands, des hommes politiques et de la population du pays a pu le délivrer. Comme la plupart des gens pensent surtout en fonction de la réalité impériale, laquelle exclut souvent le développement national, pareil effort se révèle pour ainsi dire impossible.

5. Les distilleries et les brasseries

> And there will be Lang-kail and Pottage
> And Bannocks of Barley-meal;
> And there will be good sawt Herring,
> To relish a Cog of good Ale[113].

Alors que les goûts traditionnels des Britanniques en matière de boissons alcooliques entravent l'élaboration de produits de remplacement canadiens, la disponibilité du grain et la consommation généralisée de bière facilitent la création d'industries locales en ce domaine. En fait, les propriétaires de brasseries et de distilleries en viennent à dépendre moins de l'économie britannique que les autres marchands. Au départ, cependant, les relations impériales sont essentielles à la mise sur pied de ces industries. À l'instar des tanneries, dont il a été question précédemment, les fabriques de boissons alcooliques doivent leur naissance au capital commercial et à l'aide du gouvernement.

C'est Jean Talon, gouverneur de la Nouvelle-France, qui encourage l'établissement de la première brasserie de Québec. Au moins cinq brasseries sont créées à Montréal, mais il n'en subsistait qu'une en 1739. À Québec, les entreprises de ce genre doivent faire face à un manque de capitaux et de marchés locaux tout au long du XVIIIe siècle. Vers la fin du siècle, le capital provient des marchands britanniques.

Les entrepreneurs, le capital et la main-d'oeuvre britanniques

Bien que les marchands jouent un rôle important dans le développement des fabriques de boissons alcooliques en Grande-Bretagne, ils ne sont pas les seuls. Dans ce pays, de nombreux propriétaires de brasseries et de distilleries sont de riches fermiers qui ont décidé de transformer les produits de leur terre[114]. C'est ainsi que les cultures traditionnelles, tels l'orge et le houblon, entrent dans la fabrication de bière et de whisky écossais. La transformation de ces cultures conduit à l'apparition d'un groupe de brasseurs locaux, dont un bon nombre lancent également leur propre entreprise. En outre, de nombreux Britanniques, en particulier des Écossais, savent comment distiller le whisky, comme en fait foi le très grand nombre d'alambics répandus partout en Grande-Bretagne. Afin d'éviter les taxes indirectes, les Écossais, plus particulièrement ceux des Highlands où l'on produit du whisky à base de malt, font usage d'alambics illégaux[115].

Il existe, au Canada, un ensemble de facteurs favorables à la création de brasseries : les taxes n'existent presque pas, la terre ainsi que la main-d'oeuvre sont bon marché et la plus grande partie de l'alcool vendu est importée. Les Écossais sautent donc sur l'occasion pour développer cette industrie. La plupart des brasseurs, des malteurs et des propriétaires de brasseries et de distilleries viennent d'Écosse et des Orcades, tels que le brasseur Dennis Hegarty, qui fabrique de la bière dans les années 1780[116], ou les marchands Bréhaut, Johnstone, Fraser, Young et McCallum. Après leur arrivée au Canada, la plupart de ces hommes d'affaires, qui ont des capitaux et des connaissances et conservent des relations en Grande-Bretagne, se lancent dans le commerce du grain. Pour nombre de marchands, il n'y a qu'un pas à franchir entre l'exportation du grain et son utilisation dans la fabrication de l'alcool.

À l'instar de leurs homologues du secteur du bois, ces marchands se livrent à diverses activités, dont l'importation, le sciage du bois, la mouture du blé, la boulangerie et la construction navale. Certains, comme John Young, détiennent un poste lucratif au sein de l'administration gouvernementale. Comme les établissements de Québec exigent une mise de fonds considérable pour l'acquisition de terres et de matériel ainsi que pour la construction de quais et de bâtiments, les coûts sont partagés entre les partenaires, généralement deux actionnaires principaux et un ou deux petits actionnaires. Bien que l'on ignore l'importance du capital investi aux premiers stades de l'exploitation, de 600 à 1 000 £ sont nécessaires à la mise sur pied d'une brasserie de taille modeste.

«DISTILLERIE À BEAUPORT PRÈS DE QUÉBEC», par George Heriot, 1812. Situé sur un terrain de sept acres et doté des machines à vapeur les plus nouvelles, cet établissement est considéré comme trop ambitieux. (ROM 954.102.2)

La biographie de Robert Lester, qui lance la Cape Diamond Brewery en 1800, constituc un bel exemple de la vie d'un marchand de grain et de boissons alcooliques. Débarqué à Québec vers 1770, Lester noue des relations d'affaires avec des marchands en vue, tels que Thomas Dunn et la puissante société montréalaise de Todd et McGill, ainsi qu'avec Brooks Watson, Londonien dont l'appui aux hommes d'affaires du Bas-Canada est déterminant[117]. En 1790, Lester et Morrogh (le neveu de Lester) ont tellement augmenté leurs transactions commerciales qu'ils comptent désormais parmi les chefs de file de l'exportation du blé et de la farine. En 1800, ils commencent à approvisionner l'armée britannique. En 1789, ils font leurs débuts dans l'industrie des boissons alcooliques en tant qu'associés dans la Montreal Distillery Company, vendu à Nicholas Montour en 1794[118]. Ils continuent toujours à s'intéresser à ce commerce, toutefois, important des spiritueux qu'ils revendent aux tavernes et aux auberges.

Profitant de cette expérience, ils investissent dans la construction de deux entrepôts de pierre et d'une grande brasserie (64 pi x 12 pi) à Près-de-Ville en 1800[119]. En 1801, ils réussissent à persuader John Mason Godard de quitter la brasserie de Saint-Roch appartenant à Young pour qu'il vienne produire avec eux du porter, de l'ale et de la bière[120]. La Cape Diamond Brewery change souvent de mains. En 1816, Peter Bréhaut, qui possède un quai et un magasin à côté de la brasserie, l'achète à Thomas Dunn pour 12 600 £ et s'assure les services de Thomas Purcell, maître-brasseur londonien[121]. En 1830, la brasserie appartient à John Racey et est administrée par Joseph Boswell, un brasseur de Dublin, qui a fait son apprentissage dans une brasserie d'Édimbourg. Selon Joseph Bouchette, l'établissement de Racey produit du porter et de l'ale destinés tant à la consommation locale qu'à l'exportation[122].

À la fin du XVIIIᵉ siècle, James Johnston et John Purss, aidés du beau-frère de Johnston, Henry Taylor, qui est médecin et pharmacien, construisent rue Champlain un grand établissement destiné à la production de bière et d'alcool de malt. Cet établissement comprend une grande maison de trois étages ainsi qu'un magasin et une distillerie comportant deux étages chacun. La distillerie est dotée de trois alambics de 1 300, 1 200 et 400 gallons, qui servent à la transformation de l'orge maltée. L'existence de trois appareils laisse croire que les distillateurs de Québec se refusent à réutiliser deux autres fois le même conte-

TONNEAU DE LA BRASSERIE DE QUÉBEC, avec le mot «McCallum» inscrit sur le fond. (MCC)

---

nant et qu'ils souhaitent plutôt employer un réservoir différent à chaque étape de la production des liqueurs maltées. Cette pratique permet d'éliminer l'odeur nauséabonde que cause la distillation répétée dans le même alambic. Les pratiques du genre sont plus avancées que celles qui ont cours dans la plupart des distilleries écossaises. La taille des bassins est également révélatrice d'une production à grande échelle[123].

Au début des années 1790, Young et Fraser, deux autres Écossais, mettent sur pied le plus grand établissement du district de Québec avec l'aide du savoir-faire d'artisans qualifiés de leur pays, et des machines à vapeur les plus nouvelles.

En 1810, la brasserie-distillerie de Beauport comprend sept acres de terrain, un bâtiment à alambics doté de chaudières, un moteur à vapeur avec une chaudière et un cylindre, un foyer pour les travailleurs, un entrepôt, une boulangerie, un grand atelier pour les tonneliers, les forgerons et les chaudronniers, ainsi que des écuries et des étables pour plusieurs centaines de têtes de bétail. Outre Peter Fraser, John Young a d'autres associés écossais, dont James McCallum et son beau-frère, G. Ainslie. McCallum achète du graine aux habitants avec l'aide de marchands canadiens tels que Pierre Casgrain de Rivière-Ouelle.

De façon à financer ces activités, Young emprunte des sommes de 2 000 £ ou plus à des marchands bri-

tanniques[124]. L'établissement de la rue Champlain et celui de Beauport sont tous les deux trop ambitieux. Johnston et Purss doivent vendre leur entreprise pour payer leurs dettes, et Young est contraint de louer son moulin à blé, sa distillerie de Beauport, ainsi que ses deux brasseries en 1805-1806 pour rembourser ses créanciers[125]. Un grenier à blé et un germoir sont ajoutés aux installations de Beauport, qui appartiennent, en 1815, à un ancien associé de Young, James McCallum, et à un marchand de Québec, John Racey[126].

John Young joue également un rôle de premier plan dans la construction d'une grande brasserie rue Saint-Charles, entre la basse ville et le faubourg Saint-Roch. Il la construit avec l'aide de James McCallum et du brasseur écossais John Meiklejohn, utilisant de l'équipement dont une partie provient peut-être de la vente de la propriété de Johnston et de Purss. En 1807, Christian Ainslie Young prend en main les activités déficitaires de son mari, transfère le brasseur, Meiklejohn, de Beauport à Saint-Roch et loue l'entreprise à Jacob Pozer en 1808[127]. Un an plus tard, elle acquiert les avoirs de son mari dans une vente aux enchères, fait bâtir un germoir de trois étages à la brasserie de Saint-Roch et, en 1813, vend l'établissement à James McCallum pour 16 000 £[128]. McCallum dirige l'entreprise jusqu'en 1830 environ. On sait que Duncan McCallum, probablement l'un des ses fils, est alors un brasseur et un actionnaire de l'établissement, qui allait être connu jusqu'en 1845 sous le nom de Québec and Halifax Company Brewery.

Au début du XIXᵉ siècle, il y a au moins deux autres entreprises dans la région de Québec, une distillerie située à Pointe de Lévy et gérée par Thomas Wilson et l'établissement de Rémi Quirouet dans la basse ville. Quirouet est l'un des rares francophones à gérer une brasserie au cours de cette période[129]. Les francophones ne possèdent pas, pour la plupart, les compétences nécessaires en matière de brassage et de maltage, ni les capitaux, soit les éléments essentiels d'une production à grande échelle.

Tout comme en Grande-Bretagne, les fabriques de boissons alcooliques du Bas-Canada exigent des capitaux importants. D'après des études réalisées en Grande-Bretagne, les salaires représentent souvent moins d'un dixième des coûts globaux[130]. Cependant, des centaines d'hommes sont employés au cours de la construction de ces entreprises[131]. À l'instar d'autres employeurs britanniques à Québec, les propriétaires de brasseries et de distilleries tentent d'augmenter leurs bénéfices en réduisant le salaire des employés pendant l'hiver. Cette politique conduit à de nombreux conflits entre les artisans canadiens qui s'y opposent et les contremaîtres britanniques responsable des accords salariaux[132].

Alors que les francophones travaillent à temps partiel ou participent aux travaux de construction, les emplois permanents sont occupés, pour la plupart, par des anglophones. Des brasseurs et des malteurs, à l'instar des charpentiers de navire et d'autres travailleurs très spécialisés, viennent à Québec à l'instigation de marchands. John Young, par exemple, convainc John Meiklejohn, qui appartient à l'une des familles de brasseurs les plus prospères d'Écosse, de venir travailler dans son établissement de Beauport. Comme il a été mentionné précédemment, Meiklejohn aide aussi Young à mettre sur pied la brasserie de Saint-Roch. Thomas Wilson embauche des travailleurs d'origine allemande qui ont probablement de l'expérience dans le brassage de la bière. Même si un grand nombre de meuniers canadiens sont également engagés, ils ont aussi à livrer concurrence aux travailleurs britanniques. Parmi les francophones, les tonneliers, suivis des charretiers et de nombreux fermiers embauchés pour débroussailler les routes, couper du bois et chauffer les poêles, sont les plus nombreux à se trouver du travail dans les métiers spécialisés. Tout comme les constructeurs de navires, les propriétaires de brasseries et de distilleries confient les tâches essentielles aux artisans britanniques et celles qui restent aux Canadiens.

Produits locaux et produits importés

La bière, notamment l'ale Burton, l'ale douce, le porter et la bière de table, est la production principale des brasseries de Québec et la boisson alcoolique la plus prisée qui a été produite localement. Les distilleries de Johnston et Purss, de Beauport et de Pointe de Lévy produisent également une petite quantité de liqueur maltée. On fait du whisky et du rhum dans la région de Québec mais ces boissons ont du mal à concurrencer les marques importées, mieux établies. En effet, il manque deux éléments primordiaux pour que les liqueurs maltées de Québec soient comparables en qualité et en goût aux marques britanniques existantes : des ingrédients de choix et l'expérience.

Cet échec s'explique en partie par l'attachement qu'ont les gens pour certains ingrédients et certaines saveurs. Le goût typique résultant de l'utilisation de l'eau d'Écosse et de la tourbe des Highlands dans la distillation du whisky est, par exemple, difficile à reproduire. Comme Québec compte un grand nombre de connaisseurs en la matière, un produit de qualité inférieure est vite repéré. En 1801, par exemple, des agents de compagnies écossaises du Bas-Canada envoient des échantillons de whisky québécois à Glasgow et quelques capitaines de bateau écossais en achètent pour leur équipage en raison de son prix, un peu inférieur à celui du rhum[133]. Meilleur marché que les marques importées, le whisky de Québec n'en est pas moins jugé de moindre qualité. La plus grande partie de la faible production de 400 000 gallons de boissons fortes en 1836 dans le Bas-Canada est le fait de l'Estrie, où se trouvent la majorité des distilleries[134].

Bien qu'on produisît du rhum localement à la fin du XVIIIe siècle, la forte concurrence des marques importées ne permet pas à cette activité de survivre. Le whisky canadien ne peut concurrencer le rhum que lorsqu'il est moins cher que ce dernier et, malgré cela, beaucoup préfèrent cette boisson «frelatée et pernicieuse»[135]. Jouissant d'une grande popularité depuis la fondation de la Nouvelle-France, le rhum continue à être consommé, à la fin du XVIIIe siècle et au début du siècle suivant, en plus grande quantité que les autres boissons alcooliques, à l'exception de la bière, qui, en raison de son bas prix, a toujours eu la faveur des petites gens[136]. De 261 142 gallons en 1761[137], la quantité de rhum importé arrivant au port de Québec passe à 752 442 en 1774 et à plus d'un million de gallons en 1826[138]. Cette année-là, derrière le rhum importé, on trouve, par ordre d'importance, les vins (264 357 gallons) [plus particulièrement les vins espagnols], le brandy, le porto, le gin et le whisky. Malgré l'importation de grandes quantités de bière et de cidre à la fin du XVIIIe siècle, la production locale remplace la plus grande partie de la bière importée au début du XIXe siècle.

RÉCIPIENTS À LIQUIDE. Au centre de l'illustration, on remarque une bouteille de bière en grès beige qui est probablement importée de Grande-Bretagne. (Place Royale)

Si l'on fait exception de l'encouragement qu'elles reçoivent sur le plan local, les brasseries et les distilleries du district de Québec ne connaissent pas le succès des établissements existant dans d'autres régions de la province. Selon le recensement de 1827, le nombre de fabriques d'alcool dans la région de Québec, qui est de quatre au début du siècle, est passé à six. La région de Montréal compte 40 entreprises de ce genre et même le district de Trois-Rivières, qui en compte 4, rivalise avec Québec. En 1831, la région de Québec s'est laissée encore plus distancer. Bien qu'il soit difficile d'établir des comparaisons sans évaluer la quantité d'alcool produite dans les différentes régions, il est évident que la production de Montréal surpasse celle de Québec[139]. Une fois de plus, l'arrière-pays de Montréal fournit à cette ville plus de matières premières et de débouchés qu'on n'en trouve dans le district de Québec.

L'importation d'alcool nuit à la position des producteurs de boissons alcooliques de Québec. La présence dans le port d'une grande quantité de marques importées de qualité souvent supérieure et prêtes à être distribuées, ainsi que les préférences traditionnelles de l'importante population anglophone de la ville, ne font évidemment rien pour encourager la consommation de boissons fabriquées à Québec. En outre, certains entrepreneurs semblent avoir surestimé la quantité d'alcool susceptible d'être consommée par la population. Ainsi, on dit que la brasserie de Saint-Roch et la brasserie-distillerie de Beauport, considérées comme de grands établissements même selon les normes européennes, «représentent des entreprises trop grandes pour la capacité de consommation de la province...[140]».

6. Les fonderies et les forges artisanales

Importantes quant au développement de nombreuses régions en voie d'industrialisation, les fonderies sont manifestement absentes de Québec de la fin du XVIIIᵉ siècle et du début du siècle suivant. L'atelier traditionnel du forgeron continue, cependant, à remplir une importante fonction dans la ville. Les charretiers, les militaires et un nombre croissant de constructeurs de navires sont les meilleurs clients du forgeron. De nombreuses raisons expliquent l'absence de fonderies à Québec, les principales étant le manque d'intérêt porté à cette industrie par les marchands britanniques, la difficulté de trouver la main-d'oeuvre compétente, la technologie et les ressources nécessaires, ainsi que la proximité des Forges du Saint-Maurice et la concurrence des établissements montréalais.

Thomas Tweddell ouvre la première fonderie à Québec à la fin des années 1820. En 1850, l'établissement de Tweddell comprend une fonderie, une forge, un atelier de modelage et un atelier de finition. Celui-ci tire son énergie d'un moteur à vapeur et est doté d'une panoplie complète d'outils. Située sur un quai de la rue Champlain, la fonderie possède d'excellentes installations, conçues pour la réception du charbon et du fer ainsi que pour la réparation ou l'installation de moteurs à vapeur[141]. La fonderie se spécialise dans la réparation et la construction de bateaux à vapeur et dans la fabrication de machines d'usine. Une autre fonderie qui est établie peu après se spécialise dans la fabrication de pièces servant à la construction navale : pompes, tuyaux, boulons, ferrures de gouvernail, etc.

LES FORGES DU SAINT-MAURICE, d'après un tableau de L. O'Brien, fin du XIXᵉ siècle.

ARTICLES EN FER fabriqués aux Forges du Saint-Maurice et annoncés dans le journal local avec le nom des vendeurs. ((MCC)

Avant l'apparition de ces fonderies, les pièces moulées sont soit importées, soit fabriquées aux Forges du Saint-Maurice. Les chantiers navals s'approvisionnent en fer auprès des Forges ou des forgerons locaux ou en importent de Grande-Bretagne.

Même si les Forges du Saint-Maurice, situées près de Trois-Rivières, commencent à fabriquer des produits en fer au milieu du XVIIIe siècle, elles n'arrivent pas à répondre aux besoins de la population. À l'instar des tanneries et des distilleries, cette entreprise recoit son impulsion du gouvernement impérial[142]. Au XVIIIe siècle, les Forges du Saint-Maurice furent la seule fonderie locale à approvisionner Québec en lingots et en outillages de fer. Elles jouent un rôle important dans l'approvisionnement en fer des premiers chantiers navals de Québec[143]. Certes, les Forges produisent suffisamment pour répondre à certains des besoins de la ville, mais elles sont bien loin de monopoliser le marché. Même avec plus de 400 employés au début du XIXe siècle et une production annuelle de 300 tonnes de fer en barre et de 50 tonnes de produits moulés, les Forges ne suffisent pas à la tâche[144].

En 1793, l'établissement d'une nouvelle fonderie à Batiscan, à mi-chemin entre Trois-Rivières et Québec, ne fait pas décroître la demande de biens importés. Établissement à la production limitée, l'usine de Batiscan fabrique surtout des poêles et des marmites[145]. Au début du XIXe siècle, ces deux usines, ainsi que de petites locales, fabriquent des articles utilitaires, dont du fer en barre, des poêles, des bouilloires, des chaudrons, des pelles, des fers de hache, des socs de charrue, des machines pour les moulins[146] et une grande variété de produits utilisés dans la construction navale, l'habitation et les activités militaires. En dépit du fait que ces entreprises ne produisent qu'un nombre limité de biens essentiels et qu'elles en exportent encore moins, leur présence fait hésiter certains entrepreneurs à ouvrir des fonderies à Québec. Quelques artisans britanniques, comme les frères Hunt, qui ouvrent un atelier dans les années 1790, se spécialisent dans la production de fer destiné à la construction navale. Une autre raison explique l'absence de fonderies à Québec, à savoir l'existence d'une énorme quantité de fer importé.

La concurrence étrangère

Bien que nous manquions de données précises à ce sujet, la quantité d'objets en fer importés de Grande-Bretagne est énorme. Outre le fer en barre et les articles d'usage commun semblables à ceux qui sont fabriqués localement, les importations britanniques se composent d'articles difficiles à mouler ou nécessitant une fonte très soignée ainsi que de produits dont le degré de perfection doit être grand. Parmi ces objets, on trouvait, par exemple, du fer-blanc, des feuilles de tôle et du fer ornemental, de la quincaillerie, des objets en étain, des poêles, des objets creux de toutes sortes, des ancres, des lames, des rasoirs, des serrures, etc.[147] Des renseignements concernant les poêles révèlent dans quelle mesure les biens importés ont envahi le marché local. D'après l'extrait qui suit d'un article publié dans *La Gazette de Québec* en 1833, on importe des poêles en très grand nombre.

> POÊLES. Ces articles, indispensables au Canada, ont été importés en si grande quantité la saison dernière qu'on a assisté à des sacrifices quotidiens à l'encan. À la clôture de la saison de la navigation, au moment où on obtient, en général, des mises plus élevées, il a fallu accepter des prix en deçà de 50 % au moins des prix habituels[148].

Si l'on en juge par des articles semblables publiés dans des journaux aux quatre coins de la colonie, l'importation de poêles se poursuit au même rythme. Au milieu du siècle, des poêles de fabrication américaine rivalisent avec ceux de fabrication britannique et locale[149].

Des objets en fer venant de Russie, de Suède, de Hollande et d'Allemagne arrivent également à Québec via Londres. Au cours des périodes de difficultés économiques, les importateurs achètent à bas prix des quantités importantes d'objets en fer et en inondent le marché local. C'est ainsi que les forges de Batiscan ferment leurs portes pendant ou immédiatement après la guerre de 1812-1814 et que les Forges du Saint-Maurice accusent un sérieux recul au cours de la récession qui débuta en 1837[150]. Les industries canadiennes sont dépourvues des moyens techniques et, par conséquent, de l'impulsion nécessaire pour pouvoir être compétitives sur le marché international. C'est pourquoi elles ne parviennent pas à fournir la variété de biens dont le marché local a besoin, situation qui rend inévitable la domination du marché par les produits britanniques et étrangers.

Même avant la faillite des usines sidérurgiques au milieu du XIXe siècle[151], les fonderies de la région de Québec n'arrivent plus à rivaliser avec celles de Montréal. D'après le recensement de 1831, la région de Québec ne compte que 2 fonderies, par rapport à 14 pour la région de Montréal et à 2 pour celle de Trois-Rivières. Québec, cependant, a un nombre un peu plus élevé de boutiques de forges, soit 43 par rapport à 37 pour la région de Montréal et à 22 pour Trois-Rivières et ses environs. Le plus grand nombre de fonderies à Montréal s'explique par la croissance des usines et en particulier par la demande de moteurs à vapeur. À Québec, les contrats passés par l'armée et par l'industrie de la construction navale se traduisent par une forte demande d'ouvrages en fer et, par conséquent, par la croissance de nombreuses forges artisanales locales.

Entrepreneurs, technologie et main-d'oeuvre

Les sidérurgistes, à l'instar des entrepreneurs dans les autres secteurs de l'économie, sont d'origine britannique. Des marchands tels que Bell et Munro des Forges du Saint-Maurice, Coffin des Forges de Batiscan, Tweddell de la première fonderie de Québec, et Bennett et Henderson de l'importante fonderie de Montréal[152], sont des hommes d'affaires britanniques typiques. Ces hommes ont accès au capital, savent où trouver la technologie et la main-d'oeuvre nécessaires, et connaissent bien les structures bureaucratiques et politiques. Nous avons fait allusion plus haut à la capacité d'importer du capital et de la main-d'oeuvre spécialisée, mais il reste à parler de la technologie.

L'outillage et la machinerie jouèrent un rôle quasi inexistant dans le développement du Canada. Pourtant le rôle que la technologie joue dans toutes les industries participe de la nature même de la croissance économique. Le fait que la nouvelle machinerie est britannique et qu'elle n'est pas facilement accessible aux non-initiés constitue une facette de l'histoire technologique qui influence grandement la direction prise par le développement économique au Bas-Canada. Il a été question au chapitre II de l'importance que représente la machinerie britannique pour l'industrialisation de l'Occident, mais il n'y est pas fait mention de la difficulté qu'on éprouve à acquérir cette technologie.

De 1780 à 1820, l'Angleterre tente de maintenir sa domination dans le domaine industriel en interdisant l'émigration d'artisans qualifiés ainsi que l'exportation de machines et de plans de machines[153]. Aucune industrie n'est plus frappée par les restrictions britanniques en matière de technologie que celle du fer. Dans les années 1780, on promulgue des lois qui visent à empêcher «l'exportation (sauf en Irlande) de tout outil ou instrument pouvant servir à l'équipement, au fonctionnement et au parachèvement des manufactures de fer ou d'acier du royaume»[154]. Lorsque cette interdiction générale se révèle peu pratique, on adopte une autre loi en 1786, laquelle permet l'exportation d'outils d'usage courant tout en prohibant celle des machines haut de gamme utilisées pour le laminage du fer, le fendage, le pressage, le moulage ou l'alésage, etc.[155] Ces mesures de dissuasion qui visent à refroidir les aspirations industrielles d'autres pays n'empêchent pas des entrepreneurs de Belgique, de France, d'Allemagne et des États-Unis d'emprunter des idées britanniques, de copier des plans de machines et d'encourager des artisans qualifiés d'Angleterre à créer des entreprises à l'étranger[156].

La plupart des Canadiens ne jouissent pas des avantages qui permettent aux marchands et industriels de langue anglaise ou européens d'avoir accès à l'information technologique. Les marchands de langue anglaise qui font des affaires au Bas-Canada sont au fait des dernières innovations industrielles, mais comme la préoccupation majeure de la plupart d'entre eux est l'exportation des matières premières et l'importation de produits manufacturés vers les colonies, l'adaptation de la technologie britannique aux entreprises locales ne les intéresse généralement pas.

Certains entrepreneurs britanniques établis au Bas-Canada, tels Munro et Bell, ont recours à leurs relations en Grande-Bretagne pour attirer des travailleurs britanniques spécialisés[157] et pour emprunter des modèles de l'usine sidérurgique Carron d'Écosse[158]. Les machines demeurent difficiles à exporter. Au début du XIXe siècle, un marchand de Québec, P. Patterson, réussit à faire l'acquisition d'un tour

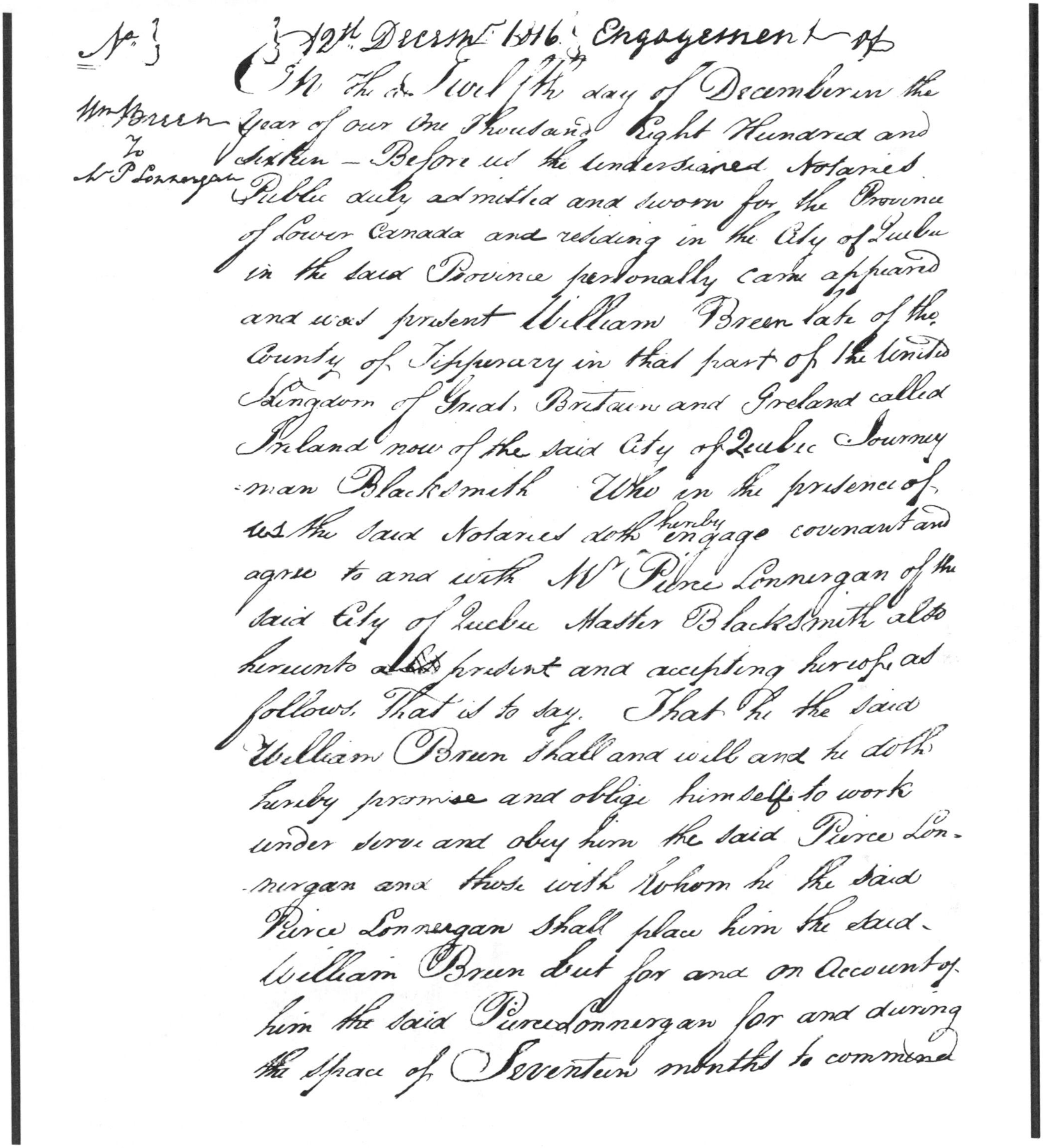

No. 3

12th Decr. 1816

Engagement of

Wm Breen

to

Mr P Lonnergan

On the day Twelfth day of December in the Year of our One Thousand Eight Hundred and Sixteen — Before us the undersigned Notaries Public duly admitted and sworn for the Province of Lower Canada and residing in the City of Quebec in the said Province personally came appeared and was present William Breen late of the County of Tipperary in that part of the United Kingdom of Great Britain and Ireland called Ireland now of the said City of Quebec Journeyman Blacksmith Who in the presence of us the said Notaries doth hereby engage covenant and agree to and with Mr Pierce Lonnergan of the said City of Quebec Master Blacksmith also hereunto also present and accepting hereof, as follows, That is to say. That he the said William Breen shall and will and he doth hereby promise and oblige himself to work under serve and obey him the said Pierce Lonnergan and those with whom he the said Pierce Lonnergan shall place him the said William Breen but for and on Account of him the said Pierce Lonnergan for and during the space of Seventeen months to commence

DE NOMBREUX ARTISANS BRITANNIQUES sont embauchés pour travailler dans les ateliers de la ville. Dans le contrat de 1816 reproduit ci-dessus, William Breen, compagnon forgeron du comté de Tipperary, en Irlande, accepte de travailler durant 17 mois pour Pierce Lonnergan, maître forgeron de Québec. (MCC 76-4984)

fabriqué en Angleterre, mais la machine doit être «sortie clandestinement de Grande-Bretagne pièce par pièce, parce que les habitants de ce pays, extrêmement jaloux des progrès qu'ils ont réalisés dans les arts mécaniques, ne permettent à quiconque, même à leurs propres colonies, d'en profiter[159]».

Il est difficile d'évaluer jusqu'à quel point les restrictions britanniques portant sur les connaissances technologiques générent l'établissement de fonderies au Bas-Canada. Il est intéressant de noter, cependant, que la plupart des fonderies de Québec et de Montréal sont créées dans les années 1820, soit à l'époque où ces restrictions sont abrogées (1824). N'était-ce qu'une coïncidence ou est-ce que les mesures prohibitives ont un effet négatif sur la création de fonderies au Bas-Canada?

Dans l'atelier du forgeron de Québec, l'importance de la technologie et des liens avec la Grande-Bretagne est manifeste. Même si les Canadiens français possèdent une longue tradition dans ce métier, les artisans britanniques qui débarquent à Québec à la fin du XVIIIe siècle peuvent dominer le marché local. Ces Britanniques connaissent la technologie la plus récente, sont porteurs de lettres de recommandation et ont de nombreux contacts dans la mère patrie. De 1790 à 1830, les frères Hunt, David Douglas et John Graves gèrent les plus grands ateliers de Québec[160]. Leur histoire illustre quelques-unes des causes de la domination de l'industrie du fer par les Britanniques.

Au début des années 1790, les trois frères Hunt débarquent à Québec avec des outils, des compétences et des capitaux. James et William Hunt ouvrent immédiatement une ferronnerie, une forge et une fabrique d'outils rue Champlain, ainsi qu'une grande quincaillerie doublée d'un entrepôt rue Saint-Jean. Henry Hunt ouvre un atelier où il fabrique voitures à chevaux, harnais, meubles et mobiliers de navires. En 1799, James et William s'entendent pour diviser leur travail, l'un se spécialisant dans la construction navale et l'autre dans les contrats gouvernementaux[161]. L'essor rapide de la construction navale au début du XIXe siècle, la réparation des vieilles fortifications ainsi que la construction de nouvelles entraînent un surcroît de travail. Ainsi William ne peut, même avec cinq compagnons ouvriers, répondre à la demande, et il doit passer des contrats de sous-traitance avec d'autres maîtres forgerons[162]. À la mort de William en 1816, les deux frères ont laissé leur empreinte dans l'industrie locale.

Les trois frères Hunt introduisent les méthodes de gestion britanniques dès leur arrivée à Québec[163]. Ils sont parmi les premiers à utiliser des contrats de travail imprimés, à employer des contremaîtres dans leurs ateliers, à payer leurs travailleurs à la semaine et à exiger d'eux une discipline stricte. Ils réussissent si bien à établir des règles qu'après 1800 ils remplacent les contrats détaillés par des énoncés plus généraux, tels que celui concernant les heures de travail. Alors que les contrats antérieurs spécifient les heures de travail des employés, les nouveaux se bornent à mentionner que les artisans suivent l'horaire en vigueur dans les ateliers de Québec[164].

Les Hunt et leurs concurrents se montrent très précis dans les contrats des artisans canadiens. En 1816, John Graves signe un contrat avec Simon Charbonneau dans lequel il est spécifié que ce dernier est assujetti à un couvre-feu, qu'il ne peut prendre congé que lors de cinq fêtes religieuses et qu'il doit rattraper tout temps perdu[165].

Selon l'inventaire de la succession de William Hunt, les deux frères ont réussi à mettre sur pied l'une des plus grandes entreprises de la ville. Le matériel que renferme leur entrepôt de quatre étages rue Saint-Jean témoigne de l'importance qu'eurent la technologie et le savoir britanniques dans leur succès. L'inventaire montre que les Hunt possèdent assez d'outils pour équiper de 5 à 7 forgerons[166]. À l'instar d'autres entrepreneurs britanniques, les frères Hunt tentent de réduire leurs coûts et de contrôler leur production en supervisant de manière stricte leur personnel et en mettant à sa disposition les moyens de production appropriés.

Les Hunt font des affaires avec un grand nombre de marchands de bois et de constructeurs de navires de Québec, ainsi qu'avec le service du matériel de l'armée. Ils entretiennent aussi des rapports étroits avec d'importants sidérurgistes de Québec, tels Munro et Bell et John Graves. Après la mort de William Hunt, Graves domine l'industrie jusqu'à la fin des années 1820[167]. De nombreux forgerons canadiens, dont certains armuriers très compétents, habitent Québec, mais aucun n'arrive à concurrencer ces Britanniques. À l'instar des artisans oeuvrant dans d'autres domaines, les forgerons canadiens sont quelque peu isolés de la technologie française et britannique. L'appui financier, les relations familiales et l'équipement moderne

BUREAU DE LA GAZETTE DE QUÉBEC, vers 1830. (ANQ)

que possèdent les anglophone leur font défaut. En outre, peu de forgerons canadiens reçoivent les contrats lucratifs que passe l'armée avec les frères Hunt.

7. Les imprimeries

> [Il y a deux journaux... qui sont... de bien piètre qualité; cela est peut-être dû à l'état d'isolement de la société, lequel oblige les rédacteurs à être très prudents quand il s'agit de publier des articles portant sur des affaires d'intérêt local.]
>
> Jeremy Cockloft, *Cursory observations made in Québec...*1811 : 32

Avant l'apparition du *Mercury* et du *Canadien* au début du XIXᵉ siècle, l'information publiée dans les journaux de Québec reflète la vocation de la ville dans le cadre de l'empire britannique. On considère la presse comme un moyen de communiquer à la population de la colonie l'information concernant le commerce et les affaires internationales ainsi que l'effort de guerre impérial. L'information provenant de publications britanniques et étrangères domine donc les nouvelles, ce qui relègue les événements locaux au second plan. Ainsi, à l'instar d'autres entreprises autochtones, le lien impérial joue un rôle important dans le développement des premières imprimeries de Québec. Tout aussi important, du moins en ce qui a trait au premier journal québécois, la *Gazette de Québec*, fondée en 1764, est l'appui financier du gouvernement colonial. Qui plus est, les lois impériales ont un impact considérable sur la vie de ce premier journal. Le *Stamp Act* de 1765, qui impose une taxe sur les documents juridiques des colonies, force le propriétaire de la *Gazette* à fermer boutique jusqu'à ce que cette mesure restrictive soit levée[168]. Si l'on considère l'importance donnée aux affaires impériales dans la *Gazette*, on comprend facilement que les rédacteurs évitent toute controverse susceptible de discréditer leur journal aux yeux des fonctionnaires coloniaux.

À la fin du XVIIIᵉ siècle, *La Gazette* accorde une plus grande place aux événements locaux et, dans les premières années du siècle suivant, le journal publie des nouvelles coloniales de plus en plus variées. Les intérêts commerciaux reçoivent aussi une attention considérable et sont souvent la raison d'être d'un journal. Tel est le cas du *Quebec Commercial List* et du *Quebec Telegraph*, tous les deux fondés en 1816 pour servir le monde des affaires[169]. Si l'on fait exception du *Vindicator*, fondé en 1828, peu de journaux de la colonie épousent la cause des groupes ouvriers[170].

La lecture, apanage de l'élite

Avant la création d'une presse plus populaire dans les années 1820, la majorité des lecteurs de journaux appartiennent à l'élite du pays. *La Gazette de Québec* est l'organe officiel du gouvernement, qui y publie des règles et des lois, et constitue le principal véhicule pour la diffusion d'annonces et d'informations commerciales. Les groupes d'hommes d'affaires et de membres des professions libérales représentent son audience cible. Une analyse de la liste des abonnés de la *Gazette* au cours d'une période prospère de son histoire (de 1808 à 1815) révèle que le journal compte environ 1 350 abonnés, dont plus de 400 dans la ville et la banlieue de Québec et plus de 150 dans la région de Montréal[171]. Trente-deux pour cent des abonnés de Québec sont des marchands, d'ascendance britannique pour la plupart. Suivent par ordre d'importance les artisans (25,8 p. 100), en particulier les maîtres, et les membres des professions libérales (25,3 p. 100). Alors que les anglophones sont légèrement majoritaires dans le groupe des artisans, les Canadiens détiennent la première place dans les professions libérales. Peu d'ouvriers ou de cultivateurs lisent le plus important journal de la province. Ailleurs dans la colonie, le profil des lecteurs de la *Gazette* ressemble à celui des lecteurs de la capitale.

La liste des abonnés de *La Gazette* est un véritable répertoire de personnalités. Parmi les abonnés de Montréal se trouvent quelques-uns des commerçants et des membres des professions libérales les plus en vue, qu'il s'agisse d'individus ou de compagnies telles que Dunlop, Frobisher & McTavish, Forsyth & Richardson, Irvine & Leslie, Patterson & Co., et McCord & Torrance. L'élite canadienne est représentée par les Papineau, Panet, Viger, Mondelet, De Lery et Pothier. Quoique moins nombreux, les abonnés de Trois-Rivières ont le même profil, et on trouve parmi eux les Cuthbert, Coffin, Gugy, Hart, Bédard et Berthelot. À l'extérieur de ces trois villes, les abonnés sont des marchands britanniques et canadiens ainsi que des prêtres, des notaires et des seigneurs canadiens.

Ces clients non seulement s'abonnent, mais offrent à la *Gazette* la possibilité de planifier à long terme : en effet, la période moyenne d'abonnement pour la plupart des lecteurs du journal excède quatre ans et nombre de lecteurs s'abonnent même pour six ans. Cette sécurité financière engendre une stabilité peu commune chez les propriétaires de journaux de l'époque. Elle fournit aux propriétaires la possibilité de développer leur affaire, de se lancer dans de nouvelles entreprises et de conclure des ententes à long terme avec leurs employés.

Bien que les francophones, et en particulier les membres des professions libérales, ont maintes fois tenté de créer des journaux tels que *Le Canadien* et *Le Courier de Québec*, peu de ces journaux survécurent[172]. Les Canadiens toutefois, s'abonnent aux journaux bilingues de Québec et de Montréal. Les propriétaires de journaux francophones de Montréal réussissent mieux que ceux de Québec. La population plus nombreuse de la région de Montréal va évidemment jouer un rôle important dans le succès des journaux canadiens[173] mais ceux-ci ne peuvent jouir du même appui financier que se voyait accorder la presse anglophone.

Si la technologie et la main-d'oeuvre spécialisée doivent être importées de Grande-Bretagne ou des États-Unis, seule la main-d'oeuvre entraîne des dépenses à long terme pour les imprimeries. Lorsqu'un imprimeur peut compter sur des contrats du gouvernement, sur de la publicité et sur une clientèle, il peut acheter une presse typographique, engager les artisans nécessaires et réussir financièrement. En revanche, les réformateurs francophones ou anglophones doivent faire face à des obstacles énormes et ne peuvent s'attendre à réunir tous les ingrédients nécessaires au succès financier. Le fait que certains d'entre eux réussissent, ne serait-ce que pour de courtes périodes, en dit long sur leurs convictions et leur acharnement. La petite population de langue anglaise et le nombre réduit de lecteurs francophones se traduisent par de bien faibles ressources tant pour les réformateurs britanniques que pour les propriétaires de journaux canadiens. Le succès modeste des catholiques irlandais propriétaires du *Vindicator* et du *Canadian Spectator*, créés en 1822, témoigne d'une augmentation du nombre de lecteurs anglophones. Ne pouvant compter ni sur le soutien du gouvernement ni sur celui du monde des affaires, les propriétaires de journaux canadiens survécurent grâce au zèle de rédacteurs et de collaborateurs souvent non rémunérés.

Le soutien des marchands et du gouvernement

Sans être aussi direct que leur participation dans d'autres secteurs de l'économie, le rôle que jouent les marchands dans le financement de journaux tels que *La Gazette* n'en est pas moins tout aussi important. Le soutien qu'apportent les marchands aux journaux par la publicité est considérable, essentiel même à la survie de la plupart des journaux. Les revenus que les journaux anglophones tirent de la publicité les aident à poursuivre leur publication pendant de longues périodes. En revanche, l'absence d'un pareil appui se traduit par une existence précaire pour la presse francophone. Certains marchands, tels que les membres de la Compagnie du Nord-Ouest, paient les propriétaires de journaux pour qu'ils fassent la promotion de leurs intérêts[174], et la plupart des hommes d'affaires apportent leur soutien aux journaux qui prônent la suprématie du commerce britannique sur d'autres intérêts.

Peu de compagnies commerciales en vue du Bas-Canada prennent part directement à l'activité typographique, non sans raison, semble-t-il, puisque les journaux ne réussissent pas aussi bien sur le plan financier que d'autres entreprises. Les propriétaires de journaux viennent des États-Unis, d'Angleterre et d'Écosse; ce groupe comprend aussi un ou deux Français et, après 1822, quelques Irlandais. Certains, tels les premiers propriétaires de *La Gazette de Québec*, sont maîtres typographes, mais beaucoup appartiennent aux professions libérales ou sont employés du gouvernement. Malgré de nombreux échecs, ces propriétaires sont tentés d'exploiter le marché limité mais très concentré que représentent les populations anglophones de Québec et de Montréal. Les citoyens de ces deux villes sont abonnés à un nombre étonnant de journaux. En 1817, par exemple, la ville de Québec ne compte pas moins de sept journaux de langue anglaise[175].

Employés du gouvernement, marchands et imprimeurs sont conscients de l'influence qu'exercent leurs groupes respectifs sur l'opinion publique. Les deux premiers groupes ne tardent pas à retirer leur appui aux journaux libéraux. Ainsi, *La Gazette* de Neilson perdit des contrats gouvernementaux après que le propriétaire ait décidé de défendre la cause des Canadiens dans l'arène politique, et le *Vindicator* perd le patronage de la compagnie Molson lorsque ses propriétaires irlandais se montrent de plus en plus critiques à l'égard de la clique du Château[176]. En outre, les propriétaires qui dénoncent l'ordre établi (ceux du *Canadien*, de la *Minerve* et du *Vindicator*) subissent souvent les contrecoups de leurs commentaires au sujet des nominations partisanes et du favoritisme politique[177]. Les presses typographiques du *Canadien* sont confisquées et celles du *Vindicator* détruites[178].

Conscient de l'importance des contrats gouvernementaux, P.-E. Desbarats de la Nouvelle Imprimerie stipule, dans l'entente qu'il conclut en 1806 avec les propriétaires du *Courier*, qu'il cesserait d'imprimer le journal si les employés du gouvernement de la colonie élèvent des objections, parce qu'ils ne peuvent se permettre de perdre ces contrats[179]. Le fait que Desbarats réussit à faire une longue carrière dans l'imprimerie s'explique probablement par sa compréhension de la politique coloniale. De même, il est probable que son association avec Thomas Cary Junior, fils du propriétaire du *Mercury*, journal conservateur, contribue aussi à l'essor de ses affaires.

Maîtres et compagnons

Le climat socio-culturel et économique qui règne dans les villes du Bas-Canada est stimulant pour les imprimeurs. Les archives révèlent qu'entre 1800 et 1828 plus de 160 employés, apprentis et compagnons exercent leur métier à Québec. Si ces employés travaillent pour la plupart à la production de journaux, nombre d'entre eux participent à des activités liées à l'imprimerie : la reliure, l'édition et la vente de livres et de fournitures. Les deux entreprises qui emploient le plus grand nombre de travailleurs sont celle de John Neilson et celle de Desbarats et Cary, soit plus de 150 pour les deux ateliers réunis[180]. L'examen des livres de John Neilson révèle la composition du personnel et les tendances de l'emploi dans une imprimerie. En 1808, Neilson occupait 12 travailleurs : 5 typographes, 2 relieurs, 1 commis, 1 pressier et 3 apprentis.

Les pratiques d'embauche de Neilson sont révélatrices des changements que connaissent la plupart des grands ateliers. Alors qu'il continue d'observer certaines traditions artisanales, comme la formation d'apprentis durant de longues périodes (six ans), il n'offre pas le gîte et le couvert aux apprentis, ni aux autres employés. Neilson a certains hommes à son service pendant 10 à 13 ans, mais il en embauche d'autres pour des périodes allant de 6 à 18 semaines; la durée moyenne d'un emploi est de deux ans et demi environ[181]. Parmi ceux qui sont engagés pour de courtes périodes, certains effectuent du travail à la pièce, comme c'est le cas pour la reliure. Employeur important, Neilson s'inquiète particulièrement du temps perdu pour cause d'absentéisme, le calculant en heures et en minutes. Bien que des renseignements du même ordre concernant d'autres imprimeurs de Québec ne soient pas disponibles, les contrats d'apprentissage et de travail laissent supposer que ces imprimeurs observent des pratiques semblables à celles en vigueur à la *Gazette*.

L'entreprise de Desbarats et Cary occupe plus d'apprentis que celle de Neilson, et les deux ateliers ont à leur service un nombre quasi égal d'anglophones et de francophones. En général, il y a plus de compagnons d'ascendance britannique et plus d'apprentis d'origine française. Les travailleurs spécialisés dans le domaine de l'imprimerie viennent, à l'instar des ouvriers spécialisés d'autres secteurs, de Grande-Bretagne et des États-Unis. Desbarats, par exemple, fait engager certains de ses employés à Londres par l'une de ses relations[182].

Un nombre croissant de Canadiens toutefois, apprennent les techniques de l'industrie typographique. Une fois formés, ces apprentis deviennent des compagnons qualifiés et bien rémunérés. Les imprimeurs, et en particulier ceux qui publient les journaux bilingues et les journaux de langue française, dépendent de la main-d'oeuvre canadienne pour l'accomplissement de certains travaux spécialisés et le remplacement d'artisans clés. Les imprimeries réussissent mieux que la plupart des entreprises à former de jeunes francophones à une technique particulière.

Même si, pour les nouveaux venus, la publication de journaux est souvent une entreprise risquée, les imprimeries, en particulier les deux qui ont été mentionnées ci-dessus, demeurent stables et permettent à plus de travailleurs de gagner leur vie que ne peut le faire le petit atelier de l'artisan. En outre, les journaux sont un produit québécois et fournissent un certain nombre d'emplois, tout en faisant la promotion de facteurs susceptibles de favoriser la communication dans le cadre de l'économie locale.

8. La simplicité à petite échelle : les entreprises urbaines

Dans son traité de 1833 sur la nécessité de maintenir le commerce avec le Canada, Henry Bliss soutient que les entreprises coloniales ne peuvent, en raison de leur grande simplicité et de leur échelle réduite, concurrencer les manufactures britanniques[183]. S'il sous-estime l'importance de certaines activités, telles que le sciage du bois, la construction navale et l'industrie des boissons alcooliques, son évaluation est juste en ce qui a trait à la plupart des secteurs de l'économie urbaine. Hormis les quelques exceptions dont il a été question précédemment et, peut-être, les fabriques de savon et de chandelles, les entreprises de Québec se caractérisent par une production limitée. On manufacture bien des meubles, du tabac et des souvenirs, mais la production de ces articles satisfait rarement la demande locale et peu de ces objets, si tant est qu'il y en eût, sont exportés. Examinons maintenant quelques-unes de ces entreprises de moindre importance.

Les premières annonces que font paraître les fabricants de savon et de chandelles locaux dans *La Gazette de Québec* à la fin du XVIIIe siècle, laissent supposer que les entrepreneurs britanniques offrent au public un assortiment de plus en plus varié et luxueux de produits[184]. Cependant, la plupart de ces établissements sont éphémères, si bien que la plus grande partie des 83 400 livres de savon et des 62 777 livres de chandelles qui quittent le port à destination des marchés étrangers en 1830[185] a sans doute été fabriquée ailleurs dans la province. En outre, les ingrédients utilisés dans la préparation du savon et des chandelles — le suif, l'huile de palme et les mèches — sont importés de Grande-Bretagne ou des États-Unis. À l'instar de leurs homologues du Royaume-Uni, les hommes d'affaires spécialisés dans ce domaine préservent leurs secrets. Par exemple, les frères Hunter, qui ouvrent un atelier en 1800, incluent dans les contrats de leurs employés une clause selon laquelle une sanction de 1 000 £ sera imposée à quiconque dévoilera des secrets[186].

Certaines familles rurales cultivent leur propre tabac, mais la plus grande partie du tabac utilisé par les habitants des campagnes et des villes est importée, particulièrement de Grande-Bretagne et des États-Unis. On importe aussi du tabac à priser, dont une partie arrive à Québec de New York après avoir transité par Montréal. En dépit de ces importations considérables, au moins un entrepreneur, John Reinhart, qui possède aussi une manufacture à Trois-Rivières, produit du tabac sur une échelle relativement grande. Probablement d'origine allemande, Reinhart met sur pied sa manufacture et son magasin de Québec à la fin du XVIIIe siècle[187]. Au début du siècle suivant, il embauche un compatriote, Joseph Weidenback, comme tamiseur principal et contremaître[188]; Weidenback supervise les travailleurs et la machinerie placée dans un grand entrepôt. Outre sept moulins à tabac, deux presses et quelques autres machines, l'établissement de Reinhart a environ 56 tonneaux de tabac traité de 400 livres chacun et plus de 12 000 livres de tabac en préparation à l'époque où l'inventaire de sa succession est dressé[189].

Avant les années 1830, les meubles sont soit produits par les artisans et les cultivateurs, soit importés[190]. Le bois, en particulier le pin, est abondant et se travaille facilement, si bien que les habitants fabriquent leurs propres meubles. Lorsqu'il s'agit de construire des escaliers, des armoires ou tout autre élément qui compose l'intérieur d'une maison, les menuisiers utilisent des bois indigènes. Les ébénistes, pour leur part, fabriquent armoires, buffets, tiroirs, tables et chaises. Malgré l'importance de la production régionale, une quantité surprenante de bois, d'accessoires et de meubles sont importés à Québec de Grande-Bretagne, des États-Unis et d'autres pays[191].

La fabrication de souvenirs par les Indiens et les habitants représente l'une des seules activités locales dont les produits sont achetés par les visiteurs étrangers. Ces souvenirs se composent d'une gamme variée d'articles faits d'écorce et de bois, tels que jouets, paniers, couvertures de carnets, étuis à ciseaux et autres objets[192]. La popularité de ces objets auprès des étrangers révèle jusqu'à quel point le pays a été colonisé. Si ces objets sont souvent prisés pour leur qualité artistique, ils n'en sont pas moins des symboles des grands espaces et des forêts du Canada, d'un esthétisme curieux et agréable certes, mais quelque peu rustique aux yeux des Européens.

Conclusion

Selon Marie de l'Incarnation, tout sauf la nourriture et le bois est importé de France en 1660. De même, en 1820, il est de notoriété publique que «tout venait de Londres». Après deux siècles de croissance, la colonie reste donc tributaire des produits manufacturés importés. Cependant, l'exportation de matières premières, de bois en particulier, a connu un développement considérable. Dans le sillon d'une économie fondée sur une seule richesse naturelle d'importance, on voit apparaître une ville coloniale constamment en butte à des forces sur lesquelles elle n'a pas prise. La croissance rapide de Québec et sa déchéance s'expliquent en grande partie par sa dépendance d'une richesse naturelle unique que gèrent des marchands étrangers au nom d'intérêts impériaux. À Québec, le commerce du

bois ne vise pas à répondre à une demande locale et n'était pas le fait des Canadiens. L'importance accordée à l'industrie du bois a relégué les autres secteurs de l'économie au second plan. On comprend dès lors les répercussions dévastatrices qu'a le fléchissement de la demande de bois. En effet, malgré la force motrice exercée sur l'économie de la ville par l'industrie du bois, celle-ci n'a que peu contribué au développement de l'activité manufacturière, au progrès de la technologie et à la croissance de l'économie régionale. En outre, comme les investissements dans le domaine de la technologie sont limités et la main-d'oeuvre semi-spécialisée, les marchands britanniques peuvent transférer ailleurs leurs activités, telle la construction navale, sans pour autant essuyer de lourdes pertes. L'absence d'une infrastructure manufacturière d'envergure et la domination des marchands anglophones, dont l'influence s'exerce bien au-delà de leurs possessions en Grande-Bretagne, comptent aussi parmi les conséquences de cette dépendance du bois.

Cette dépendance des produits importés et de l'industrie du bois entrave le développement du secteur manufacturier. En outre, la plupart des entreprises régionales ne jouissent pas d'une implantation assez solide pour leur permettre de résister à l'invasion de produits britanniques et américains bon marché. En raison de l'importation massive de ces produits, la population ne peut faire vivre qu'une ou deux entreprises manufacturières dans chaque secteur, comme c'est le cas pour la chapellerie. Seules quelques tanneries, fabriques de boissons alcooliques et imprimeries sont en mesure de disputer le marché local aux producteurs britanniques et américains.

L'incapacité de concurrencer la production étrangère est particulièrement manifeste dans le textile et l'industrie lourde, deux secteurs qui sont quasi absents de la région de Québec. Si les ruraux fabriquent une partie de leurs vêtements, les citadins, quant à eux, achètent principalement des produits importés. L'industrie textile, si importante pour le développement d'autres pays, n'existe à peu près pas au Bas-Canada[193]. Il en est de même pour l'industrie lourde. Non seulement des pays tels que la Grande-Bretagne, l'Allemagne et les États-Unis peuvent compter sur ce secteur de l'économie pour augmenter les exportations, diminuer les importations et accumuler du capital, mais des pays plus petits comme la Belgique reconnaissent tôt l'importance de l'industrie du fer dans la croissance économique. À la fin du XVIIIe siècle, les hauts fourneaux sont une rareté au Bas-Canada – il y en a probablement moins de cinq, nombre qui passe à 18 en 1831. Ces chiffres sont insignifiants lorsqu'on les compare au nombre de hauts fourneaux en Belgique, soit 63 en 1795 et 83 en 1814[194].

Les marchands de bois britanniques et leurs agents au Bas-Canada ont à toutes fins utiles la mainmise sur

1

3

2

4

L'AMEUBLEMENT QUÉBÉCOIS est habituellement fait en pin et, bien qu'attrayant, il n'a pas l'élégance des meubles en bois de placage ou en laque importés de Grande-Bretagne.

1. Lustre en pin sculpté qui orne les manoirs et les églises de Québec à la fin du XVIIIe siècle et au début du siècle suivant. Inspiré de modèles européens faits de laiton et d'argent. (MCC 72-18418)

2. Table de cuisine que l'on trouve dans de nombreuses maisons de Québec au XIXe siècle. (MCC 71-8048)

3. Luxueux miroir de toilette, importé de Grande-Bretagne au début du XIXe siècle. (Photo : C. Pearson; miroir : Musée McCord)

4. Simple mais élégant, ce buffet de placage d'acajou est semblable aux meubles du même type qui sont importés de Grande-Bretagne et qui ont été relevés dans des inventaires de successions dressés au début du XIXe siècle à Québec. L'acajou est l'un des bois les plus utilisés dans le mobilier britannique de cette époque. (ROM 972.99)

MOCASSINS hurons, vers 1780. Les chaussures indiennes sont très prisées des citadins car elles constituent un souvenir pratique. Beaucoup de non-autochtones portent des mocassins tant à la maison qu'à l'extérieur. Pour plus de renseignements sur cette paire de mocassins, voir Ted. J. Brasser, «*Bo'jou, Neejee! – Regards sur l'art indien du Canada*», Ottawa, MCC, 1976 : 107. (MCC III-H-432)

OBJETS D'ARTISANAT INDIENS fabriqués à Jeune-Lorette, village huron de la région de Québec. Les poupées comptent parmi les nombreux souvenirs canadiens que les résidents britanniques acquièrent des Indiens. Voir Ruth B. Phillips, *Patterns of Power*, Kleinburg, 1984 : 51. (MCC III-H-429, 430, 431)

le développement de Québec. Les relations familiales et les accointances qu'ont les marchands britanniques en Grande-Bretagne excluent la plupart des marchands canadiens d'une participation aux activités commerciales les plus lucratives de la colonie. Comme on l'a vu précédemment, les marchands de bois londoniens, souvent assurés de contrats avec l'Amirauté, sont en mesure d'exploiter avec succès les réserves de bois des colonies et d'y faire construire des bateaux. La plupart des marchands les plus prospères de Québec

commencent leur carrière en tant qu'agents de compagnies britanniques et sont probablement demeurés de simples intermédiaires sans l'aide de l'extérieur[195]. Nombre de ces individus réduisent au minimum leurs risques en passant avec des sous-traitants d'importants marchés de vente de bois. Ils sont de plus assurés d'un solide appui financier et de marchés stables et lucratifs. Cette sécurité permet aux agents de tirer profit de la fluctuation des marchés, de rester à flot lors des récessions et de se lancer dans des activités connexes telles que le commerce des produits importés et la construction navale.

Lorsqu'ils sont associés à une compagnie britannique exportant des produits dans les colonies, les importateurs jouissent également d'avantages considérables par rapport à leurs confrères. À l'instar des intermédiaires du secteur du bois, les importateurs disposent de capitaux et jouissent d'une sécurité financière. Si de nombreux marchands se voient forcés de vendre leurs produits à perte lors des périodes difficiles, les relations qu'ils entretiennent avec les compagnies britanniques leur assurent une plus grande sécurité économique que celle dont jouissent leurs homologues Canadiens.

Les marchands et artisans britanniques, naturellement jaloux des avantages qu'ils possèdent, ne se pressent pas de les partager avec d'autres et se protègent plutôt de la concurrence en favorisant des compatriotes. Les marchands et artisans anglais et écossais pratiquent un patriotisme exclusif, en s'entourant de partenaires et d'employés originaires de leur région et en commerçant dans les ports britanniques. Comme il a déjà été fait mention au chapitre I, le système colonial se fonde sur un ensemble d'interrelations avec les milieux d'affaires britanniques. Il est évident que les négociants en bois londoniens ou que les industriels de Glasgow préfèrent confier leurs affaires à des individus qu'ils ont formés ou qui font partie de la communauté commerçante de Grande-Bretagne avant de penser aux Canadiens.

La plupart des marchands de Québec ne partagent pas les idéaux nationaux qu'entretiennent nombre de leurs confrères américains. En tant qu'apôtres et champions de l'impérialisme britannique, ils s'opposent farouchement à l'établissement de la démocratie et au développement de l'industrie dans la colonie. En fait, certains des marchands et administrateurs de Québec ont quitté les colonies américaines, souvent contre leur gré, en raison de leur allergie à la démocratie coloniale. Anciens loyalistes, ces hommes sont convaincus de la nécessité d'empêcher l'instauration de la démocratie dans les colonies britanniques. Les marchands britanniques et leurs alliés, sachant qu'un gouvernement local compromet leur mainmise sur l'économie, entravent l'établissement de la démocratie grâce à leur influence auprès des autorités locales, coloniales et impériales. L'influence politique des marchands et leur rôle économique au sein de l'empire leur permettent de gagner petit à petit la confiance des responsables coloniaux et impériaux et, partant, de se doter des moyens de faire échec aux désirs des représentants élus. Les capitalistes britanniques n'ont pu trouver de meilleurs défenseurs de l'impérialisme économique. La politique suivie par les hommes d'affaires de Québec engendre une dépendance des industries et des biens étrangers, dépendance qui vont imprégner les attitudes des Canadiens face à la croissance économique.

En dénonçant l'existence d'une élite gouvernante indigne, surnommée «la clique du Château», les leaders canadiens mettent en lumière les contradictions qui existent entre les bienfaits de la civilisation britannique d'une part et les maux du colonialisme d'autre part. De même que les marchands décrivent les hommes politiques de langue française en des termes peu élogieux, de même les Canadiens sont prévenus contre leurs opposants. L'hostilité régnant entre les Britanniques et les francophones contribue à la propagation de préjugés ethniques fondés sur des stéréotypes. Les anglophones représentent les Canadiens comme des révolutionnaires en puissance conspirant pour abattre le commerce britannique, mais les politiciens francophones versent également dans le stéréotype. Ainsi, le marchand britannique de Québec est décrit comme un individu âpre au gain qui souhaite que l'on grève de taxes les Canadiens. Les leaders francophones réussissent à propager cette image parmi la population et tentent de convaincre des administrateurs de Londres d'expurger la colonie de certaines de ses brebis galeuses, et ce afin que celle-ci puisse tirer le meilleur parti possible de la civilisation britannique. Toutefois, une attitude équivoque devant le régime britannique empêche la population locale de bien comprendre le rôle qu'elle doit jouer au sein de l'empire.

Les Canadiens ont tendance à blâmer les hommes politiques et marchands britanniques pour leurs malheurs économiques et attendent que Londres redresse les torts. Cet espoir se fonde, en partie, sur les impressionnantes réalisations du secteur manufacturier britannique ainsi que sur le sentiment que les autorités impériales sont plus avisées que les administrateurs coloniaux. Ce n'est qu'à compter du moment où les patriotes font le bilan de la situation que les francophones comprennent vraiment jusqu'à quel point le gouvernement colonial n'est que le prolongement de l'administration impériale. En dépit des changements que connaît le gouvernement du Bas-Canada, les autorités britanniques ne perdent jamais de vue leur objectif de promouvoir les initiatives impériales, soient-elles contraires aux intérêts de la population locale.

Les hommes politiques de la colonie dénoncent le joug des gouverneurs britanniques, tandis que les marchands canadiens expriment leur préoccupation face aux monopoles britanniques. Tout au long de la période coloniale, les leaders canadiens déplorent l'exclusion de leurs compatriotes de l'activité commerciale. Dans les années 1820 et 1830, par exemple, les leaders locaux se plaignent du manque de débouchés pour les jeunes francophones, de l'hostilité qu'entretiennent les hommes d'affaires anglais à l'égard de la population, de l'opposition des autorités impériales aux initiatives locales et des tentatives de celles-ci pour éliminer les derniers vestiges de l'indépendance du peuple canadien[196]. Pourtant, avant la fin des années 1820, peu de leaders canadiens semblent se rendre compte de l'indolence des autorités britanniques à leur égard[197]. En essayant de trouver des solutions de rechange au mercantilisme de la Grande-Bretagne, les leaders francophones s'en prennent surtout à l'extension de l'hégémonie commerciale des marchands. Face à cette opposition, les marchands britanniques ont quant à eux, du mal à promouvoir leurs intérêts commerciaux. Ce conflit se traduit souvent par une impasse[198].

Ce sont les leaders des patriotes, et non les marchands ou les bureaucrates britanniques, qui prônent les premiers l'émancipation économique de la colonie. En préconisant le boycottage des boissons et des textiles britanniques, ils veulent corriger le déséquilibre économique tout en encourageant les industries locales. Cette initiative est cependant, sapée par l'intervention des troupes britanniques et par l'échec des insurrections qui s'ensuivent en 1837-1838. Dans les années 1830, la campagne des patriotes visant à diminuer les importations de produits manufacturés britanniques est critiquée par l'élite anglophone de Québec. Pourtant, alors que les vêtements tissés maison que portent les patriotes sont ridiculisés dans *La Gazette de Québec*, les marchands de tissus importent de Grande-Bretagne des imitations d'étoffes du pays qui ressemblent tellement à ces vêtements que la population ignore qu'elle achète des produits importés[199].

Faute de pouvoir compter sur des liens commerciaux ou des manufactures locales, les leaders francophones ne parviennent que difficilement à promouvoir le développement de la région. Qui plus est, en leaders expérimentés, les marchands anglophones s'opposent aux initiatives locales. Tant que des intérêts britanniques vont être à la tête du pays, les leaders locaux ne peuvent se donner le dynamisme nécessaire à l'établissement d'une économie indépendante.

Enfin, le savoir technologique de l'époque, diffusé principalement en anglais à partir du Royaume-Uni ou des États-Unis, donne aux hommes d'affaires et aux mécaniciens qualifiés anglophones d'évidents avantages sur les francophones. En outre, ce savoir demeure inaccessible à nombre d'habitants même après son introduction à Québec. Cela peut s'expliquer, entre autres, par la consigne du silence qu'imposent de nombreux employeurs de langue anglaise à leurs mécaniciens qualifiés et par la tendance qu'ont la plupart des inventeurs venant à Québec à faire leur exposé en anglais, ce qui restreint leur auditoire aux gens qui comprennent la terminologie technique. L'anglais est aussi la langue utilisée par les ingénieurs et autres spécialistes qui donnent des conférences sur des sujets d'ordre technique. De plus, les premiers civils à s'initier aux dernières avancées du génie militaire et naval sont habituellement des anglophones, dont certains travaillent pour les militaires. Il n'y a pas d'experts susceptibles de familiariser les habitants avec les nouvelles connaissances ou d'évaluer celles que viennent présenter les spécialistes de passage. Contrairement à certains gouvernements qui invitent des étrangers à collaborer à l'établissement d'une base technologique qui soit favorable à la croissance des manufactures[200], le gouvernement colonial de Québec fait peu d'efforts pour encourager ce type d'échange.

Le lien de type colonial existant entre le Canada fournisseur de richesses naturelles et de services et le Canada consommateur de produits importés continue d'exister jusque tard au XIXe siècle. Dans le cadre de l'économie impériale, des villes comme Québec voient leur essor se poursuivre tant qu'elles remplissent un rôle important au sein du système. Comme la croissance de Québec se fonde en grande partie sur l'industrie du bois, laquelle est financée par des capitaux britanniques et se fournit dans le nord des États-Unis et au Haut-Canada, l'économie de la ville est fragile. Les fluctuations du marché, l'approvisionnement dans de nouvelles régions ou encore l'utilisation de voies de transport différentes ont des conséquences immédiates pour les habitants de Québec. En fait, tout changement touchant le marché impérial entraîne des répercussions beaucoup plus grandes pour l'économie locale que pour celle de Grande-Bretagne[201].

Le rôle de Québec en tant que centre principal des importations et des exportations du Canada est réduit par plusieurs facteurs, notamment le fléchissement en Grande-Bretagne de la demande de bois équarri et de bateaux construits à Québec; l'importance grandissante des marchés et des richesses naturelles des États-Unis et du Haut-Canada; et l'éclipse graduelle de Québec en tant que principal port et centre urbain au

LE PORT DE MONTRÉAL vers 1830. Tel un oiseau de mauvais augure, un petit vapeur se profile derrière un bateau affecté au transport du bois. Comme les vapeurs du Saint-Laurent permettent de transporter rapidement marchandises et passagers, ils concourent à la prospérité économique de Montréal. Estampe de R.A. Sproule. (ANC 2641)

profit de Montréal. L'infrastructure de Montréal, ses transports et ses communications lui donnent l'impulsion nécessaire pour détrôner Québec et devenir ainsi la région la plus dynamique du Canada aux alentours des années 1830[202]. Outre ces facteurs, la situation de Montréal en fait un port naturel, lequel dessert le Vermont, le nord-est de l'État de New York et certaines régions des Grands Lacs. Enfin, la croissance d'industries du secteur secondaire telles que les fonderies et, plus tard, les filatures fait de la région de Montréal un important centre d'échange de biens.

L'importance grandissante des richesses naturelles de l'Ouest profite à Montréal plutôt qu'à Québec. À la suite de ce déplacement vers l'ouest, la prospérité de Québec et son rôle dans l'économie du pays commencent à s'effriter. À partir du milieu du siècle, Montréal est devenue la métropole économique du Bas-Canada. Les marchands et les ouvriers de Québec commencent à quitter cette ville, les uns en quête de profits, les autres en quête d'un travail.

Lorsque l'on compare l'agriculture et l'industrie forestière au Bas et au Haut-Canada, on relève que les riches terres agricoles et les réserves de bois de la province occidentale commencent à modifier l'équilibre économique des colonies. L'exemple fourni plus tôt concernant la croissance relative du nombre de moulins à carder et à fouler, d'huileries et de scieries montre que le Haut-Canada a presque réussi à rattraper l'avance de l'autre province dans ces domaines. En Ontario, le développement du secteur primaire (tableau 14) a stimulé le secteur manufacturier à un point tel qu'en 1840 cette province supplante le Québec dans un certain nombre de secteurs clés tels les boissons alcooliques, le textile et le papier. L'Ontario compte autant de fabriques de clous que le Québec et gagne du terrain sur celui-ci dans le cuir. Si Montréal tire profit de l'activité de son arrière-pays de l'ouest, les industries ontariennes prennent le pas sur celles du Québec dans un nombre croissant de secteurs. Alors que Québec s'est affaibli et que Montréal est devenu la métropole de l'est du Canada, l'Ontario jouit d'une croissance agricole et industrielle qui lui assure une plus grande diversité économique.

Ce déplacement vers l'ouest vaut la peine d'être noté car il contribue à mettre en lumière le rôle que jouent les richesses naturelles et les hommes d'affaires dans le développement économique de Québec et du Bas-Canada. Alors que les marchands britanniques établis à Québec et dans les environs négligent dans une large mesure de poser les bases d'une activité manufacturière, ceux de la région de Montréal et du Haut-Canada réussissent à établir des industries de transformation[203]. La facilité avec laquelle les entrepreneurs de Montréal et du Haut-Canada mettent sur pied une industrie autochtone contraste fortement avec l'échec de leurs confrères du district de Québec. Certes, tout comme ces derniers, les marchands de Montréal se livrent au commerce transatlantique, mais ils envahissent aussi les marchés du Haut-Canada et des États américains du nord-est. Les marchands de la région de Québec, au contraire, manquent d'esprit d'indépendance face à l'empire et s'attachent peu à créer une économie locale diversifiée qui ait pu amortir les effets négatifs de la fluctuation des prix dans l'industrie du bois.

1. Traduction de citation par Pierre Tousignant dans *La genèse et l'avènement de la constitution de 1791*, thèse de doctorat, Université de Montréal, 1971 : 28.

2. Paragraphe fondé sur l'article de Jacques Mathieu, «La balance commerciale. Nouvelle-France – Antilles au XVIIIe siècle», *RHAF* (mars 1972) : 488, et sur ses deux chapitres (V et VI) dans Jean Hamelin, *Histoire du Québec* : 127-211; enfin sur un livre d'Allana Reid : *The development and importance of the Town of Quebec, 1608-1760* : 159.

3. Jacques Mathieu, *op. cit.* : 181.

4. Cité dans Gilles Paquet et Jean-Pierre Wallot, «Le système financier Bas-Canadien au tournant du XIXe siècle», *L'Actualité économique* (septembre 1983) : 488.

5. *Ibid.* : 482.

6. George Bervin, «Aperçu sur le commerce et le crédit à Québec 1820-1830», *RHAF* (mars 1983) : 542-544.

7. Fernand Ouellet, *Histoire de la Chambre de Commerce de Québec*, Québec, s.d . 8 et 9; *The Quebec Directory*, 1822; Adam Shortt, "The early history of Canadian banking", *Journal of the Canadian Bankers' Association*, 1896, repris dans E.P. Neufeld, *Money and Banking in Canada*, Toronto, McClelland and Stewart Ltd., 1964 : 85 et 86; et chapitre I ("Early banking in Upper and Lower Canada") dans Victor Ross, *A history of the Canadian Bank of Commerce*, Toronto, Oxford University Press, 1920 : 1-17. Selon Gleason dans son *Quebec Directory* de 1822 : 20 et 21, la Montréal Branch Bank ouvre ses portes en juillet 1818 avec un capital de 50 000 £, la Québec Bank en octobre 1818 avec un capital de 150 000 £, et la Québec Savings Bank en 1821. Gleason décrit cette dernière comme «un établissement privé qui a pour but de profiter aux mécaniciens, ouvriers, etc.»

8. *Ibid.*, de même que Paquet et Wallot, *op. cit.* : 498. Voir aussi "Speech of Mr. Richardson, in the House of Assembly [...] 1808 [...] for establishing a bank in Lower Canada", *The Quebec Mercury*, 2/5/1808, réimprimé dans E.P. Neufeld, *op. cit.* : 30-40.

9. Pourcentages calculés, à partir de renseignements tirés d'archives notariales, par Christian Pelletier et Huguette Savard, dans le cadre du projet du Musée national sur la culture et la société de Québec. Aucune adresse pour les autres 29 p. 100 des hommes mentionnés plus haut. Catégories professionnelles : pêcheurs, chasseurs et voyageurs, 42,5 p. 100; marins et navigateurs, 26,6 p. 100; artisans, 21,6 p. 100; cuisiniers, 5 p. 100; commis, 2,5 p. 100; divers, 1,7 p. 100. Il semble évident que les registres notariaux comportent des omissions; par conséquent, ne considérer ces chiffres que comme des approximations. Parmi les représentants de la Compagnie du Nord-Ouest, on trouve Angus Shaw, David Stuart, James McKenzie et William McGillvray.

10. *La Gazette de Québec*, 14/3/1765. Voir aussi Ivanhoé Caron, *La colonisation de la Province de Québec* : 152.

11. Information tirée de la biographie de Thomas Dunn, écrite par P. Tousignant et J.-P. Wallot (*DCB*, V : 289 et 291.)

12. E.Z. Massicotte, «Chapellerie et chapeliers en la Nouvelle-France», *BRH*, 1924, 30 : 164 et 165; Pierre Sainte-Marie, «Le développement industriel de la Nouvelle-France», *L'actualité économique*, juillet 1948 : 308 et 309; H. A. Innis, *Select documents in Canadian economic history, 1487-1873*, Toronto, 1929 : 391-392, et son introduction à l'étude de Murray G. Lawson, *Fur. A study in English mercantilism, 1700-1775*, Toronto, University of Toronto Press, 1943 : xx; et Jacques Mathieu, «Un pays à statut colonial», dans *Histoire du Québec* : 199.

13. M. G. Lawson, *op. cit.* : 18-21.

14. L'information sur la situation socio-économique de ces deux entreprises est tirée de la recherche effectuée par Claude Laferrière sur des registres notariaux et des journaux, dans le cadre du projet du Musée canadien des civilisations portant sur la culture et la société de Québec.

15. Accord entre J. Bernard et G. Stanley, trouvé dans les dossiers notariaux de Thomas Lee, 11/3/1807. Nous devons cette référence à Eileen Marcil.

16. Registres notariaux de Félix Têtu, 20/7/1808, et de Jean Bélanger, 29/1/1811.

17. Joseph-Octave Plessis, «Les dénombrements de Québec...», *Rapport de l'archiviste de la province de Québec, 1948-49* : 117 et 164 et Joseph Signay, *Recensement de la ville de Québec en 1818* : 235.

18. Pétition d'Isabel Webster, 1806, dans Quarterly sessions of the peace, APJQ.

19. *Ibid.*, 27/5/1816.

20. *Ibid.*, 12/6/1815, APJQ.

21. Richard Burn, *The justice of the peace and parish officer*, Londres, Kings's Printer, 1758, III : 252-256 et 284.

22. Voir les annonces publicitaires dans *La Gazette de Québec*, 26 et 30/3/1832 et 11/4/1832.

23. L'article de Louise Dechêne sur «Les entreprises de William Price, 1810-1850», *Histoire sociale* (avril 1968) : 16-52, est utile, comme le sont les biographies publiées dans le *Dictionnaire biographique du Canada* (celles des Caldwell, de John S. Campbell et de Peter Patterson). Le travail de George Bervin, dont une bonne partie a été publiée dans la *RHAF*, fournit aussi des renseignements sur les marchands de bois de Québec.

24. Telle est la position adoptée par les membres de la Chambre de commerce de Québec. Voir Fernand Ouellet, *Histoire de la Chambre de commerce de Québec* : 23.

25. William Price, qui est envoyé à Québec en 1810 comme commis de l'influente firme britannique Idle, et qui négocie en 1819 une association avec un autre établissement londonien, devient l'un des hommes d'affaires les plus en vue dans la ville : de 1820 à 1850, il acquiert plus de 40 scieries, fait construire 16 navires et est réputé le plus grand propriétaire terrien du pays. Voir Louise Dechêne, *loc. cit.*

26. Information d'André Charbonneau et coll., *loc. cit.*

27. Dossiers notariaux de W.F. Scott, 14/3/1818.

28. Durant les années 1780, des entreprises comme Thomas Aylwin & Co. et Fraser, Shaw and (?) Fraser and (?) Young, signent des contrats avec des particuliers habitant au lac Champlain pour qu'ils apportent de grandes quantités de chêne dans la baie de Wolfe. Dossiers notariaux de Charles Stewart, 14/6/1786 et 28/7/1786. Des douves sont aussi importées des États septentrionaux au Bas-Canada et exportées du port de Québec. *Ibid.*, 19/7/1786. Par exemple, en 1786, John Chillas, William Grant et George Black signent un contrat avec Timothy Richardson, du lac Champlain, pour la livraison de 20 000 douves de chêne à Québec avant le 15 juin 1787.

29. Par exemple, en 1788, William Grant, le marchand bien connu, réclame au gouverneur de l'espace pour entreposer son bois. D'après le solliciteur, «les chantiers de bois sont très demandés à Québec». ANC, RG1 L3L, vol. 98 : 47673-5. Dix ans plus tard, l'Écossais Patrick Beatson, constructeur de navires, fait au gouvernement une offre concernant une zone riveraine «où l'eau est suffisamment profonde [...] pour lui permettre de mettre à l'eau des vaisseaux jaugeant plus de 200 tonneaux». ANC, RG1 L3L, vol. 39 : 19505-8. Vers 1800, un autre marchand, Obadiah Aylwin, demanda une parcelle riveraine près du débarcadère du Roi, mais cela lui est refusé parce qu'«il y a de bonnes raisons d'espérer que le commerce et la navigation augmenteront considérablement dans le port de Québec et exigeront des espaces supplémentaires». *Ibid.*, vol. 35 : 18047. Si le commerce augmente considérablement, le terrain demandé devient trop précieux pour justifier de telles concessions. Cet espoir est bien fondé car il se réalise avec la formidable expansion du commerce du bois au début du XIXe siècle.

30. *The Montreal Gazette*, cité par Gilles Paquet et Jean-Pierre Wallot, dans «International circumstances of Lower Canada, 1786-1810 : Prolegomena», *CHA paper*, 1971 : 14. Voir aussi F. Ouellet, *op. cit.* : 178.

31. Donald Creighton, *The empire of the St. Lawrence,* Toronto, Macmillan of Canada, 1970 : 254.

32. G.S. Graham, *Seapower and British North America, 1783-1820,* New York, Greenwood Press, 1968 : 147, et Louise Dechêne, *op. cit.* : 18.

33. *Ibid.*

34. Pourcentages calculés à partir de statistiques figurant dans A.R.M. Lower, *Great Britain's woodyard,* Toronto, McGill-Queen's University Press, 1973 : 47-57 et D.Creighton, *op. cit.* : 150, 187 et 210.

35. Fernand Ouellet, *op. cit.* : 37 et 191.

36. De 1764 à 1769. Données sur le port (1764-1861), figurant dans le *General report of the Commissioner of Public Works, 1861,* Québec, Hunter, Rose & Lemieux, 1862 : 138 et 139. Voir aussi *The American traveller* (auteur anonyme), Londres, 1769 : 121.

37. *Ibid.* et Gilles Paquet et Jean-Pierre Wallot, *op. cit.* : 13; Donald Creighton, *op. cit.* : 150; Raoul Blanchard, *L'est du Canada français,* Montréal, Beauchemin, 1935, II : 206; Joseph Bouchette, *The British Dominions in North America,* Londres, Longman, Rees et coll., 1832, I : 452; Appendice U du JLAPC, 1829, et Appendice R.R.R.R. du JLAPC, 1849.

38. Raoul Blanchard, *loc. cit.*

39. Les statistiques concernant les marins n'étant pas disponibles pour la première partie du XIXe siècle, les estimations pour ces années prennent pour base de calcul des équipages de 11 hommes par navire. Ces chiffres correspondent à peu près à ceux qui proviennent d'autres sources. Les estimations précédentes évaluent le nombre de marins à Québec à 3 300 en 1808, à 6578 en 1810 et à 9684 en 1825. Voir les références ci-dessus. Le chiffre pour 1845 provient de l'Appendice 1849 du JLAPC.

40. "Disbursements at Quebec, June and July, 1826", tiré du livre de comptes d'un marchand, SRO.

41. En 1767, James Stewart donne des instructions aux habitants des environs de Québec concernant la préparation des cendres et leur transport à la ville. *La Gazette de Québec,* 30/7/1767, citée par Fernand Ouellet, *op. cit.* : 89. Un an plus tard, Samuel Jacobs et John Wells & Co. demandent au gouverneur le droit de continuer à utiliser les édifices de la forge du Roi pour leur manufacture de potasse et de carbonate de potasse brut. ANC RG4 A1, vol. 18, 4/7/1768. Deux autres groupes britanniques font ce commerce en 1790.

42. Pour une étude détaillée des nombreux usages des tonneaux, voir Eileen Marcil, *Les tonneliers du Québec,* Ottawa, MCC, 1983 : 41-52.

43. Louise Dechêne, *op. cit.* : 24.

44. Joseph-Claude Poulin, *Les métiers à Québec, d'après le recensement de 1744* : 15-17; J.-P. Hardy et D.T. Ruddel, *op. cit.* : 98; et J. Signay, *Recensement de la ville de Québec en 1818.*

45. Moreau embauche deux fois ce compagnon, avec 7 autres tonneliers de Québec, entre 1809 et 1814. Information tirée de dossiers notariaux, en particulier ceux de Jean Bélanger, ANQ.

46. Louise Dechêne, *op. cit.* : 24.

47. Cité par A.J.H. Richardson, "Indications for research in the history of wood-processing technology", *BAPT* (1974), VI : 65.

48. Chanoine Giard, «Moulin à scie et industrie des mâts à la Baie St. Paul», *BRH* (décembre 1934), XL : 741-750.

49. "List & valuation of lumber establishments and ship yards at Quebec, 1835", ANC C-15, 772, XVI : 239.

50. Biographie de H. Caldwell, par Marcel Caya, *DCB,* V : 130-132.

51. *Ibid.*

52. A.J.H. Richardson, *loc. cit.*

53. J. Bouchette, *A topographical description...* : 484.

54. M. Caya, *loc. cit.*

55. L'information concernant la main-d'oeuvre de Caldwell est le résultat d'une analyse des registres notariaux de Félix Têtu et F.-X. Lefèvre, 1804-1815, ANQ. John Lambert mentionne la présence de travailleurs américains dans les scieries de Caldwell. Voir ses *Travels through Canada and the United States, 1806, 1807, 1808* : 101.

56. Dossier notarial de Félix Têtu, 22/1/1811, ANQ. Les contrats de travail de ce genre continuent au moins jusqu'au milieu du siècle. Voir Louise Dechêne, *op. cit.* : 38- 39.

57. A.J.H. Richardson, *loc. cit.*, et son *Quebec City* : 307.

58. Avant 1835, les périodes de construction les plus importantes sont les suivantes : 1808 à 1811; 1817 à 1820; 1825 à 1827 et 1832 à 1835. Mise à part la période 1817-1820, cette expansion est stimulée principalement par le commerce du bois. Les anglophones signent un nombre disproportionné de contrats de construction (35 p. 100 entre 1800 et 1840). Si l'on exclut les entrepreneurs, durant cette période, ce sont des marchands tels que George Arnold et François Buteau et des membres de professions libérales comme L.T. MacPherson et Benjamin Tremaine qui se font construire le plus de logements pendant cette période. Dans le secteur de la construction, la spécula-tion semble avoir été l'apanage des anglophones. Les artisans anglophones bénéficient évidemment de la présence de leurs compatriotes dans d'autres secteurs de l'économie et dans l'armée : entre 1805 et 1831, le pourcentage d'artisans anglo-phones à Québec passa de 7 à 23. Durant la dernière année de cette période, il se trouve 717 artisans à Québec, comparative-ment à 650 à Montréal. Cette différence est due à la construc-tion de navires et de fortifications militaires, qui emploit beaucoup d'artisans et constitue un marché pour les scieries. Information tirée d'un rapport inédit de Christian Rioux, «Analyse des marchés de construction des menuisiers, char-pentiers et maçons à Québec de 1800-1840», préparé pour le programme du Musée canadien des civilisations, Culture et société à Québec, 1760-1860; de Fernand Ouellet, *Le Bas Canada, 1790-1840* : 279 et 280; et des recensements de 1827 et de 1830.

59. Notion développée dans le chapitre VII, "The British Ameri-can shipyard as a manufactory", de la thèse de doctorat de Richard Rice, *Shipbuilding in British America, 1787-1890 : An introductory study*, Université de Liverpool, 1977 : 168-196. Voir en particulier la page 170.

60. Voir la conclusion de Jacques Mathieu, *La construction na-vale royale à Québec, 1739-1759*, Québec, La Société Histo-rique de Québec, 1971 : 82-84.

61. *Ibid.* : 4.

62. *Ibid.* : 65.

63. Londres : 36 et 211-221.

64. Gerald S. Graham, *Sea power and British North America, 1783-1820* : 145.

65. Isaac Blackburn, *A treatise on the science of ship- building; with observations on the British navy and the extraordinary decay of the men-of-war*, Londres, James Asperne, 1817 : 139-149.

66. P. Barry, *The dockyards and the private shipyards of the Kingdom*, Londres, T. Danks, 1863 : 27.

67. Dossiers notariaux de Claude Louet, 14/12/1763.

68. Information tirée d'un manuscrit de E. Marcil sur la construc-tion navale, en préparation.

69. Dossiers notariaux de Charles Stuart, 21/6/1787.

70. *Ibid.*, 19/3/1790.

71. Extrait d'une monographie sur Québec actuellement rédigée par John Hare, Marc Lafrance et D.T. Ruddel. Voir aussi Ivan S. Brookes, *op. cit.* : 293, et les chiffres donnés par le Bureau des douanes publiés dans *Le Journal de Québec*, 21/2/1867.

72. *Ibid.*, et Jean-Pierre Dufour, «La construction navale à Québec, 1760-1825 : sources inexplorées et nouvelles pers-pectives de recherches», *RHAF* (septembre 1981), XXIV : 231-251.

73. Fernand Ouellet, *Histoire économique et sociale du Québec* : 190, 219, 302, 317, 391 et 402. L'information présentée par Ouellet est aussi tirée des données du Bureau des douanes. Les chiffres concernant le port incluent les navires construits dans les environs immédiats.

74. Albert Faucher, *Histoire économique et unité canadienne*, Montréal, Fides, 1970 : 227-254.

75. Pierre Dufour, *loc. cit.*

76. Information tirée d'une analyse de cartes, de dossiers nota-riaux et de Joseph Bouchette, *A topographical description of the province of Lower Canada* : 445-464.

77. David Lee et al., *Île-aux-Noix*, Ottawa, Parcs Canada, 1967, Rapport manuscrit n 47 : 138; Joseph Bouchette, *The British Dominions in North America* : 271.

78. Immatriculation des navires, 1796-1833. ANC, R6 42 A1. Voir aussi Louise Dechêne, *op. cit.* : 27.

79. Cette analyse se fonde sur la comparaison de contrats com-merciaux relevés dans les greffes de notaire ainsi que dans la liste figurant dans *La construction des navires à Québec et ses environs*, de Narcisse Rosa, Québec, L. Brousseau, 1897, 203 p.

80. *Ibid.*, et le "Day Book" de Dunlop, 1802 et 1803, SRO.

81. Greffe de C. Stewart, 13/7/1798, et L.T. McPherson, 1/8/1818.

82. Greffe de Jean Belanger, 6/10/1810.

83. Pour une liste d'articles de construction navale envoyés au Canada en 1814, voir les registres de l'Amirauté de janvier 1814, ADM, 106, B179, PRO. Outre ceux qui sont mentionn-nés ci-dessus, les articles suivants figurent sur cette liste : poix, goudron, cordages, câbles, pompes, tuyaux de cuir et une grande variété d'outils. La vente de ces articles est aussi annoncée dans les journaux locaux.

84. Greffe de Jacques Voyer, 4/1/1811.

85. La question du rôle des marchands et des constructeurs de na-vires dans les aspects financiers de la construction navale a fait l'objet d'études considérables. La confusion des rôles de ces deux groupes résulte d'une part de l'identification de mar-chands comme constructeurs de navires et d'autre part de l'absence de monographies analysant les registres de navigation et les contrats de construction navale. La liste des constructeurs de navires de Québec, établie par Narcisse

Rosa, ne fait pas la distinction entre ces deux groupes et a été utilisée par d'autres auteurs qui ont étudié la question. Ainsi, dans *Wooden ships and iron men*, de Wallace (Londres, Hodder and Stoughton, s.d. : 30 et 31), l'auteur identifie le Britannique Henry Usborne, marchand de bois, comme constructeur de navires de Québec. La reproduction de la liste de Rosa dans *The lower St. Lawrence*, d'Ivan Brookes (Cleveland, Freshwater Press, 1974 : 293-318), est une indication de l'importance accordée au travail de Rosa dans les études portant sur la construction navale à Québec. Quelques monographies sur les histoires locales de la construction navale ont établi une distinction entre les marchands et les constructeurs de navires. Voir par exemple Esther Clark Wright, *Saint John ships and their builders*, Wolfville, N.-É., publié par l'auteur, 1976 : 8 et 9, et Basil Greenhill et Ann Giffard, *West countrymen in Prince Edward's Isle*, Toronto, University of Toronto Press, 1967 : 26 et 27. Les auteurs tant britanniques qu'américains tiennent compte du rôle prépondérant des marchands dans le financement des navires. Pour une référence britannique, voir David Dougan, *The shipwrights*, Newcastle upon Tyne, F. Graham, 1975 : 10. On trouvera des points de vue similaires dans des ouvrages américains : A.J. Holland, *Ships of British oak : the rise and decline of wooden shipbuilding in Hampshire*, Newton Abbott, David and Charles, 1971, 204 p., et Joseph A. Goddenberg, *Shipbuilding in colonial America*, Charlottesville, University Press, 1976 : 30 et suiv. On trouvera une étude de la construction navale en Amérique du Nord britannique dans les écrits de Richard Rice. Voir son article "The Wrights of Saint John: A study of shipbuilding and shipowning in the Maritimes, 1839-1855" in D.S. Macmillan, *Canadian Business History*, Toronto, MacCelland and Stewart Ltd., 1972 : 327-328, et sa thèse, *Shipbuilding in British America, 1787-1890*, University of Liverpool, 1977 : 69-73. Il est certain qu'une analyse des immatriculations éclaircit cette question. La monographie sur la construction navale à Québec que prépare actuellement Eileen Marcil résoudra sans doute plusieurs de ces questions.

86. Texte dit par un acteur tenant le rôle de Dieu dans une pièce de théâtre intitulée «L'Arche de Noé», jouée par des charpentiers de marine à Newcastle, cité dans David Douglas, *The shipwrights* : 8. (Traduction.)

87. L'information concernant Beatson provient de plusieurs sources et particulièrement de sa biographie, écrite par Eileen Marcil, DBC, IV : 52-53, et de la description plus détaillée qu'elle donne in *Patrick Beatson, shipmaster and shipbuilder : 1758-1800*, s.l. et s.d., 9 p.; l'inventaire de la succession de Beatson, dont une copie a été fournie par Mme Marcil, s'est aussi avéré utile, ainsi que le document d'information inédit concernant le cabinet de travail de Beatson, rédigé par Susan Sebert en vue d'une exposition, et les minutes des procès entre Beatson et des marchands.

88. Voir l'accusation portée contre Beatson, relativement à des marchandises manquantes, par T. Aylwin, marchand de Québec, auprès de la Cour du Banc du Roi, les 16 et 24 septembre 1782, ANQ.

89. E. Marcil, biographie de Beatson, *loc. cit.*

90. James Glenny c. P. Beatson, Cour du Banc du Roi, 13/6/1798 -21/10/1802, ANQ. Il semble que Beatson ait résolu cette affaire à l'amiable.

91. Gilles Proulx, «Les Québécois et le livre, 1690-1760», étude présentée à la réunion annuelle de la CHA, Montréal, 1985 : 13; et Égide Langlois, *Livres et lecteurs à Québec, 1760-1799*, thèse de maîtrise, Université Laval, 1984 : 77. Au début du XIXe siècle, 45 p. 100 des conseillers exécutifs et législatifs possèdent environ 200 livres. Voir Georges Bervin, «En-

vironnement matériel et activités économiques des conseillers exécutifs et législatifs à Québec, 1810-1830», *BHCM* (printemps 1983) : 47.

92. G. Proulx, *loc. cit.*

93. La crainte d'une attaque française et la méfiance à l'égard des Canadiens sont des préoccupations constantes des Britanniques à Québec. Voir Frank Murray Greenwood, *The development of a garrison mentality among the English in Lower Canada, 1793-1811*, thèse de doctorat, University of British Columbia, 1970 : 21, 101-155.

94. Eileen Marcil, biographie de Beatson, *loc. cit.*

95. F.W. Wallace, *op. cit.* : 17, et Ivan S. Brookes, *op. cit.* : 11.

96. Réal Brisson, *La charpenterie navale à Québec sous le régime français*, Québec, IQRC, 1983 : 88, 89 et 139.

97. Greffes de Charles Stewart, 10/7/1786. On n'a pas retrouvé de liste de ces individus, mais il est possible qu'ils aient été les mêmes hommes réemployés par Fairie un an plus tard. Parmi ces hommes se trouvent William Mickle, James Sellers, Jacob Young, John Davidson, John Black et William King. Les deux derniers deviennent constructeurs de navires.

98. Pétition de Beatson au gouverneur Prescott, ANC, RG1 L3L, XXIX : 19507, et Eileen Marcil, *loc. cit.*

99. Information trouvée dans les dossiers des sessions de la paix, 13/3/1810, APJQ.

100. *Quebec Mercury*, 5/4/1842.

101. Pour des exemples, voir les actes de Jean Belanger, 10/6/ et 3/8/1811.

102. Biographie de Bréhaut par Stanley Bréhaut Ryerson, *DBC*, V : 108.

103. Question examinée dans Hardy et Ruddel, *op. cit.* : 141-148, 190-193.

104. L'inventaire de Patrick Beatson comprend, par exemple, outre l'équipement dont il a été fait mention ci-dessus, 3 soufflets de forge, 1 tour, 16 hamacs et 2 lits de camp, ce qui indique qu'il fournit un lit à certains de ses employés, probablement à ceux qu'il fait venir d'Écosse.

105. Pour un exemple de dispute illustrant quelques-uns des problèmes posés par les relations de travail dans les chantiers navals, consulter les minutes du procès qui opposa Patrick Beatson (représenté par Jonathan Sewell) à son contremaître, William King (défendu par Olivier Perrault et Berthelot D'Artigny). Cour du Banc du Roi, 10/6/1799 - 8/2/1800, ANQ. Voir aussi notre discussion de ce sujet dans : J.-P. Hardy et D.-T.Ruddel, *Les apprentis artisans à Québec* : 145, 176-179, et 190.

106. 4/2/1811

107. *Le Canadien*, 14/2/1840, chiffres cités dans Fernand Ouellet, *op. cit.* : 403.

108. *Ibid.*, 12/4/1841 et 6/5/1842. Voir aussi le *Quebec Mercury*, 10/4/1841 et 4/4/1842.

109. Évaluation fondée sur des informations parues dans *Le Canadien*, 12/4/1841, et dans le *Quebec Mercury*, 5/4/1842.

110. *Le Canadien*, 6/4/1842.

111. Citations extraites de deux articles parus dans *L'Artisan*, 9 et 12/12/1842.

112. Albert Faucher, *op. cit.* : 70.

113. Cité dans Ian Donnachie, *A history of the brewing industry in Scotland*, Édimbourg, John Donald Publishers Ltd., 1979, p. i.

114. *Ibid.* : 4, 67 et 68.

115. David Daiches, *Scotch whisky : Its past and present*, Glasgow, Fontana/Collins, 1976 : 46-63.

116. Le nom de Hegarty est cité dans *La Gazette de Québec*, 16/2/1786 et 2/7/1788. L'histoire des débuts de Molson constitue un exemple bien connu des origines anglaises de l'industrie de la bière au Bas-Canada. Molson arrive au Canada en 1772, accompagné d'un brasseur anglais et d'un marchand qui ouvre une taverne près de Montréal. Outre ces sources de compétences et de conseils, le jeune Molson dispose d'un héritage qui le met à même d'établir une brasserie. Même s'il est encore un jeune homme lorsqu'il commence à produire de la bière, cette industrie ne lui est pas étrangère puisque son oncle cultive l'orge et est brasseur en Angleterre. Qui plus est, ses relations en Angleterre lui fournissent les éléments essentiels du métier : l'orge, le houblon et les fûts de cuivre. Bernard K. Sandwell, *The Molson family*, Montréal, publié à compte d'auteur, 1933 : 6-13.

117. Biographie de R. Lester, *DBC*, V : 492-494.

118. *Ibid.*

119. Greffe de Joseph Planté, 27/6/1800, ANQ.

120. Biographie de R. Lester, *loc. cit.*

121. Biographie de Peter Brehaut par Stanley Bréhaut Ryerson, *DBC*, V : 108.

122. *The British Dominions in North America*, Londres, Longman, 1832, I : 255.

123. La distillerie compte quatre brassins de cuivre, 1 de 700 gallons, 1 de 400 gallons et 2 de 100 gallons, ainsi que 8 cuves d'évaporation. *La Gazette de Québec*, 22/3/1798.

124. Information tirée de dossiers notariaux, 1790-1810, ANQ.

125. Biographie de John Young par Peter Moogk, *DBC*, V : 880.

126. Joseph Bouchette, *A topographical description of the Province of the Lower Canada*, Londres, W. Faden, 1815 : 422.

127. *La Gazette de Québec*, 19/2/1807; Quebec Mercury, 12/12/1808.

128. Greffe de Jean Belanger, 23/6/1809, et Peter Moogk, *op. cit.* : 881.

129. Certains renseignements concernant cette entreprise révèlent qu'elle existe de 1820 environ à 1830. Voir notre ouvrage *La ville de Québec, 1800-1850* : 123 et suiv. Une autre mention de la participation des Canadiens révèle l'engagement par J.-T. Taschereau d'un commis pour une brasserie et une distillerie. Greffe de Joseph Planté, 9/3/1814. ANQ.

130 Ian Donnachie, *op. cit.* : 34.

131. Bouchette affirme que la construction des entreprises de Young à Beauport et à Saint-Roch fournit du travail à plusieurs centaines de personnes pendant plusieurs années. *Op. cit.* : 423.

132. Les actes de Charles Stewart renferment des exemples de ce genre de dispute salariale, 24/3/1794 et 7/5/1796. ANQ.

133. J. McKinstry à McKnight et McIlwraith, 20/4/1801, SRO.

134. Mary Q. Innis, *An economic history of Canada*, Toronto, 1943 : 161, et Bouchette, *The British Dominions...* : 352.

135. Bouchette, *op. cit.* : 370.

136. Émile Vaillancourt, *The history of the brewing industry in the Province of Québec*, Montréal, Ducharme, 1940 : 11-19.

137. La plus grande partie de ce rhum est transportée dans des navires des Treize Colonies. *La Gazette de Québec*, 18/7/1765.

138. Ces données sont tirées de statistiques établies par la Chambre de commerce et parues dans la *RAC* (1888) : 6, ainsi que de Joseph Bouchette, *The British Dominions in North America* : 451.

140. C'est là le verdict que rend l'Arpenteur général du Bas-Canada, Joseph Bouchette, en 1815. *A topographical description...* : 423. Voir aussi la biographie de John Young par P. Moogk, DBC, V : 880.

141. *La Gazette de Québec*, 8/1/1850.

142. En 1737, le gouvernement français accorde aux Forges jusqu'à 100 000 livres en subventions et cède à l'entreprise une quantité considérable de terres. Albert Tessier, *Les Forges St. Maurice*, Montréal, Boréal Express, 1974 (1952) : 64 et 65; R.C. Rowe, "The St. Maurice Forges", *Canadian Geographical Journal*, juillet 1934, IX : 17.

143. Serge Saint-Pierre, *Les artisans du fer aux Forges du Saint-Maurice. Aspect technologique*, Travail inédit n 307, Québec, Parcs Canada, 1977 : 33.

144. D'après une évaluation faite à l'époque, les Forges comptent de 400 à 800 travailleurs, chiffres qui ont été retenus dans des études ultérieures. Voir Pierre de Sales Laterrière, *Mémoires de Pierre de Sales Laterrière et de ses traverses, 1747-1815*, Québec, 1873 : 84, et N. Caron, *Deux voyages sur le Saint-Maurice*, Trois-Rivières, 1890 : 262. Bien que des études poussées aient été réalisées par le personnel de Parcs Canada sur les caractéristiques de cette main-d'oeuvre, il n'existe aucune donnée précise permettant de faire la distinction entre la population du village et le nombre de travailleurs. Selon une monographie récente, qui se base sur des données relevées dans des récits de voyage, 120 individus sont «attachés aux forges» en 1752 alors que 300 hommes y travaillent en 1808. Voir Marie-France Fortier, *La structuration sociale du village industriel des Forges du Saint-Maurice : Étude quantitative et qualitative*, Travail inédit n 259, Québec, Parcs Canada, 1977: 9 et 20. Pour une description des activités journalières de cette main-d'oeuvre, voir Luce Vermette, *La vie domestique aux Forges du Saint-Maurice*, Travail inédit n 274, Ottawa, Parcs Canada, 1977, 597 p. Les connaissances sur la technologie utilisée aux Forges ont beaucoup progressé depuis la parution de l'ouvrage de Henry Miller *Canada's historic first iron castings*, Ottawa, ministère de l'Énergie, des Mines et des Ressources, 1968, 81 p. Parmi les études réalisées sur le sujet par les historiens de Parcs Canada, voir André Bérubé, «L'évolution des techniques sidérurgiques aux Forges du Saint-Maurice, 1729-1883», *Bulletin de recherches*, mars

1977, n 49, 5 p. Une bibliographie recensant des ouvrages sur les Forges figure dans Louise Trottier, *Les Forges. Historiographie des Forges du Saint-Maurice*, Canada et Boréal Express, 1980 : 165-170. Une évaluation critique des études effectuées par le personnel de Parcs Canada aide à orienter les travaux en cours.

145. Marcel Moussette, *Répertoire des fabricants d'appareils de chauffage du Québec (1760-1867)*, Travail inédit n 125, Ottawa, Parcs Canada, 1972 : 8 et 9. Voir aussi son livre *Le chauffage domestique au Canada*, Québec, Les Presses de l'Université Laval, 1983 : 173 et 174.

146. Nicole Casteran, *Répertoire préliminaire des produits des Forges du Saint-Maurice*, Travail inédit n 132, Ottawa, Parcs Canada, 1973.

147. Ces renseignements sont le résultat d'une étude portant sur les annonces parues dans *La Gazette de Québec* de 1765 à 1833.

148. 13/12/1833, cité dans Marcel Moussette, *Les appareils de chauffage importés au Québec et en Ontario jusqu'en 1867*, Travail inédit n 125, Ottawa, Parcs Canada, 1972 : 1. (Traduction.)

149. *Ibid.* : 1-6.

150. H. Miller, *op. cit.* : 3 et 4.

151. T.H. Grant, "On the future commercial policy of British North America", *Transactions of the Literary and Historical Society,* Québec, 1867 : 74.

152. Selon le *Vindicator* (5/4/1833), cette fonderie est l'un des plus importants établissements de Montréal qui soient spécialisés dans la fabrication de moteurs à vapeur et d'autres machines.

153. Harold B. Hancock et Norman B. Wilkinson, "Joshua Gilpin : An American manufacturer in England and Wales, 1795-1801", *Newcomen Society for the study of the history of engineering and technology*, XXXIII (1961) : 16.

154. Richard Burn, *The justice of the peace and parish officer, continued to the present time by John Burn*, Londres, A. Straham and W. Woodfall, 1788, II : 690-691. (traduction)

155. *Ibid.*

156. On trouve un exemple révélateur de quelques-unes des conditions indispensables au succès d'un «espion industriel» dans le journal de Joshua Gilpin, un manufacturier américain qui visita la Grande-Bretagne au début du XIXe siècle. Gilpin constate que des ressources financières importantes, des recommandations, des liens familiaux (sa femme est la fille d'un banquier de Lancaster et un de ses parents travaille dans une usine sidérurgique), des connaissances techniques et une bonne dose de persévérance s'avèrent utiles quand il s'agit d'obtenir des renseignements. Par la suite, il va se servir de cette information pour introduire des innovations technologiques dans ses manufactures. Hancock et Wilkinson, *op. cit.* : 16 et 17.

157. Marie-France Fortier, *op. cit.* : 182.

158. Cette supposition est fondée sur l'ouvrage de Marcel Moussette, *Essai de typologie des poêles des Forges du Saint-Maurice*, Travail inédit n 332, Québec, Parcs Canada, 1975 : 5 et 9.

159. *La Gazette de Québec*, 8/1/1850.

160. Ces renseignements sont basés sur un examen des «engagements» signés entre 1790 et 1815 ainsi qu'entre 1820 et 1829. Le nom de David Douglas ne figure dans aucun contrat de travail après 1812.

161. Greffe de Charles Stewart, 15/8/1799. ANQ.

162. Pour un exemple, voir les actes de Jean Belanger, 8/7/1813 et 7/4/1814. ANQ.

163. Henry Hunt, le carrossier, adopte les mêmes pratiques que ses deux frères. Pour des exemples, voir les actes de Charles Voyer, 17/10/1793 et 5/5/1797. ANQ.

164. Pour des exemples, voir les actes de Charles Voyer, 28/5/1795 et Jacques Voyer, 29/10/1802. ANQ.

165. Greffe de Felix Têtu, 10/11/1816. ANQ.

166. Les Hunt, qui ont déjà beaucoup plus d'outils que le simple forgeron, possèdent, en outre, de la machinerie moderne, tels des perceuses, un tour, un palan, de grandes grues, des manivelles, des poids et l'outillage pour fabriquer les clous. D'autres outils sont gardés à l'entrepôt du Roi «où un dépôt d'articles réservés à l'usage du gouvernement a été constitué par le disparu, qui souhaite ainsi être prêt à exécuter toute commande passée sans préavis par le gouvernement». (Traduction.) On comptait 148 pelles à incendie, 246 pinces, 43 paires de crampes et 120 ensembles de marteaux et de crochets. Greffe de Jean Belanger, 17/6/1816. ANQ.

167. Au cours des années 1820, on compte parmi les ateliers importants ceux des frères Moffet, de Martin Childs, de Charles Vézina et de Thomas Tweddell. Ce dernier commence à embaucher des hommes en 1824.

168. André Beaulieu et Jean Hamelin, *Les journaux du Québec de 1764 à 1964*, Québec, Presses de l'Université Laval, 1965, : 212.

169. *Ibid.* : 210 et 214.

170. Le propriétaire fondateur, Daniel Tracey, catholique irlandais, défend les immigrants pauvres, les travailleurs en général et les droits de la majorité. Le journal critique sévèrement la servilité des administrateurs gouvernementaux et de leurs amis. Sa façon de couvrir les événements est conforme à sa devise : «Justice pour toutes les classes, monopoles et privilèges pour aucune». (Traduction.) 21/6/1833.

171. Ces chiffres ne comprennent que les individus dont le lieu de domicile est mentionné dans les livres de Neilson, ANQ. Bien qu'ils ne représentent pas le nombre total d'abonnés de ces deux villes, les pourcentages cités ci-dessus correspondent aux proportions relatives de différents groupes d'abonnés. Ces renseignements proviennent de tableaux établis par Lynda St. Maurice pour un projet du Musée canadien des civilisations sur la culture et la société québécoises.

172. Pour de plus amples renseignements sur ces journaux et sur le climat chargé d'émotion dans lequel ils furent créés, voir Jean-Pierre Wallot, *Un Québec qui bougeait* : 63-105.

173. Beaulieu et Hamelin, *op. cit.* : 111 et 116.

174. *Ibid.* : 155.

175. *Ibid.* : 59.

176. *Ibid.* : 212.

177. Pour des renseignements sur l'histoire de la presse réformiste, et notamment sur l'incarcération des propriétaires de *La Minerve* et du *Vindicator*, voir la référence suivante dans ce dernier journal : 16/6/1833.

178. Beaulieu et Hamelin, *op. cit.* : 165 et 179.

179. Greffe de Thomas Lee, 26/10/1806.

180. Les renseignements portant sur les employés de Neilson proviennent principalement d'une étude de ses livres réalisée par John Hare. Je suis reconnaissant à John de m'avoir donné accès à ses travaux. Le nom de la plupart des compagnons et apprentis anglophones qui travaillent pour Neilson ne figure ni dans les archives notariales ni dans le registre paroissial établi en 1818 par Joseph Signay. Aussi une étude des archives des marchands s'impose-t-elle.

181. *Ibid.* Cette donnée est fondée sur l'étude des contrats de 36 hommes qui travaillent pour Neilson de 1805 à 1822.

182. Greffe de W.F. Scott, 3/11/1814.

183. *The colonial system* : 3 et 33.

184. Par exemple, l'annonce de Thomas Richard parue en 1797 offre un plus grand choix de produits que celle de Thomas Wilmot datant de 1765.

185. Henry Bliss, *op. cit.* : 33.

186. Greffe Charles Stewart, 21/1/1800, ANQ. On trouve un autre exemple d'une clause semblable portant sur les secrets d'un exploitant de moulin à orge dans i*bid.*, 23/5/1796.

187. *La Gazette de Québec*, 18/5/1797.

188. Le contrat de Weidenback est renouvelé périodiquement. Voir l'accord établi par Jean Belanger, 13/3/1812, ANQ.

189. Georges Bervin, «Aperçu sur le commerce et le crédit à Québec 1820-1830», *RHAF* (mars 1983) : 528 et 536.

190. En 1831, William Drum, un immigrant anglais, et Joseph-O. Vallières, un fabricant de chaises de Québec, décident d'ouvrir une fabrique de chaises. À l'instar d'autres manufacturiers de la colonie, ces entrepreneurs ne vendent pas seulement leurs produits mais aussi des meubles importés. Ils livrent également concurrence à des importateurs qui vendent des chaises et d'autres meubles provenant tant de Grande-Bretagne que de Montréal. Paul-Louis Martin décrit les activités de Drum et Vallières dans *La berçante québécoise*, Montréal, Boréal Express, 1973 : 146-153.

191. À la fin du XVIIIe siècle et tout au cours du siècle suivant, la plupart des meubles et des accessoires sont importés : tables, plateaux, tables de jeu, bureaux, chaises, buffets, lits, horloges, commodes, malles, tapis, chandeliers, miroirs, cages d'oiseaux, ustensiles de cuisine, couverts, etc. proviennent d'un examen des numéros de *La Gazette de Québec* parus entre 1765 et 1833. Suivant un observateur de la région, l'importation de crin, de damas, de toiles, de placages, de ressorts, de verre, depeinture et des ferrures a fait augmenter les coûts de l'ébénisterie à un point tel qu'aux environs de 1850 les producteurs locaux n'arrivent plus à maintenir leurs prix au-dessous de ceux demandés pour les meubles importés. T.H. Grant, "On the future commercial policy of British North America", *Transactions of the Literary and Historical Society*, Québec, 1867 : 74.

192. Cet énoncé se fonde sur un examen de certains inventaires de successions (par exemple, celui de Patrick Beatson, dont il a été question précédemment); il se fonde également sur un ouvrage anonyme, "Description of a tour thro' the province of Lower and Upper Canada, in the course of the years 1792 and '93", *The Canadian Antiquarian and Numismatic Journal*, IX (juillet- octobre 1912) : 21, et sur une étude de Catharine Parr Traill, *The backwoods of Canada*, 1836 : 96.

193. Avant 1840, il y a deux ou trois manufactures de textiles, principalement dans l'Estrie. En 1796, une manufacture de textile fabrique de la toile de lin à Coteau-du-Lac, à 47 milles de Montréal (*Montreal Gazette*, 6/6/1796), et, dans les années 1820 et au début des années 1830, il existe deux filatures de laine dans l'Estrie, l'une au lac Memphrémagog (*British Colonist and St. Francis Gazette*, 11/5/1826) et l'autre à Sherbrooke (*Montreal Gazette*, 12/6/1832). Le «Retour des manufacturiers, 1833» mentionne la présence d'une manufacture de textile dans le canton d'Ascot, ANC, RG1, E13,IX : 290. Voir aussi Adrienne D. Hood et D.T. Ruddel, "Artifacts and documents in the history of Québec textiles", communication qui a été faite dans le cadre d'une conférence internationale sur la culture matérielle à St. John's en 1986 et sera publiée avec d'autres communications faites lors de la conférence.

194. Joel Mokyr, "The industrial revolution in the Low Countries in the first half of the nineteenth century : A comparative case study", *The Journal of Economic History*, XXXIV (juin 1974) : 367. Si la comparaison, à divers stades de leur développement, entre des pays possédant des ressources humaines et naturelles différentes comporte des limites évidentes, elle aide à mettre en évidence certaines des lacunes de l'infrastructure économique du Bas-Canada et de Québec.

195. D'autres historiens sont arrivés à semblable conclusion, notamment A.R.M. Lower et Louise Dechêne. Voir l'article de celle-ci sur William Price, *op. cit.* : 49. Voir également l'avis de William Lyon Mackenzie concernant les marchands de Montréal dans le *Colonial Advocate*, 18 mai 1824 cité dans *The selected writing of William Lyon Mackenzie 1824-1837*, dir. par Margaret Fairley, Toronto, Oxford University Press, 1960 : 110. 196. Les journaux locaux font état de ces plaintes. Pour des exemples, voir des articles parus dans *La Gazette de Québec*, 21/9/1820, dans *La Minerve*, 13/7/1829, et dans le *Vindicator*, 20/12/1831 et 16/3/1832.

197. Jusqu'à la fin des années 1820, de nombreux patriotes sont des monarchistes et des admirateurs des institutions politiques britanniques. Par exemple, entre 1818 et 1820, Papineau laisse entendre que les ministres britanniques ont été mal informés lorsqu'ils ont promulgué des lois qui, selon eux, sont préjudiciables au Bas-Canada. Voir ses discours, cités dans Fernand Ouellet, *Papineau : textes choisis*, Québec, Presses de l'Université Laval, 1958 : 17-22. Jean-Pierre Wallot soutient qu'au début du XIXe siècle, les leaders politiques canadiens voient l'Angleterre comme une protectrice éloignée mais bienveillante de leurs droits. Voir son article sur Craig dans *Un Québec qui bougeait*, en particulier la page 159.

198. Selon Gilles Paquet et Jean-Pierre Wallot, cette impasse empêche l'un et l'autre adversaire d'atteindre ses buts. *Patronage et pouvoir* : 140, et «Groupes sociaux et pouvoir...», *RHAF* (mars 1974) : 562.

199. Voir notre article "The domestic textile industry...", *BHCM* (printemps 1983) : 119. Si l'on en juge par les annonces parues dans les journaux locaux, on importe des imitations de vêtements canadiens de Grande-Bretagne dès 1831. *Montreal Gazette*, 3/12/1831.

200. D. Landes, *Unbound prometheus* : 130, 149 et 151.

201. Fernand Ouellet, *Histoire économique et sociale* : 402 et 403.

202. Jean-Claude Robert affirme que le port de Montréal détrône celui de Québec entre 1820 et 1850 (*Montréal 1821-1871* : 254), et François Drouin soutient que Montréal devint le centre colonial prédominant dans les années 1800 et 1810. *Québec, 1791-1821 : Une place centrale?*, thèse de maîtrise, Université Laval, 1983 : 61-80 et 126.

203. La diversification des activités économiques à Montréal a été étudiée par Gerald Tulchinsky dans *The river barons. Montréal businessmen and the growth of industry and transportation, 1837-1853,* Toronto, University of Toronto Press, 1977 : 79-103. Voir aussi John McCallum, *Unequal beginnings : Agriculture and economic development in Québec and Ontario until 1870*, Toronto, University of Toronto Press, 1980; et la thèse de doctorat de Jean-Claude Robert, *Montréal 1821-1871* : 237-304.

Chapitre IV

L'administration locale : les fondements et les avantages de l'exercice du pouvoir

Introduction

L'ambition des marchands britanniques de s'assurer la suprématie économique et politique au niveau de la colonie est également manifeste au niveau local. D'importantes différences existent cependant entre les deux niveaux de gouvernement, provincial et municipal. Si la lutte des marchands britanniques pour dominer la politique coloniale a été longue et ardue, ils réussissent sans difficulté à contrôler les affaires locales. Et comme ils ont une meilleure connaissance de la loi britannique que les Canadiens, ils sont généralement choisis pour diriger les affaires locales.

Une analyse de l'évolution des municipalités donne une idée plus claire des mécanismes, des tendances et

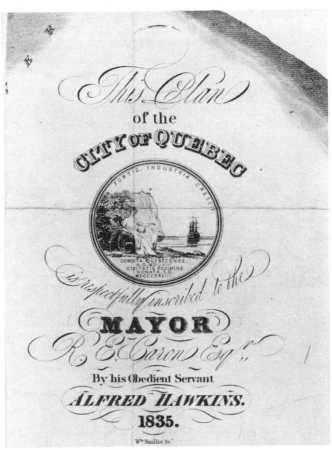

EMBLÈME DE LA VILLE DE QUÉBEC adopté lors de l'inauguration du gouvernement civil en 1833 (détail d'un plan datant de 1835). (ANC 52872)

ARMOIRIES FRANÇAISES provenant d'une des portes de la ville de Québec (1759). (ANC)

des relations qui existent dans les villes. Elle montre aussi comment, en très peu de temps, les marchands britanniques réussissent à imposer leurs valeurs à la population locale. En 1830, l'ancienne ville coloniale française de Québec ressemble à une petite ville britannique. Elle est sous la gouverne de régiments anglais, particulièrement dans les domaines du commerce et de la justice. Et puisqu'ils contrôlent l'administration locale, les marchands britanniques peuvent affirmer leur pouvoir dans tous les domaines de l'activité quotidienne de la ville.

Quand il s'agit de lancer des projets commerciaux, l'administration locale s'avère une institution plus efficace que le parlement provincial. D'une part, sa composition est plus homogène et, d'autre part, contrairement à l'Assemblée, l'opposition de chefs populaires ne peut s'y affirmer. De plus, les critiques qui sont parfois adressées à l'administration locale sont du même type que celles dont fait l'objet l'administration coloniale, souvent qualifiée d'irresponsable et d'autocratique. Les deux niveaux d'administration se ressemblent donc de plusieurs façons.

Avant 1832-1833, les citadins du Bas-Canada n'ont pas le privilège d'élire leurs dirigeants municipaux. Pendant plus de 70 ans, de 1765 à 1832 et 1833, et de 1835 à 1840, les villes sont gouvernées par les membres d'organismes oligarchiques nommés par les gouverneurs britanniques : les juges de paix. Les Commissions de la paix du Bas-Canada sont les organismes administratifs responsables de la mise en application des lois et ordonnances provinciales et locales concernant le développement urbain.

Même si de nombreux juges de paix ignorent dans quelle mesure la loi britannique doit être appliquée localement, celle-ci reste le fondement et le modèle des règlements urbains à Québec et à Montréal. Les administrateurs municipaux de Québec, quant à eux, s'appuient sur des manuels britanniques tels les *Commentaires* de Blackstone, les *Lectures* de Woodrow et la *History of the Law of England* de Reeves[1]. Au cours des années 1780, un de ces ouvrages de référence, *Justice of the Peace*, de Burn, est traduit en français à l'intention des juges de paix canadiens[2]. Ces manuels ainsi que d'autres ouvrages britanniques sont vendus par un des journaux les plus importants de la colonie, *La Gazette de Québec*; on peut aussi les consulter dans des bibliothèques juridiques et administratives. Les ordonnances et les lois du Bas-Canada ressemblent étroitement à la législation britannique. Leur application est différente à cause de circonstances particulières de l'administration coloniale. Avant d'aborder le sujet de la Commission du Bas-Canada, il faut examiner brièvement son modèle britannique.

1. Le modèle britannique

La Commission des juges de paix de la Grande-Bretagne est considérée comme l'institution nationale la plus puissante. Son administration est fondée sur les coutumes locales et la *common law*[3]. Elle assume de vastes responsabilités qui ont évolué de génération en génération «depuis un temps immémorial[4]». Les responsabilités des juges se sont tellement ramifiées qu'il est aujourd'hui difficile de les définir. Une description simplifiée de leurs fonctions identifie deux domaines généraux d'administration, municipale et judiciaire.

Dans son célèbre ouvrage *The Justice of the Peace and Parish Officer*, Richard Burn avance qu'à l'origine, le rôle des juges est de maintenir la paix; plus tard, leurs responsabilités seront élargies pour inclure l'application des lois et des ordonnances adoptées pour «le paisible gouvernement du peuple[5]». Les responsabilités judiciaires commencent avec la supervision des institutions et des agents chargés de faire appliquer la loi (prisons, shérifs, agents de police, etc.) et sont confirmées par des jugements rendus, lors des sessions trimestrielles, sur des infractions telles que sédition, attroupement illicite, meurtre, crime, extorsion, violation de propriété, spéculation sur les marchés, désertion, prostitution et vagabondage[6]. Le tribunal traite aussi les infractions d'ordre commercial et municipal. Il rend la justice presque de façon souveraine, sauf lorsque ses décisions sont portées devant des tribunaux supérieurs. En général, la difficulté et le coût de la procédure découragent les citoyens d'interjeter appel des décisions des juges.

Dans le domaine municipal, les juges de paix assument d'autres responsabilités : fortifications, communications internes et externes, commerce, main-d'oeuvre, aménagement urbain et bonnes moeurs. Ils jouent le rôle des pouvoirs publics locaux, comme on les connaît aujourd'hui, administrant les villes, engageant la main-d'oeuvre et les fonds nécessaires[7] et imposant des amendes à ceux qui ne respectent pas les règlements. Le juge et juriste britannique William Blackstone décrit les pouvoirs étendus qu'ils exercent; ne veillent-ils pas à la mise en application des «règles de conduite civile prescrites par l'autorité suprême de l'État, enjoignant le respect de la loi et interdisant les infractions à celle-ci[8]».

Évidemment, ces pouvoirs impressionnants ont progressivement augmenté au cours des siècles, évoluant à partir d'une institution fondée sur un certain nombre de principes : l'organisation professionnelle comme base de gouvernement, l'exclusivité et l'auto-élection, la propriété comme critère d'admissibilité[9]. Seuls peuvent être nommés juges les membres de l'aristocratie terrienne et commerciale qui possèdent des terres d'une valeur d'au moins 100 £. Ils s'estiment détenteurs non seulement du droit mais aussi de l'expérience et de la sagesse nécessaires pour gouverner.

En général, les juges ont acquis leur expérience administrative par l'exploitation d'entreprises et de propriétés terriennes. Si certains ne sont pas payés et assument ces fonctions par souci de s'acquitter d'un devoir traditionnel envers la communauté, leur charge les exempte de la pénible obligation de se faire jurés, agents de police et agents voyers. Comme les députés, les avocats, les chefs religieux et les médecins, les juges de paix sont dispensés de ces tâches : ils n'occupent que les postes politiques importants. L'administration par des élites constituées fonctionne convenablement dans les petites villes, de même que dans quelques grandes villes, où existent un certain sens communautaire et une interdépendance des tâches et des relations. Il n'empêche que, la plupart du temps, les municipalités sont à l'image et selon les principes de l'élite dirigeante.

La rapide croissance économique et démographique, ainsi que l'urbanisation et le mercantilisme grandissant, transforment les obligations traditionnelles, celles-ci donnant désormais lieu à l'évasion fiscale, à la spéculation et à l'oppression. Cette détérioration des anciennes fonctions devient surtout évidente lorsque des marchands et des artisans qui se sont récemment enrichis deviennent membres de la Commission de la paix, alors qu'ils ne possèdent que des compétences commerciales. Ces hommes, qui ne se connaissent pas entre eux, non plus qu'ils ne connaissent la collectivité et les traditions locales, sont souvent nommés par favoritisme et sans qu'il soit tenu compte de leurs connaissances, de leurs qualités ni de leur intégrité. On dit de certains de ces hommes qu'ils ont une mauvaise réputation et sont incompétents et que d'autres ignorent les pratiques municipales les plus fondamentales. D'après un critique britannique de la Commission, la compétence juridique, critère antérieur pour l'exercice de la profession, a été remplacée par la richesse :

> Jadis, vingt années d'études étaient un préalable pour qu'une personne puisse être élevée à la dignité de juge; de nos jours, comme par magie, un homme qui possède suffisamment de biens peut devenir juge... Ainsi, en vertu d'un critère clairement dénué de fondement, il obtient le droit de juger ses égaux, de leur imposer des amendes, de les faire emprisonner et de les bannir[10].

La fonction de juge de paix permet aux marchands de mieux défendre leurs intérêts personnels au détriment de ceux de la collectivité. Les corps municipaux deviennent des groupes de privilégiés qui considèrent les marchés et les ports comme leur propriété morale et légitime.

Une fois au pouvoir, les groupes dirigeants maintiennent leurs traditions élitistes au moyen de la co-optation, ce qui a pour effet d'exclure les groupes défavorisés et de propager les pratiques administratives antérieures. L'homogénéité qui en résulte sur le plan du rang social et des tendances politiques et religieuses encourage la poursuite des intérêts personnels et le désintéressement face aux préoccupations d'ordre communautaire.

D'après l'imposante étude que lui consacrent Sydney et Beatrice Webb, la Commission est déjà à un stade avancé de déliquescence à la fin du XVIIe siècle. Jusqu'au milieu du XIXe siècle, les municipalités sont dirigées par des groupes restreints et fermés de privilégiés, qui ont de moins en moins à coeur les intérêts de l'ensemble de la population. La Commission est particulièrement influente durant les périodes d'instabilité et de changement – par exemple les révolutions américaine et française. Les administrateurs britanniques, préoccupés par des problèmes extérieurs, laissent aux juges une grande autonomie locale et une autorité considérable dans le domaine des affaires internes, surtout en ce qui concerne les mouvements séditieux. Finalement, en 1835, l'irresponsabilité des juges amène le gouvernement britannique à créer la *Municipal Corporation Commission* chargée d'enquêter sur l'administration municipale. On reprochera aux juges d'avoir mal géré les biens municipaux; ils ont, en général, négligé, de façon flagrante, leurs devoirs publics et ne se sont pas soucié du bien-être de la collectivité[11].

Ce survol rapide fournit les jalons nécessaires à une comparaison entre la Commission britannique et l'administration urbaine du Bas-Canada; les ressemblances sont nombreuses, mais les différences demeurent importantes. Les pages qui suivent examinent successivement ces différences, puis l'évolution des responsabilités de la Commission au Bas-Canada et la mise en application des politiques et règlements locaux.

Les institutions complémentaires qui permettent de restreindre le pouvoir de la Commission en Grande-Bretagne sont dans une large mesure absentes au Bas-Canada. En Grande-Bretagne, la Commission, malgré sa puissance, n'est qu'une des nombreuses autorités locales. Des institutions qui n'existent pas à Québec, tels les *Juries* (*of Manor, of the Court of Sewers, of the Hundred, of the Country*), interprètent les coutumes locales, limitant ou élargissant la conception de ce qui constitue un «préjudice public». Les membres des conseils de paroisse et les petites oligarchies de responsables paroissiaux font constamment des dépenses lors de la prestation de services locaux[12]. Or, les tribunaux ecclésiastiques, qui jugent les pratiques immorales telles que l'inceste et l'adultère, n'existent pas en Amérique du Nord britannique. D'après l'étude des Webb, mentionnée ci-dessus, les institutions britanniques locales peuvent être regroupées en quatre organes distincts, dont les origines, les domaines de responsabilité, les structures et les pouvoirs sont similaires : la «paroisse», la «campagne», le «manoir» et la «municipalité[13]». Ces institutions fonctionnent ensemble, de façon inextricable et interdépendante, leurs actions se fondant sur des pratiques traditionnelles.

L'institution la plus étrangère aux villes du Bas-Canada est la municipalité. Dans le domaine municipal, la pratique britannique, qui date du moyen âge, est de s'occuper des affaires importantes de la municipalité lors de réunions où chaque membre du corps municipal et chaque bourgeois ou citoyen a le droit de voter. Les baillis ou huissiers, les coroners et les maires sont élus pour expédier les affaires courantes dans les tribunaux municipaux. Ces tribunaux ou conseils passent des ordonnances régissant le commerce et le prix des marchandises. Ces officiers élus, qui existent non seulement en Grande-Bretagne mais aussi dans les treize colonies d'Amérique, représentent la collectivité auprès de l'administration locale. Une telle représentation n'existe pas au Bas-Canada.

En 1787, des marchands de Québec et de Montréal se demandent «[s'ils doivent] ou non demander une charte constituant légalement en société d'après un plan excellent et approuvé, un groupe de citoyens d'élite revêtu du pouvoir d'adopter des règlements, [...] soit sous les nom et titre de recorder, de maire, d'échevin et de conseil municipal de la cité et du comté de Québec [...][14]». On soulève cette question à plusieurs reprises, notamment en 1792, en 1817 et en 1827. Plus de quarante ans s'écoulent toutefois avant l'érection de Québec en municipalité; pendant cette période, l'administration du gouvernement municipal est donc laissée à la Commission des juges de paix. L'absence de tout autre organisme administratif au niveau local permettra aux juges d'étendre leurs pouvoirs sans coup férir.

Les ordonnances rendues par la Commission doivent être approuvées par une instance supérieure avant de devenir loi[15]. Or, comme tous les juges partagent les mêmes vues dans le domaine des affaires urbaines, les juges du Tribunal du Banc du Roi acceptent généralement les lois proposées par leurs homologues de la Commission. Il semble que les contestations des décisions des commissaires, présentées lors des sessions trimestrielles, aient été plus rares au Bas-Canada qu'en Grande-Bretagne. Ainsi, l'absence d'institutions britanniques prenant part à l'administration locale laisse aux juges du Bas-Canada le champ libre dans des domaines traditionnellement partagés par d'autres autorités. Le présent chapitre évaluera, plus tard, l'administration urbaine des juges de paix de Québec. Notons déjà que leur conduite est conforme aux pratiques des juges britanniques : à l'instar de ces derniers, ils gèrent mal les affaires locales et négligent les intérêts de la collectivité. La situation est plus grave au Bas-Canada, car cette mauvaise gestion des affaires locales est le fait d'une Commission dont les traditions – et une bonne partie des membres – sont étrangères à la population locale. Avant de poursuivre cette analyse plus avant, il est bon d'examiner ce qu'il advint de la Commission au Bas-Canada.

2. La Commission de la paix au Bas-Canada

Quelles sont les responsabilités des juges de paix du Bas-Canada? Comme leurs homologues britanniques, ils jouissent de vastes pouvoirs dans les domaines local et commercial. Avec le gouverneur et son conseil, ils dirigent les affaires quotidiennes des habitants de la ville. Lorsque le gouvernement civil britannique est instauré en 1765, la première tâche qu'entreprend la Commission est de rendre des ordonnances régissant le commerce et l'ordre public dans les villes et villages et de créer des organismes chargés de leur mise en application. Le plus important de ces organismes est la Commission de la paix. Comme ceux de Grande-Bretagne, les juges de paix du Bas-Canada sont responsables du maintien de l'ordre, de l'administration des politiques urbaines concernant les rues, les égouts, les cours d'eau, l'hygiène, la protection contre les incendies, et des règlements commerciaux relatifs aux marchés publics, aux bouchers, aux boulangers, aux charretiers et aux cabaretiers[16]. Il leur incombe en outre de juger les délinquants. En général, leur compétence se limite aux infractions punissables d'amendes de moins de 10 £. Les juges de paix assument aussi des fonctions importantes dans les villages, en faisant respecter les ordonnances et les lois et règlements régissant la pêche et la chasse ainsi que la corvée et la milice. En tant que représentants principaux de la loi, les juges sont omniprésents, en ville comme à la campagne. Rares sont les responsables des affaires gouvernementales qui ont la même autorité que les juges, ces derniers sont probablement plus puissants que leurs pairs de Grande-Bretagne. Bien que l'entretien des fortifications ne soit pas de leur ressort, les juges bas-canadiens ont des pouvoirs plus étendus que leurs confrères britanniques. Par exemple, de 1764 à 1770, les juges bas-canadiens prennent en délibéré des causes de petite propriété engageant des sommes n'excédant pas 30 £. Cette autorité leur est retirée par la suite à cause de certaines irrégularités[17].

Comme il a été dit plus haut, les tribunaux supérieurs n'ont qu'une juridiction limitée à l'égard des juges. Entre 1764 et 1791, les commissaires ne relèvent que du gouverneur; par la suite, ils sont comptables à l'Assemblée[18]. Celle-ci essaie rarement d'influencer la façon dont les juges administrent les affaires locales. Le cas échéant, ils n'ont qu'une autorité limitée sur eux. Les juges étant nommés, ils suivent plutôt les directives des gouverneurs. Quelques personnes, dont le notable Toussaint Pothier, prétendront même que certains juges sont des espions qui informent le gouvernement sur les activités des Canadiens[19]. L'exposé qui suit porte sur les débuts de la Commission, l'appartenance ethnique et sociale de ses membres et leurs responsabilités en tant que représentants de la loi. On montrera comment les juges de paix appliquent les politiques impériales dans le contexte local.

A N
ORDINANCE,

For regulating and eſtabliſhing the Courts of JUDICATURE, Juſtices of the PEACE, QUARTER-SESSIONS, BAILIFFS, and other Matters relative to the Diſtribution of Juſtice in this PROVINCE.

By His Excellency JAMES MURRAY, *Eſq; Captain-General and Governor in Chief, in and over the Province of* QUEBEC, *and of the Territories depending thereon in* America, *Vice-Admiral of the ſame, Governor of the Town of* Quebec, *and Colonel-Commandant of the Second Battalion of the Royal American Regiment of Foot, &c. &c. &c. In Council, this* 17th *Day of* September, *in the Fourth Year of His Majeſty's Reign,* Annoque Domini, 1764.

WHEREAS it is highly expedient and neceſſary, for the well Governing of His Majeſty's good Subjects of the Province of *Quebec*, and for the ſpeedy and impartial Diſtribution of Juſtice among the ſame, that proper Courts of Judicature, with proper Powers and Authorities, and under proper Regulations, ſhould be eſtabliſhed and appointed:

ORDONNANCE CRÉANT DES TRIBUNAUX, l'une des premières lois promulguées à Québec par le nouveau régime britannique. (Extrait de *La Gazette de Québec*, MCC.)

LE PALAIS DE JUSTICE. Gravure de James Smillie, 1829. (ANQ GH 772-31)

THE QUEBEC GAZETTE.

THURSDAY, November 15, 1764.

LA GAZETTE DE QUEBEC.

JEUDY, le 15 de Novembre, 1764.

Damn'd

An O R D I N A N C E,

For the better difcovering and fuppreffing unlicenfed Houfes.

By His Excellency JAMES MURRAY, *Efq; Captain-General and Governor in Chief, in and over the Province of* QUEBEC, *and of the Territories depending thereon in* America, *Vice-Admiral of the fame, Governor of the Town of* Quebec, *and Colonel-Commandant of the Second Battalion of the Royal American Regiment of Foot,* &c. &c. &c. *In Council, this 3d Day of* November, *in the Fifth Year of His Majefty's Reign,* Annoque Domini, 1764.

WHEREAS there are a great many Perfons in this Province who retail Rum, Brandy, Wine, Syder, and other fpirituous and ftrong Liquors, and keep common Tiplinghoufes; therein harbouring and entertaining Soldiers, Sailors, and Servants, to the Weakning and Deftroying His Majefty's Forces, and promoting Idlenefs and Debaucheries in this Province; His Excellency the Governor, by and with the Advice, Confent and Affiftance of His Majefty's Council, and by Virtue of the Power and Authority to him given, by His Majefty's Letters Patent, under the Great Seal of Great-Britain, hath thought fit to Ordain and Declare; and His faid Excellency, by and with the Advice, Confent and Affiftance aforefaid, *Doth hereby Ordain and Declare,* That if any Perfon or Perfons whatfoever, within this Province, fhall fell any Rum, Brandy, Wine, Ale, Beer, Syder, Perry, or other ftrong Liquors, mixt or unmixt, by whatfoever Name or Names they may be called or diftinguifhed, without Licence firft had and obtained for that Purpofe, from the Secretary of this Province, (upon prefenting to him a Certificate from the Clerk of the Peace, that fuch Perfon or Perfons had been approved of by the Juftices of the Peace, at the Quarter-Seffions, and upon giving the faid Secretary a proper Security for their good Behaviour, for which *Thirty-fix Shillings* fhall be paid to the Secretary, of which *Two Shillings* fhall be for the Clerk of the Peace for his Certificate, and *Eight Shillings* to the Secretary for taking the Security, and granting the Licence as aforefaid, and the Remainder to be appropriated to publick Ufes, in fuch Manner as the Governor and Council fhall think proper) or fhall fell or expofe to Sale any fuch Liquors, mixt or unmixt, by whatfoever Name or Names they are, or may be called or diftinguifhed, about the Streets, Wharfes, Highways, Lanes, or Suburbs of the Towns of *Quebec, Montreal* and *Three-Rivers,* or in any other Town or Place whatfoever within this Province, in any Wheel-barrow or Bafket, or upon the Water in any Ship, Boat or Veffel, or in any other Manner whatfoever, contrary to the true Intent and Meaning of this Ordinance: He, She, or They, fhall forfeit for every fuch Offence the Sum of *Twelve Pounds* Currant Money of this Province.

And it is hereby Ordained and Declared, by the Authority aforefaid, That it fhall and may be lawful for any one Juftice of the Peace, on his own View, or by Confeffion of the Party, or by the Oath of one credible Witnefs, to convict any Perfon or Perfons fo offending; and the Perfon or Per-

Damn'd

ORDONNANCE,

Pour la Suppreffion des Maifons où on donne à boire, et où on débite des Boiffons enyvrantes fans aucuns Permis.

Par Son Excellence JAQUES MURRAY, *Ecuyer, Capitaine-Général et Gouverneur en Chef de la Province de* QUEBEC, *Territoires et Dependances, d'icelle en* Amérique, *Vice-Amiral d'iceux, Gouverneur de la Ville de* Québec, *et Colonel Commandant du Second Battaillon du Régiment Royal Américain,* &c. &c. &c. *Au Confeil, ce 3 Jour de* Novembre, *en la Cinquieme Année du Regne de Sa Majefté,* Annoq; Domini, 1764.

COMME il y a plufieures Perfonnes, dans cette Province, qui vendent en Detail du Rum, de l'Eau de Vie, du Vin, du Cidre, et autres Liqueurs fortes et enyvrantes, et qui tiennent des Cabarets cachés, et y recoivent des Soldats, Matelots, et Domeftiques, ce qui tourne par leur Oifiveté et les Débauches qu'ils y font, à l'Affoibliffement des Forces de fa Majefté, et au Détriment du Bien Public: Son Excellence le Gouverneur, par et avec l'Avis, le Confentement et l'Aide du Confeil de fa Majefté, et en Vertu du Pouvoir et de l'Autorité a lui donnés par les Lettres Patentes de fa Majefté, fous le Grand Sçeau de la *Grande Bretagne* a jugé à propos de déclarer et d'ordonner, comme par ces Préfentes, de l'Avis du Confentement et de l'Aide du dit Confeil, *Il Declare et Ordonne,* Qu'il eft défendu à toutes Pefonnes de quelques Qualités qu'elles puiffent être dans cette Province, de vendre ni débiter du Rum, de l'Eau de Vie, du Vin, de l'Aile, de la Biere, du Cidre, du Poiré, et autres Liqueurs faites, melées ou non melées, de quelques Natures qu'elles puiffent être, ou Noms qu'on puiffe leur donner, fans avoir préalablement obtenu Permiffion pour cet Effet, du Secrétaire de cette Province, en lui préfentant un Certificat du Clerc des Juges de Paix, qu'elles ont été reçues et confirmées dans leurs Fonctions de Cabaretiers par les dits Juges de Paix aux Séances de Quartier pour la Province, et en donnant au dit Secrétaire convenable et fuffifante Caution pour répondre pour eux d'une Conduite réguliére, pour laquelle Permiffion ceux à qui elle fera delivrée payeront au Secrétaire *Trente fix Chelins,* dont *Deux* appartiendront au Claire de Paix pour le Certificat qu'il delivrera, *Huit Chelins* au Secrétaire pour la Reconnoiffance et Permiffion, et le Refte fera approprié aux Ufages publics, en telle Maniere que le Gouverneur et Confeil trouveront à propos. Il eft pareillement défendu par la même Autorité à tous Particuliers de vendre les Boiffons et Liqueurs fufdites dans les Ruës, ou Ruelles, fur les Quays, Greves, Chemins publics dans les Fauxbourgs de *Québec, Montrial, Trois Rivieres,* ou dans aucun autre Endroit de cette Province quelconque, en Brouettes ou Manquins, même à bord des Batimens ou Chaloupes, et de telle Façon et Maniere que ce puiffe être, à Peine contre les Contrevenants, et à celui qui fe trouvera avoir defobei et manqué à l'Ordonnance ci-deffus, de Douze Livres d'Argent courant de cette Province, pour Réparation de fon Offenfe.

Il eft pareillement Declaré et Ordonné par ces mêmes Préfentes, par l'Autorité fufdite, Que pour veiller aux Prévarications qui pourroient fe commettre,

LES DÉBITS DE BOISSONS illicites font souvent l'objet d'ordonnances car, comme le montre ce règlement, on estime qu'ils encouragent l'oisiveté et la débauche. (MCC)

Les débuts de la Commission

Les juges de paix siègent en diverses sessions pour arrêter des politiques et promulguer des règlements. Ces sessions sont de quatre types : 1) mineures quand elles traitent de causes de modeste importance; 2) spéciales lorsque dirigées par une autorité appropriée, par exemple un président du tribunal, dans un but spécial; 3) générales si elles portent sur des questions d'ordre général; 4) trimestrielles, c'est-à-dire générales, sauf qu'elles n'ont lieu qu'à certaines dates de l'année. Au moins deux juges, dont l'un est membre du Quorum, doivent être présents lors des sessions. Le Quorum est un groupe de juges particulièrement expérimentés ou réputés.

La législation locale concernant les infractions est appliquée au moyen d'amendes et de châtiments corporels. Des comités sont formés pour s'occuper de l'hygiène, de la lutte contre les incendies, de l'état des rues et des questions commerciales. Les décisions et jugements de la Commission sont publiés dans *La Gazette de Québec* et annoncés par un crieur public. Les mandats concernant les amendes et l'application des règlements locaux sont donnés par les juges à des baillis, des agents de police, des miliciens ou des officiers. Les citoyens témoins d'infractions sont encouragés à en informer les autorités : selon la coutume britannique, les informateurs ont droit à la moitié du montant de l'amende lorsque celle-ci ne dépasse pas 10 £.

Des ordonnances concernant le commerce qui sont rendues par le gouverneur et le conseil en 1764 portent notamment sur la monnaie et les marchés. Elles fixent le taux de change de l'argent portugais, allemand, espagnol, français et britannique et interdisent de poinçonner ou de couper des dollars ou d'autres pièces[20]. Un commis au marché est nommé pour surveiller l'exactitude des poids et mesures utilisés dans les entreprises commerciales, notamment les boulangeries. À la fin du XVIIIe siècle, les juges de paix sont chargés d'établir des règlements concernant les cabaretiers, les charretiers, les bouchers, les pilotes, les marins, ainsi que le port de Québec dans son ensemble.

En 1764, le gouverneur et le conseil adoptent des politiques sur les rues, les ponts et les égouts et les juges de paix sont chargés de les administrer. Le pouvoir de réglementation exercé par les juges de paix est confirmé en 1777, année où ils sont habilités à rendre des ordonnances. De 1777 à 1783, des règles sont établies pour que les rues restent propres et ouvertes à la circulation[21]. La législation par ordonnances persiste jusqu'en 1791, date à laquelle on modifie l'ordonnance de 1777, on définit les responsabilités de la Commission et fixe les procédures juridiques sur les amendes municipales. En 1796, l'Assemblée législative adopte l'Acte pour faire réparer les chemins qui permet aux juges de paix d'imposer des frais d'exemption aux gens assujettis à la corvée, de remplacer la corvée dans les villes par une taxe de voirie et d'engager un inspecteur des chemins qui exécutera les directives des magistrats.

En 1802, les anciennes ordonnances sont abrogées : si les règlements de police sont laissés intacts, les pouvoirs des commissaires de la paix élargis. Les commissaires sont de nouveau habilités à établir des règlements et à les soumettre au Tribunal du Banc du Roi en vue de leur révision ou de leur approbation. Les procédures de la Cour des sessions de la paix sont modifiées en vue d'améliorer l'application des règlements. Les règlements sur les ports, marchés, bouchers, charretiers et chemins prennent de l'ampleur; des règles régissant la conduite des apprentis, domestiques et compagnons sont établies[22]. Ainsi, dès le début du XIXe siècle, les juges de paix ont leur mot à dire sur la plupart des aspects importants du développement urbain.

Origines ethniques et sociales

Avant d'examiner plus en détail les tâches des commissaires, une brève analyse socio-culturelle de la Commission elle-même fera mieux comprendre le rôle qu'elle joue dans l'administration de la ville. Les règles et les traditions régissant la nomination des juges de paix sont généralement les mêmes que celles qui ont cours en Grande-Bretagne. Pour pouvoir être nommé, il faut posséder des terres d'une valeur de 100 £ et être membre de l'aristocratie commerciale ou terrienne. La plupart des juges acceptent de remplir ces tâches exigeantes et non rémunérées non seulement parce qu'elles intéressent le commerce, mais aussi pour le prestige qu'elles leur confèrent. De simples marchands portent le titre d'Esquire dès leur nomination et une poignée d'entre eux réussissent à passer de la Commission au Conseil exécutif, une promotion enviable et peu fréquente. Une fois qu'il est juge, un commissaire peut influencer les futures nominations en suggérant les noms de parents, d'associés et d'amis; la tradition britannique de la cooptation a également cours au Bas-Canada.

Contrairement à la situation qui règne en Grande-Bretagne, le nombre des personnes dignes d'être nommées juges est limité. En 1765, par exemple, la population britannique est peu nombreuse et les catholiques sont exclus de la fonction publique. Au lendemain de l'instauration du gouvernement civil britannique au Bas-Canada, la Commission du district de Québec est composée de 10 officiers et marchands britanniques. L'année suivante, leur nombre passe à 19. Au cours des années 1770, lorsque les catholiques commencent à être admis dans la fonction publique, le nombre de juges francophones augmente, d'abord lentement à la fin du XVIIIe siècle, puis rapidement au début du XIXe. En 1802, la majorité des 53 commissaires (55 p. 100) sont des Canadiens.

Les juges de paix sont recrutés parmi les seigneurs, les marchands et les notaires. Les seigneurs et la plupart des notaires habitent hors de Québec, laissant l'administration quotidienne de la ville à des marchands britanniques et canadiens et à des officiers anglophones tels que les percepteurs d'impôts et de douanes, les arpenteurs adjoints et les maîtres de poste. Comme cela a été le cas en 1766, les marchands sont majoritaires parmi les juges britanniques au début du XIXe siècle. Le deuxième groupe en importance numérique, les officiers, représente seulement 11 p. 100 des juges anglophones. Comme les marchands britanniques et canadiens représentent 46 p. 100 des juges, et que plus de 80 p. 100 d'entre eux habitent en ville, ils sont les premiers responsables de l'élaboration et de l'application des règlements locaux[23].

Durant les dernières périodes d'existence de la Commission (1820-1833 et 1835-1840), la représentation des officiers et des hommes politiques est stable, tandis que celle des marchands augmente et que celle des autres professions diminue : la représentation des officiers se maintient à environ 15 p. 100 des juges dont les professions sont connues, celle des marchands passe de 29 p. 100 en 1824 à 46 p. 100 en 1840 et celle des membres des professions libérales passe d'un plafond de 52 p. 100 en 1824 à un plancher de 37 p. 100 en 1840. En 1832, il n'y aura plus de seigneurs dans la Commission; en 1836, il n'y aura plus d'officiers militaires[24]. Comme la plupart des membres des professions libérales nommés à la Commission sont des notaires canadiens vivant à la campagne et que la plupart de leurs collègues marchands sont des anglophones demeurant en ville, la prédominance de ces derniers dans l'administration locale semble avoir non seulement persisté entre 1765 et 1815, mais elle aurait encore augmenté au cours des années 1820 et 1830. Des renseignements plus précis datant des années 1830 sur le lieu de domicile des juges confirment l'importance du groupe anglophone qui habite Québec : de 1832 à 1840, le pourcentage des commissaires anglophones passe de 63 à 74 p. 100 (voir le tableau 17).

Le rôle prédominant des anglophones devient plus évident lorsque l'on considère leur place au sein du Quorum (voir le tableau 18). Comme la loi exige qu'au moins un juge membre du Quorum préside chaque session, l'influence du Quorum est un facteur essentiel dans l'administration locale. Ce rouage administratif n'échappe pas aux officiers coloniaux, qui, tout en augmentant le nombre de juges de paix canadiens durant les années 1800 et 1810 font en sorte que le contrôle du Quorum reste entre des mains anglophones. Les postes au sein du Quorum ne sont pas im-

portants à la fin du XVIIIe siècle car la Commission ne compte alors qu'une douzaine de membres, la plupart anglophones[25].

Pour tenir compte de la croissance de la Commission (51 membres en 1801, 64 en 1815 et 149 en 1824), le nombre d'anglophones membres du Quorum est augmenté, ces mêmes années, passant de 16 en 1801 (62 p. 100) à 18 en 1815 (69 p. 100), puis à 27 (59 p. 100) en 1824. Comme la plupart des Canadiens membres du Quorum habitent à la campagne, seuls quelques-uns participent aux décisions en matière d'affaires locales. Malgré l'augmentation considérable du nombre de Canadiens à la Commission entre 1800 et 1830, les anglophones contrôlent l'administration locale par l'entremise d'un petit groupe de marchands et d'officiers britanniques au sein du Quorum.

Entre 1800 à 1840, la Commission exerce un contrôle permanent des affaires locales par l'intermédiaire de ses membres anglophones, en particulier par les marchands britanniques. De 1800 à 1830, elle accueille un plus grand nombre de Canadiens exerçant des professions libérales, mais réduit soudainement ce nombre au cours des années 1830. Alors que le nombre de juges de paix double presque de 1820 à 1840 et que la représentation des anglophones augmente de 22 p. 100 dans le Quorum et de 26 p. 100 dans l'ensemble de la Commission, la représentation des Canadiens dans ces deux groupes diminue respectivement de 21 p. 100 et de 13 p. 100. Si la représentation des marchands francophones double de 1824 à 1840, passant de 7,4 p. 100 à 15 p. 100, celle des notaires canadiens chute d'environ 36 p. 100 durant les années 1820, s'établissant à 17 p. 100 en 1840.

En réduisant le rôle que les membres canadiens des professions libérales jouent brièvement au début du XIXe siècle et en réaffirmant celui des marchands, les autorités coloniales réaffirment le caractère principalement commercial de la Commission à fin du XVIIIe siècle. La nomination d'un nombre accru de marchands francophones est une autre indication de la confiance que les autorités accordent aux commerçants de Québec. Comme ils occupent un poste prestigieux, qu'ils sont investis d'un pouvoir et que peu de restrictions entravent leur action, il n'est pas étonnant que, dans leur gestion des affaires municipales, les marchands-commissaires accordent la priorité à leurs intérêts personnels.

3. Les règlements sur le commerce et la main-d'oeuvre

Les règlements sur le commerce et la main-d'oeuvre sont une préoccupation majeure des juges de paix. Dès la mise en vigueur des premières ordonnances du régime britannique, qui enjoignent aux juges d'appliquer les lois touchant le commerce et la main-d'oeuvre, ces derniers jouent un rôle central dans la colonie en tant que représentants de la loi. À la fin du XVIIIᵉ siècle, disait-on ci-dessus, la majorité des membres de la Commission de la paix sont des seigneurs et des marchands. Mais ces derniers sont majoritaires. Ainsi, dans ce domaine, le modèle britannique est reproduit presque intégralement au Bas-Canada : des groupes de marchands administrent les villes à leur guise, à l'exclusion de tous, sauf de quelques artisans prospères. La pratique britannique qui consiste à confier des postes à des marchands – à des importateurs en particulier – est courante au Bas-Canada. Un tel groupe de commerçants britanniques, ainsi que quelques seigneurs et marchands canadiens, administrera de manière autocratique et gouvernera en fonction de ses intérêts propres.

L'application des lois sur le commerce et la main-d'oeuvre est un prolongement naturel du pouvoir des juges. Non seulement la loi sera utilisée pour maintenir les différences sociales, mais elle favorisera l'activité économique de l'élite dirigeante. C'est là l'une des raisons pour lesquelles les marchands insistent sur l'utilisation du droit commercial britannique au Canada : cela s'accorde avec leurs intérêts. Pour la même raison, ils nomment des importateurs à des postes de juges : ils agissent selon les principes du mercantilisme britannique.

Les marchands-juges participent à la réorganisation de l'économie en fonction de leurs besoins propres. Ainsi, ils commencent à travailler à l'instauration d'une économie de marché, avec un moyen d'échange principal permettant la libre circulation des biens, la croissance du marché des produits de base et la constitution d'une main-d'oeuvre nombreuse et organisée. La plupart de ces conditions commerciales apparaissent en l'espace d'une quarantaine d'années. On l'a dit ci-dessus, les premières ordonnances organisent l'activité commerciale à Québec, Trois-Rivières et Montréal; des règlements sur la monnaie et le commerce rendent dorénavant possibles les transactions quotidiennes. L'introduction progressive du droit commercial britannique[26] permet l'élargissement des marchés provinciaux et l'intégration du marché colonial au marché britannique. Ce droit donne aux marchands du Bas-Canada la possibilité de bénéficier du développement de l'économie internationale.

Le pain et la viande

Une fois définis certains aspects essentiels du commerce, tels que taux de change, crédit, recouvrement des créances et normalisation des poids et mesures, d'autres règlements sont adoptés concernant les produits de base. Les premières ordonnances interdiront la spéculation sur les produits agricoles (céréales, lé-gumes, volaille et viande) de même que l'exportation massive du blé lors des périodes de sécheresse ou de mauvaises récoltes, en plus de réglementer la production du pain[27].

Les producteurs et les détaillants de produits alimentaires, notamment les bouchers et les boulangers, sont immédiatement touchés par ces ordonnances. Ils sont tous tenus de faire un apprentissage, d'obtenir un permis et de verser une caution garantissant une certaine permanence dans la prestation de leurs services. Leur commerce est soumis à plusieurs règlements. En 1799, les bouchers doivent réinstaller leurs abattoirs de la haute ville près de la rivière Saint-Charles et du Saint-Laurent; les boulangers sont tenus de construire leur boutique en brique ou en pierre[28].

De telles règles, cependant, comme bien d'autres, sont généralement provisoires et rarement respectées pendant longtemps. On sait, par exemple, que l'ordonnance mentionnée ci-dessus doit empêcher bouchers et détaillants d'acheter de la viande et d'autres aliments avant l'ouverture du marché. Mais, en 1802, les Grands Jurés se plaignent aux commissaires de la paix que les bouchers violent quotidiennement cette ordonnance mais que les citoyens ne les poursuivent pas en justice à cause du coût de la procédure judiciaire[29]. Cette pratique fait grimper le prix de la viande et pousse les principaux propriétaires des environs du marché de la basse ville à se plaindre du monopole exercé par quelques bouchers[30].

En 1810, l'inspecteur de police et président des Sessions trimestrielles, Ross Cuthbert, déclare que la spéculation sur les marchés est devenue pratique courante et que des provisions de toutes sortes sont interceptées sur les routes et les voies navigables qui desservent la ville[31]. Les conséquences sont les mêmes que pour le monopole des bouchers : les prix montent. L'augmentation sans fin des prix des produits de première nécessité, explique Cuthbert, n'est rien de moins qu'un système d'extorsion systématique qui est devenu pratique courante chez les revendeurs et détaillants[32]. Cuthbert a beau exhorter les Grands Jurés à poursuivre les coupables, la spéculation continue et les prix restent élevés.

Contrairement aux bouchers, les boulangers sont souvent poursuivis; le préposé au marché les défère devant les juges de paix. Ils sont passibles d'amendes de 40 shillings s'ils commettent l'une ou l'autre de ces deux infractions : pain dont le poids est inférieur à la norme et farine altérée. La plupart des boulangers qui sont trouvés coupables sont des Canadiens, mais cela n'est pas surprenant car, entre 1760 et 1818, plus de 80 p. 100 des boulangers de Québec sont francophones.

Les préposés au marché sont consciencieux, en particulier George Chapman qui exerce ses fonctions au marché de la haute ville. Les juges de paix de Québec utilisent beaucoup ses services et l'envoient visiter de temps à autre les boulangeries de la ville pour y vérifier le prix et le poids du pain et voir si les boulangers impriment leurs initiales sur leur pain, conformément au règlement. Une fois que Chapman a mis en cause un boulanger, celui-ci échappe rarement à l'amende, quelle que soit son excuse. Si la somme de 40 shillings constitue une petite amende, elle n'en discrédite pas moins le boulanger aux yeux du public. Néanmoins, la pratique de mélanger de la farine non pure ou moisie avec de la farine pure persistera et se répandra à ce point que, en 1810, Ross Cuthbert exhortera les Grands Jurés à poursuivre les boulangers coupables :

> Pour pouvoir condamner quelqu'un qui a commis cette infraction, il n'est pas nécessaire,

comme on le suppose en général, de prouver l'acte même de mélanger de la mauvaise farine avec de la bonne. [...] En effet, on peut présumer que les contrevenants prendront les plus grandes précautions pour faire cela en secret. Il suffit que le pain vendu ait indubitablement un goût de moisi ou un goût inhabituel, autre que celui que les céréales sauvages du pays peuvent parfois donner. Tout acheteur digne de foi peut, en jugeant du goût seulement, devenir un témoin légitime[33].

À l'évidence, quelques boulangers sont disposés à courir le risque d'être ainsi découverts et critiqués par le public et beaucoup fabriquent du pain de cette façon sans en subir les conséquences.

Les ordonnances sur les aliments rendues à la fin du XVIIIe siècle montrent que les prix élevés du pain et

NOMB. 2

THE

QUEBEC

GAZETTE.

THURSDAY, DECEMBER 13, 1764.

LA

GAZETTE

DE

QUEBEC.

JEUDX, le 13 de DECEMBRE, 1764.

An ORDINANCE,

To prevent Forestalling the Market, and Frauds by Butchers, &c.

WHEREAS Quantities of live Stock, fresh Provisions and other Articles, are daily brought from the Country by Land and Water into the Towns of *Quebec, Montreal* and *Trois-Rivieres*; and divers Butchers and other Persons make a Practice of engrossing the same immediately upon the Arrival thereof, to the great Prejudice of the Inhabitants:

His Excellency the Governor, by and with the Advice, Consent and Assistance of His Majesty's Council, and by Virtue of the Power and Authority to him given by His Majesty's Letters Patent under the Great Seal of *Great-Britain,* Hath Ordained and Declared, and by and with the Advice, Consent and Assistance aforesaid, *Doth hereby Ordain and Declare,* That all Kinds of live Stock (Oxen and Sheep excepted) all dead fresh Provisions, Grain, Hay, Roots or Garden Stuff, which shall be brought to the said Towns of *Quebec, Montreal* and *Trois-Rivieres,* after the Publication hereof, shall by the Proprietors thereof be brought to the publick Market-places, and there openly exposed to Sale, at or after the Hour of Six of the Clock before Noon, but not before that Hour from the First of *May* to the First of *October,* and at Eight of the Clock, and not before, from the First of *October* to the First of *May:* And no such live Stock, or dead fresh Provisions whatsoever, Grain, Hay, Roots or Garden Stuff shall (during the Space of Three Hours in the Winter, and Four Hours in the Summer Season, after being so exposed to Sale in the Market-place) be sold or contracted for in Gross, or to or with any Person or Persons whatsoever, more than is reasonably necessary for the Use of his or their Families, on Penalty of the Forfeiture of the Article or Articles so sold, bought or contracted for, or the Value thereof, upon Conviction by the Oath of One credible Witness, before any Two of His Majesty's Justices of the Peace, to be levied by Warrant of Distress under the Hands and Seals of the said Justices, One Half of which Forfeitures to be to the Use of the Informer, and the other Half to the Use of the Poor of the Place where such Forfeitures shall be incurred.

ORDONNANCE,

Pour empêcher que les Revendeurs ou Revendeuses n'anticipent sur les Marchés en achetant en gros pour revendre en Détail, et pour prévenir les Fraudes qui pourroient se commettre par des Bouchers, &c.

COMME on apporte journellement des Quantités de Provisions fraîches tant mortes que vivantes et d'autres Articles, par Terre et par Eau, de la Campagne, dans les Villes de *Québec, Montreal* et *Trois Rivieres,* et que plusieurs Bouchers et autres Personnes ont Coûtume de les acheter en gros, et de les enlever si tôt qu'elles arrivent, pour les revendre, au Préjudice des Habitans des dites Villles.

Son Excellence le Gouverneur, par, et avec l'Avis, le Consentement et l'Aide du Conseil de sa Majesté, et en Vertu du Pouvoir et de l'Autorité donnés à sa dite Excellence, par les Lettres Patentes de sa Majesté, sous le Grand Sçeau de la *Grande Bretagne,* a Ordonné et Déclaré, et par, et avec l'Avis, le Consentement et l'Aide susdits, *Il Ordonne et Déclare, par cette Présente,* Que toutes Provisions fraîches en Vie (Bœuf et Mouton exceptés) toutes Provisions fraîches mortes, tout Grain, Foin, Légumes, Herbes et autres Provisions de Jardins potagers, qu'on apportera dans les dites Villes de *Quebec, Montréal* et *Trois Rivieres,* après la Publication d'icelle, seront amenés par les Propriétaires d'iceux à la Place du Marché publique, où ils seront ouvertement exposés en Vente, à ou après six Heures du Matin, mais non avant la dite Heure depuis le premier Jour de *Mai,* jusques au premier Jour d'*Octobre,* et à ou après huit Heures, mais non avant, depuis le premier d'*Octobre* jusques au premier de *Mai* ; et il ne sera pas permis de vendre ni d'engager des Provisions fraîches mortes, de quelque Nature que ce soit, ni du Grain, Foin, Légumes ou autres Provisions de Jardin potager, en gros, pendant l'Espace de trois Heures en Hiver et de quatre Heures en Eté, après qu'ils auront été exposés en Vente à la Place du Marché comme il est dit ci-dessus, ni d'en vendre à qui que ce soit, ni à qui que ce soit d'en engager, en plus grande Quantité que ce qui sera raisonnablement nécessaire pour la Consommation de la Famille de celui ou de ceux qui achèteront ou qui engageront de ces Denrées, sous Peine de Confiscation de l'Article ou des Articles qu'on vendra, qu'on achètra ou qu'on engagera, ou d'en payer une Amende de la Valeur d'icelui ou d'iceux par tout Contrevenant qui en

LA SPÉCULATION fait l'objet de nombreux règlements durant l'époque coloniale à Québec. L'ordonnance ci-dessus interdit aux bouchers d'acheter aux fermiers de grandes quantités de viande avant l'ouverture des marchés. (MCC)

LES MARCHÉS, CELUI DE LA VIANDE SURTOUT, occupent une grande place dans le paysage urbain. L'aquarelle de Cockburn (1830) illustre l'arrivée de fermiers appor-tant de la viande et d'autres produits au marché de la basse ville. (ANC 37627)

de la viande sont des préoccupations majeures. La nature des plaintes portant sur les prix indique que ce sont les commerçants et les membres de professions libérales qui déplorent le prix élevé de la viande, et que ce sont les travailleurs pauvres qui déplorent la mauvaise qualité et le prix élevé du pain. Les boulangers, les juges de paix et le Conseil législatif considèrent que le pain est essentiel pour les pauvres, car ceux-ci sont les premiers à souffrir de son prix élevé ou de sa mauvaise qualité[34]. Si les juges de paix ne sont pas très assidus lorsqu'ils doivent présider chacun à leur tour les Assises du pain, pour évaluer les changements de prix et de poids, ils sont réceptifs lorsque le public se plaint de la qualité du pain ou que les boulangers demandent l'autorisation d'augmenter les prix. Ainsi, lors d'une enquête sur les pratiques des meuniers et des boulangers, menée par les commissaires au cours des sessions trimestrielles de 1815, les juges interrogent les meuniers et les boulangers sur la quantité de blé nécessaire pour faire de la farine de blé entier et de la farine fine, ainsi que sur la quantité de farine utilisée pour le pain français et les rations de pain des militaires[35]. L'attention que les autorités portent à ces questions donne une indication de l'importance de ces aliments dans la vie quotidienne des gens. Une attention temporaire, toutefois, épisodique et fondée sur des plaintes ponctuelles plutôt que sur un contrôle bien établi.

Le transport et les communications

Les ordonnances sur le transport favorisent le commerce extérieur basé sur l'exportation des fourrures, des céréales et du bois et l'importation de produits manufacturés. Les juges de paix contrôlent le respect des ordonnances touchant la navigation sur le Saint-Laurent et dans le port de Québec. Des maisons riveraines sont construites pour les pilotes ainsi que des bateaux de sauvetage; on installe des bouées aux endroits dangereux, On établit des règles pour les pilotes et les capitaines de navire, qui doivent payer des droits, de même que pour le mouillage, le lest, la réparation des navires et la poudre à canon dans les ports[36]. Les membres de la Maison de la Trinité, créée en 1805 pour surveiller la navigation fluviale, sont des juges et des marchands anglophones. Évidemment, l'application des règlements sur les ports se fera à l'avantage des marchands-juges, tels que Dunière, Fraser et Munroe, et des membres du Conseil exécutif, comme Johnston et Caldwell, qui possèdent tous des quais et se livrent au commerce d'exportation.

L'activité commerciale dans le port de Québec exige l'amélioration des communications tant à l'intérieur de la ville (cette question sera abordée plus loin) qu'avec les villages avoisinants. Il existe, sous le régime français, deux routes principales, parallèles au Saint-Laurent; plus tard, elles relieront Québec et Montréal. Le fleuve reste la principale voie de communication le long duquel se fait le peuplement. Les routes riveraines suffisent donc pour le commerce, en particulier le poisson, les fourrures et, dans une moindre mesure, le bois[37]. À la fin du XVIIIe siècle et au début du XIXe, la croissance de la population, la création de fermes situées en retrait du fleuve et l'expansion commerciale exigent de nouvelles routes.

Pour répondre aux besoins, les administrateurs britanniques poursuivent la pratique française et recourent aux services d'un Grand voyer, chargé de surveiller les routes existantes et d'en construire de nouvelles au moyen de la corvée, et nomment des arpenteurs et des baillis relevant des juges de paix. Une ordonnance de 1766 encourage la liberté et la facilité des échanges et des voies et moyens de transport pour les biens et marchandises entre villes et paroisses[38]. Le Grand voyer et les arpenteurs renseignent les juges de paix sur l'état des routes et sur les infractions commises, et ces derniers ordonnent des réparations et imposent des amendes aux coupables. Des instructions à l'intention des ruraux sont envoyées aux capitaines de la milice et publiées ou lues dans l'église paroissiale. Pendant l'hiver, le Grand voyer surveille l'installation de fanaux sur les routes de glace qui relient Québec à Beauport, à l'île d'Orléans et à la rive sud. Ces fanaux

LA VOITURE À DEUX CHEVAUX de cette annonce de *La Gazette de Québec*, qui publie les horaires des diligences de Québec dès le début du XIXe siècle, sont semblables à celles des carrosses publics de l'époque. (MCC)

permettent aux fermiers de charger sur des traîneaux du foin, du bois de chauffage, de la viande et des légumes et de fournir ainsi aux citadins des denrées abondantes à des prix moins élevés.

La construction et l'entretien des routes et des ponts ainsi que l'amélioration des embarcadères intéressent au plus haut point les juges, surtout les marchands et les seigneurs qui se livrent au commerce des céréales ou qui possèdent des minoteries. Gabriel-Elzéar Taschereau, nommé Grand voyer en 1794 pour le district de Québec, est un exemple typique d'habitant de la campagne occupé à des activités administratives et commerciales. Seigneur, propriétaire d'un moulin, officier dans la milice et juge de paix; à ce titre, il a le pouvoir d'ordonner la réparation des routes. Il a donc de nombreuses relations parmi les marchands et les officiers du gouvernement. Avec son fils, nommé Vice-Grand voyer, il surveille la construction et l'entretien des routes dans le district de Québec et porte une attention particulière aux routes, ponts et traversiers des environs immédiats de la ville[39].

La création d'un service postal, d'un réseau de diligences et de services d'information complète l'infrastructure des transports et des communications. En 1780, des postiers ou maîtres de poste sont embauchés pour acheminer le courrier entre Halifax et Montréal via Fredericton; ils fournissent des chevaux aux facteurs qui distribuent le courrier ainsi que chevaux, voitures, charrettes et traîneaux aux voyageurs[40]. En 1811, pour améliorer le transport des voyageurs, on crée un service régulier de diligence reliant Montréal et Québec en deux jours[41]. Le Maître de poste et le Grand voyer se consultent au sujet des stations et des itinéraires postaux. La responsabilité d'appliquer les lois régissant la poste et les services de transport par diligence incombe, là encore, aux juges de paix[42].

Les progrès du transport accélèrent la circulation des biens, des personnes et de l'information, des éléments esentiels pour les activités commerciales et militaires. On assiste en même temps au développement de la presse. En 1764, le gouverneur James Murray choisit *La Gazette de Québec* comme journal officiel pour la publication des ordonnances et d'autres nouvelles gouvernementales. *La Gazette*, qui est bilingue et les lectures publiques données dans les églises des villages permettront aux habitants et aux juges des villes et des campagnes d'être renseignés sur les règlements à observer et à appliquer. Le journal est donc un rouage essentiel de l'administration de la province et de la ville de Québec.

L'usage des moyens de communication qui existent à l'époque et l'expansion des échanges personnels qui en résulte sont caractéristiques du commerce et du gouvernement colonial. Le développement de réseaux de transport et de communication relie les marchands et les officiers gouvernementaux à l'empire britannique et à l'Amérique du Nord, tout en contribuant à l'homogénéité des points de vue chez les utilisateurs. Marchands et juges joignent leurs efforts pour développer et exploiter ce système qui sert si bien leurs intérêts.

Les juges et la main-d'oeuvre

On l'a vu précédemment, la réglementation commerciale régit la conduite des travailleurs. Pour que le système impérial fonctionne, les métiers spécialisés dans le transport et les communications doivent être contrôlés. À cause de leur rôle dans la navigation, mais aussi de leur indiscipline, en particulier dans des ports comme Québec, les marins sont soumis à des règlements. Les capitaines, les commandants de navire et les juges de paix demanderont et obtiendront des pouvoirs spéciaux pour contrôler les marins[43]; leur conduite est un tel sujet de préoccupation que les sessions trimestrielles du Tribunal de la paix condamnent ces hommes plus souvent que les autres travailleurs.

Des règles concernant les pilotes sont aussi établies au début du régime britannique. Leurs permis, leur apprentissage, leur rémunération et leur langue de travail sont contrôlés. La plupart des pilotes des environs immédiats de Québec sont des francophones. Pourtant, une loi adoptée en 1805 exige d'eux qu'ils puissent s'exprimer suffisamment bien en anglais pour être en mesure de donner des ordres à bord des navires. Ils sont donc les premiers travailleurs du Bas-Canada à être légalement tenus de parler une autre langue dans l'exercice de leurs fonctions. Ils sont aussi parmi les premiers à posséder un fonds d'assurance-maladie garanti par la loi pour les pilotes invalides, leurs veuves et leurs enfants[44]. Après la création de la Maison de la Trinité en 1805, plusieurs autres règlements concernant les pilotes sont adoptés. Marchands et juges accordent à la réglementation des métiers maritimes une grande importance. Témoins, les règlements qui sont promulgués très tôt et proclamés sans répit. Témoins aussi les nombreuses causes maritimes jugées par la Cour des sessions trimestrielles ou par d'autres tribunaux. Le transport maritime n'est-il pas le plus important moyen utilisé pour l'importation et l'exportation des biens? Les organismes commerciaux et administratifs du Bas-Canada lui porteront donc un intérêt considérable.

Les charretiers et le charroi

Une fois parvenue dans le port, la marchandise doit être débarquée et transportée dans certains endroits de la ville et dans les paroisses environnantes. Des véhicules, par exemple des charrettes, sont mobilisés à cet

LES CHARRETIERS jouent un rôle essentiel dans le transport des biens et des personnes à Québec au XIXe siècle.

Ce dessin de Chaplin (1842) montre quelques-uns des véhicules utilisés durant l'hiver. (ANC 832)

effet. À cause de leur importance pour le réseau de transport, les charretiers voient leur activité réglementée dès 1764; les juges de paix verront au respect des règlements, déjà fort nombreux en 1802[45] : les charretiers doivent immatriculer leurs charrettes, pratiquer des tarifs fixés par les juges, se présenter à des stations prédéterminées, prendre le premier client qui sollicite leurs services, transporter de l'eau lors d'un incendie, participer au nettoyage du marché de la basse ville et s'abstenir d'employer des enfants comme conducteurs.

Les règlements sont appliqués par un officier, ou syndic, nommé par les juges de paix et qui a autorité sur les charretiers. Si ces derniers refusent de lui obéir ou l'insultent, une amende de cinq shillings leur est imposée. La plupart des amendes sanctionnent trois infractions : conduire une charrette sans permis, ne pas se rendre sur les lieux d'un incendie ou refuser de fournir une charrette à la personne qui le demande. Cette dernière infraction, la plus fréquente, concerne souvent des charretiers canadiens et des marchands britanniques[46].

Outre leur refus de respecter certains règlements, les charretiers acceptent difficilement les tarifs fixés. En 1801 et en 1815, ils envoient aux juges de paix des pétitions demandant des augmentations de tarif afin de les compenser pour le coût de la vie très élevé.[47]

La législation du travail

Après avoir rendu des ordonnances concernant certains des principaux métiers liés au domaine du transport et des communications, les juges peuvent ensuite réglementer l'ensemble de la main-d'oeuvre spécialisée. En 1801 et en 1802, des lois sont adoptées pour régir les activités des travailleurs spécialisés et des domestiques, tant au travail que durant les heures de loisir[48]. La loi de 1801 veut par exemple empêcher les apprentis et domestiques de jouer au billard et les compagnons de parier à ce jeu.

La loi de 1802 est beaucoup plus générale. Elle punit la paresse, la désobéissance, l'ébriété, l'inconduite, l'absentéisme et la désertion. Les autorités tentent, à l'occasion, de réduire le nombre de débits de boissons, qui contribuent à l'ébriété et, bien sûr, à l'absentéisme. Il n'est toutefois pas facile de contrôler les travailleurs, à tel point que, en 1810, le président des sessions trimestrielles suggère que les Grands Jurés redoublent leurs efforts de surveillance et se servent plus souvent du tribunal pour punir les contrevenants[49]. Beaucoup de maîtres n'ont cependant pas besoin de tels conseils, puisqu'ils utilisent déjà souvent les sessions trimestrielles, surtout dans les cas de désertion et de refus de travailler.

Plus que tous les autres, les marchands britanniques spécialisés dans le commerce international saisiront les juges de paix de problèmes de main-d'oeuvre. Car la désertion de matelots de la marine marchande est l'un des problèmes les plus sérieux que législateurs, juges et marchands s'efforcent d'enrayer. La loi supplémentaire de 1807, qui augmente les amendes punissant la désertion et le recel des déserteurs, n'empêche pas le nombre de déserteurs d'augmenter[50]. D'autres maîtres ont aussi recours aux sessions trimestrielles lorsqu'ils sont confrontés à des désertions ou à un arrêt de travail. Il en est ainsi, en 1815, des maîtres chapeliers William Hall et Bernard Gowan contre les compagnons chapeliers (voir chapitre III). Dans ce conflit comme dans les suivants, les juges défendront leurs confrères autant que leurs propres intérêts commerciaux en punissant les travailleurs qui ont violé la législation ouvrière. La Commission de la paix joue donc un rôle important dans le contrôle de la main-d'oeuvre.

L'entretien des systèmes de transport et de communication et le bon fonctionnement des entreprises d'importation et d'exportation sont des éléments clés du circuit commercial international dont fait partie Québec. Au Bas-Canada, les représentants de cette organisation sont des marchands britanniques qui font des affaires entre Québec, Montréal, la Grande-Bretagne et le reste de l'Europe. Bon nombre de ces marchands sont des juges de paix qui connaissent toutes les lois régissant le commerce et la main-d'oeuvre. Le contrôle commercial est même souvent exercé directement par un agent de la Commission de la paix ou un officier, qu'il soit le syndic des charretiers, le préposé au marché et un agent de police.

DESERTED,

FROM James Reid, Confectioner, in Saint Joseph Street, JAMES CHAFFIN, an indented Apprentice to James Reid. He calls himself a Genoese, is about thirty years of age, his height bout five feet five inches, speaks broken French and English, has black hair, and is of a dark complexion, his lips are large.—He acted as Cook on board the Ship Bruce, now in this port, commanded by Capt. Bardon. All persons are hereby warned under the penalty of prosecution from harbouring or employing the said Chaffin and to any person who will apprehend him a reward of FIVE POUNDS will be given by the Subscriber,

JAMES REID.

Quebec, 19th June, 1810.

LES DÉSERTEURS et l'annonce de récompenses pour leur capture – surtout les matelots – sont courantes au début du XIXe siècle. (*La Gazette de Québec*, ANC 26842)

Les pouvoirs étendus des employeurs vis-à-vis des employés et les poursuites qu'intentent les juges de paix contre les travailleurs récalcitrants fournissent aux marchands les moyens de contrôler les employés et de rentabiliser leur entreprise. La surveillance exercée sur le port, la rémunération des charretiers, la réglementation du commerce et la conduite de la main-d'oeuvre s'avèrent avantageuses pour les marchands en général, et pour les marchands britanniques en particulier, surtout pour ceux qui se livrent au commerce international. Cette surveillance contribue à l'efficacité des échanges commerciaux. Le cumul de nombreuses fonctions, dont celles de marchand et de juge de paix, donnera ainsi à certains hommes le pouvoir d'influencer non seulement le cours de l'activité commerciale, mais sa croissance même au Bas-Canada.

4. L'application de la loi

Pour faire respecter la loi et maintenir l'ordre public, la Commission de la paix a besoin de l'aide d'autres instances judiciaires. Car si les juges sont habilités à prononcer des condamnations, ils ne peuvent remplir ce rôle que si les contrevenants sont arrêtés et détenus. La loi ne peut être appliquée sans agents de police et sans prisons. À Québec, les représentants de la loi vantent la tradition britannique de la participation des citoyens au processus judiciaire, mais se plaignent de ce que le public ne respecte pas les règlements. Ross Cuthbert, le chef de la police de Québec, décrit ainsi cette situation :

> Le principe sur lequel repose la grande règle qui caractérise la politique urbaine en Grande-Bretagne veut que le citoyen prenne la place qui, dans presque tous les autres pays, revient à l'informateur rémunéré. Le citoyen éclairé a généralement une juste conscience et une bonne compréhension de ses devoirs sociaux, et il remplit ces devoirs avec vigilance et discernement. Sans cette vigilance de votre part, les lois, et particulièrement les règlements de police concernant des questions qui intéressent l'ensemble de la collectivité, ne pourront être appliqués. Malheureusement, il y a tout lieu de se plaindre de la négligence et même du mépris avec lesquels *beaucoup* de lois sont traitées dans notre ville. L'exception étant extrêmement rare, il n'est pas nécessaire de citer un exemple en particulier[51].

Cette exhortation présentée aux juges de paix illustre quelques contradictions et problèmes inhérents à l'administration urbaine. Il y a un écart considérable entre la place idéale accordée par Cuthbert à la «juste conscience des devoirs sociaux» des citoyens éclairés et la négligence et le mépris quotidiens des lois. En outre, les citoyens éclairés sont souvent exclus de la participation à l'administration locale, et beaucoup se montrent critiques à l'égard des fonctions des commissaires de la paix. «Le principe sur lequel repose la grande règle qui caractérise la politique urbaine en Grande-Bretagne» est la participation des citoyens. Mais celle-ci est rendue difficile par le refus des officiers impériaux de permettre l'élection de l'administration locale. De plus, certains marchands, officiers coloniaux et seigneurs étant également juges et, à ce titre, responsables de l'administration locale, les citoyens ont tendance à leur laisser le soin de faire respecter les règlements urbains. Seul un petit groupe de juges participe à l'administration des affaires locales; par conséquent, la plupart des règlements sont négligés. En outre, les marchands-juges ont tendance à insister sur les règlements concernant le commerce; ils s'intéressent plus à l'entretien des marchés de la vieille ville, par exemple, qu'à l'application des règlements urbains à Saint-Roch. La plus importante fonction de la Commission, selon les marchands, consiste à protéger leur personne et leurs biens contre les dommages ou les pertes.

Cuthbert exagère quand il déclare que la tradition britannique de la participation des citoyens est préférable aux systèmes basés sur les services d'informateurs. Si des pays comme la France[52] utilisent des informateurs, c'est aussi le cas de la Grande-Bretagne. En outre, la pratique britannique consistant à verser au citoyen 50 p. 100 du montant de l'amende lorsqu'un contrevenant est condamné encourage en quelque sorte la délation. Cette méthode ne donne de bons résultats ni en Grande-Bretagne, ni dans les treize colonies d'Amérique, ni au Bas-Canada, car les citoyens ne sont pas enclins à la délation. Qui plus est, la plupart d'entre eux considèrent les juges comme des gens dont les intérêts sont souvent opposés aux leurs[53]. Et c'est pour cette raison, entre autres, que les premières forces de police dans les colonies sont composées de volontaires; elles seront organisées par les marchands et recrutées parmi les groupes qui ont le plus de biens ou de privilèges à protéger.

La police de Québec

L'application des règlements urbains et commerciaux incombe initialement aux baillis. En vertu d'une ordonnance de 1764, chaque paroisse doit élire six hommes qui sont confirmés dans leurs fonctions par le gouverneur et son conseil. Ils devront notamment surveiller les routes et les ponts publics, arrêter les criminels et examiner les morts[54]. Ces baillis, peu nombreux, doivent recevoir l'appui des officiers et des citoyens, ces derniers recevant la moitié de l'amende imposée. En 1765, des baillis sont nommés à Québec et dans les paroisses environnantes[55]; cependant, leur nombre, l'étendue de leurs fonctions et le soutien dont ils bénéficient s'avèrent insuffisants.

Une ordonnance rendue en 1777 stipule que, «At-tendu que la création de forces de police permanentes à Québec et à Montréal ne semble pas faisable dans les limites de temps de cette session, déjà avancée, un remède temporaire s'impose.» Le remède est le statu quo, puisque l'ordonnance de 1777 sera renouvelée tous les deux ans jusqu'en 1791. La situation persist-era malgré les recommandations et les protestations des marchands et des juges de paix. En 1785, les marchands s'en plaignent ouvertement :

L'état lamentable de la police de la ville de Québec est trop manifeste pour exiger une explication : les règlements promulgués tout utiles et opportuns qu'ils soient, sont bien peu observés et très mal appliqués. Les magistrats sont en désaccord et sans chef ils n'ont pas de subalternes chargés de faire observer les lois, leurs injonctions manquent d'efficacité et sont impuissantes à contraindre le peuple à la soumission[56].

En 1796, on décide de créer une patrouille nocturne, formée de bénévoles, semblable aux forces de police coloniales existant ailleurs. Son rôle princi-pal est de prévenir les incendies et de maintenir l'or-dre[57]. Les patrouilleurs sont recrutés parmi les gens qui ont des propriétés; la plupart d'entre eux sont des marchands et des artisans. Ce corps compte une soixantaine d'hommes répartis dans cinq quartiers[58]. Un «juge de nuit» supervise les patrouilles dirigées par des chefs de quartier et constituées, dans chaque quar-tier, en fonction des membres, selon qu'ils sont novices ou expérimentés. Chaque patrouille compte deux chefs de quartier et dix hommes qui se présentent au Palais de Justice pour 21 heures; elle se divise en deux et est relayée toutes les deux heures. Les juges de paix et un bailli passent la nuit au Palais de Justice, soit de 21 heures au lever du soleil, «pour disposer des personnes suspectes éventuellement capturées par la patrouille[59]». Le magistrat qui préside dresse la liste des hommes et des chefs pour la nuit suivante; un bail-li transcrit cette liste dans un livre et se charge d'avertir les patrouilleurs le lendemain. À ce système peu pratique, qui persiste au moins jusqu'en 1803, s'ajoute, en 1798, un corps de police.

Il n'est plus question de bénévolat, et les membres de la police, dorénavant nommés, doivent prêter ser-ment devant un juge de paix (ou devant un Tribunal général lors des sessions trimestrielles). Les agents ne reçoivent aucune rémunération; ce sont de simples ci-toyens qui continuent à exercer leur métier et gagnent un revenu d'appoint en recevant la moitié du montant des amendes imposées par les tribunaux. Ils assument quelques-unes des responsabilités qui incombaient jus-que-là aux juges de paix, aux miliciens et aux officiers militaires.

Les effectifs de ce corps de police ne sont pas aussi nombreux que ceux des patrouilles de nuit. Constants de 1798 à 1805, avec un brigadier et 25 hommes, ils augmentent jusqu'à 41 hommes en 1812[60]. Les mar-chands et les membres des professions libérales ne font pas partie du corps de police qui compte surtout des cabaretiers et des artisans. Les premiers représen-tent 24 p. 100 des effectifs en 1799, 54 p. 100 en 1807 et 12 p. 100 en 1812.

Avant 1812, les faubourgs Saint-Roch et Saint-Jean, considérés comme des prolongements de la basse ville et de la haute ville, ne sont protégés que par 18 p. 100 des effectifs du corps de police. En 1812, toutefois, le nombre d'agents a doublé dans les faubourgs; en 1815, ils représentent 47 p. 100 des ef-fectifs. Durant les quinze années qui suivent, le désir des juges de protéger leurs biens les amène souvent à recruter une plus grande proportion d'agents pour travailler dans la vieille ville. En 1834, le conseil de la ville tente encore une fois de corriger la situation en ordonnant au commissaire de police de mettre fin aux inégalités[61].

Durant les premières années du XIXe siècle, les agents de police anglophones sont surreprésentés tant dans la vieille ville (environ 50 p. 100 des effectifs) que dans les faubourgs (24 p. 100). La création, en 1818[62], d'un corps de police rémunéré n'altère en rien la prédominance des anglophones qui représentent 62 p. 100 des effectifs, gérés toutefois par un franco-phone.

Le nouveau corps de police comprend un commis-saire de police et 26 agents embauchés pour une période d'un an dont le salaire est de 25 £. Les hommes reçoivent un bâton, une lanterne et un jeu de trictrac (dés); ils doivent rembourser toute pièce d'équipement perdue et peuvent être renvoyés s'ils s'absentent du travail. Dans leur contrat, les agents de police sont décrits comme des journaliers, mais cette appellation est probablement générale et recouvre sans doute une grande variété de compétences, témoin le degré d'alphabétisation de ces hommes : 63 p. 100 des anglophones et 50 p. 100 des francophones sont capa-bles d'apposer leur signature[63]. Leur capacité de signer est plus élevée qu'on ne s'y attend chez de simples ouvriers.

De 1798 à 1830, le corps de police se voit confronté à plusieurs problèmes : absentéisme, incapacité de faire respecter des lois impopulaires, manque de for-mation des agents et désobéissance de la population. Les agents éprouvent, au début, de la difficulté à convaincre les citoyens qu'ils disposent d'un pouvoir plus grand que les gens ordinaires. Habillés en civil et occasionnellement munis d'un mandat d'arrestation, ils sont mal équipés pour arrêter les délinquants, sur-tout s'il s'agit de soldats et de matelots britanniques qui s'en prennent constamment aux agents de police. L'intensification de l'activité maritime et militaire à Québec entre 1807 et 1815 entraînera une augmentation des voies de fait commises contre des agents de police par des marins et des soldats. Pour tenter d'enrayer ces crimes, les marchands-juges décident de créer, en 1818, un corps de police rémunéré.

Avant 1818, le caractère bénévole du travail de policier incitait certains agents à augmenter leurs revenus en pratiquant l'extorsion ou en essayant de percevoir des amendes élevées, comme celle qui punissait la vente d'alcool sans permis. Mais ils négligeaient les infractions plus courantes. En portant surtout son attention sur la vieille ville, la police en arrive à négliger les faubourgs et même – ce qui est plus grave – les environs immédiats de Québec, y compris les fermes et l'hôpital à proximité de la Saint-Charles. Certains juges vont jusqu'à rendre des ordonnances de non-lieu lorsque les accusés sont des habitants de Saint-Roch, sous prétexte que les faubourgs ne relèvent pas de leur juridiction. C'est là une interprétation erronée des ordonnances précédentes, selon lesquelles les faubourgs font partie de la ville (voir l'Acte des chemins de 1796 en annexe).

La diversité ethnique de Québec pose des problèmes aux agents de police. Ainsi, ils éprouvent quelques difficultés à bien orthographier le nom des membres des autres groupes ethniques. L'agent Hyacinthe Gauthier se heurte à deux ordonnances de non-lieu pour avoir mal orthographié les noms de deux cabaretiers britanniques, Hibson (devenu Obson) et O'Hara (devenu Ottarsis)[64]. Un tel problème, auquel s'ajoutent la forte immigration britannique et le nombre imposant de soldats et de marins figurent parmi les raisons de la surreprésentation des Britanniques dans la police. Les juges estiment-ils que des agents d'origine britannique assureront une surveillance et une protection plus adéquates des délinquants britanniques, des marins par exemple? En tout cas, on note une forte présence des agents de police britanniques qui travaillent dans la basse ville, de même que de nombreux marchands parmi les bénévoles qui patrouillent la nuit.

La croissance de ce premier corps de police à Québec se fait en fonction de l'importance commerciale et judiciaire que certains accordent à la protection de la propriété privée et au maintien de l'ordre public. La volonté de protéger la propriété privée était à l'origine de la création d'une patrouille nocturne formée de bénévoles. Puisque marchands et maîtres artisans ont le plus à perdre en cas d'incendie ou de vol, ils sont prêts à se relayer au sein de la patrouille nocturne, dont les chefs sont issus des couches supérieures de l'élite commerçante libérale. Les moins expérimentés sont également associés à d'anciens patrouilleurs, de sorte qu'ils soient mieux imprégnés des valeurs de l'élite dirigeante.

Comme l'élite habite, en général, dans la haute et la basse villes, ce sont là les quartiers les mieux gardés. Ainsi, non seulement la plupart des juges de paix vivent dans la vieille ville, mais la majorité des agents de police y sont affectés. Or, les habitants des faubourgs n'apprécieront pas cette conception de l'administration urbaine, car ils s'emploient, eux aussi, à protéger leurs domiciles en participant à la patrouille de nuit. Lorsque celle-ci est graduellement remplacée par un corps de police, les faubourgs deviennent un simple prolongement de la vieille ville. Et quand le corps de police passe sous l'autorité des juges de paix, ils voient là un moyen de protéger leurs propres intérêts.

Les juges ont entre autres tâches de maintenir l'ordre dans les rues, sur les quais et dans les quartiers commerçants. Si, au début, ils sont aidés par les militaires et quelques baillis, ils doivent souvent déférer eux-mêmes devant les tribunaux ceux qui contreviennent aux règlements urbains. La création d'un corps de police n'empêchera pas les juges d'intervenir encore pour faire appliquer les lois et maintenir l'ordre.

Si, au début, marchands, membres des professions libérales et maîtres artisans sont les principaux agents de l'application de la loi, ils laisseront rapidement ce rôle aux compagnons et journaliers. Maintenant que le corps de police est rémunéré et travaille à temps complet, la plupart des artisans qui ont travaillé à temps partiel sont remplacés par des journaliers. Ni l'agent à temps partiel ni l'officier de police à temps complet ne partagent les préoccupations initiales des patrouilleurs bénévoles. L'agent à temps partiel s'intéresse aux amendes lucratives, tandis que l'officier salarié souhaite effectuer son travail dans les meilleures conditions. Ce dernier est toutefois supervisé par les juges et leur délégué, le chef de la police. Bien que, dans leur façon de faire appliquer la loi, les agents de police rémunérés n'affichent pas le même dynamisme que les bénévoles d'autrefois, ils prennent cependant sur eux les exigences et les risques du métier. Au cours d'une période d'environ vingt ans, l'application de la loi qu'assumaient les élites, sera progressivement confiée à des journaliers qui rempliront des fonctions créées et définies par les premiers.

Les élites de la ville réussissent donc à remettre entre les mains de l'ensemble de la collectivité une partie de la responsabilité de la protection de la propriété privée. Ce faisant, les marchands s'empressent de confier au corps de police comme tâche prioritaire la protection des affaires commerciales. Tout à la fois juges de paix, ils peuvent déterminer le rôle de la police et lui demander de défendre leurs intérêts. Plus encore, comme la plupart des juges de paix sont des marchands, et que la majorité d'entre eux habite dans la vieille ville, ce quartier bénéficie de la protection et des juges et des agents de police.

Si les faubourgs sont ainsi négligés, c'est que les marchands-juges, par principe, croient que l'administration de la ville est la clé de son organisation. Les quartiers commerçants et administratifs de la ville sont donc plus importants que les quartiers habités par des familles d'artisans et de journaliers. Cette politique n'est modifiée que lorsque des membres de l'élite s'installent dans les meilleurs endroits du faubourg Saint-Jean. Non seulement la vieille ville aura le plus grand nombre de représentants de la loi, mais les établissements de détention y seront aussi situés : Palais de Justice, bureau du shérif et prisons se trouvent dans la haute ville. À la prison principale, située dans la haute ville, vient s'ajouter, dans la basse ville, un établissement réservé à l'incarcération temporaire des délinquants.

Les geôles

Rien n'est de si necessaire pour le maintien de la dissipline que le chastiment des mals vivans, je suis surpris qu'il ny aye en aucun endroit ny prison ny cachot, il en faudrait au moins à Villemarie aux Trois rivières et à Quebecq, celles qu'il y a nestant pas en vérité des prisons, cest une depence a faire Monseigneur dont nous avons besoin.

Denonville au ministre, 1685[65].

Les prisons provinciales, ou geôles, comme on les appelle au XVIIIe siècle, sont essentielles à la protection de la propriété privée et au maintien de l'ordre social. Elles sont un prolongement naturel du corps de police. Les châtiments infligés aux délinquants sont nombreux : prison, pilori, marquage des mains au fer rouge, flagellation, pendaison et bannissement. Mais un grand nombre d'entre eux, condamnés pour des crimes majeurs, ne seront jamais exécutés ni bannis[66]. Et les prisons abritent donc un large éventail de détenus dont les délits vont du vol qualifié au vagabondage.

Selon une étude préliminaire de la criminalité à Québec au début du XIXe siècle, les infractions les plus courantes sont le vol, la désertion et les voies de fait[67]. En attendant une analyse plus poussée, retenons que, selon les registres des prisons, un grand nombre

LA PRISON DE MONTRÉAL (1837), avec la table du geôlier, les portes en fer des cellules, l'unique et modeste poêle de chauffage et les petites fenêtres à barreaux, seules sources de lumière dans les prisons (qui comportent souvent un sous-sol). (ANQ N 274-38)

EXTÉRIEUR D'UNE CELLULE DE PRISON et l'anneau de fer auquel sont attachés les détenus. Les prisonniers de sexe masculin, semble-t-il, ne travaillent pas à l'intérieur de la prison; ils cassent de la pierre dans la cour. On demande aux femmes de confectionner des bas, des chaussettes et des chaussons à lisières qui sont vendus par les membres de la Québec Jail Association. (MCC 76-4986)

de vagabonds et de prostituées sont incarcérés sans avoir été préalablement jugés[68]. Les juges de paix, doit-on conclure, utilisent la prison pour protéger la propriété et l'entreprise privée et pour maintenir l'ordre et les valeurs morales.

Dès la fin du XVIIIe siècle, l'élite professionnelle et commerciale du Bas-Canada insiste pour qu'on améliore les prisons et que l'on crée des établissements séparés – des maisons de correction – pour divers délinquants. Elle critique, entre autres, la sécurité des établissements et la pratique consistant à y enfermer ensemble les délinquants primaires et les criminels dangereux. Jurés et officiers du Bas-Canada partagent l'opinion répandue en Grande-Bretagne selon laquelle le contact entre les criminels et les délinquants primaires entraîne la perte de ces derniers pour la société;

nombreux sont ceux qui estiment que les criminels endurcis corrompent les jeunes délinquants[69]. Plusieurs de ces questions font l'objet de plaintes de la part des Grands Jurés de Montréal, de Trois-Rivières et de Québec. En 1778, ceux de Montréal se plaignent que, ne disposant pas d'une prison civile, les autorités doivent utiliser une prison militaire. Celle-ci est à ce point déficiente que deux criminels réussissent à s'en évader : Baptiste Laporte, condamné à mort pour viol, et Jean-Baptiste Lepeniney, emprisonné pour dette. Les Grands Jurés de Trois-Rivières se plaignent, en 1796, d'un tel encombrement de la prison que le shérif doit mettre ensemble des délinquants inoffensifs et des prisonniers dangereux. Mais, un jour, ayant joint leurs efforts, les uns et les autres brisent leurs chaînes, forcent les barreaux et s'évadent[70].

INTÉRIEUR DE LA PRISON DE QUÉBEC. Bien que les portes extérieures en fer soient absentes et malgré l'éclairage artificiel utilisé par le photographe, on peut imaginer l'austérité de la vie carcérale au début du XIXe siècle. (MCC 76-4990)

LE CACHOT de la prison de Québec, dans lequel on enferme les détenus plus récalcitrants ainsi que certains malades mentaux. Les portes métalliques du cachot ont disparu, mais l'entrée (à droite) et les cellules (à l'extrême gauche), avec leurs charnières en fer, laissent deviner dans quelle humidité, quelle obscurité, quel isolement vivaient certains prisonniers. (MCC 76-4940)

PILORI utilisé à Québec au XIXe siècle. (ANQ N 1176-301)

Les Grands Jurés de Québec, de leur côté, demandent plusieurs fois la création d'une maison de correction. Une loi pour la création de telles maisons dans la province est adoptée en 1799 et reconduite en 1802 puis en 1806; des plans sont dessinés. Mais le premier établissement pour jeunes délinquants n'ouvrira ses portes qu'à la fin des années 1820. Comme à Montréal et Trois-Rivières, ces jeunes sont donc emprisonnés avec les criminels endurcis[71]. Dans la vieille prison de Québec, l'encombrement est tel que les autorités doivent remettre en liberté des délinquants et des vagabonds.

En 1802, les Grands Jurés se plaignent :

> Au lieu de garder séparément les différentes catégories de prisonniers, ils trouvent dans deux de ces établissements [...] 26 prisonniers dont certains sont condamnés à des peines de prison normales, d'autres à la maison de correction, un est en instance de jugement et d'autres sont accusés de crimes qui n'ont pas encore fait l'objet d'une enquête[72] [...]

Les juges décident qu'il vaut mieux mélanger les délinquants que d'en laisser quelques-uns impunis; ils demandent donc que la pratique antérieure consistant à garder les petits délinquants dans la prison commune soit maintenue jusqu'à ce que l'on trouve un bâtiment pour les accueillir. Un comité de juges chargé de chercher des locaux à cet effet recommande un édifice situé près des ruines du palais de l'Intendant; mais aucune décision n'est prise[73]. On continuera de réclamer la création d'une maison de correction pour enrayer les progrès du vice, particulièrement chez les jeunes, jusqu'à l'ouverture, à la fin des années 1820, d'un établissement de ce type[74]. Ainsi, bien que l'on admette que des innocents sont ainsi corrompus, on continuera de mélanger les prisonniers de toutes sortes pendant plus de soixante ans.

À la fin du XVIIIe siècle, les conditions de vie sont mauvaises dans toutes les prisons de Québec, de Trois-Rivières et de Montréal. La prison Dauphine de Québec, par exemple, construite dans les années 1750 en même temps que des barraques pour l'armée, partage un grand entrepôt de pierre avec un magasin militaire, un arsenal et ses ateliers, et les quartiers des artilleurs[75].

Dans une requête adressée au gouverneur Dorchester en 1787, les juges de la Cour des plaids communs déclarent que les prisons de Québec et de Montréal sont dans un état inacceptable, n'assurant ni la dignité des détenus, ni la sécurité des shérifs et du public. Ils rappellent que, *à plusieurs reprises,* les Grands Jurés des deux districts ont déclaré ces institutions inappropriées[76]. Dans les années 1790, des détenus font appel au public, par l'entremise de *La Gazette de Québec,* pour qu'on leur procure de l'argent et de la nourriture. D'après l'une de ces pétitions, les détenus sont confinés à leurs cellules depuis plus de trois ans et croupissent dans le dénuement le plus absolu[77].

Durant les dernières années du XVIIIe, la prison Dauphine sera réputée notoirement insalubre. Véritable nid à feu, surpeuplée, mal ventilée, la puanteur des installations sanitaires est franchement insupportable. Les détenus subsistent au pain et à l'eau, sans lits ni couvertures ni baignoires ni traitements médicaux; certains doivent partager des cellules sombres, sales et humides avec des gens physiquement ou mentalement malades, dont des fous considérés comme dangereux[78]. Des femmes enceintes de plusieurs mois sont aussi emprisonnées; l'une d'elles accouche dans des conditions précaires. Les registres carcéraux de 1812 et 1813 indiquent que les conditions se sont extrêmement détériorées jusqu'à l'ouverture de la nouvelle prison en 1814. Maladies et décès n'ont pas suffi à convaincre les autorités d'améliorer les conditions d'incarcération; il est évident que, plutôt que d'essayer de régler les mêmes problèmes, elles ont attendu l'ouverture de la prison commune.

La nouvelle prison elle-même manque de l'essentiel : lits, literie et soins médicaux. Quatre fois, en 1814, le greffier du tribunal de la Paix écrit aux juges de paix pour les informer que plusieurs détenus sont malades et «doivent être opérés de toute urgence[79]».

Comme la quatrième lettre exprime les mêmes préoccupations que les trois premières, il est clair que les choses ne changent pas tout de suite. Durant sa première année de fonctionnement, la prison est surpeuplée et abrite les détenus les plus divers : des fous, des vagabonds et des criminels[80]. L'ancienne pratique d'enfermer ensemble divers types de détenus, par exemple les jeunes délinquants avec les criminels endurcis, persiste. L'encombrement empire progressivement et atteint son paroxysme au cours des années 1830. À cet égard, la prison, conçue avant les rapides changements socio-économiques de 1808-1812, était désuète avant même d'ouvrir ses portes.

Bien que sa construction soit fondée sur les nouvelles règles du système pénitentiaire de l'époque, la prison est cependant sombre et humide et ses cellules, exiguës. Les détenus récalcitrants sont enfermés dans des cachots en bois de chêne; les détenus dangereux et les malades mentaux sont attachés à des chaînes[81]. De son côté, l'Hôpital Général se voit doté d'un édifice séparé que les arpenteurs militaires appellent la «Maison des fous[82]», et où l'on traite les malades mentaux. L'Hôpital reçoit une aide gouvernementale pour loger ceux-ci[83]; mais il arrive que ces malades soient emprisonnés dans les cachots de la nouvelle prison et ses cellules de 1,2 mètres de haut sur 2,1 mètres de long, au sol de terre, sans lumière et avec, pour toute ventilation, de petites fentes dans la pierre rugueuse. Les juges de paix tentent de faire transférer les malades mentaux à l'Hôpital Général, mais sans grand succès. Certains de ces malheureux détenus languissent en prison jusqu'à leur mort.

On sait peu de choses sur le traitement des détenus dans la prison commune de Québec. Les informations recueillies laissent croire que les détenus qui devaient être transférés dans la Maison de correction prévue, de même que les personnes emprisonnées pour dette, étaient relativement bien traités. L'existence des cachots indique néanmoins que certains prisonniers sont privés de lumière, de chauffage et de ventilation, et qu'ils subissent des traitements cruels.

Hormis les contacts avec les autres détenus, les loisirs sont limités et ne sont pas encouragés par les autorités. La lecture et les passe-temps ne sont pas permis. Les prisonniers restent le plus souvent dans leurs cellules, certains tuant le temps en gravant des graffiti sur les murs. Les organismes publics, comme les diverses confessions religieuses, leur accordent peu d'attention. Tels leurs homologues britanniques, les détenus du Bas-Canada sont probablement considérés comme des «espèces de païens[84]».

Le travail productif, qui pourrait préparer le détenu à son retour à la vie en société, se limite aux travaux forcés ou au concassage de la pierre. Selon certains, les travaux forcés et la réclusion sont censés mener à la discipline, à l'ardeur au travail et à la sobriété; ils amendent les détenus et, par conséquent, assurent la sécurité du public[85]. La devise inscrite au-dessus de l'entrée de la prison résume la pensée des autorités : «Puisse cette prison montrer au méchant le droit chemin.» Certains Grands Jurés s'en inspirent pour justifier le traitement infligé aux détenus; cela n'est pas considéré, bien entendu, comme une solution au problème de la criminalité. Les Grands Jurés réalisent aussi que le taux de récidive des criminels est élevé et que les peines de prison n'aident à réformer qu'une poignée de délinquants[86]. Ils sont envoyés en prison parce qu'il n'existe aucune autre solution.

Outre la prison, d'autres types de châtiments s'inspirent également de cette interprétation primitive de la punition et de l'idée que les délinquants servent d'exemples publics : pilori, marquage des mains, flagellation et pendaison. Les peines de prison sont souvent accompagnées de l'un de ces châtiments. Il faut que les détenus souffrent publiquement pour expier leur crime, de façon qu'ils se souviennent des douleurs que leurs futurs délits leur occasionneraient et qu'ils soient la vivante manifestation pour leur entourage des conséquences du crime. Ainsi, outre les amendes ou les peines qui leur sont infligées, les délinquants, surtout ceux qui sont condamnés pour avoir proféré des jurons ou tenu un établissement mal famé, doivent souvent passer quelque temps à l'un des piloris installés sur les places de marché de la haute ou de la basse ville.

D'abord incarcérées pour de brèves périodes, les prostituées sont ensuite mises au pilori pour un certain temps, puis conduites dans des charrettes à travers la ville. Ceux et celles qui sont reconnus coupables de petits larcins ont leur main droite marquée au fer rouge dans un tribunal ou reçoivent trente-neuf coups de fouet administrés par le bourreau public sur la place de l'un des marchés. On pratique aussi la flagellation; attaché à une charrette, le prisonnier est fouetté le long d'un trajet qui va du Palais de Justice à quelqu'endroit public[87]. Une fois leur peine purgée, les prisonniers sont fouettés, à l'occasion, pour accroître la sévérité du châtiment et produire un effet plus exemplaire sur la population.

La pendaison : l'ultime châtiment

La pendaison est l'ultime châtiment personnel et public. À la fin du XVIIIe siècle, la peine de mort châtie plus de 200 crimes; mais seuls les délits les plus graves sont punis de cette façon[88]. De 1814 à 1867, 14 cas de pendaison sont enregistrés à Québec[89]. La description de telles exécutions à la fin du XVIIIe siècle et au début du XIXe souligne les efforts déployés par les autorités pour inculquer à la population la crainte et le respect de la loi. La pendaison doit servir l'exemple durable de l'autorité de l'État et de son pouvoir de châtier.

Le célèbre procès de «la Corriveau» en 1763, comme celui de David McLane en 1795, montrent toute la place qu'occupe la pendaison comme forme de châtiment. Vivant à Saint-Vallier, près de Québec, la Corriveau est condamnée pour avoir tué ses deux maris durant leur sommeil; elle a versé du plomb chaud dans l'oreille du premier et frappé le second à la tête avec une grosse fourche[90]. Pendue sur la colline des plaines d'Abraham, son corps est ensuite placé dans une cage qui a la forme d'un corps humain, avec des bras, des jambes, et une boîte ronde pour la tête. La cage est suspendue à un poteau près de l'église de la Pointe-Lévis où elle inspire la frayeur et le dégoût.

La Corriveau aura échappé à l'horrible châtiment qui punit le meurtre d'un mari (appelé «petite trahison»), soit le bûcher. Mais les autorités parviennent néanmoins à faire de son crime un spectacle et une leçon pour la population. Toutefois, il est intéressant de noter que, à la fin de 1763, l'adoption du droit criminel anglais réinstaure le bûcher comme châtiment du meurtre d'un mari. Si, selon nos connaissances, ce châtiment ne fut jamais administré, son existence constituait néanmoins un avertissement adressé aux femmes, leur enjoignant de respecter la vie de leur conjoint. Selon la tradition, le mari est le premier niveau d'autorité au sein de la société; son statut était renforcé et protégé par des lois et des châtiments terribles.

À la fin d'un autre célèbre procès, celui de David McLane, accusé de haute trahison en 1797, la sentence tombe, sévère :

> Que vous, David McLane, soyez remmené à l'endroit d'où vous venez et que, de là, vous soyez transporté jusqu'au lieu d'exécution, où vous serez pendu par le cou, mais non jusqu'à ce que mort s'ensuive; vous serez charcuté vivant et vos entrailles seront brûlées sous vos yeux; votre tête sera détachée de votre corps, qui sera divisé en quatre morceaux, et votre tête et les autres parties de votre corps seront à la disposition du Roi. Puisse le Seigneur avoir pitié de votre âme[91].

Pour renforcer l'aspect théâtral du procès, très suivi à l'époque, on prend des dispositions spéciales. Le prisonnier est transporté dans la charrette des condamnés, de la prison commune aux murs de la garnison où la potence est érigée. La charrette est suivie par le shérif, les agents de la paix, une garde militaire de cinquante hommes et de nombreux spectateurs. La potence convient bien à un tel spectacle, à cause de son emplacement sur le mur, qui permet à un grand nombre de gens d'assister facilement à la scène.

McLane, vêtu de sobres vêtements de toile blanche et coiffé d'une casquette également blanche, prie quelques minutes avec les pasteurs anglican et presbytérien. Puis il gravit une échelle et, comme il approche de la plate-forme, le bourreau lui indique à quelle place il s'adressera à la foule. Ironique à plusieurs égards, la déclaration de McLane satisfait probablement ses juges : «Je suis heureux de me retrouver ici. Je vais maintenant là où j'ai longtemps souhaité être. Vous qui me voyez aujourd'hui êtes appelés à me suivre dans peu de temps, certains d'entre vous peut-être dans quelques jours. Que ceci soit donc un avertissement, pour vous préparer à votre propre mort[92].» En insistant sur l'exemplarité de sa pendaison, le condamné met en garde les éventuels délinquants. Après avoir été pendu pendant vingt-cinq minutes, le corps de McLane est découpé et déposé sur une plate-forme surmontée d'un monticule. Puis, un feu est allumé pour l'exécution du reste de la sentence. La tête est coupée et tenue par le bourreau, qui dramatise l'événement en prononçant les paroles traditionnelles : «Voici la tête d'un traître!» On ouvre le ventre et retire les entrailles qu'on brûle. Puis les quatre parties de son corps sont marquées et entaillées au couteau, mais elles ne sont pas divisées.

On ne connaît pas les réactions de la foule à la suite de la pendaison publique de McLane, mais le fait que les habitants de Québec se remémorent cet horrible châtiment pendant de nombreuses années dit assez bien la forte impression qu'il a laissée. La description d'une autre pendaison du même genre, en 1864, montre que, tout au long de la première partie du siècle, la peine capitale continue de jouer le même rôle dans l'appareil judiciaire[93].

La pendaison reste le supplice le plus spectaculaire, mais d'autres formes de châtiment public sont aussi destinées à inculquer aux spectateurs le respect de la loi. De telles démonstrations publiques sont préparées avec soin pour produire les plus grands résultats. Il arrive même qu'on accorde le pardon pour donner l'impression d'un juste équilibre entre la clémence et la sévérité. Car tels sont les fondements de la justice à cette époque[94].

Tant les châtiments que les conditions qui règnent dans les prisons sont le reflet de l'attitude qui prédomine à l'égard de la criminalité qui veut défendre avant tout la propriété privée et la paix publique. Pendant un demi-siècle, les conditions resteront mauvaises dans les prisons, et les jeunes délinquants seront mêlés aux autres prisonniers, car les jurés et les juges sont beaucoup plus préoccuppés par la lutte contre les atteintes éventuelles à leurs personnes ou à leurs biens que par le confort ou les perspectives d'avenir des détenus. Une fois châtiés et incarcérés, les criminels de Québec sont généralement oubliés.

La criminalité à Québec

C'est surtout après 1807 que la croissance économique et démographique entraînera une augmentation de la criminalité et, par conséquent, poussera les autorités à améliorer les organismes d'application de la loi. Dans le rapport sur l'administration de la justice au Bas-Canada qu'il présente à la Chambre des communes britannique, Adam Lymburner déclare que peu de crimes ont été commis à la fin du XVIIIe siècle. Il ajoute :

> Les crimes jugés par les tribunaux criminels de la province se sont généralement produits dans les villes et leurs alentours, où la présence d'étrangers encourage le vice et l'immoralité, et où l'oisiveté, l'ébriété et l'indiscipline donnent lieu à des bagarres, à des vols et, parfois, mais très rarement, à des crimes plus graves[95].

Le réquisitoire présenté par le juge en chef Smith au Grand Jury en 1793 reflète bien la tranquillité qui règne alors : «Je dois vous féliciter encore de ce que vos prisons sont vides. [...] On trouve à peine un ou deux criminels dans la province et cela est rarement le cas dans un pays aussi peuplé que le nôtre[96]!» Le juge en chef poursuit en exhortant les Jurés, d'une part, à intensifier leur recherche d'infractions mineures – qui, si elles restent impunies, conduisent à des crimes plus graves – et, d'autre part, à être aux aguets pour prévenir la sédition. Parmi les infractions mineures, Smith énumère des pratiques telles que la tenue de maisons de prostitution, les jurons et la profanation du jour du Seigneur.

L'intérêt marqué que le juge en chef porte aux principes presbytériens explique sans doute qu'il s'étende longuement sur la nécessité de respecter le jour du Seigneur et d'interdire des pratiques courantes le dimanche comme l'ouverture des boutiques, la chasse, les sports et d'autres loisirs. D'après lui, chacun doit avoir conscience de «la relation étroite qui existe entre les commandements de Dieu et la prospérité du pays[97]». Smith aborde ensuite le problème de la dérogation à la constitution civile du pays, indiquant ainsi à quel point les autorités anglophones sont préoccupées par le danger que représentent la sédition et un soutien au gouvernement français.

À la fin du XVIIIe siècle, les infractions à l'Acte des miliciens et à l'Acte des chemins, deux lois adoptées respectivement en 1794 et en 1796, préoccupent davantage les autorités judiciaires que les crimes. L'attention ne se portera vraiment sur les forces policières et les prisons qu'au début du XIXe siècle. Les effectifs de la police sont alors augmentés et, comme on l'a vu précédemment, une loi permettra, en 1805, d'allouer des fonds pour la construction de nouvelles prisons à Québec et à Montréal. Le juge en chef considère que dans ces deux villes, mais davantage à Montréal, les prisons sont «une nécessité immédiate et indispensable[98]». De 1805 à 1815, les Grands Jurés et les autorités administratives seront nettement plus préoccupés par la criminalité.

Il est clair que la criminalité augmente durant les premières années du XIXe siècle. Lors de l'ouverture de la dernière session du *Court of Oyer and Terminer* pour l'année 1815, le juge en chef Kerr se plaint de la surpopulation de la prison de la ville. La même année,

PUB anglais du XVIIIe siècle dans le grand port de Portsmouth. D'après un écrivain du XVIIIe siècle, Samuel Johnson, «la baise et la boisson sont deux des plus grands plaisirs de la vie». Il semble que certains officiers coloniaux estiment que les habitants du Nouveau Monde se livrent avec trop de zèle à ces coutumes de la vieille Europe. (Photo de l'auteur.)

les Grands Jurés expriment leur inquiétude au sujet des «progrès alarmants de la criminalité[99]» : vol, désertion, ébriété, prostitution et inconduite des apprentis sont fréquents. Si les autorités attribuent l'augmentation de la criminalité à divers facteurs, elles estiment généralement que l'alcool en est une des causes principales. Elles prétendent que le nombre des débits de boissons a beaucoup augmenté : de 1807 à 1811, il est passé de 64 à 112[100]. Le juge Kerr déclare que, en 1815, il existe environ un cabaret pour 75 habitants – proportion surprenante, puisque Londres ne compte qu'un débit de boissons pour 200 habitants[101].

Les autorités judiciaires prétendent que l'ébriété entraîne la désobéissance et pousse les journaliers dans les bras des prostituées. Plus de 600 d'entre elles sont en faction dans les rues de la ville d'après un article paru dans *Le Vrai Canadien,* et tentant de séduire les jeunes et de corrompre les moeurs, à tel point que nombre de gens sont atteints de maladies vénériennes[102]. Ces mêmes autorités affirment aussi que les vols augmentent parce que domestiques et apprentis s'acoquinent avec des prostituées et des voleurs rencontrés dans les endroits mal famés.

Les dirigeants n'ont pas tous une vision aussi simpliste de la criminalité. D'autres observateurs évoquent trois causes pour expliquer l'augmentation de la criminalité : la croissance de la population, en particulier l'afflux d'étrangers, la prospérité soudaine, et le désir, que font naître les nouvelles perspectives économiques, d'acquérir des articles de luxe[103]. Le gouverneur Craig décrit la situation en ces termes : «Le fait est que l'augmentation de l'activité commerciale dans la colonie a entraîné un afflux d'étrangers [...] et que les salaires plus élevés [...] ont favorisé la débauche et l'immoralité[104]».

Évidemment, les causes de l'augmentation de la criminalité sont nombreuses et complexes. On peut s'appuyer sur les remarques des observateurs et dire que le déracinement d'un grand nombre d'hommes conduit directement à une augmentation de la criminalité. Car la plupart des matelots, des soldats et des flotteurs de bois qui arrivent à Québec s'affranchissent des contraintes familiales et sociales traditionnelles. Par conséquent, ils sont tentés par des actes qu'ils n'ont pas osé commettre chez eux. Ces hommes n'ont-ils pas la réputation de vivre d'une façon plus turbulente que le reste de la population? La mobilité géographique et des conditions de travail dangereuses et difficiles suscitent chez la plupart d'entre eux le désir de jouir le plus possible de leurs moments de loisir. Sans responsabilités ni attaches, tous leurs désirs semblent réalisables. La présence d'une nombreuse population masculine désireuse de satisfaire ses besoins sexuels et affectifs transforme donc plusieurs endroits de la ville en quartiers réservés.

Les historiens ne peuvent se fier sur les statistiques relatives à l'évolution de la criminalité dont ils disposent. Celles qui existent (voir l'annexe, tableau 15) indiquent que le nombre d'infractions commises de 1765 à 1815 grimpe de façon marquée à partir des années 1790 pour atteindre un maximum entre 1805 et 1815. Bien sûr, cette croissance peut s'expliquer par une légère augmentation du nombre et de la qualité des représentants de la loi et par des procédures plus systématiques dans l'établissement des rapports d'infractions, surtout après 1810. Certains hommes exercent une grande influence sur les organismes chargés d'appliquer la loi. Ross Cuthbert, un avocat que le gouverneur Craig a nommé, en 1810, président de la Comission de la paix, pour mettre de l'ordre dans les sessions trimestrielles, est de ceux-la. Il réorganisera les tribunaux, normalisant de nombreuses pratiques et poursuivant rigoureusement les délinquants. Il jugera plus de causes que tout autre de ses confrères. Il est évident, toutefois, que de tels représentants de la loi ne peuvent, à eux seuls, être tenus responsables du nombre de délinquants incarcérés.

L'augmentation de la criminalité après 1790, en particulier de 1805 à 1815, va de pair avec la rapide croissance économique et démographique. Québec connait un afflux d'étrangers venus d'Europe ou de la campagne environnante pour participer à l'expansion du commerce du bois. Comme peu de ces nouveaux arrivants se connaissent entre eux, la plupart sont peu enclins à respecter quelque engagement que ce soit, ni non plus la personne ou les biens des habitants de la ville. Les relations de travail vont en se détériorant; le nombre de vols et d'actes de violence fait plus que doubler durant cette période.

En plus d'améliorer l'appareil judiciaire pour mieux combattre la criminalité, les autorités réduisent le nombre de tavernes et de maisons de prostitution. Elles encouragent les maîtres à surveiller et, le cas échéant, à poursuivre en justice les apprentis; elles exhortent les chefs religieux à redoubler de vigilance en vue de lutter contre l'immoralité. Les Grands Jurés proposent qu'on redouble d'effort dans le domaine de l'éducation, et ce à tous les niveaux[105].

Le poids de la justice

Chez eux, la justice est boîteuse et aveugle,
Les lois sont détournées des intentions qui les firent naître,
Ce ne sont que les instruments de quelque nouvelle tyrannie,
Qui chaque jour les enfonce plus profondément dans l'esclavage[106].

Otway, 1788

Si certains juges – on pense surtout aux membres du Banc du Roi et aux juges en chef, sont des avocats

185

chevronnés, d'autres sont d'une incompétence notoire. En outre, la plupart des juges sont connus pour être des défenseurs de leurs intérêts personnels; de profonds différends les séparent. De plus, comme leurs homologues britanniques, les juges des tribunaux inférieurs, les juges de paix avant tout, sont nommés à la Commission à cause de leur statut financier plutôt qu'en raison de leur connaissance de l'appareil juridique.

Tous les tribunaux, y compris le prestigieux Banc du Roi, souffrent de l'absentéisme des juges, de la longueur des procédures et d'affaires non résolues. Les sessions trimestrielles, que dirigent les juges de paix, sont mal organisées : procès différés de semaine en semaine, jugements rendus sans quorum, témoins qui n'ont pas été convoqués, documents juridiques retirés du tribunal sans autorisation[107]. Les juges et les jurés se plaignent de nombreux abus concernant la spéculation sur les marchés, les débits de boissons et les maisons de prostitution. Ces questions ne retiennent pourtant qu'une attention passagère.

La structure physique et démographique de Québec change si rapidement que la Commission ne sait comment faire face aux problèmes créés par une telle expansion. Des agents de police, sans formation adéquate, négligent leurs fonction; les prisons sont remplies de jeunes délinquants et de criminels endurcis; le public rechigne à aider les représentants de la loi. Les réformes apportées visent surtout à éliminer les abus les plus criants; elles ne font qu'entretenir un semblant d'ordre et de paix.

Les tribunaux de Québec consacrent la majeure partie de leur temps à punir trois infractions : le vol, les voies de fait et la désertion. Alors que leurs confrères du Banc du Roi et du Court of Oyer and Terminer font incarcérer les gens coupables de voies de fait, les juges de paix des sessions trimestrielles s'occupent de questions de relations de travail. Cette insistance sur la protection de la personne et de la propriété privée d'une part, et sur celle de l'employeur d'autre part, contribue à la mise sur pied d'une administration judiciaire et commerciale qui privilégie l'élite de Québec. Les marchands-juges, cependant, feront peu d'efforts pour résoudre les problèmes causés par la rapide croissance économique. Leur inaction est particulièrement évidente dans les quartiers de journaliers, comme on le verra plus en détail au chapitre suivant.

5. L'Acte des chemins et l'urbanisme

Si Québec est témoin d'un développement urbain désordonné, c'est non seulement que les entreprises commerciales prennent plus d'importance et s'étendent sur des terrains de plus en plus grands, mais que les autorités accordent une attention croissante à la propriété privée. L'éthique commerciale que prônent les administrateurs privilégie le commerce et la propriété privée au détriment de l'intérêt public. Les citoyens de la vieille ville, surtout les magistrats, négligent les faubourgs. À la fin du XVIIIe siècle, il n'existe au Canada aucune autorité légale pour la collecte de fonds destinés aux améliorations locales. Cette situation contribue à l'inégalité dans le développement des rues[108] : seules les voies et routes commerciales et militaires qui sont adjacentes à des terrains appartenant aux riches seront améliorées et entretenues.

L'Acte des chemins de 1796 et sa version modifiée de 1799 (lire les extraits en annexe) ne pourront changer ces inégalités : les magistrats utiliseront les pouvoirs supplémentaires conférés aux juges de paix pour améliorer d'abord la vieille ville. La loi permettait pourtant de créer et de faire appliquer des règlements municipaux pour superviser le travail obligatoire sur les routes et la perception de taxes routières.

Conformément à la pratique établie, les règlements municipaux ne sont respectés que dans la haute et la basse villes, mais négligés dans les faubourgs. Si la loi de 1796 permet la nomination d'un inspecteur des chemins, elle n'accorde pas à celui-ci l'autorité de faire respecter, par les propriétaires, les limites existantes. Mais en 1799, une nouvelle loi donne aux magistrats le pouvoir de faire respecter les limites existantes des propriétés, telles qu'elles figurent dans les plans de la ville, à la condition que ces derniers aient été approuvés par le tribunal du Banc du Roi. La loi stipule : «[...] qu'à compter du jour que tel plan sera ainsi homologué, toute partie [...] seront sujets à telle division et distribution qui auront été faites sur le dit Plan, et si aucune personne [...] construit [ ] aucune maison [...] empiétant sur les dites places publiques ou rues [...] elle sera ou elles seront tenues, sur conviction [...] de discontinuer[109].»

L'opposition au plan de la ville

Les Grands Jurés encouragent les magistrats à homologuer un plan, et ces derniers ordonnent à l'inspecteur des chemins de préparer une carte complète de la ville. Mais alors que celle-ci est sur le point d'être homologuée, une opposition véhémente se fait entendre : militaires, ordres religieux et grands propriétaires terriens craignent que le plan ne limite leurs activités et ne réserve une trop grande portion de la propriété privée aux rues et lieux publics.

Les autorités militaires, pour leur part, s'opposent au plan parce qu'il place des rues et des édifices à proximité des fortifications. Dans une lettre au lieutenant-général Hunter, le colonel Gother Mann déclare qu'il est «incapable de comprendre [...] comment un projet aussi préjudiciable au service du Roi peut être soutenu par une quelconque autorité civile[110]». Hunter transmet la protestation des militaires au bureau du gouverneur, et le procureur général Sewell reçoit l'ordre d'empêcher l'homologation du plan. Outre son opposition au percement de rues et à la construction d'édifices à proximité des fortifications, Sewell exprime l'avis que les neuf mètres de largeur proposés pour les rues ne sont pas «suffisants» : ce n'est ni pratique, ni esthétique, ni hygiénique[111]».

Mais le procureur général fait abstraction d'un des objectifs essentiels du plan : créer des rues larges et dégagées. Le but de Sewell est de faire rejeter le plan, non sa modification[112]. En faisant connaître la position des militaires, il va plus loin que les objections de Gother Mann qui déclarait que «du point de vue militaire, ce projet ne doit pas bénéficier d'un accord peut-être tacite, ni être toléré, sans que les objections nécessaires ne soient d'abord entendues[113]».

Commentant les critiques de Sewell, l'inspecteur des chemins, William Vondenvelden, ajoute qu'il s'attendait bien à quelque oppposition. Il croyait cependant que l'officier supérieur du génie allait l'aviser personnellement des objections des militaires, de sorte que le plan puisse être révisé en conséquence[114]. La bonne volonté de l'inspecteur, qui est disposé à modifier le plan, ne sera pas prise en considération. Pourquoi? Il faut regarder du côté des marchands anglais. Comme l'affirme William Grant, influent marchand écossais qui s'oppose au plan, «la propriété privée [est], pour un Anglais, aussi sacrée que sa liberté ou sa vie[115]». Affirmant que les rues de neuf mètres de largeur tracées à angle droit sont «souvent incommodes, parfois impraticables et toujours inesthétiques», Grant ajoute qu'elles sont inefficaces sur le plan économique. Un tel plan l'oblige à changer son projet de développement de Saint-Roch, ce qui risque «de chambarder ses plans et de porter atteinte à ses intérêts pécuniaires[116]». Étant donné que les rues de Saint-Roch, tracées depuis longtemps et partiellement ouvertes, sont généralement larges de 7,3 mètres, tout changement pose des difficultés au marchand. En outre, les quais, chantiers navals et moulins que possède le signataire ou qu'il envisage d'acquérir «exigent des ouvertures, des rues, des ruelles et probablement des canaux pour la circulation publique, toutes voies qui seraient très différentes de celles qui sont ou pourraient être prévues par l'inspecteur des chemins[117]». Il est clair que le propriétaire Grant s'oppose au plan parce qu'il a peur de perdre de l'argent.

L'opposition de Grant trouve un écho chez Nathanial Taylor et les dirigeants de l'Hôpital Général et de l'Hôtel-Dieu. Dans sa réponse aux objections des ordres religieux, Vondelvelden déclare qu'il peut difficilement tenir compte des diverses subdivisions de leurs propriétés («découpées de la façon la plus irrégulière»), car il ne dispose pas de «renseignements sur les titres, ni des accords privés passés entre les particuliers concernés[118]». Une fois de plus, l'inspecteur affirme qu'il est au courant d'une telle opposition et de la possibilité de changer le plan. Mais en vain. Les juges prêtent l'oreille à des arguments de poids, comme celui que résume cette déclaration de Grant sur la propriété privée : «Il est inconstitutionnel d'intégrer une propriété privée au plan de rues, de places ou d'autres espaces publics (à l'exception, peut-être, des travaux urgents ou requis pour la défense immédiate) sans l'accord du propriétaire intéressé[119].»

En répondant aux objections de Taylor et Grant, l'inspecteur des chemins laisse entendre que ces propriétaires terriens contestent le fondement même de l'Acte des chemins et doivent donc s'adresser à un tribunal supérieur. Comme la loi garantit un minimum de droits publics en ce qui concerne les routes et qu'elle ne prévoit pas l'indemnisation des propriétaires qui se défont de terrains pour la construction des rues, les particuliers qui s'opposent à de telles clauses doivent demander leur abrogation auprès des tribunaux appropriés et non auprès du tribunal des sessions trimestrielles, qui est plutôt chargé de faire appliquer cette loi[120].

John Coffin, Mathew McNider, Thomas Allison et John Painter comptent parmi les juges de paix appelés à se prononcer sur les objections faites au plan de Québec. Or, leurs relations avec les commerçants et les militaires et leur sympathie pour les points de vue des opposants sont évidentes si l'on considère leurs fonctions et leurs origines. Trois d'entre eux sont des marchands et le quatrième est un ancien officier; deux participent à l'administration de la colonie et deux sont d'origine écossaise. Thomas Allison est un voisin de William Grant et de Nathanial Taylor; John Coffin fait des affaires avec Grant. Marchands, magistrats, voisins, collègues, compatriotes, ces hommes partagent des antécédents, des intérêts et des opinions. Selon eux, la propriété privée doit être respectée et, même si la loi défend l'intérêt public, ils peuvent refuser de la faire appliquer. Ainsi, le tribunal des sessions trimestrielles, «ayant considéré plusieurs objections à l'homologation du plan», le rejettera[121].

L'aménagement urbain retardé

En rejetant un volet fondamental de l'Acte des chemins, les juges portent un dur coup à l'aménagement urbain et minent le rôle qu'aurait pu jouer l'inspecteur des chemins dans la trentaine d'années qui suivirent. Le premier plan complet de la ville ne sera ratifié qu'en 1833. Entre temps, la ville aura grandi plus rapidement et de façon plus chaotique qu'à toute autre époque de son histoire. L'absence de plan officiel permet aux propriétaires de modifier les rues sans trop risquer d'être poursuivis. Au début du XIXe siècle, les inspecteurs des chemins auront à commenter la situation. Jean-Baptiste Larue est de ceux-là.

Il se plaint du mauvais alignement des rues; il est clair, à son avis, que les propriétaires profitent de l'absence d'un plan ratifié[122]. Larue revient souvent sur cette question. En 1818, il dira combien il est regrettable, d'un point de vue esthétique, que le plan proposé n'ait pas été homologué cinquante ans plus tôt[123]. Le refus des magistrats de ratifier un plan d'ensemble aura conduit à l'aliénation progressive des terrains publics et à leur utilisation à des fins privées.

6. L'administration de la Commission

Marchands, seigneurs et officiers coloniaux se préoccupent à ce point de leurs propres intérêts qu'ils manquent souvent d'équité dans l'administration des fonds publics et dans l'application des règlements. Les juges, et surtout les marchands-juges, sont enclins à profiter des postes qu'ils occupent pour favoriser leurs entreprises; ils font ainsi des concessions spéciales à des marchands et s'opposent aux changements qui pourraient être préjudiciables à leurs intérêts[124]. Plus encore, ils s'abstiennent de prendre certaines mesures, pratiquent le favoritisme et demandent des privilèges spéciaux[125]. Faute de quorum, les séances spéciales de la Commission de la paix sont inefficaces. Et lorsqu'ils viennent siéger à ces réunions, les juges arrivent tard, partent tôt, et laissent le gros des responsabilités entre les mains de quelques hommes.

Comme il n'y a aucune planification, les fonds s'épuisent vite. Qui plus est, l'affectation de la majeure partie des ressources publiques à la haute et à la basse ville permet à la vieille ville – à la haute ville en particulier – de recevoir plus de services que les faubourgs. Une enquête menée en 1829 sur la nomination des juges de paix, et qui ne fait pas allusion à ces problèmes, formule toutefois des critiques sérieuses : la nomination des juges sert leurs intérêts personnels et les magistrats n'informent pas les citoyens des raisons de leurs décisions[126]. Il existe évidemment un lien entre ces deux remarques. Car, les juges de paix ne s'estimant pas obligés de rendre compte de leurs actions, ne peuvent-ils pas profiter de leur poste pour promouvoir leurs intérêts personnels sans trop craindre les reproches? Ceux des marchands influents qui appartiennent à la magistrature auront vite fait de façonner l'administration urbaine en fonction de leurs ambitions commerciales.

Pour illustrer le caractère secret et arbitraire des administrateurs de Québec, il faut lire les réactions du marchand-juge Finlay qui reçoit une plainte en 1832 : «Je trouve assez extraordinaire que trois quelconques messieurs de la Commission de la paix puissent, lors d'une réunion, probablement tenue au domicile de l'un d'eux, prendre la liberté de modifier une ordonnance

rendue lors d'une réunion générale mensuelle de la magistrature[127].» Comme les travaux des juges de paix sont rarement connus, ceux-ci peuvent en toute confiance administrer la ville en fonction de leurs intérêts. Leurs décisions ne sont-elles pas justifiables puisque l'intérêt public est, d'après eux, étroitement lié au développement économique? Et si elles ne le sont pas, qui pourrait les remettre en question quand elles se font en secret?

Des règlements inopérants

L'application des règlements urbains est une tâche difficile. Non seulement se heurte-t-elle à l'obstruction de ceux-là mêmes qui en sont chargés, mais est-elle encore compliquée par la confusion qui entoure l'Acte des chemins et par le manque d'autorité et l'inexpérience des inspecteurs des chemins. Certes, l'Acte des chemins est diffusé et donc connu des habitants de Québec, mais beaucoup de propriétaires, et en particulier les marchands, savent également qu'il n'existe pas de plan pour la ville. Ces derniers ne tarderont donc pas à remettre en question l'interprétation que font des règlements les inspecteurs des chemins. Ceux-ci se plaindront souvent d'être poursuivis par des propriétaires, et ils demanderont conseil aux juges. Mais les magistrats ne les appuieront pas, allant jusqu'à rejeter les plaintes dont les inspecteurs les saisissent. Les juges auront ainsi rendu inopérante une longue et coûteuse procédure d'application de la loi.

La ville de Québec n'ayant aucun plan, les inspecteurs des chemins font ratifier les plans rue par rue. Ces plans doivent être terminés dans les deux années qui suivent la création d'une rue et publiés six mois avant la ratification, ce qui laisse à l'inspecteur dix-huit mois pour les dessiner, les publier et les réviser avant d'en demander l'homologation. Ces délais ne sont pas réalistes si l'on tient compte des nombreuses responsabilités de l'inspecteur et de la rapide croissance de Québec.

Le développement urbain de Québec pose des problèmes qui débordent les responsabilités et l'expérience des inspecteurs. Dans un rapport présenté aux magistrats en 1806, l'inspecteur des chemins John Bentley attribue à son jeune âge et à son inexpérience l'imprécision de son relevé de la route qui conduit au pont Dorchester[128]. L'inexpérience contribue peut-être à des comportements peu orthodoxes de la part de certains inspecteurs[129]. Mais les citoyens qui se plaignent de l'état des routes n'hésitent pas à mettre en cause et les lacunes des règlements et l'inefficacité des inspecteurs[130]. Or, ces plaintes sont fondées. Ce n'est qu'en 1834 que l'inspecteur des chemins reçoit le pouvoir d'entretenir les routes et de les débarrasser des ordures et autres obstacles. Avant 1834, il se contente d'avertir les coupables et de demander aux magistrats la permission d'intenter des procès ou d'enlever les matériaux. Sous l'autorité des juges, l'inspecteur ne peut faire appliquer la loi avec scélérité et efficacité.

Déja, en 1814, après avoir reconnu la difficulté de faire respecter les règlements urbains, les juges avaient décidé de mettre l'accent sur les règlements touchant les routes et les ponts et d'accorder une attention particulière à la réparation des routes[131]. La tâche sera si vaste que les inspecteurs ne pourront, en pratique, remplir leurs obligations.

La responsabilité des inspecteurs de Québec est difficile. Ils sont chargés, d'une part, de faire appliquer de multiples règlements et de répondre aux plaintes du public, et, d'autre part, de tenir compte du favoritisme que pratiquent les magistrats. Parmi les officiers locaux, les inspecteurs des chemins et leurs confrères de la campagne, les sous-voyers, sont ceux qui sont le plus confrontés aux problèmes créés par l'expansion rapide de la ville. En outre, les premiers inspecteurs, William Vondelvelden et John Bentley, sont des Anglo-Saxons, qui se montrent souvent insensibles aux plaintes des Canadiens. Ce n'est qu'après la nomination de Jean-Baptiste Larue, en 1814, que les citoyens de Québec trouveront un officier disposé à vraiment défendre leurs intérêts.

Les plaintes publiques

Les officiers canadiens accueillent plus favorablement les pétitions que les magistrats britanniques. En 1810, un rapport du Grand voyer, Robert D'Estimauville, expose les sentiments que lui ont exprimés les habitants des alentours de Québec en ce qui concerne l'application, sans équité, de l'Acte des chemins dans leurs faubourgs. L'administration sert les riches et écrase les pauvres, pensent-ils, et la loi doit s'appliquer également à tous[132]. Les rapports de l'inspecteur des chemins Jean-Baptiste Larue font aussi état de plaintes nombreuses et montrent qu'il se rallie à bon nombre d'entre elles, en particulier celles des habitants de Saint-Roch. En 1823, Larue décrit le mauvais état des rues de ce faubourg, déclarant que les plaintes des habitants sont «justes et fondées[133]».

Les citoyens qui demandent des améliorations à l'aménagement urbain mais qui n'appartiennent pas à l'élite de Québec sont rarement écoutés. Conscients des inégalités, ils se plaignent à l'inspecteur des chemins et envoient des pétitions aux autorités coloniales. En 1809, les habitants des faubourgs décident de contourner les juges et de s'adresser directement à l'Assemblée. Ils se plaignent de ce que leurs routes ont été négligées depuis l'adoption de l'Acte des chemins en 1796 et que les taxes qu'ils paient servent à financer des travaux dans la vieille ville, comme, par exemple, le marché de la haute ville[134]. Un comité de l'Assemblée estime que les arguments des pétitionnaires sont fondés et qu'une juste proportion des fonds perçus en vertu de la loi n'a pas été allouée pour l'amélioration des routes dans les faubourgs[135]. Les routes ne seront pas améliorées pour autant : malgré les arguments de l'inspecteur et les conclusions d'un comité parlementaire sur de telles inégalités, les juges continueront à privilégier les zones résidentielles de la vieille ville.

La négligence des citoyens

Inspecteurs et magistrats prétendent que les mauvaises conditions régnant dans la ville sont quelquefois dues au refus de nombreux citoyens de respecter les règlements municipaux. En 1810, les magistrats se plaignent que la plupart des citoyens ne respectent pas les règlements, surtout ceux qui concernent la propreté, les nids-de-poule et les égouts[136]. En 1819, la situation est devenue telle que Jean-Baptiste Larue déclare que non seulement les citoyens de Québec ne respectent pas les règlements mais qu'ils sont indisciplinés. Les citoyens, dit-il, n'hésitent pas à jeter de l'eau sale et des ordures dans la rue, même en sa présence[137]; ils refusent aussi de s'acquitter des tâches qui leur incombent en vertu des règlements. Résultat? Les équipes qui travaillent à l'entretien des routes sont moins efficaces et Larue lui-même doit consacrer une partie de son temps à intenter des procès aux coupables.

En 1814, les juges décident de remédier à ce problème : ils ordonnent à l'inspecteur des chemins d'appliquer de façon stricte les règlements sur le travail obligatoire et de poursuivre les contrevenants. Le rapport de l'inspecteur mentionne que 108 particuliers sont insolvables et introuvables, que 68 autres sont redevables mais doivent encore être retrouvés[138]. La solution des magistrats est manifestement temporaire, puisqu'un rapport de l'inspecteur indique qu'il y a 1 282 contrevenants en 1829[139]. La rapide expansion de Québec durant cette période aura contribué à l'augmentation du nombre de délinquants et à la difficulté de les poursuivre en justice. De plus, la mobilité de la population, l'absence de numéros de maison et le manque de signalisation dans les rues rend difficile le travail de l'inspecteur.

L'expansion de la ville et le manque de respect des citoyens pour ses règlements contribuent, certes, à la médiocrité de l'habitat. L'incohérence et l'inefficacité avec lesquelles ces mêmes règlements sont appliqués constituent cependant des facteurs tout aussi importants. Or, la majorité des citoyens n'est certes pas encline à changer ses habitudes et ne tient pas à se lancer dans des travaux dont elle ne perçoit pas l'utilité immédiate. Les habitants de Québec auront vite compris que les avis demeurent souvent lettre morte[140]; ils adapteront donc leur comportement en conséquence. Les règlements ne sont donc jamais respectés durant de longues périodes. Mais si les citoyens ne respectent pas les règlements, beaucoup d'entre eux continuent à accuser de partialité l'inspecteur et les juges[141]. De leur côté, les autorités municipales auront du mal à convaincre les habitants des faubourgs que les fonds sont répartis équitablement.

La collusion des élites

L'inspecteur des chemins, les magistrats et les officiers de Québec sont sollicités de toutes parts, particulièrement par les membres de l'élite. Une analyse des pétitions adressées au conseil de ville – durant sa brève existence de 1833 à 1835 – montre que les habitants de la vieille ville sont toujours favorisés. Ce sont des particuliers, membres des professions libérales – médecins, avocats et notaires – et quelques marchands qui sont les auteurs de 77 p. 100 des pétitions provenant de la haute ville. Des marchands et des constructeurs de navires envoient 62 p. 100 des pétitions de la basse ville. Près de 100 p. 100 des pétitions provenant de Saint-Roch et 71 p. 100 de celles du faubourg Saint-Jean sont signées par des groupes de citoyens[142]. Trente-huit pour cent des pétitionnaires de la haute ville sont anglophones et 31 p. 100 sont francophones. Le nombre de pétitionnaires d'origine canadienne qui habitent dans la basse ville diminue considérablement (24 p. 100), alors que le nombre de pétitionnaires anglophones reste constant (38 p. 100).

AVIS DONNÉ EN 1808 par l'inspecteur des chemins John Bentley à un tonnelier de Québec, Charles Hunter, lui enjoignant de nettoyer un tuyau d'égout situé au-dessous de son quai. Bien des citoyens ne tiennent pas compte de tels avis et paient l'amende. (MCC 75-14207)

ASSIGNATION au tonnelier de Québec Charles Hunter, en 1808, de comparaître pour répondre à l'accusation de ne pas avoir nettoyé son tuyau d'égout. (MCC 75-14196)

Les plaintes que l'inspecteur des chemins adresse au conseil se répartissent de la même manière. On compte plus d'infractions chez les anglophones que chez les francophones – même dans des endroits comme Saint-Roch où les anglophones sont peu nombreux[143]. Évidemment, les hommes d'affaires et les membres des professions libérales connaissent la marche à suivre pour obtenir le redressement de leurs griefs. Même quand leurs collègues, les magistrats, n'administreront plus les affaires urbaines, les marchands n'en continueront pas moins de s'adresser directement au conseil de ville.

Les Anglais et les Écossais qui sont nés et ont grandi dans le monde du commerce impérial savent comment influencer les magistrats et les échevins. Bien que des règlements mettent un frein à la poursuite de leurs intérêts, ces hommes refuseront d'obéir aux règles et mettront l'inspecteur des chemins au défi de les faire condamner. Mais ce dernier n'adoptera que rarement pareille mesure, sachant bien quelles sont les ressources financières des marchands et leur influence dans les milieux judiciaires et administratifs. Les inspecteurs mentionnent souvent les infractions commises par des marchands : de 1833 à 1835, Larue signale 28 cas dans la basse ville, dont 24 par des marchands britanniques[144].

Si les marchands peuvent enfreindre impunément les règlements urbains, c'est, entre autres raisons, qu'il existe un accord tacite sur les politiques urbaines entre les membres des élites professionnelle, commerciale, militaire et religieuse. Ainsi, les juges et la plupart des membres de l'élite locale conviennent que les rues de la vieille ville doivent être pavées et réparées avant celles des faubourgs. Les magistrats et les membres de l'élite anglophone, de leur côté, considèrent les projets militaires commme éminemment prioritaires. Les militaires s'opposent-ils à l'aménagement urbain? Les juges défèrent le plus souvent à leurs voeux. Le gouvernement colonial, enfin, et la plupart des ordres religieux, en particulier les Ursulines et les dirigeants de l'Hôtel-Dieu et de l'Hôpital Général, donnent ou louent des terrains aux marchands et leur permettent souvent de mettre en valeur la propriété comme ils l'entendent. De tels arrangements transformeront la physionomie de Québec, privilégiant la vieille ville au détriment de la nouvelle.

Anglophones et francophones conviennent de la nécessité de préserver la qualité de leur milieu de vie, même s'ils ont souvent des opinions politiques différentes, Ce consensus et ses résultats sont particulièrement visibles dans la haute ville et à Saint-Roch. Peu de Canadiens parmi les juges et les membres de l'élite feront quelque chose pour améliorer les conditions de vie à Saint-Roch, la plupart d'entre eux habitant dans les beaux quartiers de la haute ville. Quelques membres des professions libérales se contenteront de proposer des améliorations, restreintes, dans les quartiers ouvriers. Quand des habitants des faubourgs adressent des pétitions à l'Assemblée, les représentants canadiens semblent incapables de convaincre les députés d'adopter les mesures qui s'imposent.

L'enquête de l'Assemblée, en 1829, sur la nomination des juges de paix n'amène aucune amélioration de l'habitat. Certes, on critique de nombreux abus. Mais l'enquête est plutôt le fruit d'un conflit entre des élites que la manifestation d'un intérêt pour les problèmes quotidiens de la vie urbaine[145]. Dans ce cas comme dans les précédents, les membres de l'élite canadienne sont emportés par la vague des changements socioculturels qui se produisent à cette époque. Ils mettent tant d'efforts à consolider leur position dans le nouveau régime qu'ils n'ont ni le temps ni l'énergie nécessaires pour améliorer les conditions de vie des travailleurs et de leurs familles.

La démocratie bloquée

La lutte entre politiciens canadiens et marchands britanniques pour la suprématie politique leur demande tellement d'énergie qu'il leur reste peu de temps pour la politique locale. Les dirigeants canadiens ne se désintéressent pas entièrement de l'administration locale, mais ils la négligent souvent. Toutefois, son importance n'échappait pas aux officiers britanniques. Si ceux-ci ne peuvent empêcher la représentation égale des francophones et des anglophones, ils réussissent à faire obstacle à la démocratie au niveau local. Les autorités britanniques craignent que l'octroi d'une charte urbaine et l'élection de dirigeants locaux n'aboutissent à une situation similaire à celle qui existe dans les Treize Colonies avant la Révolution américaine. Les administrateurs locaux sont persuadés que tout corps représentatif est dangereux et doit être évité.

En 1795, dans son commentaire sur les demandes d'octroi d'une charte urbaine, le juge en chef du Bas-Canada déclare : «L'expérience a montré plusieurs fois qu'une charte est un outil puissant entre les mains d'un démagogue sans scrupules.» Selon lui, bien qu'une charte sont «utile au pouvoir», elle est «plus utile aux factions[146]». Ainsi, bien qu'il existe déjà un projet de charte, le juge en chef s'oppose à ce qu'elle soit octroyée. Un sentiment similaire est exprimé quatre ans plus tard par le procureur général de la province, au sujet de l'élection annuelle de superviseurs de quartiers lors d'une réunion publique. Comme la déclaration de Sewell révèle le motif incitant l'administration à s'opposer à la charte et à son application à Québec, il vaut la peine de la citer intégralement :

> Aujourd'hui, et dans les circonstances actuelles, il me semble que la convocation d'une réunion publique des habitants de Québec ou de Montréal (qui sont plus de 10 000 dans chaque ville), devant avoir lieu un dimanche ou un autre jour férié dans les presbytères situés au centre de chacune de ces villes, présente un danger considérable. Il s'agit d'une réunion municipale convoquée par une autorité légale. Ceux qui se souviennent que les réunions municipales qui eurent lieu à Boston en 1774 donnèrent naissance à la rébellion américaine, la nourrirent et la firent mûrir, ne devraient pas douter du danger que présentent de telles réunions dans les grandes villes. Elles sont fort susceptibles de servir les intentions les plus séditieuses, dans tous les pays et en particulier dans cette province, où l'idée de liberté qu'entretient la majorité de la population s'inspire entièrement de l'école française[147].

Une autre raison avancée par le gouvernement colonial pour justifier son refus d'accorder une charte à la ville est que les Canadiens n'ont pas une connaissance assez approfondie de cette institution pour pouvoir l'administrer[148]. On retrouve dans cet argument spécieux l'hésitation initiale des autorités à octroyer des pouvoirs à quiconque n'appartient pas à l'establishment colonial britannique, par crainte que ces pouvoirs ne soient utilisés contre le gouvernement. Les abus de pouvoir des juges de paix au niveau local sont loin d'être pris aussi au sérieux que l'utilisation possible du pouvoir par des individus représentant la population. Comme la plupart des magistrats les plus influents dans l'administratrion de Québec sont des marchands britanniques, leurs intérêts sont les mêmes que ceux du gouvernement colonial : ils s'attachent à promouvoir l'industrie et le commerce.

Les officiers du gouvernement estiment que les juges jouent un rôle important dans l'administration civile et que les fonctions de président des sessions trimestrielles à Québec, à Trois-Rivières et à Montréal ont été bien remplies pendant vingt ans (1810-1830). Ainsi, l'abolition de ces fonctions par l'Assemblée législative en 1830 est jugée particulièrement nuisible à l'administration, surtout compte tenu de la proposition qui a été faite quant aux compétences des magistrats, compétences auxquelles la fonction de président des sessions trimestrielles est si étroitement reliée[149]. De telles déclarations montrent la sympathie du gouvernement envers la magistrature et son incompréhension de l'opposition à l'autorité arbitraire de celle-ci.

7. Une évaluation de l'administration

En 1832, la loi érigeant Québec en municipalité reçoit la sanction royale; elle entre en vigueur le 1er mai 1833, pour une période de trois ans. La charte de Québec autorise les propriétaires à élire vingt conseillers représentant dix quartiers. Les conseillers élisent le maire. Cette loi mit fin, au moins temporairement, au rôle prépondérant de la Commission de la paix dans l'administration des affaires urbaines. L'administration municipale améliore-t-elle l'habitat urbain? Une analyse des procès-verbaux des réunions du conseil montre que celui-ci tente d'éliminer quelques aspects abusifs du règne des magistrats : favoritisme, octroi de privilèges et de monopoles commerciaux, népotisme, répartition inégale des fonds destinés à la voirie, etc.[150]. Lors du vote de ces résolutions, le conseil est généralement divisé en fonction de l'origine ethnique des conseillers. Les conseillers canadiens veulent s'attaquer aux privilèges des Britanniques et de leurs institutions alors que la plupart des conseillers anglophones veulent maintenir le statu quo.

Les conseillers essaient d'affirmer et de renforcer leur position d'administrateurs en décrétant que les magistrats ne contrôlent plus les finances publiques[151] et en demandant au Parlement qu'il leur accorde des pouvoirs supplémentaires pour la police, l'administration, la santé et l'amélioration de la ville[152]. Pour se distinguer des juges de paix et d'autres citoyens, ils commandent un nouveau sceau pour la ville et des médailles avec des chaînes en or, destinées à être portées par les conseillers. Le conseil réaffirme la nécessité de former des comités chargés de présenter des rapports sur diverses questions (garde de nuit, police, éclairage, marchés et comptabilité), de poursuivre les délinquants et de maintenir la largeur des rues à 30 pieds.

Il est difficile d'évaluer les réalisations du conseil durant sa brève période d'existence (1833-1835).

Néanmoins, plusieurs aspects importants sont évidents, en particulier si l'évaluation de l'administration urbaine embrasse une période plus longue (1840-1867). Durant la première période d'administration urbaine, le rôle des élites de la ville, et en particulier des anglophones, continue d'être important. Le rôle important de ces groupes est garanti par la loi faisant de Québec une ville, qui donne le droit de vote exclusivement aux propriétaires. Si l'élection de conseillers permet la participation d'un plus grand nombre de membres francophones des professions libérales (en particulier des avocats), elle n'est qu'une influence temporaire sur le rôle des marchands britanniques. Ces derniers réussissent souvent à persuader les conseillers francophones de se ranger du côté des milieux d'affaires. La situation financière des marchands leur permet aussi de prendre une place prépondérante au sein du conseil[153].

Pendant les années d'existence du conseil de ville (de 1833 à 1835 et après 1840), les Canadiens jouent un rôle plus important qu'auparavant dans la politique urbaine, mais leur participation ne modifie pas profondément la participation des marchands britanniques dans les affaires locales, ni les conditions de vie de la population[154]. Les disparités dans les services urbains et les conditions de vie qui sont évidentes pendant le règne des marchands-juges britanniques au début du XIXe siècle, continuent à s'accroître durant le reste du siècle, en dépit du rôle plus important joué par les membres francophones des professions libérales au sein du conseil de ville.

Conclusion

La Commission de la paix joue un rôle fondamental dans le développement futur du district de Québec. La transplantation d'un système britannique au Bas-Canada présente de nombreuses difficultés. Premièrement, il est ici fondé sur une structure non représentative que l'on tient pour inappropriée en Grand-Bretagne même. Deuxièmement, le gouvernement impérial ne veut pas établir, au Bas-Canada, d'institutions britanniques complémentaires, tels les conseils de ville, qui aident à réduire les abus de la Commission. Un changement important a lieu lorsque l'administration régionale est prise en charge par les juges de paix, dont la plupart sont des marchands britanniques. Comme leurs confrères de Grande-Bretagne, les juges de paix de Québec pratiquent la cooptation, ce qui a pour effet d'empêcher la plupart des Canadiens de prendre part à l'administration locale. Pour cette raison, entre autres, les marchands anglophones furent en mesure de diriger les destinées de la ville pendant une période très longue.

Comme il a été fait mention précédemment, l'exclusion des Canadiens des affaires économiques et de l'administration a de graves répercussions. Non seulement elle contribue à l'absence de dirigeants locaux, mais elle entraîne des inégalités dans le développement. Les marchands-administrateurs britanniques favorisent la vieille ville, leur lieu de travail et de domicile. Si les Canadiens bénéficient indirectement de l'amélioration des installations commerciales, ils profitent peu d'un budget qui est principalement consacré à l'amélioration des quartiers résidentiels de l'élite. Les conséquences d'un régime de développement urbain fondé sur des privilèges sont étudiées dans le chapitre qui suit.

La mainmise des marchands sur les affaires locales s'appuie sur les relations qu'ils entretiennent avec des hommes d'affaires influents. Le droit britannique favorise les institutions à caractère économique et, comme les organismes chargés de faire appliquer les lois sont dirigés par des membres du milieu des affaires, les marchands jouissent d'un avantage certain. En outre, une des fonctions principales des tribunaux est de protéger les intérêts privés, lesquels sont ceux des marchands britanniques.

Ces derniers montrent beaucoup de zèle dans la mise en valeur de la propriété privée – seule la croissance économique les intéresse – ils agrandissent souvent leurs possessions aux dépens du public. Qui plus est, ils s'opposent à l'utilisation de terrains pour la construction de routes, d'allées piétonnières et d'autres installations publiques. Les marchands vont jusqu'à contester des règlements urbains devant les tribunaux et à bloquer leur application dans les rues de la ville. De plus, une urbanisation rapide entraîne l'intégration de terrains publics à des propriétés privées. Cette croissance urbaine et un système inefficace d'inspection de la voirie rendent difficile la mise en application des règlements.

La collaboration entre commerçants, administrateurs gouvernementaux et ordres religieux contribue à la mise en valeur d'espaces urbains à des fins commerciales de même qu'à l'apparition de conditions de vie confortables dans des quartiers privilégiés. Un certain élitisme prédomine dans l'administration des affaires locales : la pétition d'un avocat reçoit une attention immédiate alors qu'on fait peu de cas d'une pétition adressée par un groupe d'artisans et d'ouvriers de Saint-Roch.

Malgré une augmentation de la représentation des membres canadiens des professions libérales au sein du conseil de ville, les pratiques discriminatoires persistent. Anglophones ou francophones, les membres de l'élite dirigeante ont des intérêts communs. Membres canadiens des professions libérales et marchands britanniques s'opposent davantage sur la taxation dans

les domaines agricole et industriel que sur les conditions de vie qui règnent dans la ville. Tout en défendant les droits des agriculteurs, les élus canadiens, quant à eux, semblent oublier les intérêts des habitants de la ville. Avant 1828, les parlementaires semblent n'accorder que peu d'importance aux routes qu'utilisent les fermiers pour apporter leurs produits aux marchés. De fait, les habitants des environs se plaignent constamment du temps qu'il leur faut pour transporter leurs produits. Mais peu de mesures sont prises pour améliorer l'état des routes et des ponts qui conduisent à Québec[155].

Que la classe supérieure soit au pouvoir, rien d'étonnant à cela. La pratique est alors courante en Occident, même dans les régions où les dirigeants sont élus par la population. En Grande-Bretagne, aux Indes et au Canada, les commerçants et politiciens les plus influents partagent les mêmes opinions quand il s'agit de promouvoir et de protéger les intérêts privés[156]. Dans l'une des plus jeunes démocraties du monde, les États-Unis, les valeurs de la vieille Europe persistent. John Adams, célèbre dirigeant américain, a décrit la domination exercée par l'élite sur le gouvernement américain :

> L'État du Connecticut a toujours été gouverné par une aristocratie, plus encore que ne l'est l'empire britannique. Une demi-douzaine ou, tout au plus, une douzaine de familles exerçaient le pouvoir lorsque l'État était une colonie, et elles l'exercent toujours[157].

Les administrateurs locaux des États-Unis ont ceci en commun avec les juges de paix de Québec : leur appartenance à la classe supérieure, qui souvent fait peu de cas de l'opinion publique[158]. Mais contrairement au Bas-Canada, les représentants des États américains interviennent activement dans les affaires urbaines et examinent constamment les décisions des administrateurs[159], alors que l'intervention des parlementaires de Québec dans les affaires urbaines, toujours occasionnelle, reste rare et de portée limitée.

Malgré la nature exclusive de leur gouvernement, les dirigeants locaux des États-Unis ont mieux représenté leurs électeurs que ceux de Québec[160]. Il semble, d'ailleurs, que fermiers et marchands ruraux américains aient eu une plus grande influence sur les administrations locales et régionales que leurs homologues du Bas-Canada. D'un côté, les administrateurs américaines s'intéressent à diverses options de développement urbain, alors que ceux de Québec, d'autre part, mettent l'accent sur le commerce impérial, créant ainsi des problèmes de développement qui ont des effets à long terme sur l'économie et le milieu urbains.

1. W. Green, [Ébauche d'un cours sur le droit canadien en général et en particulier], 10/7/1805, manuscrit sans titre trouvé dans les archives judiciaires, APJQ.

2. Richard Burn, *Le juge à paix et officier de paroisse pour la Province de Québec*, extrait de Richard Burn..., traduit par Joseph F. Perrault, Montréal, Fleury-Mesplet, 1789, 576 p.

3. «La common law est en premier lieu un ensemble de prescriptions écrites nulle part; elle se distingue donc des lois et des ordonnances. En second lieu, elle est commune à tout le pays et se distingue ainsi des coutumes locales» (F.W. Maitland, cité par Sidney et Beatrice Webb dans *The development of English local government*, 1689-1835, Londres, Oxford University Press, 1963 : 58; traduction.)

4. *Ibid.* (Traduction.)

5. Londres, Law – Printer to the King, 1758, II : 286. (Traduction.)

6. *Ibid.*

7. Frank Milton, *The English magistrary*, Londres, Oxford University Press, 1967 : 9.

8. Gareth Jones, *The sovereignty of the law. Selections from Blackstone's commentaries on the laws of England*, Toronto, University of Toronto Press, 1973 : 32. (Traduction.)

9. Sidney et Beatrice Webb, *loc. cit.* La description qui suit est basée sur la monographie des Webb, en particulier les pages 15 à 57.

10. Charles Bird, "Letters to the Right Honourable Robert Peel, M.P. on the effect and object of his alteration in the Law of England, with reference to the extension of the jurisdiction of the justices of the peace", *The Pamphleteer*, 1828 : 110. (Traduction.)

11. *Ibid.* : 41.

12. S. et B. Webb, *op. cit.* : 14.

13. *Ibid.*

14. *Doc. const.*, II : 893.

15. «Acte qui pourvoit plus efficacement au règlement de la police dans les cités de Québec et de Montréal [...]», *Les statuts provinciaux du Bas-Canada*, Geo. III, chap. VIII, 1802. Dans le prochain chapitre, on examinera plus longuement les craintes qu'inspirent aux autorités impériales les réunions municipales et la démocratie locale.

16. Divers ouvrages donnent une description des responsabilités des juges de paix du Bas-Canada, en particulier la traduction de l'ouvrage de Burn par J.-F. Perrault, *loc. cit.*, et l'*Histoire du droit canadien* de E. Lareau, Montréal, A. Périard, 1889, II : 96-99. Lareau résume une bonne partie des renseignements publiés antérieurement, tels que le bref exposé de M. Mathieu sur l'«Administration sommaire de la justice criminelle», *La revue légale*, I (1869) : 232-237 et 457-466. Les écrits de William R. Riddell sur les tribunaux du Haut-Canada contiennent des renseignements utiles sur le Bas-Canada. Voir son article "Upper Canada court records" dans l'introduction au *Fourteenth report of the Bureau of Archives for the Province of Ontario, 1917*, Toronto, A. T. Wilgress, 1918 : 1-22. Une liste des fonctions des juges de paix figure dans l'ouvrage de Perrault mentionné plus haut et dans *A practical guide to the Quarter, and other sessions of the peace*, Londres, Reed and Hunter, 1815 : 11-22. L'analyse d'ordonnances et de journaux permet de suivre l'évolution de ces fonctions à Québec. Un sommaire de ces tâches vers la fin de la période d'existence de la Commission figure dans *Le Canadien*, 13/5/1832. On trouve une référence plus récente à la Commission de Québec dans *La ville de Québec, histoire municipale (1759-1833)*, d'Antonio Drolet, Québec, La Société Historique du Québec, 1965, 144 p.

17. Cette question est abordée plus en détail dans l'ouvrage de W.R. Riddell, *op. cit.* : 13.

18. Pour les ordonnances, voir «Ordonnances pour régler et établir les cours de justice, juges de paix, séance de quartier [...]», 3/10/1764, *RAC* (1913), Appendice E : 49-53; «Acte [...] concernant la pratique de la loi dans les causes civiles», 11/4/1791, RAC (1914-1915) : 256 et 257; *Les statuts provinciaux*, Geo. III, chap. XV; *Con. Docs.*, I : 205, 395 et 401.

19. "Memorandum by the Honourable Toussaint Pothier", cité dans *RAC* (1912) : 93.

20. *RAC* (1913) : 46-50.

21. *La Gazette de Québec*, 8/5/1777 et 28/8/1783.

22. *Les statuts provinciaux du Bas-Canada*, 1802, 42e année, Geo. III, chap. XI : 111 et 113.

23. «Québec-Bas-Canada», séries 28-29, Archives nationales du Québec, et le *Quebec Almanac for the year 1802* : 66. Si ce pourcentage n'inclut que les juges dont les professions sont connues, il est de 54 p. 100 plutôt que de 46 p. 100.

24. Ces pourcentages sont basés sur les professions des juges de paix dont les noms sont mentionnés dans des documents comme le *Quebec Almanac* et *La Gazette de Québec*. L'identification des professions des juges reste l'une des tâches les plus ardues de la présente recherche. L'auteur est reconnaissant à Marise Thivierge pour l'aide qu'elle a apportée dans ce travail.

25. Par exemple, en 1786, neuf des treize juges de paix sont anglophones. Voir A. Shortt et A.G. Doughty, *Documents relating to the Constitutional History of Canada, 1759-1791* Ottawa, 1918, II : 125.

26. «Ordonnance qui règle les formes de procéder dans les cours civiles de judicature, et qui établit les procès par jurés dans les

affaires de commerce [...]», 30/4/1785, *RAC* (1914-1915) : 152-167.

27. «Ordonnance pour empêcher que les revendeurs ou revendeuses n'anticipent sur les marchés [...]», 3/11/1764, *RAC* (1913) : 62-64 ; «Ordonnance qui désigne les personnes réputées *forestallers* ou exacteurs de denrées, regratiers et monopoleurs [...]», 12/4/1785, *RAC* (1914-1915) : 107-113; «Ordonnance qui défend pour un tems limité l'exportation des bleds [...], et par ce moyen réduit le haut prix actuel du bled et des farines», 9/3/1780, *RAC* (1914-1915) : 103-106; «Ordonnance pour l'assise du pain, et pour constater l'etalon des poids et mesures dans la Province de Québec», 3/9/1764, *RAC* : 53-54; «Ordonnance concernant les boulangers dans les villes de Québec et de Montréal», 30/5/1769; «Ordonnance qui défend l'exportation de farine non marchande [...]», 30/4/1785, RAC (1914-1915) : 174-178.

28. *La Gazette de Québec*, 2/5/1799. Pour des renseignements sur la réaction des bouchers à cette injonction, consulter la "Petition of the butchers of Lower Town to the justices of the Peace", 24/4/1804, APJQ.

29. «Représentation des Grands Jurés à l'égard des cabanes des bouchers de la basse ville et des charretiers», 22/4/1802, QBC : 28-32.

30. «Requête des propriétaires près de la place du marché de la Basse-Ville», 1802, APJQ.

31. *La Gazette de Québec*, 17/5/1810.

32. *Ibid.*

33. *Ibid.* (Traduction.)

34. «Ordonnance concernant les boulangers dans les villes de Québec et de Montréal» 30/5/1769, *RAC* (1914-1915): 21-24; l'affidavit de M. Poncet, boulanger, QBC 28-37, 18/4/1781; l'exhortation de Cuthbert dans *la Gazette de Québec*, 17/5/1810.

35. Dépositions de sept boulangers, Sessions trimestrielles, 22/12/1815, APJQ.

36. «Ordonnance pour commettre des pilotes, et etablir certains reglemens à suivre par les maîtres ou capitaines de batimens et vaisseaux qui monteront le fleuve St-Laurent, pour venir dans la ville et le port de Québec [...]», 21/8/1766, *RAC* (1914-1915) : 11-14; «Ordonnance qui règle le pilotage dans le fleuve St-Laurent et qui empêche les abus dans le port de Québec», 30/4/1788, *ibid* : 217-220.

37. G. P. de T. Glazebrook, *A history of transportation in Canada,* Toronto, McClelland and Stewart Ltd., 1970 : 101-103.

38. «Ordonnance pour faire réparer et raccommoder les grands chemins en cette province», 27/3/1766, *RAC* (1913) : 82-86.

39. Au sujet de la nomination de G.-E. Taschereau au poste de Grand voyer, voir 18/3/1794, APC, RG 11, Série 1, XVIII; pour des renseignements sur son administration, voir Pierre-Georges Roy, *Inventaires des procès-verbaux des Grands-Voyers conservés aux Archives de la Province,* Beauceville, L'«Éclaireur» Limitée, 1923, I : 261-304.

40. «Ordonnance qui régle tous les particuliers [...] connus sous le nom de maîtres de poste», 9/2/1780, *RAC* (1914-1915) : 126-129; «Ordonnance réglementant [les activités]

des maîtres de poste», 9/3/1780, *RAC* (1914-1915) : 123-125. Voir aussi Bouchette, *op. cit.* : 471-473.

41. *La Gazette de Québec*, 28/2/1811, et Bouchette, *loc. cit.*

42. Rapport du Grand Voyer Taschereau sur le portage du lac Témiscouta, 2/11/1799, APC, RG 11, Série 1, XVIII.

43. «Ordonnance touchant des soldats et des mariniers, et pour prévenir la désertion, et pour empêcher qu'ils ne soient emprisonnés pour des dettes [...]», 31/5/1765, *RAC* (1913) : 74-77. La question de la législation du travail faisant l'objet d'un ouvrage en préparation, elle ne sera pas approfondie ici.

44. «Acte pour mieux règler les pilotes et vaisseaux dans le port de Québec [...] créant un fonds pour les pilotes invalides, leurs veuves et leurs enfants» , 25/3/1805, *Les statuts provinciaux du Bas-Canada*, 45ᵉ année, Geo. III, chap. XII. Voir aussi *La Gazette de Québec*, Supplément, n 2099, 4/7/1805 et 24/4/1806.

45. Acte qui pourvoit plus efficacement au règlement de la police [...]», 1802, *ibid.*

46. Au sujet de la participation à la lutte contre les incendies, voir le *Quebec Mercury*, 19/1/1805; on trouve des exemples de refus dans QBC 28-42, 18/8/1810-25/11/1811.

47. Voir les pétitions des charretiers de Québec, QBC 28-37, 14/7/1801; 4/1801 et 18/7/1815.

48. «Acte qui accorde à sa majesté un droit sur les licences de billards de louage [...]», 8/4/1801, *Les statuts provinciaux du Bas-Canada*, 41ᵉ année, Geo. III, chap. XIII : 74, et «Acte qui pourvoit plus efficacement au règlement de la police [...]», *ibid.* Voir aussi *La Gazette de Québec*, 1/7/1802. Pour d'autres renseignements sur la conduite des apprentis, voir Jean-Pierre Hardy et David-Thiery Ruddel, *Les apprentis artisans de Québec* : 169-182.

49. *La Gazette de Québec*, 17/5/1810.

50. «Acte pour empêcher la désertion des matelots et autres personnes [...]» 16/4/1807, *Les statuts provinciaux du Bas-Canada*, 47ᵉ année, Geo. III, chap. IX. Cette loi apporte des modifications à des lois précédentes jugées inadéquates : 30ᵉannée, Geo. III, chap. VI, et 40ᵉ année, Geo. III, chap. VIII.

51. *La Gazette de Québec*, 17/5/1810. (Traduction.)

52. Voir R.C. Cobb, *The police and the people*, Oxford, Clarendon Press, 1970 : 5-8 et 80.

53. On trouve des exemples français et américains de contestation de l'autorité, et notamment des juges de paix,dans *Les sans-culottes*, d'Albert Soboul, Paris, Seuil, 1968 : 23, et *Crime and law enforcement in the colony of New York,* de Douglas Greenberg, Ithaca, Cornell University Press, 1974 : 180

54. «Ordonnance pour régler et établir les cours de justice, juges de paix, séances de quartier, baillis et autres matière [...]», 17/9/1764, *RAC* (1913) : 49-52.

55. *La Gazette de Québec*, 24/1/1765, QBC 28-36, 15/8/1766.

56. *Doc. const.*, II : 893. Plainte similaire des magistrats et commentaire britannique officiel, *ibid.* : 910 et 967.

57. Ce premier corps de police ressemble à des patrouilles qui existent dans les treize colonies américaines. Voir D. Greenberg, *op. cit.* : 156.

58. La distribution de ces quartiers est la suivante : un dans la basse ville (quartier Saint-Laurent), un à Saint-Roch (quartier Saint-Charles), deux dans la haute ville (Séminaire et Saint-Louis) et un dans le faubourg Saint-Jean (quartier Saint-Jean).

59. "Rules and regulations for the conduct of the nightly patrol of the inhabitants of the town who have voluntarily offered their service for that purpose", 1803, APJQ, et "List of the patrol", 5/9/1803 et 10/9/1803, APJQ.

60. *La Gazette de Québec*, 2/8/1798, 1/8/1799, 19/7/1805 et 16/7/1807; APJQ, 18/8/1812. On trouve une liste des agents de police de la ville en 1814 dans l'appendice, liste n°3.

61. «Procédés du conseil, 1833-1834», 22/8/1834, AVQ.

62. *Les statuts provinciaux du Bas-Canada*, 1/4/1818, 58ᵉ année, Geo. III.

63. Renseignements provenant du greffe de Charles Voyer, 11/6/1818 et 8/12/1818.

64. QBC 28-42, 20/2/1813 et 2/4/1813.

65. Archives des colonies, MGI, série C«A, 13/11/1685, ANC.

66. D'après L. Radzinowicz, en Angleterre, seulement un condamné à mort sur trois est exécuté. *History of the English criminal law*, 1:151

67. Une bonne partie des renseignements utilisés dans l'examen des condamnations et des pratiques pénitentiaires est tirée d'une étude inédite et incomplète des condamnations et des rôles carcéraux se trouvant dans les APJQ et portant sur les années 1800-1815, ainsi que des registres carcéraux de 1813-1815, ANQ. Voir le tableau 15 en annexe au présent ouvrage.

68. Voir, par exemple, "A calendar for the common gaol for the City and District of Quebec", 11/1/1802, APJQ.

69. Rapport des Grands Jurés, 1802, APJQ. Voir aussi Jean-Pierre Wallot, *Un Québec qui bougeait* : 99 et J.J. Tobias, *Crime and industrial society in the nineteenth century*, Middlesex, Penguin Books, 1972 : 237-239.

70. 3/3/1778 et 14/3/1796, QBC 28-17. Voir aussi *Doc. const.*, II : 902 et 903.

71. «Acte qui pourvoit des maisons de corrections dans les différents districts de cette province», 3/6/1799, *Les statuts provinciaux du Bas-Canada*, 37ᵉ année, Geo. III, chap. VI.

72. Rapport des Grands Jurés, 1802, APJQ. (Traduction.)

73. «Requête des juges à paix de la ville et district de Québec». 1802, APJQ, et «Report of the justices of the peace», 1803, APJQ.

74. Voir *Le Vrai Canadien*, 20/8/1810, et «Pétition des magistrats», 6/2/1826, Sessions de la Paix, B(2), 1823-1833, n°476 : 184-189, AVQ.

75. PRO 55-857, 25/7/1805, et Joseph Bouchette, *op. cit.* : 448. Voir aussi le "Plan of the fortification of Québec", 1804, de Gother Mann.

76. *Doc. const.*, II : 868.

77. *La Gazette de Québec*, 29/7/1790.

78. Rapport des Grands Jurés, 1802, APJQ, et «Rapport du Quartier général de Session de la Paix tenu à Québec du 21-30/4/1812», APJQ. Voir aussi les APJQ, 25/9/1805.

79. W. Green aux juges de paix, APJQ, 1814.

80. John Painter au *Court of Oyer and Terminer*, APJQ, 1814.

81. Marché de construction, Greffe Michel Bertholet, 9/6/1808, ANQ.

82. W. Hall et Jean-Baptiste Duberger, "Plan of the city and fortifications of Quebec with part of the environs", 1/8/1804, ANC.

83. «Acte pour le soulagement des personnes dérangées dans l'esprit, et pour le soutien des enfants abandonnés», 8/4/1801, *Les statuts provinciaux du Bas-Canada*, 41ᵉ année, Geo. III, chap.VI

84. J.J. Tobias, *op. cit.* : 97.

85. Lettre des Grands Jurés au juge en chef Smith (1789), reproduite dans *The Times*, 29/12/1794.

86. *Ibid.*

87. On trouve des renseignements concernant les châtiments dans des registres carcéraux (ANQ) et des rapports des sessions de la paix publiés dans des journaux. Voir, par exemple, *La Gazette de Québec* du 2/5/1811 et *Le Vrai Canadien* du 6/6/1810. Voir aussi René Vincent, «Prison, collège, bibliothèque», *Concorde*, mai-juin 1962 : 19-21.

88. J.J. Tobias, *op. cit.* : 232.

89. Joseph Trudelle, *Les jubilés et les églises et les chapelles... de Québec, 1608-1901*, Québec, Le Soleil, 1904, 11 : 287.

90. Les renseignements relatifs à ce procès proviennent de W.R. Riddell, "The first British courts in Canada", *Yale Law Journal*, XXXIII (4/1924) : 578 et 579.

91. Cité dans W.R. Riddell, "Canadian state trials; the King V. David McLane " *Transactions of the Royal Society*, X, réunion de 1916 : 327. La description qui suit de la pendaison provient de la même source.

92. *Ibid.* (Traduction.)

93. Voir par Hubert Bauch, "Morrin College cellar, reminder of a harsh age", *Quebec Chronicle-Telegraph*, 3/7/1967.

94. Pour une analyse plus poussée du rôle de la royauté dans le système judiciaire britannique, voir Douglas Hay, "Property, authority and the criminal law", *Albion's fatal tree*, New York, Pantheon Books, 1975 : 126-132.

95. Cité par Sheila Lambert dans les *House of Commons Sessional Papers of the 18th century*, LXXXIII : 11. (Traduction.)

96. *The Quebec Magazine*, 4/11/1793. (Traduction.) L'absence de criminalité est aussi observable au Haut-Canada. Voir "Letters from the Honourable Chief Justice William Osgoode", William Colgate, *Ontario History*, été, XLVL : 85.

97. *Ibid.*

98. Cité par Jean-Pierre Wallot, *op. cit.* : 59.

99. Rapport des Grands Jurés se trouvant dans les registres de l'APJQ pour 1815.

100. *Ibid.*, 1811.

101. Le penchant des Britanniques pour l'alcool est un sujet très populaire. Voir par exemple *Burns' poems and songs*, James Kinsley, Oxford, Oxford University Press, 1971 : 28.

102. 20/8/1810.

103. *La Gazette de Québec*, 17/5/1810 et 2/5/1811, et le rapport des Grands Jurés de 1815, APJQ.

104. Craig au comte de Liverpool, 17/5/1810, MG 11, Q 112, ANC. (Traduction.)

105. APJQ, 1815.

106. Cité dans *A review of the government and grievances of the Province of Quebec...*, Londres, Logographic Press, 1788, et dans l'appendice «D» de «Catalogue des brochures, journaux et rapports dans les Archives nationales du Canada, 1611-1867», n° 507, *RAC* (1914-1915) : 77. (Traduction.)

107. Seulement 31 p. 100 des juges de paix assistent durant une année ou plus à la moitié de leurs assemblées; 69 p. 100 des juges assistent à quelques réunions par année (entre 1814 et la fin de 1832, il y a une moyenne de 28 séances par an). D'ailleurs, la présence des juges à leurs sessions baissent de façon dramatique pendant les dernières années qu'ils exercent leurs fonctions. L'absentéisme est tel que seulement un petit groupe de juges administris les affaires urbaines de Québec. (Renseignements inédits empruntés à un document de Sylvie Tremblay, «Les cours des sessions spéciales et les juges de paix à Québec, 1814-1833», préparé pour le Musée canadien des civilisations, 1984.)

108. Voir *The Times*, 20/12/1794.

109. *Les statuts provinciaux Bas-Canada*, 1799, 39ᵉ année, Geo. III. chap. V : 71.

110. Le colonel Gother Mann au lieutenant-général Hunter, commandant des forces de Sa Majesté dans le Haut et le Bas-Canada, Québec, 29/3/1801, RG4 A1, vol. 73. (Traduction.)

111. Réquisitoire de Sewell aux sessions de la paix, 21/4/1801, QBC 28-41, ANQ. (Traduction.)

112. Voir sa lettre à sir Robert Shore Milnes pour informer ce dernier qu'il a suivi les instructions en vue d'empêcher l'homologation du plan. 1/5/1801, RG4 A1, vol. 73, ANC.

113. Mann à Hunter, *loc. cit.* (Traduction.)

114. Voir la réponse de Vondenvelden aux objections de Sewell à l'homologation, Sessions de la paix, 27/4/1801, QBC 28-41, AVQ.

115. 15/4/1801, QBC 28-41, ANQ. (Traduction.)

116. *Ibid.* (Traduction.)

117. *Ibid.* (Traduction.)

118. Réponse de Vondenvelden aux objections élevées par les religieuses de l'Hôpital Général et de l'Hôtel-Dieu, ainsi que par William Grant et Nathanial Taylor, sessions de la paix, 27/4/1801, QBC 28-41, ANQ. (Traduction.)

119. Objection de Grant à l'homologation, *op. cit.* (Traduction.)

120. Voir les réponses de Vondenvelden aux objections à l'homologation, *op. cit.*

121. Sessions trimestrielles (d'avril), 30/4/1801, RG4 A1, vol. 73, ANC.

122. Rapports de l'inspecteur des chemins, 10/11/1818, AVQ.

123. *Ibid.*, 16/11/1818.

124. On trouve un exemple d'octroi de concessions spéciales dans le «Plan figuratif du nouveau passage public depuis la rue Sous le fort jusqu'au Cul de Sac situé sur la propriété de George Arnold, Ecuier», *ibid.*, 9/6/1836.

125. Voir en particulier le registre des sessions de la paix, 1823-1833, ANQ.

126. Antoine Drolet, *La ville de Québec* : 32-34, JCABC, Appendice, 1829, D. Voir aussi le sommaire des séries Q qui touche à cette question dans *RAC*, 1899 : 13, 29, 89, 130-186, 233, 311, 315, 404 et 606.

127. Sessions de la paix, 28/4/1832, ANQ. (Traduction.)

128. Sessions de la paix, 20/10/1806, ANQ.

129. En 1814, l'inspecteur des chemins Robert d'Estimauvile et l'arpenteur des routes Paul Vallé sont renvoyés pour avoir demandé et reçu de l'argent pour un procès-verbal. Voir *ibid.*, 16/8/1814.

130. *Quebec Mercury*, 20/12/1814.

131. *Ibid.*, 6/11/1814.

132. Rapport de la tournée du Grand voyer, 10/7/1812, APJQ. Les habitants des environs de Québec se plaignent souvent de la médiocrité des voies d'accès à la ville; voir les procès-verbaux de la voirie de Québec, 1763-1826, par exemple celui du 29/4/1816.

133. Rapports de l'inspecteur, 10/5/1823.

134. *JCABC*, 3/05/1809, et *Quebec Mercury*, 8/5/1809.

135. *Ibid.*

136. *La Gazette de Québec*, 31/1/1810.

137. Rapports de l'inspecteur, 28/7/1819, AVQ.

138. Sessions de la paix, 6/11/1814, ANQ.

139. Rapports de l'inspecteur, 6/4/1829, AVQ.

140. Voir Marc Lafrance et Thiery Ruddel, *op. cit.* : 66.

141. Rapports de l'inspecteur, 16/8/1819, AVQ.

142. Il est possible de fournir ces pourcentages pour les trois seules années sur lesquelles nous ayons assez de renseignements, 1833-1835. Ceux-ci sont fondés sur une étude des procès-

verbaux du Comité des chemins, AVQ. Les pétitions individuelles provenant du faubourg Saint-Jean sont adressées par
des francophones.

143. *Ibid.*

144. *Ibid.*

145. Un examen de la correspondance sur le sujet révèle que les
députés sont particulièrement préoccupés par la conduite arbitraire du président des sessions trimestrielles, Robert Christie.
Voir *RAC, loc. cit.* D'autres événements impliquant des juges
– lorsque le droit de siéger comme députés leur est retiré en
1808, par exemple – sont aussi reliés à des questions de per-
sonnalité ou à l'augmentation du nombre de postes accessibles aux Canadiens au sein du gouvernement.

146. William Osgoode au lieutenant-gouverneur J.G. Simcoe, Qué-
bec, 30/1/1795, in "Letters from the Honourable Chief Justice
William Osgoode", William Osgoode, *Ontario History*,
XXXXVI, n° 3 : 86. (Traduction.)

147. Lettre du procureur général au général Prescott, Québec,
6/1799, APC RG11, série 1, XVIII, ANC. (Traduction.)

148. Marcel Plouffe, *Quelques particularités sociales et politiques
de la charte, du système administratif et du personnel politique de la cité de Québec, 1833-1867*, thèse de maîtrise,
Université Laval, 1971 : 12.

149. Lettre de Kempt à Murray, Québec, 28/4/1830, dans *RAC*,
1899, *op. cit.* : 121-127.

150. Cette analyse se fonde sur une lecture des procès-verbaux du
conseil et des comités trouvés dans les archives de l'hôtel de
ville, 1833-1835.

151. Procédés du conseil de la ville, 6/12/1833 et 22/8/1834.

152. *Ibid.*, 24/1/1834.

153. De 1840 à 1867, plus de 65 p. 100 des échevins sont élus sans
concurrent, et la majorité sont des hommes d'affaires anglophones. Les membres canadiens des professions libérales sont
plus nombreux; par conséquent, ils seront élus maires plus
souvent que les anglophones. Mais ces derniers sont surreprésentés dans le conseil et restent majoritaires dans la plupart
des comités. Voir l'étude consacrée par Marcel Plouffe à
l'administration urbaine de Québec de 1833 à 1867, *op. cit.* :
122-126.

154. Les conditions de vie continuent à se détériorer, surtout
dans les quartiers ouvriers. Voir Paul Larocque, *La condition socio-économique des travailleurs de la ville de
Québec (1896-1914)*, thèse de maîtrise, Université Laval,
1970 : 32-41.

155. Cette question est soulevée au Parlement durant les années
1820, mais l'administration de la voirie ne sera réellement
améliorée qu'en 1832. La question est longuement discutée
par des comités parlementaires de 1828 à 1832. Voir surtout
le témoignage de Jean-Batiste Larue devant le «Comité de la
Chambre d'Assemblée sur la pétition de la cité et des faubourgs de Québec, relative aux chemins», 10/12/1828,
JCABC, 1828-1829, Appendice U.

156. Voir par exemple l'étude qu'a faite, sur l'existence de telles
valeurs dans l'empire britannique, Eric Stokes, "The first century of colonial rule in India", *Past and Present*, n° 58
(2/1973) : 136-161, et la longue discussion sur ce sujet dans
Herman Merivale, *Lectures on colonization and colonies
(1839-1841)*, F.Cass et Co., London, 1967 : 73 et suiv.

157. Extrait de C.F. Adams, *Works of John Adams* (1851), VI :
530, cité dans Richard J. Purcell, *Connecticut in transition,
1775-1818*, Middleton, Connecticut, Wesleyan University
Press, 1963 : xi. (Traduction.) Pour une étude plus générale,
voir J.R. Pole, "Historians and the problem of early American
democracy", *The American Historical Review*, LXVII
(4/1962) : 626-646.

158. Nombre d'articles et d'ouvrages traitent de la domination de
l'administration urbaine par les élites. Voir notamment Robert
A. Dahl, *Who governs. Democracy and power in an American city*, New Haven, Yale University Press, 1961 : 11-17;
Sam Bass Warner, *The private city. Philadelphia in three
periods of its growth*, Philadelphie, University of Pennsylvania Press, 1968 : 3 et 4; E.M. Cook, "Local leadership and typology of New England towns, 1700-1785", *Political Science
Quarterly*, LXXXVI (12/1971) : 589; Judith M. Diamondstone, "Philadelphia's municipal corporation, 1701-1776",
Pennsylvania Magazine, XC (4/1966) : 183; et R.M. Zemsky,
"Power, influence and status: Leadership patterns in the Massachusett's Assembly, 1740-1755", *William and Mary Quarterly*, XXVI (10/1969) : 503.

159. E.S. Griffith, *History of American city government: The colonial period* (New York, 1938), I : 124, et J.M. Diamondstone,
op. cit. : 183 et 184.

160. Selon Herman Merivale, *op. cit.* : 652-654, l'existence des
corporations municipales dans les treize colonies américaines
est à la base du gouvernement parlementaire.

Chapitre V

Le milieu urbain

Le petit monde de la haute ville est probablement le plus brillant qu'il soit possible de trouver dans un si petit rayon. Mais, plus bas, il existe un autre monde, une autre nation, rarement mentionnée dans le quartier aristocratique de Saint-Louis. [...] C'est le faubourg Saint-Roch. [...] Ici, il y a des tas d'ordures où des porcs au long groin ne cessent de s'enfoncer, [...] des fossés, des flaques, des monticules de coquilles d'huîtres, de la vaisselle cassée, des trognons de choux et des fragments de chapeaux et de chaussures. [...] Ici, il y a de vieux cercles de barriques et des lambeaux de vieilles voiles, des arbustes secs et des chiens morts, de vieilles casseroles et de petits lopins de terre où choux et citrouilles traînent une existence précaire. Et puis, il y a la rivière Saint-Charles ni claire ni miroitante, [...] mais puante, bourbeuse, polluée, et longée de chantiers navals, de machines à vapeur, de grues et de treuils...

Peu d'habitants du riche et élégant faubourg Saint-Louis, voué à la recherche du plaisir, s'aventurent dans le quartier Saint-Roch...

Isabella Lucy Bird, *The Englishwomen in America*, 1856[1]

Le parallèle établi par l'auteure entre la haute ville et Saint-Roch met en lumière certaines des inégalités qui caractérisent les conditions de vie à Québec au milieu du XIXe siècle. Pourquoi ces quartiers sont-ils devenus si différents? Le présent chapitre aborde la question sous trois aspects : l'évolution de la ville et son partage en deux zones distinctes, les principaux facteurs de la croissance de Québec et la réaction de ses habitants face à certains problèmes.

Les décisions prises par l'organisme administratif au pouvoir, la Commission de la paix, transforment considérablement la physionomie des quartiers de la ville. En fait, les décisions de la Commission contribuent à diviser le Québec en quartiers de plus en plus distincts. D'un côté, il y a ceux qu'habitent principalement les familles des officiers, des membres des professions libérales, des marchands et des maîtres artisans. De l'autre, il y a ceux où vivent les familles ouvrières. La présence militaire, qui s'accroît, influe aussi sur l'évolution de la ville : l'expropriation de grandes parcelles de terrain à des fins militaires limite l'expansion de Québec et l'existence d'une garnison britannique change sa composition sociale

Les marchands britanniques jouent aussi un rôle important dans le développement de la ville. On a beaucoup écrit sur les efforts qu'ils ont déployés pour contrôler la politique coloniale, mais très peu sur la domination qu'ils ont exercée sur les affaires locales. Pourtant, pareille domination signifie que les intérêts commerciaux ont souvent la priorité sur d'autres considérations. Laissant de côté l'interprétation traditionnelle de la concurrence que se font marchands britanniques et membres canadiens des professions libérales dans l'arène politique, ce chapitre attire l'attention sur la collaboration qui existe entre ces deux groupes. Car un accord tacite entre les membres des élites anglophone et francophone, en vue de la promotion de leurs intérêts, ne fait qu'accroître les inégalités urbaines. C'est une des raisons pour lesquelles les plaintes des habitants de Saint-Roch sont négligées. Bref, les dirigeants sociaux et économiques font très peu d'efforts pour améliorer les quartiers ouvriers et font souvent la sourde oreille aux demandes des travailleurs qui voient se détériorer leur milieu de vie. Les conditions ne sont pas plus mauvaises à Saint-Roch que dans d'autres centres urbains mais, chose remarquable, elles évoluent rapidement. Avant d'analyser l'habitat urbain, examinons l'évolution des principaux quartiers de la ville et le développement de zones socialement distinctes.

1. L'expansion de la vieille ville et la croissance des faubourgs

Si la ségrégation sociale ne se produit qu'après deux siècles de croissance, la séparation fonctionnelle commence plus tôt[2]. Dès 1660, Québec est divisée en deux quartiers : la basse ville – un centre commercial et résidentiel – et la haute ville – le

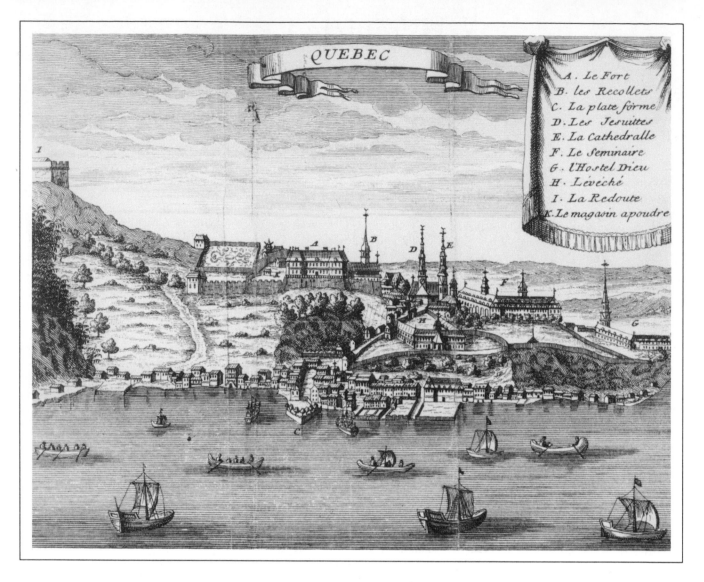

QUEBEC

A. Le Fort
B. les Recollets
C. La plate forme
D. Les Jesuittes
E. La Cathedralle
F. Le Seminaire
G. l'Hostel Dieu
H. L'éveché
I. La Redoute
K. Le magasin apoudre

HAUTE VILLE ET BASSE VILLE, les deux principaux quartiers sous le Régime français, sont clairement distinctes dans cette vue de 1722 publiée dans l'*Histoire de l'Amérique* *septentrionale* de Bacqueville de la Potherie. On notera le nombre d'édifices religieux sur le plateau supérieur et l'étroite zone de terre des deux côtés de la basse ville. (ANC 4696)

centre administratif, militaire et religieux. À mesure que la ville grandit, les faubourgs et les localités agricoles des environs se développent. Durant les XVIIᵉ et XVIIIᵉ siècles, l'expansion se limite principalement à la haute et à la basse ville. De 1795 à 1805, le commerce du bois stimule l'expansion et fait augmenter de plus de 16 p. 100 la construction dans les faubourgs (tableau 1). Après cette période, le rythme de la construction diminue tout en restant supérieur dans les faubourgs comparativement à la vieille ville (haute et basse ville), cela jusqu'en 1832, date à laquelle le nombre d'édifices dans les faubourgs surpasse celui des bâtiments de la vieille ville. En 1795, haute et basse ville comptent 70 p. 100 des bâtiments de Québec; en 1842, les faubourgs en comptent 66 p. 100.

L'expansion géographique s'accompagne d'une croissance de la population; le développement des faubourgs prend une forme déterminée. Alors qu'en 1795 les haute et basse villes comptent 75 p. 100 de la population, en 1818, 56 p. 100 des habitants de Québec vivent dans les faubourgs (voir le tableau 2). Ceux-ci poursuivent leur croissance : entre 1795 et 1842, leur population décuple, mais celle de la vieille ville ne fait que doubler. Les faubourgs attirent les artisans et les ouvriers de la basse ville, de même que les fermiers des villages environnants qui travaillent comme ouvriers, artisans et charretiers[3]. Au lieu de se rendre à Québec pour travailler et de retourner dans leur village, beaucoup de ces hommes installent leur famille dans les faubourgs. Les coûts de la propriété dans la vieille ville sont d'ailleurs prohibitifs.

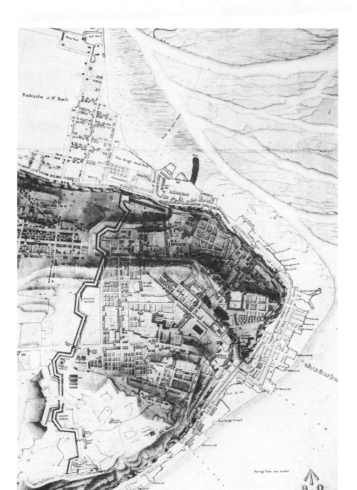

PLAN DE QUÉBEC, 1804 (détail). On note l'expansion des quais dans la basse ville, les terrains vagues dans la haute ville et les faubourgs naissants; les rives de la Saint-Charles sont à peine mises en valeur. (ANC)

La basse ville

En 1660, la basse ville compte déjà bon nombre de bâtiments et de rues. Malgré un mauvais alignement, le quadrillage de la ville est bel et bien établi. Des terrains restent encore inoccupés mais la densité des bâtiments, typique de Québec, est déjà évidente. Après le grand incendie de 1682, les administrateurs coloniaux plaident devant les tribunaux pour l'extension de la zone portuaire[4]. Limités d'un côté par le fleuve et de l'autre par les falaises du promontoire, les habitants de la basse ville, les marchands en particulier, n'ont d'autre choix que d'étendre leur quartier sur le Saint-Laurent. Des ingénieurs français, comme Chaussegros de Léry, planifient l'extension de la basse ville sur des remblais dans le fleuve, ainsi que la construction de quais et de fortifications. Des ordonnances prescrivent le déversement des détritus dans la basse ville, et le capitaine du port fait draguer certaines parties des installations portuaires. L'expansion restera cependant limitée[5]. L'établissement des chantiers navals du Cul-de-Sac[6] et la construction de batteries d'artillerie au bord de l'eau modifient à peine le rivage.

Au début du XIXe siècle, la plus grande activité portuaire et la construction de nombreux quais entraînent une expansion considérable du port. Au début des années 1800, les marchands multiplient leurs demandes de concessions de terres domaniales le long du rivage, de la rivière Saint-Charles à l'Anse-des-Mères. Constructeurs de navires et marchands de bois britanniques ajoutent leurs demandes à celles des com-

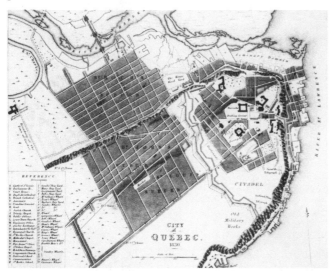

PLAN DE LA VILLE DE QUÉBEC, 1830. On remarque l'expansion rapide des faubourgs durant les trois premières décennies du XIXe siècle, les effets des remblais dans la basse ville, les quais et les cales de halage mis en place pour la construction de navires le long de la Saint-Charles, les terrains réservés aux institutions et la Citadelle dans la vieille ville. L'arpenteur Joseph Bouchette a toutefois omis la partie

PLAN (1752). L'ingénieur Chaussegros de Léry propose des extensions majeures : celle de la haute ville est réservée, après 1760, à la construction de la Citadelle; quant au remblai qu'il suggère pour la basse ville, il ne sera réalisé que plus d'un siècle plus tard. (ANC)

DES INGÉNIEURS apportent d'importantes contributions à l'aménagement urbain. Chaussegros de Léry, par exemple, travaille à de nombreux projets d'édifices commerciaux et religieux et à des fortifications militaires dans divers endroits de la Nouvelle-France. Il est titulaire du poste d'Ingénieur du Roi à Québec de 1718 environ à 1756, année de sa mort. Voir «G.-J. Chaussegros de Léry», de F.J. Thorpe, *DBC*, vol. III : 124-128. (Tableau peint par F. Baillargé; Musée du Québec.)

existants. D'immenses entrepôts sont construits; d'imposants immeubles comme l'édifice des Douanes, le Québec Exchange et des banques s'élèvent au centre de la basse ville et le long de l'artère principale, la rue Saint-Pierre[9]. Certains quais construits entre cette rue et le fleuve sont si longs que leur extrémité se trouve à plus de 150 mètres de la rue[10].

En plus de son prolongement sur le fleuve, la basse ville se développe aussi le long de l'étroit rivage à ses deux extrémités. Dès 1785, un grand quai se trouve à l'Anse-des-Mères, à 800 mètres du quai le plus proche. Le fait qu'on construit un quai à cet endroit témoigne de la difficulté de trouver des terrains convenables et bon marché[11]. De 1785 à 1804, la rue Champlain se prolonge jusqu'au chantier naval de Munn, à l'Anse-des-Mères. Le quartier Près-de-Ville, situé entre le chantier naval de Munn et le quai du Roi dans la basse ville, est habité principalement par des familles d'ouvriers.

JOSEPH BOUCHETTE (1774-1841), arpenteur général du Bas-Canada, dresse un certain nombre de plans de la ville. Même s'ils ont reçu une formation en arpentage et en dessin, arpenteurs et officiers du génie ne produisent pas toujours des cartes précises. «Les arpenteurs dessinent lentement, écrit Mrs. Simcoe à la fin du XVIIIe siècle, et on me dit que lorsqu'ils veulent adapter leur plan aux dimensions du papier, ils n'hésitent pas à retrancher ou à ajouter quelques milles de rivière.» Mary Quale Innis, *Mrs. Simcoe's diary*, Toronto, Macmillan, 1965 : 54. (Traduction)

merçants en nouveautés. La concurrence devient vive, et même âpre dans certains cas. En 1800, le gouvernement s'aperçoit de l'augmentation de la valeur de la zone riveraine et décide d'en réserver une partie à des fins militaires, tout en en louant d'autres parties à des marchands et à des constructeurs de navires[7]. Dans la lutte pour l'obtention de terrains à l'ouest de la basse ville, au pied du cap Diamant, les marchands s'installent d'abord dans les espaces inoccupés, puis demandent qu'on leur octroie ces terrains. Dans leur hâte d'occuper le plus d'espace possible, ils construisent des bâtiments sur des terrains préablement réservés à des rues et à des passages publics[8]. Aux extrémités ouest et nord-ouest, des marchands de bois occupent les anses et les plages. Cette activité fébrile entraîne l'augmentation du nombre des quais, qui passe de 11 en 1785 à 22 en 1804 et à 37 en 1829. En 1830, les quais forment une ligne presque ininterrompue entre le pont Dorchester sur la rivière Saint-Charles et l'Anse-des-Mères sur le Saint-Laurent.

Outre de nouveaux quais, les marchands construisent aussi en hauteur : un deuxième, troisième et même quatrième étage sont ajoutés à des bâtiments

LE FAUBOURG SAINT-ROCH. On aperçoit des maisons de style différent à proximité du Palais de l'Intendant. À noter le terrain vague le long de la grève et l'accès au bord de l'eau, encore libre. (Détail d'une aquarelle de G. Heriot, début du XIXe siècle; ANC)

L'expansion due au commerce du bois entraîne l'aménagement de grandes anses de flottage à l'ouest de l'Anse-aux-Mères avant même qu'il n'existe de routes pour les relier à la ville : au pied des falaises des plaines d'Abraham apparaissent des douzaines de petites maisons de bois (dont certaines ne dépassent pas 4,5 mètres sur 4,5 mètres), des cabanes, de grands quais de chargement, des maréchaleries, une fabrique de tabac et une brasserie[12].

ZONES COMMERCIALE ET PORTUAIRE EN 1830 montrant leur animation. Dessin de J.P. Cockburn à partir d'un mur fortifié de la haute ville. (ANC)

La basse ville s'étend aussi en direction de Saint-Roch. Or, sous le Régime français, il était pratiquement impossible de se rendre à Saint-Roch sans passer par la haute ville. L'ouverture de la rue Saint-Paul en 1816, de même que la construction des quais, tout en prolongeant la basse ville en direction du faubourg, rapprochent ce dernier de la basse ville. On ouvre alors de nouvelles rues et un marché sur la rue Saint-Paul[13]. En moins de cinquante ans, la superficie de la basse ville double[14].

Le faubourg Saint-Roch

Dans une certaine mesure, on peut attribuer le développement du faubourg Saint-Roch à la fin du Régime français à sa proximité du Palais de l'Intendant et des chantiers navals du Roi. D'autres facteurs sont cependant tout aussi importants. Au début du XVIIIe siècle, quelques personnes construisent des maisons le long de la rue Saint-Vallier, une des voies principales vers l'arrière-pays de Québec. Le peuplement des plaines ne prend son ampleur qu'au cours des années 1740. En 1720, Henri Hiché, préposé aux Magasins du Roi, acquiert les terrains qui font partie de la censive du Roi (le fief seigneurial). Hiché attendra les années 1751-1753 pour vendre soixante-quinze lotissements[15]. À partir de 1745, la construction de fortifications, l'établissement dans le faubourg Saint-Jean d'une zone militaire (où la construction civile est interdite), ainsi que le tracé de rues et de places dans les terrains inoccupés de la haute ville contribuent au développement de Saint-Roch, surtout au début des années 1750. L'ingénieur Chaussegros de Léry estime

LE PORT EN 1840. Cette scène de Mrs. Chaplin montre l'activité entre le quai de la Reine et celui du Roi. (ANC 860)

LA PARTIE PLUS COSSUE de Saint-Roch, le long de la rue Saint-Vallier, est un prolongement du quartier commercial de la basse ville. Ces habitations bien construites ne sont pas typiques de ce quartier ouvrier. Sur la prospérité relative des divers groupes professionnels de Saint-Roch, on lira Jean-Pierre Hardy, «Niveaux de richesse et intérieurs domestiques dans le quartier Saint-Roch à Québec, 1820-1850», *Bulletin d'histoire de la culture matérielle,* printemps 1985 : 63-94. (ROM 951 205.9)

que le faubourg peut absorber le surplus de population de la haute ville. En 1752, au moment où il dresse les plans de constructions militaires pour la basse ville, il observe avec satisfaction l'évolution de Saint-Roch, «où une grande partie des artisans de la ville se sont logés, ce qui a débarrassé la ville[16]».

À la fin du XVIIIe siècle et au début du XIXe, Saint-Roch absorbe moins l'excédent de population du plateau et devient plutôt un prolongement de la basse ville. À la fin du XVIIIe siècle, le faubourg Saint-Jean connaît une expansion rapide, tandis que Saint-Roch reconstruit les bâtiments détruits durant les combats de 1759 et de 1775-1776. Après 1795, l'industrie du bois et la construction navale stimulent l'expansion du faubourg : de 1795 à 1805, la construction de logements augmente d'environ 16,3 p. 100 par an (voir le tableau 1).

Dès 1815, Saint-Roch est reconnu comme un faubourg où l'on vit et travaille; on ouvre de nouvelles rues, on prolonge d'anciennes rues, on construit une église locale[17]. Bref, la «seigneurie de Grant» (un grand propriétaire terrien) voit sa population augmenter, à tel point que les promoteurs immobiliers s'intéressent à la vieille propriété des Jésuites, «La Vacherie», qui se trouve à l'ouest de Saint-Roch. Dès 1822, on établit un plan pour mettre ce terrain en valeur. Ce n'est qu'en 1827 qu'on concédera quelques parcelles riveraines à des constructeurs de navires[18]; les lotissements résidentiels ne sont vraiment disponibles qu'à partir des années 1830.

La haute ville

Le développement et l'organisation de la haute ville sont d'abord le fait de la politique du gouvernement français qui a accordé de grandes concessions à des individus et à des communautés religieuses. Ces institutions prennent une importance particulière, non seulement à cause de leur taille initiale, mais aussi parce qu'elles vont avoir une influence à long terme sur l'évolution de Québec. Ainsi, quand en 1636 le gouverneur Montmagny veut planifier et contrôler l'expansion de la ville, ses efforts sont sérieusement entravés par ces grandes concessions et par la topographie irrégulière de la haute ville. À la fin du XVIIe siècle, la haute ville est toujours dominée par quelques grands propriétaires terriens et des communautés religieuses. Ces dernières assurent des services sociaux (églises, couvents, écoles, jardins, cimetière, hôpital)[19]. On utilisera les terrains des particuliers pour l'agriculture, puis la construction d'habitations et de bâtiments commerciaux.

LES FORTIFICATIONS MILITAIRES contribuent au morcellement de la ville. Les différentes zones que l'on aperçoit sur cette aquarelle des années 1820 sont situées entre la haute et la basse ville. (Musée des beaux-arts du Canada, MNC, LO 80333)

Les fortifications militaires constituent l'obstacle le plus sérieux à l'expansion de la haute ville. Champlain a déjà érigé un fort dans la haute ville au début des années 1660, mais la construction de fortifications sur une grande échelle n'est entreprise qu'à la fin du XVIIe siècle. Un des premiers obstacles militaires est un rempart, construit en 1695, qui limitera le développement de la partie ouest de la haute ville pendant un demi-siècle[20]. De 1745 à 1752, ce mur est remplacé par de nouvelles fortifications construites par Chaussegros de Léry.

Les nouveaux remparts sont construits à environ 365 mètres à l'ouest des fortifications de 1693, agrandissant ainsi la haute ville. Des plans prévoient des rues et des places qui seront ultérieurement construites sur ces terrains supplémentaires. De Léry établit aussi une réserve militaire à l'extérieur des murs en démolissant les maisons du petit faubourg Saint-Jean. L'ingénieur trace lui-même les rues de Saint-Roch dans le but d'encourager le peuplement du quartier. Les militaires, de leur côté, envisagent de s'étendre, à partir de la haute ville, jusque sur les terres basses du faubourg Saint-Roch. Suite à de tels développements, les visées militaires jouent un rôle essentiel dans la vie urbaine et déterminent l'évolution future de la ville.

LA PORTE DE LA CITADELLE, dans la haute ville (1830). La construction de fortifications restreint l'expansion urbaine. (Aquarelle de J.-P. Cockburn; Musée du Québec A52 70)

Le projet de Chaussegros de Léry évaluait la croissance passée et future de Québec. Toute atteinte à la croissance de la haute ville, telle que prévue par l'ingénieur, menace l'équilibre qu'il prétend maintenir entre les services publics et les exigences militaires. Et puisque la vocation de Saint-Roch est d'absorber le trop-plein de population et que la haute ville est entourée de murailles, celle-ci est destinée à devenir le quartier de l'élite.

L'instauration du régime britannique confirmera ce plan et garantira à la haute ville le statut de réserve militaire. La décision britannique de construire une citadelle sur un terrain vague de la haute ville rendra caduc le plan de Chaussegros de Léry, qui destinait ce terrain au peuplement, et contribuera à transformer ce quartier en une zone réservée à une élite susceptible d'acheter à prix fort des parcelles de plus en plus rares.

Dès 1763, les autorités militaires britanniques réservent des terres (535 acres) pour la construction d'une citadelle[21]. Hantés par le spectre d'une attaque française ou d'une révolte des Canadiens, les militaires estiment essentiel de construire une citadelle. Ainsi, près de la moitié du terrain que de Léry destinait à l'expansion urbaine dans la haute ville n'est plus

disponible. Ce problème est pourtant atténué par la lente croissance de Québec à la fin du XVIIIe siècle ainsi que par l'absorption du trop-plein de population par les faubourgs durant les deux premières décennies du XIXe siècle. Après 1830, les terrains deviennent rares. Comme leurs homologues de la basse ville, les propriétaires de la haute ville agrandissent des maisons existantes, y ajoutent un troisième et un quatrième étage et bâtissent dans les cours. En 1842, il n'y a presque plus de place pour de nouvelles constructions dans la haute ville; seulement 45 autres bâtiments vont être construits au cours des cinquante années qui suivent[22].

Le faubourg Saint-Jean

Il devient dès lors évident que l'expansion sur le plateau supérieur va se faire dans le faubourg Saint-Jean. Jusqu'en 1745, ces terrains sont occupés par des fermes et des routes menant à la ville. Quelques maisons seulement y ont été construites. En 1745, Chaussegros de Léry détruit presque entièrement ce petit faubourg pour y créer une zone militaire face aux fortifications. Lorsque les Britanniques décident de construire la citadelle, la zone militaire est abandonnée; le lotissement et la construction sont alors permis dans le faubourg Saint-Jean[23].

Beaucoup de gens, en particulier des artisans, préfèrent habiter ce faubourg plutôt que les terrains coûteux de la haute ville ou les zones marécageuses de Saint-Roch. En outre, la construction navale, qui est le principal pôle d'attraction, est restée stagnante de 1759 à 1790. Enfin, la communication est plus directe entre le

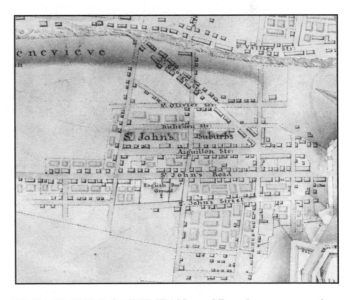

LE FAUBOURG SAINT-JEAN au début de son expansion, 1804. Ce détail d'une carte de Québec dressée par Duberger et Hall montre un regroupement de maisons et de rues autour d'une des principales routes d'accès de la haute ville, le chemin Saint-Jean. (ANC)

LES TERRAINS APPARTENANT AUX MILITAIRES (zone ombrée sur le plan de Dunford, 1821) empêchent l'urbanisation du plateau vers l'ouest. (ANC 55480)

faubourg Saint-Jean et la haute ville qu'entre celle-ci et Saint-Roch. Les artisans de Saint-Jean ont donc plus facilement accès à la clientèle cossue de la haute ville que ceux de Saint-Roch. Malgré une lente croissance de la population entre 1760 et 1800 et la destruction d'une grande partie du faubourg pendant le blocus américain de 1775-1776, Saint-Jean grandit plus rapidement, après 1780, que d'autres secteurs de la ville. Comme d'autres faubourgs récents, Saint-Jean se

PORTES, FORTIFICATIONS ET PROPRIÉTÉS MILITAIRES rendent les communications difficiles à l'intérieur du faubourg Saint-Jean ainsi qu'entre les divers quartiers de la ville. (Gravure de 1834 tirée de *Hawkins' Picture of Québec*, d'Alfred Hawkins.)

développe le long de l'artère principale qui relie la ville à la campagne. À mesure que la population augmente, le peuplement s'étend des deux côtés de cette route et englobe le quartier connu sous le nom de faubourg Saint-Louis[24].

À la suite du blocus de Québec par les Américains, les militaires réévaluent les fortifications. Au début du XIXe siècle, ils considèrent comme une menace à la sécurité de la forteresse l'expansion du faubourg Saint-Jean. Les autorités militaires commencent donc à acquérir tous les terrains du faubourg Saint-Jean qu'ils croient nécessaires à la défense de la ville (199 acres entre 1811 et 1822). En 1850, ils possèdent ou contrôlent 35 p. 100 de la superficie du quartier[25].

Après 1822, les terrains militaires limitent l'expansion du faubourg. De leur côté, les Panet, les Lotbinière et les Stewart empêchent l'expansion vers le sud, gardant intactes leurs grandes terres dans l'espoir de les vendre à prix fort aux militaires. Ils tentent même de faire augmenter la valeur de leurs propriétés en menaçant de les morceler.

Le faubourg Saint-Jean souffre aussi de l'absence d'un plan d'urbanisme global. Les rues sont tracées d'après des plans partiels, comme celui qui est établi pour l'Hôtel-Dieu en 1783 sur le terrain situé entre le chemin Saint-Jean et le coteau Sainte-Geneviève. L'inspecteur des chemins se plaint constamment des manoeuvres de petits spéculateurs qui tracent des rues à leur propre avantage, concèdent des parcelles de terrain irrégulières, bloquent les projets routiers et morcèlent des terrains réservés pour des rues et des places publiques[26]. La situation du faubourg commence à s'améliorer durant la seconde moitié du XIXe siècle, lorsque changent les exigences militaires. Mais, pendant près d'un demi-siècle, diverses interventions des militaires détermineront la nature du développement du faubourg Saint-Jean.

Non seulement la présence militaire retarde la croissance de Québec, mais elle crée des problèmes de circulation. Les fortifications, les portes (en particulier lorsqu'elles sont fermées ou en réparation) et les grandes propriétés rendent les communications difficiles à l'intérieur du faubourg et entre divers quartiers de la ville. Malgré cela, Saint-Jean reste un endroit plus agréable à habiter que Saint-Roch; sa situation sur le plateau facilite l'écoulement des eaux et l'accès aux services offerts dans la haute ville.

2. Divisions urbaines et différences sociales

À la fin du XVIIIe siècle, malgré le clivage socio-culturel, divers groupes ethniques et professionnels cohabitent dans les mêmes quartiers : membres des professions libérales et marchands, marchands et artisans, artisans et ouvriers, etc. S'il existe donc des dis-

LA HAUTE VILLE, avec «ses magasins de tissus et ses articles de luxe de toutes sortes», surpasse de loin les autres quartiers de Québec (d'après Lucy Bird, milieu du XIXe siècle). Cette aquarelle de J.-P. Cockburn (1830) fait revivre l'une des principales artères commerçantes de la ville, la rue Saint-Jean. (ANC)

---

tinctions sociales, l'interaction entre les membres de divers groupe n'est pas moins réelle. Au début du XIXe siècle, la croissance des faubourgs accentuera les divisions.

Bien que des membres de divers groupes ethniques et sociaux habitent la basse ville comme la haute ville, cette dernière garde ses caractéristiques exclusives : au nord-ouest, on retrouve les artisans et les ouvriers, au

LES FAMILLES D'ARTISANS de la haute ville vivent dans la partie la plus basse du plateau, où, d'après l'agent d'assurances Jenkin Jones, se trouvent «les demeures les moins élégantes». Des toits de bardeaux ou de planches recouvrent plusieurs maisons de cette aquarelle de Cockburn. La première demeure à droite a été construite au milieu du XVIIIe siècle par Jacques DeGuise dit Flamand, maître maçon et entrepreneur. Sur cette habitation, voir Christina Cameron et Monique Trépanier, *Vieux Québec, son architecture intérieure*, MCC et Parcs Canada, Ottawa, 1986 : 339-341.

sud-ouest, les marchands et les membres des professions libérales. D'après Jenkin Jones, agent de la Phoenix Insurance Company, une ligne de démarcation entre les deux zones longe la rue Saint-Jean, la rue de la Fabrique et la rue Sainte-Famille, la partie supérieure comptant les plus beaux bâtiments et les rues les mieux dessinées, la partie inférieure les petites rues engorgées et «les demeures les moins élégantes»[27]. Si l'on exclut les soldats, les membres des professions libérales représentent environ la moitié de la population active en 1818 et en 1842 (voir le tableau 3). Cette prépondérance des professions libérales donnera à la haute ville un caractère administratif particulier qui n'évoluera guère au cours des XVIIIe et XIXe siècles.

Dans la basse ville, les groupes professionnels sont plus mélangés, mais le clivage social y existe aussi. Les marchands habitent près de leurs quais et leurs commerces sont généralement situés sur certaines artères principales choisies, comme la rue Saint-Pierre; artisans et journaliers habitent au pied des falaises et à l'ouest des limites de la ville. Peu de membres des professions libérales vivent dans la basse ville. Si l'on fait exception des marins, les chefs de famille se répartissent comme suit en 1818 : artisans et employés des transports, 55 p. 100; marchands, 27 p. 100; journaliers et domestiques, 6 p. 100, et membres des professions libérales, 5 p. 100 (voir le tableau 3).

Après les épidémies de 1832 et de 1834, des marchands de la basse ville et de Saint-Roch commencent à s'installer dans les faubourgs Saint-Louis et Saint-Jean. Avec l'arrivée de milliers d'Irlandais qui fuient le choléra et l'augmentation du nombre de marins et de draveurs, les groupes de journaliers commencent à prédominer dans la basse ville. Une analyse des chiffres de 1818 et de 1842 indique un déclin du pourcentage des marchands et des membres des professions libérales mais une importante augmentation du nombre de journaliers qui passe de 6 à 33 p. 100 de la population de la basse ville (voir le tableau 3).

La plupart des marchands et des membres des professions libérales qui quittent la basse ville s'installent sur le plateau supérieur, dans les faubourgs et dans les artères principales de la haute ville : rue Saint-Jean et Grande Allée (ou chemin Saint-Louis). Cette migration modifie la composition ethnique et sociale de la population des faubourgs. En 1818, seuls trois marchands anglophones habitent le faubourg Saint-Jean; en 1842, ils sont cinquante-deux, presque autant que leurs confrères canadiens au nombre de soixante-neuf. Cette évolution est encore plus forte dans le faubourg Saint-Louis où le nombre de marchands anglophones passe de zéro à quatre-vingt-huit, alors que le groupe de francophones ne compte que vingt-quatre membres (voir le tableau 3).

MARCHANDS, constructeurs de navires et maîtres artisans construisent, souvent en pierre, de hautes maisons dans les - artères principales de la basse ville comme la rue Saint-Pierre, dépeinte par Cockburn dans cette aquarelle de 1829. (ROM 951 205.14)

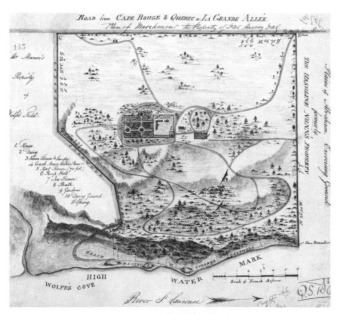

LA GRANDE ALLÉE dessert de vastes propriétés rurales. Ce plan montre le domaine de Marchmont qui appartient au lieutenant-colonel Harvey et est adjacent au terrain du marchand Munro et à la plage du colonel Caldwell. Outre un terrain étendu, le domaine Marchmont possède, outre la maison, laiterie, ferme et lavoir, remise de voitures, étable et grange, garde-manger de 21 mètres de long, puits, glacière, salle de bains et grands jardins. Ces installations, au début du XIXe siècle, permettent de vivre à la campagne de façon aisée. (ANC 55346)

En 1818, plusieurs artisans ouvrent des boutiques dans les faubourgs, principalement habités par des journaliers canadiens. Cette même année, 98 p. 100 des habitants des trois faubourgs sont francophones[28]. L'augmentation du nombre d'anglophones, en particulier dans le faubourg Saint-Jean, vient modifier cette situation; le pourcentage d'ouvriers canadiens vivant dans les faubourgs diminue de 17 p. 100. Dans le faubourg Saint-Jean, le nombre d'artisans et de journaliers anglophones passe de moins de 1 p. 100 en 1818 à 22 p. 100 en 1842[29]. La présence de journaliers anglophones dans le faubourg Saint-Jean correspond à l'arrivée de nombreux marchands et immigrants britanniques et à la construction d'une citadelle. Par contre, Saint-Roch reste un faubourg presque exclusivement canadien : en 1842, plus de 90 p. 100 de la population est francophone[30].

La composition ethnique des faubourgs change légèrement, mais le caractère ouvrier de Saint-Jean et de Saint-Roch, les principaux quartiers, reste constant : en 1818 et en 1842, de 85 à 90 p. 100 des chefs de famille sont des artisans et des journaliers.

Le faubourg Saint-Louis, de son côté, voit sa composition ethnique changer de façon notable. En 1818, 91 p. 100 des chefs de famille de ce quartier peu habité sont des journaliers. De 1819 à 1842, la migration de membres des professions libérales, en particulier de marchands, hors de la basse ville et de Saint-Roch transforme Saint-Louis en un nouveau quartier pour l'élite. Le nombre d'habitants de profession inconnue en 1842 empêche toute évaluation précise, mais il est évident que les marchands et les membres des professions libérales prédominent. En effet, alors que le pourcentage d'ouvriers fléchit, celui de l'élite passe de 9 p. 100 en 1818 à 53 p. 100 en 1842. Cette année-là, 70 p. 100 des habitants sont anglophones. Ainsi, en 1842, les membres de l'élite de la vieille ville ont créé une zone résidentielle dont l'atmosphère est plus saine que celle de la basse ville et dans laquelle les prix des terrains sont plus abordables que dans la haute ville.

Le clivage social et culturel qui caractérise les grands centres industriels se retrouve à Québec durant les années 1820. Les différences quant aux rues et aux conditions de logement à *l'intérieur* d'une même zone, au XVIIIe siècle, se transforment, entre 1825 et 1850, en différences *entre* zones urbaines. Les différences observées en 1818 par l'agent de la Phoenix Insurance Company entre la partie supérieure et la partie inférieure de la haute ville deviennent moins marquées que celles qui existent maintenant entre la haute ville et Saint-Roch. L'expansion de la zone ouvrière de Saint-Roch durant la première partie du XIXe siècle indique que, une fois amorcé, le processus de clivage est relativement rapide. Saint-Roch et la basse ville fusionnent graduellement, mais la population de celle-ci reste plus hétérogène pendant presque tout le siècle.

MAISON DE CAMPAGNE, dont la propriété est attribuée à un avocat du nom de Panet. (Tableau de Joseph Legaré, Musée des beaux-arts du Canada, MNC)

Dans ce cas particulier, l'ancien type de particularisation sur le plan de l'habitation reste visible.

Au milieu du XIXᵉ siècle, la croissance de nouveaux districts ouvriers canadiens autour de Saint-Roch, avec des conditions inférieures de logement et de voirie, montre que le clivage persiste. L'installation d'un certain nombre d'immigrants irlandais à Québec ne modifiera pas les séparations ethniques. Le départ graduel des anglophones et le transfert de grandes entreprises financières à Montréal atténuent probablement les différences socio-culturelles existantes, mais les conditions de vie dans des quartiers comme Saint-Roch, loin de s'améliorer, empirent.

3. L'initiative privée et la propriété publique

Le développement du commerce influence l'expansion urbaine de Québec au début du XIXᵉ siècle. On en veut pour preuve l'empiétement continuel des intérêts privés sur la propriété publique. Certes, l'utilisation de terrains publics à des fins privées a toujours existé, mais elle ne commence à causer de sérieux problèmes qu'au début du XIXᵉ siècle. Rues, ruelles et passages sont réduits à la suite d'empiétements divers, surtout par des maisons et des édifices qui s'étendent sur les terrains publics. Clôtures, appentis et entrepôts ramènent les ruelles à deux mètres et bloquent entièrement les passages piétonniers[31]. Portes de caves, balcons, tuyaux d'écoulement et escaliers qui débordent sur la rue enlèvent environ un ou deux mètres de largeur. La construction de maisons sur d'anciennes voies ou sur des terrains destinés à de futures routes réduit aussi les voies de circulation de 50 à 60 p. 100 et obstrue parfois complètement des voies d'accès. Des marchands de bois, des constructeurs de navires et des importateurs bloquent les sentiers qui donnent traditionnellement accès au rivage; ils empêchent ainsi les habitants de se procurer de l'eau pour satisfaire leurs besoins domestiques ou pour éteindre les feux.

À la fin du XVIIIᵉ siècle, la mise en valeur de terrains publics n'est pas contrôlée de façon systémati-

que. Les Grands Jurés et les ingénieurs du génie signalent de nombreux empiétements sur des terrains publics. Les francophones se plaignent que l'administration britannique ne fait pas respecter les règlements urbains établis sous le Régime français et que, par conséquent, le développement de Québec est chaotique. François Cugnet, qui a été officier sous le Régime français, se plaint des empiétements, de l'abandon de bois dans les rues et de la fermeture de passages donnant accès à la rive et au port. Il déclare que la suppression des anciens règlements municipaux transforme la ville en un village désordonné et défiguré[32]. Bien que Cugnet soit membre d'un comité chargé d'enquêter sur l'utilisation illégale des biens domaniaux, on ne tient pas vraiment compte de ses critiques concernant la mauvaise administration britannique.

En 1785, des officiers du génie établissent un rapport énumérant les cas d'empiétement sur les terrains domaniaux ainsi que les passages obstrués qu'ils estiment nécessaires à la défense du fort. La politique de défense prévoit la surveillance de ces endroits, l'expropriation des terrains à proximité des fortifications et, en temps de guerre, l'adoption de règlements portant sur l'entretien des voies de circulation entre diverses quartiers. Des ingénieurs et des inspecteurs de police signalent des problèmes concernant des portes de caves, des vérandas, des tuyaux d'écoulement et des maisons dont la façade n'est pas parallèle avec la rue[33].

Si les Grands Jurés et les ingénieurs continueront à faire des rapports sur les empiétements des terrains publics, on confiera néanmoins en partie à l'inspecteur des chemins, en 1797, la tâche de contrôler la situation. Le public tirera avantage de cette nomination puisque la voirie sera maintenant surveillée et que les citoyens pourront porter plainte auprès de l'inspecteur. En vertu de l'Acte des chemins, adopté en 1796 et révisé en 1799, l'inspecteur est responsable du travail obligatoire sur les routes, de l'état général des rues et de l'application des règlements. Comme on l'a vu au chapitre précédent, les principaux problèmes qu'il rencontre découlent du retard mis par les juges de paix du Tribunal du Banc du Roi à approuver un plan directeur pour le développement de Québec; les règlements ne peuvent être appliqués tant que le plan n'est pas approuvé. Il ne le sera qu'en 1833 et les inspecteurs ne pourront remplir leurs fonctions qu'à partir de cette date. D'ici là, ils tenteront de faire respecter les règlements et de protéger l'intérêt public contre l'utilisation illégitime de terrains publics. Une énorme tâche qui exige qu'on surveille un grand nombre de citoyens, dont des constructeurs, des militaires et des marchands qui se rendent souvent coupables d'empiétements.

De plus, les charretiers et les fermiers qui apportent des provisions en ville garent leurs charrettes dans les rues adjacentes aux marchés, ce qui en rend les environs encombrés, bruyants et sales. Des règlements sont établis pour faire face à cette situation qui persistera tout de même malgré la construction de nouveaux marchés plus vastes.

L'utilisation commerciale de terrains publics

Le plus souvent, ce sont les marchands britanniques qui empiètent sur les terrains publics. À peine arrivés à Québec, ils commencent à bloquer des passages, à fermer des routes et déborder sur des terres réservées au public et au gouvernement[34]. De nombreux empiétements, en particulier au bord de l'eau, posent des problèmes de plus en plus sérieux au XIXe siècle. Une confrontation majeure a lieu au tribunal en 1802, lorsque John Bentley, inspecteur des chemins, défend le droit du public de circuler dans les passages traditionnels. Il intente un procès à John Goudie fils, constructeur de navires, «pour avoir bloqué la route sur la plage de la rivière Saint-Charles, en érigeant une clôture de planches en travers de ladite route[35]». Or, le terrain appartient à William Grant, marchand et grand propriétaire terrien, qui est appelé comme témoin. Il prétend qu'en tant que propriétaire de la plage en question, il a le droit de bloquer la route; il met en outre au défi la partie plaignante de produire un procès-verbal prouvant que la route est publique. Le procureur général Sewell répond :

> Un principe général veut qu'aucun particulier ne soit autorisé à acquérir de quelque façon que ce soit un titre de propriété sur une route ou un tronçon de route. Au contraire, le public peut rendre une telle route publique en en prenant possession sans procès-verbal[36].

Les conclusions du procès auront rappellé aux marchands que le public a des droits. Mais cela ne les empêche pas de continuer à obstruer des routes et des

L'ACCÈS AU RIVAGE, si important à Québec au XIXe siècle, est rendu difficile par la construction de bâtiments et de clôtures le long des rives du Saint-Laurent et de la Saint-Charles. (Aquarelle de Cockburn vers 1830; ANC.)

passages. Malgré les protestations publiques et les plaintes des inspecteurs des chemins, marchands et constructeurs de navires continuent à violer les règlements de la voirie. En 1810, dans une pétition au Tribunal du Banc du Roi, les habitants de la basse ville se plaignent que des constructeurs de navires bloquent les voies riveraines lorsqu'ils réparent des bateaux endommagés. Les entassements de bois, les mauvaises routes et les nombreuses charrettes rendent les passages dangereux pour les piétons[37].

Les passages publics le long des voies riveraines sont souvent fermés, ce qui nuit à la circulation avoisinante. John Caldwell, juge de paix, receveur général du Bas-Canada, ancien député et seigneur de Lauzon, barre la rivière Etchemin pour produire de l'énergie pour ses moulins, ce qui causera plus tard l'inondation du chemin du Roi des deux côtés de la rivière[38]. En 1810, les constructeurs de navires George et William Hamilton sont accusés d'avoir bloqué une route à Pointe-Lévis. Ils répliqueront que l'activité commerciale est plus importante que l'utilisation des routes par le public : «Les défendeurs admettent que la route est obstruée mais il est impossible de la maintenir dégagée; il existe une autre route et le public ne souffre pas du changement[39].»

Pendant des années, l'inspecteur des chemins Jean-Baptiste Larue se plaint auprès des juges de paix de ce que des maçons, des entrepreneurs et des marchands prennent les rues et les routes pour des entrepôts et de ce que celles-ci sont toujours encombrées de billots, de bois de chauffage, de pierres, de madriers, de poutres et d'ancres[40]. La réponse des juges de paix à la pétition présentée par six marchands et constructeurs de navires demandant l'autorisation de déposer du bois dans des tronçons de rues montre qu'ils acceptent cette pratique[41]. Les magistrats décident qu'ils n'ont pas le pouvoir d'accorder cette permission, mais leur approbation tacite est évidente : ils ne s'opposent pas à ces pratiques et refusent d'agir lorsque Larue porte plainte. Dans certains cas, les juges encouragent l'utilisation de terrains publics à des fins privées en autorisant des pétitionnaires à fermer des ruelles[42].

À l'instar de William Grant, la plupart des marchands britanniques estiment que la propriété privée est aussi sacrée que la liberté. Comme les marchands exercent une influence considérable sur la Commission de la paix, leurs conflits avec les représentants de la loi locaux sont souvent résolus en leur faveur. Ils feignent souvent de ne pas comprendre l'inspecteur des chemins lorsque celui-ci leur demande de se conformer aux règlements. Il serait trop long d'énumérer les empiétements sur la propriété publique; les exemples suivants illustrent le conflit entre l'utilisation de la propriété à des fins commerciales et l'application des règlements par l'inspecteur de la voirie. Lorsque l'inspecteur Larue demande au marchand

George Arnold d'enlever une clôture qui bloque un passage dans la basse ville, ce dernier déclare que le passage n'est pas public, et soutient qu'il a des droits exclusifs sur l'utilisation du terrain en question[43]. Et lorsque Larue adresse une plainte similaire à un autre Britannique, celui-ci répond que, puisqu'il loue le terrain, il peut en faire ce qu'il veut[44]. Le développement du commerce est en train de prendre le pas sur l'intérêt public.

Bien que, dans la région de Québec, les marchands britanniques soient les pires contrevenants, les membres de l'élite locale se montrent eux aussi dédaigneux à l'égard des règlements sur la propriété[45]. En 1826, les Soeurs de l'Hôpital général s'inquiètent de ce qu'une route donnant accès à la Saint-Charles soit encombrée de charrettes transportant du bois. Examinant la route en question, Larue découvre que les Soeurs l'ont bloquée avec des portes suspendues à un cadre. Il leur impose d'assumer les frais de l'enlèvement des portes et de payer une amende pour avoir enfreint la loi[46].

La fermeture de passages et l'accumulation de marchandises dans les rues atteignent un niveau jamais atteint dans les années 1820. L'inspecteur Jean-Baptiste Larue persiste à vouloir dégager les passages, mais en vain. Réussit-il à faire enlever un escalier d'une rue ou une remise d'une ruelle, d'autres surgissent. D'après son rapport de 1826, 26 habitants de la haute ville, dont une majorité d'anglophones et de gens de l'élite, comme le juge Sewell, empiètent sur des rues. À l'évidence, l'inspecteur ne peut stopper le nombre croissant d'infractions. Des marchands, des constructeurs de navires et d'autres citoyens en vue, tels John Goudie et William Grant, continuent à s'approprier des passages publics et à les intégrer à leurs quais, leurs entrepôts et leurs entreprises.

L'accès au rivage bloqué

De tous les empiétements qui ont cours durant cette période, le plus important est l'obstruction de passages donnant accès au bord de l'eau, en particulier par des propriétaires de quais et de chantiers navals. Après 1807, la demande britannique de bois augmente considérablement, au point qu'il est difficile d'acquérir quelque propriété riveraine que ce soit. Les marchands redoublent donc d'efforts pour étendre leurs propriétés dans la zone du port. De 1807 à 1840, ils feront fi des passages traditionnels et réussiront presque à bloquer l'accès public à la rive. Ce type d'empiétement est considéré comme plus grave que les autres : parce que le public se trouve privé d'une ressource essentielle, les commissaires se montrent plus sévères à l'égard des contrevenants. Pareille obstruction, surtout s'il s'agit d'une grande surface, est à ce point inacceptable que les juges de paix ne peuvent faire la sourde oreille aux protestations.

CHARRETTE à chien dans la haute ville, vers 1830. (Détail d'une aquarelle de Cockburn; ROM 951 205.4)

Vers 1825, la pratique consistant à obstruer des passages publics est devenue un grave problème. Si certains citoyens, en particulier dans la haute ville, possèdent des puits ou achètent de l'eau aux charretiers, la plupart des habitants s'approvisionnent dans le Saint-Laurent. Transportée à bout de bras ou dans des charrettes tirées par des chevaux ou des chiens, l'eau est conservée près de la cuisine pour l'usage quotidien. Aux XVIIe et XVIIIe siècles, les habitants utilisent librement, chaque jour, plages et rivières. Les plages servent aussi au déchargement de bateaux qui transportent du bois et d'autres marchandises ainsi qu'à l'évacuation des ordures qu'on jette dans le fleuve. Les premières mises en valeur du rivage, comme la construction du palais de l'intendant, des chantiers navals du roi et de quelques quais, occupent relativement peu d'espace et ne bloquent guère les plages.

De 1783 à 1812, en raison de la demande britannique de bois et de navires, la zone portuaire se développera donc à un rythme sans précédent. Brasseries, vastes quais pour les produits importés, chantiers navals et anses à bois occupent la majeure partie de la

SEAU (MCC 78-382)

berge de la Saint-Charles et du Saint-Laurent, rendant les plages pratiquement inaccessibles aux habitants.

En principe, les propriétaires doivent permettre l'accès au bord de l'eau. Mais puisque les règlements ne sont pas toujours appliqués, ils utilisent souvent les terrains à leurs propres fins. Dès 1820, des habitants adressent de nombreuses pétitions à l'inspecteur des chemins; ils se plaignent que l'accès aux rives leur est refusé. Des officiers supérieurs, des marchands et des constructeurs de navires érigent même de hautes clôtures autour de quais et de terrains riverains inoccupés. Prenons le cas de John Goudie, marchand, constructeur de navires et juge de paix. Après avoir acheté et loué des parcelles riveraines à Saint-Roch et dans la basse ville, il construit des clôtures autour de sa propriété, élimine les passages et entrave le prolongement futur de certaines routes jusqu'au rivage[47].

Se voyant adresser un nombre croissant de pétitions, les magistrats ordonnent à l'inspecteur des chemins «de présenter un rapport sur les rues, ruelles et autres passages conduisant au bord de l'eau.»[48] «Dans un document remis en 1826, Jean-Baptiste Larue soutient que, pour plus de sept milles (environ onze kilomètres) de rivage, il n'existe qu'un seul passage donnant accès au bord de l'eau à partir de la rue Champlain; de plus, il est impraticable. On a construit des clôtures et des quais sans tenir compte des sentiers existants. Les juges de paix acceptent alors la proposition de Larue de percer sept passages, mais les propriétaires s'y opposent vigoureusement.

L'inspecteur des chemins demande, sans grand succès, que James Black, constructeur de navires et juge de paix, ne bloque pas l'un des passages désignés. Il avise le constructeur que la route sur laquelle il s'apprête à construire est une voie publique que le Tribunal a décidé d'élargir, ce qui n'empêche pas Black de commencer ses travaux. Lorsque Larue ajoute que des experts ont été désignés pour évaluer la propriété en question et que les juges vont lui intenter un procès pour avoir enfreint la loi, Black aurait répondu : «Je ne m'estime pas tenu de répondre[49].» Ce dédain patent des droits du public et de l'autorité des administrateurs urbains et des tribunaux fait obstacle aux efforts

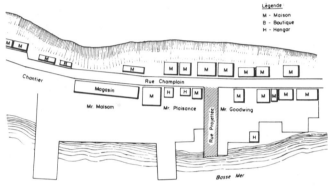

DES PASSAGES PUBLICS donnant accès au rivage sont graduellement fermées par des marchands et des constructeurs de navires, qui intègrent ces routes à leurs propriétés. Ce détail d'un plan de Jean-Baptiste Larue, dessiné en 1826, représente l'un des sept passages que l'inspecteur des chemins propose d'ouvrir. (Source : «Plans et procès-verbaux des travaux publics de la ville de Québec», 1826 : 94, AVQ; nouveau dessin du plan original par Frances Saunders, MCC.)

déployés par l'inspecteur en vue d'ouvrir des passages publics. L'accès au bord de l'eau restera donc limité.

Des plaintes répétées au sujet de passages bloqués mènent à une autre tentative en vue de les faire ouvrir. En 1841, un autre inspecteur des chemins, Joseph Hamel, rapporte que des propriétaires de la rue Champlain ont empiété sur la rue et ont construit des bâtiments et des clôtures qui bloquent l'accès au bord de l'eau. Quand Hamel, comme son prédécesseur, suggère la création de nouveaux passages, il reçoit l'appui populaire. Ainsi, durant un demi-siècle, les propriétaires utiliseront des terrains publics à des fins privées et plusieurs d'entre eux ne tiendront aucunement compte des règlements et des besoins des citoyens.

Les empiétements atteignent un tel paroxysme qu'ils semblent maintenant faire partie intégrante du développement urbain. Malgré la multiplication des plaintes déposées par l'inspecteur des chemins et des groupes d'habitants, la plupart des magistrats et des membres de l'élite refusent d'admettre qu'il y ait un problème; ne profitent-ils pas souvent eux-mêmes de la situation? En 1775, François Cugnet note que les Britanniques ont décidé de subordonner certains règlements aux besoins du commerce, dont celui qui fait du dimanche un jour férié[50]; c'est un signe avant-coureur de ce qui va suivre. Il est à ce sujet un exemple fort significatif. Le procureur général Sewell, ancien défenseur des droits du public en 1802, est accusé d'empiétement sur un terrain public en 1826. Comme les juges, marchands et membres des professions libérales enfreignent la loi impunément. Et le simple citoyen n'a d'autre recours que de faire signer des pétitions qui restent souvent sans réponse, à moins que les mesures prises soient inappropriées. Le problème des requêtes publiques sera abordé plus loin dans ce chapitre.

4. Exemples de disparités urbaines

L'administration urbaine aide les marchands à accumuler du capital, et elle fournit des services d'une haute qualité dans les quartiers qu'ils habitent. Les marchands utilisent leurs ressources financières et politiques pour convaincre les juges de paix de superviser, d'entretenir et d'améliorer des services dans le quartier commercial de la ville. Lorsque la basse ville devient bruyante et encombrée, les marchands commencent à installer leurs familles sur le plateau. La présence d'établissements militaires et religieux dans la haute ville et l'emplacement géographique de celle-ci garantissent à ses résidants les meilleures conditions urbaines qui soient. Qaunt à eux, les habitants des faubourgs, qui connaissent une expansion rapide (Saint-Roch en particulier), doivent faire face aux pires conditions. Pour examiner cette inégalité, il est bon d'analyser certaines caractéristiques du milieu urbain.

La voirie comme mesure des conditions de vie à Québec

L'état des rues a toujours été une préoccupation majeure des habitants des villes, pour la bonne raison que la qualité de la chaussée est un facteur déterminant de la qualité de l'environnement. Seuls quelques privilégiés jouissent de ces conditions idéales : des rues calmes, propres, sèches et non obstruées. À Québec, les conditions de la plupart des rues sont loin d'être idéales à la fin du XVIIIe siècle et au début du XIXe. Habitants et visiteurs se plaignent : boues, étroitesse, encombrement et, souvent, impraticabilité. Des inspecteurs des chemins prétendent, à certains moments, que les routes locales sont aussi bonnes que celles de la Grande-Bretagne; mais les voyageurs britanniques sont unanimes : «En général, les rues de Québec sont courtes, étroites, tortueuses, très incli-

TERRAINS BOISÉS ET LOTS VACANTS existent encore, en 1829, près du site enchanteur que constitue la haute ville.

(Rue Sainte-Ursule d'après une aquarelle de Cockburn; ANC 12636)

nées, misérablement pavées au centre et dépourvues de trottoirs; la nuit, il n'y a pas de réverbères pour les éclairer[51].»

Par leur emplacement, la haute ville et le faubourg Saint-Jean ont l'avantage, évident, d'une bonne circulation de l'air et d'un bon écoulement des eaux. Après avoir décrit l'intolérable puanteur qui existe dans la basse ville par temps chaud, le voyageur Isaac Weld parle de la haute ville comme d'un lieu «extrêmement agréable» : «Comme elle est située en hauteur, l'air y est pur et, en été, les habitants n'y souffrent jamais de la chaleur[52]». Ce contraste souvent mentionné, et à peine exagéré, est dû en partie à la différence d'altitude entre la haute et la basse ville. Si, au début du XIXe siècle, les rues de Québec sont généralement sales, les rapports de l'inspecteur des chemins révèlent une différence considérable entre les parties nouvelles et anciennes de la ville.

D'après les rapports de Larue, plusieurs habitants remplissent leur cour d'ordures ménagères, jettent des détritus par les fenêtres et vident dans la rue le contenu des cages d'animaux ou des latrines. Des propriétaires de porcs laissent leurs bêtes courir librement dans les rues de la basse ville et de Saint-Roch, ce qui, avec les excréments de vaches et de chevaux, empeste l'air et crée des risques pour les piétons. Des bouchers jettent des têtes d'animaux sur la place du marché et laissent des déchets sur les plages de Saint-Roch et de la basse ville. Si l'on tente, à l'occasion, d'empêcher les gens de jeter des ordures du haut des falaises et dans les rues et les cours, la pratique persiste, contribuant à l'accumulation des déchets et à l'accroissement des effluves malodorants[53].

Largeur des rues

En 1832, l'arpenteur général, Joseph Bouchette, affirme que la largeur des rues varie de 7 à 8 mètres[54]. En fait, les rues mesurent de 3,5 à 11 mètres de largeur selon leur emplacement et leur fonction. C'est en grande partie sous le régime français que la largeur de nombreuses rues de la vieille ville avait été établie; sous le régime britannique, on rétrécira un bon nombre d'entre elles. Les traditions françaises sont à l'origine de deux catégories de rues : les voies secondaires, qui atteignent de 7 à 9 mètres de largeur, et les voies principales, larges d'environ 11 mètres. Ce réseau est complété par toute une série de ruelles de largeur diverse mais ne dépassant pas normalement 6 mètres. Au XVIIIe siècle, les artères les plus larges de la ville de Québec, telles les rues Saint-Louis et de la Fabrique, se trouvent dans la haute ville et constituent des voies de passage pour l'armée[55].

En raison du manque d'espace et des empiétements successifs, les rues de la basse ville sont plus étroites qu'ailleurs. Sous le régime français, certaines artères

LES RUES PAVÉES, avec caniveaux et réverbères, telle la rue Cul-de-Sac sur cette aquarelle de Cockburn datée des environs de 1830, sont rares au cours de la première moitié du XIXe siècle. On notera aussi les marches de pierre et les trappes en fer, deux éléments qui nuisent à la circulation, ainsi qu'un mélange de maisons de pierre et de maisons blanchies à la chaux, ces dernières, à droite, étant couvertes de bardeaux et séparées par un mur pare-feu. (ROM 942 48 94)

commerciales y atteignent 7 mètres de largeur. Si la plupart des rues conservent leurs dimensions originelles sous le régime britannique, d'autres sont réduites, tandis que des ruelles sont fermées et que la largeur des nouvelles artères est limitée au minimum. Les Britanniques ne respectent pas les plans des ingénieurs français, comme Chaussegros de Léry, qui prévoyaient des rues plus larges. Les marchands se disputent les terrains encore disponibles dans le centre financier de la ville. À la fin du XVIIIe siècle, la dimension des rues de la basse ville est en grande partie fixée. Les nouvelles artères, en particulier celles qui, comme la rue Champlain, sont percées au pied des falaises au début du XIXe siècle, sont tout aussi étroites. Comme les marchands financent la construction de quelques rues de la basse ville, ils choisissent de ne pas tenir compte des règlements et des plans établis par l'arpenteur général en 1805; ils vendent même des terrains qui empiètent sur le tracé de rues futures[56].

Les rues des faubourgs sont généralement plus larges que celles de la basse ville, mais les intérêts commerciaux en dictent souvent la largeur. Ceci est particulièrement vrai des rues qui bordent la Saint-Charles. Alors que l'Acte des chemins prescrit pour ces rues une largeur d'environ 9 mètres, des spéculateurs fonciers, tel William Grant, tentent de réduire les nouvelles rues de Saint-Roch à environ 7 mètres.

Puisque Saint-Roch est considéré comme un prolongement de la zone commerciale de la basse ville[57], la largeur de ses rues doit être fixée par les commerçants. Cette attitude se reflète clairement dans la correspondance de J. Stewart, un administrateurs des biens des Jésuites. Tout en affirmant que les concessions bordant la Saint-Charles ont été «délimitées de manière à satisfaire les vues des demandeurs qui sont constructeurs de navires», Stewart écrit qu'il a prévu une rue large de 6 mètres donnant accès à la berge[58]. Toujours selon Stewart, les plans de ce quartier ont été «établis selon un plan qui va susciter l'intérêt des capitalistes et les inciter à acheter[59]». Si les marchands s'opposent à un plan d'ensemble, c'est qu'ils seraient alors forcés de respecter la largeur de 9 mètres prescrite par l'Acte des chemins. En bloquant l'homologation d'un tel plan, spéculateurs et constructeurs sont libres de fixer la largeur des rues. Les intérêts commerciaux expliquent donc l'existence de rues, à Saint-Roch, qui atteignant de 6 à 7 mètres de largeur.

Bois, pavés et boue

Dans toutes les rues non pavées, la boue constitue un problème. Contrairement aux rues de la haute ville et, à un degré moindre, à celles du faubourg Saint-Jean, celles de la basse ville et de Saint-Roch sont boueuses. Comme l'observe un éditorial du *Quebec Mercury*, «Aucune rue n'est plus susceptible d'être boueuse que celle qui se trouve en contrebas d'un terrain surélevé; et, évidemment, de telles rues doivent être pavées en priorité[60]».

Seules sont pavées les voies essentielles au commerce et à la communication entre haute et basse ville. Trois rues de la basse ville sont pavées, leurs habitants étant réduits à effectuer leurs déplacements quotidiens dans la poussière ou la boue. Un voyageur britannique décrit la situation en ces termes : «Lorsqu'il pleut, la basse ville est envahie par la gadoue[61]».

Et un autre voyageur d'affirmer que les rues, «même pavées, sont extrêmement boueuses; dans nombre d'entre elles, on laisse la saleté s'accumuler à un point tel qu'elles en deviennent, particulièrement à l'automne et au printemps, presque impraticables à certains endroits[62].»

Bien que les récits des voyageurs ou les journaux locaux de l'époque en fassent peu mention, les rues des faubourgs Saint-Roch et Saint-Jean sont aussi impraticables que celles de la basse ville, la plupart étant même dans un état encore plus lamentable. En 1834, un médecin de Québec affirme que, si certaines rues de Saint-Roch ont vu leur état s'améliorer, nombreuses sont encore celles qui sont «encore à peine praticables même avec l'aide de billes de bois. [...] «Après la fonte des neiges, en avril et en mai, plusieurs rues du faubourg Saint-Roch, au relief plat, sont de véritables bourbiers, et des bourbiers pour le moins dégoûtants[63]». Entre 1817 et 1839, Jean-Baptiste Larue, l'inspecteur des chemins, abonde dans le même sens en de nombreuses occasions. Selon lui, il faut réparer au moins les deux tiers des rues : les communications sont coupées en raison des égouts bouchés; des ponts sont endommagés parce que des pauvres utilisent le bois des ponts pour se chauffer. Les inondations ont entraîné l'érosion des sols et laissé des trous partout, et les charrettes ont creusé d'énormes ornières, dont plusieurs atteignent plus d'un mètre de profondeur[64].

Plusieurs fois l'an, Larue présentera des rapports similaires au sujet de Saint-Roch. Il enverra des pétitions concernant le manque d'égouts, l'inondation des sous-sols et la nécessité de paver plus de rues avec du bois. En 1820, la seule rue recouverte de bois à Saint-Roch est une importante artère reliant la basse ville à la campagne. Alors que certaines rues de la haute et de la basse ville sont en partie pavées de calcaire ou recouvertes de pierre concassée, la plupart des artères des faubourgs restent dans leur état original durant la première moitié du XIXe siècle.

Le système d'égouts

La citation suivante, tirée d'un rapport déposé par le Bureau de santé de Québec devant un comité parlementaire, montre l'importance du système d'égouts pour la santé des habitants des faubourgs :

> «L'état des égouts publics et privés qui sont si sujets à être obstrués [...] méritent une attention particulière, de même que le manque de privés; la communication de ces derniers avec les égoûts, vû le manque de trous, qui occasionne des obstructions dans les égoûts [...] sont tous des maux d'une nature sérieuse et qui tendent grandement à affecter la santé générale des habitants[65]».

De plus, les égouts de piètre qualité entravent la circulation, causent des inondations dans les sous-sols, dégagent des odeurs fétides et contaminent l'eau. Avant le début du XXe siècle, les canalisations, rudimentaires, sont composées de caniveaux disposés au centre des rues pour l'écoulement des eaux, et d'égouts qui servent à l'évacuation des immondices. Les rues situées au pied des hauteurs – et c'est le cas de la plupart des rues de la basse ville et de Saint-Roch – sont particulièrement vulnérables à l'automne et au printemps. Des rues de la basse ville et de l'ancienne zone marécageuse de Saint-Roch sont donc souvent inondées ou balayées par les eaux. La plupart des habitants ont des latrines à l'extérieur, mais quelques propriétaires se servent des égouts pour évacuer leurs immondices.

Jusqu'en 1850 au moins, les effluves provenant d'égouts bouchés et la pollution de l'eau constituent un problème à Québec, plus particulièrement dans la basse ville et à Saint-Roch. Dans une pétition adressée aux juges de paix en 1810, les habitants de la basse ville se plaignent que la rue Cul-de-Sac soit «toujours pleine d'eaux stagnantes et de microbes provenant des maisons[66]». En 1832, un médecin de la ville, W. Kelly, affirme que des égouts défectueux dégagent de terribles odeurs dans la basse ville et à Saint-Roch[67]. Les égouts constituent donc l'un des services urbains essentiels et influent grandement sur la qualité de l'environnement. Pour la plus grande partie de la population, malheureusement, les égouts, comme d'autres services, sont réservés aux quartiers les plus favorisés de la ville; ils n'existent pas ailleurs, particulièrement dans les faubourgs.

Les membres des élites de Québec savent utiliser les structures administratives en place pour obtenir des canalisations appropriées. C'est ainsi que des membres des groupes de commerçants et des professions libérales adressent des pétitions aux juges de paix, leur demandant la permission de construire des égouts et d'en assumer les coûts[68]. Il arrive aussi aux juges de paix d'ordonner à l'inspecteur des rues de procéder aux travaux sans enquête préalable lorsque la demande provient d'une personne en vue. En 1810, l'inspecteur reçoit l'ordre de nettoyer «avec toute la diligence nécessaire» un canal situé dans la basse ville, derrière la maison d'un influent marchand écossais, John Irvine; en 1813, on ordonne à l'inspecteur de creuser un canal rue Saint-Louis[69] à la demande de Madame Mountain, l'épouse de l'évêque anglican.

Alors que les notables font des demandes individuelles, les travailleurs adressent des pétitions collectives. Au début du XIXe, des artisans habitant les rues Sainte-Ursule et Saint-Jean adressent deux pétitions[70]. D'autres pétitions provenant de la basse ville et signées par des journaliers, des artisans et des marchands, font état de diverses doléances dont, entre autres, l'état des canalisations[71]. Contrairement à l'élite, les habitants des faubourgs ne savent pas vraiment utiliser les structures administratives de la ville pour atteindre leurs objectifs.

Certes, les rues de la vieille ville sont meilleures parce que les notables connaissent mieux les rouages de l'administration. Mais il est une autre raison à cela. C'est que certains propriétaires assument la moitié du coût des rénovations, accélérant ainsi le pavage des rues et la construction d'égouts et de trottoirs. Seuls les riches propriétaires fonciers, bien sûr, peuvent se

permettre de telles dépenses; les rues où ils vivent s'améliorent, tandis que celles des faubourgs se détériorent. On ne s'étonnera donc pas de constater que la haute ville est, de loin, le plus agréable des quartiers résidentiels de Québec et que la plupart des hauts fonctionnaires et des notables y résident[72]. L'attitude adoptée par bon nombre d'habitants de la haute ville face à l'amélioration des rues des faubourgs est nette : «Les rues des faubourgs seront graduellement pavées, déclare un médecin en 1834; il est probable, toutefois, que le processus sera lent, car il ne semble pas que ce soit un besoin très urgent au regard des activités de la vie de tous les jours[73].»

Si, de 1833 à 1835, les membres du conseil tentent de distribuer également l'argent des impôts entre les diverses parties de la ville, leur décision ne fait pas long feu et ne permet pas de remédier aux problèmes causés par des années de négligence. L'un des rares comptes rendus sur les conditions de vie dans les faubourgs mentionne le fait que les rues sont encore, en 1850, de profonds bourbiers six mois sur douze[74]. Ainsi, bien que les faubourgs voient leur population dépasser celle de la vieille ville au début du XIXe siècle, l'état de leurs rues demeure lamentable.

Les routes rurales près de Québec

Une situation similaire existe aux alentours de Québec. Le chapitre II, ci-dessus, concluait que marchands et administrateurs britanniques reprochent aux fermiers canadiens de ne pas tirer meilleur profit des marchés britanniques, alors même que peu de choses sont faites pour améliorer les transports dans la région et faciliter l'accès aux marchés. Les administrateurs de Québec, à l'instar de leurs homologues de Grande-Bretagne, tentent de faire payer aux cultivateurs l'entretien des routes et des marchés du voisinage. Québec va donc pouvoir bénéficier de l'échange des produits sans avoir à partager les coûts. Si les marchands assument le coût du transport transatlantique, ils exigent que soient entretenus, souvent aux frais du public, les installations et les services portuaires.

Au début, les marchands britanniques essaient de forcer les cultivateurs qui vendent au marché de participer à la réparation des routes qui traversent les faubourgs. Une ordonnance de 1778 exige de chaque habitant qui transporte bois, foin, fourrures et autres biens jusqu'à Québec qu'il apporte dans sa charrette une pelle, un pic et une binette de manière à réparer la route. Des miliciens sont embauchés pour surveiller le travail[75]. À l'évidence, pareille mesure se révèle difficile à faire respecter.

On relève, au cours de cette période, de nombreuses mentions de routes en piètre état, voire dangereuses. Des commentaires, formulés à l'occasion d'une enquête parlementaire tenue en 1828-1829 sur l'état des routes, sont révélateurs à cet égard. Suivant A. Eliot, les routes rurales sont impraticables : «À l'exception d'environ deux milles et demi, entre la porte St-Louis et le bois de Spencer, les chemins aux environs de Québec sont aussi mauvais qu'on peut le concevoir. [...] En outre, ce n'est pas peu de chose à ajouter à la perte du temps, la fatigue des chevaux, la ruine des voitures[76].»

Comme l'a démontré le chapitre précédent, de nombreux ruraux croient que l'administration des routes constitue un moyen de les exploiter à l'avantage des citadins. Ce qui explique en partie le refus des cultivateurs de se plier aux règlements.

Les routes et les rues étroites et boueuses causent de nombreux problèmes, des accidents et des embouteillages surtout. Les premiers ne sont pas rares dans les rues étroites et passantes de la ville, où les grosses charrettes se frôlent lorsqu'elles se croisent. Face à un attelage de chevaux tirant un lourd chargement, il ne reste aux piétons qu'à détaler pour ne pas être écrasés. Les chevaux avançant au galop constituent une menace permanente pour les piétons.

Un journaliste nous a laissé un commentaire sur l'application des règles qui régissent l'utilisation des chevaux en ville : «De toutes les misères de la vie, je ne connais vraiment rien de plus effrayant qu'une ren-

contre [...] avec un cheval avançant au trot rapide ou avec le cheval de tête de quelque tandem. Savoir vers quel point cardinal ce dernier se dirigera constitue un problème plus difficile à résoudre que tout problème posé par Euclide[77].» L'espace de manoeuvre est particulièrement limité aux portes, dont la largeur ne permet le passage que d'une charrette à la fois. Nombre de piétons sont d'ailleurs blessés par des voitures à chevaux au moment où ils franchissent une porte.

Le problème des chemins empire durant l'hiver, plus encore après un incendie, les rues devenant alors plus glissantes et étroites. Donc, de novembre à mai, le mauvais état des rues de leur ville est une réalité quotidienne pour les résidants de Québec. Des amas de neige mouillée dans les rues et les sentiers découragent les habitants de s'y aventurer à pied. Les côtes abruptes, lorsque recouvertes de glace, sont dangereuses autant pour les piétons que les passagers des voitures à chevaux. Ceux qui ont les moyens d'acheter différents genres de chaussures portent des mocassins dans la neige sèche et des galoches, munies de petits crampons, sur la glace. On apporte ses galoches chez le forgeron périodiquement afin d'en faire aiguiser les crampons.

Les habitants de la basse ville s'esclaffent souvent en voyant les habitants de la haute ville descendre les côtes pour leur rendre visite. Ainsi, un jour de septem-

L'ENLÈVEMENT DE LA NEIGE, comme en témoigne l'aquarelle de Mrs. Chaplin, datée de 1838, se fait avec lenteur à Québec, durant la première moitié du XIXe siècle. (ANC 900)

bre particulièrement froid de l'année 1788, les gens auraient ri de bon coeur à la vue d'un marchand en vue, dénommé Hurley, qui, pour se sortir d'une situation périlleuse, s'assoit sur les basques de sa veste et se laisse glisser jusqu'au bas de la côte de la rue de la Montagne[78].

La fonte des neiges et la pluie font apparaître des nids-de-poule dans les rues, ce dont souffrent charrettes, voitures, chevaux et passagers. Une lettre signée «Jeremy Henpeck», publiée dans le *Quebec Mercury* du 21 décembre 1807, fait un compte rendu humoristique de ce qui arrive aux promeneurs qui déambulent dans des rues en mauvais état :

> Je serais heureux de savoir avec quel argent je pourrai être indemnisé des dommages que sont susceptibles de subir mes côtes, mes dents ou mon cou en raison du mauvais état des rues; des lois existent, comme me le crie ma femme, qui devraient remédier à ce problème – et on nous a appris à croire que les lois ont une raison d'être. Je vous informe donc, en toute confidence, que ma bourgeoise (que Dieu la protège) a perdu trois des quatre dents qui lui restaient à cause des gentilles petites bosses de la rue Saint-Jean, ce qui fait que ma situation est maintenant tout aussi inconfortable à la maison que dans les rues.

Les rues de terre et les égouts de bois nécessitent constamment des réparations. Avant que les premières ne soient pavées et les autres ne soient construits de matériaux durables, des améliorations ne sont apportées qu'avec lenteur et, habituellement, aux seuls endroits qu'habitent les notables.

Des villes de pierre et de bois

L'habitation à Québec et dans ses environs met en lumière la façon dont les styles et les techniques de construction de France et de Grande-Bretagne sont adaptés au contexte nord-américain. La taille, la qualité et l'emplacement des maisons reflètent des différences socio-culturelles. Les gens les plus riches, soit les notables britanniques et canadiens, possèdent des habitations de pierre dans la vieille ville, tandis que les gens pauvres, pour la plupart des francophones, vivent dans de petites maisons de bois dans les faubourgs, plus particulièrement à Saint-Roch. Alors que les premiers jouissent de conditions de vie confortables, les seconds vivent dans des quartiers surpeuplés où les maladies et les incendies sont une réalité quotidienne.

Les matériaux de construction sont le bois et la pierre, qu'on utilise soit séparément, soit ensemble. Selon des experts, la construction, à Québec, se caractérise d'abord par la technique française, commune en Normandie, qui associe une charpente de bois à une maçonnerie de pierre et d'argile. Cette technique s'appelle le «colombage»[79]. Au XIXe siècle, une autre technique se répand dans toute l'Amérique du Nord. Ce type de construction dite *pièces sur pièces* intègre la charpente verticale traditionnelle et des murs de bois horizontaux. Il s'agit d'une méthode traditionnelle de construction que l'on se transmet de génération en génération[80].

Les élites de Québec, française d'abord et, plus tard, britannique, reprennent les styles de leur pays d'origine et les gens du peuple érigent des structures inspirées de techniques de charpentage européennes, celles du *colombage* et des *pièces sur pièces*[81]. Bien qu'une étude plus poussée des styles architecturaux populaires soit nécessaire avant que l'on puisse tirer des conclusions, il semble que les travailleurs britanniques aient fait leur la pratique courante consistant à utiliser le bois comme principal matériau de construction[82]. Comme les travailleurs canadiens ont la même tradition, les maisons des ouvriers de Québec se ressemblent toutes.

Styles architecturaux

Les formes médiévales françaises, plus particulièrement les toits en pente et les petites lucarnes en série, caractérisent certains immeubles de Québec, dont le couvent des Ursulines[83]. En mettant l'accent sur le caractère fonctionnel de la structure, souvent au détriment de la forme, les artisans bâtissent des maisons longues et massives, aux épais murs de maçonnerie chaulés. Cheminées et lucarnes sont étalées le long des toits en pente, rappelant ainsi les maisons du nord de la France[84].

HABITATION D'UN ARTISAN CANADIEN vers 1760, d'un étage et demi, construite par un entrepreneur de bâtiments, Jacques Deguise, dit Flamand. (Voir A.J.H. Richardson et al., *Quebec City* : 45.) (IBCQ)

LA RÉSIDENCE PARTICULIÈRE DE JONATHAN SEWELL, construite en 1803, présente certaines caractéristiques du style classique. (IBCQ)

L'arrivée des Britanniques en 1759 n'a pas d'impact immédiat sur l'architecture et les styles français qui ont cours à l'époque demeurent en vogue pendant vingt ans et sont même adoptés par un certain nombre d'administrateurs britanniques, en particulier les membres du «French party». Ce n'est que dans les années 1780 que les styles anglais, que caractérisent un ensemble architectural équilibré, des dépendances assorties, des cheminées sur pignons et une sévérité générale des lignes, commencent à faire leur apparition.

CHEMINÉE INSPIRÉE PAR LES ARCHITECTES DÉCORATEURS ADAM, d'Écosse, et dont le bois de pin imite le marbre. Elle décore nombre de foyers britanniques, à Québec, de la fin du XVIIIe siècle au début du siècle suivant. (MBA, Montréal)

DES VARIANTES DE FORMES CLASSIQUES apparaissent clairement dans la conception de ces deux habitations, dont la photo remonte à 1950 environ. Henry Atkinson, marchand de bois construit la maison de pierre, à gauche, en 1834. En 1840, il loue la maison, connue sous le nom de Payne's Hotel. Dans le Québec anglophone de l'époque, on tend à imiter servilement les modèles britanniques. Ainsi, la porte d'entrée de la maison d'Atkinson est de style néo-grec, cependant que l'intérieur comprend une cheminée dite à l'égyptienne et des plafonds adamasques. (Voir A.J.H. Richardson, Guide : 31-33.) (CIHB)

À la fin du XVIIIe siècle et au début du siècle suivant, les styles changent, comme en font foi certaines maisons construites pour des Britanniques. Les maisons de Thomas Ashton Coffin, de Jonathan Sewell et de Thomas Place introduisent à Québec une tradition inspirée de l'architecte italien Palladio, en vogue à cette époque en Angleterre et aux États-Unis. Ces maisons de style palladien, ainsi que certaines autres construites pour des Britanniques, sont dotées d'un porche et de moulures ioniques, d'impostes et d'une grande salle centrale[85].

La résidence particulière de Jonathan Sewell, construite en 1803, est une illustration de l'architecture anglo-américaine classique. Cette demeure, qui s'élève seule, avec ses dépendances assorties, sur son emplacement, est constituée d'un toit à pente douce, d'une charpente de pierre soigneusement agencée et d'une embrasure ionique ornée d'une imposte. Si les résidences de ce genre ne sont pas des exemples parfaits du style classique, elles n'inaugurent pas moins une nouvelle tendance architecturale faite d'unité, de symétrie et d'ordre.

L'ÉGLISE ST. ANDREW, érigée en 1809-1810, adopte le style de nombreuses églises presbytériennes d'Écosse. (Aquarelle de Cockburn, vers 1830; ROM 942 48 89)

Des bâtiments du début du XIXe siècle, tels que la cathédrale anglaise, l'église St. Andrew, le marché de la haute ville, le Palais de justice, la Prison, ainsi que le Château Haldimand après sa rénovation, font connaître le classicisme officiel britannique à Québec, s'ajoutant à des constructions de même style appartenant à des particuliers[86]. La cathédrale anglicane est inspirée de l'église de St. Martin-in-the-Fields, à Londres, et l'église St. Andrew respecte les traditions presbytériennes écossaises. Le classicisme britannique reflète la croyance des anglophones en la capacité qu'a l'homme de maîtriser son environnement; elle témoigne aussi de leur désir d'échapper à l'assimilation et de leur aspiration à dominer les Canadiens. D'après l'évêque anglican Jacob Mountain, la cathédrale «anglaise» exprime, de façon symbolique, les visées, les pouvoirs et les privilèges des Anglais[87]. Si les styles d'origine française persistent, surtout dans les faubourgs et à la campagne, l'influence britannique sur l'architecture de Québec se répand avec la venue des immigrants.

En continuant d'adopter, à Québec, les modèles architecturaux britanniques, les immigrants appartenant aux professions commerçantes et libérales affirment leur identité culturelle et professent leur croyance en la supériorité de leurs propres traditions. Il s'agit là de l'une des raisons pour lesquelles, bien

souvent, leurs entrepreneurs ne peuvent concevoir leurs bâtiments en fonction du climat de Québec. Au lieu d'imiter les styles locaux et leur toit en pente, si approprié à la neige et à la pluie, de nombreux Britanniques préfèrent, en effet, les maisons de style européen au toit plat[88]. Du fait qu'elle est plus à l'aise que les classes ouvrières, l'élite britannique de Québec se permet d'exprimer son identité ethnique à travers des styles architecturaux.

Densité de la population et taille des maisons

La taille des maisons, les coûts de construction et les matériaux sont d'autres caractéristiques importantes qui illustrent les différences socio-culturelles et économiques. Bien que le nombre d'habitants par maison soit légèrement plus élevé dans certaines parties de la vieille ville que dans la nouvelle, celle-là compte de plus grandes maisons que celle-ci. De 1795 à 1818, le nombre de personnes vivant dans une maison de la basse ville se situe entre 8 et 9; dans la haute ville, entre 7 et 8; dans le quartier Saint-Jean, entre 6 et 7, et à Saint-Roch, entre 6 et 8. Dans la basse ville, la densité de la population est particulièrement grande dans

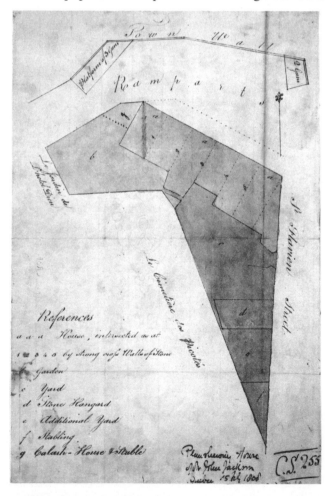

GRANDE RÉSIDENCE, COUR, ÉCURIES et dépendances appartenant à un marchand britannique, John Jackson. (Détail d'un plan datant de 1808; ANC)

LES ÉCURIES de la haute ville, comme celle de cette aquarelle de Mrs. Chaplin (1842), sont plus solidement construites que la plupart des maisons d'ouvriers de Saint-Roch. Au premier plan, un puits couvert. (ANC 842)

les quartiers habités par les familles ouvrières, comme la rue Champlain, où une moyenne de 2,5 ménages se partagent un même logis. En revanche, la population est relativement faible dans les quartiers plus riches, comme la rue Saint-Pierre, où chaque maison compte en moyenne 1,6 famille[89]. L'augmentation la plus importante du nombre de personnes vivant sous un même toit se produit à Saint-Roch. De 1795 à 1818, Québec dans son ensemble voit la densité de sa population augmenter légèrement pour passer de 1,5 à 1,6[90].

Pour comprendre les conditions de vie régnant à Saint-Roch et dans les quartiers ouvriers de la basse ville, il est utile de comparer la taille des habitations. Dans ces quartiers, nombre de maisons conçues pour une seule famille en abritent plusieurs. Or, les maisons que se partagent les familles d'ouvriers sont plus petites que celles où habitent les familles de marchands et les membres de professions libérales. Suivant une étude de 400 contrats de construction passés entre 1800 et 1840, les maisons de la basse ville ont une superficie moyenne de 85 mètres carrés, alors que la plupart des maisons des faubourgs sont des bâti-

«LE MANOIR À SAINT-ROCH», 1829, était la plus belle maison du quartier. Les familles ouvrièress du faubourg Saint-Roch ne semblaient pas avoir retiré profit du commerce du bois. Au contraire, elles devenaient de plus en plus pauvres. Pas contre, les marchands s'enrichissent. Voir Jean-

Pierre Hardy, «Niveaux de richessse et intérieurs domestiques dans le quartier Saint-Roch à Québec, 1820-1850,» Bulletin d'histoire de la culture matérielle, printemps 1983:75. Aquarelle par Cockburn. (Photo: ROM, 942 48 59)

ments d'un étage dont la superficie habitable varie de 67 à 70 mètres carrés[91]. Une étude plus poussée révèle des contrastes encore plus grands. En effet, des contrats indiquent que, dans la basse ville, 63 p. 100 des maisons en voie de construction possèdent une superficie habitable allant de 80 à 107 mètres carrés, tandis qu'à Saint-Roch et dans le faubourg Saint-Jean, respectivement 39 p. 100 et 45 p. 100 des maisons ont une superficie se situant entre 37 et 65 mètres carrés. Ces constructions modestes côtoient quelques impressionnantes résidences particulières, telle celle de deux étages que fait construire William Grant à Saint-Roch, à la fin du XVIIIe siècle, maison dont la superficie atteint 386 mètres carrés[92].

Comme les chiffres mentionnés ci-dessus ne tiennent pas compte des habitations auxquelles on ajoute un ou deux étages, la superficie en mètres carrés de quelques-unes des plus grandes maisons de la vieille ville n'apparaît pas dans cette liste. Or, ces bâtiments ont une superficie allant de 186 à 372 mètres carrés, certains atteignant même 790 mètres carrés[93]. Bien que le manque d'espace restreint l'expansion dans la basse ville, le propriétaire d'une résidence possède souvent un vaste terrain auquel s'ajoute un certain nombre d'appentis et de jardins. Une résidence de ce type est justement mise en vente au Sullivan's Coffee House en 1796. Cette belle maison de deux étages, située rue Notre-Dame, occupe une superficie de 9,45 sur 20,12 mètres, sur un terrain de 28,6 sur 32,9 mètres, avec beau jardin planté d'arbres fruitiers, potager, glacière, puits (partagé avec les représentants de

MAISONS DE TROIS OU QUATRE ÉTAGES sur la rue du Cul-de-Sac, nombreuses à Québec dès 1830. (Aquarelle de Cockburn; ANC 39275)

Guillon), hangar pour le foin, écurie, etc.[94] Quelques-uns des habitants les plus riches de la basse ville demeurent dans des maisons de huit à vingt fois plus grandes que celles où vive la plus grande partie de la population.

Les matériaux de construction

Quelques habitants de Québec – la plupart d'entre eux habitant la vieille ville – peuvent faire construire une demeure en pierre. Ceux des faubourgs demeurent dans des maisons plus modestes faites habituellement de bois. En 1834, devant un comité parlementaire, Joseph Tourangeau déclare que la plupart des maisons

MAISON D'UN MARCHAND CANADIEN dans la basse ville, faite de pierre et dont la construction remonte probablement au régime français. Des cheminées surmontent un toit de métal à pente prononcée. (Vers 1965, IBCQ.)

DE MULTIPLES PETITES MAISONS DE BOIS, voilà Saint-Roch de 1820 environ jusqu'à la fin du XIXe siècle. Selon cette rare vue du faubourg deux ans après l'incendie dé-vastateur de 1845, les habitants continuent à construire avec ce même matériau qui s'est révélé si dangereux. (Aquarelle de George Seton; ROM 953 132 42)

de Saint-Roch sont, à de rares exceptions près, faites de bois[95].

Certes, les demeures de la haute ville ressemblent aux maisons bien construites de la basse ville, mais un plus grand pourcentage d'entre elles sont faites de pierre. Au XIXe siècle, de nombreux habitants du centre administratif de Québec améliorent leur demeure en y ajoutant un deuxième et un troisième étages. Un examen des contrats de construction révèle un accroissement de l'expansion verticale des bâtiments de la haute ville : de 1716 à 1750, les maisons d'un étage représentent 50 p. 100 des contrats; de 1700 à 1800, les constructions de deux étages représentent 65 p. 100 des contrats et celles comportant trois étages 10 p. 100; de 1800 à 1827, 27 p. 100 des contrats portent sur des bâtiments de trois étages; de 1820 à 1840, ce dernier pourcentage passe à 61 p. 100 et, de 1842 à 1871, à 70 p. 100[96].

Les marchands britanniques construisent les maisons les plus grandes et les plus chères de Québec. Les Canadiens membres de professions libérales ont des demeures légèrement plus petites que les hommes d'affaires mais préfèrent, eux aussi, les maisons de pierre. Comme il se trouve presque autant de marchands et d'artisans que d'ouvriers parmi les habitants permanents de la petite communauté de langue anglaise, les anglophones possèdent un nombre plus grand de maisons de pierre relativement à la population de langue française, plus importante mais moins à l'aise. Alors que 43 p. 100 des contrats de construction de maisons privées pour des Britanniques mentionnent la pierre comme matériau, seulement 13 p. 100 des contrats à l'intention des Canadiens contiennent la même clause[97]. Un examen de la finition extérieure des maisons révèle l'existence de différences socio-culturelles marquées ainsi que d'un fossé grandissant entre les nantis et les classes défavorisées. Les élites de la ville, indépendamment de leur appartenance ethnique, ont les mêmes aspirations et se servent de leurs biens, en particulier de leurs maisons, pour réaffirmer leur rang social. Les moins favorisés doivent se contenter de biens moins coûteux, par exemple de maisons de bois.

Les descriptions laissées par des écrivains et des voyageurs atteste l'usage généralisé du bois dès les premières années de la colonie. En 1641, Marie de l'Incarnation écrit que, si les institutions occupent des édifices de pierre, les maisons des colons, à une ou deux exceptions près, sont faites de bois avec des joints de pierre[98]. La plupart des constructions dans l'autre grande ville, Montréal, semblent aussi avoir été constituées d'une charpente de bois. Selon l'ingénieur Levasseur de Néré, 229 maisons sur 282 sont construites, en 1704, selon la technique des *pièces sur pièces*[99]. Quarante ans plus tôt, Pierre Boucher divise

LES MAISONS DE BOIS comme celle-ci sont typiques de Saint-Roch. De style traditionnel et d'une superficie d'environ 4,5 mètres sur 4,5 mètres, ces habitations d'une seule pièce, érigées à la hâte, sont semblables, sinon de qualité inférieure à la plupart des maisons rurales. Un petit poêle ou un foyer de pierre, prolongé par un tuyau en fer-blanc qui traverse le toit de planches, sert à chauffer la maison mal isolée. Un trottoir de bois improvisé permet de protéger tant bien que mal les chaussures de la boue et les planchers de bois de la poussière. Une cour fermée abrite souvent un petit jardin, ainsi que des latrines et, à l'occasion, un puits. (Dessin de Bing Wong, inspiré d'illustrations de l'époque, MCC)

---

l'architecture domestique en trois types : 1) certaines maisons sont entièrement faites de pierre; 2) d'autres, d'une charpente de bois ou de montants de bois entre lesquels s'insère un travail de maçonnerie; 3) d'autres encore, entièrement de bois[100]. Bref, les maisons du XVIIe siècle sont faites du matériau qui se trouve à portée de la main, le plus accessible et le moins cher : le bois.

Au fur et à mesure que les habitants deviennent plus ambitieux, certains d'entre eux construisent leur maison en pierre calcaire[101]. Ce faisant, ils imitent l'exemple des administrateurs coloniaux, des officiers du génie et des marchands qui utilisent la pierre depuis le début du XVIIe siècle. La pierre est si répandue en 1749 qu'un voyageur suédois, Peter Kalm, s'exprime en ces termes :

> La plupart des maisons de Québec sont faites de pierre et, dans la haute ville, elles ne comportent généralement qu'un étage, si l'on fait exception des édifices publics. J'ai vu quelques maisons de bois, mais on ne doit pas les reconstruire lorsque décrépites[102].

Il est évident que la vue des bâtiments de pierre impressionne les voyageurs, qui tendent à ne pas porter attention aux constructions de moindre importance.

Soixante-dix ans après Kalm, un autre voyageur, Benjamin Silliman, souligne également l'importance de la pierre : «La pierre, mal équarrie et provenant directement de la carrière, ou bien recouverte de mortier blanc, ou encore taillée selon le goût et le rang social du propriétaire, est presque le seul matériau utilisé dans les constructions[103].» La grande quantité de pierre calcaire présente dans les carrières de Québec et des environs (haute ville, Sillery et Beauport) influe probablement sur les propos de ces voyageurs; de toute façon, ils sous-estiment l'utilisation du bois comme matériau de construction.

Il est possible d'évaluer avec plus de précision les sortes de matériaux utilisées sous le régime français en consultant les registres *terriers* et les *marchés* ou contrats de construction. Un examen des registres pour 1737 et 1739, pour certaines parties de la basse et de la haute ville, révèle une préférence croissante pour la pierre (55 p. 100) et un abandon progressif (10 p. 100) des assemblages de bois et de mortier (*colombages*)[104]. En dépit de la loi de 1727 restreignant les constructions de bois, ou de bois et de mortier, 45 p. 100 des habitations sont en bois. Les contrats de construction passés de 1656 à 1754 dans la basse ville montrent qu'en dépit du fait que 57 p. 100 d'entre eux mentionnent l'utilisation de la pierre comme principal matériau, le pourcentage considérable de maisons faites de bois (43 p. 100) témoigne de la place importante que tient toujours ce dernier[105].

La préférence pour le bois est particulièrement manifeste parmi les artisans, les journaliers et les cultivateurs, qui bâtissent un bon nombre des modestes maisons de la vieille ville. Le bois, comme il a été dit ci-dessus, constitue le principal matériau utilisé pour construire la plupart des maisons des faubourgs. Tous les contrats passés à Saint-Roch vers la fin du régime français et retrouvés à ce jour font état de constructions de bois. Si François-Joseph Cugnet semble avoir sous-estimé le nombre des maisons de bois, il n'en déclare pas moins, en 1775, que l'incapacité des Britanniques à faire respecter les règlements de la construction fait croître le nombre de bâtiments de bois[106].

La croissance de l'industrie du bois, au début du XIXe siècle, favorise l'augmentation de la quantité de bois comme matériau de construction. Industrie navale, scieries et cours de bois bordant la Saint-Charles, de même que la présence de journaliers et d'artisans, engendrent une situation tout à fait propice à l'utilisation du bois dans la construction d'habitations. La préférence pour ce matériau de construction et la connaissance de la charpenterie conduisent donc à la construction de maisons selon la méthode traditionnelle dite *pièces sur pièces*. Plus de 80 p. 100 des bâtiments de Saint-Roch, présume-t-on, sont faits de bois au début du siècle[107]. Le bois jouit également de la faveur des habitants du faubourg Saint-Jean et des paroisses et villages avoisinants. Bien que les règlements concernant les incendies interdisent l'usage de ce matériau, il demeure très prisé du monde ouvrier parce que moins cher que la pierre ou la brique.

En 1815, un lecteur du *Quebec Mercury* suggère que la loi interdisant les constructions de bois dans la vieille ville soit abrogée parce que la majorité des bâtiments des faubourgs sont faits de bois[108]. Vingt-trois ans plus tard, un autre visiteur note que la plupart des maisons, même dans la basse ville, sont faites surtout de bois[109]. Ces propos, pour exagérés qu'ils soient, attestent la prédominance du bois. Selon certaines déclarations faites devant un comité parlementaire mentionné précédemment et portant sur l'habitation, le bois est le matériau le plus utilisé à Saint-Roch[110]. Même si les incendies de 1845-1846 amènent l'utilisation de matériaux plus durables tels que la pierre et la brique, les habitants des faubourgs continuent à construire avec du bois[111].

La toiture

La construction des toitures suit la même tendance : le bois est en effet le matériau le plus utilisé pour couvrir les maisons. On importe de l'ardoise en Nouvelle-France au XVIIIe siècle pour couvrir les édifices

LES BARDEAUX résistent mieux aux fuites que les planches mais sont plus dangereux que le fer-blanc en cas d'incendie. L'aquarelle de Cockburn, datant de 1830, montre deux petites maisons à toits de bardeaux flanquées d'impressionnantes demeures, rue Saint-Louis, dans la haute ville. (ROM 942 48 82)

religieux et gouvernementaux et on fabrique, pendant quelque temps, des tuiles à Québec. Mais ni l'un ni l'autre de ces matériaux n'est beaucoup utilisé dans la construction de maisons[112]. Du fer-blanc est également importé, mais on ne l'utilise pas souvent en raison de son coût élevé et de la pénurie de ferblantiers qualifiés[113]. Des débuts de la Nouvelle-France jusqu'à 1845 au moins, la plupart des constructions sont dotées d'une toiture de bardeaux et de planches. «Le toit des édifices publics, écrit Peter Kalm, est couvert d'ardoises communes qui sont apportées de France. [...] Les toits d'ardoises supportent depuis des années les intempéries et les changements de température sans subir de dommages. Les maisons privées ont un toit de planches, lesquelles sont posées parallèlement aux poutres et, parfois, aux avant-toits ou encore obliquement[114].»

Pour la toiture, on utilise habituellement des planches à clin superposées[115] ou un assemblage à rainures et à languettes[116]. Les toits faits de planches sont souvent recouverts de bardeaux en raison des fuites causées par les fentes et les fissures[117]. Les bardeaux représentent un danger d'incendie, mais on ne tient pas compte le plus souvent des ordonnances prohibant leur utilisation[118].

Au début du XIXe siècle, le fer-blanc commence à remplacer le bois sur quelques maisons et édifices publics. Avant 1750, la France et l'Angleterre importent du fer-blanc d'Allemagne, où sa production dépasse celle de tout le reste de l'Europe depuis le XVe siècle[119]. Au début du XVIIIe siècle, les manufacturiers anglais apprennent à aplatir et à laminer du fer-blanc sur une grande échelle et commencent à en produire pour les marchés européens et nord-américains. Si les treize colonies américaines importent déjà de grandes quantités de fer-blanc au milieu du XVIIIe siècle, elles ne sont imitées en cela qu'un demi-siècle plus tard par l'Amérique du Nord britannique. Partie intégrante du grand marché britannique, Québec importera du fer-blanc au début du XIXe siècle[120].

Le fer-blanc s'adapte facilement aux toits en pente des maisons québécoises. Avant qu'il ne soit répandu à Québec, il faudra attendre à la fin du XIXe siècle, alors que la production américaine permet la mise en marché d'une plus grande quantité de ce produit[121]. Les observations de voyageurs témoignent de la prédominance des bardeaux dans les années 1820 et 1830. Selon R.S. Martin, «beaucoup de maisons, d'édifices publics et de grands entrepôts, parmi les mieux construits, sont couverts de tôles de fer-blanc ou de fer[122]». Mais, d'après le capitaine Hall, «la plupart des constructions sont couvertes, à la manière habituelle des maisons américaines, de bardeaux de bois...[123]». De nombreuses raisons expliquent l'utilisation intensive du bois dans la construction au cours du XIXe siècle, ne serait-ce que l'abondance du bois et la présence d'une main-d'oeuvre spécialisée. On en vient à ne pas respecter la loi interdisant la construction de toits de bois.

La prévention des incendies

L'utilisation, au Bas-Canada, d'appareils de chauffage au bois provoque de nombreux incendies. S'il est habituel de surchauffer les maisons, cette coutume se révèle particulièrement dangereuse lorsque des foyers non protégés ou des poêles de tôle inefficaces servent à chauffer des maisons de bois non isolées. Pour obtenir une température confortable, les occupants d'une maison de ce genre surchauffent le poêle et son tuyau, ce qui entraîne une accumulation rapide de crésol et, par le fait même, de nombreux feux de cheminée. Nombre de toits étant couverts de bardeaux, les flammes peuvent se propager rapidement d'une maison à l'autre.

LES POÊLES RUDIMENTAIRES, comme celui-ci, produit aux Forges du Saint-Maurice au XVIIIe siècle, sont si rares qu'on les loue à l'occasion. Toutefois, ils deviennent de plus en plus répandus au XIXe et remplacent peu à peu l'âtre ouvert. Le poêle est l'objet le plus coûteux dans la maison d'un ouvrier de Saint-Roch. (Voir J.-P. Hardy, *op.cit.* : 81.) (MCC 77-142)

Dès la création des villes, on reconnaît que le feu menace la sécurité des personnes et l'activité commerciale. À la fin du XVIIe siècle et au début du siècle suivant, les forges, cheminées, murs pare-feu, matériaux pour les toitures et structures de bois font l'objet d'ordonnances et de règlements relatifs aux incendies[124]. De toute évidence, beaucoup ne s'y conforment pas. Certains ramoneurs découvrent même que le diamètre des cheminées restreint leur liberté de mouvement. En 1729, en effet, deux d'entre eux, d'origine française, sont devenus trop grassouillets pour se glisser dans les cheminées[125]. Les autorités locales ont beau poursuivre en justice certains contrevenants[126], nombreux sont ceux qui n'obéissent pas aux règlements.

Une ordonnance sur le bâtiment prise en 1727 confirme d'anciens règlements et contient de nouvelles directives concernant les cheminées et la sécurité générale des maisons[127]. Elle ne permet guère, cependant, d'éliminer les constructions de bois ni de réduire la fréquence des incendies. Bien que le respect des règlements en ce domaine présente des avantages certains, il est difficile de convaincre les habitants de changer leurs techniques de construction. L'obéissance à ces règlements est, néanmoins, essentielle si l'on veut que diminue le risque d'incendie, toujours

FOYER DE PIERRE TAILLÉE. D'un style propre au XVIIIe siècle, ce foyer est celui d'une petite maison de campagne près de Québec. Sa construction soignée laisse croire qu'il est l'oeuvre d'un tailleur de pierre. La plupart des familles ouvrières des villes ont un âtre ouvert dans leur maison, et nombre d'entre elles possèdent un poêle. (Voir, pour ce foyer, A.J.H. Richardson et al., *Quebec City* : 236.) (IBCQ)

FOUR ENCASTRÉ installé dans la maison du marchand Charles Turgeon en 1831-1832. Les fours de ce type, qu'utilisent les familles aisées, permettent de régulariser le feu. (CIHB)

SEAU À INCENDIE. (IIC)

présent. En 1775, Cugnet exhorte le gouvernement à faire respecter l'ancien règlement français interdisant la construction de bâtiments de bois et l'usage de bardeaux. Citons Cugnet : «Aujourd'hui un quart de la ville de Québec est bâty en bois; ces maisons non seulement defygurent la ville, mais encor en cas d'incendie sont extrêmement dangereuses; il y en a même quelques unes qui servent de forges. [...] Chacun est libre, c'est dit-on la liberté anglaise. Que dire? Que faire[128]?»

Il semble que pareils avertissements ne tombent pas dans l'oreille de sourds, puisqu'en 1777 le gouvernement promulgue une «Ordonnance pour prévenir les accidents de feu». Le préambule, dont le style est habituellement pompeux, fait place à un énoncé qui témoigne de la nécessité de mesures immédiates : «Étant absolument nécessaire pour la conservation de la vie et des propriétés des sujets de sa Majesté, de prendre toutes les précautions possibles pour prévenir les accidens afreux qui peuvent arriver par le feu [...]. Il est statué [...][129]» Cette loi, que des surveillants sont chargés de faire respecter à Québec, Montréal et Trois-Rivières, comprend des règlements touchant les cheminées et la poudre à canon. Elle prescrit l'acquisition d'un matériel de lutte contre les incendies (seaux, hachettes, perches et échelle), interdit la conservation de paille et de foin dans les habitations et les remises, prohibe les maisons de bardeaux et de bois et prévoit des amendes et des procédures judiciaires. Les magistrats considèrent même comme trop court le délai de dix jours dans lequel une amende peut être imposée et demandent qu'aucun délai précis ne soit fixé pour pouvoir poursuivre les propriétaires coupables[130].

Une ordonnance ultérieure modifiant la première contient des dispositions spéciales concernant «plusieurs pauvres gens qui occupent des appartements dans des petites maisons des faubourgs de Saint-Roch». Pour aider les pauvres, le surveillant est tenu de ramoner gratuitement la cheminée des personnes qui possèdent un certificat de pauvreté signé par un ministre du culte ou un magistrat[131]. Le tarif de ramonage est maintenu à six pence dans la vieille ville, mais réduit de moitié pour les maisons d'un étage dans les faubourgs.

La mise en application de la nouvelle ordonnance diffère de l'ancienne, mais la loi régissant le ramonage ressemble à celle qui a été adoptée sous le régime français. Le respect de la loi constitue toujours un problème, et les autorités, sous les deux régimes, réussissent mieux à faire appliquer les règlements sur les cheminées et les pignons que ceux sur les matériaux de construction en bois. C'est dans la haute ville, où habitent de nombreux juges de paix, que les règlements sont le plus strictement appliqués. Des personnalités influentes, qui n'ont pas tenu compte des règlements sur le bâtiment lors de la construction de

LES CHEMINÉES DE FANTAISIE comme celle-ci, de la maison d'Henry Atkinson, affichaient un style classique – notez les colonnes à l'égyptienne – tout en conservant leur côté pratique. Elles comprenaient des portes de fer qui pouvaient servir à circonscrire la chaleur. La plupart des entreprises familiales étaient munies non seulement d'un foyer mais de trois à six poêles en sus. (Photo : 1CBH)

lcur résidence, sont ainsi mises à l'amende. Dès la fin des travaux effectués à la demeure de Jonathan Sewell, le procureur général, dans une rue très passante du quartier administratif de la ville, le surveillant Robert Hadden inculpe le procureur «pour ne pas avoir fait en sorte que le sommet des pignons de sa maison (située rue Saint-Louis) surmonte le toit de trois pieds [1 mètre], et ne pas avoir projeté l'avant-toit assez loin pour que la maison soit protégée du feu provenant des maisons voisines [...] selon la loi[132]».

Les gens aisés ne sont toutefois pas les seuls à désobéir aux règlements, mais les infractions qu'ils commettent sont moins sérieuses que celles dont on se rend coupable dans les faubourgs.

Malgré la loi, les constructions de bois dans les faubourgs demeureront une menace sérieuse pour la vie des habitants. Si on s'intéresse peu à la construction de charpentes de bois, l'usage continu que l'on fait de bardeaux demeure une pomme de discorde. En 1807, des citoyens adressent une pétition au Parlement demandant l'abrogation du règlement qui interdit leur utilisation. Suivant les pétitionnaires, les bardeaux sont plus sûrs que les planches parce qu'ils peuvent être facilement enlevés à l'aide d'une perche et, par conséquent, qu'ils permettent d'éteindre le feu rapidement. À l'opposé, les couvertures de planches représentent selon eux un grand danger en cas de vent à cause de leur imprégnation fréquente par des matières combustibles, lesquelles entretiennent et propagent le feu[133]. Qui plus est, écrivent les pétitionnaires, l'expérience démontre qu'un toit à deux épaisseurs de bardeaux et recouvert de chaux empêche les flammes de se propager.

Sceptique, le comité du Parlement s'enquiert auprès d'experts de la question : François Baillargé, sculpteur et architecte; James Thompson, entrepreneur des travaux du Roi; William Morrison, le maître charpentier du Roi; Jean-Baptiste Bédard, maître charpentier; le médecin et chimiste Blanchette et quelques autres. Ces experts s'accordent à dire que les toits de bardeaux imprégnés d'eau de chaux, d'eau salée ou d'ocre sont préférables aux couvertures de planches[134]. Pour illustrer la supériorité des bardeaux, Jean-Baptiste Bédard décrit un incendie qui a éclaté à côté du Séminaire. Le feu n'a pas brûlé le toit de bardeaux du Séminaire, imprégné d'eau de chaux, mais s'est plutôt communiqué à un édifice couvert de planches et se trouvant plus loin du foyer de l'incendie. Pour sa part, le maître charpentier du Roi fait état de la difficulté qu'on a eue à éteindre un toit de planches en feu rue Saint-Jean, «où ayant un détachement de Royale artillerie au commandement du quel il avait été préposé, tous ses hommes, quoique très robustes, ne purent jamais parvenir à détruire le toit avec le belier, qu'alors il monta sur la couverture, accompagné de quelques hommes, et dans le plus grand danger, ils ne purent arracher les planches qu'une à une, et les planches une fois enlevées, le reste de la couverture fut détruit en un instant par l'opérateur du belier[135]». Ces experts passent probablement sous silence le travail d'entretien qu'exigent les bardeaux chaulés. Ils auraient dû savoir que les citoyens oublient ou négligent de traiter leur toit à l'eau de chaux.

« Au feu! »

Lorsqu'il y a une alerte à l'incendie, elle est suivie d'une volée des cloches d'églises et du roulement des tambours militaires. Voisins et soldats se précipitent alors vers la scène pour éteindre les flammes. À la fin du XVIIIe siècle et au début du siècle suivant, les incendies ravagent fréquemment les quartiers populeux de la vieille ville. Les entreprises qui ont leur siège dans le quartier du port et qui consomment ou produisent une quantité importante de bois (distilleries, scieries, tonnelleries et forges) sont de véritables foyers d'incendie. Dans la haute ville, les incendies éclatent habituellement dans de grands édifices où sont installés de nombreux foyers et poêles (hôpitaux, établissements religieux et bâtiments administratifs – le Château Saint-Louis par exemple). Au cours de la première moitié du XIXe siècle, la multiplication des habitations de bois dans les faubourgs entraîne certains des incendies les plus catastrophiques de l'histoire de Québec.

Chaque fois, les flammes se propagent rapidement du port au voisinage, rasant les édifices des environs immédiats et, particulièrement, les maisons des familles de journaliers des rues Champlain, Cul-de-Sac et Sault-au-Matelot[136]. Dès 1808, un agent d'assurances spécialisé dans les garanties contre les incendies, Jenkin Jones, exprime l'avis que la basse ville – surtout les maisons des rues Sault-au-Matelot et Champlain – sont particulièrement vulnérables en cas d'incendie[137]. Selon lui, ces rues étroites aux maisons surmontées de toits de planches et serrées les unes contre les autres, exposent la basse ville aux incendies, que ceux-ci éclatent dans ses limites mêmes ou encore dans la haute ville; par grand vent, «des planches et des bardeaux peuvent être projetés sur la basse ville et embraser les toits, comme cela s'est déjà produit[138]». Devant pareil risque, Jones recommande à ses supérieurs de ne plus vendre d'assurances aux habitants de la basse ville, afin d'éviter toute possibilité de perte sérieuse. La compagnie d'assurances fait alors parvenir une lettre circulaire à ses clients de la basse ville pour les informer qu'elle ne renouvellera pas leur police d'assurance contre les incendies[139]. Les assureurs épargneront ainsi une somme considérable car, au début du XIXe siècle, environ 60 p. 100 des incendies éclateront dans la basse ville. L'un des pires se produit en 1815 lorsqu'une distillerie et plusieurs entrepôts sont détruits. Seul l'effort concerté de la part des marins et des habitants sauve le reste du quartier des flammes[140].

Des zones telles que Près-de-Ville et le quartier du port sont constamment sujettes aux incendies. Le feu embrase Près-de-Ville deux fois en 1834 (14 maisons sont endommagées en février)[141] et une fois en 1836. Ce dernier incendie rase 50 maisons, en bois pour la plupart, qui abritent plus de 100 familles d'ouvriers. Un autre incendie éclate en 1836 dans le quartier délimité par les rues Champlain et Sous-le-Fort. Causé par des étincelles provenant d'un vapeur utilisant le bois

TOITS DE FER-BLANC, bâtiments de pierre, soldats et pompes à incendie assurent aux habitants de la haute ville une certaine sécurité en cas de feu. L'aquarelle de Cockburn, peinte vers 1830, laisse voir le Palais de justice; comme la plupart des édifices publics, son toit est de fer-blanc. (ANC 12532.)

comme combustible, le feu consume 50 maisons, 6 entrepôts et 4 goélettes. En 1840, un secteur semblable de la basse ville est touché, le feu se propageant même aux demeures, pourtant mieux construites, de la rue Saint-Pierre[142]. Outre leurs matériaux, la pierre et souvent le fer-blanc, les maisons des notables comptent un autre atout, celui d'être facilement accessibles aux pompiers. Ceux-ci circonscrivent plus facilement les incendies qui ravagent les belles maisons que ceux qui dévastent les habitations plus humbles, situées dans des rues étroites et loin de l'eau[143]. Après tant d'incendies, les habitants de la basse ville sont plus conscients du danger qu'ils courent constamment.

On rapporte peu d'incendies dans les faubourgs avant 1845. Au début du siècle, *La Gazette de Québec* fait état de quatre incendies qui ont éclaté dans les chantiers et les distilleries de Saint-Roch. On se souviendra que, dès 1808, l'agent d'assurances Jenkin Jones était conscient du risque d'incendies dans les faubourgs. Comme la plupart des bâtiments sont faits presque exclusivement de bois, la compagnie Phoenix refuse donc, la plupart du temps, d'assurer les habitants[144]. De 1810 à 1830, on signale des incendies isolés, entre autres à l'église paroissiale de Saint-Roch et dans quelques habitations privées, par exemple à la maison de Goudie en 1820[145].

L'utilisation exclusive du bois comme matériau de construction a des conséquences désastreuses en 1845 : le feu rase 1 600 maisons, soit presque tout Saint-Roch et Saint-Sauveur. Un mois plus tard, 1 500 habitations sont détruites dans les faubourgs

INCENDIE à Saint-Roch, 1845.

Saint-Jean et Saint-Louis. À cette occasion, l'Artillerie royale doit faire exploser 14 maisons afin d'empêcher l'incendie de se propager au reste du quartier Saint-Louis[146]. Au cours de la dernière moitié du siècle, le feu continue de détruire les maisons des faubourgs, surtout celles qui sont de bois[147]. Artisans, journaliers et pauvres souffrent le plus des incendies, puisqu'ils y perdent leur logis et leurs biens et qu'ils doivent alors déménager. Comme les compagnies d'assurances refusent d'assurer les gens de ces quartiers, ceux-ci ont du mal à se remettre de leurs pertes.

Contrairement aux faubourgs et à la basse ville, le feu épargne la haute ville ou presque. Au début du XIXe siècle, les incendies graves se déclarent principalement dans les grands établissements : vieille prison, église des Récollets, séminaire, Hôtel-Dieu, Château Saint-Louis, mais aussi des maisons du quartier habitées par des artisans (rues Saint-Georges et Sainte-Famille). L'un des incendies les plus graves voit les flammes se propager d'une écurie appartenant à Thomas Dunn, aux maisons du juge en chef Monk et d'autres notables avant d'atteindre l'église des Récollets qui brûle en même temps qu'une douzaine de maisons[148].

En 1796, Mme Simcoe, qui visite Québec en compagnie de son mari, le général Simcoe, fait une description détaillée de l'incendie de l'église des Récollets. Cette description vaut la peine d'être citée car elle met en lumière la protection spéciale assurée aux demeures des nantis ainsi que les conséquences de l'utilisation de bardeaux pour les toitures :

> Peu après notre arrivée chez Mme Prescott, ces messieurs sont informés que l'incendie, qui a commencé dans une grange de foin, se propage avec furie et se rapproche de la maison de l'évêque. Le général Simcoe se rend immédiatement à cet endroit et y reste tout l'après-midi, donnant des directives à certains des membres d'équipage du Pearl, dont les efforts permettent de sauver la maison de l'évêque et les maisons voisines, même si elles s'enflamment souvent. Mme Prescott et moi étions en train de surveiller la scène de la fenêtre du haut lorsque nous vîmes une étincelle se poser sur l'église des Récollets. En quelques minutes, l'édifice tout entier est la proie des flammes.

Comme elles sont recouvertes de bardeaux, l'église et certaines maisons brûlent rapidement. Les bardeaux, en raison de leur légèreté, sont emportés par le vent, qui souffle fort ce jour-là. Si le vent n'avait pas tourné, toute la ville aurait probablement été détruite[149].

Certes, la population n'ignore pas que les bardeaux, inflammables par nature, augmentent les risques d'incendie. Elle n'en continue pas moins à utiliser ce matériau d'un coût abordable pour les toitures, tout en espérant qu'une application de chaux les protègera du feu. Les maisons de la haute ville sont considérées comme plus sûres que celles des autres quartiers en raison de la proximité de pompes à incendie, de l'utilisation de matériaux de qualité supérieure – pierre et fer-blanc – et de la présence constante de sentinelles et d'une garnison. Tous ces éléments font qu'il est «impossible qu'un incendie tourne à la catastrophe[150]». Pourtant, cette partie de la ville est plus exposée que d'autres et peut être dévastée par des incendies qu'attise le vent. Cela ne se produit cependant que rarement. Ainsi, en 1821 et 1822, deux incendies qui ont éclaté en des endroits vulnérables de ce quartier – une manufacture de tabac et le marché aux foins – sont éteints avec l'aide des soldats de la garnison[151]. Et les maisons étant assurées, les propriétaires se voient dédommager d'une partie de leurs pertes. Le centre administratif échappe ainsi à nombre d'incendies qui font par contre des milliers de sans-abri dans les quartiers commerciaux et ouvriers.

La Société du feu

À la fin du XVIIIe siècle et au début du siècle suivant, la lutte contre les incendies incombe en grande partie aux propriétaires, lesquels reçoivent souvent l'aide des sapeurs-pompiers de la garnison. Les lois provinciales prévoient un certain nombre de règlements pour prévenir les incendies, mais ils sont peu respectés (voir ci-dessus).

En 1768, un petit groupe de marchands canadiens et britanniques crée la Société du feu[152]. Financée par des contributions volontaires, la Société du feu naît, à l'instar du corps de police, du souci des marchands de protéger leurs propriétés. Des marchands britanniques tels qu'Adam Lymburner et John Purss jouent un rôle important dans cette société à ses débuts et convainquent un certain nombre de citoyens de son importance[153]. Le budget de la Société augmente graduellement, passant de 75 livres sterling en 1785 à 216 livres sterling dix ans plus tard. En 1797, la Société compte 344 membres[154], dont 44 p. 100 sont des anglophones. Ce rapport entre membres anglophones et francophones demeure inchangé au cours des trois premières décennies du XIXe siècle.

La Société fait paraître des articles dans *la Gazette de Québec* et encourage les gens à contracter une assurance. Pour identifier ses membres sur la scène d'un incendie, la Société utilise des symboles : des bâtonnets en bois peints en bleu et des insignes à chapeau en fer-blanc en forme de couronne, sur lesquels sont inscrites les initiales de la Société, ainsi que des rubans à chapeau blancs, avec l'inscription «Fire Society» pour les directeurs[155].

POMPE À INCENDIE NEWSHAM, dessinée par T.D. Barclay et datant de la fin du XVIIIe siècle. Des hommes, normalement des bénévoles et des soldats, actionnent la machine en appuyant sur des pédales avec leurs pieds. (R.L. Barclay)

Lorsque des membres de la Société sont victimes d'un incendie, ils sont dédommagés de leurs pertes. De plus, la Société recueille des fonds afin de pouvoir venir en aide aux non-membres et aux indigents

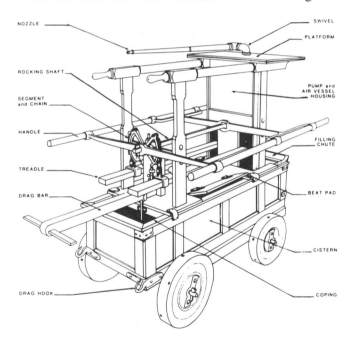

NOZZLE
SWIVEL
PLATFORM
ROCKING SHAFT
PUMP and AIR VESSEL HOUSING
SEGMENT and CHAIN
HANDLE
FILLING CHUTE
TREADLE
DRAG BAR
BEAT PAD
CISTERN
DRAG HOOK
COPING

POMPE À INCENDIE NEWSHAM, MODÈLE DE 1783. Robert L. Barclay a reproduit ici cet appareil importé de Londres par deux marchands de Nouvelle-Écosse. À la fin du XVIIIe siècle, on installe des pompes semblables sur des quais de Québec appartenant à des marchands britanniques. (Consulter R.L. Barclay, "The conservation treatment of an 18th century English fire engine", *Journal of the International Institute for Conservation*, printemps 1981 : 3-11. (R.L. Barclay)

victimes du feu. Les membres de la Société informent le public sur les méthodes de prévention et combattent le feu aux côtés des juges de paix et des officiers. En outre, ils supervisent l'enlèvement des biens des maisons en feu et leur transport jusqu'à un lieu sûr, veillent à l'acheminement de l'eau et coordonnent le travail des pompiers. Voici comment on décrit, en 1811, la méthode idéale de lutte contre les incendies :

> La première chose à faire, lorsque survient pareille catastrophe, consiste à apporter un nombre suffisant d'outils pour lutter contre l'incendie, tels que pompes, seaux, crochets, scies et hachettes et, au moins, six échelles légères de dix-huit pieds [5,4 mètres] à vingt-quatre pieds [7,3 mètres] de longueur; dès que l'eau est trouvée et que les pompes sont mises en place, des chaînes doivent être constituées pour assurer un approvisionnement en eau régulier. Une ou deux échelles doivent immédiatement être appuyées contre le côté de la maison qui se trouve sous le vent, après quoi on monte les seaux d'eau et on répand leur contenu sur le toit, indépendamment de tout ce que les pompes déversent sur le feu. Les échelles qui restent devraient être utilisées de la même manière pour répandre de l'eau sur le toit de tout édifice voisin que les étincelles menacent[156].

Un Comité de feu, créé en 1819 par des magistrats, travaille de concert avec les membres de la Société. Celle-ci continuera de collaborer avec les conseillers après l'érection de la ville en municipalité[157].

Le gros du matériel de lutte contre les incendies est entreposé dans la haute et la basse ville, lieu de domicile de la plupart des membres de la Société. À la fin du XVIIIe siècle et au début du siècle suivant, les deux tiers des pompes à incendie se trouvent dans la haute ville, et le reste dans la basse ville. Des marchands britanniques qui importent ce genre de matériel parviennent à convaincre la Société d'en installer une partie sur leurs quais ou tout près[158]. En tant que membres en vue, les marchands n'ont guère de mal à influencer les décisions de la Société. Quant à Saint-Roch, il semble avoir été peu desservi par la Société avant 1820, époque à laquelle on nomme un inspecteur des pompes pour le faubourg qui reçoit alors une pompe à incendie. En 1823, un deuxième engin est placé à l'église paroissiale. De 1796 à 1832, la haute ville possède plus de 30 p. 100 du matériel de la Société, la basse ville, un peu plus de 50 p. 100, et les faubourgs Saint-Jean et Saint-Roch, les 20 p. 100 qui restent[159].

Lorsqu'il s'agit de combattre les incendies, les habitants de la vieille ville ont un avantage, celui de pouvoir recruter soldats, marins, policiers et juges pour combattre le fléau. Si, d'une façon générale, le comportement des soldats a parfois de quoi choquer la population, la présence de régiments et de matériel militaire sur les lieux d'un incendie permet de combattre avec plus d'efficacité l'élément destructeur, surtout dans la haute ville. Une fois l'alarme sonnée, des clairons ou des tambours parcourent la vieille ville avertir la population. Sitôt l'incendie localisé, un piquet composé de quatre sous-officiers, d'un clairon et de 40 soldats se rend protéger le contenu du bâtiment touché. Entre temps, deux régiments, dont un sergent, un caporal et 24 soldats, vont chercher les pompes dans la haute ville et se rendent sur les lieux de l'incendie. Un autre groupe de militaires, constitué d'un sergent, d'un caporal et de 12 soldats, quitte la caserne pour aller les rejoindre, apportant avec lui des crochets à incendie et d'autres pièces d'équipement.

Tous ces hommes ne quittent pas les lieux du sinistre avant d'en recevoir l'ordre de la part du commandant de la garnison. En consultation avec les magistrats et les membres de la Société du feu, un officier décide de la meilleure façon d'utiliser les soldats. De plus, les militaires sont tenus de se conformer aux ordres des membres de la Société, qui dirigent aussi des équipes de civils. Une fois leur devoir accompli, les soldats sont censés rentrer à leur caserne «sans attirer l'attention et avec une dignité toute mili-

taire[160]». La présence dans la haute ville de ce groupe d'hommes bien organisé, ayant l'expérience et l'équipement nécessaire, permet une lutte efficace contre les incendies. Le fait que les habitants de Saint-Jean et de Saint-Roch ne peuvent s'assurer les mêmes services, d'une part, et qu'ils ont une préférence pour les matériaux inflammables bon marché, d'autre part, se traduit par des incendies plus nombreux et plus dévastateurs dans ces faubourgs que dans la vieille ville.

5. Privilèges et réactions des groupes urbains

Comme on le voit, ce sont surtout les membres de l'élite, et en particulier ceux qui habitent la haute ville, qui profitent des services urbains de base, notamment la protection contre le vol, les voies de fait, la maladie et le feu. La plupart des membres de la Société du feu, dont des juges de paix et des officiers, demeurent dans la haute ville. Ils contrôlent l'application des règlements de la ville dans leur quartier et laissent généralement à eux-mêmes les autres quartiers de Québec. Si les marchands de la basse ville sont en mesure de prendre des dispositions susceptibles d'améliorer les conditions de vie dans leur quartier, ils ne peuvent

LES FAMILLES OUVRIÈRES DE LA BASSE VILLE vivant au pied des falaises sont parfois victimes d'éboulements semblables à celui qu'a peint l'artiste Légaré en 1841. (Musée des beaux-arts du Canada, MNC)

cependant pas modifier la carte urbaine ni la composition sociale de la ville.

La basse ville doit ses rues encombrées, humides et lugubres à son emplacement au pied des falaises et à sa vocation portuaire. Outre des marchands, on rencontre dans le petit quartier artisans, journaliers, flotteurs, marins, immigrants et prostituées. Les marchands se font construire de grandes maisons et érigent des murs ou des clôtures pour s'isoler des groupes socio-économiques inférieurs. Vivant dans la zone la plus populeuse de la ville, ces hommes réussissent néanmoins à maintenir une grande qualité de vie aux alentours de leur résidence : intimité, eau potable propre, rues pavées et dotées de canalisations. À la fin du XVIIIe siècle et au début du siècle suivant, la plupart des marchands vivent à deux pas de leur entreprise, mais ils envoient leur famille dans une résidence d'été et vont la rejoindre aussi souvent que possible. Ainsi, en attendant que le réseau urbain de communication s'améliore, ces marchands aisés, qui habitent tout près de leur commerce, doivent accepter de souiller leurs chaussures à boucles dans les rues de la basse ville. La détérioration graduelle des conditions de vie urbaines amène certains d'entre eux à déménager. Avec cette migration de l'élite de la basse ville, les pressions en faveur d'une amélioration des conditions de vie se font moins grandes; en fin de compte, on en arrive à se désintéresser de cette partie de Québec.

La population de Saint-Roch, majoritairement francophone, ne possède pas le poids politique nécessaire à l'adoption de mesures qui amélioreraient son milieu de vie. À la fin du XVIIIe siècle, des propriétaires fonciers influents, dont William Grant, considèrent que Saint-Roch possède une main-d'oeuvre et une industrie importantes. Le faubourg et la basse ville feraient maintenant partie d'un ensemble industriel où la qualité de l'habitat importerait moins. Comme le travail des journaliers est jugé moins important que celui des membres des professions libérales et des marchands, les conditions de vie inférieures des premiers semblent acceptables aux yeux des seconds. En fait, cette opinion est si répandue que les juges de paix ne portent que peu d'attention aux plaintes et aux besoins des habitants des faubourgs. Ainsi, les règlements qui sont censés être appliqués dans toute la ville et ses faubourgs, ne le sont en général que dans les quartiers privilégiés.

Puisqu'il est difficile aux journaliers des faubourgs et de la basse ville d'améliorer leur milieu, une grande partie de leurs descendants connaîtront les mêmes conditions pendant des décennies. Ces journaliers n'ayant que peu d'influence et ne payant que peu de taxes, les commissaires de la paix rejettent souvent leurs pétitions. Dans certains cas, les magistrats déclarent tout net qu'ils refusent de faire respecter les règlements à l'extérieur de la vieille ville parce que les ordonnances et les règles de police de la province ne s'appliquent pas aux faubourgs[161]. Nombre de juges de paix semblent ignorer que les limites légales de Québec, établies par la proclamation de 1791 portant sur les districts électoraux, englobent également les faubourgs, et que d'importantes lois, tel l'Acte des chemins de 1796, mentionnent les limites officielles de la ville[162].

Si la plupart des habitants des faubourgs n'ont ni le temps, ni l'argent, ni l'énergie pour réclamer concrètement des améliorations à leur habitat, ils adressent néanmoins de nombreuses pétitions aux autorités pour se plaindre de leur sort. Certains d'entre eux font donc parvenir des pétitions aux inspecteurs des rues, aux juges de paix et aux députés. Mais comme il n'y a pas d'organisme représentatif pour traiter des affaires locales – aucun conseil municipal n'existe encore – le citoyen ordinaire a du mal à se faire entendre des membres de la commission de la paix. Le refus de l'administration d'améliorer les services ne fait donc que perpétuer les disparités urbaines.

6. Les conditions de vie à Québec et ailleurs

Ce n'est pas que l'apparence misérable de Saint-Roch nous soit tout à fait étrangère; malheureusement, le même état de choses existe à un degré beaucoup plus grand chez nous, dans nos grandes villes. Non, ce qui m'a vraiment surpris, c'est de constater cet état de choses au Nouveau Monde et de me rendre compte que de telles conditions existent dans un quartier qui n'a que deux cents ans.

Isabella Lucy Bird,
The Englishwomen in America, 1856, p. 269.

Certes, des conditions de vie déplorables ne sont pas l'apanage de Québec. Mais qu'elles aient été si manifestes à Saint-Roch moins d'un siècle (et non pas deux, comme l'écrit I.L. Bird) après la création du faubourg, voilà qui est étonnant. Comme le laisse entendre la citation, les habitants de grandes villes telles que Glasgow, Londres, Paris, Rome et New York vivent dans des conditions au moins aussi mauvaises que celles qui règnent à Québec[163]. Voici une description des quartiers ouvriers d'Edimbourg en 1843; elle s'applique à bien des centres urbains de l'époque.

Dans cette partie de la ville, il n'y a ni égouts, ni d'ailleurs de latrines ou de cabinets dans les maisons; aussi toutes les ordures, détritus et excréments d'au moins 50 000 personnes sont-ils jetés chaque nuit au ruisseau, si bien qu'en dépit de tous les balayages, il s'ensuit une masse de boue séchée et de puantes exhalaisons, ce qui ne blesse pas seulement la vue et l'odorat, mais met aussi en danger la santé des habitants. [...] Tous ceux qui connaissent [...] la situation des habitants porteront témoignage que la maladie, la misère et la démoralisation ont atteint ici un degré fort élevé. La société, dans ces questions, est tombée à un niveau dont la misère et l'abaissement ne peuvent se décrire. – Les logements de la classe pauvre sont généralement fort sales, et il saute aux yeux qu'ils ne sont jamais nettoyés de façon quelconque; ils se composent la plupart du temps d'une seule pièce qui, malgré la pire aération, n'en est pas moins froide, parce que la fenêtre est brisée et joint mal – parfois elle est humide et à l'occasion sous terre, toujours mal meublée et absolument inhabitable, au point que, souvent, un tas de paille sert à une famille entière de lit, où hommes et femmes, enfants et vieillards, couchent ensemble dans la plus révoltante confusion[164].

L'insuffisance des égouts, les rues mal pavées, l'éclairage déficient, la surpopulation, l'air vicié, l'eau contaminée, le feu et la maladie sont monnaie courante dans la plupart des grandes villes du XIXᵉ siècle.

Tant par la taille de leur population, par la qualité des services urbains qui sont offerts et par la place qu'occupent leurs quartiers pauvres, les villes du Bas-Canada, comme Québec et Montréal, viennent loin

LE COMMERCE DU BOIS attire un grand nombre de travailleurs et leurs familles vers les quartiers d'habitation situés à proximité des anses à bois comme Près-de-Ville, qu'on voit sur l'aquarelle de Mrs. Chaplain daté de 1840. À la fin de novembre 1836, un incendie détruit plus de 50 habita-tions de bois et laisse environ 100 familles sans abri juste avant l'hiver. Poussé par de forts vents, l'incendie consume rapidement les maisons qui se serrent les unes contre les autres le long d'une rue étroite, à droite. (Eugène Leclerc, *Statistiques rouges* : 57.) (ANC 868)

derrière de nombreux centres britanniques et américains. Ce n'est pas avant 1815 que la population des centres urbains bas-canadiens atteindront une taille comparable à celle des villes britanniques et américaines au milieu du siècle précédent. Alors que, dès le milieu du XVIIIᵉ siècle, on a amélioré l'état des rues de nombreuses villes de l'Est américain et, à la fin du même siècle, le réseau des rues des villes britanniques, celles de Québec et de Montréal ne seront ni pavées ni dotées de caniveaux avant le début du XIXᵉ siècle. Les grandes villes américaines, britanniques et françaises sont aussi dotées d'un éclairage et d'un service de nettoyage des voies publiques et d'enlèvement des ordures plus efficaces que dans les petits centres que sont Québec et Montréal[165]. Pourtant, en dépit de cette avance, les grandes villes en question ont des problèmes plus graves que les centres urbains du Bas-Canada. Comme le montreront les paragraphes qui suivent, la situation dans la province et celle qui règne à l'étranger se ressemblent, mais il reste que les problèmes n'ont pas la même ampleur à Québec et à Montréal. La taille relativement petite de leurs quartiers ouvriers fait toute la différence.

Bien que le développement urbain ne soit pas le même d'une ville à l'autre et d'un pays à l'autre, la croissance accélérée et les pratiques administratives aboutissent à une constante, soit à l'accroissement des inégalités. Les conditions de vie de la population ouvrière migrante et des familles de cultivateurs qui s'établissent à Saint-Roch et à Montréal-Est[166] ressemblent à celles des pauvres de France, d'Irlande et de Grande-Bretagne qui vont chercher du travail dans les centres urbains d'Europe et d'Amérique du Nord[167]. Les quartiers d'habitation des villes britanniques et françaises au XVIᵉ siècle, de même que des grands centres américains au XVIIIᵉ siècle, se différencient déjà nettement. En revanche, à Québec et à Montréal, le clivage social ne sera pas marqué avant le début du XIXᵉ siècle[168]. La désertion des vieux quartiers urbains par les élites se produit plus tôt en Europe qu'en Amérique du Nord et quand, vers 1830, les marchands de Québec commencent à quitter la basse ville, les élites des villes européennes ont déjà créé leurs quartiers résidentiels. Au XVIIIᵉ siècle, des lois européennes interdisent l'établissement d'hôpitaux, de prisons, de cimetières et d'abattoirs dans les quartiers résidentiels des villes. Les législateurs de Québec ne commenceront à prendre de semblables mesures qu'à la fin du XVIIIᵉ siècle, et la situation canadienne ne sera comparable à celle des pays européens qu'au début du siècle suivant.

Tout au cours des XVIIIᵉ et XIXᵉ siècles, des distinctions socioculturelles croissantes se font jour dans le monde occidental, surtout sur le plan de la qualité de l'habitation. De telles différences entre les maisons des élites et celles des masses laborieuses sont encore plus prononcées dans les centres européens qu'à Québec ou à Montréal. Mieux conçu que beaucoup de constructions britanniques et françaises, le logement des habitants de la basse ville s'apparente néanmoins à celui des villes populeuses d'Europe. Le faubourg Saint-Roch s'apparente aux concentrations de petites constructions carrées, faites de bois léger, qui caractérisent les quartiers ouvriers de certaines villes de Grande-Bretagne et des États-Unis[169]. Avec leurs trois ou quatre étages, leurs installations sanitaires rudimentaires et leur petite cour, les maisons d'ouvriers de la basse ville ne sont pas sans rappeler les habitations des classes les plus défavorisées de Montréal et de Philadelphie. Toutefois, elles demeurent supérieures aux habitations de la classe ouvrière européenne, exiguës et surpeuplées.

À Québec, au début du XIXᵉ siècle, une maison compte de 7 à 9 occupants; on en compte, à Montréal, en 1825, de 7 à 13. Or, à Paris et dans d'autres villes européennes, une habitation de 5 ou 6 étages en abrite jusqu'à 32[170].

Qui plus est, les habitants de Saint-Roch et de Montréal-Est peuvent toujours se procurer un lot sur les terres non colonisées de la banlieue et de s'y faire construire un logis leur appartenant en propre ou ayant une entrée privée. Dès que ces terrains vacants sont occupés, les habitants doivent cependant faire face au surpeuplement et à de sérieux problèmes d'hygiène. À l'instar d'autres centres nord-américains, Québec verra ses faubourgs ouvriers se transformer en quartiers pauvres semblables à ceux des villes européennes. Ainsi, malgré les distinctions que l'on peut faire entre les divers centres urbains, les conditions de vie des journaliers de Grande-Bretagne, de France et d'Amérique du Nord sont mauvaises, alors que celles des nantis sont relativement bonnes. Si Québec et Montréal se développent au même rythme jusque dans les années 1830, quand Montréal prend le pas sur la capitale, le clivage socioéconomique s'opère presque au même moment dans les deux villes. Les masses laborieuses, ici et là, éprouveront alors les retombées négatives de l'urbanisation : pauvreté, insalubrité et maladie.

Conclusion

«[...] je crois que si un étranger éclairé et observateur visitait [les chemins], il jugerait que nous vivons encore dans un état de vraie barbarie[171].»

William Holmes, médecin, 1829

Il est vrai que la chaussée est un critère pour apprécier les conditions de vie urbaines. Le commentaire de Holmes, un notable de Québec, quoiqu'exagéré, souligne l'état lamentable de la majorité des rues de Québec et des routes avoisinantes. En 1830, au

CAP-BLANC, 1830. Le long de cette route menant de la basse ville à Près-de-Ville, le promeneur longe débits de boissons, distilleries, entrepôts, maréchaleries, tonnelleries, chantiers navals, convoyeur (au centre), quais, anses à bois et maisons d'ouvriers, d'artisans et de navigateurs. (Aquarelle de Cockburn; Université Laval.)

moment où la croissance de la ville atteint un plafond, les rues, trop étroites, ne suffisent plus à la circulation. De plus, l'évacuation des eaux, la lutte contre les incendies et l'hygiène publique demeurent embryonnaires.

D'une part, les juges de paix manifestent une certaine compréhension de la situation financière des habitants des faubourgs et permettent la construction d'habitations de bois bon marché, bien que de telles maisons contreviennent à la loi. D'autre part, les mauvaises conditions de vie dans les faubourgs étant jugées normales par les membres de la Commission, compte tenu du statut social de leurs habitants, leurs revendication resteront, la plupart du temps, lettre morte. Enfin, la croissance urbaine accélérée jouera un rôle crucial dans la détérioration du milieu, tout comme l'absence de planification et la non-application des règlements dans les faubourgs. En dépit de problèmes aigus résultant de l'expansion urbaine, mais également de la négligence dont font montre certaines quartiers de la ville, l'élite continue de maintenir le statu quo.

Dès sa fondation, Québec est investi d'une vocation de centre économique et administratif. Son élite exerce donc ses prérogatives en s'appropriant les fonds municipaux. Marchands et administrateurs détournent les services au profit de leurs intérêts économiques et personnels. Plusieurs fois, les commerçants et les membres des professions libérales useront de leur influence afin de convaincre une grande partie de la population de l'importance des services publics; ils seront ainsi les initiateurs de tels services. Mais si les fonds proviennent de tous les secteurs de la ville, un montant d'argent disproportionné sert à payer des améliorations réalisées au bénéfice des riches. Avec le temps, les différences et les clivages entre les groupes sociaux s'accroîtront et les conditions de vie malsaines des faubourgs se perpétueront. C'est ainsi que, au fur et à mesure que Saint-Roch prend de l'expansion au début du siècle, un nombre accru de familles s'y établissent et partagent la vie d'un quartier à l'abandon dont la population est de plus en plus homogène.

De leur côté, les marchands de la basse ville arrivent à maintenir une bonne hygiène aux alentours de leurs résidences, alors que les travailleurs qui habitent le même quartier subissent les pires conditions de surpeuplement et de délabrement qui soient dans la ville. Les habitants de Saint-Roch vivent eux aussi dans des maisons qui tombent en ruines dans des rues mal entretenues. Le développement de Québec réunira bientôt ces deux parties de la ville pour ne former qu'un seul grand quartier à prédominance ouvrière. Les clivages sociaux et culturels, caractéristiques des grands centres industriels, deviennent plus manifestes dans les années 1820. Les conditions de vie d'une famille variant en fonction de son statut social, elles se détérioreront à mesure que la famille descendra dans l'échelle sociale.

Pour établir un lien entre le régime colonial britannique et les conditions de vie urbaines, il faut d'abord examiner les assises de l'impérialisme. Il semble évident, à tout le moins, que le colonialisme britannique est l'une des causes importantes de l'inégalité qui caractérise le développement de Québec. Parce qu'elles s'intègrent dans le système impérial britannique, les activités économiques de la colonie favorisent l'émergence d'attitudes et de comportements élitistes parmi les marchands et les administrateurs britanniques de Québec. L'élite de la vieille ville fonde son activité sur le rôle de premier plan qu'elle est censée jouer dans le développement économique. Or, ce rôle lui permet d'adapter l'infrastructure urbaine à ses besoins. Tout en étant discriminatoire à l'endroit de la majorité francophone, le système impérial non seulement permet à la minorité anglophone de conforter son rang social, ses valeurs culturelles et sa position financière, mais aussi d'améliorer la qualité de son habitat sans avoir à se préoccuper des autres quartiers de la ville.

Une fois qu'on a examiné ce contexte, il n'est pas surprenant d'apprendre que des hommes tels que William Grant (membre du Conseil législatif, seigneur, entrepreneur et ancien député) s'estiment fondés à enfreindre la loi pour intégrer des passages publics à leurs scieries et chantiers navals. Comme leurs activités constituent une partie essentielle de l'économie et du commerce britanniques, les marchands considèrent qu'elles doivent avoir priorité sur les lois régissant les droits traditionnels. Cette attitude s'installant de plus en plus dans les esprits, l'élite commerciale tend à passer outre aux règlements locaux. Elle empiète alors sur la propriété publique, bloque les passages traditionnels et les voies d'accès vers l'eau. Bref, elle utilise à son profit les responsabilités administratives pour maintenir sa position.

Notes du chapitre V

1. Toronto, University of Toronto Press, 1966 : 265-267.

2. Les limites légales de la ville de Québec changent peu de 1791 à 1840. En 1791, elles englobent la longue bande de terre entre le Saint-Laurent et la Saint-Charles, limitée à l'arrière par une ligne droite longeant la façade est de l'Hôpital général, et se prolongeant d'une rivière à l'autre. Voir la «Proclamation divisant la province du Bas-Canada en comtés et en districts électoraux», 7/5/1792, dans Arthur G. Doughty et D.A. McArthur, *Documents relating to the constitutional history of Canada, 1791-1818*, Ottawa, C.H. Parmelee, 1914. En 1831, la loi érigeant la ville en municipalité redéfinit les quartiers mais ne change pas les limites existantes. De 1831 au milieu du XIXe siècle, ces quartiers sont modifiés pour des raisons politiques, mais les limites géographiques restent celles de 1792. Les divisions de 1831 sont décrites dans la loi et sont reproduites intégralement dans *Le Canadien*, 13/6/1832. L'évolution des limites légales de Québec au milieu du XIXe siècle ressemble beaucoup à celle qui se produit à Montréal. Voir la thèse de doctorat de Jean-Claude Robert, «Montréal, 1821-1871, aspects de l'urbanisation», École des Hautes Études et Sciences Sociales, Paris, 1977 : 150-158. Une partie de l'analyse qui suit, portant sur la croissance physique et le clivage social, a été publiée par Marc Lafrance et D.T. Ruddel, "Physical expansion and socio-cultural segregation in Quebec, 1765-1840", dans G.A. Stelter et A.F.J. Artibise, *Shaping the urban landscape*, Ottawa, Carleton University Press, 1982 : 149-163.

3. Jean-Pierre Hardy et David-Thiery Ruddel, *Les apprentis artisans à Québec, 1660-1815* : 151.

4. Au sujet du développement urbain de Québec au XVIIe siècle, voir Rémi Chénier, «L'urbanisation de la ville de Québec, 1660-1690», Québec, Parcs Canada, travail inédit, 1979.

5. P.G. Roy, «Les capitaines de port à Québec», dans *Bulletin des Recherches Historiques*, vol. XXII (janvier 1926) : 3-12.

6. Jacques Mathieu, *La construction navale royale à Québec, 1739-1759*, Cahiers d'histoire, n° 23, Québec, La Société historique de Québec, 1971 : 21-26.

7. Ces renseignements sont basés sur une analyse de pétitions et de descriptions de cartes se trouvant aux archives nationales; voir en particulier RG1L 3L, ANC. Un sommaire de ces sources est donné par E. Dahl *et al.* dans *Inventaire des cartes de la ville de Québec*, Ottawa, Musées nationaux du Canada, 1975 : 61-171.

8. Voir Joseph Bouchette, "Plan of part of the Lower Town beach", 1804, ANC.

9. Geneviève Bastien *et al.*, *Inventaire des marchés de construction des archives civiles de Québec, 1800-1870*, Ottawa, Parcs Canada, 1975 : 226, 394 et 738.

10. Joseph Bouchette, [Plan of the limits of the lots of John Caldwell, John Goudie and Wm. Burns], 1818, ANC.

11. Anonyme, "Plan of the Town and citadel of Quebec", 1785, ANC.

12. Ces renseignements proviennent d'une étude de plans des ANC et des AVQ. Voir par exemple : "Plan of part of the beach at Wolfe's Cove..." (montrant l'existence de petites maisons utilisées par des journaliers employés dans l'industrie du bois), de John Adams et Benjamin Ecuyer, 1830, ANC; John Adams, "Map of Quebec and its environs...", 1826, ANC; Jean-Baptiste Larue, «Plan figuratif de la rue ou chemin nommé Champlain», 1826, AVQ; Alfred Hawkins, *Plan of the City of Quebec*, 1835, ANC; et A. Larue, *Plan of the City of Quebec*, 1842, ANC. En 1826, il y a 60 maisons le long du tronçon de 500 mètres qui s'étend du chantier naval de Munn aux limites de Québec. La zone située au-delà des limites de la ville est beaucoup plus populeuse que la bande de terre mentionnée ci-dessus.

13. Procès-verbaux du Comité de la voirie, 1844, AVQ.

14. Raoul Blanchard, *L'est du Canada français*, «Province de Québec», Montréal, Beauchemin, 1935, II : 273.

15. Louise Dechêne, «La rente du faubourg Saint-Roch à Québec, 1750-1850», *RHAF*, vol. XXXIV (3/1981) : 571 et 572.

16. Chaussegros de Léry, «Projet pour fortifier la Basse-ville de Québec», ANF, Outremer, D.F.C., n 428.

17. Procès-verbaux du Comité de la voirie, 1844, AVQ. Le terrain de l'église de Saint-Roch est donné par William Grant en 1811 pour encourager le peuplement de ce quartier. Le contrat de construction se trouve dans le dossier notarial de Félix Têtu, 14/6/1811, ANQ.

18. Au sujet de la gestion et de la mise en valeur de la «Vacherie», voir RG1, L3L, XIX : 8788-8789, 9123-9124, 9149 et 9325-9326, ANC. Voir aussi R.C. Dalton, *The Jesuits' Estates Question, 1760-1888*, Toronto, University of Toronto Press, 1968 : 70 et 76.

19. Allana Reid, "The development and importance of the town of Quebec, 1608-1760", thèse de doctorat, Université McGill, 1950 : 307-319; Marcel Trudel, *Le terrier du Saint-Laurent en 1663*, Ottawa, Éditions de l'Université d'Ottawa, 1973 : 157-193; et Trudel, *Les débuts du régime seigneurial au Canada*, Fides, Montréal, 1974 : 79-89.

20. Cette question est examinée par André Charbonneau, Yvon Desloges et Marc Lafrance dans *Québec, ville fortifiée* : 360- 364, 424-430.

21. Comme l'indique le projet élaboré en 1752 par de Léry, ce secteur aurait pu contenir quatre îlots résidentiels de forme régulière et cinq de forme irrégulière, soit environ 300 maisons. Voir *ibid.* : 425 et 426.

22. De 1820 à 1842, 61 p. 100 des contrats de construction se rapportent à des maisons de trois étages. Ce pourcentage et le chiffre pour les années 1890 ont été obtenus en étudiant les

contrats de construction énumérés dans l'*Inventaire des marchés de... 1800-1870.*

23. André Charbonneau et al., Québec, ville fortifiée : 403-405.

24. Le faubourg Saint-Louis est une extension de la rue Saint-Louis, qui commence après la porte qui sépare la haute ville du reste du plateau. À cause de sa taille limitée et de la proximité du faubourg Saint-Jean, le faubourg Saint-Louis est souvent considéré comme une extension de ce dernier.

25. Claudette Lacelle, *La propriété militaire dans la ville de Québec, 1760-1871*, travail inédit, n°253, Ottawa, Parcs Canada, 1978 : 6-26.

26. AVQ, Bas-Canada, Bureau de l'inspecteur des chemins, rapports de J.B. Larue, fol. 59, 10/11/1818; fol. 74, 4/5/1819; fol. 197, 16/12/1823; fol. 239, 8/6/1825; fol. 225, 15/5/1826.

27. Jenkin Jones à Matthew Wilson, Montréal, 25/8/1808, M6, 24, D11, ANC.

28. Le dénombrement de 1818 indique que 1 247 francophones et 24 anglophones vivent dans les faubourgs. Cet important écart entre les deux groupes est difficilement attribuable à la tendance du curé à ne pas recenser les protestants.

29. En 1812, 4 anglophones, 2 artisans et 2 ouvriers, sont recensés dans le faubourg Saint-Jean. En 1842, ce nombre est passé à 366.

30. L'étude des groupes ethniques mentionnés aux tableaux 7, 8 et 9 de l'appendice nous a permis d'établir ces pourcentages.

31. Ces renseignements sont basés sur une étude des rapports de l'inspecteur des chemins (1817-1840) et sur les plans et procès-verbaux consultés aux archives de l'hôtel de ville de Québec (AVQ); sur les registres des sessions de la paix se trouvant à la fois au palais de justice de Québec (APJQ) et dans la série 1800-1830 de «Québec-Bas-Canada» (QBC) des ANQ; dans les «Procès-verbaux de la voirie de Québec, 1763-1826», ANQ, et les rapports des arpenteurs se trouvant dans l'«Arpentage général, District de Québec» (1800-1830), ANQ. Les renseignements concernant plusieurs cas d'empiétement sont tirés des registres du Tribunal du Banc du Roi, APJQ.

32. F.J. Cugnet, *Traité de la police*, Québec, G. Brown, 1775 :9-25.

33. *Ibid.*, et «Rapport de messieurs Samuel Holland, Henry Rudyard, John Coffin et F.J. Cugnet au sujet de leur visite des rues de Québec, 17/5/1785», documents personnels de B.M. Haldimand, add. mss 21885 : 227-228, ANC.

34. Les exemples sont trop nombreux pour être cités ici. Les rapports des Grands Jurés et le *Traité de police* de Cugnet : 20, renferment des exemples intéressants de tels incidents. Un des premiers exemples d'empiétement commercial sur un terrain public pendant le régime britannique est mentionné par les Grands Jurés dans leur rapport (7/8/1769, QBC 28-17) sur le blocage, par Colin Drummond, d'un passage donnant accès à la rive et à la rue Saint-Charles. En 1774, les marchands Johnston et Purss s'approprient 610 mètres d'un terrain domanial pour la construction d'une maison, et construisent un quai qui empiète sur 342 mètres carrés du quai du Roi. Voir la lettre de S. Holland à R.S. Milner, 19/7/1800, RG4 A1, vol. 71, ANC. En 1784, McGill construit une maison sur une route riveraine que les habitants utilisent pour apporter des provisions au marché de la basse ville. Voir le «Rapport de messieurs Samuel Holland», *loc. cit.* Ce document fournit de bons renseignements sur les empiétements qui ont lieu à la fin du XVIIIe siècle. Nous remercions Marc Lafrance de l'avoir porté à notre attention.

35. Tribunal du Banc du Roi, 23/10/1802, APJQ. (Traduction.)

36. *Ibid.* (Traduction.)

37. Pétition des habitants de la basse ville, 4/1810, APJQ.

38. «Rapport de la tournée officielle du Grand-Voyer aux honorables juges de la Cour des sessions du Quartier pour le district de Québec», 10/7/1812, APJQ.

39. Registre pour les séances spéciales et hebdomadaires de la paix du district de Québec, 1809-1814, 1/9/1810, QBC 28-42, ANQ. (Traduction.)

40. On trouve des exemples dans ses «Rapports», 12/10/1817, 10/11/1818 et 8/6/1819.

41. Pétition de Samuel Finch et de cinq autres marchands et constructeurs de navires, 5/11/1825, Sessions de la paix, Routes et ponts, 1823-1833, AVQ.

42. Par exemple, en 1825, les magistrats autorisent l'honorable Phillip Panet et le marchand Bell à fermer des ruelles situées sur leur propriété. La plainte de Larue, s'appuyant sur le fait que des escaliers publics menant au bord de l'eau se trouvent dans ces passages, ne reçoit aucune réponse. Voir les «Rapports», 6/4/1825, AVQ.

43. *Ibid..* 4/6/1836, AVQ.

44. *Ibid.*

45. On trouve un exemple de pratiques similaires chez les élites rurales dans la pétition d'habitants se plaignant du blocage de la route reliant Charlesbourg et Beauport, «Procès-verbaux de la voirie», 22/8/1798, AVQ.

46. «Rapports», 9/10/1826 et 29/11/1826, AVQ.

47. «Plans et procès-verbaux de la ville de Québec», 10/10/1821 et 1/6/1824, AVQ.

48. Sessions de la paix, 1823-1833 : 192, APJQ. (Traduction.)

49. Ces renseignements proviennent du rapport de Larue se trouvant dans les «Procès-verbaux de la voirie de Québec», 9/9/1826. (Traduction.) Le dénouement de cette affaire n'est pas connu, mais Larue et Black continuent à s'opposer sur des questions similaires. En 1826, Larue fait imposer une amende à Black pour avoir utilisé, dans ses chantiers maritimes, du bois qui est réservé à la construction de routes.

50. *Op. cit.* : 25.

51. James S. Buckingham, *Canada, Nova Scotia, New Brunswick and other British Provinces in North America*, Londres, Fisher & Son Co., 1843 : 192. (Traduction.) Des descriptions similaires sont données par George Heriot dans *Travels through the Canadas (1813)*, Edmonton, M.G. Hurtig Ltd., 1971 : 72 et John Lambert, *Travels through Lower Canada... in 1806, 1807 and 1808*, I : 16 et 68. Voir aussi les récits de voyage reproduits dans *Ideas in conflict* de John Hare et Jean-Pierre Wallot : 240 et 241.

52. *Travels through the States and the Provinces of Upper and Lower Canada during the years 1795, 1796 and 1797*, Londres, John Stockdale, 1799 : 200. On trouve une description presque identique dans *A topographical description of Lower Canada* de Joseph Bouchette : 451.

53. Rapports de l'Inspecteur des chemins, en particulier le rapport du 28/7/1810. Voir aussi I. Weld, *loc. cit.* Durant l'épidémie de choléra de 1832, un effort concerté est fait pour assurer la propreté des rues et des étals des bouchers; on jette immédiatement les abats au fleuve et on nettoie les étals chaque jour à la chaux; la présence de porcs dans la ville est interdite; on procède à l'enlèvement des carcasses et des ordures et on répare les égouts. Voir le rapport du Bureau de santé, 1832, AVQ.

54. *Op. cit.* : 27.

55. Les renseignements portant sur les traditionss françaises et la dimension des rues avant 1760 proviennent de commentaires de Marc Lafrance alors que nous préparions le présent chapitre.

56. Fait mentionné dans les Rapports de l'Inspecteur des chemins, 23/7/1841.

57. Cette idée est prépondérante dans les documents commerciaux et officiels. Voir par exemple l'approbation par Dalhousie de plans concernant la concession de terres de la Vacherie. Dalhousie se dit d'accord avec Stewart, un administrateur des biens des Jésuites pour que la partie inhabitée de la rive longeant la Saint-Charles «soit délimitée, avec les terrains riverains, de façon à y encourager l'établissement de chantiers navals comme s'il s'agit d'une extension de la rue de la basse ville de Québec» (RG1 L3L, vol. 19, 2/2/1827, ANC. (Traduction.) Marc Lafrance a porté cette correspondance à notre attention.

58. Stewart à A.W. Cochrane, 14/5/1827, *op. cit.* (Traduction.)

59. Stewart au lieutenant-colonel Yorke, 16/9/1829, *op. cit.* (Traduction.)

60. 26/9/1815. (Traduction.) Au début du XIXe siècle, les rues suivantes sont en partie pavées : Saint-Pierre, Notre-Dame, Sous-le-Fort, de la Montagne, de la Fabrique et Saint-Jean.

61. Thomas Fowler, *The journal of a town* (vers 1830) : 87. (Traduction.)

62. *Quebec Mercury*, 5/12/1815. (Traduction.)

63. W. Kelly, *loc. cit.* (Traduction.)

64. Rapports de l'Inspecteur des chemins, 13/5/1822, AVQ.

65. «Rapport des procédés du Bureau de santé», Québec, 31/12/1832, JCABC, 1832-1833, appendice D. Sur le piètre état des canalisations à Saint-Roch, lire la lettre de M. Panet au Bureau de santé, "Québec Health Report", 24/6/1832, AVQ.

66. Pétition d'habitants de la basse ville aux juges de paix, 4/1810, APJQ. (Traduction.)

67. "On the medical statistics of Lower Canada", *op.cit.* : 210. Une allusion beaucoup plus tardive à «l'air empoisonné» de Saint-Roch se trouve dans la description qu'en fait Lucy Bird en 1856 dans son ouvrage *The Englishwoman in America* : 268.

68. Ainsi, l'avocat de Québec Berthelot D'Artigny fait deux demandes pour le creusage d'égouts dont il assumera le coût. Voir les documents de la Cour des sessions de la paix, 22/10/1807 et 11/7/1812, QBC 28-42, ANQ.

69. *Ibid.*, 22/9/1810, 8/5/1813 et 13/5/1813.

70. Séances de la paix, 28/6/1803 et 11/7/1803, APJQ.

71. *Ibid.*, 1/9/1810, APJQ.

72. Joseph Bouchette, *loc. cit.*

73. W. Kelly, *loc. cit.* (Traduction.)

74. John J. Bigsby, *The shoe and canoe or pictures of travelling the Canadas*, Londres, Chapman & Hall, 1850, I : 15.

75. *La Gazette de Québec*, 5/2/1778.

76. *JALBC*, 1828-1829, Appendice U, vol 38.

77. *Quebec Mercury*, 18/12/1814. (Traduction.)

78. Extrait du journal inédit de Henry Jencken, 13/9/1788, ANQ.

79. De nombreux auteurs ont décrit l'architecture française à Québec et en Nouvelle-France. Voici quelques-unes des études les mieux connues : Ramsay Traquair, *The old architecture of Quebec*, Toronto, Macmillan Company, 1947 : 15; Gérard Morisset, *L'architecture en Nouvelle-France*, Québec, Charrier et Dugal, 1949, 150 p.; Alan Gowans, *Building Canada. An architectural history of Canadian life*, Toronto, Oxford University Press, 1966, 412 p. (surtout la partie 2, chapitre 3); A.J.H. Richardson, "A comparative historical study of timber building in Canada", *BAPT*, V (1973), n° 3 : 77-100; A.J.H. Richardson, Geneviève Bastien, Doris Dubé et Marthe Lacombe, *Quebec City : architects, artisans and builders*, Ottawa, Musée canadien des civilisations, Parcs Canada, 1984, 589 p. Notre étude s'appuie principalement sur les ouvrages de Gowans, Richardson et Robert-Lionel Séguin.
Il existe, pour le lecteur non initié, des ouvrages concis, à la fois utiles et accessibles. Il y a entre autres l'ouvrage d'un ancien collaborateur de Richardson (Peter Moogk, *Building a house in New France*, Toronto, McClelland and Stewart, 1977, 144 p.). Outre des faits déjà connus, cet ouvrage fournit des explications et des résumés établis à partir de nombreux renseignements trouvés dans des sources secondaires et dans un certain nombre de manuscrits. Pour une évaluation des travaux de Moogk, lire le compte rendu d'Yvon Desloges, Alain Rainville et Serge Saint-Pierre dans *Les annales d'histoire de l'art canadien*, IV (1977-1978) : 159-167.

80. Alan Gowans, *op. cit.* : 14.

81. *Ibid.* : 21 et 22; Robert-Lionel Séguin, *La maison en Nouvelle-France*, Ottawa, Musées nationaux du Canada, 1968 : 14, et *La civilisation traditionnelle de l'«habitant»* : 308; A.J.H. Richardson, "A comparative historical study of timber building..." : 78 et 79. Dans ce dernier article, l'auteur se penche sur les divers genres de construction de bois au Canada français.

82. Cela est également le cas dans les treize colonies américaines. Voir R.P. Multhauf, "America's wooden age", dans *Building early America* : 23 et 24. Certains historiens de l'architecture soutiennent que l'utilisation du bois par les colons américains ne résulte pas de l'adoption d'un matériau de qualité inférieure, adoption dictée par les conditions locales, mais bien de l'enracinement d'une habitude qui a cours parmi la paysanne-

rie en Angleterre jusqu'au moment où le bois se fait rare à la fin du XVIe siècle. Voir Fiske Kimball, *Domestic architecture of the American colonies and of the early Republic*, New York, Dover Publications, 1966 : 9; Sidney O. Addy, *The evolution of the English house*, Yorkshire, E.P. Publishing Ltd., 1975 : 121; Hugh Braun, *Elements of English architecture*, Newton Abbot, David and Charles, 1973 : 41; Charles F. Carroll, *The timber economy of Puritan New England*, Providence, Brown University Press, 1973, 221 p.

83. Cet examen des styles s'appuie sur l'étude qu'a réalisée A.J.H. Richardson sur l'architecture de Québec : *Quebec City : architects, artisans and builders* : 39 et suiv. ainsi que sur le *Guide to the architecturally and historically most significant buildings in the Old City of Quebec*, exemplaire de lancement, *BAPT*, 1970. Ce guide a été réimprimé en une édition illustrée, *BAPT*, vol. II, n°s 3 et 4, 1970, 144 p. Nous remercions Christina Cameron, historienne de l'architecture à Parcs Canada, de ses commentaires concernant une première version de cette partie de l'étude.

84. *Ibid.*, *Guide* : 8, et Christina Cameron et Jean Trudel, *Québec au temps de James Patterson Cockburn*, Québec, Éditions Garneau, 1976 : 55 et 140.

85. A.J.H. Richardson, *loc. cit.*, et Christina Cameron, *Domestic architecture of old Quebec*, Ottawa, Parcs Canada, 1980 : 1 et 2. Pour une description des maisons britanniques au début du XIXe siècle, voir l'ouvrage de Lambert, *Travels...* : 15.

86. Pour une étude des styles officiels, voir Alan Gowans, *Images of American living*, New York, Harper and Row, 1964 : 243-254, et J.M. Crook, "The King's work : a thousand years of British building", dans *Building early America,* C.E. Peterson, Pennsylvanie, Chilton Book Co., 1976 : 17-19.

87. Ce propos a été rapporté par A.J.H. Richardson dans *op. cit.* : 29. Il est difficile de déterminer avec exactitude dans quelle mesure l'adoption des styles britanniques équivaut à une affirmation délibérée de l'identité ethnique, mais il semble certain que la présence de ces styles à Québec répond à un désir de propager les symboles britanniques. Le fait que d'autres Britanniques aient fait des tentatives semblables dans d'autres domaines tend à confirmer l'interprétation de Gowans et Richardson selon laquelle les Britanniques se servent de l'architecture pour manifester leur présence à Québec. En outre, cette opinion est confirmée dans des ouvrages historiques portant sur d'autres pays, et dont les auteurs ont étudié l'architecture d'origine britannique. Voir Sten Nilsson, *European architecture in India, 1750-1850*, Londres, Faber and Faber, 1968 : 111. Selon cet auteur, les maisons et résidences des administrateurs britanniques traduisent l'augmentation du pouvoir politique de l'élite britannique en Inde : «Il est bien évident qu'ils acquièrent ce pouvoir grâce à leur situation géographique; on peut les considérer comme les pièces d'un jeu d'échecs dont la position est renforcée, sans pour autant qu'il y ait de changement réel dans leur situation, à mesure que le jeu politique progresse.» (Traduction.) Nous remercions Christina Cameron d'avoir porté cet ouvrage à notre attention.

88. A. Gowans, *Looking at Canadian architecture*, Toronto, 1958 : 73.

89. Les renseignements proviennent d'Édouard Dahl *et al.*, *La ville de Québec* : 44 et d'une étude de Joseph Signay sur le *Recensement de la ville de Québec en 1818* effectuée par des étudiants dans le cadre du projet du MCC intitulé. Société et culture au Quebec. Cette étude a été réalisée sous la supervision du professeur John Hare, de l'Université d'Ottawa, et de J.-P. Hardy, du MCC.

90. Ces chiffres sont tirés de statistiques démographiques figurant dans l'appendice de J. Hare *et al.*, *l'Histoire de la ville de Québec, 1608-1871.*

91. Ces renseignements sont tirés d'un article inédit de Christian Rioux, «Analyse des marchés des menuisiers et des charpentiers de 1800 à 1840». L'étude s'appuie sur les «marchés de construction» recensés par G. Bastien *et al.* dans *op. cit.* Comme la taille des maisons de la vieille ville semble réduite, les chiffres de Rioux, en particulier les mesures de surface, doivent être vérifiés.

92. Doris Drolet-Dubé et Marthe Lacombe, *Inventaires des marchés de constructions... à Québec, XVIIe et XVIIIe siècles* : 105.

93. *La Gazette de Québec*, 31/3/1796.

94. *Ibid.*

95. «Rapport sur la pétition des censitaires du Roi dans le faubourg Saint-Roch», 28/01/1834, JCABC.

96. Y. Desloges *et al.*, *Québec, ville fortifiée...* : 427.

97. Christian Rioux, *op. cit.* : 43. Il s'agit dans le cas présent de la période allant de 1800 à 1840.

98. Voir A.J.H. Richardson, *op. cit.* : 78.

99. *Ibid.*

100. *Ibid.* Voir aussi Louise Dechêne, *Habitants et marchands...* : 322.

101. Robert-Lionel Séguin, *La civilisation traditionnelle de l'habitant* : 308 et 309.

102. *Op. cit.* : 409 et 410. (Traduction.)

103. *A tour to Québec in the autumn of 1819*, Londres, P. Phillips & Co., 1822 : 80. (Traduction.)

104. A.J.H. Richardson, *loc. cit.* Les endroits en question sont le fief du Sault-au-Matelot et les propriétés de l'Hôtel-Dieu.

105. Ces détails sont fondés sur une liste des contrats de construction dressé par Doris Drolet-Dubé et Marthe Lacombe, *op. cit.* : 17-24.

106. *Op. cit.* : 16. Cugnet affirme que le quart des maisons de Québec sont faites de bois en 1775.

107. Ces renseignements se fondent sur une étude des contrats de construction figurant dans Geneviève Bastien *et al.*, *Inventaire des marchés...1800-1870,* : 201-277, 338-357, 404-412 et suiv.

108. 26/9/1815. En 1808, l'agent de la Phoenix Insurance Company affirme que les maisons des faubourgs sont «presque toutes faites de bois ». *Loc. cit.*

109. James Logan, *Notes...*, 1838 : 20. En 1845, l'agent de la Phoenix Insurance Company estime que les trois quarts des maisons de la basse ville sont en pierre et que la moitié ont une toiture en bardeaux. John J. Bloomfield à Thomas Richter, Québec, 11/9/1845, ANC, MG24 D11, vol. 2.

110. Joseph Gagné estime qu'il y a 20 maisons de pierre à Saint-Roch. Voir le renvoi n° 94 pour la référence exacte.

244

111. Plus de 53 p. 100 des maisons de Saint-Roch sont toujours faites de bois au début du XXe siècle. Il s'agit là d'un contraste frappant avec la haute ville et le plateau, qui constituent le centre de Québec et où 80 p. 100 des maisons sont faites de pierre ou de brique au début du XXe siècle. Voir Paul Larocque, *La condition socio-économique des travailleurs de la ville de Québec (1896-1914)*, thèse de maîtrise, Université Laval, 1970 : 34.

112. Pierre Mayrand, «Les matériaux de couverture en Nouvelle-France au XVIIe et au XVIIIe siècles», *BAPT*, II, n°s 1 et 2, 1970 : 70 et 74.

113. *Ibid.* : 73.

114. *Loc. cit.* (Traduction.)

115. John J. Bloomfield à Thomas Richter, *op.cit.*

116. Robert-Lionel Séguin, *La maison en Nouvelle-France* : 38 et 39; Linda Hood, "Wood shingles in the 18th century Louisbourg", *BAPT*, *op. cit.* : 62-65, et la série d'articles écrits par A.J.H. Richardson et regroupés sous le titre "Early roofing materials", *BAPT*, II, n°s 1 et 2, 1970 : 22-24 et 41; Doris Drolet-Dubé et Marthe Lacombe, *op. cit.* : 16-32.

117. Rapport du comité chargé d'étudier les matériaux de couverture, *JCABC*, 17/2/1807.

118. G. Heriot, *Travels through the Canadas* (1813) : 72; Robert-Lionel Séguin, *op. cit.* : p. 39-41, et *La civilisation traditionnelle de l'habitant...* : 314-318 et 343; Geneviève Bastien *et al.*, *Inventaire des marchés... 1800-1870* : 541. Bien que le fer-blanc soit utilisé pour une partie de la toiture des églises de campagne (le clocher, par exemple), les bardeaux demeurent le matériau de couverture privilégié de ces bâtiments ainsi que des maisons rurales. Voir Gérard Morisset, *Les églises et le trésor de Lotbinière*, Québec, 1953 : 19. La paille est toujours très employée en guise de toiture pour les granges. Voir Robert-Lionel Séguin, *Les granges du Québec*, Ottawa, Musées nationaux du Canada, 1963 : 42-49.

119. Jean-Pierre Hardy, *Le forgeron et le ferblantier*, Musée canadien des civilisations et Boréal Express, 1978 : 96. Les commentaires qui suivent s'appuient sur cette monographie.

120. *Ibid.* : 96-98.

121. *Ibid.* : 114 et 115.

122. R.S. Martin, *History of Upper and Lower Canada*, Londres, J. Mortimer, 1836 : 86. (Traduction)

123. Capitaine Basil Hall, *Travels in North America in the years 1827 and 1828*, Édimbourg, Cadell & Co., 1830, I : 390. (Traduction.)

124. Pierre-Georges Roy, «La protection contre le feu sous le régime français», *BRH*, 1924, XXX : 129-140; Antonio Drolet, *La ville de Québec, histoire municipale (1759-1833)* : 50-54; Robert-Lionel Séguin, *La civilisation traditionnelle de l'habitant* : 317 et 318; et Peter Moogk, *op. cit.* : 50-57. Voir aussi Marcel Moussette, *Le chauffage domestique au Canada*, Québec, Les Presses de l'Université Laval, 1983 : 63-76. On trouve chez ces deux derniers auteurs un résumé utile des règlements et des ordonnances régissant le bâtiment en Nouvelle-France.

125. Pierre-Georges Roy, «Les savoyards dans la Nouvelle-France», *BRH*, 1932, XXXIV : 536. Voir aussi Marcel Moussette, *op. cit.* : 63; et Peter Moogk, *op. cit.* : 53.

126. E.-Z. Massicotte, «Le ramonage à Montréal avant 1760», *BRH*, 1932, XXXVIII : 113; et P. Moogk, *op. cit.* : 57.

127. P. Moogk, *op. cit.* : 57 et 58.

128. *Traité de la police* : 17.

129. *RAC* (1914-1915) :

130. *Con. Docs.*, II : 926.

131. An act or ordinance to amend "An act or ordinance for preventing accidents by fire...", 12/4/1790, RAC (1914-1915) : 241. Acte ou ordonnance qui amende, «un acte ou ordonnance qui prévient les accidens du feu [...]», 12/4/1790, *RAC*, (1914-1915) : 248.

132. APJQ, Quaterly Sessions of the Peace, 29/9/1803. (Traduction.) L'accusation du surveillant reprend textuellement l'article II de l'ordonnance de 1777 concernant la prévention des accidents du feu. Voir *RAC* (1914-1915) : 86. On trouvera une photo de la résidence de Sewell ci-dessus, à la page 222.

133. «Pétitions de divers habitants, demandant permission de couvrir leurs maisons en bardeaux», 17/2/1807, cité dans *JALBC*, vol. 15 : 115.

134. *Ibid.*, 3/3/1807, vol. 15 : 117.

135. Rapport du comité auquel on a confié la requête de diverses personnes de cette cité touchant les couvertures des maisons, 3/3/1807, *JCABC*, vol 15 : 203

136. Cette partie de notre étude s'appuie principalement sur des renseignements extraits de la *La Gazette de Québec* (1765 à 1815). Nous avons également eu recours à d'autres sources comme Eugène Leclerc, *Statistiques rouges*, Québec, E. Tremblay, 1932 : 52-69.

137. *Loc. cit. La Gazette de Québec*, 29/12/1808, fournit une description similaire des maisons de ces rues.

138. *Ibid.* (Traduction.)

139. *La Gazette de Québec*, 19/12/1808.

140. E. Leclerc, *op. cit.* : 53 et 54.

141. «Notes, 1834-1836», Archives de l'Hôtel-Dieu, Québec. Ces «notes» comprennent une liste d'événements importants ayant eu lieu à Québec ou ailleurs. On y rapporte, entre autres, quelques incendies ayant éclaté entre 1796 et 1835.

142. E. Leclerc, *op. cit.* : 10-50.

143. *La Gazette de Québec*, 29/12/1808.

144. J. Jones à M. Wilson, *op. cit.*

145 «Notes», Archives de l'Hôtel-Dieu, 1796-1835, et dossiers de la Société du feu, 1820-1825, AVQ.

146. E. Leclerc, *op. cit.* : 50-55, et la publication *Insurance and finance chronicle*, 26/2/1904.

147. Voir des exemples dans la publication *Insurance and finance chronicle*, 26/2/1904, et dans Paul Larocque, *op. cit.* : 34 et 35.

148. E. Leclerc, *op. cit.* : 52 et 53.

149. J.R. Robertson, *Mrs. Simcoe's Diary* : 352 et 353. (Traduction.)

150. Jenkin Jones à Matthew Wilson, *op. cit.* (Traduction.)

151. Dossiers de la Société du feu, 1821 et 1822, AVQ.

152. Les renseignements portant sur la Société à la fin du XVIIIe siècle et au début du siècle suivant proviennent de *La Gazette de Québec*. L'une des premières mentions que fit ce journal de la Société apparait dans une lettre écrite par Miles Prentice. Celui-ci y invite les citoyens à se réunir chez lui afin de discuter de la formation d'une société de prévention des incendies. De nouveaux messages parus en 1768 et 1769 font aussi mention de la maison de Prentice dans la basse ville. À la fin du siècle, les réunions se tiennent au "Merchant's Coffee House".

153. Les marchands britanniques dominent l'administration de cette organisation jusqu'à ce qu'une nouvelle société soit créée en 1819. Certains Canadiens sont parfois nommés au poste de président, mais la plupart occupent un poste de secrétaire ou d'administrateur. En 1786, par exemple, Lymburner, Purss et Perrault père sont président, trésorier et secrétaire. Dix ans plus tard, on trouve aux mêmes postes Louis Germain, Matthew Bell et James Irvine. En 1819, François Quirouet est nommé président, Laterrière et Sheppard, vice-présidents, John Anderson, trésorier, et Olivier Brunet, secrétaire. Soixante-cinq pour cent du conseil d'administration de la société se compose de marchands, bouchers, boulangers et artisans francophones. Procès-verbal de la Société du feu, 16/4/1819, AVQ.

154. *La Gazette de Québec*, 25/3/1797.

155. Procès-verbaux de la Société du feu, 5/5/1819, 8/4/1825 et 16/4/1819.

156. *Quebec Mercury*, 16/9/1811. (Traduction.)

157. Procès-verbaux du Comité du feu, 16/4/1819 et 28/8/1832. En 1833, la ville décide de se charger de la lutte contre les incendies. On trouve une description des règlements et de la réorganisation de la Société du feu dans "Regulations of the Quebec Fire Society", 4/4/1833, AVQ. Selon la loi établissant la nouvelle société, les membres du Grand Jury se voient conférer l'autorité de proposer le nom de 26 propriétaires fonciers aux juges de paix, qui, à leur tour, choisissent 12 de ces propriétaires pour administrer l'association. Antonio Drolet, *La ville de Québec* : 60.

158. Parmi les marchands qui importent du matériel pour la Société à la fin du XVIIIe siècle, on trouve J. Blackwood, Crawford & Lymburner et Munro & Irvine. La Société fait construire des réservoirs et installer des pompes sur les quais de Lymburner, Grant et Blackwood. Cette pratique persistera, car on fait mention, en 1824, de la construction d'une station de pompage sur le quai d'un marchand (Bell). Procès-verbaux de la Société du feu, 6/9/1824, AVQ.

159. Ces statistiques ont été établies à partir de l'examen du *Quebec Almanach* (1780-1820), des procès-verbaux de la Société du feu (1819-1832), AVQ, et de l'«Inventaire des pompes, scieaux, etc. appartenant à la Société du Feu de Québec telle que fait le 20 mai 1829», *ibid*. Voir aussi *ibid.*,

18/4/1820 et 28/8/1832. La présence de matériel de lutte contre les incendies à la caserne de la haute ville donne à ce quartier un avantage considérable sur le reste de la ville. Le tableau 16, en annexe, reproduit l'inventaire de ce matériel.

160. Ces renseignements proviennent des consignes de la garnison qui se trouvent dans *ibid.*, 24/12/1818 et 2/4/1825. (Traduction.)

161. Pour des exemples, voir les jugements de la Cour des sessions de la paix, 24/5/ et 4/6/1809, QBC, ANQ.

162. Des extraits de l'Acte des chemins sont reproduits en annexe. Les lois adoptées avant 1791 contiennent souvent des dispositions spéciales concernant les faubourgs. Voir par exemple l'ordonnance concernant les incendies dans *RAC*, (1914-1915) : 248.

163. Pour quelques descriptions des conditions de vie en Grande-Bretagne, voir la série d'articles publiés dans Stanley D. Chapman, *The history of working-class housing*, Totowa, N.J., Rowman and Littlefield, 1971, 307 p.; H.J. Dyos et Michael Wolff, *The Victorian City*; A.A. MacLaren, *Social class in Scotland*, Édimbourg, John Donald Publishers Ltd., s.d., 195 p. Voir aussi les deux premiers chapitres de l'ouvrage classique de M. Dorothy George, *London life in the eighteenth century*, Londres, Penguin Books, 1965, 457 p. Il existe de nombreuses descriptions des conditions de vie urbaines en France. Les plus pertinentes pour notre étude sont Louis Chevalier, *Classes laborieuses et classes dangereuses*, Paris, Pluriel, 1978, 729 p.; Pierre Goubert, *Cent mille provinciaux au XVIIe siècle*; Pierre Guillaume, *La population de Bordeaux au XIXe siècle : essai d'histoire sociale*, Paris, Armand Colin, 1972, 204 p.; Jean-Pierre Perrot, *Genèse d'une ville moderne, Caen au XVIIIe siècle*, Paris, École des hautes études en sciences sociales, s.d., 2 vol.; Jean Tulard, *Nouvelle histoire de Paris, Paris*, Hachette, 1970, 488 p. Voir aussi le numéro spécial sur l'environnement urbain *Le sain et le malsain* dans la revue *Dix-huitième siècle*, n° 9 (1977). Pour les sources américaines examinant les conditions de vie dans les villes des XVIIIe et XIXe siècles, voir surtout : Carl Bridenbaugh, *Cities in revolt. Urban life in America, 1743-1776*; Alexander B. Callow, *American urban history*; C.N. Glaab et A.T. Brown, *A history of urban America*, New York, The MacMillan Co., 1967, 328 p.; Zane L. Miller, *The urbanization of modern America*, New York, Harcourt Brance Jovanovich, 1973, 241 p.; Raymond A. Mohl et James F. Richardson, *The urban experience. Themes in American history*; S. Thernstrom et R. Sennet, *Nineteenth-century cities : Essay in the new urban history*, New Haven, Yale University Press, 1969, 430 p. Voir aussi l'étude classique de Sam Bass Warner, *The private city. Philadelphia in three periods of its growth*, Philadelphie, University of Pennsylvania Press, 1968, 236 p.

164. Extrait de *The Artizan*, octobre 1843, cité par F. Engels dans *La situation des classes laborieuses en Angleterre*, ouvrage traduit par A.-M. Desrousseau et P.-J. Berthaud, Paris, A. Costes, 1933, I : 61.

165. Selon Jacques Viger, l'inspecteur des chemins de Montréal, les règlements urbains et l'état des rues de cette ville et de Québec sont comparables. Voir son rapport dans l'Appendice du *JCABC*, 1825. On trouve des renseignements supplémentaires sur les conditions de vie à Montréal pendant la première moitié du XIXe siècle dans Jean-Claude Marsan, *Montréal en évolution*, Montréal, Fides, 1974 : 93, 141, 142 et 163.

166. On trouve des commentaires sur les divisions et les ethnies de Montréal au XIXe siècle dans Paul-André Linteau et Jean-Claude Robert, «Les divisions territoriales à Montréal au

XIXe siècle », tiré du rapport de 1972-1973 du *Groupe de recherche sur la société montréalaise du XIXe siècle* (polyco-
pie): 1-32, et dans Jean-Paul Bernard, P.-A. Linteau et
J.-C. Robert, «Les tablettes statistiques de Jacques Viger
(1825)», *ibid.* : 10-13. Des parties importantes de ces articles
ont été publiées par Paul-André Linteau et Jean-Claude
Robert dans «Propriété foncière et société à Montréal : une
hypothèse», *loc. cit.* Cet article a été publié en anglais dans
G.A. Stelter et A.F.J. Artibise, *The Canadian City : Essays in
urban history*, Toronto, McClelland and Stewart Ltd., 1977 :
17-37.

167. Les conditions de vie des immigrants sont décrites par Lynn
Lees, «Patterns of lower-class life : Irish slum communities
in nineteenth-century London», S. Thernstrom et Richard
Sennet, *op. cit.* : 359-385, et Humbert S. Nelli, "European
immigrants and urban America", dans Raymond A. Mohl et
James F. Richardson, *op. cit.* : 62 et 63.

168. Selon Louise Dechêne, le clivage social est évident à
Montréal dès 1765. Voir son article «La croissance de
Montréal au XVIIIe siècle», *RHAF*, XXVII (septembre
1973) : 170. Dans «La structure professionnelle de Montréal»,
loc. cit., J.-P. Bernard et al. fournissent des renseignements
selon lesquels pareil clivage existe toujours en 1825.

169. Enid Gouldie, "The middle class and working-class housing
in the nineteenth century", dans A.A. MacLaren, *op. cit.* : 15;
M.W. Beresford, "The back-to-back house in Leeds, 1787-
1937", dans S.D. Chapman, *op. cit.* : 97; James H. Treble,
"Liverpool working-class housing, 1801-1851", dans
S.D. Chapman, *op. cit.* : 176; Jean-Pierre Bardet, «La maison
rouennaise aux XVIIe et XVIIIe siècles, économie et compor-
tement», dans *Le bâtiment dans l'économie traditionnelle*,
Pierre Chaunu, Paris, Mouton & Co., 1971 : 319; Jean-Claude
Perrot, *op. cit.* : 87; Sam Bass Warner, *op. cit.* : 49-57 et
H.S. Nelli, *op. cit.* : 62.

170. Cette donnée s'applique à l'année 1817. Louis Chevalier,
Classes laborieuses et classes dangereuses : 325 et 337. Pour
Montréal, voir Paul-André Linteau et Jean-Claude Robert, *op.
cit.* : 52. Les données fournies ci-dessus seraient plus repré-
sentatives si on les avait catégorisées autrement en tenant
compte, par exemple, du nombre d'habitants par acre et du
nombre d'individus par ménage. Dans une étude récente portant sur la densité de l'habitation, F.J. Carney montre que les
ménages irlandais comptent plus de membres que les ménages écossais, anglais et français, et qu'ils sont de taille comparable à ceux que l'on trouve dans quelques pays européens
tels que l'Autriche. Voir "Aspects of pre-famine Irish household size; composition and differentials", dans L.M. Cullen et
T.C. Smart, *Comparative aspects of Scottish and Irish economic and social history 1600-1900*, Édimbourg, John Donald
Publishers Ltd., s.d. : 32-47.

171. Comité de la Chambre d'Assemblée sur la pétition de la cité
et les faubourgs de Québec, relative aux chemins, 10/12/1828,
JCABC, 1828-1829, Appendice U.

Conclusion

Québec sous le régime britannique

Ville unique en son genre, Québec envoûte ses visiteurs depuis des siècles. Peut-être plus que toute autre ville nord-américaine, Québec a fasciné les artistes, les voyageurs et les historiens. À l'origine «plaque tournante de la Nouvelle-France[1]», la ville continue à jouer son rôle dans l'édification du pays en tant que centre du commerce pendant la prospère époque du bois équarri au début du XIXe siècle.

À la fin du même siècle, cependant, une fois les années de prospérité passées, la ville sombre dans le marasme : c'est devenu une belle vieille dame[2]. L'activité de ce port autrefois dynamique ralentit rapidement; la plupart des navires s'en sont allés, les quais pourrissent et de nombreux hôtels et bistrots de la basse ville demeurent déserts.

Ce livre met en lumière une période critique de l'histoire de Québec qui, de 1765 à 1832, voit la Commission de la paix présider aux destinées de la ville. Nous retracerons donc ici quelques-uns des temps forts de l'évolution de Québec au cours de cette période, ainsi que certains comportements que la tutelle britannique provoque chez la population.

La fin du XVIIIe siècle se révèle difficile pour bon nombre de Canadiens. À la suite des conflits ayant opposé Britanniques et Français et du siège de Québec par les Américains, on assiste au départ forcé de nombreux habitants et au tassement du mouvement de migration vers la ville. La guerre et un fort taux de mortalité infantile freinent la croissance de la population canadienne de la ville. En revanche, la communauté anglophone croit rapidement : administrateurs coloniaux, marchands, artisans, ouvriers et soldats viennent, en effet, occuper des emplois qui, en d'autres circonstances, auraient échu à des francophones.

Lorsque les autorités britanniques se tournent vers le Canada au début du XIXe siècle pour leur approvisionnement en bois, l'économie et la population de Québec connaissent un essor sans précédent. Marins et soldats débarquent par milliers, si bien que, l'été, la communauté anglophone, déjà grandissante, en vient à surpasser en nombre la population canadienne en ville. La prospérité engendrée par la croissance de l'industrie du bois et des activités connexes profite à la plupart des citadins. À d'autres moment, le fléchissement de la demande de bois et de bateaux construits à Québec entraîne un quasi-effondrement de l'économie. Qui plus est, la politique impériale, en favorisant l'importation de produits britanniques, sape le développement des manufactures, lesquelles auraient pu atténuer les difficultés économiques résultant des fluctuations du marché du bois.

Reposant sur des politiques commerciales britanniques, l'économie de Québec profite surtout à ceux que sa vocation de ville coloniale intéresse le plus : fonctionnaires, officiers, bon nombre de marchands de langue anglaise et quelques maîtres artisans. Grâce à leur position privilégiée, les membres de l'élite anglophone de Québec peuvent facilement asseoir leur domination sociale et économique et ont la possibilité d'améliorer leurs conditions de vie. Le contrôle de la Commission de la paix, l'organisme chargé de l'administration de la ville, permet aux marchands de promouvoir un aménagement urbain correspondant à leurs visées, telle l'amélioration des rues qu'ils habitaient dans la Vieille ville.

Au cours de la période de croissance urbaine la plus importante, de 1805 à 1830, les faubourgs deviennent plus populeux que la vieille ville. Bien que la loi reconnait Saint-Jean et Saint-Roch comme des prolongements de Québec, on tarde à y instituer des services et à y faire respecter les règlements de la ville. Des propriétaires fonciers et des spéculateurs influents s'opposent à l'aménagement urbain de peur qu'en leur dictant la manière dont ils doivent lotir leurs terres, cet aménagement n'entraîne une réduction de leurs bénéfices.

Dans le but d'encourager les gens à acheter les terrains des faubourgs dont ils sont propriétaires, les marchands offrent un terrain pour la construction d'une église à Saint-Roch et vendent de petits lots et du bois pour la construction de maisons à des coûts à la portée des ouvriers. Les marchands tirent profit de cette expansion mais ne font rien pour améliorer l'état déplorable des canalisations et des rues des faubourgs, ni pour protéger les habitants du risque constant d'incendie.

Les familles d'ouvriers canadiens des faubourgs, et de Saint-Roch en particulier, sont nettement défavorisées sur le plan des conditions de vie. En fait, les seuls francophones à jouir de conditions de vie confortables sont les membres des professions libérales et les marchands et un nombre limité de familles d'artisans habitant le haut plateau. Ce n'est qu'après l'arrivée d'immigrants irlandais dans les années 1820 qu'un grand nombre d'individus des deux groupes ethniques se trouvent confinés à des quartiers où les conditions de vie sont mauvaises.

Ceci ne veut pas dire que les anglophones ont toujours pu éviter les situations extrêmement difficiles. Au contraire, nombreux sont les marchands britanniques qui font faillite, les artisans et les journaliers qui sont obligés de quitter la ville en quête d'ouvrage, les soldats qui risquent leurs vies dans les batailles autour de Québec, les matelots qui ruinent leur santé sur la mer et dans les tavernes et les prostitués qui en font autant.

D'ailleurs pendant la fin du XVIIIe siècle, la communauté anglophone à Québec est privée d'infrastructures familiales et institutionnelles adéquates. Cette situation rend la vie difficile, surtout pour les femmes qui sont obligées de voir aux besoins de la famille sans avoir recours à l'aide des parents qui sont outre-mer. Isolés de leur mère patrie, les Britanniques vivent pleinement toutes les circonstances qui font en sorte que la vie coloniale soit si fragile. En fait, plusieurs se sentent mal à l'aise et, même en danger à Québec.

Ce sentiment de vulnérabilité chez les Britanniques est à l'origine de toute une gamme de comportements et d'une série de mesures. Pour certains entrepreneurs, comme le constructeur de navires Patrick Beatson, il fallait, autant que possible être auto-suffisant en main-d'oeuvre spécialisée, et moyens de défense. Pour les autorités britanniques, il fallait éviter à tout prix la création des corporations municipales, qui, d'après eux, sont l'étincelle du feu révolutionnaire américain.

Cette crainte est devenue parfois excessive, amenant les anglophones à recréer à Québec une petite Angleterre. Ainsi, les Britanniques trouvent certains événements tels les défilés de l'église catholique typique d'une scène européenne et pas du tout appropriés d'une colonie britannique.

Entourés de catholiques français qui sont soupçonnés d'être coupables de conduite déloyale envers la Grande-Bretagne, les anglo-protestants de Québec vivent, du moins jusqu'au début du XIXe siècle, dans un état d'insécurité aiguë. L'arrivée de beaucoup de matelots, de soldats et d'immigrés pendant les premières décennies du XIXe siècle, de même que la construction de la citadelle, donnent aux anglophones plus de confiance, leur permettant de s'affirmer davantage.

Malgré ces difficultés considérables, les structures impériales, si dominantes à Québec, fournissent aux anglophones des voies d'accès privilégiées aux sommets du millieu urbain.

Canadiens face à la tutelle britannique à Québec

La domination britannique écarte la plupart des Canadiens du monde des affaires et de la technique et, à certaines époques, tend à dissuader les ruraux francophones de venir s'établir à Québec. Devant cet état de fait, les Canadiens ont le sentiment que le pouvoir et la richesse, ainsi que les beaux quartiers, sont réservés aux membres de l'élite anglophone et à leurs associés de langue française.

La réaction de la population de langue française à l'impérialisme britannique prend des formes multiples. Par exemple, la prudence, la résistance et le compromis constituent des réactions typiques face aux changements. Comme la colonie a été conquise par la force militaire, il est virtuellement impossible de rejeter certaines facettes importantes de l'impérialisme, telle la domination économique exercée par la Grande-Bretagne. Après les ravages de la guerre, la population doit tout d'abord rebâtir la société et l'économie. Il lui faut s'occuper des exploitations agricoles et des commerces jusque-là négligés et réparer les routes, les bâtiments et les ponts avant que ne reprennent pour de bon les activités quotidiennes. Ce n'est qu'une fois que le nouveau régime a gagné la confiance des Canadiens, que les dirigeants et marchands britanniques peuvent commencer à mobiliser et à exploiter les ressources humaines et naturelles de la colonie.

Bien que difficile à mesurer, l'opposition aux initiatives britanniques se manifeste à divers niveaux. La résistance qu'apposent les francophones aux valeurs britanniques s'articule autour du souci qu'ils ont de préserver leur mode de vie, lequel englobe la profession et le statut social. Pour les Canadiens, la capacité d'échapper à l'assimilation dépend d'un certain nombre de facteurs : la vigueur et la taille de la population; la langue, la religion et la mobilité sociale; l'enracinement des traditions; et la force de l'impérialisme britannique.

Puisqu'on a déjà décrit comment l'écroulement des aspirations des élites a entraîné la détérioration de l'ancien réseau de relations, on peut simplement faire référence à quelques aspects significatifs de cette question. Nous savons, par exemple, que les membres de ce groupe modifient leur engagement sur les plans psychologique et socio-culturel afin de compenser la perte du Canada par la France et la mise en place des nouvelles structures britanniques. Alors que certains membres de l'élite rentrent en France ou se retirent de la vie publique, d'autres font appel à leur énergie personnelle et à celle de leur collectivité, cherchant, par cela, à trouver de nouvelles façons d'influencer leur destinée. Devant le pouvoir britannique, les Canadiens n'ont d'autre choix que de partir ou de s'adapter aux nouvelles structures sociales, politiques et économiques.

Les liens qui s'établissent entre l'élite anglophone et l'élite francophone donnent naissance à un compromis fondé sur la victoire militaire remportée par la première et l'influence exercée par la seconde sur la population de langue française. Ces chefs de file en arrivent petit à petit à un accommodement selon lequel les autorités coloniales acceptent de respecter le statut de l'élite canadienne à la condition que celle-ci garantisse la paix et l'ordre publics. Certes, les conflits opposant les individus et les groupes se poursuivent, mais le pacte qu'ont conclu les élites entre elles a un effet modérateur.

L'avènement d'un gouvernement élu en 1791 amène un nombre croissant de membres canadiens des professions libérales à disputer à l'establishment anglophone le contrôle de la société coloniale. D'autres membres de l'élite canadienne, au lieu de chercher la confrontation, s'attachent plutôt à atteindre leurs buts en oeuvrant de concert avec les fonctionnaires et les marchands britanniques. Évidemment, chaque individu adopte de nouvelles habitudes à des degrés et rythmes divers, selon son caractère et son statut socio-économique.

Ne portant pas le même intérêt aux postes administratifs que les seigneurs, les marchands ou encore les membres des professions libérales, les gens ordinaires et les artisans, par exemple, ne sont pas aussi prompts à s'accommoder du nouveau régime impérial ou à s'opposer à lui. En outre, comme l'agriculture, le travail manuel, ainsi que les rites quotidiens et religieux, ne sont pas immédiatement menacés par la présence britannique, la majeure partie de la population n'offre pas de résistance active.

Cependant, certains faits laissent croire que des groupes d'ouvriers de Saint-Roch et des alentours de Québec se livrent à diverses activités d'opposition à l'autorité britannique. Selon certains, des Canadiens habitant hors des murs de la ville appuient activement les rebelles américains lors du siège de 1775[3]; en outre, des villageois des alentours de Québec s'opposent aux lois concernant la milice et les routes.

Dans le cadre des audiences d'un comité parlementaire portant sur l'Acte des chemins de 1796, des intervenants affirment que les règlements indiffèrent de plus en plus les ruraux et que ces derniers considèrent que les améliorations incombent au gouvernement[4]. En fait, les habitants de la périphérie tiennent pour injuste l'application de l'Acte des chemins et, de façon générale, considèrent cette loi comme une «machine anglaise pour [nous] taxer»[5]. Selon un des membres du personnel de Durham chargés d'enquêter sur les causes des insurrections de 1837-1838, l'une des raisons expliquant la déloyauté des habitants réside dans le fait «qu'ils n'ont jamais connu directement, sur le plan des affaires locales, les avantages du régime britannique»[6].

D'autres recherches devront être effectuées pour comprendre l'état d'esprit qu'a la population canadienne. Par exemple, une étude portant sur les conflits quotidiens, telles les escarmouches impliquant des soldats armés dans les rues[7], contribuerait à clarifier les réactions de la population face à la présence britannique à Québec.

De même, une connaissance plus approfondie des liens unissant les milieux rural et urbain nous aiderait à comprendre ce que représente la vie à la ville pour les campagnards. Est-ce que les conflits qui secouent Québec à la fin du XVIIIe siècle les dissuadent de se rendre dans la ville? Est-ce que la transformation de la haute ville en garnison britannique en fait un endroit sûr pour les anglophones et inhospitalier pour la plupart des francophones? Enfin, est-ce que les ruraux canadiens sont obligés d'aller s'établir en ville au début du XIXe siècle en raison des mauvaises récoltes et de l'attrait d'un travail plus lucratif?

Engouement pour les choses britanniques

Il ne fait pas de doute que la domination de Québec par les Britanniques contrarie souvent les Canadiens, mais il est tout aussi évident que les francophones sont impressionnés par la puissance militaire, les réussites technologiques et les produits manufacturés de la Grande-Bretagne, toutes réalités qui sont très évidentes dans la ville. La population locale, par exemple, s'est entichée de produits importés. En 1820, on lit dans un journal local :«Tout ce qu'il y a à Québec et à Montréal est britannique. Enlevez tout cela et il ne resterait rien à acheter.» De même, tous, de la ménagère au débardeur en passant par le boutiquier et le notaire, sont tributaires d'une façon ou d'une autre du commerce britannique. Ce type de dépendance eut des conséquences profondes; nous revoyons ici certaines d'entre elles et faisons une allusion rapide à certaines autres.

Le système commercial de l'empire britannique a pour effet d'exclure la plupart des Canadiens de l'activité manufacturière, l'un des principaux moyens d'accumuler du capital. De plus l'absence de manufactures locales se traduit par un maintien implicite du statu quo. La promotion et l'importante consommation de produits britanniques sophistiqués, notamment les «dernières modes londoniennes», ne font que maintenir la dépendance à l'égard des produits européens qui existe déjà sous le régime français. Sous le régime britannique, toutefois, le mode de vie urbain est presque tout à fait identifié aux produits de consommation britanniques, lesquels sont considérés comme absolument nécessaires à la «vie civilisée». Celui qui veut paraître distingué et à la page doit posséder les produits et les vêtements du dernier cri, lesquels sont fabriqués, pour la plupart, en Grande-Bretagne. Il n'est pas étonnant de voir tant de gens adopter les modes britanniques lorsque l'on considère que même les dandys de Paris commencent à porter des chaussures anglaises peu après le départ des troupes britanniques de la capitale française en 1815[8].

Comme les biens matériels les plus recherchés et, à un degré moindre, les innovations technologiques et certains mouvements philosophiques sont associés au Royaume-Uni, la population locale se met à admirer tout ce qui est britannique. L'étendue de cet engouement dans l'imagination populaire se reflète de diverses façons dans les activités quotidiennes des gens. Le refrain des charpentiers de marine "We must go to England to find good spirits", l'habitude d'imiter la mode britannique en matière d'habitation, de vêtements et même de parures pour les chevaux, ainsi que l'usage de termes techniques anglais par les francophones[9], tous ces éléments attestent que l'acquisition de biens manufacturés étrangers n'est plus un simple acte de consommation, mais est devenue partie intégrante de la mentalité de la population.

Toutefois, cela ne veut pas dire qu'il n'y a pas de résistance. En effet, les Canadiens imitent et s'opposent à la fois aux éléments du modèle culturel britannique qu'ils retrouvent en ville. Leur admiration pour la civilisation britannique et leur opposition à l'hégémonie de celle-ci engendrent des sentiments d'ambiguité et peut-être même de résignation face aux initiatives des anglophones.

Cette ambiguité explique, du moins en partie, la volonté des citadins francophones d'élire des marchands britanniques comme échevins, même après que les anglophones soient devenus une minorité au sein de la population urbaine (c'est-à-dire, entre 1840 et 1867). C'est sans doute dû au rôle important que jouent les marchands britanniques dans l'économie coloniale que les Canadiens les estiment être les plus compétents à gérer les affaires de la ville. Ainsi l'influence de l'impérialisme sur les moeurs politiques urbaines a duré même après la fin du mandat de la Commission de la paix.

Gestionnaires de l'appareil urbain, les juges-marchands peuvent compter sur les connetables anglophones pour aider à protéger leurs biens pendant les périodes paisibles et sur les troupes britanniques pendant les crises, à savoir, les grands incendies, et les élections contestées.

La présence d'une telle diversité de forces rehausse la position privilégiée de l'élite anglophone, tout en rendant les francophones plus prudents dans leur opposition aux gestes des autorités britanniques. Même s'il faut étudier davantage la variété des réactions canadiennes face à l'occupation de Québec par une armée étrangère, il nous semble plausible que celle-ci amène les citoyens à montrer plus de respect face aux décisions des autorités coloniales que leurs concitoyens à Montréal. La passivité relative des résidents du district de Québec pendant les insurrections de 1837-1838 est sans doute reliée au fait qu'ils sont constamment impressionnés par les activités de l'armée et de la marine britannique dans leur voisinage.

Le contact fréquent et parfois désagréable que les francophones ont avec le phénomène militaire britannique[10] a certainement joué un rôle dans leur perception du soldat – un grand homme fort, souvent batailleur possédant un esprit de corps et appartenant à une nation conquérante. C'est, d'ailleurs, possible que la passivité militaire des Canadiens a comme origine leur impression que les conflits armés dans lesquels s'engagent la Grande-Bretagne n'ont pas de rapport direct avec eux. Ainsi, ils acceptent de jouer un rôle militaire seulement quand il faut défendre leur propre pays[11].

Tandis que leurs leaders parlementaires essaient de se tailler une place au sein du pouvoir colonial, la plupart des Canadiens se contentent de vivre en marge de l'autorité britannique, et en banlieue de Québec.

Les résidents du faubourg Saint-Roch, par exemple, se retrouvent à mi-chemin entre les modes de vie rurale et urbaine : les chemins de terre fréquentés par les animaux errants, les petites maisons de bois meublées modestement et occupées par les plus grandes familles urbaines, dont les membres sont partillement habillés en étoffe de pays, sont quelques caractéristiques des habitants des faubourgs qui témoingnent de leur attachement à la vie rurale avoisinante.

Basculés constamment par les épidémies, les incendies et le chomâge, et éloignés des modes et des conditions de vie des élites britannique et canadienne, la plupart des citoyens des faubourgs trouvent un refuge à l'intérieur d'une aire domestique dominée par la famille, la paroisse et les institutions distinctes. Bien en marge de l'urbanité bourgeoise, ces résidents ne peuvent pas échapper aux vagues étrangères dissumulées à travers la ville et ses environs[12].

252

Même s'il est difficile de cerner le rôle qu'a joué l'emprise britannique dans la vie quotidienne des Canadiens, il est évident que les structures impériales marquent Québec pendant longtemps et permettent aux anglophones de dominer la vie sociale, économique et politique de la ville, et par le fait même, d'influencer les attitudes et les comportements des citadins.

Notes

1. Gilbert Parker et Claude G. Bryan, *Old Québec. The fortress of New France* : 10.

2. L.-O. David (1880), cité dans Pierre de Grandpré, *Histoire de la littérature française du Québec*, Montréal, Beauchemin, 1967, I : 267.

3. Sheldon S. Cohen, *Canada preserved. The journal of Captain Thomas Ainslie [1775]*, Toronto, Copp Clark Co., 1968 : 40 et 57.

4. Voir par exemple les commentaires de Papineau et Neilson durant le débat portant sur les routes à l'Assemblée législative, débat dont on trouve un résumé dans *La Gazette de Québec*, 7/3/1832.

5. C.P. Lucas, *Lord Durham's report on the affairs of British North America*, Oxford, Clarendon Press, 1912, 11 : 322. Selon le Grand Voyer, Robert D'Estimauville, les habitants de la région de Québec pensent «que ce sont les gens riches que l'on ménage [...] que la loy devrait etre égal pour tout le monde». Rapport de la tournée du Grand Voyer, 10/7/1812, Archives du Palais de Justice de Québec.

6. C.P. Lucas, *op. cit.* : 142. Les italiques se trouvent dans le texte originel.

7. Des soldats britanniques sont impliqués dans l'une de ces escarmouches, en 1834, dans le faubourg Saint-Jean. Procès-verbaux de la mairie, 8/10/1834. AVQ.

8. Paul Lacroix et al., *Histoire des cordonniers et des artisans... précédée de l'histoire de la chaussure...*, Paris, Librairie historique, 1852 : 109.

9. Voici quelques mots anglais apparaissant souvent dans les actes notariés rédigés en français : "round house", "quarter boards", "super cargo", "steamship" et "malt house".

10. André Charbonneau et al., *Québec, ville fortifiée*, : 430.

11. C'est l'opinion de Sir George Prevost. Voir sa lettre à Bathurst, 28 nov. 1812, Papiers d'état du Bas-Canada, *RAC*, 1893 : 83.

12. Paragraphes inspiré de l'article de Serge Courville, «Espace, territoire et culture en Nouvelle-France», *RHAF* (déc. 1983) : 429 et Michel Brunet, *La présence anglaise et les Canadiens* : 193.

Annexe

Extraits des Actes de chemins de 1796 et de 1799,
Journaux de l'Assemblée législative du Bas-Canada, vol. 1:218 et 242-278;
vol. 2:56, 68 et 70. [Cet Acte jusqu'à la 38ᵉ Clause n'a aucun rapport aux
Cités et Paroisses de Québec et de Montréal.]
A. D. 1796. Anno tricesimo sexto Georgii III. C. 8-9.

C A P. IX.

Acte pour faire, réparer et changer les chemins et
ponts dans cette Province, et pour d'autres effets.
(7me. Mai, 1796.)

Vu que l'expérience a démontré qu'il est nécessaire
de pourvoir par des réglements plus amples et plus efficaces à l'ouverture des chemins et construction des
ponts en cette Province et à l'entretien et réparation
d'iceux qu'il soit statué par la Très-Excellente Majesté
du Roi, par et de l'avis et consentement du Conseil
Législatif et de l'Assemblée de la Province du Bas-
Canada; constitués et assemblés en vertu de et sous
l'autorité d'un Acte passé dans le Parlement de la
Grande-Bretagne, intitulé, «Acte qui rappèle certaine
partie d'un Acte passé dans la quatorzième année du
Règne de Sa Majesté, intitulé,» «Acte qui pourvoit plus
efficacement au Gouvernement de la Province de
Québec dans l'Amérique Septentrionale,» et qui pourvoit
plus amplement pour le Gouvernement de la dite
Province,» et il est par le présent statué par la dite
autorité, que les chemins royaux et ponts publics seront
faits, réparés et entretenus sous la direction du Grand-
Voyer de chaque et tout District en cette Province ou son
Député, lequel Député étant une personne convenable et
capable, et habitant du District dans lequel il doit agir,
les divers Grands-Voyers sont par le présent autorisés
d'appointer par un écrit par eux exécuté respectivement,
lequel appointement sera notifié dans la Gazette de
Québec, qui donneront leurs ordres sujets aux provisions
contenues dans le présent Acte aux Inspecteurs et Sous-
Voyers à être appointés, comme ci-après mentionné,
dans leurs Districts respectifs.

XXXIX. Et qu'il soit de plus statué par l'autorité
susdite, que les Juges à Paix pour les Ditricts de Québec
et Montréal respectivement, seront et ils sont par le
présent nommés et autorisés comme il est ci-après pourvu, d'établir et de régler les grands chemins, rues et
ponts dans les cités et paroisses susdites, dans lesquelles
ils exerceront leur charge respectivement.

XL. Et qu'il soit de plus statué par l'autorité susdite,
que les dits Juges à Paix aux tems ci-après fixés pour la
nomination des Inspecteurs, appointeront dans chacune
des villes et paroisses susdites une personne propre et

convenable pour être Inspecteur des grands chemins,
rues, ruelles et ponts : et chaque telle personne ainsi
appointée par les dits Juges à Paix entrera en charge le
premier jour de Janvier suivant, et continuera à en
remplir les devoirs pendant un an; et il lui sera alloué
pour ses services une somme qui n'excédera pas
quarante livres courant par annéc, laquelle sera payée sur
les deniers provenant en conséquence de cet Acte dans
les cité et paroisse où il sera Inspecteur.

XLI. Et qu'il soit de plus statué par l'autorité susdite,
que les dits Juges à Paix ou trois d'entr'eux,(dont un sera
du Quorum,) à une Session spéciale qui sera par eux
tenue annuellement, le premier Lundi dans le mois de
Décembre qui ne sera pas un jour de fête, autrement lc
jour suivant, diviseront les dites villes et paroisses en tel
nombre de divisions qu'ils jugeront nécessaire, lesquelles divisions n'excéderont pas six; et dans chacune de
telles divisions nommeront une personne propre et convenable, étant un domicilié de la cité ou paroisse ou il
doit agir pour être Sous-inspecteur des grand
chemins,rues et ponts dans la division pour laquelle il
sera ainsi appointé; lesquels différents Sous-inspecteurs
entreront en charge le premier jour de Janvier suivant et
serviront pendant une année; et chaque personne ainsi
nommée et appointée en qualité d'Inspecteur ou de Sous-
inspecteur par les dits Juges à Paix, qui refusera ou
négligera de notifier au Greffier de la Paix du District,
son consentement pour accepter tel Office pendant
l'espace de huit jours après qu'avis de telle nomination
lui aura été signifié en personne, par un Connétable, ou
laissé à son domicile ordinaire, encourra et payera la
somme de cinq livres courant; et autant qu'il arrivera une
vacance de la charge d'Inspecteur, ou d'un Sous-inspecteurs soit par refus ou négligence d'accepter la dite
charge, ou pour le décès ou incapacité de servir, il sera et
pourra être légal aux dits Juges à Paix ou à trois
d'entr'eux, dont un sera du quorum, à une session
spéciale qui sera tenue pour cet effet, de nommer
quelque autre personne propre et convenable pour
remplir la charge ainsi vacante jusqu'au premier jour de
Janvier suivant : et chaque personne ainsi nommée après
qu'elle en aura reçu avis comme susdit, qui dans l'espace
de huit jours après ce tems, négligera ou refusera
d'accepter tel Office, encourra et payera pour telle
négligence ou refus la somme de cinq livres courant;
lesquelles pénalités seront prélevées et appliquées en la

même manière que les autres pénalités encourrues en vertu de cet Acte qui ne sont pas spécialement pourvues; et il sera alloué à chacun des dits Sous-inspecteurs pour ses services une somme qui n'excédera pas dix livres courant par année; laquelle sera payée sur les deniers provenant en conséquence de cet Acte dans les cité et paroisse où il sera Sous-inspecteur. Pourvu toujours qu'aucune personne qui aura été ainsi nommée et aura rempli la susdite charge d'Inspecteur ou de Sous-inspecteur, ne sera sujette à être nommée Inspecteur ou Sous-inspecteur de la même cité ou paroisse pendant sept années, à compter du tems de telle première nomination et service, à moins qu'elle n'y consente.

XLIV. Et qu'il soit de plus statué par l'autorité susdite, que les dits Juges à Paix ou trois d'entr'eux, dont un sera du Quorum, soient et ils sont par le présent autorisés et ont pouvoir de régler les grands-chemins, ponts, rues, marchés, places publiques et ruelles déjà faits; et si aucuns d'iceux paroissent être trop étroits ou autrement incommodés, et qu'un changement soit nécessaire, et qu'il soit certifié sur le serment de douze des principaux domiciliés du District qui seront assignés par le Shériff, en vertu d'un Warrant ou ordre qui sera émané par deux Juges à Paix pour cet effet, les dits Juges à Paix ou trois d'entr'eux pourront élargir et changer iceux; et aussi en se conformant aux mêmes formalités pourront tracer tels autres grands chemins, rues, marchés, places publiques et ruelles, et pourront ériger tels ponts qu'ils ou aucuns trois d'eux croiront le plus commode, tant pour les habitants des dites Cités et Paroisses respectivement et ceux des environs, que pour les voyageurs; et lesquels grands chemins, ponts, rues et ruelles ainsi élargis, changés ou tracés (en désignant la largeur, la direction et autres particularités nécessaires à cet égard) seront enrégistrés dans le Bureau du Greffier de la Paix dans un régistre qui sera par lui tenu à cet effet.

XLV. Pourvu toujours, et il est par le présent statué, qu'aucun grand chemin qui doit être élargi de la sorte ou changé et que nul grand chemin qui sera ainsi tracé n'aura pas moins de trente pieds de large, à l'exclusion des fossés qui peuvent être nécessaires à tel grand-chemin; et qu'aucune rue qui doit être élargie ou changée, et aucune rue nouvelle qui sera ainsi tracée, n'aura pas moins de trente pieds de large, et que dans les lieux où un grand chemin, rue, marché, place publique ou ruelle sera tracé à l'avenir sur des terres cultivées, ou dans lesquelles il sera nécessaire de changer ou élargir aucun d'iceux déjà marqués et qui passent sur de telles terres, il pourra être légal aux dits Juges à Paix ou à trois d'entr'eux, et ils sont par le présent requis d'en prendre l'inspection et de faire leurs efforts pour entrer en accord avec le propriétaire ou les propriétaires de telles terres cultivées sur le dédommagement à faire de tel terrein, et pour remettre les clôtures dans le même état qu'auparavant, s'il est nécessaire. Et s'ils ne peuvent convenir avec le dit propriétaire ou propriétaires; ou si le propriétaire ou les propriétaires refusent d'accepter telle compensation qui sera offerte par tels Juges à Paix, alors telle compensation sera estimée et adjugée de la manière ci-dessus spécifiée pour l'estimation des dommages qui peuvent résulter en creusant des fossés et canaux. Pourvu aussi que dans les lieux où le propriétaire ou les propriétaires ne peuvent pas être trouvés ou lorsqu'ils refuseront d'entrer en convention ou de nommer une personne comme il est dit ci-dessus pour estimer la dite compensation alors les Juges à Paix dans une des Sessions Générales de Quartier de la Paix qui seront tenues pour le District où telle terre sera située, sur un certificat par écrit de leurs procédés dans les prémisses, signé par les Juges à Paix qui auront fait telle inspection et sur des preuves, que l'on a donné quartorze jours d'avis par écrit au propriétaire, locataire ou autre personne intéressée dans la dite terre ou à son tuteur, curateur, syndic ou agent, signifiant l'intention d'avoir recours aux dites Sessions Générales de Quartier pour prendre un tel terrein, choisiront un corps de Juré composé de douze hommes désintéressés tirés du retour de ceux qui doivent servir en qualité de Juré à la dite Cour Générale de Quartier; et les dits Jurés détermineront sur leurs serments les dédommagements qu'il conviendra d'accorder, et les prix qui seront donnés au propriétaire, comme ils le jugeront raisonnable, pour tel terrein et pour remettre les clôtures d'icelui dans le même état qu'auparavant, s'il est nécessaire; et sur le payement ou offre de la somme ainsi fixée ou ainsi estimée par des personnes désintéressées ou ainsi adjugée par le corps de Jurés, ainsi que le cas pourra le requérir, à la personne ou aux personnes qui auront droit de la recevoir, ou la laissant entre les mains du Greffier de la Paix du District en cas que telle personne ne puisse pas être trouvée ou refuse d'accepter icelle, pour l'usage du propriétaire ou d'autres personnes intéressées dans le dit terrein, les dites personne ou personnes seront déchues de leurs droits de propriété sur le dit terrein; et le dit terrein sera regardé comme grand chemin, rue, marché, place publique ou ruelle, suivant l'exigence du cas; et les deniers qui seront nécessaires pour telle compensation seront pris sur les argents qui seront entre les mains du Trésorier des chemins dans les limites où tel terrein se trouvera, et qui proviendront en conséquence de cet Acte. Pourvu de plus qu'aucuns des pouvoirs accordés par le présent ne s'étendront à démolir aucune maison ou bâtiment dans aucun cas quelconque, ni à prendre le terrein d'aucune Cour, jardin ou verger à l'effet d'ouvrir une nouvelle rue ou ruelle, ou de faire un nouveau marché ou place publique, sans le consentement du propriétaire ou des propriétaires d'icelui. Pourvu aussi que dans le cas où il arrivera que quelque propriétaire ou occupant de terre ou terrein joignant à un grand chemin, marché, place publique, rue ou ruelle aura empiété sur tel grand chemin, rue, marché, place publique ou ruelle, alors et dans tout tel cas, il ne sera alloué aucune compensation pour aucun terrein, sur lequel on aura ainsi empiété, qu'il sera nécessaire de reprendre pour élargir tels grands chemins, rues, marchés, places publiques ou ruelles, ni pour les clôtures qui auront pu être faites sur tel empiétement.

XLVII. Et qu'il soit de plus statué par l'autorité susdite, que dans tout les cas où par le changement de direction d'un grand chemin, ou lorsque de nouveaux grands chemins étant faits comme susdit, aucun vieux grand chemin deviendra inutile au Public : qu'alors et en tel cas, tel vieux grand chemin appartiendra à la personne ou aux personnes qui respectivement est ou sont le propriétaire ou les propriétaires de la terre d'où tel vieux grand chemin aura été originairement pris; à moins que telles personne ou personnes n'aient droit à une récompense pour tel nouveau grand chemin ou aucune partie d'icelui comme susdit, dans lequel cas tel ancien grand chemin sera estimé par les dits Juges à Paix ou aucuns trois d'eux, et le montant d'icelui, ou partie d'icelui respectivement sera déduit de la récompense qui sera ainsi allouée comme susdit à aucune telle personne ou personnes : mais si tel ancien grand chemin conduit à quelque terre, maison ou lieu auquel, suivant l'opinion de tels Juges à paix, il ne sera pas possible de faire parvenir un chemin et passage commodes de tel nouveau grand chemin; alors et dans tel cas le dit ancien grand chemin restera sujet au droit de livrer chemin et passage à telles terres, maison ou place respectivement.

XLVIII. Et qu'il soit de plus statué par l'autorité susdite, que les dits Juges à Paix ou aucun trois d'entr'eux pourront par écrit sous leurs seings et sceaux, ordonner et désigner les grands chemins, ponts, rues, marchés, places publiques, ruelles ou cours d'eau, qui suivant leur opinion ont le plus besoin de réparation dans leur juris-diction, afin qu'ils soient premièrement réparés ou pavés, et à quel tems et en quelle manière ils seront réparés ou pavés; en conséquence duquel ordre les Inspecteur et Sous-Inspecteurs respectifs sont par le présent requis de procéder dans leurs limites respectives.

LII. Et qu'il soit de plus statué par l'autorité susdite, que les grands-chemins, ponts, rues, marchés, places publiques et ruelles dans les cités et paroisses de Québec et Montréal seront faits, réparés, pavés et entretenus par les habitants des dites Cités et paroisses respectivement en la manière suivante, c'est-à-dire, tout homme de l'age de dix-huit ans et audessous de l'age de soixante ans, n'etant pas *bona fide* un apprentif ou domestique, et ne tenant point un ou plusieurs chevaux, travaillera, soit par lui-même ou par un substitut suffisant, aux grands-chemins, ponts, rues, marchés places publiques et ruel-les, à chaque jour et à chaque lieu qui seront désignés par l'Inspecteur de la Cité et paroisse où il résidera pendant aucune espace de tems qui n'excedera point six jours dans chaque année; et chaque personne tenant un ou plusieurs chevaux travaillera comme susdit, soit par elle-même ou par un substitut suffisant à chaque jour et à chaque lieu qui seront désignés par le dit Inspecteur pen-dant aucune espace de tems qui n'excédera point six jours dans chaque année, et de plus pendant aucune espace de tems qui n'excédera point quatre jours dans chaque année pour tout et chaque cheval (les poulins excepté) qu'aucune telle personne tiendra; et il sera et pourra être légal au dit Inspecteur, s'il le trouve nécessaire, après en avoir douné duement avis à aucune personne tenant un cheval, pour requérir toute telle per-sonne d'envoyer une charette ou tombreau avec deux chevaux et un homme capable de les conduire, dans lesquels cas un conducteur avec un cheval et une charette ou tombreau seront regardés et pris comme équivalents à deux jours de travail d'un homme; et un conducteur, avec deux chevaux et une charette ou tombreau, sera pris et considéré comme équivalent à trois jours de travail d'un homme; et toutes telles personnes comme susdit, soit qu'elles ayent ou qu'elles n'ayent point de chevaux et voitures, apporteront respectivement avec elles soit une pêle, une bêche ou une pioche, ou, si elles en sont re-

quises une hache, et exécuteront diligemment l'ouvrage et travail auxquels elles seront respectivement appointées par l'Inspecteur depuis cinq heures du matin jusqu'à sept heures du soir, si c'est depuis le premier jour de mai jusqu'au premier jour de Août, accordant sur tel tems trois heures de relache, ou depuis le soleil levé jusqu'au soleil couché, si c'est depuis le premier jour d'Août jusqu'au premier jour de Mai, accordant sur tel tems deux heures de relache chaque jour qu'elles travailleront respectivement: et si quelque personne qui enverra une charette ou tombreau comme susdit, n'envoye pas un conducteur sufffisant, ou si aucun conducteur ou aucun journalier refuse de travailler pendant le tems ci dessus mentionné suivant les directions de l'Inspecteur; ou si aucun conducteur refuse de porter des voyages con-venables et suffisants, il sera et pourra être légal à tel In-specteur de renvoyer chaque tel conducteur, charette ou tombreau ou tel journalier et de recouvrer du propriétaire de chaque telle charette ou tombreau ou de tel journalier l'amende que chaque telle personne ou personnes auroient encourue en vertu de cet Acte dans le cas où aucun tel conducteur, charette ou tombreau n'auroit pas été envoyé, ou que tel journalier ne ce seroit présenté. Pourvu toujours, que si tout l'ouvrage prescrit par cet Acte est, en aucune année, considéré par les dits Juges à paix, comme non nécessaire à faire, dans tel cas une remise proportionnée ou déduction d'icelui sera faite à chaque personne qui y sera sujette comme susdit.

LVII. Et vu que la partie du travail et d'avoir susdits, ou de l'argent de composition autorisé d'être pris pour et au lieu d'iceux, que les Juges à paix dans leur discrétion trouveront à propos d'appliquer à faire, réparer et entretenir les rues, chaussées, pavés, ponts, canaux, cours d'eau, égouts, marchés, places publiques et ruelles dans les dites Cités de Québec et de Montréal ne sera pas suf-fisante pour ces objets, et qu'à cette fin il sera nécessaire de lever une somme d'argent de plus, qu'il soit donc de plus statué par l'autorité susdite, que les Juges à Paix à aucunes Sessions Générales de Quartier de la Paix qui seront tenues dans telles Cités respectivement pourront et sont par le présent autorisés et requis de fixer et déterminer le taux d'une cotisation qui sera faite une fois chaque année et répartie sur tous et chaque occupant ou occupants de terres, emplacements, maisons et bâtiments, à proportion de la valeur annuelle d'iceux dans les Cités susdites [...]

LXI. Pourvu aussi et qu'il soit de plus statué par l'autorité susdite, que nul terrain qui, (compris la maison et autres bâtiments dessus construits) n'excédera point la valeur annuelle de cinq livres courant, et nul emplace-ment, maison ou bâtiment occupé par aucune des communautés de religieuses, et nul terrain en dehors des dites fortifications des cités respectivement, servant pour la pâture des animaux, ou étant en prairies ou pour semer du grain, ne seront cotisés en vertu de cet Acte.

LXVI. Et qu'il soit de plus statué par l'autorité susdite ; que les Inspecteurs des cités et paroisses de Québec et Montréal exécuteront, comme ils sont par le présent requis d'exécuter au meilleur de leur jugement et capacité, les ordres qu'ils pourront recevoir de tems en tems des Juges à Paix des dites cités et paroisses respectivement pour faire, réparer et entretenir les grands chemins, rues, ponts et autres ouvrages en vertu de cet Acte, et dirigeront et auront l'inspection sur les Sous-inspecteurs dans leurs limites dans l'exécution de leur devoir, et poursuivront tels d'entr'eux qui par refus ou négligence volontaire y feroit défaut, ainsi que toutes personnes qui feront ou commettront aucun empiétement ou préjudice à aucun pont, grand chemin, rue ou pavé [...]

LXVIII. Et afin d'empêcher des embarras dans les grands-chemins et ponts dans les dites cités et paroisses et des empiétement sur iceux, qu'il soit statué par l'autorité susdite, que les Inspecteurs et Sous-inspecteurs des grands chemins auront en tout tems et dans toutes les saisons, ainsi qu'ils le jugeront à propos, l'inspection des grands chemins et ponts dans les cités et paroisses pour lesquelles ils seront Inspecteurs ou Sous-inspecteurs; et en cas qu'ils apperçoivent quelques embarras, empiétements ou obstacles faits ou commis sur iceux ou à leur préjudice, contraire aux directions de cet Acte, ils donneront de tems en tems et aussitôt que convenablement il se pourra faire, ou feront donner à la personne ou personnes qui les feront ou les commettront, avis personnellement ou avis par écrit, qui sera laissé à son ou à leur domicile ordinaire, spécifiant particulièrement en quoi consistent tels embarras, empiétements ou obstacles [...]

LXIX. Et qu'il soit de plus statué par l'autorité susdite qu'il sera et pourra être légal au Inspecteurs et Sous-inspecteurs des Cités et paroisses susdites et ils sont par le présent requis aussitôt après la première bordée de neige dans chaque année de tracer deux chemins publics d'hiver dans chaque grand-chemin qui conduit à ou d'aucune des dites Cités ou tel grand-chemin le permettra, et de poser et planter des balises pour les diviser...

LXX. Et qu'il soit de plus statué par l'autorité susdite, qu'il sera et pourra être légal à trois ou plus des Juges à Paix (dont un sera du Quorum) des susdites Cités et paroisses respectivement, et ils sont par le présent autorisés de tems en tems et toute fois qu'ils le jugeront à propos, de tenir aucune Sessions spéciale, outre celles qui sont ci-dessus dirigées pour mettre en exécution les fins de cet Acte; et de l'ajourner de tems en tems, ainsi qu'ils le jugeront convenable, faisant donner avis du tems et lieu où telles Session spéciales se tiendront et de l'ajournement d'icelles, aux differents Juges à Paix faisant fonction et résidant dans telles limites, par un Connétable ou autre Officier de Paix dans icelles.

LXXII. Et vu que plusieurs des rues, ruelles et autres places comprises dans les cités susdites, sont dans plusieurs parties d'icelles embarassées et rendues dangéreuses pour ceux qui vont à pied par des pas de porte qui s'avancent en dehors de différentes maisons dans les rues, places publiques et ruelles, par des escaliers, perrons et autres ouvrage érigés au dehors, et par des trapes et des escaliers qui vont dans les caves, voutes et autres places, qu'il soit donc de plus statué par l'autorité susdite, que d'ici au premier jour de Janvier qui sera dans l'année mil huit cent tous, tels pas de porte qui s'avanceront sur les trottoirs, tous tels escaliers, perrons ou autres ouvrages de dehors, tous tels escaliers, perrons

et trapes qui communiqueront par les trottoirs dans des caves, voutes ou autres places, et toute et chaque matière ou chose qui empiétera plus de vingt pouces, mesure Françoise, dans aucune rue, place publique ou ruelle des cités susdites, bornées comme ci-devant dit, seront enlevés; et toutes telles portes de caves ou voutes, quoique n'avançant en dehors que vingt pouces, même mesure, seulement ou moins, seront mises de niveau avec les trottoirs ; et il sera et pourra être légal aux dits Juges à Paix ou à trois d'entr'eux, et ils sont par le présent requis depuis et après le dit premier jour de Janvier, Mil huit cent, de faire enlever par les Inspecteurs et Sous-inspecteurs tout empiétement et embarras quelconque comme susdit; et aussi de faire mettre au niveau avec les trottoirs toutes telles portes de cave ou de voute, quoique n'allant en dehors que vingt pouces, même mesure, seulement au moins : et dès et après la passation de cet Acte, il ne sera érigé dans les cités susdites, aucune maison ou bâtiment avec des pas de porte qui empiéteront sur les trottoirs, ou avec des escaliers, perrons ou autres ouvrages de dehors, ou avec des escaliers, perrons ou portes qui communiqueront par les trottoirs dans aucune, cave, voute ou autre place, ou avec aucune autre matière ou chose qui s'avancera en quelque degré dans aucune rue, place publique ou ruelle des cités susdites; et depuis et après la passation de cette Acte il ne sera fait ou érigé aucun empiétement ou embarras quelconque dans aucune rue, place publique ou ruelle joignant aucune maison ou bâtiment déjà érigé dans les dites cités, exceptés seulement des marches qui ne s'étendront pas à plus de vingt pouces pareille mesure, sous la pénalité contre chaque personne ainsi contrevenante d'encourir et de payer pour chaque telle contravention deux livres courant, outre cinq chellins courant pour chaque jour qu'aucun empiétement ou embarras quelconque restera, après qu'il aura été par un Inspecteur notifié à telle personne de les ôter.

LXXVII. Et afin que le contenu des reglements compris dans le présent Acte soit plus généralement communiqué et connu, qu'il soit de plus statué par l'autorité susdite, qui le Procureur Général de Sa Majesté de cette Province fera dans les langues Angloise et Françoise un extrait des points les plus essentiels de cet Acte concernant les cités et paroisses de Québec et Montréal, et un autre extrait dans les langues Angloise et Françoise des points les plus essentiels de cet Acte concernant les Districts de Québec, Montréal et Trois-Rivières; et chaque tel extrait sera imprimé; et lorsqu'ainsi imprimé, il en sera distribué par le Greffier du Conseil Législatif un nombre suffisant de copies, respectivement applicables, aux Greffiers de la Paix dans Québec et Montréal, et aux Grands-Voyers des Districts de Québec, Montréal et Trois-Rivières pour l'usage des Inspecteurs, Sous-inspecteurs et Sous-voyers dans leurs limites respectives : et les dits Greffiers de la Paix, et les dits Grands-Voyers délivreront respectivement ou feront délivrer une copie de l'extrait par eux respectivement reçu à chaque Inspecteur, Sous-inspecteur et Sous-voyer, lorsqu'il sera nommé : et chaque Inspecteur est par le présent ordonné de lire ou faire lire publiquement tel extrait à la porte de l'église, chapelle ou lieu de culte divin dans la cité, paroisse, seigneurie ou Township, ou s'il n'y a point de lieu culte divin dans une paroisse, seigneurie ou Township, alors à la porte du lieu le plus public dans telle paroisse, seigneurie ou Township, le Dimanche après qu'ils les auront respectivement reçus; et chaque Inspecteur lira aussi publiquement ou fera lire tel extrait à la porte ou au lieu susdits le premier Dimanche dans le mois de Juin de chaque année : et lorsqu'il sera nécessaire pour les effets susdits de ré-imprimer tels extraits, les Trésoriers des chemins pour les cités et paroisses susdites respectivement, et les Grands-Voyers pour leurs Districts respectifs, feront ré-imprimer de tems en tems un nombre suffisant de copies de tels extraits, applicables à leurs limites respectivement; et ils sont par le présent autorisés de retenir les frais encourus pour les ré-imprimer sur les deniers entre leurs mains provenant en conséquence de cet Acte.

C A P. V.

Acte qui amende un Acte passé dans la trente-sixième Année du Regne de Sa présente Majesté, intitulé, «Acte pour faire, réparer et changer les Chemins et Ponts dans cette Province, et pour d'autres effets.»
[3me. Juin, 1799]

Vu qu'un Acte a été passé par la Législature de cette Province dans la trente-sixieme Année du Regne de sa présente Majesté, intitulé, «Acte pour faire, réparer et changer les Chemins et Ponts dans cette Province, et pour d'autres effets» et vu que le dit Acte statue des reglements particuliers pour les villes et paroisses de Québec et de Montréal, dans l'exécution desquels, divers inconvéniens ont été trouvés provenant de la trop grande étendue des dites Paroisses, et vu aussi qu'il est expédient que d'autres provisions soient faites à cet égard, qu'il soit donc statué par la très Excellente Majesté du Roi, par et de l'avis et consentement du Conseil Législatif et de l'Assemblée de la Province du Bas-Canada, constitués et assemblés en vertu et sous l'autorité d'un Acte passé dans le Parlement de la Grande-Bretagne, intitulé, «Acte qui rappelle certaines parties d'un Acte passé dans la quartorzieme Année du Regne de Sa Majesté, intitulé,» Acte qui pourvoit plus efficacement pour le Gouvernement de la Province de Québec dans l'Amérique Septentrionale, et qui pourvoit plus amplement pour le Gouvernement de la dite Province," et il est par le présent statué par l'autorité susdite, que les dites villes et cités de Québec et de Montréal, formeront respectivement un District particulier, qui fera ci-après appellé, le District de la ville, et seront circonscrites dans les limites fixées pour chacune des dites villes et cités, par la Proclamation de son Excellence Alured Clarke, Ecuier, Lieutenant Gouverneur alors de cette Province, en date du septième du mois de Mai de l'an Mil sept cent quatre-vingt douze, dans la trente-deuxieme Année du Regne de sa présente Majesté.

II. Pourvu toujours, et il est par le présent statué, que les dites villes et cités de Québec et de Montréal seront et continueront d'être respectivement sujettes aux regles et reglements établis par l'Acte de la trente-sixième Année de Sa présente Majesté, en autant que les dites regles et reglements n'auront point été altérés ni changés par le présent Acte.

III. Et qu'il soit de plus statué par l'autorité susdite, que telles parties des dites paroisses de Québec et de Montréal respectivement, qui se trouvent hors des limites fixées pour les Districts des villes de Québec et de Montréal, par la Proclamation sus-dite du septième du Mois de Mai, mil sept cent quatre-vingt douze, seront et formeront respectivement un district particulier et distinct des dites villes de Québec et de Montréal qui sera appellé le District des campagnes.

IV. Pourvu toujours, et il par le présent statué, que telles parties des dites paroisses de Québec et de Montréal, ainsi distraites des Districts des dites villes de Québec et de Montréal, seront et continueront d'être sous l'inspection et direction des Juges à Paix de Sa Majesté appointés dans les dites villes de Québec et Montréal respectivement, et seront sujettes à telles regles et règlements qui seront ci-après pourvus par le présent Acte.

XXIV. Pourvu toujours, et qu'il soit de plus statué, qu'aucun droit ne sera exigé ou reçu pour des chevaux tenus par des Officiers d'aucun régiment quelconque, ou de partie de régiment, ou Corps en garnison dans les cités de Québec et Montréal pour le tems d'alors, à moins que tel Officier n'appartienne à l'Etat Major de l'armée servant dans cette Province, ou à l'Etat Major de la Garnison.

XXVI. Et vu que par l'Acte ci-dessus mentionné, passé dans la trente-sixième Année du regne de sa présente Majesté, il est ordonné, que les Juges à Paix nommeront dans chacune des cités et paroisses de Québec et de Montréal, une personne convenable pour être Inspecteur des Chemins, Rues, Ruelles et Ponts, chacune desquelles personnes, après avoir été ainsi nommée, recevra pour ses services, une somme n'excédant point quarante livres courant par année; Et vu que les devoirs et la responsabilité de tels Inspecteurs deviendront, sous cet Acte, nécessairement plus considérables; qu'il soit donc statué par la même autorité, que la nomination et appointement de tels Inspecteur, dans les dites cités de Québec et de Montréal, à compter du jour de la passation du présent Acte, appartiendra au Gouverneur, Lieutenant Gouverneur ou à la personne ayant l'administration du Gouvernement pour le tems d'alors, avec pouvoir de les remplacer de tems à autre, ainsi que le cas le requerra, et qu'il le jugera convenable; lesquels Inspecteurs, ainsi nommés et appointés dans les dites de cités Québec et de Montréal, recevront, chacun pour leur service respectif, et pour tous frais et émoluments, une somme n'excédant point cent livres courant par Année, laquelle somme sera payée sur les argents prélevés en vertu de cet Acte, dans la cité et paroisse où il sera Inspecteur. Et il sera du devoir de tel Inspecteur, avant de procéder à l'applanissement, élévation ou pavé d'aucune Rue, Ruelle ou Place publique, ou à l'ouverture d'aucun Canal, Cours d'Eau ou Aqueduc, ou à l'érection d'aucun Pont ou Chaussée dans les dites cités et paroiffes de Québec et Montréal, de dresser un Plan d'icelle Rue, Ruelle ou Place publique, Canal, Cours d'Eau, Aqueduc, Pont ou Chaussée, représentant leur niveau et déclivité, accompagné d'un Procès Verbal ayant référence au dit plan, sur le mode le plus convenable et expédient pour l'exécution des ouvrages y proposés, lequel plan et Procès verbal seront déposés en l'Office du Greffier de la Paix de chacun des Districts de Québec et de Montréal respectivement, et notice sera donné en la maniere que les Juges à Paix trouveront convenable, aux propriétaires de terrains ou maisons, ou autres bâtiments joignant telle Rue, Ruelle, Place publique, Canal, Cours d'Eau, Aqueduc, Pont ou Chaussée, et autres intéressés, que tel plan et Procès verbal sont ainsi déposés pour leur inspection gratuite, à ce qu'ils ayent à faire, sous un délai qui n'excédera pas un mois, leurs observations et oppositions si aucunes ils ont au contraire, pour y être fait droit, si non, les dits plans et Procès verbaux être homologués, et ensuite exécutés selon leur forme et teneur. Et il sera en outre du devoir du dit Inspecteur, de dresser dans l'espace de deux années, à compter de la passation de cet Acte, ou plutôt si faire se peut, un plan exact et régulier des dites cités de Québec et Montréal, représentant, suivant les regles de l'art, les Rues, Ruelles, Places publiques, Cours d'eau, Aqueducs, Canaux, Ponts et Chaussées dans les dites cités de Québec et Montréal, dont une copie sera déposée en l'Office des Greffiers de la Paix dans les dites cités de Québec et Montréal respectivement, pour l'inspection gratuite et direction de toutes personnes y concernées et intéressées.

XXVII. Et d'autant qu'il reste dans les limites des dites cités de Québec et Montréal, de grandes étendues de terrains actuellement employés en pâture, bois, prairies, ou à la culture des grains, qui se divisent journellement, et se diviseront à l'avenir en emplacements pour y construire des maisons ou autres bâtiments, y complanter des vergers, ou cultiver divers jardins ordinairement clos en bonnes et solides clôtures, et qu'il est nécessaire et utile au public, que les dites divisions se fassent d'après un plan régulier, avec l'ouverture des rues suffisantes et nécessaires, et réserves de places publiques pour le besoin à venir : qu'il soit donc statué par la dite autorité, et il est statué, qu'il sera du devoir du dit Inspecteur, d'ajouter au plan des dites cités de Québec et Montréal respectivement, le plan des dits terrains représentant le projet de leurs divisions à venir, avec les Rues et Places publiques qui devroient être réservées; et après que tel plan sera ainsi fait et dressé, il sera déposé en l'Office des Greffiers de la Paix des dits Districts

respectivement, et notice sera donnée par les Juges à Paix, en la maniere qu'ils jugeront convenable, que tel plan est ainsi dressé et déposé pour l'inspection gratuite de quiconque y peut être concerné ou intéressé à ce qu'ils ayent à faire, sous un délai de six mois, leurs observations et oppositions, si aucunes ils ont au contraire, pour y être fait droit, si non, le dit plan être homologué et suivi à l'avenir selon la forme et teneur. Et pour la confection et copie des dits plans, il sera payé à chacun des dits Inspecteurs des dites cités de Québec et Montréal respectivement, une somme qui n'excédera pas celle de deux cents livres cours actuel, à prendre sur les fonds qui seront perçus en vertu du présent Acte, et de l'Acte de la trente-sixième Année du regne de sa présente Majesté ci-devant récité.

XXVIII. Et qu'il soit de plus statué par la dite autorité, qu'à compter du jour que tel plan sera ainsi homologué, toute partie, morceau ou lopin de terre contenus dans les dits terrains respectifs ainsi tracés comme sus-dit, entre les mains de qui la propriété ou possession d'iceux pourra tomber à l'avenir, soit par succession, legs, contrats ou par aucune autre aliénation quelconque, seront sujets à telle division et distribution qui auront été faites sur le dit Plan, et si aucune personne ou personnes construit ou construisent à l'avenir, aucune maison ou autre bâtisse empiétant sur les dites Places publiques ou Rues, ou tendantes à en intercepter la continuation et prolongation, elle sera ou elles seront tenues, sur conviction dans aucune Cour de Session générale ou spéciale des Juges à Paix, dans les Districts de Québec et de Montréal respectivement, de discontinuer les dites maisons ou bâtisses, et démolir et détruire les ouvrages qu'elle ou qu'elles auroient ainsi faits ou commencés, et remettre les lieux en même et semblable état qu'ils étoient avant les dits ouvrages faits ou commencés, dans le delai de quinze jours après le jugement prononcé sous peines de dix chellins d'amende, pour chaque jour qu'elle ou qu'elles sera ou seront en demeure d'exécuter et se conformer au dit jugement. Pourvu toujours, que lorsque tel ou tels propriétaire ou propriétaires sera ou seront tenus et obligés de livrer et abandonner, pour l'utilité générale, les places publiques ainsi désignées et réservées, il ou ils en sera ou seront payés et indemnisés en la manière pourvue par la Loi.

Tableaux

TABLEAU 1
Développement de la construction domiciliaire,
Québec (1795-1842) croissance annuelle (%)

Quartiers	1795-1805	1806-1819	1820-1831	1832-1842
Basse ville	3,03	,09	3,2	2,6
Saint-Roch	16,03	5,8	6,5	2,4
Haute ville	1,2	,26	1,2	3,1
Saint-Jean	16,6	1,6	6,7	1,8

SOURCES: Ces pourcentages ont été établis à partir des données fournies par les dénombrements des curés, *La Gazette de Québec* et les recensements de 1831 et 1842. Bien qu'approximatifs, ils donnent une idée générale de l'expansion physique de Québec au début du XIXe siècle. Dans le cas présent, la basse ville comprend aussi la rue de la Montagne et Anse-des-Mères, Saint-Roch inclut la rue Saint-Vallier et le faubourg Saint-Jean englobe le faubourg Saint-Louis.

TABLEAU 2
Croissance démographique par quartier,
Québec (1795-1842)

Quartiers	1795	1805	1818	1831	1842
Haute ville	2 813	2 973	3 730	4 496	5 017
Basse ville	2 649	2 628	3 402	4 963	7 284
Saint-Roch	829	1 497	5 217	7 983	10 760
Saint-Jean	1 008	1 764	4 070	8 502	8 686
Total	7 299	8 862	16 419	27 264	31 747

SOURCE: Les données pour 1795, 1805 et 1818 proviennent des dénombrements des curés; celles de 1831 et 1842, des recensements. Les données de 1818 comprennent la population du couvent des Ursulines, du Séminaire et de l'Hôtel-Dieu. L'Hôpital général et la garnison en sont toutefois exclus. Voir Joseph Signay, *Recensement de la ville en 1818* : 279. Les chiffres concernant le faubourg Saint-Louis ont été ajoutés à ceux du faubourg Saint-Jean.

TABLEAU 3
Profil des professions par quartier à Québec en 1818 et 1842,
d'après le pourcentage des «chefs de famille»

Professions	Haute ville		Basse ville		Saint. John		Saint-Louis		Saint-Roch	
	1818	1842	1818	1842	1818	1842	1818	1842	1818	1842
Commerce	15	16	27	23	7	8	2	34	6	5
Professions libérales, clergé, ordres religieux et officiers	49	49	5	1	3	4	7	19	2	4
Artisans et employés des transports	30	20	55	33	67	54	61	19	58	66
Journaliers et domestiques	6	,2	13	33	23	31	30	,9	34	25
Inconnues		15		10		3		27		,4

SOURCE: Par le terme «chefs de famille», on entend les adultes (à l'exception des ménagères, sur lesquelles nous n'avons que peu de renseignements) dont la profession est fournie par le dénombrement de 1818 et le recensement de 1842. Comme c'est le cas pour le tableau 2, ces renseignements, en particulier ceux de 1818, sont incomplets. Des étudiants (en particulier Nicole Casteran) ont d'abord examiné ces sources. Le travail de révision a ensuite été effectué par John Hare et Jean-Pierre Hardy et celui de classification par Ruddel.

TABLEAU 4
Croissance (%) par décennie de la population des francophones
de la Nouvelle-France et du Bas-Canada et de la population blanche
de la Nouvelle-Angleterre et de l'État de New York

	1711 –1720	1721 –1730	1731 –1740	1741 –1750	1751 –1760	1761 –1770	1771 –1780	1781 –1790	1791 –1800	1801 –1810	1811 –1820	1821 –1830
Nouvelle-France et Bas-Canada		37,4	33,7	32,6	23,2	28,7	30	28,3	28,5	30	28,7	30,3
Nouvelle-Angleterre	24	48	27	33	24	25	29	23	42	21	20	13
État de New York	13	71	32	31	20	53	39	29	61	73	62	43

SOURCES: Les données de ce tableau ont été extraites de l'étude de Jacques Henripin et Yves Perron intitulée «La transition démographique de la province de Québec», dans Hubert Charbonneau, *La population du Québec : études rétrospectives*, Montréal, Boréal Express, 1973 : 28; et de J.A. Henretta, *op. cit.* : 27.

TABLEAU 5
Moyenne des baptêmes et des mariages à Québec et dans les paroisses avoisinantes (1760-1843)

Paroisse	Période	Baptêmes	Mariages	Moyenne
Notre-Dame de Québec	1760-1789	8 116	2 023	4
	1790-1818	13 783	2 228	6,1
	1830-1832	2 686	573	4,7
	1841-1843	3 171	559	5,7
Sainte-Foy	1760-1788	386	84	4,6
	1790-1818	287	120	2,4
	1830-1832	121	19	6,4
	1841-1843	178	36	5
Beaumont	1779-1788	197	47	4,2
	1790-1818	965	239	4
	1830-1832	141	35	4
	1841-1843	134	25	5,4
Ancienne-Lorette	1760-1789	1 074	180	6
	1791-1818	2 002	387	5,2
	1830-1832	202	63	3,2
	1841-1843	220	55	4
Beauport	1763-1789	1 195	245	5
	1790-1917	1 271	333	3,8
	1830-1832	214	54	4
	1841-1843	324	65	5
Charlesbourg	1790-1818	1 485	288	5,1
	1830-1832	213	37	5,7
	1841-1843	201	52	3,8
Saint-Roch	1830-1832	1 203	195	6,1
	1841-1843	2 027	352	5,7
Cathédrale anglaise (anglicane)	1790-1818	2 156	464	4,6
	1830-1832	754	305	2,4
	1841-1843	388	125	3,1
Église St.Andrew (presbytérienne)	1790-1818	1 229	647	2
	1830-1832	272	129	2,1
	1841-1843	245	117	2,1

SOURCES: Ces données, établies à partir des registres paroissiaux (ANQ), ne sont pas tout à fait exactes. Non seulement le microfilm pour certaines années est en piètre état, mais il manque, à l'occasion, des statistiques. Ceci est particulièrement vrai en ce qui concerne les registres de l'église St. Andrew, dans lesquels il manque des chiffres pour les années 1796-1799 et 1805-1808, ceux de Sainte-Foy entre 1780 et 1790, et ceux de l'Ancienne-Lorette à la fin du XVIIIe siècle. Dans ces cas, les totaux donnés ci-dessus sont incomplets mais, comme les données sur les baptêmes et les mariages ont été omises pour les années en question, les pourcentages fournissent une approximation des moyennes. La moyenne pour l'Ancienne-Lorette à la fin du XVIIIe siècle est probablement quelque peu exagérée parce que les données concernant les années de forte mortalité n'apparaissent pas au registre. Ces années manquantes sont : 1765-1766, 1769, 1775-1777 et 1784.

TABLEAU 6
Naissances illégitimes par 1 000 naissances enregistrées
dans la population catholique du Bas-Canada,
de Québec et de Montréal (1701-1870)

	Nouvelle-France et Bas-Canada		Québec		Montréal	
Années	Naiss. illég.	Naiss. illég. par 1 000	Total des naiss.	Naiss. illég.	Naiss. illég.	Naiss. illég.
1701-1710	9	2				
1711-1720	31	2,6				
1721-1730	121	7,7				
1731-1740	214	9,7				
1741-1750	312	11,7				
1751-1760	415	12,2				
1761-1770	254	5,6				
1771-1780	407	7,2	2 999	132	45,5	
1781-1790	413	6,	3 207	171	53,4	
1791-1800	411	4,8	3 793	173	46,7	
1801-1810	632	5,5	5 402	295	58,	
1811-1820	911	6,2	7 793	351	45,	
1821-1830	1 409	7,2	11 443	510	44,7	1823 à
1831-1840	1 841	7,4	14 262	561	39,5	1835=60[+]
1841-1850	1 567	8,1	19 577	485	24,8	
1851-1860	3 135	10,9	23 669	763	32,3	
1861-1870	7 848	17,1	24 849	1 526	61,	1865 à 1869 = 11-13

SOURCES: Tanguay (ses chiffres pour la Nouvelle-France et le Bas-Canada ont été republiés par Georges Langlois dans *Histoire de la population canadienne-française*, Montréal, A. Lévesque, 1934 : 253); les données pour Québec proviennent de résumés fournis dans les *Recensements du Canada, 1608-1871*, V; on trouve les statistiques concernant Montréal dans la thèse de doctorat de Jean-Claude Robert, *Montréal, 1821-1871. Aspects de l'urbanisation* : 199.

TABLEAU 7
Religion des habitants de Québec (1795-1842)

	1795	%	1818	%	1831	%	1842	%
Catholiques	5 895	82	12 499	79	18 832	75	24 872	77
Protestants	1 267	18	3 340	21	6 320	25	7 306	23
1) Anglicans					4 406	17	3 924	12
2) Baptistes					3		0	
3) Juifs					3		0	
4) Presb. (égl. d'Écosse)					1 617	6	1 794	5
5) Presb. (congrégationalistes)					58		749	2
6) Méthodistes					223			
7) Autres					10			
Total	7 162		15 839		25 152		32 178	

SOURCES: Les dénombrements de 1795 et 1818 et les recensements de 1831 et 1842.

TABLEAU 8
Évaluation du pourcentage d' anglophones à Québec (1795-1831)

	1795 Été	%	Hiver	%	1818 Été	%	Hiver	%	1831 Été	%	Hiver	%
Canadiens	5 895	67	5 895	71	13 499	60	13 499	68	13 832	46	13 832	52
Anglophones		33		29		40		32		54		48
a) Protestants	1 267	14	1 267	15	4 340	19	4 340	22	11 320	37	11 320	42
b) Soldats	1 200	14	1 200	14	1 900	9	1 900	10	1 688	6	1 688	6
c) Marins	(1 350 ÷ 3)				(8 000 ÷ 3)				(10 000 ÷ 3)			
	450	5			2 667	12			3 333	11		
Total	2 917		2 467		8 907		6 240		16 341		13 008	
Total général	8 812		8 362		22 406		19 739		30 173		26 840	

SOURCES: Les pourcentages donnés dans ce tableau ne représentent que des approximations établies à partir des dénombrements et du recensement de 1831. Les chiffres concernant les soldats sont extraits de l'ouvrage de Claudette Lacelle *La garnison britannique dans la ville de Québec d'après les journaux de 1764 à 1840* : 7. Les données concernant les marins proviennent d'un grand éventail de sources, qui, pour la plupart, sont mentionnées au chapitre III. Le tiers seulement des marins se trouvent en même temps dans la ville, et ce suivant les observations faites par l'évêque anglican en 1829, ANC RG 1 L3L, vol. 187 : 89728-29. Le dénombrement de 1818 et le recensement de 1831 ont été modifiés de manière à tenir compte de la présence d'environ 1 000 Irlandais en 1818 et 5 000 en 1831. Des études plus poussées permettraient d'éclairer certaines autres questions, dont la présence de protestants français (regroupés avec les anglophones dans ce tableau), de marins hivernant à Québec à la suite d'un naufrage, d'une maladie, d'une désertion, etc., et de cultivateurs travaillant dans les marchés de la ville.

TABLEAU 9
Professions à Québec d'après le nombre de «chefs de famille» (1744-1842)

Professions	1744	%	1818 Can.	Brit.	Total	%	1842 Can	Brit.	Total	%
Commerce	127	9	194	94	288	12	365	467	832	15
Membres des professions libérales, clergé, religieuses et officiers	185	13	73	79	152	6	171	151	322	6
Artisans et employés des transports	494	34	1 310	104	1 414	60	1 987	780	2 767	49
Journaliers et domestiques	387	26	502	12	514	22	792	549	1 341	24
Absents, profession inconnue ou sans travail	273	18					129	203	332	6
Total	1 466			2 368				5 594		

SOURCES: Recensement de 1744, dénombrement de 1818 et recensement de 1842. Les données de 1744 ont été établies à partir des recensements publiés dans le *Rapport de l'Archiviste de la Province de Québec (1939-1940)* : 1-154, ainsi que de la thèse de Claude Poulin, *Les métiers à Québec d'après le recensement de 1744*. Les chiffres concernant les communautés religieuses ont été calculés à partir des renseignements trouvés dans le recensement de 1754, dans l'appendice du livre d'Adèle Cimon, *Glimpses of the Monastry... from 1672 to 1839 et dans le livre de Pierre-Georges Roy La ville de Québec sous le régime français* (voir en particulier son court chapitre intitulé «Les trois communautés de Québec réunies [en 1759]», vol. II : 329-331). Les chiffres pour 1818 et 1842 sont également mentionnés dans des sources ayant servi pour les tableaux précédents.

TABLEAU 10
TABLEAU 10
Statut socio-professionnel des nouveaux mariés de Québec (1790-1812)

Profession du père de la mariée	Membre d'une profession libérale	%	Marchand	%	Artisan	%	Ouvrier	%	Autre	%	Inconnue	%	Total
Membre d'une profession libérale	9	69	5	11	4	3							18
Marchand	1	8	8	17	12	8							21
Artisan	3	23	18	39	76	49	10	48	1	11			108
Journalier			1	2	2	1	3	14	2	22			8
Cultivateur					2	1	1	5	3				
Inconnue			14	31	59	38	7	33	6	67	14	100	100
Total	13		46		155		21		9		14		258

SOURCES: Ce tableau a été établi à partir de données relevées dans les dossiers notariaux de 1790 à 1791, 1800 et 1801, et 1810 et 1811. Les 258 contrats examinés représentent environ 40 p. 100 des mariages consignés dans les registres des paroisses catholiques et anglicanes de Québec et dans ceux de l'église St. Andrew's au cours de ces années. La coutume des petites gens de ne pas avoir recours aux services d'un notaire pour leur mariage, ainsi que l'importante population migrante de la ville, font que les contrats mentionnés ci-dessus représentent environ 20 p. 100 des mariages célébrés à Québec. Bien que le nombre de données soit limité, les pourcentages relatifs aux membres des professions libérales et aux marchands reflètent probablement davantage les relations sociales que les pourcentages concernant les autres groupes. Nous avons contribué à l'établissement d'un tableau semblable pour l'ouvrage d'Hélène Dionne intitulé *Les contrats de mariage à Québec* : 34, et paru en 1980. Les données paroissiales sur la nuptialité proviennent d'une étude effectuée par Jean-Pierre Charland pour l'exposition du Musée canadien des civilisations intitulée «Société et culture».

TABLEAU 11
Profil des professions dans les quartiers de Québec en 1818,
d'après le nombre de «chefs de famille»

Professions	Haute ville	%	Basse ville	%	Saint-Jean	%	Saint-Louis	%	Saint-Roch	%
Marchands	102	15	118	27	39	7	2	2	44	6
Membres des professions libérales, clergé et séminaire, religieuses officiers	326 (26) (86) (83)	49	21	5	12	3	7	7	12 (4)	2
Artisans et employés des transports	202	30	235	55	385	67	57	61	423	58
Journaliers et domestiques	40	6	55	13	133	23	28	30	245	34
Total	670		429		569		96		724	

SOURCES: Ce tableau s'appuie sur des données fournies par Joseph Signay dans *Recensement de la ville de Québec* en 1818, Québec, Société historique de Québec, 1976, 323 p. Bien que l'abbé H. Provost ait facilité la tâche de l'historien en établissant et en publiant une partie de ce dénombrement, celui-ci représente tout au plus une estimation approximative de la population en 1818. Les marchands, les protestants et les domestiques britanniques y sont sous-représentés. Les chiffres relatifs au clergé, aux ordres religieux féminins et aux officiers ont été établis à partir des calculs de l'abbé et correspondent à ceux que l'on a trouvés dans d'autres monographies. Les soldats, les marins et les habitants de la banlieue (dont les personnes attachées à l'Hôpital général ou vivant aux alentours) n'apparaissent pas dans ce tableau.

TABLEAU 12
Profil des professions dans les quartiers de Québec en 1842,
d'après le nombre de «chefs de famille»

Professions	Haute ville	%	Basse ville	%	Saint-Jean	%	Saint-Louis	%	Saint-Roch	%
Marchands	76	16	264	23	121	8	112	34	94	5
Membres des professions libérales, clergé, ordres religieux et officiers	231	49	15	1	61	4	63	19	85	4
Artisans et employés des transports	95	20	371	33	811	54	63	19	1 252	66
Journaliers et domestiques	1	,2	373	33	471	31	3	,9	468	25
Inconnue	69	15	113	10	43	3	87	27	8	,4
Total	472		1 136		1 507		328		1 907	

SOURCES: Le recensement de 1842. Comme Saint-Roch a fini par inclure, dans son expansion, l'Hôpital général, les données concernant le personnel de cet établissement apparaissent pour la première fois dans ce tableau. Le nombre d'officiers a été calculé à partir de données fournies par Claudette Lacelle dans *La garnison britannique dans la ville de Québec d'après les journaux de 1764 à 1840* : 7. On doit les premières recherches concernant ce recensement à des étudiants travaillant dans le cadre du projet du Musée canadien des civilisations intitulé «Société et culture». Nicole Casteran a corrigé et achevé le travail ainsi entrepris.

TABLEAU 13
Estimation en verges par habitant de la quantité de textiles maison produite aux États-Unis,
au Bas-Canada et au Haut-Canada (1810, 1842-1852)

	Textiles divers (quantité exprimée en verges)						Laine (en livres par habitant)	
Années	Lin		Linge de maison		Flanelle		Tissus divers	
1810 USA	21 459,868 (3)		14 857 847 (2)		9 222 166 (1,3)		26, 831 683 (4)	B.-C. H.-C.
	B.-CAN.	H.-CAN.	B.-CAN.	H.-CAN.	B.-CAN.	H.-CAN.		
1842-44	857 623 (1,2)	166 881 (,3)	746 685 (1,1)	433 527 (,9)	655 019 (,9)	727 286 (1,5)	1.7	2.7
1851-52	929 048 (1)	14 711 (,01)	734 304 (8)	531 560 (,6)	856 445 (,96)	1 196 029 (1,3)	1,6	2.8

SOURCES: Ces données ont été établies à partir de recensements canadiens et du rapport de 1810 sur les manufactures américaines apparaissant au tableau XI de l'ouvrage de R.M. Tryon *Household manufactures in the United States, 1640-1860*, Chicago, University of Chicago Press, 1917 : 166. En raison de l'écart chronologique entre les données américaines et canadiennes, leur utilisation à des fins de comparaison est limitée.

TABLEAU 14
Tableau comparatif de quelques industries dans les provinces de l'Ontario et du Québec en 1842 et 1844 (établi à partir de recensements)

Industries	Ontario 1842	Québec 1844
Papeteries	14	8
Scieries	897	911
Huileries	48	14
Fabriques de clous	6	6
Marteaux à bascule et fonderies	32	87
Brasseries et distilleries	243	66
Tanneries	261	335
Cordeuses et foulons	330	322

TABLEAU 15
Liste des crimes à Québec (1765-1815)

Crimes	1765-1776	1777-1785	1786-1795	1797-1805	1806-1815	Total
Haute trahison	2			1		3
Meurtre	3	2		11	11	27
Homicide involontaire				1	2	3
Homicide	1	1				2
Coup de feu en direction d'une personne				1	3	4
Viol	1			2	5	8
Contrefaçon	1			2	2	4
Naissance illégitime non déclarée			1			1
Sodomie			1		3	4
Cambriolage	6	1	2	9	8	26
Vol			1	3	6	10
Vol qualifié et vol simple	25	20	50	57	137	289
Larcin	6			1		7
Parjure			2	7		9
Non-dénonciation de trahison		1		1		2
Méfait avec violence		2	7	21	78	108
Méfait sans violence	27	4	11	25	25	92
Incendie criminel			1	2	1	4
Diffamation			2	5		7
Pillage d'une épave				2		2
Bigamie					1	1
Total	71	31	78	151	282	613

SOURCES: Les données de ce tableau proviennent de «listes de crimes» trouvées dans les dossiers des Cours du Banc du Roi, d'Oyer et de Terminer à l'APJQ. Aucun chiffre n'est disponible pour la période allant de 1771 à 1776 inclusivement et pour 1796. Les chiffres de cette dernière année ont probablement été ajoutés à ceux de 1795. Bien qu'incomplet, ce tableau révèle une augmentation constante de certains délits, particulièrement dans les années 1790.

TABLEAU 16
Inventaire du matériel de lutte contre les incendies appartenant à la Société du feu, Québec (20/5/1829)

Quartier	Pompes	Boyaux	Seaux	Tonneaux	Lanternes	Barres
Basse ville	6	16	191	15	4	12
Haute ville	5	12	137	8	4	4
Saint-Roch	1	6	42		2	3
Saint-Jean	1	3	29	4	1	2

SOURCES: Procès-verbaux du comité du feu, 20/10/1829, AVQ. Ce tableau a été établi à partir de renseignements se trouvant dans les procès-verbaux. On trouve, dans les années 1820 en particulier, des inventaires dans les procès-verbaux. Voir, par exemple, 18/4/1820 et 28/8/1832.

TABLEAU 17
Pourcentage d'anglophones et de francophones siégeant à la Commission et vivant dans la ville de Québec et ses environs (1832-1840)

Juges	1832		1836		1840	
	A	F	A	F	A	F
À Québec	63	37	72	28	74	26
À la campagne	45	55	44	56	39	61
Dans toute la Commission	53	47	54	46	51	49

SOURCES: Les données de ce tableau proviennent d'une étude portant sur l'*Almanach de Québec* et effectuée par Maríse Thivierge dans le cadre du projet du Musée canadien des civilisations, relatif à «la société et culture.»

TABLEAU 18
Pourcentage d'anglophones et de francophones membres de la Commission de la paix et du Quorum à Québec (1788-1828)

Juges	1788		1801		1815		1820		1824		1828	
	A	F	A	F	A	F	A	F	A	F	A	F
Commission	70	30	32	68	11	89	32	68	38	62	33	57
Quorum			62	38	69	31	53	47	59	41	58	42

SOURCES: Les données relatives aux années 1820 proviennent de travaux effectués par Maríse Thivierge au sujet des élites de Québec (1820-1840), dans le cadre du projet du Musée canadien des civilisations, «Société et culture». Tous ces pourcentages ont été établis à partir de données relatives à la Commission apparaissant dans l'*Almanach de Québec*.

TABLEAU 19
Pourcentage d'anglophones et de francophones membres d'établissements financiers et à caractère social à Québec, en 1824 et 1832

	1824		1832	
	Anglo	Franco	Anglo	Franco
Québec Bank	54	46	69	31
Québec Savings Bank	80	20	73	27
Montréal Bank	92	8	80	20
Québec Fire Assurance Co.	67	33	67	33
Société de feu de Québec	27	73	4	96
Québec Exchange	50	50	83	17
Committee of Trade	100	—	92	8
Québec Benevolent Society	25	75	25	75
Société d'éducation de Québec	15	85	19	81
British and Canadian School			76	24
Québec Emigrant Society	100	—	96*	4*

SOURCES: Ces statistiques ont été établies à partir de l'*Almanach de Québec* (1824 et 1832) par Marîse Thivierge dans le cadre du projet du MCC portant sur la société et la culture.

* Données de 1836

LISTE 1
Mariages entre Canadiens et enfants (deuxième génération) nés de parents anglo-saxons, Québec (1790-1811)

Noms des époux et des parents anglo-saxons	Profession du marié et du père de la mariée	Tradition juridique	Source
AUBERT deGASPE, Philippe & ALLISON, Suzanne (Thomas Allison & Thérèse Baby)	Avocat Officer	Coutume de Paris	Voyer : 19/ii/1811
AUDY, Laurent & REEVES, Euphrosine (Joseph Reeves & Josette Beauchamps)	Maître menuisier Inconnue	Coutume de Paris	Planté : 23/ix/1811
COTE, Joachim & PALMER, Geneviève (Henry Palmer & Françoise Renaud)	Fabricant de roues Inconnue	Coutume de Paris	Voyer : 8/ii/1801
DELAUNAY, François & BROWN, Marie-Jeanne (Philippe Brown & Marie-Louis Colombe)	Maçon Armurier	Coutume de Paris	Têtu : 10/vi/1811
DROLET, Charles & HILL, Angélique (Barthélémi Hill & Marie Demaret)	Forgeron Inconnue	Coutume de Paris	Voyer : 11/vii/1790
HEBERT, Simon & BONDFIELD, Magdeleine (Acklem Rickaby Bondfield & Marie-Mag. Martel de Brouages)	Boulanger Marchand	Coutume de Paris	Planté : 13/ix/1801
LARUE, François-Xavier & HAINS, Marie-Magdeleine (Barthélémy Hains & Josepthe Beriau)	Notairc Maître menuisier	Coutume de Paris	Descheneau : 21/ix/1790
MARTINEAU, Martine & LEE, Sophie (Thomas Lee & Angélique Gautrau dit Larochelle)	Notaire Marchand	Coutume de Paris	Têtu : 12/vii/1801
MASSON, Guillaume & CHAMBERLAND, Angélique (Guillaume Masson & Marie Forbes)[1]	Marchand de fourrures Inconnue	Coutume de Paris	Dumas : 21/xi/1790
METCHLER, Guillaume & BARRON, Sophie[2] (Guillaume Metchler & Charlotte Lemoine)	Tavernier Inconnue	Coutume de Paris	Voyer : 11/ii/1811
ROUSSAIN, Joseph & WILLIAMS, Mariane (William Williams & Helene Rancin)	Navigateur Inconnue	Coutume de Paris	Planté : 9/i/1791
SMITH, Robert & FORTIER, Rose[3] (Robert Smith & Louise Leclerc)	Arpenteur Inconnue (profession militaire)	Coutume de Paris	Berthelot : 5/v/1811
WEYPERT, Syriac & MONIER, Marie-Anne[4] (Syriac Weypert & Magdeleine Sulvain)	Maître menuisier Tavernier	Coutume de Paris	Bélanger : 26/v/1811

1. Dans ce cas, c'est la famille de la mère de la mariée qui est anglo-saxonne. Le père de Mlle Chamberland, Prisque, est maître charpentier.
2. Père de la mariée : Louis Baron, profession inconnue.
3. Père de la mariée : Joseph Fortier, marchand de fourrures.
4. Père de la mariée : Charles Monier, boucher.

SOURCES : Contrats de mariage, ANQ.

LISTE 2
Mariages mixtes à Québec de 1790 à 1811

Noms des époux et des parents de la mariée	Profession du marié et du père de la mariée	Tradition juridique	Source
GRATE, George & VALIN, Angélique (Nicholas Valin & Françoise Auclair)	Jardinier Inconnue	Coutume de Paris	Planté : 7/i/1791
HARPER, Louis & BLEAU, Charlotte (Jean Bleau & Marie-Anne L'Aigle)	Jardinier Inconnue	Coutume de Paris	Planté : 21/xi/1791
LANGLOIS, Antoine & KENNELEY, Elizabeth (Joseph Stilson, beau-père & Catherine Hay)	Marchand-boucher Maître sellier	Coutume de Paris	Chevalier : 19/xi/1811
MAHERE, Jérémi & JEREMI dit DOUVILLE, Marie-Josette (Louis Jérémi dit Douville & Marie-Josette Grenier)	Voyageur Inconnue	Coutume de Paris	Voyer : 4/vii/1790
McNEIL, Ignace & LEVASSEUR, Magdeleine (Paul Levasseur & Charlotte Quiezel)	Pilote Inconnue	Coutume de Paris	Lee : 5/v/1811
MUNRO, Hugh & DELISLE, Rosalie (John Richardson, ancien époux de R. Delisle)	Tailleur Sellier	Coutume de Paris	Voyer : 25/iii/1801
PETRI, Étienne & GENERSY, Lydia (inconnus)	Tavernier Inconnue	pas de communauté de biens	Têtu : 25/vi/1811
PITEAU, Louis & McMILLAN, Geneviève (John McMillan & Reine Gillis)	Calfat Inconnue	communauté de biens non-régie par la coutume	Bélanger : 24/xi/1811
POD, Thomas & BLAIS, Julie (Joseph Blais & Marie-Angélique Routier)	Tavernier Inconnue	Coutume de Paris	Voyer : 20/ix/1800
QUIN, James & HOSMAN dit MENAGER, Angélique (inconnus)	Marchand Inconnue	Coutume de Paris	Pinguet : 28/viii/1791
TANSWELL, Thomas-Joseph & COLARD, Marie-Rosalie (Joseph Colard & Catherine L'Espagnolie)	Professeur de sciences Navigateur	pas de communauté de biens	
VON DEN VELDEN, William & VOYER, Marie-Suzanne (Charles Voyer & Charlotte Perreault)	Arpenteur Notaire	Coutume de Paris	Dumas : 24/x/1801
WIMET, Gabriel & CROISET, Catherine (Pierre Bourget, ancien époux de la mariée)	Menuisier Scieur	Coutume de Paris	Lelièvre : 24/xi/1811
WELLING G. John & LEMAÎTRE, Ursule (Jean-Baptiste Lemaître dit Juron & Marguerite Derome)	Cordonnier Boulanger	Coutume de Paris	Bélanger : 11/ii/1810
WEXLER, Auguste & LAURENS, Pélagie (Jean-Georges Laurens & Rose Turiau)	Marchand Inconnue	pas de communauté de biens	Dumas : 11/iv/1790

SOURCES : Contrats de mariage, ANQ.

**Liste des agents de police ayant prêté serment pendant les
Sessions de la paix tenues à Québec le 19 juillet 1814**

Nom	Profession	Rue	Nom	Profession	Rue
Quartier Saint-Jean			**Quartier Saint-Louis**		
Augustin Turcot, suppléant	Boulanger	Saint-Jean	John Johnston	Tavernier	Esplanade
Jean-B^te Côté	Tavernier	Saint-Georges	John Datton, suppléant	Tavernier	Saint-Jean
Michel Cameron	Tavernier	Saint-Georges	Findlay Campbell	Tavernier	Sainte-Anne
James Fluet	Couvreur en bardeaux	Saint-Joachim	John Effland	Tavernier	ruelle des Ursulines
Michel Mameau	Tavernier				
François Papin	Menuisier	New St.	Michel Jourdain	Maçon	Saint-Denis
Michel Hamel	Cordonnier	Saint-Georges	George Burrel	Tailleur	Saint-Jean
Quartier Saint-Charles			**Quartier du Séminaire**		
Jean B^te Thomas dit Bigouette	Charron	Saint-Vallier	Étienne Galarneau	Boulanger	Saint-Joseph
Étienne Allard, suppléant	Sellier	Saint-Vallier	Alexandre Charron	Cordonnier	Couillard
Alexis Jacques Mongeon	Marchand	Saint-Vallier	Isidore Rosa	Ouvrier	
Joachim Lavignoro	Tavernier	Saint-Vallier	William Burke	Cordonnier	Buade
Louis Jacob	Charron	Saint-Dominique	Ignace Voyer, suppléant	Charretier	Saint-François
Alexander Macdonald	Tavernier	Grant	Antoine Campeau	Boulanger	Laval
André LaCroix, suppléant	Tavernier	Saint-Roch	Joseph Manuau	Sellier	Saint-Flavier
Pierre Simard	Boulanger	Desfossés			
Joseph Montrais	Menuisier	Desfossés			
Daniel Dunscomb	Tavernicr	Desfossés			
			Quartier Saint-Laurent		
			John Dumpy, Grand Baton	Tavernier	Champlain
			François Duval	Mineur	Cap-Blanc
			Denis Doyle	Tavernier	Près-de-Ville
			François Lemelin	Tavernier	Saint-Pierre
			Nicholas Devereux	Tailleur	Notre-Dame
			John Glass	Boulanger	Cul-de-Sac
			John Brewster	Tavernier	Saint-Charles
			David Backman, suppléant	Charpentier	Champlain
			John Reinhard		

**Liste des agents de police ayant prêté serment pendant les sessions
hebdomadaires du samedi 23 juillet 1814**

Nom	Profession	Rue	Nom	Profession	Rue
Quartier Saint-Jean			**Quartier Saint-Louis**		
Étienne Moisan	Charretier		Jean Villers	Marchand	Saint-Jean
François Vermette	Ouvrier	Saint-Jean			
Joseph Martel	Tavernier	D'Aiguillon	**Quartier Saint-Laurent**		
Jean Robitaille	Huissier	Saint-Joachim			
Baptiste Descarreaux	Boulanger	Richelieu	Daniel Baker	Tavernier	Champlain
			Pierre Lajeunesse	Tavernier	Sault-au-Matelot
Quartier Saint-Charles			Jean Lemelin	Tavernier	Chantier du Roi
Joseph Breton	Charpentier	Saint-Joseph			
Gabriel Landry	Ouvrier	Fleury			
Michel Dulac	Charpentier	Richardson			
Grand Baton					

SOURCE : APJQ

Bibliographie

Introduction

Les historiens qui se penchent sur la période coloniale se trouvent devant une masse informe de documents de nature qualitative. De fait, il n'existe à peu près pas de données quantitatives faciles d'accès. En outre, les renseignements de nature descriptive disponibles à l'heure actuelle ne conviennent pas à la plupart des cadres conceptuels imaginés par des chercheurs qui ont recours à des sources contemporaines. Ainsi, les spécialistes de l'histoire coloniale doivent, pour trouver des données de base, consulter diverses sources avant de reconstituer les renseignements d'ordre statistique, problème auquel n'ont pas à faire face les experts qui explorent l'histoire plus récente. Lorsqu'on étudie des données démographiques, par exemple, il ne s'agit pas simplement de tabuler les statistiques des recensements, car les recensements de l'époque coloniale sont rares, incomplets et imprécis. On doit plutôt consulter les archives des églises afin de regrouper des renseignements susceptibles de donner une idée de la population urbaine.

En ce qui a trait à Québec, il existe peu de recensements pour le régime britannique; qui plus est, le recensement de 1831 est si incomplet que les experts préfèrent celui de 1841, qui est loin d'être exact. Toutefois, des listes de naissances, de mariages et de décès pour la population catholique de la ville (1771-1871) figurent dans les *Recensements du Canada : 1870-1871*, V : 278-359, dans les *Journaux de l'Assemblée législative* et dans les registres de la paroisse Notre-Dame de Québec. Ces sources, ainsi que les archives de l'église St. Andrew's et de la cathédrale anglicane, ont été utilisées aux fins de cette étude.

Outre les archives paroissiales, d'autres sources ont été examinées, telles que les actes notariés, les archives judiciaires, les rapports de l'inspecteur des rues, les procès-verbaux de l'hôtel de ville, les cartes, les correspondances d'affaires, ainsi que des photographies et objets historiques. Nous n'avons pas fait état de toutes les références manuscrites utilisées dans ce livre – contrats de travail (1790-1815 et 1820-1829), inventaires après décès (1791-1796; 1807-1812; 1820-25; 1830-35) et annales judiciaires (1790-1830) –, mais les renseignements extraits de ces documents nous ont permis d'établir des données sur des sujets précis comme la main-d'oeuvre, le commerce et l'environnement urbain.

Moins connues, les archives des juges de paix et les correspondances entre agents commerciaux postés à Québec et leur maison mère en Grande-Bretagne nous ont été d'un grand secours. Les dossiers des Séances spéciales de la paix (1806-1833) aux Archives nationales du Québec et ceux des Séances spéciales portant sur les routes et les ponts (1823) aux Archives de l'hôtel de ville de Québec renferment des comptes rendus provenant des juges de paix qui ont veillé à l'administration de la ville. Les rapports des inspecteurs des rues (1817-1833) constituent une autre collection appréciable de documents; ils donnent un aperçu des opinions de l'élite et des groupes ouvriers et exposent les problèmes quotidiens typiques d'un centre urbain en plein expansion. Les cartes routières et les procès-verbaux (1801-1840) conservés à l'hôtel de ville, ainsi que les cartes, plans et procès-verbaux du "Colonial Office" se trouvant aux Archives nationales du Canada à Ottawa, complètent les rapports des inspecteurs[1].

Une autre collection appropriée de manuscrits est constituée par la correspondance qu'entretenaient les marchands britanniques et leur société mère en Grande-Bretagne (Scottish et Public Record Offices, Édimbourg et Londres). Ces documents, qui font état d'entreprises financières, d'opérations de crédit, de testaments, de questions de main-d'oeuvre, d'habitudes de consommation, etc., représentent des sources inestimables qui nous permettent de mieux comprendre le rôle des marchands ainsi que l'économie urbaine. Comme les historiens qui contribuent au *Dictionnaire biographique du Canada* font grand usage de ces sources, cet ouvrage est une référence utile lorsqu'il s'agit d'étudier l'économie et la société urbaines.

Enfin, un commentaire sur l'utilisation des objets et des illustrations. En général, les historiens de l'art et les conservateurs de musée étudient les objets à la lumière de la catégorie à laquelle ils appartiennent, peintures, argenterie, meubles ou textiles, entre autres. Par conséquent, ces objets sont souvent étudiés isolément, sans tenir compte du contexte socio-culturel qui les entoure. C'est ainsi qu'il est arrivé parfois que des biens importés soient placés dans la même catégorie que les produits locaux[2], de sorte qu'on s'est grandement mépris sur le rôle joué par les produits étrangers dans la satisfaction des besoins de la population locale et que le mythe de l'autonomie des pionniers a été exagéré.

On réalisera donc l'importance d'élaborer de nouvelles méthodes susceptibles de faciliter l'étude critique des collections d'objets. D'un point de vue historique, ceux-ci doivent faire l'objet du même examen minutieux que celui dont font l'objet les documents dont on veut vérifier la validité[3]. Malheureusement, de nombreux objets historiques n'ont pas été soumis à un groupement, à une étude ou à une interprétation aussi rigoureux que les documents. Il existe d'autres problèmes, à savoir le manque d'objets datant de l'époque coloniale et le fait que ceux qui ont survécu proviennent habituellement des classes supérieures de la société. Si l'on considère les nombreux obstacles qui entravent l'étude des collections historiques, il n'est pas étonnant que les historiens aient négligé d'utiliser des objets comme sources pour interpréter le passé. Malgré ces problèmes, les objets peuvent constituer un moyen permettant d'examiner des facettes de la vie urbaine au temps de la colonie.

Des cartes, illustrations et photographies d'objets ont été utilisées pour compléter le texte et, parfois, en tant que sources originelles. Afin de mettre en évidence certains éléments d'information, quelques cartes ont été redessinées. De même, des scènes ont été reconstituées à partir de sources historiques décrivant des sujets relativement peu connus, telle l'habitation des familles d'ouvriers.

Notes

1. On trouvera une première étude portant sur ces sources dans notre ouvrage *La ville de Québec, 1800-1850 : Un inventaire de cartes et plans*, Ottawa, MNC, 1975.

2. Adrienne Hood et D.T. Ruddel examinent plus avant la question dans "Artifacts and documents in the history of Québec textiles", présenté à la conférence intitulée "North American material culture research: new objectives, new theories", St. John's, Terre-Neuve, 1986.

3. *Ibid.*

1. Manuscrits

a) *Archives de l'hôtel de ville* (AVQ)

> Procès-verbaux des Sessions de la paix (1814-1833).
> Procès-verbaux du conseil; «Procédés du conseil» (1833-1836).
> Plans et procès-verbaux des inspecteurs des rues (1801-1840).
> Rapports de l'inspecteur des rues (1817-1840).
> Procès-verbaux du Comité du feu (1817-1832).
> Rapports du Bureau de la Santé (1832).
> Procès-verbaux du Comité de la santé (1831-1832).
> Registre de l'impôt foncier pour 1826 (première année de sa parution).

b) *Archives de l'Hôtel-Dieu*

> Notes, 1796-1835.

c) *Archives judiciaires* (APJQ)

> Calendrier de la prison (1800-1815).
> Dossiers des Sessions de la paix (1800-1815).
> Dossiers de la Cour du Banc du Roi (1800-1815).

d) *Archives nationales* (ANQ)

> AP G 193/6 : Fonds Neilson (livres comptables).
> Dossiers des Sessions de la paix, série QBC (1800-1830).
> Rapports des arpenteurs : «Arpentage général, District de Québec» (1800-1830).
> «Procès-verbaux de la voirie de Québec, 1763-1826.»
> Engagements d'apprentis, de compagnons, de journaliers et de domestiques (1790 et 1791; 1800 et 1801; 1810 et 1811).
> Inventaires après décès pour la ville et la région de Québec (1791-1796, 1807-1812, 1820-1825, 1830-1835)
>> Registres paroissiaux :
>> Notre-Dame de Québec (1760-1843).
>> Paroisses des environs de Québec (1760-1843).
>> Saint-Roch (1830-1832 et 1841-1843).
>> Cathédrale anglaise (1790-1818; 1830-1832; 1841-1843).
>> Église St. Andrew's (1790-1818; 1830-1832; 1841-1843).
> Recensement de 1832, ville de Québec.
> Registres carcéraux (1811-1813).
> Cartes et plans de Québec (1765-1840).

e) *Archives nationales* (ANC)

> MG 11, série «Q» : dossiers du "Colonial Office" (1800-1830).
> MG 24-D8 : papiers de Philemon Wright, 1810-1820.
> MG 24-L3 : papiers de Baby, 1750-1820.
> RG 1, L 3L : Québec et Bas-Canada, pétitions concernant des terres et documents connexes (1800-1830).
> RG 2, C8, vol. 11-37 : routes et ponts, Bas-Canada.
> RG 4, A1 : correspondance militaire (1800-1830).
> RG 4, B16, vol. 11 : archives judiciaires (1765-1827).
> RG 4, B21 : recensements de la prison (1800-1831).
> RG 7, G15, vol. 6 : recueils de lettres du secrétaire civil (1790-1820).
> RG 8, I, série C : dossiers de l'armée britannique (1800-1830).
> Recensement de 1842, ville de Québec.
> Cartes et plans de Québec, 1700-1840.
> «Registre français des enregistrements», dossier G (1774-1836) : contrats de travail.
> Le registre anglais, dossier E (1791-1840) : contrats de travail.

f) *Public Records Office, Londres* (PRO)

> WO 55/857-862 (1795-1825) : correspondance militaire concernant Québec.
> Livre des comptes du Service du matériel (1775-1776).
> Listes de paie du Service du matériel (1775-1778).
> Cartes et plans concernant Québec (1765-1840).

g) *Scottish Record Office, Édimbourg* (SRO)

> Correspondance de marchands (1770-1840).
> Livres comptables de marchands (1770-1840).

h) *Archives privées en Écosse*

> Correspondance de marchands (1770-1840).

2. Documents imprimés

a) *Journaux* (en ordre chronologique)

> *La Gazette de Québec* (1764-1831)
> *Québec Herald and Miscellany* (1788-1792).
> *Québec Magazine* (1792-1794).
> *The Times* (1794 et 1795).
> *Québec Mercury* (1805-1831).
> *Le Canadien* (1806-1831).
> *Le Vrai Canadien* (1810 et 1811).
> *La Bibliothèque canadienne* (1825-1830).
> *Vindicator and Commercial Advertizer* (1828-1832).
> *L'Artisan* (1842).

b) *Rapports gouvernementaux et officiels et collections de documents*

Almanach de Québec, 1780, 1782-89, 1791, 1794-1840.

Censuses of Canada, 1665 to 1871, Ottawa, I.B. Taylor, 1876, 5 vols.

CUGNET, F.J., *Traité abrégé des anciennes loix, coutumes et usages de la colonie du Canada [...]*, Québec, G. Brown, 1775.

Documents relatifs à l'histoire constitutionnelle du Canada.

DOUGHTY, Arthur G., and McARTHUR, Duncan A., *Canada, 1818*, Ottawa, C.H. Parmelee, 1914.

GLEASON, Thomas Henri, *The Quebec Directory for 1822, containing an alphabetical list of the merchants, traders and housekeepers, etc.*, Québec, Neilson and Cowan, 1822.

INNIS, H.A., *Select documents in Canadian economic history, 1487-1873*, Toronto, 1929. *Documents relatifs à l'histoire constitutionnelle au Canada, 1759-1791.*

JACHEREAU, Françoise, *Histoire de l'hôtel-Dieu*, Montauban, J. Legier, [1751].

Journals of the Legislative Assembly of Lower Canada (1792-1834)

Journals of the Legislative Assembly of the Province of Canada (1848)

KENNEDY, W.P.M., and LANCTOT, Gustave, eds., *Reports on the laws of Quebec, 1767-1770*, Ottawa, F.A. Acland, 1931.

LAMBERT, Sheila, ed., *House of Commons Sessional Papers of the 18th Century*. LXXXIII.

MACKAY, Hugh, *Directory for the City and suburbs of Quebec*, Québec, Heral Printing Office, 1791.

MUNRO, W.B., *Documents relating to the seigniorial tenure in Canada, 1598-1854*, Toronto, The Champlain Society, 1908.

"Ordinances, made for the province of Quebec....1764-1791" *Report on Canadian Archives,* 1912-1915, Ottawa, C.H. Parmelee, 1913-1916, 2 vols.

PLESSIS, Joseph-Octave, «Les dénombrements de Québec....»,

Rapport de l'archiviste de la province de Québec, 1948-1949.

Provincial Statutes of Lower Canada (1792-1832).

PROVOST, Honorous, *Les premiers anglo-canadiens à Québec. Essai de recensement 1759-1775*, Québec, IQEC, 1983.

ROY, Pierre-Georges, *Inventaire des procès-verbaux des Grands-Voyers conservés aux Archives de la Province*, Beauceville, L'«Éclaireur», Limités, 1923,I.

SHORT, Adam, and DOUGHTY, Arthur, *Documents relatifs à l'histoire constitutionnelle du Canada, 1759-1791*, Ottawa, S.E. Dawson, 1907, 2 vols.

SIGNAY, J., *Recensement de la ville de Québec en 1818*, Québec, Société Historique de Québec, 1976.

Statistical Year Book of the Province of Quebec, 1914.

TÉTU, H., and GAGNON, C.O., eds., *Mandements, lettres pastorales et circulaires des Évêques de Québec*, Québec, 1887,I, III (1656-1650)

(e) *Contemporary accounts*

A practical guide to the Quarter, and other sessions of the peace, Londres, Reed & Hunter, 1815.

ABBOTT, Charles, *A treatise of the law relative to merchant ships and seamen*, London, Luke Hansard, 1802.

Anon., "Description of a tour through the provinces of Lower and Upper Canada, in the course of the years 1792 and '93", *The Canadian Antiquarian and Numismatic Journal*, IX (July-October. 1912).

BARRY, P., *The dockyards and the private shipyards of the Kingdom*, London, T. Danks, 1863.

BIGSBY, John J., *The shoe and canoe or pictures of travelling the Canadas*, London, Chapman & Hall, 1850, I.

BIRD, Charles, "Letters to the Right Honourable Robert Peel, M.P. on the effect of this alteration in the law of England, with reference to the extension of the jurisdiction of justices of the peace, *The Pamphletter* (1828) : 97-114.

BIRD, Isabelle Lucy, *The Englishwoman in America* (1856), Toronto, University of Toronto Press, 1966.

BLACKBURN, Isaac, *A treatise on the science of shipbuilding; with observations on the British navy and the extraordinary decay of the men-of-war*, London, James Asperne, 1817.

BOSWORTH, Newton, *Hochelaga depicta or the early history of Montreal*, Montréal, William Greigh, 1839.

BOUCHETTE, Joseph, *A topographical description of the Province of Lower Canada*, London, W. Faden, 1815.

_____, *The British Dominions in North America*, London, Longman, Rees et al., 1832, I.

BRUNET, M. FREGAULT, G., and TRUDEL, M., *Histoire du Canada par les textes*, Montréal, Fides, 1952.

BUCKINGHAM, James S., *Canada, Nova Scotia, New Brunswick and other British Provinces in North America*, London, Fisher & Son Co., 1843.

BURN, Richard, *Le juge à paix et officier de paroisse pour la Province de Québec*, extrait de Richard Burn....traduit par Joseph F. Perrault, Montréal, Fleury Mesplet, 1789.

_____, *The justice of the peace and parish officer*, London, King's Law Printer, 1758, (6th edition), 3 vols.

_____, *The justice of the peace and parish officer, continued to the present time by John Burn*, London, A Straham and W. Woodfall, 1788, 4 vols.

BURROWS, John, "On national prejudices; their good and bad effects", *The Pamphletter*, 1817, IX : 584-595.

CHRISTIE, R., *A history of the late Province of Lower Canada*, Québec, 1848, 6 vols.

CIMON , Mother Adèle, *Glimpses of the Monastery : A brief sketch of the history of the Ursulines from 1672 to 1838*, Québec, C. Darveau, 1875, 2 vols.

COCHRAN, A.W., "Notes on the measures adopted by Government, between 1775 and 1786 to check the St. Paul's disease", dans *Litterary and Historical Society Transactions*, IV (1855); 139-152.

COLGATE, William, ed., "Letters from the Honourable Chief Justice William Osgoode", *Ontario History*, XLVL : 149-169.

DEGASPE, Phillippe Aubert, *Les anciens Canadiens*, Montréal, Beauchemin, 1931, 299 p.

_____, *The Canadians of old*, New York, Appleton, 1890, 287 p.

DE SALES LATERRIÈRE, Pierre, *Mémoire de Pierre de Sales Laterrière et de ses traverses, 1747-1815*, Québec, 1873.

DUNCAN, John, *Travels through part of the United States and Canadian 1818 and 1819*, New York, 1823, II.

DUNLOP, William H., *Reminiscences of Alexander Dunlop of Clober, 1792-1880*, Ayr, W.H. Dunlop, 1967.

DURHAM, Lady, "Lady Durham's journal", *Literary and Historical Society's Historical Documents*, Québec, Telegraph Printing Co. (1915) : 61 p.

EDGAR, Matilda, *Ten years of Upper Canada in peace and war, 1805-1815*, Toronto, W. Briggs, 1890.

FAIRLEY, M., ed., *The selected writings of William Lyon Mackenzie, 1824-1837*, Toronto, Presses de l'Université d'Oxford, 1960.

GRANT, G.M., ed., *Picturesque Canada*, Toronto, Belden Bros, s.d., 4 vols.

GRANT, T.H., "On the future commercial policy of Brithish North America", *Transactions of the Literary and Historical Society*, Québec (1867) : 64-78.

HALL, Captain Basil, *Travels in North American in the years 1827 and 1828*, Edinburgh, Cadell & Co., 1830, 3 vols.

HANWAY, Jonas, Letter IV : Being thoughts on the means of augmenting the number of mariners in these kingdoms upon principles of liberty, London, 1758, 30 p.

_____, Letter V to Robert Dingley, Esqu. : Being a proposal for the relief and employment of friendless girls and repenting prostitutes, London, 1758, 35 p.

_____, Reasons for an augmentation of at least 12 000 mariners to be employed in the merchant service....in 33 letters, London, 1759, 127 p.

_____, The seaman's Christian friend; containing moral and religious advice to seamen, London, 1779, 280 p.

_____, Three letters on the subject of the Marine Society, London, 1758, 70 p.

HERIOT, George, *Travels through the Canadas (1813)*, Edmonton, M.G. Hurtig Ltd., 1971.

HOLMES, Mother Josephine, *Glimpses of the Monastery. Scenes from the history of the Ursulines of Quebec during two hundred years, 1739-1839*, Québec, L.J. Demers, 1897.

INNIS, Mary Quale, ed., *Mrs. Simcoe's diary*, Toronto, Macmillan, 1965.

KALM, Pierre, *Voyage dans l'Amérique du Nord*, traduit par L.W. Marchand, Mémoires de la Société Historique de Montréal, Montréal, T. Berthiaume, 1880.

KELLY, William, "On the medical statistics of Lower Canada" *in Transactions of the Literary and Historical Society,* III (1837) : 193-221.

LACROIX, Paul, et al., *Histoire des cordonniers et des artisans ... précédé de l'histoire de la chaussure [...],* Paris, Librairie Historique, 1852.

LAMBERT, John, *Travels through Lower Canada and the United States in the years 1806, 1807 and 1808,* London, 1810, 2 vols.

LABEAU, E., *Histoire du droit canadien,* Montréal, A. Périard, 1889, 2 vols.

LEFEBVRE, B., *Cinq femmes et nous,* Québec, Belisle, 1950.

LOGAN, Deborah Norris, *Memoir of Dr. George Logan of Strenton with selections from his correspondence,* Philadelphia, The Historical Society of Philadelphia, 1869.

LUCAS, C.P., *Lord Durham's Report on the affairs of British North America,* Oxford, Clarendon Press, 1912, 3 vols.

MARTIN, R.S., *History of Upper and Lower Canada,* London, J. Mortimer, 1836.

MOODIE, Suzanne, *The Canadian settler's guide (1855),* Toronto, McClelland and Stewart, 1969.

POTHERIE, Bacqueville de la, *Histoire de l'Amérique septentrionale,* Paris, 1722.

«Regards sur Montréal», *Cahiers de l'Académie canadienne-française,* no. 10, Montréal (1966).

ROSA, Narcisse, *La construction des navires à Québec et ses environs,* Québec, L. Brousseau, 1897.

SILLIMAN, Benjamin, *A tour to Quebec in the autumn of 1819,* London, P. Phillips & Co., 1822.

TAYLOR, Charles, *Remarks on the culture and preparation of hemp in Canada,* Québec, Neilson, 1806.

TRAILL, Catharine Parr, *The backwoods of Canada (1836),* Toronto, McClelland and Stewart, 1966.

WELD, Isaac, *Travels through the States and the Province of Upper and Lower Canada during the years 1795, 1796 and 1797,* London, John Stockdale, 1799.

(d) Inventaires, guides et dictionnaires

Archives du Québec, *État général des archives publiques et privées,* Québec, Ministère des Affaires culturelles, 1968.

BASTIEN, Geneviève G., et al., *Inventaire des marchés de construction des Archives civiles de Québec, 1800-1870,* Ottawa, Parks Canada, 1975.

BEAULIEU, André, and HAMELIN, Jean, *Les journaux du Québec de 1764 à 1964,* Québec, Les Presses de l'Université Laval, 1965.

BEAULIEU, André, HAMELIN, Jean, and BERNIER, Benoît, *Guide d'histoire du Canada,* Québec, Les presses de l'Université Laval, 1969.

BEAULIEU, André, and MORLEY, W.F.E., *La Province de Québec,* Toronto, University of Toronto Press, 1971.

Bibliogrpahy. Manuscript report series nos. 1-430. Unedited manuscripts of the Parks Canada Research Divisions, Ottawa, Parks Canada, 1981.

CASTERAN, Nicole, *Répertoire préliminaire des produits des Forges du Saint-Maurice,* Travail inédit no. 132, Ottawa, Parks Canada, 1973.

Crick and Alman guide to the manuscripts in the SRO, Edinburgh, SRO, s.d.

DAHL, E., ESPESSET, H. LAFRANCE, M., and RUDDEL, D.T., *Inventaire des cartes de la ville de Québec,* Ottawa, National Museums of Canada, 1975.

Dictionnaire biographique du Canada, III-IV (1741-1820).

DOYLE-FRENIERE, Murielle, «Les archives de la ville de Québec», *UHR* (June, 1977) : 33-37.

DUBÉ, Doris Drolet, and LACOMBE, Marthe, *Inventaire des marchés de construction des archives nationales à Québec, XVIIe et XVIIIe siècles,* Ottawa, Parks Canada, 1977.

DUROCHER, René, and LINTEAU, Paul-André, *Histoire du Québec. Bibliographie sélective (1867-1970),* Trois-Rivières, Boréal Express, 1970.

HARE, John, and WALLOT, Jean-Pierre, *Confrontations Ideas in conflict,* Trois-Rivières, Boréal Express, 1970.

_____, *Les imprimés dans le Bas-Canada, 1801-1840. Bibliographie analytique, I (1801-1810),* Montréal, Les Presses de l'Université de Montréal, 1967.

HARPER, J. Russell, *Painting in Canada : a history,* Toronto, University of Toronto Press, 1977.

Héritage de France. La peinture française de 1610 à 1760, Montréal, Le Musé des Beaux-Arts de Montréal, 1961.

HOLMDEN, H.R., *Catalogue des cartes, plans et cartes marines conservés au dépôt des cartes des Archives canadiennes,* Ottawa, Imprimerie nationale, 1912.

HUBBARD, R.H., *Thomas Davies, c. 1737-1812,* Ottawa, National Gallery, 1972.

Index to the archival publications of the Literary and Historical Society of Quebec, 1824-1924, Québec, L'Événement Press, 1923.

INNIS, H.A., *Select documents in Canadian economic history, 1487-1873,* Toronto, 1929.

JONES, Gareth, ed., *The sovereignty of the law. Selections from Blackston's commentaries on the laws of England,* Toronto, University of Toronto Press, 1973.

KINGSLEY, James, ed., *Burns poems and songs,* Oxford, Oxford University Press, 1971.

LECLERC, Eugene, *Statistiques rouges,* Québec, 1932.

"List of Canadian documents. Gifts and deposits", Register House, SRO, Edinburgh, s.d.

"List of historical documents and new series of "Transactions" published by the Literary and Historical Society of Quebec, Québec, Chronicle-Telegraph, 1927.

MONIÈRE, Denis, and VACHET, André, *Les idéologies au Québec,* Montréal, Ministère des affaires culturelles, 1976.

MORISSET, Gérard, *La peinture traditionnelle au Canada français,* Ottawa, Le cercle du livre de France, 1960.

MOUSSETTE, Marcel, *Répertoire des fabricants d'appareil de chauffage du Québec (1760-1867),* Travail inédit no. 125, Ottawa, Parks Canada, 1972.

"Mss relating to North America not in the Crick and Alman guide", Edinburgh, sro, s.d.

Public Archives of Canada, *General inventory, manuscripts,* vols. 2, 3 and 4.

Québec vu par Livernois, Vallée, Notman, Leggo, Henderson, Ellison, Québec, Ministère des affaires culturelles, 1969.

Record repositories in Great Britain, London, Her Majesty's Stationary Office, s.d.

ROY, P.-G., Inventaire d'une collection de pièces judiciaires, notariales, etc., etc., conservées aux archives judiciaires de Québec, Beauceville, La compagnie de «l'Éclaireur», 1917, 2 vols.

SAINTY, J.C., *Colonial Office officials*, London, Institute of Historical Research, 1976.

"Source list of material relating to Canada taken from the National Register of Archives (Scotland)", Edinburgh, sro, s.d.

Table des matières des rapports des Archives du Québec (1920-1964), Québec, Roch Lefebvre, 1965.

The French in America, 1520-1820, Detroit, Detroit Institute of Arts, 1951.

TREMAINE, Marie, *A bibliography of canadian imprints*, Toronto, University of Toronto Press, 1952.

WALLACE, W. Stewart, comp., *The Macmillan Dictionary of Canadian Biography*, Toronto, Macmillan, 1963.

3. Monograhies et articles

a) *Géographie, population et société*

(i) Études sur le Contexte

BOURGEOIS-PICHAT, J., "The general development of the population of France since the eighteenth century" dans D.V. Glass and D.E.C. Eversley, eds., *Population in history*, 474-507.

BRIDENBAUGH, Carl, *Cities in revolt. Urban life in America, 1743-1776*, New York, A.A. Korpf, 1953.

CHAMBERS, J.D., *Population, economy and society in pre-industrial England*, London, Oxford University Press, 1972.

COSER, Lewis, *Continuities in the study of social conflict*, New York, Free Press, 1967.

DRAVASA, E, «Les classes sociales au XVIIe siècle à Bordeaux d'après les contrats de mariages» dans *Revue juridique et économique du Sud-Ouest*, Série économique (1963) : 961-1012.

DUBY, Georges, «Histoire sociale et histoire des mentalités», *La nouvelle critique*, XXXIV (May, 1970) : 11-19.

DYOS, H.J., and WOLFF, Michael, eds., *The Victorian City*, London, Routledge & Kegan Paul Ltd., 1973, vol. 1.

EVERITT, Alan, "Kentish family portrait : an aspect of the rise of the pseudo-gentry" dans C.W. Chalklin and M.A. Howden, eds., *Rural change and urban growth*, London, Longman, 1974 : 169-202.

GEORGE, Dorothy, *Hogarth to Cruckshank : Social change in graphic satire*, London, Penguin Press, 1967.

GERMANI, Gino, "Social change and intergroup conflicts", *The New Sociology*, ed. Louis Horowitz, New York, Oxford University Press, 1964 : 391-408.

GERSCHENKRON, Alexander, *Continuity in history and other essays*, Cambridge, Mass., Harvard University Press, 1968.

GLAAB, C.N., and BROWN, A.T., *A history of urban America*, New York, The Macmillan Co., 1967.

GOUBERT, Pierre, *Cent mille provinciaux au XVIIe siècle*, Paris, Flammarion, 1968.

———, *L'ancien régime, I : La société*, Paris, Armand Colin, 1969.

———, «Le régime démographique français au temps de Louis XIV» dans Fernand Braudel et Ernest Labrousse, eds., *Histoire économique et sociale de la France*, Paris, Presses Universitaires de France (1970) : 23-54.

———, "Recent theories and research in French population between 1500 and 1700" dans D.V. Glass and D.E.C.

Eversley, *Population in history*, London, Edward Arnold Publishers Ltd., 1965 : 457-473.

GUILLAUME, Pierre, La population de Bordeaux au XIXe siècle : essai d'histoire sociale, Paris, Armand Colin, 1972.

GUTKIND, Peter C.W., *Urban Anthropology*, Assen, Van Gorcum, 1974.

HANDLIN, Oscar, "The modern city as a field of historical study" dans Alexander B. Callow, ed., *American urban History*, New York, Oxford University Press, 1969 : 7-25.

HAUSSER, Phillip M. and SCHNORE, Leo F., eds., *The study of urbanization*, New York, John Wiley & Sons, Inc., 1965.

HEDGES, A.A.C., *Admiral Lord Nelson*, Norwich, Jarrold, s.d.

HENRETTA, James A., *The evolution of American Society, 1700-1815*, Lexington, Mass., D.C. Heath & Co. 1973.

HENRY, Louis, "The population of France in the eighteenth century" dans D.V. Glass and D.E.C. Eversley, eds., *Population in history*, London, Edward Arnold Publishers Ltd., 1965 : 434-456.

HOLLINGSWORTH, T.H., *Historical demogrpahy*, Ithaca, N.Y., Cornell University Press, 1969.

LAMPARD, Eric E., "Historical aspects of urbanization", Phillip M. Hauser and Leo F. Schnore, eds., *The study of urbanization*, New York, John Wiley & Sons, Inc., 1965 : 519-554.

———, "The urbanizing world", H.J. Dyos and Michael Wolff, eds., *The Victorian City*, London, Routledge & Kegan Paul ltd., 1973, I : 3-35.

———, "Urbanization and social change; on broadening the scope and relevance of urban history", Oscar Handlin and John Burchard, eds., *The Historian and the City*, Boston, MIT and Harvard Press, 1963 : 225-247.

LASLETT, Peter, *The world we have lost*, London, Methuen & Co. Ltd., 1965.

LEE, Everett S., and LALLI, Michael, "Population" dans D.T. Gilchrist, ed., *The growth of the seaport cities, 1790-1825*, Charlottesville, University Press of Virginia, 1967 : 34-36.

LEVI-STRAUSS; Claude, *Anthropologie structural*, Paris, Librairie Plon, 1973, 3 vols.

MacLAREN, A.A., ed., *Social class in Scotland*, Edinburgh, John Donald Publishers Ltd., (s.d.).

McCAFFREY, W.T., "Place and patronage in Elizabethan politics", S.T. Bindoff, ed., *Elizabethan government and society*, London, Athlone Press (1960) : 95-127.

MEUVRET, J., "Demographic crisis in France from the sixteenth to the eighteenth century" dans D.V. Glass and D.E.C. Eversley, *Population in history*, London, Edward Arnold Publishers Ltd. (1965) : 507-522.

MOHL, Raymond A., and RICHARDSON, Richard, eds., *The urban experience*, Belmont, California, Wadsworth Publishing Co., Inc., 1973.

MOORE, Barrington, *Social origins of dictatorship*, Boston, Beacon Press, 1967.

MOORE, W.E., and FELDMAN, A.S., eds., *Labor commitment and social change in developing areas*, New York, Social Science Research Council, 1960.

NEALE, R.S., *Class and ideology in the nineteenth century*, London, Routledge & Kegan Paul, 1972.

NORTON, Susan L., "Marital migration[...], *Studies on American historical demography*", by Vinovskis, ed., 147-159.

OSBORNE, J.W., *The silent revolution : The industrial revolution as a source of cultural change*, New York, Charles Scribner's Sons, 1970.

OSBORNE, Richard, "Scottish migration statistics : a note "dans *Scottish Geographical Magazine* (1956) : 153-159.

OSTERUD, Nancy, and FULTON, John, "Family limitation and age at marriage : fertility decline in Strubridge, Mass., 1730-1850", *Studies in American historical demography*, by Vinovskis, ed., 300-412.

POTTER, J., "The growth of population in America, 1700-1860" dans D.V. Glass and D.E.C. Eversley, *Population in history*, London, Edward Arnold Publishers Ltd., (1965) : 631-688.

SCHNORE, Leo F., and PETERSEN, Gene R., "Urban and metropolitan development in the United States and Canada", *The Annals of the American Academy of Political and Social Science*, vol. 316 (Mars 1958) : 60-68.

SCOTT, Daniel S., "Parental power and marriage patterns : An analysis of historical trends in Higham, Massachusetts" dans *Journal of marriage and the family*, (Août 1973) : 419-428.

SHORTER, Edward, *The making of the modern family*, New York, Basic Books, 1975.

SOBOUL, Albert, *Les sans culottes*, Paris, Seuil, 1968.

SMITH, Daniel Scott, "The demographic history of colonial New England", *Studies in American historical demography*, by M.A. Vinovskis, ed.

TAEUBER, C., and TAEUBER, I.B., *The changing population of the United States*, New York, John Wiley & Sons, 1958.

TAYLOR, G.R., "Comment" dans D.T. Gilchrist, ed., *The growth of the seaport cities, 1790-1825*, Charlottesville, University Press of Virginia, 1967 : 37-46.

VAUGHAN, Michalina, and ARCHER, Margaret Scotford, *Social conflict and education change in England and France (1789-1848)*, Cambridge, University Press, 1971.

Vinovskis, M.A., ed., *Studies in American historical demogrpahy*, New York, Academic Press, 1979.

_____, "Mortality rates and trends in Massachusetts before 1860", *Studies in American historical demograhy*, by Vinovskis, ed., 225-254.

_____, "Recent trends in American historical demography", *Studies in American historical demography*, by Vinovskis, eds., 1-25.

WELLS, R.V., "Family size and fertility control in eighteenth-century America : A study of Quaker families", *Studies in American historical demography*, by Vinovskis, ed., 171-223.

WHITE, Leslie A., *The evolution of culture*, New York, 1958.

(ii) *Bas-Canada et Québec*

ABBOTT, M.E., *History of medicine in the Province of Québec*, Toronto, MacMillan Co., 1931.

AHERN, M.J. and Georges, *Notes pour servir à l'histoire de la médecine dans le Bas-Canada*, Québec, 1923.

Anon, «Arpenteurs du Bas et Haut Canada», *BRH* (1933) XXXIX : 723-738.

AUDET, Louis-Philippe, *Histoire de l'éducation au Québec*, Montréal, Centre de Psychologie et de Pédagogie, 1966.

_____, "Programmes et professeurs au Collège de Québec", *Les Cahiers des Dix* (1969) : 13-38.

BAILLARGEON, Noel, *Le Séminaire de Québec sous l'Épiscopat de Mgr de Laval*, Québec, Les Presses de l'Université Laval, 1972.

BERNARD, Jean-Paul, *Les rebellions de 1837-1838*, Montréal, Boréal Express, 1983.

BERNARD, J.-P., LINTEAU, P.-A, and ROBERT, J.-P., «La structure professionnelle de Montréal en 1825», *RHAF*, XXX (dec. 1976) : 338-407.

BERNIER, Gérald, «Sur quelques effets de la rupture structurelle engendrée par la Conquête au Québec : 1760-1854», *RHAF* (Juin 1981) : 69-95.

BLAIN, Jean, «Les structures de l'Église et la conjoncture coloniale en Nouvelle-France, 1632-1674», *RHAF*, XXI (mars 1968) : 749-757.

BLANCHARD, Raoul, *L'est du Canada français*, Montréal, Beauchemin, 1935, II.

BOUCHARD, Gérard, «Introduction à l'étude de la société saguenayenne aux XIXe et XXe siècles, *RHAF*, XXXIII (juin 1977); 3-27.

BOURQUE, Gilles, *Classes sociales et question nationale au Québec : 1760-1840*, Montréal, Parti pris, 1970.

BOURQUE, G. et FRENETTE, Nicole, «La structure nationale québécoise.». *Socialisme québécoise* (avril 1970).

BROWN, Clement, *Québec, croissance d'une ville*, Québec, Les Presses Universitaires Laval, s.d.

CARELESS, J.M..S., *Brown of the Globe*, Toronto, Macmillan Co., 1959, I.

CHARBONNEAU, André, DESLOGES, Yvon, and LAFRANCE, Marc, *Québec, ville fortifiée, 1600-1900*, Québec, Parcs Canada, 1981.

CHARBONNEAU, Hubert, «À propos de démographie urbaine en Nouvelle-France — Réflexions en marge d'habitants et marchands au XVIIe siècle de Louise Dechêne», *RHAF*, XXX (sept. 1976) 263-269.

_____, *Vie et mort de nos ancêtres*, Montréal, Presses de l'Université de Montréal, 1975.

CHARBONNEAU, Hubert, DESJARDINS, Bertrand and BEAUCHAMP, Pierre, «Le comportement démographique des voyageurs sous le régime français» dans *Histoire sociale*, XI (mai 1978) : 120-133.

CLARK, John, «François Baby», *DCB*, V : 41-45.

CLARK, S.D., *The social development of Canada*, Toronto, University of Toronto Press, 1942.

COLLECTIF, "Alexander Munn", *DCB*, V : 616-618.

COOPER, J.I., "The social structure of Montreal in the 1850s", *Canadian Historical Association papers* (1956) : 63-73.

COURVILLE, Serge, «Espace, territoire et culture en Nouvelle-France», *RHAF* (déc. 1983) : 417-431.

COWAN, Helen I., *British emigration to British North America*, Toronto, University of Toronto Press, 1967.

DECHÊNE, Louise, *Habitants et marchands de Montréal au XVIIe siècle*, Montréal, Plon, 1974.

_____, «Quelques aspects de la ville de Québec au XVIIIe siècle d'après les dénombrements paroissiaux», *Cahiers de géographie du Québec*, XXXVIII (déc. 1984) : 485-505.

DE GRANPRE, Pierre, *Histoire de la littérature française du Québec*, Montréal, Beauchemin, 1967. I.

DESJARDINS, Edouard, «La grande épidémie de 'picote noire'» dans *L'Union médicale du Canada*, vol. 99 (août 1970) : 1470-1477.

DIONNE, Hélène, *Les contrats de mariage à Québec, 1790-1812*, Ottawa, Musée national de l'Homme, 1979.

DOUGHTY, A.G., *The cradle of New France*, London, Longman, Green & Co., 1909.

DUBUC, Alfred, "Problems in the study of the statificaiton of the Canadian society from 1760 to 1840", *CHAR*, 1965-1966.

ESPESSET., H., HARDY, J.-P., RUDDEL, D.-T., «Le monde du travail au Québec au XVIIIᵉ et au XIXᵉ siècles : Historiographie et état de la question», *RHAF* (mars 1971) : 529-539.

FRENIERE, André, «Jean-Claude Panet», *DBC*, V : 651-653.

GALARNEAU, Claude, «La vie culturelle au Québec», *L'art du Québec au lendemain de la Conquête (1760-1790)*, Québec, Ministère des affaires culturelles (1977) : 89-99.

GARIGUE, Philippe, *L'opinion politique du Canada français : une interprétation de la survivance nationale*, Montréal, Éditions du Lévrier, 1963.

GROULX, Lionel, *L'enseignement français au Canada (1939)*, Montréal, Ed. Leméac, 19798. I.

HARDY, Jean-Pierre, and RUDDEL, David-Thiery, «Un projet sur l'histoire de la culture matérielle», *Bulletin d'histoire de la culture matérielle*, Ottawa, Musé national de l'Homme (1979) : 35-42.

HARE, John, «La population de la ville de Québec, 1795-1805», *Histoire sociale* (mai 1974) VII : 23-47.

HARE, J., LAFRANCE, M., RUDDEL, D.-T., *Histoire de la ville de Québec, 1608-1871*, Montréal, Boréal Express, Musée canadien des civilisations, 1987.

HEAGERTY, John J., *Four centuries of medical history in Canada*, Toronto, The Macmillan Co. of Canada Ltd., 1928, I.

HENRIPIN, Jacques, and PERON, Yves, «La transition démogrpahique de la province de Québec», dans Hubert Charbonneau, *La population du Québec : études rétrospectives*, Montréal, Borél Express, 1973 : 23-45.

IGARTUA, José. "A change in climate : The Conquest and the marchands of Montreal", *Canadian Historical Association papers* (1974) : 115-134.

_____, "The merchants of Montreal at the Conquest : socio-economic profile", *Social History*, VIII (nov. 1975) : 275-294.

JAENSEN, Cornelius J., *The role of the Church in New France*, Toronto, McGraw-Hill Ryerson Ltd., 1976.

JEAN, Marguerite, *Évolution des communautés religieuses de femmes au Canada de 1639 à nos jours*, Montréal, Fides, 1977.

LACELLE Claudette, *La garnison britannique dans la ville de Québec d'après les journaux de 1764 à 1840*, Travail inédit no. 183, Ottawa, Parcs Canada, 1976.

_____, *La propriété militaire dans la ville de Québec*, Ottawa, Parcs Canada, 1982.

LANGLOIS, Egide, *Livres et lecteurs à Québec, 1760-1799*, Thèse de maîtrise, Université Laval, 1984.

LANGLOIS, Georges, *Histoire de la population canadienne-française*, Montréal, A. Lévesque, 1934.

LEBLOND, Sylvio, "James Douglas, M.D. (1800-1896)", *The Canadian Medical Association Journal* (mars 1952) : 283-287.

LEGARÉ, Jacques, LAROSE, André, and ROY, Raymond, «Reconstitution de la population canadienne au XVIIᵉ siècle : méthodes et bilan d'une recherche», *Recherches sociographiques* XIV (1973).

LESPERANCE, André, *La mortalité à Québec de 1771 à 1870*, Thèse de M.A., Université de Montréal, 1970.

LOWER, A.R.M., "Immigration and settlement in Canada, 1812-1820, *CHR* (mars 1922) : 37-47.

MACMILLAN, David S., "The 'New Men' in action : Scottish mercantile and shipping operations in the North American colonies, 1760-1825", D.S. Macmillan, *Canadian Business History*, Toronto, McClelland and Steward Ltd., 1972 : 44-104.

MAJOR-FREGEAU, Madeleine, *La vie et l'oeuvre de Français Malepart de Beaucourt (1770-1794)*, Québec, MAC, 1979.

MARCIL, Eilee, "Patrick Bratson", *DBC*, IV : 52-53.

MATHIEU, Jacques, «Un pays à statut colonial», Jean Hamelin, ed., *Histoire du Québec*, St. Hyacinthe, Edisem (1977) : 183-230.

_____. «La vie à Québec au milieu du XVIIe siècle. Étude des sources», *RHAF*, XXIII (déc. 1969) : 404-424.

MIQUELON, Dale, ed., *The debate on the Bourgeoisie and social change in French Canada, 1700-1850*, Toronto, Coppark Publishing, 1977.

MOOGK, Peter, N., "John Young", *DBC*, V : 877-882.

O'GALLAGHER, Mariana, *Saint Patrick's Church, Quebec. The building of a church and a parish. 1827-1833*, Thèse de M.A., University of Ottawa, 1976.

OUELLET, Fernand, *Éléments d'histoire sociale du Bas-Canada*, Montréal, Hurtubise HMH, Lté, 1972.

_____, «La 'noblesse canadienne' en 1767 : un inventaire», *Histoire sociale* : 131-137.

_____, «Les classes dominantes au Québec, 1760-1840. Bilan historiographique», *RHAF* (automne 1984) : 223-243.

_____, «Propriété seigneuriale et groupes sociaux dans la vallée du Saint-Laurent (1643-1840)», *Mélange d'histoire au Canada français offerts au professeur Marcel Trudel*, Ottawa, Éditions de l'Université d'Ottawa, 1978 : 195-203.

_____, «Toussaint Pothier et le problème des classes sociales (1829)», *BRH*, (1955) : 147-159.

PAQUET, Gilles, and WALLOT, Jean-Pierre, *Patronage et pouvoir dans le Bas-Canada (1792-1812)*, Montréal, Les presses de l'Université du Québec, 1973.

_____, «Groupes sociaux et pouvoir : le cas canadien au tournant du XIXᵉ siècle», *RHAF* (mars 1974) : 509-564.

PARKER, Gilbert, and BRYAN, Claude G., *Old Quebec. The fortress of New France*, Toronto, Copp & Clark, 1903.

PENTLAND, Clare, *Labour and capital in Canada, 1650-1860*, Toronto, J. Lorimer et Co., 1981.

PORTER, McKenzie, *Julie. The royal mistress*, Toronto, Gage, 1961.

POTHIER, Bernard, *The Quebec model*, Ottawa, National Museums of Canada, 1978.

POULIN, Claude, *Les métiers à Québec d'après le recensement de 1744*, Thèse de licence, Université Laval, 1965.

PRICE, Lynda, *An introduction to a social history of Scots in Quebec, 1780-1850*, Ottawa, Musée national de l'Homme (MCC), 1981.

PROULX, Gilles, *Soldats à Québec, 1748-1759*, Travail inédit no. 242, Québec, Parcs Canada, 1977.

RAPP, Count, *Memoirs of General Count Rapp*, London, H. Colburn, 1823.

REID, Allana, *The development and importance of the Town of Quebec, 1608-1760*, Thèse de Ph.D, University of McGill, 1950.

REID, Philippe, *Idéologie et société globale; le journal Le Canadien, 1806-1842*, Thèse de Ph.D, Université Laval, 1979.

ROBERT, Jean-Claude, *Montréal, 1821-1871. Aspects de l'urbanisation*, thèse de doctorat thesis, École des Hautes Études en Sciences Sociales, Paris, 1977.

_____, «Un seigneur entrepreneur, Barthelemy Joliette», *RHAF*, XXVI (dec. 1972) : 375-395.

ROBERTS, David, "William Grant", *DCB*, V : 367-375.

_____, "Ralph Gray", *DCB*, V : 384-386.

ROSSITER, W.S., *A century of population growth*, Baltimore, Genealogical Publishing Co., 1967.

ROY, Jean-Marie, «Québec, esquisse de géographie urbaine», *le Géographe canadien*, Association canadienne des Géographes, no. 2 (1952) : 83-86.

ROY, Pierre-Georges, *A travers l'histoire des Ursulines de Québec*, Lévis, 1939.

_____, *La famille Tarien de Lanaudière*, Lévis, Ls. A. Proulx, 1922.

_____, *La ville de Québec sous le régime français*, Québec, R. Paradis, 1930, 2 vol.

RUDDEL, D.-T., *Apprenticeship in early nineteenth century Québec, 1793-1815*, Thèse de M.A., Université Laval, 1969.

RUDDEL, David-Thiery et LAFRANCE, Marc, «Québec, 1785-1840 : problèmes de croissance d'une ville coloniale», *Histoire sociale/Social History* (nov. 1985) : 315-333.

RYERSON, Stanley-Bréhaud, «Québec : concepts of class and nation», dans G. Teeple, ed., *Capitalism and the national question* : 212-226.

_____, «Pierre Bréhaut», *DCB*, V : 107-108.

STEELE, I.K., "Hugh Finlay", *DCB*, V : 314-319.

TEEPLE, G., éd., *Capitalism and the national question*, Toronto, University of Toronto Press, 1972.

TOUSIGNANT, Pierre, Madeleine Dionne, «Joseph-François Cugnet», *DBC*, IV : 197-201.

TOUSSIGNANT, Pierre et WALLOT. Jean-Pierre, "Thomas Dunn", *DBC*, IV : 287-293.

TRUDEL, Marcel, *Atlas de la Nouvelle France*, Québec, Les presses de l'Université Laval, 1968.

_____, *La population du Canada en 1663*, Montréal, Fides, 1973.

_____, «Les débuts d'une société : Montréal, 1642-1663, Études de certains comportements sociaux», *RHAF*, XXIII (sept. 1969) : 185-206.

_____, *Le terrier du Saint-Laurent en 1663*, Ottawa, Éditions de l'Université d'Ottawa, 1973.

TRUDELLE, Joseph, *Les jubilés et les églises et les chapelles...de Québec, 1608-1901*, Québec, Le Soleil, 1904, 2 vols.

WADE, Mason, *The French Canadians, 1760-1967*, Toronto, Macmillan, 1968, I.

WALLOT, Jean-Pierre, *Québec qui bougeait*, Montréal, Boréal Express, 1973.

_____. "Religion and French-Canadian mores in the early nineteenth century", *CHR* (mars 1971) : 51-94.

WOOD, William, "Unique Quebec", *The centenary volume of the Literary and Historical Society of Quebec, 1824-1924*, Québec, L'Événement Press, 1924 : 5-109.

(b) *Économie :*

(i) Perspectives internationales

ASHTON, T.S., *The industrial revolution, 1760-1830*, London, Oxford University Press, 1948.

BLOCH, March, *French rural history*, Berkeley, University of California Press, 1966.

CAMPBELL, Mildred, *The English yeoman*, New York, A.M. Kelley, 1968.

CARROLL, Charles F., *The timber economy of Puritan New England*, Providence, Brown University Press, 1973.

CHALKLIN, C.W., and HAVINDEN, M.A., eds., *Rural change and urban growth, 1500-1800*, London, Longmans, 1974.

CHAMBERS, J.D., "The rural domestic industries during the period of transition to the factory system[...]", *Second International Conference of Economic History* (1962), Paris, Mouton & Co. (1965) : 429-457.

CLARKSON, L.A., *The pre-industrial economy in England, 1500-1700*, London, B.T. Batsford Ltd., 1974.

COONS, Martha, et al., *Linen-making in New England, 1640-1860*, North Andover, Merrimack Valley Textile Museum, 1980.

DAICHES, David, *Scotch whiskey : Its past and present*, Glasgow, Fontana Collins, 1976.

DALTON, George, ed., *Primitive, archaic and modern economies : Essay of Karl Polanyi*, New York, Anchor Books, 1968.

DEVINE, T.M., *The tobacco lords*, Edinburgh, J. Donald Publishers Ltd., 1975.

DOBB, Maurice, *Studies in the development of capitalism*, London, Routledge & Kegan Paul Ltd., 1963.

DONNACHIE, Ian, *A history of the brewing industry in Scotland*, Edinburgh, John Donald Publishers Ltd., 1979.

DOUGAN, David, *The shipwrights*, Newcastle upon Tyne, F. Graham, 1975.

DYOS, H.J., and ALDCROFT, D.H., *British transports*, Harmondsworth, Penguin Books, 1974.

ERNST, Joseph A., *Money and politics in America, 1755-1775*, Charlotte, N.C., North Caroline Press, 1973.

EVERITT, Alan, "The grass-roots of history", *Times Literary Supplement*, 28/7/1972.

GODDENBERG, Joseph A., *Shipbuilding in colonial America*, Charlottesville, University Press, 1976.

GOHEEN, Peter G., "Industrialization and the growth of cities in nineteenth century America", *American Studies*, XIV : 49-66.

GRAHAM, G.S., *Seapower and British North America, 1783-1820*, New York, Greenwood Press, 1968.

GREENHILL, Basil, and GIFFARD, Ann, *West countrymen in Prince Edward's Isle*, Toronto, University of Toronto Press, 1967.

HANCOCK, Harold B., and WILKINSON, Norman B., "Joshua Gilpin : An American manufacturer in England and Wales, 1795-1801", *Newcomen Society for the study of the history of engineering and technology*, XXXIII (1961) : 15-66.

HARTWELL, R.M., "Economic change in England and Europe, 1780-1830", *The New Cambridge Modern History*, Cambridge, University Printer (1965) IX : 31-59.

HINDLE, Brooke, *Technology in early America*, Chapel Hill, University of North Carolina Press, 1966.

HOLLAND, A.J., *Ships of British oak : the rise and decline of wooden shipbuilding in Hampshire*, Newton Abbot, David & Charles, 1971.

HYDE, Francis E., *Liverpool and the Mersey. The development of a port, 1700-1970*, Newton Abbot, David & Charles, 1971.

KLINA, Arnest, "The domestic industry and the putting out system in the period of transition from feudalism to capi-

281

talism", *Second International Conference of Economic History (1962)*, Paris, Mouton & Co. (1965) : 477-483.

LANDES, David S., *The unbound prometheus*, Cambridge, University Press, 1969.

LEON, Pierre, «L'élan industriel et commercial», Fernand Braudel and Ernest Labrousse, eds., *Histoire économique et sociale de la France*, Paris, Presses Universitaires de France, 1970 : 519-528.

McDERMOTT, Charles H., *A history of the shoe and leather industries of the United States*, Boston, J.W. Denehy & Co., 1920.

MENDELS, Franklin F., "Proto-industrialization : The first phase of the industrialization process", *The Journal of Economic History*, XXVII (mars 1972) : 241-261.

MOKYR, Joel, "The industrial revolution in the Low Countries in the first half of the nineteenth century : A comparative case study", *The Journal of Economic History*, XXXIV (Juin 1974) : 365-389.

MUSSON, A.E., and ROBINSON, Eric, *Science and technology in the industrial revolution*, Toronto, University of Toronto Press, 1968.

OLIVER, J.L., *The development and structure of the furniture industry*, Oxford, Pergamon Press, 1966.

PARRY, J.H., *Trade and dominion. European oversea empires in the eighteenth century*, London, Cardinal, 1974.

POSTAM, M.M., "Agricultural problems of under-developed countries in the light of European agrarian history", *Second International Conference of Economic History (1962)*, Paris, Mouton & Co., 1965 : 9-25.

RABB, Theodore K., "The expansion of Europe and the spirit of capitalism", *The Historical Journal*, XVII, 4 (1974) : 675-689.

ROSTOW, W.W., *The stages of economic growth*, Cambridge, University Press, 1966.

STOKES, Eric, "The first century of colonial rule in India", *Past and Present*, no. 58 (février 1973) : 136-161.

THIRSK, Joan, "New crops and their diffusion : Tobacco-growing in seventeenth-century England", C.W. Chalkin and M..A. Havinder, ed., *Rural change and urban growth 1500-1800*, London, Longmans (1974) : 76-104.

THIRSK, Joan and COOPER. J.P., eds., *Seventeenth century economic documents*, Oxford, Oxford University Press, 1972.

TRYON, R.M., *Household manufactures in the United States, 1640-1860*, Chicago, University of Chicago Press, 1917.

UNWIN, George, *Industrial organization in the sixteenth and seventeenth centuries*, London, Frank Cass, 1904.

WARNER, C.K., ed., *From the Ancien Régime to the popular front*, New York, Columbia University Press, 1969.

WELSH, Peter C., *Tanning in the United States to 1850*, Washington, Smithsonian Institution, *1964.*

WINKS, Robin W., *British imperialism, Gold, god, glory*, New York, Holt, Rinehard & Winston, 1963.

(ii) Bas-Canada et Québec

BAILLARGEON, George-E., *La survivance du régime seigneurial à Montréal*, Montréal, Cercle du Livre de France, 1968.

BARBEAU, Marius, «Constructeurs de navire», *Le Canada français*, XXVIII (Avril 1941) : 808-809.

BÉRUBÉ, André, «L'évolution des techniques sidérurgiques aux Forges du Saint-Maurice, 1729-1883», *Bulletin de recherches* (Mars 1977) no. 49, 5 p.

BROOKES, Ivan, *The lower St. Lawrence*, Cleveland, Freshwater Press, 1974.

BURNHAM, H.B., and D.K., *"Keep me warm one night" : Early handweaving in eastern Canada*, Toronto, University of Toronto Press, 1972.

BUXTON-KEELYSIDE, Judith, *Selected Canadian spinning wheels in perspective : An analytical approach*, Ottawa, National Museums of Canada, 1980.

CARELESS, J.M.S., *"Fontierism, metropolitanism, and Canadian history"*, CHR, XXXV (Mars 1954) : 1-21.

CARON, I., *La colonisation de la province de Québec*, Québec, L'Action Sociale, 1923.

CARON, N., *Deux voyages sur le Saint-Maurice*, Trois-Rivières, 1890.

CRAIG, Isabel, *Economic conditions in Canada, 1763-1783*, M.A. thesis, McGill University, 1937.

CREIGHTON, Donald, *The commercial empire of the St. Lawrence, 1760-1850*, Toronto, 1935.

_____, *The empire of the St. Lawrence*, Toronto, Macmillan of Canada, 1970.

_____. "The struggle for financial control in Lower Canada, 1818-1831", *CHR* (juin 1931)

DROUIN, François, *Québec, 1791-1821 : Une place centrale*, Thèse de maîtrise, Université Laval, 1983.

FAUCHER, Albert, *Histoire économique et unité canadienne*, Montréal, Fides, 1970.

_____, *Québec en Amérique au XIXe siècle*, Montréal, Fides, 1970.

FORTIER, Marie-France, *La structuration sociale du village industriel des Forges du Saint-Maurice : Étude quantitative et qualitative*, Travail inédit no. 259, Québec, Parcs Canada, 1977.

FRÉGAULT, Guy, *Le XVIIIe siècle canadien*, Montréal, Éditions HMH, 1968.

GIRARD, Chanoine, «Moulin à scie et industrie des mats à la Baie St. Paul», *BRH* (Décembre 1934) XL : 741-750.

GLAZEBROOK, G.P. de T., *A history of transportation in Canada*, Toronto, McClelland and Stewart Ltd., 1970.

HAMELIN, Jean, and ROBY, Yves, *Histoire économique du Québec, 1851-1896*, Montréal, Fides, 1971.

HARDY, Jean-Pierre, and RUDDEL, David-Thiery, *Les apprentis artisans à Québec*, Montréal, Les Presses de l'Université du Québec, 1977.

HARRIS, R. Cole, and WARKETIN, John, *Canada before Confederation*, New York, Oxford University Press, 1974.

INNIS, H.A., *The furtrade in Canada*, Toronto, University of Toronto Press, 1962.

JACOBS, Jane, *Canadian cities and sovereignty association in Canada and Europe in the nineteenth century*, Toronto, CBC, 1979.

JONES, Robert Leslie, "French-Canadian agriculture in the Saint Lawrence valley, 1815-1850", *Agricultural History* (1942) XVI : 137-141.

LAWSON, Murray G., *Fur : A study in English mercantilism, 1700-1775*, Toronto, Toronto University Press, 1943.

LEE, David, et al., *Île-aux-Noix*, Theme Papers, Ottawa, Parcs Canada, 1967, Manuscript Report no. 47.

LeGOFF, T.J.A., "The agricultural crisis in Lower Canada, 1802-1812 : A review of a controversy", *CHR*, LV, 1 (Mars 1974) : 2-32.

LEMELIN, André, «Le déclin du port de Québec et la reconversion économique à la fin du XIXe siècle», *Recherches sociographiques,* (mai-août, 1981) XXII : 155-187.

LEMOINE, James McPherson, *The port of Quebec, 1535-1900*, Québec, Chronicle Printing Co., 1900.

LESAGE, Germain, «Notre économie familiale avant 1840», *Revue de l'Université d'Ottawa* : 63-83.

LINTEAU, Paul-André, And ROBERT, Jean-Claude, "Land ownership and society in Montreal : An hypothesis", Gilbert A. Stelter and Alan Artibise, eds., *The Canadian City*, Toronto, McClelland and Stewart Ltd., (1977) : 17-36.

LOOSLEY, E.H., "Early Canadian costume", *CHR*, XXIII (Décembre 1942) : 356-359.

LOWER, A.R.M., *Great Britain's woodyard*, Toronto, McGill Queen's University Press, 1973.

MARTIN, Paul-Louis, *La berçante québécoise*, Montréal, Boréal Express, 1973.

MASSICOTTE, E.-Z., «Chapellerie et chapeliers en la Nouvelle-France», *BRH* (1924) 30 ; 164 and 165.

_____, «Souliers sauvages et souliers de boeufs», *BRH*, XXX (November, 1924) : 379-381.

_____,«Toile importée et toile du pays sous le régime français», *BRH*, XV, 2 (Février 1934) : 104.

MATHIEU, Jacques, *La construction navale royale à Québec, 1739-1759*, Québec, La société Historique de Québec, 1971.

MICHEL, Louis, «Un marchand rural en Nouvelle-France – François-Augustin Bailly de Messein, 1709-1771», *RHAF*, XXXIII, 2 (Septembre 1979) : 215-263.

MILLER, Henry, *Canada's historic first iron castings*, Ottawa, Department of Energy, Mines and Resources, 1968.

MIQUELON, Dale. B., *The Baby Family in the trade of Canada, 1750-1820*, M.A. thesis, Carleton University, 1966.

MOIR, J.S., ed., *Character and circumstance, Essays in honour of Donald Grant-Creighton*, Toronto, Macmillan of Canada, 1970.

MOUSSETTE, Marcel, *Les appareils de chauffage importés au Québec et en Ontario jusqu'en 1867*, Travail inédit no. 125, Ottawa, Parcs Canada, 1972.

_____, *Le chauffage domestique dans le Haut et le Bas-Canada (1759-1867)*, Travail inédit no. 124, Ottawa, Parcs Canada, 1973.

_____, *Essai de typologie des poêles des Forges du Saint-Maurice*, Travail inédit no. 332, Québec, Parcs Canada, 1975.

MUNRO, W.B., *The seigniorial system in Canada*, New York, 1907.

OUELLET, Fernand, *Histoire de la Chambre de Commerce de Québec*, Québec, Université Laval, s.d.

_____, *Histoire économique et sociale du Québec 1760-1850*, Paris, Fides, 1966.

_____, *Le Bas-Canada 1791-1840*, Ottawa, Éditions de l'Université d'Ottawa, 1976.

_____, La sauvegarde des patrimoines dans le district de Québec durant la première moitié du XIXe siècle, *RHAF*, XXVI, 3 (Décembre 1972) : 319-374.

PAQUET, Gilles, and WALLOT, Jean-Pierre, "International circumstances of Lower Canada, 1786-1810 : Prolegomena", Unpublished *CHA* paper (1971), 26 p.

_____, «Les inventaires après-décès à Montréal au tournant du XIXe siècle,» *RHAF*, XXX (Septembre 1976) : 163-221.

RENAUD, P.E., *Les origines économiques du Canada*, Namere, Erault, 1928.

RICE, Richard, *Shipping in British America, 1787-1890*, Ph.D. Thesis, University of Liverpool, 1977.

_____, "The Wrights of Saint John : A study of shipbuilding and ship-owning in the Maritimes, 1839-1855", D.S. MacMillan, ed., *Canadian Business history,* Toronto, McClelland and Stewart, 1972 : 317-338.

RICHARDSON, A.J.H., "Introduction for research in the — history of wood-processing technology", *Bulletin of the Association for preservation technology,* VI, 1974 : 35-146.

ROWE, R.C., " The St. Maurice Forges", *Canadian Geographical Journal,* (Juillet 1934) IX : 16-27.

SAINT-MARIE, Pierre, «Le développement industriel de la Nouvelle-France», *L'Actualité économique,* (Juillet 1948) : 298-311.

SAINT-PIERRE, Serge, *Les artisans du fer aux Forges du Saint-Maurice. Aspect technologique*, Travail inédit no. 307, Québec, Parcs Canada, 1977.

SALONE, Emile, *La colonisation de la Nouvelle-France,* Trois-Rivières, Réédition Boréal Express, 1970.

SANDWELL, Bernard K., *The Molson family*, Montréal, Privately published, 1933.

SÉGUIN, Maurice, *La nation 'canadienne' et l'agriculture (1760-1850)*, Trois-Rivières, Boréal Express, 1970.

SÉGUIN, Robert-Lionel, *La civilisation traditionnelle de l'habitant au XVIIe et XVIIIe siècles*, Montréal, Fides, 1973.

_____, *Le costume civil en Nouvelle-France*, Ottawa, National Museums of Canada, 1968.

SHORTT, A., "General economic history, 1763-1841", *Canada and its provinces*, Toronto, 1914, IV : 523-531.

SOEUR MARIE-URSULE, «Civilisation traditionnelle des Lavalois», *Les archives de folklore*, V et VI.

TESSIER, Albert, *Les Forges St. Maurice*, Montréal, Boréal Express, 1974.

THIVIERGE, Marise, *Les artisans du cuir à Québec (1660-1760)*, M.A. Thesis, University Laval, 1979.

TROTTIER, Louise, *Les Forges. Historiographies des Forges du Saint-Maurice*, Montréal, Parks Canada and Boréal Express, 1980.

TRUDEL, Marcel, *Les débuts du régime seigneurial*, Montréal, Fides, 1974.

VERMETTE, Luce, *La vie domestique aux Forges du Saint-Maurice*, Travail inédit no. 274, Ottawa, Parcs Canada, 1977.

WALLACE, F.W., *Wooden ships and iron men*, London, Hodder and Stoughton, sa.d.

WOOD, William, "Business Quebec-the ship and timber age", *The Storied Province of Quebec*, Toronto, (1931) I : 170-173.

WRIGHT, Esther Clark, *Saint John ships and their builders*, by the author Wolfville, N.S., 1976.

WRONG, G.M., *A Canadian manor and its seigneurs*, Toronto, 1908.

(c) *Politique et administration municipale :*

(i) Comparaisons internationales

ANDERSON, Perry, *Lineages of the absolute state*, London, N.L.B., 1974.

COBB, R.C., *The police and the people*, Oxford, Clarendon Press, 1970.

COOK, E.M., "Local leadership and typology of New England towns, 1700-1785", *Political Science Quarterly*, LXXXVI (Décembre 1971) : 586-608.

DAHL, Robert A., *Who governs. Democracy and power in an American City,* New Haven, Yale University Press, 1961.

DIAMONDSTONE, Judith M., "Philadelphia's municipal corporation, 1701-1776", *Pennsylvania Magazine,* XC (Avril 1966) : 183-201.

GREENBERG, Douglas, *Crime and law enforcement in the colony of New York, 1691-1776,* Ithaca, Cornell University Press, 1974.

GRIFFITH, E.S., *History of American city government : The colonial period,* New York, 1938, I.

LANE, Roger, *Policing the city : Boston 1822-1885,* New York, Atheneum, 1975.

MILTON, Frank, *The English magistrary,* London, Oxford University Press, 1967.

POLE, J.R., "Historians and the problem of early American democracy", *The American Historical Review,* LXVII (Avril 1962) : 626-646.

POLLOCK, Frederick, and MAITLAND, F.W., *The history of English law,* Cambridge, University Press, 1968, 2 vols.

PURCELL, Richard J., *Connecticut in transition, 1775-1818,* Middleton, Connecticut, Wesleyan University Press, 1963.

TOBIAS, J.J., *Crime and industrial society in the nineteenth century,* Middlesex, Pengiun Books, 1972.

UNWIN, George, *The guilds and companies of London,* London, Frank Cass (1908), 1966.

WARNER, Sam Bass, *The private city. Philadelphia in three periods of its growth,* Philadelphia, University of Pennsylvania Press, 1968.

WEBB, Sidney and Beatrice, *The development of English local government, 1689-1835,* London, Oxford University Press, 1963.

ZEMSKY, R.M., "Power, influence and status : Leadership patterns in the Massachusett's Assembly, 1740-1755", *William and Mary Quarterly,* XXVI (Octobre 1969) : 502-520.

ZUKERMAN, Michael, *Peaceable kingdoms. New England Towns in the eighteenth century,* New York, A.A. Knopf, 1970.

(ii) Bas-Canada et Québec

AUDET, F.J., *Les députés au premier parlement du Bas-Canada,* Montréal, 1946, I.

BAUCH, Hubert, "Morrin College cellar, reminder of a harsh age", *Quebec Chronicle-Telegraph* (3/7/1967).

BRADLEY, A.G., *Lord Dorchester,* Toronto, Morang & Co. Ltd., 1910.

BRUNET, Michel, *La présence anglaise et les Canadiens,* Montréal, Beauchemin, 1964.

_____, *Les canadiens après la conquête, 1759-1775,* Montréal, Fides, 1969.

CLARK, S.D., *Movements of political protest in Canada,* Toronto, 1959.

CREIGHTON, D., "The commercial class in Canadian politics, 1792-1840", *Papers and Proceedings of the Canadian Political Science Association,* V (1933) : 49-53.

DROLET, Antonio, *La ville de Québec, histoire municipale (1759-1833),* Québec, La Société historique du Québec, 1965.

DUBUC, Alfred, "The decline of Confederation and the new nationalism", Peter Russell, ed., *Nationalism in Canada,* Toronto, McGraw Hill, 1966 : 112-132.

GARON, Alfred, «La mise en tutelle (1836-1867)», Jean Hamelin, *Histoire du Québec* : 345-374.

GREENWOOD, Frank Murray, *The development of a garrison mentality among the English in Lower Canada, 1793-1811,* Thèse Ph.D. University of British Columbia, 1970.

HARE, John et WALLOT, Jean-Pierre, *Confrontations/Ideas in conflict,* Trois-Rivières, Boréal Express, 1970.

_____, «L'Assemblée législative du Bas-Canada, 1792-1814 : députation et polarisation politique», *RHAF,* (Décembre 1973) : 361-393.

LAGRAVE, Jean-Paul de, *Les journalistes-démocrates au Bas-Canada (1791-1840),* Montréal, Édition de Lagrave, 1975.

LINTEAU, Paul-André, DUROCHER, René, and ROBERT, Jean-Claude, *Histoire du Québec contemporain,* Montréal, Boréal Express, 1979.

MANNING, H.T., *The revolt of French Canada, 1800-1835,* Toronto, 1962.

MATHIEU, M., «Administration sommaire de la justice criminelle», *La revue légale,* I (1869) : 232-237 et 457-466.

NEATBY, Hilda, "Chief Justice William Smith" An eighteenth-century Whig imperialist", *CHR* (Mars 1947) : 44-67.

_____, *Quebec, the revolutionary age,* 1760-1791, Toronto, McClelland and Stewart Ltd., 1966.

_____, "The political career of Adam Mabane", *CHR* (1935) : 137-151.

OUELLET, F., «Mgr, Plessis et la naissance d'une bourgeoisie canadienne (1797-1810)», *BRH* (1956) : 86-90.

PAQUET, G. and WALLOT, J.-P., «Crise agricole et tensions socio-ethniques dans le Bas-Canada, 1802-1812 : éléments pour une ré-interprétation», *RHAF,* XXVII (1972) : 185-237.

PLOUFFE, Marcel, *Quelques particularités sociales et politiques de la charte, du système administratif et du personnel politique de la cité de Québec, 1833-1867,* Thèse de M.A., Université Laval, 1971.

RIDDELL, W.R., "Canadian state trials; the King v. David McLane", *Transactions of the Royal Society,* X (réunion de 1916) : 321-337.

_____, "The first British courts in Canada", *Yale Law Journal,* XXXIII (avril 1924) : 571-579.

_____, "Upper Canada court records", in the introduction to the *Fourteenth report of the Bureau of Archives for the Province of Ontario, 1917,* Toronto, A.T. Wilgress (1918) : 1-22.

ROY, J.-Edmond, *Histoire du notariat au Canada depuis la fondation de la colonie jusqu'à nos jours,* Lévis, 1899-1902, II.

RYERSON, Stantley Bréhaut, *Le capitalisme et la confédération,* Montréal, Parti Pris, 1972.

TOUSIGNANT, Pierre, *La genèse et l'avenement de la Constitution de 1791,* Thèse de doctorat, Université de Montréal, 1971.

_____, «L'incorporation de la province de Québec dans l'Empire britannique, 1763-1791», *DBC,* IV : XXXIV-LIII

_____, «Poblématique pour une nouvelle approche de la constitution de 1791», *RHAF* (septembre 1973) : 181-235.

VINCENT, René, «Prison, collège, bibliothèque», Concorde (mai, 1962) : 19-21.

WALLOT, Jean-Pierre, *Le Bas-Canada sous l'administration de Craig (1807-1811),* Thèse de Ph.D., Université de Montréal, 1965.

(d) Conditions de vie urbaine :

(i) Europe de l'Ouest et États-Unis

284

ADDY, Sidney O., *The evolution of the English house*, Yorkshire, E.P. Publishing Ltd., 1975.

BARDET, Jean-Pierre, «La maison rouennaise aux XVIIe et XVIIIe siècles, économie et comportement» *Le bâtiment dans l'économie traditionnelle*, Pierre Chaunu, ed., Paris, Mouton & Co., 1971.

BRAUN, Hugh, *Elements of English architecture*, Newton Abbot, David and Charles, 1973.

CARNEY, F.J., "Aspects of pre-famine Irish household size; composition and differentials;, L.M. Cullen and T.C. Smart, *Comparative aspects of Scottish and Irish economic and social history 1600-1900*, Edinburgh, John Donald Publishers Ltd., s.d. : 32-47.

CHAPMAN, Stanley D., ed., *The history of working-class housing*, Totowa, N.J., Rowman and Littlefied, 1971.

CHEVALIER, Louis, *Classes laborieuses et classes dangereuses*, Paris, Pluriel, 1978.

CROOK, J.M., "The King's work : a thousand years of British building", dans *Building early America*, C.E. Peterson, ed., Pennsylvania, Chilton Book Co. (1976) : 3-22.

ENGELS, F., *The condition of the working class in England*, translated and edited by W.O. Henderson and W.H. Chaloner, Stanford, Stanford University Press, 1958.

ENGELS, F., *La situation des classes laborieuses en Angleterre*, Traduit par A.M. Desrousseaux et P.J., Berthaud, Paris, A. Costes, 1933, 2 vols.

GEORGE, M. Dorothy, *London Life in the eighteenth century*, London, Penguin books, 1965.

KIMBALL, Fiske, *Domestic architecture of the American Colonies and of the early Republic*, New York, Dover Publications, 1966.

Le sain et le malsain, édition spéciale de la réunion, *Dix-huitième siècle* (1977).

MILLER, Zane L., *The urbanization of modern America*, New York, Harcourt Brace Jovanivich, 1973.

MULTHAUF, Robert P., "America's wooden age", dans *Building early America*, ed., Charles E. Peterson, Pennsylvania, Chilton Book Co. (1976) : 23-34.

NILSSON, Sten, *European architecture in India, 1750-1850*, London, Faher and Faher, 1968.

PERROT, Jean-Pierre, *Génese d'une ville moderne, Caen au XVIIIe siècle*, Paris, École des hautes études en sciences sociales, s.d., 2 vols.

THERNSTROM, S., and SENNET, R., eds., *Nineteenth-century cities : Essay in the new urban history*, New Haven, Yale Univesity Press, 1969.

TULARD, Jean, *Nouvelle histoire de Paris*, Paris, Hachette, 1970.

(ii) Bas-Canada et Québec

BERNIER, Jacques, *La condition ouvrière à Montréal à la fin du XIXe siècle*, Thèse de M.A., Université Laval, 1970.

CAMERON, Christina, *Domestic architecture of old Quebec*, Ottawa, Parcs Canada, 1980.

_____, et TRÉPANIER, Monique, *Vieux Québec. Son architecture intérieure*, Ottawa, Musé national de l'Homme et Parcs Canada, 1986.

_____, et TRUDEL, Jean, *Québec au temps de James Patterson Cockburn*, Québec, Éditions Garneau, 1976.

COPP, Terry, *The anatomy of poverty. The condition of the working class in Montreal, 1897-1929*, Toronto, McClelland and Stewart Ltd., 1974.

GOWANS, Alan, *Images of American living*, New York, Harper and Row, 1974.

_____, *Looking at Canadian architecture*, Toronto, 1958.

_____, *Building Canada, An architectural history of Canadian life*, Toronto, Oxford University Press, 1966.

HARDY, Jean-Pierre, *Le forgeron et le ferblantier*, Musée national de l'Homme et Boréal Express, 1978.

«Niveaux de richesse et intérieurs domestiques dans le quartier Saint-Roch à Québec, 1820-1850», *Bulletin d'histoire de la culture matérielle*, printemps, 1983 : 63-95.

HOOD, Linda, "Wood shingles in 19th century Louisbourg", *BAPT*, II (1970) : 62-65.

LAFRANCE, Marc, «Étude sur l'évolution physique de la ville de Québec, 1608-1763» Texte multigraphé, Parcs Canada, s.d., LAFRANCE, M. et RUDDEL, D.T., "Physical expansion and socio-cultural segregation in Québec City, 1765-1840", *Shaping the urban landscape*, ed., par G.A., Stelter et Alan F.J. Artibise, Ottawa, Carleton University Press, 1982 : 148-172.

LAROCQUE, Paul, *La condition socio-économique des travailleurs de la ville de Québec (1896-1914)*, Thèse de M.A., Université Laval, 1970.

LÉONIDOFF, George P., «L'habitat de bois en Nouvelle-France : son importance et ses techniques de construction», *Bulletin d'histoire de la culture matérielle*, printemps, 1982, no. 14 : 37-47.

MARSAN, Jean-Claude, *Montréal en évolution*, Montréal, Fides, 1974.

MASSICOTTE, E.Z., «Le ramonage à Montréal avant 1760», *BRH*, 1932, XXXVIII : 113.

MAYRAND, Pierre, «Les matériaux de couverture en Nouvelle-France aux XVIIe et XVIIIe siècles, *BAPT*, II, nos. 1-2 (1970) : 70-74.

MOOGK, Peter, *Building a house in New France*, Toronto, McClelland and Stewart Ltd., 1977.

MORISSET, Gérard, *L'architecture en Nouvelle-France*, Québec, Charrier and Dugla, 1949.

_____, *Les églises et le trésor de Lotbinière*, Québec, 1953.

MOUSSETTE, Marcel, *Le chauffage domestique au Canada*, Québec. Les presses de l'Université Laval, 1983.

RICHARDSON, A.J.H., "A comparative historical study of timber building in Canada", *BAPT*, V (1973), no. 3 : 77-100.

_____, "Early roofing materials", *BAPT* (1970) II : 22-24 et 41.

RICHARDSON, A.J.H., BASTIEN, Geneviève, DUBÉ, Doris, and LACOMBE, Marthe, *Quebec City : architects, artisans and builders*, Ottawa, National Museum of Man and Parks Canada, 1984.

ROUILLARD, Jacques, *Les travailleurs du coton au Québec, 1900-1915*, Montréal, Les presses de l'Université du Québec, 1974.

ROY, Pierre-Georges, «La protection contre le feu sous le régime français», *BRH*, XXX : 129-140.

_____, «Les savoyards dans la Nouvelle France», *BRH*, 1932, XXXIV : 536.

SÉGUIN, Robert-Lionel, *Les granges du Québec*, Ottawa, National Museums of Canada, 1963.

_____, *La maison en Nouvelle-France*, Ottawa, National Museums of Canada, 1968.

TRAQUAIR, Ramsay, *The old architecture of Quebec*, Toronto, Macmillan Company, 1947.

Remerciements

J'aimerais exprimer ma très grande reconnaissance envers les collègues, les étudiants et les amis qui m'ont aidé à réaliser cette monographie, commencée dans le cadre d'études de doctorat à l'Université Laval (Québec) et terminée au cours de mon travail au Musée canadien des civilisations, autrefois connu sous le nom de Musée national de l'homme.

Des étudiants, des adjoints de recherche et des collègues ont effectué des travaux qui ont été utiles à la rédaction de ce livre : Claude Beaulieu, Nicole Casteran, Jean-Pierre Charland, Hélène Dionne, Claude Laferrière, Laurie Peel, Claire Michaud, François Morel, Christian Pelletier, Pierre Poulin, Huguette Savard, Susan Sebert, Lynda St. Maurice, Marise Thivierge et Sylvie Tremblay.

Les bibliothécaires et les archivistes jouent un rôle essentiel dans tout travail de recherche. Les bibliothécaires des Musées nationaux du Canada ont fait preuve d'un grand esprit de coopération : Jean-Guy Brisson, Joyce Hay, Lorna Kibbie, Tina Matiisen, Christine Midwinter et Nancy Struthers, pour ne nommer que ces personnes. Les bibliothécaires de l'Université Laval, du Séminaire de Québec, de la Bibliothèque nationale du Québec (Montréal), de la Bibliothèque et des Archives nationales (Ottawa) et du British Museum, m'ont également apporté un concours appréciable. Les archivistes de l'hôtel de ville et des Archives nationales du Québec, du Séminaire de Québec, de l'Hôtel-Dieu, des Archives nationales du Canada (Ottawa) et du Scottish Records Office (Édimbourg) m'ont apporté une aide inestimable. J'aimerais plus particulièrement remercier François Beaudin (anciennement des AVQ et des ANQ), Peter Bower (anciennement des ANC), Murielle Frenière-Doyle (anciennement des AVQ), Claire Gagnon et Marie-Paule Cauchon (Hôtel-Dieu), Denis Giguère (AVQ), C.C. Johnston (SRO), André Laflamme (AVQ), A.B. McCullogh (anciennement des AVQ) Ginette Noël (AVQ) et Auguste Vachon (A.N.C.). L'aide et les conseils d'Édouard Dahl (A.N.C.) concernant les cartes de l'époque coloniale m'ont été particulièrement utiles.

En ce qui concerne les illustrations, je tiens à remercier Jim Donnelly, Christine Grant, Chris Kirby, Diane Lalonde, Jean Soublière, Judy Tomlin et Elizabeth White du Musée canadien des civilisations; Robert L. Barclay (ICC), Monique Trépanier (Parcs Canada, Ottawa); Jacqueline Beaudoin-Ross et Conrad Graham (Musée McCord); Karen Smith, Honor de Pencier, Mary Allodi et Donald Blake Webster (MRO); Christine Bélanger et Jim Burant (ANC); Marie Baboyant (Bibliothèque nationale, Montréal); Luc Gagnon et Gérard Lavallée (Musée d'art de Saint-Laurent); Lucien Turcotte (Musée militaire, Citadelle de Québec); et Lise Nadeau (Musée du Québec). Je souligne également l'importante contribution de deux photographes, Harry Foster (MCC) et Cedric Pearson (Montréal).

J'ai beaucoup apprécié les encouragements que m'a offerts Fred Thorpe, chef de la Division de l'histoire au Musée canadien des civilisations.

J'aimerais remercier Jean Hamelin, l'un des historiens et éducateurs les plus en vue du Québec. Par sa façon d'encourager et de stimuler les chercheurs, Jean s'est gagné le respect de tous ceux qui ont eu le plaisir de travailler avec lui.

Je suis redevable aux amis et collègues qui m'ont aimablement fourni des renseignements, adressé des commentaires constructifs et prêté leur concours de diverses manières. En particulier, j'aimerais remercier Claudette Lacelle et Marc Lafrance de Parcs Canada pour m'avoir permis de consulter leurs dossiers de recherche, sans oublier Christina Cameron, René Chartrand, Yvon Desloges, John Hare, Fernand Harvey, Adrienne Hood, James Lambert, Yvan Lamonde, Eileen Marcil, Jacques Mathieu, A.J.H. Richardson, Jean-Claude Robert, Stanley-Bréhaut Ryerson, Sigmund Rukalski, Marc Vallières et Jean-Pierre Wallot.

Je ne saurais dire toute ma gratitude à Jean-Pierre Hardy. Les commentaires qu'il m'a faits au sujet du texte et l'aide qu'il m'a apportée concernant les illustrations et les objets m'ont été d'un grand secours. J'aimerais souligner le concours d'amis de Québec qui m'ont encouragé sans relâche tout au long de mes travaux; il s'agit de Gretchen et Jean Côté, Jeannette Kelly, Mary Lafrance, Vonik Tanneau et Gaston Tisdel.

Sans le dévouement et le talent du personnel de la production au Musée canadien des civilisations, cette mono graphie n'aurait pu avoir la présente forme. Mes remerciements à Frances Saunders pour l'illustration de plusieurs cartes, à Thérèse Tremblay pour la patience et la précision dont elle a fait preuve en dactylographiant les brouillons et en préparant la composition, ainsi qu'à Bing Wong pour l'originalité de la mise en page et de la conception.

Mon aide, Nancy, m'a été une source d'inspiration tout au long de la recherche et de la rédaction. Elle a passé de longues heures à commenter et à réviser le texte, à corriger les épreuves et à s'occuper de nombreux détails.

Abréviations

ANC	Archives nationales du Canada (anciennement les Archives publiques du Canada, APC)
ANF	Archives nationales de France
APJQ	Archives du Palais de justicè, Québec
AVQ	Archives de la ville de Québec
BNC	Bibliothèque nationale du Canada, Ottawa
CHA	*Canadian Historical Association* (documents historiques)
Con. Docs.	Constitutional Documents
Doc. const.	Documents constitutionnels
ICBH	Inventaire canadien des bâtiments historiques
ICC	Institut canadien de conservation
JALPC	*Journal de l'Assemblée législative de la province du Canada*
JCAB	*Journal de la Chambre d'assemblée du Bas-Canada*
MCC	Musée canadien des civilisations (anciennement le MNH)
MCG	Musée canadien de la guerre
MNC	Musées nationaux du Canada
MQ	Musée du Québec
QBC	Québec Bas-Canada Seriès
RAC	Rapport des Archives Canadiennes
ROM	Royal Ontario Museum/Musée royal de l'Ontario

Index

absentéisme : 176, 186

accès au rivage : 213, 214

Acte des chemins : 186, 189, 216, 250, 255-260; une machine anglaise : 214

Acte des chemins et l'urbanisme : 186, 211, 212

Actes des chemins (*voir* Annexe 255-260)

Adams, John : 193

administration : 161-193 (*voir aussi* Commission de la paix)

administration municipale, évaluation : 186-193

administration municipale américaine : 193

agents de firmes britanniques : 49, 70, 106, 123, 148, 273

agents de polices : 175-178, 263

agriculture : 22, 69, 70-95; au Bas-Canada : 72-95 (*voir aussi* culture, fermes)

agriculture commerciale : 69, 70, 75; à Québec : 75, 94

agriculture de subsistance : 72, 73, 77, 84-89, 94

agriculture et industries rurales : 69-95

agriculture italienne : 75

agriculture traditionnelle : 69, 70, 72, 73, 75, 77, 94

Allard, Étienne : 271

Allison, Suzanne : 43, 269

Allison, Thomas : 43, 187, 269

Allsopp, George : 47

aménagement urbain miné : 187, 188

Amérindiens : 27, 28, 35, 36

anglophones aux leviers de commande : 37, 48, 49, 53, 161, 162, 192, 193, 248-251

anglophones, pourcentage à Québec : 32, 34; tableau : 264

appartenance religieuse : 263; tableau : 7

apprentissage : 49, 50, 104; chapelleries : 107

architecture : 220-222

aristocratie terrienne : 72, 162, 167

aristocratie canadienne : 42, 43

Arnold, George : 213

arrêt de travail : 108

Artillerie royale : 233

artisans : 19, 29, 39, 50, 55, 91, 102, 141; élite : 50; famille : 50

artisans britanniques : 50-53; contrats : 52, 53; militaires : 50

artisans du cuir : 93, 94

assolement : 73, 75

Atkinson, Anthony : 111

Aubert de Gaspé, Philippe : 42, 43, 269

Auclair, Françoise : 270

Audy, Laurent : 269

Australie, société : 35

Aylwin, T. : 123

Baby, Archange : 43

Baby, François : 43,48, 50, 62

Baby, Thérèse : 43, 269

Baby, Ursule : 50

Backman, David : 271

Badelard, Philippe-Louis-François : 27

Baie-Saint-Paul : 27, 119

Baillargé, François : 231

Baker, Daniel :271

Baltimore : 19

baptême : 21

bardeaux : 227, 230, 233

Baron, Louis : 269

Barron, Sophie : 269

basse ville : 202-205

Beatson, Patrick : 119, 123-129

Beauchamps, Josette : 269

Bédard, Jean-Baptiste : 231

Bélanger, F. : 49

Belgique, industrie lourde : 146

Bell, John : 119

Bentley, John : 188-190, 212

Beriau, Josepthe : 269

Bernard, Isaac et James : 107

Bird, Isabelle Lucy : 42, 236

Black, Helena : 50

Black, James : 50, 214

Black, John : 118, 123, 128

Blackstone, sir William : 162

Blais, Joseph : 270

Blais, Julie : 270

Blake, Charles : 27

Blanchette, (médecin) : 231

Bleau, Charlotte : 270

Bleau, Jean : 270

Bliss, Henry : 104, 145

Board of Trade : 104

bois, exportation : 111, 112

bois canadien, évaluation : 118, 123

Bonburg, William : 63

Bondfield, A.C. : 269

Bondfield, Magdeleine : 269

Boston : 18, 20, 31

Bosworth, Newton : 79

Boucher, Pierre : 225

bouchers : 169, 171

Bouchette, Joseph : 75, 135, 204, 216

boulangers : 50, 169, 170, 171

Bourget, Pierre : 270

boutiquiers : 49

Bowen, James : 27

Bowring, sir John : 75

Brehaut, Pierre : 114, 131, 134, 135

Breton, Joseph : 271

Brewster, John : 271

Briand, Monseigneur : 44

Brown, Marie-Jeanne : 269

Brown, Philippe : 269

bûcherons : 32, 50, 51, 112

Burke, William : 271

Burns & Woolsey : 49

Burn, Robbie : 127

Burrel, George : 271

cabaretiers : 49

Caldwell, Henry : 43, 47, 116

Caldwell, John : 116, 121, 128, 172, 212

Callagher, Malcolm : 108

Cameron, Michel : 271

Campbell, Findlay : 271

Campbell, John Saxton : 113

Campeau, Antoine : 271

Canadiens, Canadiennes : 39-43

Canadiens et la tutelle britannique : 249, 250

Cannon, Edward : 53

Cannon, John : 53

Carleton, gouverneur : 36, 47, 91

Cartier, George-Étienne : 133, 134

Cathédrale : 22

cathédrale anglicane : 222

centres urbains, qualité de vie : 236-240

Chamberland, Angélique : 269

Champlain, Samuel de : 5

chantiers royaux : 117

chanvre : 78-80

chanvre russe : 80

chapeliers : 50, 91

chapeliers londoniens : 106, 107

chapellerie : 106-109

Chapman, George : 170

Charles Town : 18

charpentiers : 50, 128-132

charretiers : 50; règlements : 173, 174

Charron, Alexandre : 271

charte municipale, opposition : 186-187

Chassegros de Léry, Gaspard-Joseph : 203-207, 216

Château Haldimand : 222

Château Saint-Louis : 231, 232

châtiments : 182-184

chaussures anglaises : 93, 94

chaussures de France : 93, 94

chefs de famille : 261, 264

chefs religieux : 44, 45

Chicoutimi : 105

Chinic, Martin : 48-50, 121

choléra : 24-26, 29, 30

Choles, Pierre : 118

civilisation britannique : 249-251

Clapham, J.J. : 50

classe moyenne : 39, 55

clergé : 35, 44, 45; défenseur de l'ordre : 45; soutien du peuple : 45

climat : 17, 54

Coffin, John : 143, 187

Colard, Joseph : 270

Colard, Marie-Rosalie : 270

Collège des Jésuites : 33, 36

Collins, Issac : 116

Colombe, Marie-Louise : 269

colonialisme, maux : 104, 248-250

Comité de feu : 233-235

Comité de santé : 24, 25

commerce de bois : 109-134

commerce du textile : 80-82

commissaires-priseurs : 49

Commission dc la paix : 3, 12, 13, 161-193, 201, 248, 251, 267; caractère commercial : 168; catholiques : 167, 168, 267; évaluation : 188-192; irresponsabilité : 163, 164; législation ouvrière : 168-175; modèle britannique : 162, 164; nature autocratique : 169; origines ethniques et sociales : 167, 168, 267; physionomie de la ville : 191, 201- 208; quorum : 267

communauté anglophone, liens : 38, 39, 49, 105, 107, 116, 119, 249, 250

communautés religieuses : 36, 44, 206; grands propriétaires : 36, 206

Compagnie de la Baie d'Hudson : 105

Compagnie du Nord-Ouest : 105

comparaison des industries : 267

confectionneuse de manteaux : 91

Conseil de la santé : 22

consommation : 102-104, 134-138, 149, 250, 251

conseil municipal : 192

constructeurs de navires : 49, 50

construction navale : 117-134

contrats militaires lucratifs : 111, 120, 142, 144

cooptation (voir juges de paix)

cordonniers : 50, 92, 93

Corriveau : 183

Côté, Jean-Baptiste : 271

Côté, Joachim : 269

coton : 80, 81, 89

couturières : 91

Craig, James : 185

Creighton, Donald : 13

crimes, tableau : 267

criminalité : 29, 178-185, 267; croissance : 185

Croiset, Catherine : 270

Cugnet, François : 62, 211, 215, 227, 230

cuir, articles importés : 93, 94

Cull, Henry : 63

culture du chanvre : 78, 79

culture du lin : 78, 79, 86

curés : 27, 45

Cuthbert, Ross : 143, 169, 170, 175, 185

Datton, John : 271

Davidson, John :116

débauche : 30

débits de boisson : 166

DeGuise dit Flamand, Jacques : 209

Delaunay, François : 269

Delisle, Rosalie : 270

Demaret, Marie : 269

démographie historique : 17, 18

dénombrements : 18, 31, 32

Derome, Marguerite : 270

de St-Ours, Paul : 43

de Salaberry, Louis : 43

Desbarats, Pierre-Edouard : 63, 144, 145

Descarreaux, Baptiste : 271

Deschambault, Marie-Anne Catherine Fleury : 43

désertion : 174

D'Estimauville, Robert : 189

Devereux, Nicholas : 271

disparités urbaines : 215-218

divisions urbaines : 208-211

Doyle, Denis : 271

Drapeau, Joseph : 48, 121

Drolet, Charles : 269

Duchesnay : 115

Dulac, Michel : 271

Dumas, Alexandre : 63

Dumphy, John : 271

Dundas, Henry : 116

Dunière, Louis : 48, 121, 126, 172

Dunlop, Alexander : 49

Dunlop, James : 49, 120, 143

Dunn, Thomas : 43, 47, 105, 114, 232

Dunscomb, Daniel : 271

Duval, François : 271

eaux polluées : 217, 218

économie urbaine : 101-151

Écossais, propriétaires de quais : 48

écuries : 223, 232

éducation : 36, 45, 49

éducation des jeunes filles : 44

Effland, John : 271

étoffes de fabrication domestique : 84, 85

église, idéologie élitiste : 44; loyauté : 44; rempart moral : 44, 45

Église coloniale : 36, 45

Église des récollets : 232, 233

Église St. Andrew : 21, 222

églises protestantes : 21, 53, 54

égouts : 217, 218

Eliot, A. : 219

élite : 24, 36 39-43, 55, 56, 190, 210, 212, 238, 250, 251; habitudes : 42, 43 (*voir aussi* aristocratie, mariage, et seigneurs)

empiétements : 211-216, 254, 256, 258

employés de banque : 49

employés de transport : 50

enfants : 21, 30

enfants illégitimes (*voir* naissances illégitimes)

engouement pour les modes britanniques : 250-252

épiciers : 49

équipement textile : 78, 80, 86, 87

espace urbain, ségrégation sociale : 208-211

ethnies, rôle : 17, 36, 37

évêque de Montréal : 26

évêque de Québec : 25

expansion physique de la ville : 201-208

famille américaine : 21; catholique : 21; montréalaise :21; moyenne : 21, 31; protestante : 21;

faubourg Saint-Jean : 25, 26, 51 (*voir aussi* Saint-Jean)

faubourg Saint-Roch : 25, 26, 51 (*voir aussi* Saint- Roch)

faubourgs, caractère ouvrier : 205-208; composition ethnique : 209-211, 239

femmes (*voir* Canadiennes, culture, équipement textile, famille, mariage, prostituées, textiles)

femmes de la Nouvelle Angleterre : 89

fer-blanc : 226-228, 232

fermes canadiennes : 75

fermiers britanniques : 70

Finch, Samuel : 123

Finlay, Hugh : 47

Fisher, James : 63

fleuve : 17

flotteurs de bois : 33 (*voir aussi* bûcherons)

Fluet, James : 271

Forbes, Marie : 269

forgerons : 50, 138-143

Fortier, Joseph : 269

Fortier, Rose : 269

fortifications : 206-208

France : 20, 24

Frederick, Jean : 113

Frémont, Charles : 63

Frémont, Louis : 63

Frémont (marchand) : 28

Galarneau, Étienne : 271

garnison : 33

Gautrau dit Larochelle, Angélique : 269

Genersy, Lydie : 270

geôle (*voir* prison)

Gillis, Reine : 270

Gilmour & Cie : 115

Glasgow Journal : 48

Glass, John : 271

Gleason, T.H. : 75

Goudie, John : 53, 116, 119, 121, 123, 128, 129, 131, 214, 232

Grant, William : 43, 47, 62, 105, 116, 128, 187, 206, 212, 213, 217, 236, 240; maison à Saint-Roch : 224

Grate, George : 270

Gray, John : 105, 114

Gray, Ralph : 49, 52

Grenier, Marie-Josette : 270

Grosse-Île : 30

guerre de Sept Ans : 30, 32

Hadden, Robert : 52, 230

Hains, Barthélémy : 269

Hains, Marie-Magdeleine : 269

Haldimand, B.M. : 36

Hall, Basil : 228

Hall, William : 107

Hamel, Joseph : 214

Hamel, Michel : 271

Hamilton, George et William : 111, 120, 212

Harper, Louis : 270

haute ville : 201-203, 206, 225, 230, 235

Hay, Catherine : 270

Herbert, Simon : 269

Henpeck, Jeremy : 220

Hiché, Henri : 205

hiérarchie des métiers : 50, 51

Hill, Angélique : 269

Hill, Barthélémi : 269

Hillsborough, Lord : 91

Holmes, William : 108

Hope, général : 28

Hôpital des Émigrés : 24, 25, 29

Hôpital Général : 36, 44, 45, 182, 191, 213; malades mentaux : 182

Hosman dit Menager, Angélique : 270

hospices pour les enfants abandonnés : 30, 31

Hôtel-Dieu : 24, 31, 36, 44, 232

huileries : 91

Hull : 8

Hunt, frères : 139, 142

Hunter, Charles : 113

Hurley, (marchand) : 220

hygiène publique : 22, 23, 25, 27, 238

idées philosophiques : 45

île d'Anticosti : 119

île d'Orléans : 119

immigrants : 21, 24-26, 29, 31, 123, 209-211, 249 (*voir aussi* émigrés, population flottante)

immigration : 12, 21, 30, 32

impérialisme : 1-3, 12, 17, 35, 47, 56, 67, 101, 148, 149, 239, 248-252

incendies : 30, 203, 228, 231, 232, 267

industrialisation, aux États-Unis : 89; en Grande-Bretagne : 69-72

industrie du textile : 78-92, 266

industrie du cuir : 92-94, 104-109

industries à domicile : 84-89

industries rurales : 69, 76, 78-98, 266, 267 (*voir aussi* tanneries et textiles)

infidélité : 30

infrastructure rurale : 76

innovations agricoles : 77

Inspecteur des chemins : 186, 188-190, 208; inexpérience : 188 (*voir aussi* Acte des chemins, Annexe et Larue, Jean-Baptiste)

institutions françaises : 35

institutions sociales et publiques : 35

Irvine, James : 120, 143

Irvine, John : 218

Jackson, John : 222

Jacob, Louis : 271

Jacob, Samuel : 49

Jeffery, Samuel : 53

Jenner : 24

Johnston & Purss : 135-137

Johnston, John : 271

Johnstone, J. : 135

Jones, Jenkin : 209, 231, 232

Jones, John : 49

Jourdain, Michel : 271

journal anti-gouvernemental : 45

journaliers : 51

Juchereau, Françoise : 22

juges, appartenance ethnique et sociale : 167, 168

juges de paix : 253-258; cooptation : 163, 192

juges de paix britanniques : 49, 167, 168, 171-179, 181-183, 186-193, 211-15, 218

justice, efficacité : 185, 186

Kalm, Pehr : 226, 227

Kelly, W. : 217

Kenneley, Elizabeth : 270

Kent, duc de : 31, 43

King, William : 118, 123, 124

L'Aigle, Marie-Anne : 270

L'Espagnole, Catherine : 270

Labrador : 105

LaCroix, André : 271

Lahontan : 29

laine : 80, 81, 85, 86; production : 84, 266;

laine d'Angleterre et d'Irlande : 81

Lajeunesse, Pierre : 271

Landry, Gabriel : 271

Langlois, Antoine : 270

Larue, François-Xavier : 269

Larue, Jean-Baptiste : 22, 188, 189, 212-214, 216, 217

Laurens, Jean-Georges : 270

Laurens, Pélagie : 270

Lavignoro, Joachim : 271

Le Moyne de Longueuil, Charles-Jacques : 43

Lechelk, Henry : 118

Leclerc, Louise : 269

Lee, Sophie : 269

Lee, Thomas : 129, 269

Lees, John : 47

législation du travail : 173-175

Lemaître dit Juron, Jean-Baptiste : 270

Lemaître, Ursule : 270

Lemelin, François : 271

Lemelin, Jean : 271

Lemoine, Charlotte : 269

Lester & Morrogh : 111, 135

Levasseur, Magdeleine : 270

Levasseur, Paul : 270

Levasseur, René-Nicolas : 117

lin : 80, 81, 84, 266

linge de maison : 266

Lisbonne : 70

lois britanniques : 36, 37, 108, 173-175

Londres : 18, 70, 79, 94

Lords of Trade : 48

Lotbinière, Joly de : 208

Lymburner, Adam : 184

Lynd, John : 63

Macdonald, Alexander : 271

machines britanniques : 140, 141

Mahere, Jérémi : 270

main-d'oeuvre : 71, 91, 92, 128-132, 174

main-d'oeuvre qualifiée : 104, 144; absence de : 91, 92

main-d'oeuvre rurale : 71

Maison de la Trinité : 172, 173

maisons, matériaux de construction : 220, 224-228; superficie moyenne : 222, 223

maisons de bois : 220, 224-227, 231

maisons ouvrières : 224-227, 231, 232, 236-238

maîtres artisans : 50, 55

mal anglais : 27

mal de la Malbaie : 27

mal écossais : 27

maladie allemande : 27

maladie de Baie-Saint-Paul : 27

maladie vénérienne : 26, 27, 185 (*voir aussi* syphilis)

maladies : 20, 22, 24, 25, 30, 55, 209

Mameau, Michel : 271

Mann, Gother : 186

Manuau, Joseph : 271

manufacture (*voir* économie)

manufactures, absence : 101, 251

manufacturiers coloniaux : 101

marchands : 26, 34, 36, 37, 39, 42, 44; ascension : 39, 56, 72; grossistes : 49

marchands ambulants : 48

marchands britanniques : 46-51, 56, 71, 72, 101, 105, 114, 120-128, 143, 148, 161, 164, 168, 172-178, 190-193, 201, 222, 225, 233

marchands canadiens : 46, 48, 49, 106, 121, 143, 148, 168

marchands d'étoffes : 80, 81

marchands exportateurs : 46, 49

marchands prospères : 49

marchands artisans : 49, 50

marchands-tailleurs : 49, 50

marchés : 73

mariage : 33, 41, 42, 49-51, 54, 70, 262, 265

mariages mixtes : 269

Marie de l'Incarnation : 146

marins : 21, 22, 24, 26, 30, 32, 33, 50, 51, 55, 86, 112, 176, 185, 248, 264

Martel de Brouages, Marie-Magdeleine : 269

Martel, Joseph : 271

Martin, R.S. : 228

Martineau, Martine : 269

Massachussetts : 20

Masson, Guillaume : 269

McClure, George : 52

McKenzie, James : 114

McLane, David : 183

McMillan, Geneviève : 270

McMillan, John : 270

McNeil, Ignace : 270

McNider, Mathew : 187

Measan, Julie : 50

Measan, William : 50

médecins : 22, 25, 27

mercantilisme : 2, 89, 91, 101, 102, 106

mercantilisme britannique dans les Treize colonies : 89, 106

mercantilisme européen : 92

mercantilisme français : 92, 106

Metchler, Guillaume : 269

métiers à tisser : 80, 84, 88

Michilimacinac : 27

militaires (*voir* soldats)

Miner, Peter : 8

Mingan : 105

Moisan, Étienne : 271

Mongeon, A.J. : 271

Monier, Charles : 269

Monier, Marie-Anne : 269

Monk, James : 232

Montrais, Joseph : 271

Montréal : 13, 18, 19, 22, 24, 30, 32, 33, 73, 75, 80

Moodie, Susanna : 7, 8

Moreau, Pierre : 113

Morrison, William : 231

mots anglais : 251

moulins à carder et à fouler : 91

Mountain, Jacob : 222

Mountain, Mme : 218

moutons : 84; taille des troupeaux : 84

Munn, Alexander : 119, 123, 128, 129

Munn, John : 128, 129
Munro, Hugh : 270
Mure & Joliffe : 111, 120
Murray, J., gouverneur : 36, 40, 47, 48, 91, 172

naissances illégitimes : 29, 30, 31, 33, 263; tableau : 6
natalité : 33
nationalisme économique : 89, 101
Neilson, John : 49, 144
Néré, Levasseur de : 225
New York : 18, 20
Newport : 18
Niagara : 22
Nichols, Lt.-Colonel : 52
Nouvelle-Angleterre : 18, 22
Nouvelle-France : 18, 19, 32, 35, 102
nuptialité (voir mariage)

occupations, profil par quartier : 208-211; tableau : 261
Ordonnances : 164-167, 169-174
ordonnances relatives aux incendies : 230
Osborne, Henry : 111, 120
ouvriers britanniques : 39
ouvriers du bâtiment : 50
ouvriers non qualifiés : 50
ouvriers québécois : 24, 25, 39
ouvriers semi-spécialisés : 50

Painter, John : 187
Palais de justice : 222
Palais de l'Intendant : 38, 205
Palmer, Geneviève : 269
Palmer, Henry : 269
Panet, Jean-Claude : 62
Panet, (famille) : 62, 143
Papin, François : 271
Papineau, Louis-Joseph : 143
Paris : 18, 70
parlementaires canadiens : 37, 45
Parry, Mme : 27
passages bloqués : 212-214
passages publics : 213
patriotes : 101, 149, 250
patrouille nocturne : 176
Patterson, Dyke & Cie : 111, 120

Patterson, Peter : 113, 115, 120, 140, 143
Pearson, Silas : 118
pêche : 104-106
pêcheries de Mingan : 105
pêcheurs : 104-106
pendaison : 182, 183
Perrault : 128
Perrault, Charlotte : 63, 270
Perrault, Jacques : 63
Perrault, Joseph-François : 62
Perrault, Louis : 63
Perrault, Olivier : 63
Perry, William : 52
Petri, Etienne : 270
Philadelphie : 18, 20
Philippon, Pierre : 118
Phoenix, (compagnie d'assurance) : 209, 210, 232
pilotes : 171-173
Pinguet : 22
Pinguet, Luce : 63
Piteau, Louis : 270
Plessis, père et évêque : 44, 45
Pod, Thomas : 270
poêles : 139, 140, 228
police de Québec : 175-177; état lamentable : 176
politique économique impériale : 89
politiques mercantilistes : 89
pompe d'incendie : 234
population : 17-34, 54, 55, 261; Treize colonies : 18, 20, 35; accroissement : 31; amérindienne : 27, 28, 261; densité : 22
population américaine : 18-20, 54, 55, 261
population anglophone : 21, 31, 32
population catholique : 19-21, 31
population des quartiers de la ville : 24, 261
population flottante : 29, 31-34, 55
population montréalaise : 18, 19, 55
population, Nouvelle-Angleterre : 18, 19, 261
population, Nouvelle-France : 18, 261
population rurale : 20, 31
population, taux brut de mortalité : 20-22, 26, 28, 29, 31, 54
population, taux de mortalité infantile : 18, 20, 21
population, taux de natalité : 19-21, 31
populations, comparaisons des : 18-20, 31, 35, 54, 55
port, activité : 17, 22, 34
potasse, exportation : 101, 111

Pothier, Toussaint : 164

Pozer, Jacob : 136

prêtres (voir curés)

Price, William : 111, 120

prison : 175, 178-182, 222

professions libérales : 38, 39, 41, 45, 55, 56, 72

prolétariat rural : 76

propriété privée : 211-212

propriété publique : 211-212

prostituées : 22, 26, 29, 33, 179, 185, 186

protestants : 18, 21, 22, 32

protestants sous-estimés : 18

Purss, John : 47, 135, 233

quartier ouvrier : 201, 204-211

quartiers insalubres : 24, 201

Québec, centre administratif : 35; centre culturel : 35

Québec Emigrant Society : 54, 268

Québec Exchange : 54, 104, 204, 268

Québec, centre maritime : 101

Québec, coeur de la Nouvelle-France : 35

Québec, contexte : 11,12

Québec, isolement : 17

Québec, site : 5-9

Quiezel, Charlotte : 270

Quin, James : 270

Quirouet, Rémi : 136

Quorum : 2; tableau : 267

ramonage : 228

Rancin, Hélène : 269

recensements : 31, 32, 34, 46, 91, 102

Reeves, Euphrosine : 269

Reeves, Joseph : 269

régistres paroissiaux : 18, 21; tableau : 262

Reinhard, John : 145, 271

Renaud, Françoise : 269

résumé en anglais : 1-4

Richardson, John : 48, 270

Ritchie, Robert : 11, 120, 121

Robitaille, Jean : 271

Rosa, Isidore : 271

Rosselywn , Ralph : 43

rouets : 84, 87

Roussain, Joseph : 269

Routier, Marie-Angélique : 270

rues : 215-217, 238, 253-258; basse ville : 217; dimensions : 216, 217; état : 215-217, 238; pavage et boue : 217; Saint-Roch : 217

rues pavées : 217

Saint-Jean : 12, 24, 207, 208, 224, 232, 234; terrains militaires : 208

Saint-Laurent, Julie : 31, 43

Saint-Louis : 208, 209, 232

Saint-Roch : 4, 7, 11, 12, 117, 205-207, 223, 226, 227, 230, 232, 234, 251, 252; qualité de vie : 201, 223, 228, 236, 249

scieries : 114-117

Scott, Idle & Cie : 111

seigneurs (voir aussi élite) : 35, 38, 39, 41, 43, 46, 47, 74

Séminaire de Québec : 36

Sept-Îles : 105

Sewell, Jonathan : 191, 212, 213, 215, 221, 231; maison : 221

Shaw, Angus : 111

Shea, John : 53, 107

Silliman, Benjamin : 226

Sillman, professeur : 115

Simard, Pierre : 271

Simcoe, Mme : 204, 232

site : 5-7

Smith, Robert : 269

Smith, William : 43, 184, 191

Société bienveillante de Québec : 54

société coloniale : 34, 56, 261, 264, 265

société coloniale française : 35, 36

Société d'agriculture : 54, 75

Société d'éducation de Québec : 54, 268

Société du feu de Québec: 54, 107, 233, 268

société féodale : 68

Société littéraire et historique de Québec : 54

Société pour l'encouragement des arts au Canada : 54

Soeurs de la Congrégation : 36

soie : 81

soldats : 21, 22, 24, 26, 27, 29, 30, 32, 33, 50, 55, 176, 185, 248, 264

soldats écossais : 27

souliers : 92-94

sources, archives paroissiales : 273; artéfacts : 273; recensements : 273

sources iconographiques : 273

Stanley, Leo : 107

Stewart, J. : 217

Stilson, Joseph : 270

Stuart, Peter : 105

Sullivan's Coffee House : 224

Sulvain, Magdeleine : 269

syphilis : 27-29

Tadoussac : 105

tailleurs : 91

tanneries : 92, 93

tanneurs : 49, 50

Tanswell, Thomas-Joseph : 270

Taschereau, Gabriel-Elzéar : 172

taux brut de mortalité : 17

taux de mortalité : 18

Taylor, Nathaniel : 187

techniques agricoles : 77

techniques culturelles traditionnelles : 77

technologie britannique : 134-136, 140, 142, 144, 149, 150, 251

textiles, production : 84-91, 266; usines : 91 (*voir aussi* laine, lin, linge et tissus)

tisserands : 91

tissus importés : 81, 84, 89-91

toiture : 227, 228

tonnellerie : 112-114

Tourangeau, Joseph : 224

Treize colonies, société : 35

Tribunal du Banc du Roi : 164, 186

Trois-Rivières : 33

Turcot, Augustin : 271

Turgeon, Charles : 230

Turiau, Rose : 270

urbanisation : 18, 44, 72, 115, 191, 220; en Europe : 18, 70-72

Ursulines : 44, 115, 191, 220

Valin, Angélique : 270

Valin, Nicholas : 270

Vermette, François : 271

Viger, Jacques : 143

Villers, Jean : 271

Vondenvelden, William : 42, 189, 270

voyageurs : 93

Voyer, Charles : 63, 270

Voyer, Charlotte : 63

Voyer, Henry : 63

Voyer, Ignace : 271

Voyer, Jacques : 42, 63

Voyer, Josette : 63

Voyer, Marie-Suzanne : 270

Voyer, Reine : 63

Webb, S. et B. : 163

Webster, Isabel : 108

Weld, Isaac : 216

Welling, G.J. : 270

Wexler, Auguste : 270

Weypert, Syriac : 269

Williams, Mariane : 269

Williams, William : 269

Wilson, James : 111

Wimet, Gabriel : 270

Wood, Charles : 37, 123, 128

Woodward, Peter : 108

Wright, Philemon : 8

Young, John : 50, 134, 136, 137

Young, T.A. : 50

Table des matières détaillée

ABSTRACT 1

UN SITE MAJESTUEUX 5

LE CONTEXTE 11

I. POPULATION ET SOCIÉTÉ

Introduction 17

1. Considérations sur la population 17

   Croissance de la population : contextes européen et américain 18
   Québec et Montréal dans un contexte plus global 18
   Facteurs de croissance des populations 19
   Faible production agricole et maladies 22
   La population de la colonie : un calcul difficile 29
   Les enfants illégitimes 29
   Les immigrants et la population flottante 31

2. La société coloniale 34

   Le contexte impérial 35
   Appartenance ethnique et rang social 36
   Comment s'adapte l'élite canadienne-française? 39
   L'Église canadienne, soutien du peuple et défenseur de l'ordre établi 44
   Le milieu des affaires 46
   Artisans et ouvriers 50

Conclusion 54

Notes du chapitre premier 57

II. L'ÉCONOMIE DE QUÉBEC : CONTEXTE INTERNATIONAL ET RURAL

Introduction 69

1. L'industrialisation 69

   La vie économique rurale 69
   L'expansion agricole 69

Les transports 70

L'accumulation du capital 70

L'urbanisation 70

La formation de la main-d'oeuvre 71

La résistance au changement 71

L'ascension graduelle du marchand 72

2. **L'agriculture au Bas-Canada dans une perspective internationale** 72

Un marché limité 73

Une agriculture de subsistance 73

Des critiques à l'endroit des habitants 75

L'agriculture commerciale à Québec 75

La naissance d'un prolétariat rural 76

3. **Les industries en milieu rural** 78

Les textiles 78

La production de vêtements à domicile 80

Tissus importés et étoffes du pays 80

L'équipement textile assure l'indépendance 84

Une production insuffisante 88

La contrainte impériale au Bas-Canada 89

Les usines textiles 91

Aucune main-d'oeuvre qualifiée 91

Les tanneries 92

Les marchés et les matériaux 92

Les répercussions sur Québec 93

Conclusion 94

Notes du chapitre II 97

III. L'ÉCONOMIE URBAINE

Introduction 101

1. **La pêche et les pelleteries locales** 104

2. **La chapellerie** 106

Les chapeliers britanniques et leurs employés 107

3. **Le commerce du bois** 109

Fabriques de potasse et tonnelleries 112

Les scieries 114

4. **La construction navale** 117

Armateurs et chantiers 119

La construction navale à Québec : contrats et financement 121

Les constructeurs de navires 123

La main-d'oeuvre : composition ethnique et équipes de construction 128

L'impact de l'industrie sur la ville 132

Les causes du déclin 133

5. Les distilleries et les brasseries 134

Les entrepreneurs, le capital et la main-d'oeuvre britanniques 134

Produits locaux et produits importés 137

6. Les fonderies et les forges artisanales 138

La concurrence étrangère 139

Entrepreneurs, technologie et main-d'oeuvre 140

7. Les imprimeries 143

La lecture, apanage de l'élite 143

Le soutien des marchands et du gouvernement 144

Maîtres et compagnons 144

8. La simplicité à petite échelle : les entreprises urbaines 145

Conclusion 146

Notes du chapitre III 153

IV. L'ADMINISTRATION LOCALE : LES FONDEMENTS ET LES AVANTAGES DE L'EXERCICE DU POUVOIR

Introduction 161

1. Le modèle britannique 162

2. La Commission de la paix au Bas-Canada 164

Les débuts de la Commission 167

Origines ethniques et sociales 167

3. Les règlements sur le commerce et la main-d'oeuvre 168

Le pain et la viande 169

Le transport et les communications 171

Les juges et la main-d'oeuvre 173

Les charretiers et le charroi 173

La législation du travail 174

4. L'application de la loi 175

La police de Québec 175

Les geôles 178

La pendaison : l'ultime châtiment 182

La criminalité à Québec 184

Le poids de la justice 185

5. L'Acte des chemins et l'urbanisme 186

    L'opposition au plan de la ville 186
    L'aménagement urbain retardé 187

6. L'administration de la Commission 188

    Des règlements inopérants 188
    Les plaintes publiques 189
    La négligence des citoyens 189
    La collusion des élites 190
    La démocratie bloquée 191

7. Une évaluation de l'administration 192

Conclusion 192

Notes du chapitre IV 195

V. LE MILIEU URBAIN

1. L'expansion de la vieille ville et la croissance des faubourgs 201

    La basse ville 203
    Le faubourg Saint-Roch 205
    La haute ville 206
    Le faubourg Saint-Jean 207

2. Divisions urbaines et différences sociales 208

3. L'initiative privée et la propriété publique 211

    L'utilisation commerciale de terrains publics 212
    L'accès au rivage bloqué 213

4. Exemples de disparités urbaines 215

    La voirie comme mesure des conditions de vie à Québec 215
    Largeur des rues 216
    Bois, pavés et boue 217
    Le sysème d'égouts 217
    Les routes rurales près de Québec 218
    Des villes de pierre et de bois 220
    Styles architecturaux 220
    Densité de la population et taille des maisons 222
    Les matériaux de construction 224
    La toiture 227
    La prévention des incendies 228
    Au feu! 231
    La Société du feu 233

5. Privilèges et réactions des groupes urbains 235

6. Les conditions de vie à Québec et ailleurs 236

Conclusion 238

Notes du chapitre V 241

CONCLUSION : QUÉBEC SOUS LE RÉGIME BRITANNIQUE

Canadiens face à la tutelle britannique à Québec 250

Engouement pour les choses britanniques 251

Notes 254

ANNEXE 255

TABLEAUX 261

BIBLIOGRAPHIE 273

REMERCIEMENTS 287

ABRÉVIATIONS 289

INDEX 290